Schwellenwerte und Unternehmensmitbestimmung

Zivilrechtliche Schriften

Beiträge zum Wirtschafts-, Bank- und Arbeitsrecht

Herausgegeben von Arnd Arnold, Dorothee Einsele, Jan Lieder und Hartmut Oetker

Begründet von Peter Kreutz und Dieter Reuter

Band 70

PETER LANG

Katharina Dittmann

Schwellenwerte und Unternehmensmitbestimmung

PETER LANG

Bibliografische Information der Deutschen Nationalbibliothek
Die Deutsche Nationalbibliothek verzeichnet diese Publikation in der Deutschen Nationalbibliografie; detaillierte bibliografische Daten sind im Internet über http://dnb.d-nb.de abrufbar.

Zugl.: Kiel, Univ., Diss., 2017

Gedruckt auf alterungsbeständigem, säurefreiem Papier.
Druck und Bindung: CPI books GmbH, Leck

D 8
ISSN 0941-147X
ISBN 978-3-631-74907-4 (Print)
E-ISBN 978-3-631-74908-1 (E-PDF)
E-ISBN 978-3-631-74909-8 (EPUB)
E-ISBN 978-3-631-74910-4 (MOBI)
DOI 10.3726/b13497

Peter Lang – Berlin · Bern · Bruxelles · New York · Oxford · Warszawa · Wien

Diese Publikation wurde begutachtet.

www.peterlang.com

Vorwort

Die vorliegende Arbeit ist während meiner Tätigkeit als wissenschaftliche Mitarbeiterin am Lehrstuhl für Bürgerliches Recht, Arbeitsrecht und Wirtschaftsrecht von Univ.-Prof. Dr. *Hartmut Oetker* entstanden. Sie wurde von der Christian-Albrechts-Universität zu Kiel im Sommersemester 2017 als Dissertation angenommen. Für die Veröffentlichung wurden Rechtsprechung und Literatur bis Ende Dezember 2017 berücksichtigt.

Meinem Doktorvater Herrn Univ.-Prof. Dr. *Hartmut Oetker* danke ich herzlich, insbesondere für die hervorragende Betreuung der Arbeit, für den wissenschaftlichen Freiraum, den er mir neben meiner Tätigkeit als wissenschaftliche Mitarbeiterin am Lehrstuhl zur Anfertigung der Arbeit belassen hat, sowie für das mir entgegengebrachte große Verständnis in persönlicher Hinsicht. Herrn Prof. Dr. *Stefan Lunk* danke ich vielmals für die überaus zügige Erstellung des Zweitgutachtens. Bei den Herausgebern der Zivilrechtlichen Schriften zum Wirtschafts-, Bank- und Arbeitsrecht, Herrn Univ.-Prof. Dr. *Arnd Arnold*, Frau Univ.-Prof. Dr. *Dorothee Einsele*, Herrn Univ.-Prof. Dr. *Jan Lieder* und Herrn Univ.-Prof. Dr. *Hartmut Oetker*, bedanke ich mich für die Aufnahme in die Schriftenreihe.

Darüber hinaus danke ich dem gesamten Team des Lehrstuhls für die angenehme Zusammenarbeit sowie Herrn *Christian Bissel* für wertvolle Anregungen.

Herzlich bedanken möchte ich mich darüber hinaus bei meinem Vater *Hans-Heinrich Dittmann*, der mich während meiner gesamten Ausbildung in jeder Hinsicht unterstützt hat. Mein größter Dank gilt schließlich meiner Mutter *Silke Dittmann*, die das gesamte Manuskript Korrektur gelesen und sich viel Zeit für intensive Diskussionen über das Thema der Arbeit genommen hat. Ihrem Andenken ist diese Arbeit gewidmet.

Braunschweig, im Januar 2018 Katharina Dittmann

Inhaltsverzeichnis

§ 1 Einleitung und Gang der Untersuchung

Im Jahr 2004 befasste sich der 65. Deutsche Juristentag unter dem Leitmotiv „Arbeitsrecht zwischen Markt und gesellschaftspolitischen Herausforderungen" mit der Frage einer stärkeren Differenzierung arbeitsrechtlicher Vorschriften nach der Unternehmensgröße. *Junker* hielt in diesem Zusammenhang in seinem Gutachten fest, dass Schwellenwerte in arbeitsrechtlichen Gesetzen das „wichtigste Mittel zur Abstufung arbeitsrechtlicher Schutzniveaus nach der Betriebs- oder Unternehmensgröße sind".[1] Dementsprechend finden sich auch in den Gesetzen zur Unternehmensmitbestimmung Schwellenwerte.[2] Prominente Beispiele sind die Anwendungsschwellen von 500, 1 000 und 2 000 Arbeitnehmern in § 1 Abs. 1 DrittelbG, § 1 Abs. 2 Montan-MitbestG und § 1 Abs. 1 Nr. 2 MitbestG. Durch die Umschreibung in § 14 Abs. 2 S. 4–6 AÜG, wonach Leiharbeitnehmer im Entleiherbetrieb bzw. Entleiherunternehmen zu berücksichtigen sind, soweit Bestimmungen der genannten Gesetze eine bestimmte Anzahl oder einen bestimmten Anteil von Arbeitnehmern voraussetzen, ist der Begriff des Schwellenwerts inzwischen sogar mittelbar legaldefiniert.

Seit seiner Abkehr von der sog. Zwei-Komponenten-Lehre vertritt das BAG die Auffassung, dass es bei der Frage, welche Arbeitnehmer bei den Schwellenwerten zu berücksichtigen sind, wesentlich auf den Zweck der einzelnen Schwellenwertregelung ankommt.[3] Ausgehend von dieser normzweckorientierten Auslegung der Schwellenwertvorschriften ist es Ziel der vorliegenden Arbeit, zu untersuchen, welche dogmatische Fundierung den einzelnen Schwellenwerten zugrunde liegt. Damit soll indes nicht bereits im Vorfeld festgelegt sein, dass der Zweck des einzelnen Schwellenwerts bei der Auslegung stets vorrangig zu berücksichtigen ist. Es ist vielmehr gesondert zu untersuchen, welche Bedeutung dem Hintergrund des Schwellenwerts im Verhältnis zu den anderen Auslegungskriterien beigemessen werden kann. Nach einem Überblick über die Schwellenwertregelungen im Recht der Unternehmensmitbestimmung wird in § 2 daher die dogmatische Fundierung der einzelnen Schwellenwerte analysiert. Ausgenommen von dieser detaillierten Betrachtung sind allerdings die Schwellenwerte des MitbestErgG, da

1 *Junker*, DJT 2004/I, S. B 111.

2 Übersichten über Schwellenwertregelungen im Arbeitsrecht allgemein bei *Grotmann-Höfling*, NZA 1990, 648 ff.; *Junker/Dietrich*, NZA 2003, 1057, 1062 ff.; *Pulte*, BB 2001, 2370 ff.; *Worzalla*, Arbeitgeber 1994, 485 ff.; umfassend *Endres*, Schwellenwertregelungen. Mit den ökonomischen Folgen von Schwellenwerten im Arbeits- und Sozialrecht befasst sich *Koller*, Ökonomische Auswirkungen.

3 BAG 18.10.2011, AP Nr. 70 zu § 111 BetrVG 1972 Rn. 17 ff.; BAG 15.12.2011, AP Nr. 77 zu § 5 BetrVG 1972 Rn. 20, 26; BAG 5.12.2012, AP Nr. 81 zu § 5 BetrVG 1972 Rn. 25; BAG 13.3.2013, AP Nr. 15 zu § 9 BetrVG 1972 Rn. 21, 28 ff.; BAG 4.11.2015, AP Nr. 2 zu § 9 MitbestG Rn. 29 ff.

diesem Gesetz nur eine geringe praktische Bedeutung zukommt[4]. Zudem beschränkt sich die Erörterung auf die originär deutschen Mitbestimmungsgesetze und lässt die Mitbestimmung auf europäischer Ebene außer Betracht. Im Rahmen der Auseinandersetzung mit den einzelnen Schwellenwerten wird davon ausgegangen, dass das System der verschiedenen Gesetze zur Unternehmensmitbestimmung mit dem Grundgesetz vereinbar ist und insbesondere nicht gegen Art. 3 Abs. 1 GG verstößt[5]. Abschließend befasst sich § 2 mit der Frage, inwieweit die Wahlberechtigung mit der Berücksichtigung im Rahmen der Schwellenwerte zusammenhängt.

Unter Rückgriff auf die Ergebnisse des § 2 wird sodann für drei aktuelle Problemkreise ermittelt, wer als Arbeitnehmer im Sinne der einzelnen Schwellenwertregelungen anzusehen ist: § 3 betrachtet Gemeinschaftsbetriebe im Lichte der Schwellenwerte, während sich § 4 mit der Einbeziehung von Leiharbeitnehmern in die Schwellwerte der Unternehmensmitbestimmung befasst, die seit dem 1. April 2017 in § 14 Abs. 2 S. 5 und 6 AÜG geregelt ist. In § 5 wird der Frage nachgegangen, ob im Ausland beschäftigte Arbeitnehmer im Rahmen der Schwellenwerte zu berücksichtigen sind.

Wegen der genauer zu untersuchenden Verknüpfung zwischen der Berücksichtigung bestimmter Arbeitnehmergruppen bei den Schwellenwerten und deren Berechtigung zur Teilnahme an der Wahl der Arbeitnehmervertreter in den Aufsichtsrat sowie aufgrund der Tatsache, dass einige Schwellenwerte auf eine bestimmte Anzahl oder einen bestimmten Anteil wahlberechtigter Arbeitnehmer oder Wahlberechtigter abstellen, wird dabei jeweils im Vorwege die Frage beantwortet, ob bzw. unter welchen Voraussetzungen die betroffenen Arbeitnehmer wahlberechtigt sind. In diesem Zusammenhang wird zwischen dem MitbestG und dem DrittelbG auf der einen Seite und dem Montan-MitbestG auf der anderen Seite unterschieden, da lediglich erstere dem einzelnen Arbeitnehmer das Wahlrecht einräumen. Von einer gesonderten Differenzierung zwischen dem MitbestG und dem DrittelbG wird in Anbetracht der gleichartigen Regelungen abgesehen, wobei auf bestehende Unterschiede jeweils hingewiesen wird. Mangels Relevanz für die Schwellenwerte geht die Untersuchung zudem nicht gesondert auf das passive Wahlrecht ein. In § 5 wird neben der Auslegung des MitbestG und des DrittelbG der Frage nachgegangen, ob die Wahlberechtigung der im Ausland beschäftigten Arbeitnehmer durch primäres Unionsrecht geboten ist.

Zur Beantwortung der Frage nach der Berücksichtigung bestimmter Arbeitnehmergruppen bei den einzelnen Schwellenwertregelungen wird für § 3 (Gemeinschaftsbetriebe im Lichte der Schwellenwerte) und § 5 (Einbeziehung von im

---

4 Laut *Köstler/Müller/Sick*, Rn. 143; *Wißmann*, in: WKS, § 1 MitbestErgG Rn. 2 gilt das MitbestErgG derzeit für einen Konzern.

5 Das wird vor allem für das Montan-MitbestG bezweifelt: *Latzel*, Gleichheit, Rn. 427 ff.; *von Zezschwitz*, BB 1971, 479, 480 ff.; a.A. *Kittner*, BB 1971, 1057, 1059; *Preis*, AuR 1983, 161, 164 ff., aber auch im Hinblick auf andere Unterschiede zwischen den verschiedenen Mitbestimmungsgesetzen in Zweifel gezogen, umfassend dazu *Latzel*, Gleichheit.

Ausland beschäftigten Arbeitnehmern) zwischen allgemeingültigen Argumenten und der Auslegung der einzelnen Vorschriften mit Schwellenwerten unterschieden. Im Rahmen der Darstellung der allgemeinen Erwägungen wird dabei zur Vermeidung von Wiederholungen nicht zusätzlich zwischen den verschiedenen Mitbestimmungsgesetzen differenziert, bestehende Unterschiede aber wiederum herausgearbeitet. Die in § 4 untersuchte Einbeziehung von Leiharbeitnehmern nimmt in Bezug auf den Aufbau eine Sonderstellung ein, weil diese Frage seit dem 1. April 2017 in § 14 Abs. 2 S. 5 und 6 AÜG geregelt ist. Daher wird insoweit – nach einer Darstellung des Meinungsstands zur Berücksichtigung von Leiharbeitnehmern vor der Änderung des AÜG – zunächst die Entstehungsgeschichte der genannten Norm beschrieben, bevor die Frage der Vereinbarkeit der Neuregelung mit der Richtlinie 2008/104/EG über Leiharbeit behandelt wird. Den Kern der Darstellung von § 4 bilden sodann die mit der Anwendung von § 14 Abs. 2 S. 5 und 6 AÜG verbundenen Probleme. In § 6 wird schließlich untersucht, wie sich eine Kombination der diskutierten Problemfälle auswirkt. Die Untersuchung schließt in § 7 mit einer Zusammenfassung in Thesen.

§ 2 Dogmatische Fundierung der Schwellenwerte

A. Schwellenwertregelungen in der Unternehmensmitbestimmung im Überblick

Die Anwendungsbereiche der verschiedenen Mitbestimmungsgesetze werden unter anderem über die Zahl der beschäftigten Arbeitnehmer voneinander abgegrenzt, wobei die Schwellen bei 500 (§ 1 Abs. 1 DrittelbG), 1 000 (§ 1 Abs. 2 Montan-MitbestG) und 2 000 Arbeitnehmern (§ 1 Abs. 1 Nr. 2 MitbestG) liegen. Die Anwendung des MitbestErgG auf Unternehmen, die ein Unternehmen beherrschen, in dem die Arbeitnehmer ein Mitbestimmungsrecht nach den Vorschriften des Montan-MitbestG haben, hängt davon ab, ob der Unternehmenszweck des Konzerns durch die unter das Montan-MitbestG fallenden Konzernunternehmen und abhängigen Unternehmen gekennzeichnet wird. Das ist der Fall, wenn diese Unternehmen mindestens ein Fünftel der Umsätze sämtlicher Konzernunternehmen und abhängigen Unternehmen erzielen oder in der Regel mehr als ein Fünftel aller Arbeitnehmer sämtlicher Konzernunternehmen und abhängigen Unternehmen beschäftigen (§ 3 Abs. 2 S. 1 MitbestErgG). Gemäß § 7 Abs. 1 S. 1 MitbestG hängt zudem die Anzahl der Aufsichtsratsmitglieder (zwölf, 16 oder 20 Personen) von der Belegschaftsstärke ab.

Des Weiteren enthalten die Vorschriften über das Verfahren der Wahl der Arbeitnehmervertreter in den Aufsichtsrat verschiedene Schwellenwerte. So machen § 9 Abs. 1 und 2 MitbestG und § 7 Abs. 1 und 2 MitbestErgG die Frage, ob die Arbeitnehmervertreter in unmittelbarer Wahl oder durch Delegierte gewählt werden, jeweils insofern von der Anzahl der Arbeitnehmer abhängig, als in Unternehmen mit in der Regel mehr als 8 000 Arbeitnehmern grundsätzlich eine Delegiertenwahl stattfindet, während in Unternehmen mit nicht mehr als 8 000 Arbeitnehmern die Arbeitnehmervertreter grundsätzlich im Wege der unmittelbaren Wahl bestimmt werden. Ein Wechsel dieses Wahlmodus bedarf gemäß § 9 Abs. 3 S. 1 MitbestG und § 7 Abs. 3 S. 1 MitbestErgG zunächst eines Antrags von einem Zwanzigstel der wahlberechtigten Arbeitnehmer. Der sodann für den Wechsel nötige Mehrheitsbeschluss setzt die Beteiligung von mehr als der Hälfte der wahlberechtigten Arbeitnehmer voraus (§ 9 Abs. 3 S. 3 MitbestG und § 7 Abs. 3 S. 3 MitbestErgG). In § 11 Abs. 1 S. 1 MitbestG und § 9 Abs. 1 S. 1 MitbestErgG wird für die Delegiertenwahl festgelegt, dass in jedem Betrieb auf je 90 wahlberechtigte Arbeitnehmer ein Delegierter entfällt. Verschiedene Vorschriften über die Gültigkeit von Wahlvorschlägen legen zudem fest, dass jeder Wahlvorschlag von einem bestimmten Quorum oder von einer bestimmten absoluten Zahl der jeweils wahlberechtigten Arbeitnehmer des Betriebs oder des Unternehmens unterzeichnet sein muss (§§ 12 Abs. 1 S. 2, 15 Abs. 2 S. 2 Nr. 1 und 2 MitbestG, §§ 10 Abs. 1 S. 2, 10c Abs. 2 S. 2 MitbestErgG, § 6 S. 2 DrittelbG). Auch die Anfechtung einer Wahl muss jeweils von drei Wahlberechtigten bzw. wahlberechtigten Arbeitnehmern des Betriebs oder Unternehmens gemeinsam durchgeführt werden (§§ 21 Abs. 2 S. 1 Nr. 1, 22 Abs. 2 S. 1 Nr. 1 MitbestG, §§ 10l Abs. 2 S. 1 Nr. 1, 10 m Abs. 2 S. 1 Nr. 1 MitbestErgG, § 11 Abs. 2 S. 1 Nr. 1 DrittelbG). Zu den Wahlverfahrensvorschriften im weiteren Sinne gehören auch die Regelungen über die Abberufung von Aufsichtsratsmitgliedern der Arbeitnehmer in § 23 Abs. 1 S. 2 MitbestG, § 10n Abs. 1 S. 2 Nr. 1 MitbestErgG, § 12 Abs. 1 S. 1 DrittelbG, wonach es zunächst eines Antrags durch ein bestimmtes Quorum an wahlberechtigten Arbeitnehmern bzw. Wahlberechtigten bedarf, bevor das für die Wahl zuständige Organ über die Abberufung abstimmt. Keine Schwellenwerte im Zusammenhang mit dem Wahlverfahren finden sich hingegen im Montan-MitbestG. Nach § 6 Montan-MitbestG werden die Vertreter der Arbeitnehmer vielmehr auf bindenden Vorschlag der Betriebsräte durch das jeweils gesellschaftsrechtlich zuständige Organ gewählt, wobei zwei der Arbeitnehmervertreter den Betriebsräten wiederum von den Spitzenorganisationen der im Betrieb vertretenen Gewerkschaften nach Beratung mit diesen vorgeschlagen werden.

B. Die Schwellenwerte im Einzelnen

I. MitbestG

1. Anwendungsschwellenwert (§ 1 Abs. 1 Nr. 2 MitbestG)

a) Ziele der Mitbestimmung

Das MitbestG schreibt für Unternehmen bestimmter Rechtsformen, die in der Regel mehr als 2 000 Arbeitnehmer beschäftigen, die zahlenmäßig gleiche Besetzung des Aufsichtsrats mit Anteilseigner- und Arbeitnehmervertretern vor. Um ein Verständnis für den Hintergrund dieser Beschränkung des Geltungsbereichs des MitbestG zu erlangen, soll zunächst in den Blick genommen werden, welche Ziele mit der Mitbestimmung der Arbeitnehmer im Aufsichtsrat verwirklicht werden sollen.[6]

Der Regierungsentwurf der sozialliberalen Koalition zum MitbestG vom 29. April 1974 konnte an zwei bereits bestehende Formen der Mitbestimmung der Arbeitnehmer im Aufsichtsrat anknüpfen, und zwar zum einen an die Montan-Mitbestimmung nach dem Montan-MitbestG und dem MitbestErgG sowie zum anderen an die Drittelbeteiligung der Arbeitnehmer im Aufsichtsrat nach dem BetrVG 1952.[7] Der Gesetzentwurf zum MitbestG beruht auf dem Bericht einer Sachverständigenkommission (sog. Mitbestimmungs- oder Biedenkopf-Kommission),[8] die der Bundestag bereits 1967 zur Auswertung der bisherigen Erfahrungen mit diesen Formen der

6 Ähnlich *Rittner*, in: GS Rödig, S. 74, 78; entsprechend für eine Unternehmensverfassung Bericht Unternehmensrechtskomm., S. 102, Nr. 60.

7 Gesetzentwurf der Bundesregierung über die Mitbestimmung der Arbeitnehmer (MitbestG), BT-Drucks. 7/2172, S. 16.

8 Mitbestimmung im Unternehmen, Bericht der Sachverständigenkommission zur Auswertung der bisherigen Erfahrungen bei der Mitbestimmung, BT-Drucks. VI/334.

Mitbestimmung eingesetzt hatte[9]. In ihrem Bericht stellte die Kommission zunächst fest, dass die Forderung nach Mitbestimmung der Arbeitnehmer im Aufsichtsrat in der bisherigen Diskussion im Wesentlichen auf vier Gesichtspunkte gestützt worden war, nämlich auf die Menschenwürde der betroffenen Arbeitnehmer, auf die Gleichberechtigung von Kapital und Arbeit, auf die notwendige Demokratisierung der Wirtschaft und auf die Kontrolle unternehmerischer Macht.[10]

Auch nach Ansicht der Kommission dient die Mitbestimmung der Selbstbestimmung des Menschen, indem die von einer Entscheidung Betroffenen an ihr mitwirken.[11] Auf diese Weise sollten einseitige Machtstellungen ausgeglichen oder zumindest abgebaut werden.[12] Die Mitbestimmung ist danach vor allem abzuleiten aus der Würde des Menschen (Art. 1 Abs. 1 GG), die einen Ausgleich dafür gebiete, dass der Arbeitnehmer sich fremder Leitungs- und Organisationsgewalt unterordne.[13] Die Ausübung des Direktionsrechts gegenüber dem Arbeitnehmer erfolge zwar auf Ebene des Betriebs, diene aber selbst mittelbar der Erfüllung des wirtschaftlichen Zwecks des Unternehmens.[14] Die Leitungsgewalt des Unternehmens sei im Gegensatz zum Direktionsrecht eine Planungs- und Richtlinienkompetenz, die Voraussetzung für die Konkretisierung der Einzelarbeitspflicht durch Ausübung des Weisungsrechts sei.[15] Die Mitbestimmung diene der Beteiligung der Arbeitnehmer am Willensbildungsprozess im Unternehmen, betreffe also dessen innere Gestaltung.[16] Dieser Linie folgte auch die Stellungnahme der Bundesregierung zu dem Bericht der Mitbestimmungskommission, in der es heißt: „Im Hinblick auf die Fremdbestimmheit der Arbeitsleistung des weisungsunterworfenen Arbeitnehmers verlangt unsere Wertordnung – das mit Verfassungsrang ausgestattete Bekenntnis zur Würde der Person [...] und das Grundrecht auf freie Entfaltung der Persönlichkeit – eine Ordnung des Unternehmens, die dem Arbeitnehmer das Recht auf Beteiligung an Entscheidungen einräumt, die seine Stellung im Arbeitsverhältnis [...] gestalten"[17]. Gleichsam Ausfluss der Menschenwürde ist die Information der Arbeitnehmer über für sie relevante Entscheidungen sowie der Zwang, diese Entscheidungen zu begründen, um sie verständlich zu machen und damit ihre Akzeptanz zu erhöhen.[18]

---

9 Entschließung des Bundestages, Stenografischer Bericht der 115. Sitzung am 14.6.1967, S. 5721 (D), 5735 (A), (B).

10 BT-Drucks. VI/334, S. 18 ff.

11 BT-Drucks. VI/334, S. 65.

12 BT-Drucks. VI/334, S. 65.

13 BT-Drucks. VI/334, S. 56.

14 BT-Drucks. VI/334, S. 59.

15 BT-Drucks. VI/334, S. 60.

16 BT-Drucks. VI/334, S. 114.

17 BT-Drucks. VI/1551, S. 2. Die Stellungnahme stammt noch von dem ersten Kabinett *Brandts*, der Gesetzentwurf wurde nach seiner Wiederwahl eingebracht.

18 BT-Drucks. VI/334, S. 67; so auch *Loritz*, ZfA 1991, 1, 7. Näher zu den ökonomischen Auswirkungen besserer Information der Arbeitnehmer durch Mitbestimmung *Furubotn/Wiggins*, ZgS 140 (1984), 176 ff; *Sadowski/Junkes/Lindenthal*, ZGR 2001, 110, 120 ff.

Daneben spielten allerdings auch die weiteren zur Rechtfertigung der Mitbestimmung angeführten Aspekte eine Rolle; der damalige Bundesarbeitsminister *Arendt* (SPD) bezeichnete die Gleichgewichtigkeit von Anteilseignern und Arbeitnehmern in der ersten Beratung des MitbestG im Bundestag als einen wesentlichen Grundsatz des Regierungsentwurfs.[19] In dieser Hinsicht wich der Entwurf von dem Vorschlag der Mitbestimmungskommission ab, die ein geringes zahlenmäßiges Übergewicht der Vertreter der Anteilseigner empfohlen und den Grundsatz der Gleichberechtigung von Kapital und Arbeit als wenig konkretes sozialethisches Postulat eingestuft hatte.[20]

Des Weiteren berief sich die Bundesregierung in ihrer Entwurfsbegründung auf eine frühere Regierungserklärung, wonach Mitbestimmung ein wesentlicher Teil des Demokratisierungsprozesses der Gesellschaft sei und dazu diene, einen freiheitlichen Sozialstaat aufzubauen.[21] Dieser Aspekt der Mitbestimmung als Prinzip der Gesellschaftsordnung lässt sich letztlich ebenfalls auf die Menschenwürde der Arbeitnehmer zurückführen, die als Wertentscheidung des GG zur demokratischen Gestaltung wichtiger Lebensbeziehungen beiträgt.[22] Nicht gemeint ist mit Demokratisierung der Wirtschaft hingegen die Übertragung staatsrechtlicher Ordnungsvorstellungen auf private Unternehmen, da sich die Verhältnisse in Unternehmen und Staaten wesentlich voneinander unterscheiden.[23]

Die Kontrolle unternehmerischer Macht war für die Mitbestimmungskommission demgegenüber nicht entscheidend, Mitbestimmung ist ihrer Ansicht nach kein Problem der Kapital- oder Machtkontrolle.[24] Diese Annahme konnte die Kommission auf ihre Anhörungen von Unternehmensvertretern stützen, die ergeben hatten, dass die bisherige Mitbestimmung nicht geeignet war, einen möglichen Missbrauch wirtschaftlicher Macht durch Großunternehmen zu verhindern.[25] Das zeigte sich daran, dass sämtliche zur Rekonzentration in der Stahlindustrie befragten Arbeitnehmervertreter in Übereinstimmung mit den Unternehmensleitungen der Ansicht waren, dass ein Missbrauch wirtschaftlicher Machtpositionen nicht zu befürchten sei und im Übrigen sowohl ein unternehmenspolitisches wie ein gesamtwirtschaftliches Interesse an möglichst starken und wettbewerbsfähigen Unternehmen bestehe.[26] Dasselbe gilt laut der Mitbestimmungskommission auch für die Kontrolle politischer Macht, da dieser nach Auffassung der befragten Gewerkschafts- und Arbeitnehmervertreter in der Nachkriegszeit keine praktische Bedeutung zugekommen sei.[27] In der Begründung

19 Stenografischer Bericht der 110. Sitzung am 20.6.1974, S. 7462 (D).
20 BT-Drucks. VI/334, S. 101 f.
21 BT-Drucks. 7/2172, S. 17.
22 BT-Drucks. VI/334, S. 65.
23 BT-Drucks. VI/334, S. 65; zustimmend *Loritz*, ZfA 1991, 1, 6; kritisch zum Schlagwort „Demokratisierung der Wirtschaft" *Müller*, DB 1975, 205, 208.
24 BT-Drucks. VI/334, S. 114.
25 BT-Drucks. VI/334, S. 55.
26 BT-Drucks. VI/334, S. 55.
27 BT-Drucks. VI/334, S. 55.

des Regierungsentwurfs wird dementsprechend die Kontrolle wirtschaftlicher oder politischer Macht nicht als Zielsetzung des Gesetzentwurfs erwähnt.

Neben den bereits dargestellten Begründungen spielten noch andere Aspekte eine Rolle. So versprach man sich von der Mitbestimmung im Aufsichtsrat, dass sie die Arbeitnehmer für die Probleme der Wirtschaft empfänglicher machen und auf diese Weise dazu beitragen würde, die soziale Marktwirtschaft stärker in der Gesellschaft zu verankern und politisch zu sichern;[28] insofern dient das MitbestG auch dem Wohl der Allgemeinheit[29].

b) Hintergrund des Schwellenwerts

Gemäß § 1 Abs. 1 MitbestG unterliegen Unternehmen bestimmter Rechtsformen der Mitbestimmung nach Maßgabe des MitbestG, wenn sie in der Regel mehr als 2 000 Arbeitnehmer beschäftigen. Der Regierungsentwurf orientierte sich insoweit an der Empfehlung der Mitbestimmungskommission, die im Einklang mit ihrem Verständnis von Mitbestimmung vorgeschlagen hatte, den Anwendungsbereich des Gesetzes allein über die Anzahl der beschäftigten Arbeitnehmer festzulegen, weil die anderen diskutierten Merkmale – Umsatz und Bilanzsumme – keine Aussage über den sozialen Verband des Unternehmens zuließen.[30] Die Kommission empfahl dabei einen Schwellenwert von 1 000 bis 2 000 Arbeitnehmern, was sie darauf stützte, dass kleinere Unternehmen nicht über eine ausreichend differenzierte Organisation verfügten, an der die Mitbestimmungsregelungen ansetzen könnten.[31] In kleineren Unternehmen sei eine strikte Trennung zwischen Unternehmens- und Betriebsleitung nicht möglich, unternehmerische Planung und konkrete Weisung seien häufig nicht nur organisatorisch, sondern auch personell vereinigt.[32] Des Weiteren sei die Sicherung der Mitbestimmung der Arbeitnehmer durch bestimmte Institutionen erst dann notwendig, wenn aufgrund der Betriebsgröße die Probleme der Anonymisierung der Arbeitnehmer, der Bürokratisierung von Unternehmensverwaltungen und der Entstehung von Dienstwegen aufträten.[33]

Dementsprechend begründete der damalige Bundesarbeitsminister *Arendt* (SPD) die Wahl des Schwellenwerts von 2 000 Arbeitnehmern damit, dass die Koalition die Mitbestimmung vor allem vom sozialen Aspekt her als ein Problem der inneren Gestaltung größerer Unternehmen begreife.[34] Andere Merkmale wie Bilanzsumme,

---

28 BT-Drucks. VI/334, S. 69; BT-Drucks. VI/1551, S. 3; zustimmend *Bayer*, AG 2004, 534, 537.

29 So BVerfG 1.3.1979, BVerfGE 50, 290, 351, wonach die Mitbestimmung als nicht als ungeeignet oder nicht erforderlich angesehen werden könne, diesen Zweck zu erreichen; zustimmend *Kübler*, AG 1981, 5, 10.

30 BT-Drucks. VI/334, S. 114.

31 BT-Drucks. VI/334, S. 114.

32 BT-Drucks. VI/334, S. 60; ebenso Sechserbericht, S. 79.

33 BT-Drucks. VI/334, S. 114 f; ebenso *Kübler/Schmidt/Simitis*, Mitbestimmung, S. 248 f.; *Lux*, BlStSozArbR 1976, 143, 144.

34 Stenografischer Bericht der 110. Sitzung am 20.6.1974, S. 7462 (B).

Kapitalausstattung oder Umsatzhöhe würden demgegenüber die Funktion der Mitbestimmung als Kontrolle von Unternehmensmacht hervorheben, seien aber auch mit praktischen Schwierigkeiten wie der Regelung von Ein- und Auslauffristen und dem Einsatz von Wirtschaftsprüfern verbunden.[35] Damit unterschied sich der Gesetzentwurf der Bundesregierung von dem des DGB, der eine Kombination der drei Kriterien 2 000 Arbeitnehmer, 150 Millionen DM Umsatz und 75 Millionen DM Bilanzsumme gefordert hatte, wobei ein Unternehmen dann der Mitbestimmung unterliegen sollte, wenn es zwei der drei Kriterien erfüllte[36]. Von Seiten der Gewerkschaften wurde denn auch kritisiert, dass der Schwellenwert des MitbestG die tatsächliche wirtschaftliche und soziale Macht von Unternehmen nicht hinreichend erfassen könne.[37] An der Wahl eines nur auf die Arbeitnehmer bezogenen Schwellenwerts wird aber deutlich, dass das MitbestG vorrangig dem Arbeitnehmerschutz dienen sollte.[38] Die Kontrolle wirtschaftlicher Macht trat demgegenüber in den Hintergrund,[39] auch wenn die Anzahl der beschäftigten Arbeitnehmer *ein* Kriterium zur Bestimmung der gesamtwirtschaftlichen Bedeutung von Unternehmen darstellt[40].

Die konkrete Höhe des Schwellenwerts wurde von der Bundesregierung in Anlehnung an die Mitbestimmungskommission damit begründet, dass Unternehmen erst ab dieser Größe eine ausreichend differenzierte Organisation aufwiesen, an der die Mitbestimmung anknüpfen könne.[41] Der Teil der Mitbestimmungskommission, der sich ebenfalls für die Grenze von 2 000 Arbeitnehmern ausgesprochen hatte, hatte dafür noch ins Feld geführt, dass andernfalls der Drittelbeteiligung nach dem BetrVG 1952 keine nennenswerte eigenständige Bedeutung mehr zukomme.[42] Das Nebeneinander dieser verschiedenen Mitbestimmungsregelungen trage den Veränderungen der inneren Strukturen der Unternehmen mit wachsender Belegschaft Rechnung, die intensivere Formen der Mitbestimmung erforderten.[43]

Das BVerfG bescheinigte dem Gesetzgeber in seinem Urteil zur Verfassungsmäßigkeit des MitbestG, dass er bei der Wahl des Schwellenwerts die Grenzen seines Gestaltungsspielraums eingehalten habe und berief sich zur Begründung ebenfalls auf die Argumentation der Mitbestimmungskommission, wonach erst in Unternehmen einer bestimmten Größenordnung der einzelne Arbeitnehmer anonym bleibe und die Unternehmensleitung bürokratisiert sei.[44] Insgesamt lässt sich damit feststellen, dass das MitbestG vorrangig der Selbstbestimmung der Arbeitnehmer dienen sollte, um ihre Unterwerfung unter das Direktionsrecht abzumildern. Maß-

---

35 Stenografischer Bericht der 110. Sitzung am 20.6.1974, S. 7462 (B).
36 §§ 2, 4 des DGB-Entwurfs, abgedruckt bei *Mayer/Reich*, Mitbestimmung, S. 152 ff.
37 *Benze u.a.*, in: GewerkschaftsK, Einl. Rn. 81, § 1 MitbestG Rn. 1.
38 *Ballerstedt*, ZGR 1977, 133, 139; *Rittner*, in: GS Rödig, S. 74, 81.
39 *Rittner*, in: GS Rödig, S. 74, 81.
40 *Wißmann*, in: FS Däubler, S. 385.
41 BT-Drucks. 7/2172, S. 19.
42 BT-Drucks. VI/334, S. 115.
43 BT-Drucks. VI/334, S. 115.
44 BVerfG 1.3.1979, BVerfGE 50, 290, 380 f.

geblich für die Wahl des konkreten Schwellenwerts von 2 000 Arbeitnehmern war die Erwägung, dass die durch das MitbestG vorgesehene institutionalisierte Mitbestimmung nur in Großunternehmen erforderlich ist, in denen die Bürokratisierung zu anonymen Strukturen führt. Bei der exakten Höhe des Schwellenwerts handelt es sich letztlich um eine politische Entscheidung, die auch anders hätte ausfallen können, vom Gesetzgeber aber aus Gründen der Rechtsklarheit und Rechtssicherheit an einer bestimmten Stelle festgesetzt werden musste, obwohl sich die Strukturen von Unternehmen in der Realität fließend ändern.[45]

2. *Arbeitnehmerzurechnung bei der Kapitalgesellschaft und Co. KG (§ 4 Abs. 1 S. 1 MitbestG)*

Eine besondere Regelung der Mitbestimmungspflicht bei der Kapitalgesellschaft und Co. KG, die in der Praxis vor allem in Form der GmbH und Co. KG vorkommt,[46] enthält § 4 Abs. 1 MitbestG. Personengesellschaften wie die Kommanditgesellschaft hat der Gesetzgeber von der Mitbestimmung grundsätzlich ausgenommen, weil die Einflussnahme der Arbeitnehmer auf wirtschaftliche Entscheidungen sich nicht mit der allein den Inhaber des Unternehmens treffenden persönlichen Haftung für die Verbindlichkeiten der Gesellschaft verträgt.[47] Bei der Konstruktion der Kapitalgesellschaft und Co. KG greift dieser Grund für die Ausnahme nicht ein, da ein individueller Komplementär, der persönlich haftet, typischerweise nicht vorhanden ist.[48] Eine Ausnahme von dem Grundsatz der Mitbestimmungsfreiheit von Personengesellschaften lässt § 4 Abs. 1 S. 1 MitbestG dennoch nicht zu, sondern schreibt vor, dass die Arbeitnehmer einer Kommanditgesellschaft ihrem persönlich haftenden Gesellschafter in Form der Kapitalgesellschaft zugerechnet werden, wenn dieser ein in § 1 Abs. 1 Nr. 1 MitbestG bezeichnetes Unternehmen ist und die Mehrheit der Kommanditisten der Kommanditgesellschaft zugleich die Mehrheit der Anteile oder der Stimmen in dem betreffenden Unternehmen innehat, sofern nicht das betreffende Unternehmen über einen eigenen Geschäftsbetrieb mit in der Regel mehr als 500 Arbeitnehmern verfügt. Auf diese Weise soll der wirtschaftlichen und organisatorischen Einheit der Kapitalgesellschaft und Co. KG Rechnung getragen[49] und zugleich verhindert werden, dass mitbestimmungspflichtige Unternehmen die

---

45 Bericht Unternehmensrechtskomm. S. 101, Nr. 57; in diese Richtung auch *Blüm* (CDU) im Bundestag, Stenografischer Bericht 230. Sitzung am 18.3.1976, S. 16012 (C).

46 *Liebscher*, in: Reichert, § 1 Rn. 1; *Gummert*, in: MüGesR II, § 49 Rn. 15; *Raiser/Veil*, KapitalGesR, § 52 Rn. 1; *K. Schmidt*, Gesellschaftsrecht, S. 1621; *Windbichler*, Gesellschaftsrecht, § 37 Rn. 1.

47 BT-Drucks. VI/334, S. 116; BT-Drucks. 7/2172, S. 17, 20: Jedenfalls sollte einer Reform des Unternehmensrechts nicht vorgegriffen werden.

48 *Großmann*, BB 1976, 1391, 1396; *Raiser*, in: RVJ, § 4 MitbestG Rn. 1.

49 *Heither/von Morgen*, in: NK-GA, § 4 MitbestG Rn. 13; *Oetker*, in: GroßK-AktG, § 4 MitbestG Rn. 3; *Lenze*, Folgen, S. 77 f.; *Raiser*, in: RVJ, § 4 MitbestG Rn. 1; *Wiesner*, GmbHR 1981, 36, 37; *Wißmann*, in: WKS, § 4 MitbestG Rn. 20 f.

Konstruktion der Kapitalgesellschaft und Co. KG nutzen, um sich der Mitbestimmung zu entziehen, indem sie die Arbeitnehmer des Unternehmens bei der Kommanditgesellschaft beschäftigen[50].

Während die Mitbestimmungskommission noch die Auffassung vertreten hatte, dass alle Arbeitnehmer der GmbH & Co. KG der GmbH zugerechnet werden sollten,[51] bleibt das Gesetz dahinter zurück, indem es eine mehrheitliche Identität der Gesellschafter und das Fehlen eines eigenen Geschäftsbetriebs der Komplementärgesellschaft verlangt. In der Begründung des Regierungsentwurfs heißt es zur Erklärung dieser Einschränkung lediglich, dass nur in diesem Fall die Einbeziehung in die Mitbestimmungsregelung gerechtfertigt erscheine.[52]

Der Schwellenwert von 500 Arbeitnehmern dient dabei als Indiz dafür, dass die Komplementärgesellschaft über einen eigenen Geschäftsbetrieb verfügt, die Geschäftsführung der Kommanditgesellschaft also nicht ihre zentrale Aufgabe darstellt.[53] Nur in diesem Fall ist davon auszugehen, dass die Komplementärgesellschaft und die Kommanditgesellschaft eine wirtschaftliche Einheit – ein einheitliches Unternehmen – bilden, welche die Zurechnung der Arbeitnehmer der Kommanditgesellschaft zur Komplementärgesellschaft rechtfertigt.[54] Die Zahl 500 wurde vom Gesetzgeber deshalb gewählt, weil eine Komplementärgesellschaft dieser Größe ohnehin der Mitbestimmung nach dem DrittelbG unterliegt.[55]

Dass der Gesetzgeber zur Beurteilung, ob die Komplementärgesellschaft über einen nennenswerten eigenen Geschäftsbetrieb verfügt, auf den Schwellenwert von mehr als 500 Arbeitnehmern zurückgreift, ist in der Literatur auf erhebliche Kritik gestoßen.[56] Teilweise wird die Ansicht vertreten, dass der Schwellenwert schlicht nicht geeignet sei, einen nur zum Schein bestehenden Geschäftsbetrieb vom einem echten eigenen Geschäftsbetrieb abzugrenzen.[57] Hintergrund der Kritik ist

---

50 *Latzel*, Gleichheit, Rn. 405; *Raiser*, in: RVJ, § 4 MitbestG Rn. 1; *D. Reuter*, AcP 179 (1979), 509, 546; *Wenzel*, in: Hesselmann/Tillmann/Mueller-Thuns, Rn. 4.192; *Wiesner*, GmbHR 1981, 36, 37.

51 BT-Drucks. VI/334, S. 116.

52 BT-Drucks. 7/2172, S. 20.

53 *Bäumer*, Anwendung, S. 64; *Haberland/Seiler*, § 4 MitbestG Anm. 3; *Kunze*, ZGR 1978, 321, 324; *Latzel*, Gleichheit, Rn. 406; *Wißmann*, in: FS Däubler, S. 385, 387; *Wlotzke*, AuR 1974, 225, 227.

54 *Ahlbrecht*, GmbH & Co KG, S. 100; *Gach*, in: MüKo-AktG, § 4 MitbestG Rn. 12 f.; *Heither/von Morgen*, in: NK-GA, § 4 MitbestG Rn. 13; *Lenze*, Folgen, S. 79; *Ulmer/Habersack*, in: UHH, § 4 MitbestG Rn. 19, 12; *Reichert/Ullrich*, in: Reichert, § 19 Rn. 13; *Wißmann*, in: MüArbR, § 279 Rn. 20; *ders.*, in: WKS, § 4 MitbestG Rn. 21.

55 *Ahlbrecht*, GmbH & Co KG, S. 100 Fn. 1; *Binz/Sorg*, GmbH & Co. KG, § 14 Rn. 38; *Großmann*, BB 1976, 1391, 1396; *Hoffmann*, GmbHR 1974, 73, 74; *Latzel*, Gleichheit, Rn. 406.

56 *Bäumer*, Anwendung, S. 65 f.; *Großmann*, BB 1976, 1391, 1396; *Henssler*, ZfA 2000, 241, 250 f.; *D. Reuter*, AcP 179 (1979), 509, 547; *Schneider*, ZGR 1977, 335, 344 f.; *Wlotzke*, AuR 1974, 225, 227; *Zöllner*, ZGR 1977, 329, 332.

57 *Zöllner*, ZGR 1977, 329, 332.

des Weiteren die Konsequenz des Schwellenwerts, dass eine Komplementärgesellschaft mit weniger als 500 Arbeitnehmern, die aufgrund der Zurechnung der Arbeitnehmer der Kommanditgesellschaft den Schwellenwert von 2 000 Arbeitnehmern überschreitet, der paritätischen Mitbestimmung des MitbestG unterliegt, während eine Komplementärgesellschaft, die selbst zwischen 500 und 2 000 Arbeitnehmer beschäftigt, lediglich dem DrittelbG unterfällt, und zwar selbst dann, wenn die Kommanditgesellschaft über 2 000 Arbeitnehmer hat.[58] So kann es dazu kommen, dass ein Ansteigen der Arbeitnehmerzahl zu einer anteilsmäßig geringeren Beteiligung der Arbeitnehmervertreter im Aufsichtsrat führt.[59]

Zudem wird kritisiert, dass sich aus der Verwendung des Schwellenwerts Umgehungsmöglichkeiten ergäben.[60] Eine Umgehung in der Weise, dass Arbeitnehmer bei der GmbH angestellt werden, dort aber Komplementärfunktionen wahrnehmen, verhindert indes bereits der Wortlaut von § 4 Abs. 1 S. 1 MitbestG, wonach ein „eigener Geschäftsbetrieb mit in der Regel mehr als 500 Arbeitnehmern" bei der Komplementärgesellschaft bestehen muss. Arbeiten die Beschäftigten tatsächlich in der Geschäftsführung der Kommanditgesellschaft, gehören sie nicht zu dem eigenen Geschäftsbetrieb der Komplementärgesellschaft. Dementsprechend ist man sich darüber einig, dass diejenigen Arbeitnehmer, die Komplementärfunktionen wahrnehmen, bei der Berechnung des Schwellenwerts nicht berücksichtigt werden.[61] Demgegenüber handelt es sich bei der Verschmelzung einer anderen Gesellschaft auf die Komplementärgesellschaft nicht um eine Umgehung, sondern um eine zulässige Gestaltungsmöglichkeit, wenn dadurch tatsächlich ein eigener Geschäftsbetrieb der GmbH entsteht[62]. In diesem Fall fehlt es an der für die Zurechnung erforderlichen Unternehmenseinheit.

Zusammenfassend lässt sich sagen, dass der Schwellenwert von 500 beschäftigten Arbeitnehmern der Feststellung dient, ob es sich bei der Kapitalgesellschaft und Co. KG um ein einheitliches Unternehmen handelt, das lediglich die Vorteile der Typenvermischung der Gesellschaftsformen nutzt oder ob die Komplementärgesellschaft tatsächlich über einen eigenen Geschäftsbetrieb verfügt. Die sich daraus ergebenden eigentümlichen Konsequenzen für die Mitbestimmung bei einem Anstieg der Arbeitnehmer der Komplementärgesellschaft auf über 500 sind als Nebenfolgen der Pauschalierung durch den Gesetzgeber hinzunehmen.

---

58 *Henssler*, ZfA 2000, 241, 250; *Schneider*, ZGR 1977, 335, 344 f.

59 *Henssler*, ZfA 2000, 241, 250; *Bäumer*, Anwendung, S. 65 f.

60 *Benze u. a.*, in: GewerkschaftsK, § 4 MitbestG Rn. 9; *Wlotzke*, AuR 1974, 225, 227.

61 *Binz/Sorg*, GmbH & Co. KG, § 14 Rn. 39; *Dornbusch*, in: AR, § 4 MitbestG Rn. 6; *Hoffmann/Lehmann/Weinmann*, § 4 MitbestG Rn. 11; *Lenze*, Folgen, S. 80; *Mutter*, in: MüGesR II, § 53 Rn. 8; *Oetker*, in: GroßK-AktG, § 4 MitbestG Rn. 7; *ders.*, in: ErfK, § 4 MitbestG Rn. 5; *Ullrich/Reichert*, in: Reichert, § 19 Rn. 14; *Ulmer/Habersack*, in: UHH, § 4 MitbestG Rn. 20; *Seibt*, in: HWK, § 4 MitbestG Rn. 9; *Wißmann*, in: WKS, § 4 MitbestG Rn. 21.

62 *Henssler*, ZfA 2000, 241, 250.

Darüber hinaus ist § 4 MitbestG – ebenso wie § 5 MitbestG – für die Berechnung der übrigen Schwellenwerte im MitbestG relevant, weil die Arbeitnehmer der Kommanditgesellschaft für die Anwendung des MitbestG auf den persönlich haftenden Gesellschafter als dessen Arbeitnehmer gelten. Die betroffenen Arbeitnehmer sind daher wahlberechtigt und im Rahmen aller Schwellwertregelungen des MitbestG mitzuzählen.[63]

3. Größe des Aufsichtsrats (§ 7 Abs. 1 S. 1 MitbestG)

In § 7 MitbestG ist festgelegt, dass der Aufsichtsrat in mitbestimmten Unternehmen stets mit derselben Anzahl von Vertretern der Anteilseigner und der Arbeitnehmer zu besetzen ist. Die Größe des Aufsichtsrats macht § 7 Abs. 1 S. 1 MitbestG dabei von der Größe des Unternehmens abhängig; der Aufsichtsrat eines Unternehmens mit in der Regel nicht mehr als 10 000 Arbeitnehmern besteht aus zwölf Aufsichtsratsmitgliedern (Nr. 1), der eines Unternehmens mit in der Regel mehr als 10 000, jedoch nicht mehr als 20 000 Arbeitnehmern aus 16 Aufsichtsratsmitgliedern (Nr. 2) und der eines Unternehmens mit in der Regel mehr als 20 000 Arbeitnehmern aus 20 Aufsichtsratsmitgliedern (Nr. 3). Gemäß § 7 Abs. 1 S. 2 und 3 MitbestG kann die Zahl der Aufsichtsratsmitglieder in der Satzung auf ein für größere Unternehmen vorgesehenes Maß erhöht werden.

Die Staffelung nach der Anzahl der in einem Unternehmen beschäftigten Arbeitnehmer weicht von der allgemeinen Regelung über die Größe des Aufsichtsrats von Aktiengesellschaften und Kommanditgesellschaften auf Aktien in § 95 AktG (i.V.m. § 278 Abs. 3 AktG) ab, wonach der Aufsichtsrat grundsätzlich aus nur drei Mitgliedern besteht und durch die Satzung eine bestimmte höhere Zahl festgesetzt werden kann, die seit der Aktienrechtsnovelle 2016[64] bei Unternehmen, die nicht der Mitbestimmung unterliegen, nicht mehr durch drei teilbar sein muss. Einschränkend enthält § 95 S. 4 AktG Höchstzahlen der Aufsichtsratsmitglieder, die nach der Höhe des Grundkapitals gestuft sind und höchstens einen Aufsichtsrat mit 21 Mitgliedern gestatten. Aufsichtsräte von Gesellschaften mit beschränkter Haftung und Genossenschaften bestehen ebenfalls grundsätzlich aus drei Mitgliedern, soweit nicht im Gesellschaftsvertrag eine höhere Zahl festgelegt ist (§ 52 Abs. 1 GmbHG i.V.m. § 95 S. 1 AktG, § 36 Abs. 1 S. 1 GenG). Auch im Bereich der Montan-Mitbestimmung ist eine feste Zahl an Aufsichtsratsmitgliedern vorgeschrieben (elf Mitglieder gemäß § 4 Abs. 1 S. 1 Montan-MitbestG bzw. 15 Mitglieder gemäß § 5 Abs. 1 S. 1 MitbestErgG), von der abhängig vom Nennkapital der Gesellschaft nach oben abgewichen werden kann (§ 9 Montan-MitbestG, § 5 Abs. 1 S. 3 MitbestErgG). Das DrittelbG enthält gar keine Regelung über die Größe des Aufsichtsrats, lässt die übrigen gesetzlichen Regelungen also unberührt (vgl. § 4 DrittelbG) und hat

63 *Heither/von Morgen*, in: NK-GA, § 4 MitbestG Rn. 14; *Oetker*, in: GroßK-AktG, § 4 MitbestG Rn. 8; *ders.*, in: ErfK, § 4 MitbestG Rn. 6; *Raiser*, in: RVJ, § 4 MitbestG Rn. 20; *Wißmann*, in: WKS, § 4 MitbestG Rn. 23 f.

64 Gesetz zur Änderung des Aktiengesetzes vom 22.12.2015, BGBl. I S. 2565.

lediglich zur Folge, dass die Anzahl der Aufsichtsratsmitglieder durch drei teilbar sein muss[65]. Eine Staffelung der Größe des Aufsichtsrats nach dem Grundkapital der Gesellschaft hatte die Bundesregierung 1970 in ihrer Stellungnahme zum Bericht der Mitbestimmungskommission auch für eine Mitbestimmungsregelung erwogen, da Umfang und Gewicht der Aufgaben des Aufsichtsrats stärker vom Ausmaß der wirtschaftlichen Aktivitäten eines Unternehmens abhingen als von der Zahl der Beschäftigten.[66]

Die von den gesellschaftsrechtlichen Vorschriften abweichende Festlegung der Anzahl der Aufsichtsratsmitglieder im MitbestG beruht primär darauf, dass „im Aufsichtsrat die verschiedenen Faktoren der Vertretung der Arbeitnehmer in einem ausgewogenen Verhältnis beteiligt sein müssen".[67] Diese verschiedenen Faktoren ergaben sich zum einen daraus, dass bei Erlass des MitbestG zwischen Arbeitern und Angestellten differenziert wurde, die ihre Aufsichtsratsmitglieder bzw. Delegierten bei mittelbarer Wahl in getrennten Wahlen bestimmten (§§ 10 Abs. 1 S. 1, 18 S. 2 MitbestG a. F.).[68] Seit der Aufgabe des Gruppenprinzips durch das Gesetz zur Reform des BetrVG vom 23. Juli 2001[69] kann dieser Aspekt allerdings nicht mehr zur Rechtfertigung der großen Anzahl der Aufsichtsratsmitglieder herangezogen werden.[70]

Die Trennung zwischen Arbeitern und Angestellten war allerdings nicht der einzige Grund, der den Gesetzgeber dazu veranlasste, die Zahl der Aufsichtsratsmitglieder relativ hoch anzusetzen. Es kommt hinzu, dass nach § 15 Abs. 1 S. 2 MitbestG dem Aufsichtsrat ein leitender Angestellter angehören muss.[71] Die Sitzgarantie dient dem Schutz der Minderheit der leitenden Angestellten[72] und soll die Informations- und Entscheidungsgrundlagen des Aufsichtsrats durch die Kenntnis und Einsicht der leitenden Angestellten in die organisatorischen und wirtschaftlichen Zusam-

---

65 Für AG und KGaA folgt das bereits aus § 95 S. 3 AktG (i.V.m. § 278 Abs. 3 AktG), für die GmbH aus § 1 Abs. 1 Nr. 3 DrittelbG i.V.m. § 95 S. 3 AktG, für den VVaG ohnehin aus § 189 Abs. 1 S. 2 VAG und für die Genossenschaft aus § 1 Abs. 1 Nr. 5 S. 2 DrittelbG.

66 BT-Drucks. VI/1551, S. 8. Der Kommissionsbericht selbst enthielt keine Empfehlung zur Staffelung der Anzahl der Aufsichtsratsmitglieder, vgl. BT-Drucks. VI/334, S. 103.

67 BT-Drucks. 7/2172, S. 22, 26; ebenso *Henssler*, in: UHH, § 7 MitbestG Rn. 15; *Hoffmann/Lehmann/Weinmann*, § 7 MitbestG Rn. 2; *Lux*, MitbestG, S. 71; *Oetker*, in: GroßK-AktG, § 7 MitbestG Rn. 4; *Raiser/Jacobs*, in: RVJ, § 7 MitbestG Rn. 1; *Wißmann*, in: WKS, § 7 MitbestG Rn. 2.

68 *Henssler*, in: UHH, § 7 MitbestG Rn. 15; *Lux*, MitbestG, S. 71; *Raiser/Jacobs*, in: RVJ, § 7 MitbestG Rn. 1; *Wißmann*, in: WKS, § 7 MitbestG Rn. 2.

69 BGBl. I S. 1852.

70 *Henssler*, in: UHH, § 7 MitbestG Rn. 15; *Raiser/Jacobs*, in: RVJ, § 7 MitbestG Rn. 1; *Wißmann*, in: WKS, § 7 MitbestG Rn. 2.

71 *Henssler*, in: UHH, § 7 MitbestG Rn. 15; *Lux*, MitbestG, S. 71; *Raiser/Jacobs*, in: RVJ, § 7 MitbestG Rn. 1; *Wißmann*, in: WKS, § 7 MitbestG Rn. 2.

72 BT-Drucks. 7/2172, S. 25; *Henssler*, in: UHH, § 15 MitbestG Rn. 29; *Hoffmann/Lehmann/Weinmann*, § 15 MitbestG Rn. 4; *Raiser/Jacobs*, in: RVJ, § 15 MitbestG Rn. 8; *Wißmann*, in: WKS, § 15 MitbestG Rn. 85.

menhänge des Unternehmens bereichern[73]. Die Einbeziehung der leitenden Angestellten stellt ebenfalls eine Besonderheit des MitbestG dar: Im DrittelbG werden die leitenden Angestellten in § 3 Abs. 1 ausdrücklich vom Geltungsbereich des Gesetzes ausgenommen; sie können nur als weitere Arbeitnehmervertreter in den Aufsichtsrat gewählt werden, wenn diesem mehr als zwei Arbeitnehmervertreter angehören (vgl. § 4 Abs. 2 S. 2 DrittelbG) und § 105 Abs. 1 AktG nicht entgegensteht.[74] Für das Montan-MitbestG lässt sich der Ausschluss der leitenden Angestellten systematisch daraus herleiten, dass die Arbeitnehmervertreter gemäß § 6 S. 2 Montan-MitbestG von den Betriebsräten gewählt werden, die gemäß § 5 Abs. 3 BetrVG nicht durch die leitenden Angestellten legitimiert sind.[75]

Zu guter Letzt lässt sich die hohe Zahl der Mandate darauf zurückführen, dass dem Aufsichtsrat gemäß § 7 Abs. 2 MitbestG zwei bzw. drei Vertreter von Gewerkschaften angehören müssen.[76] Die Einbeziehung betriebsfremder Arbeitnehmervertreter, die auf Vorschlag der Gewerkschaften von den Arbeitnehmern gewählt werden, hatte die Mitbestimmungskommission empfohlen, da die Mitwirkung externer Arbeitnehmervertreter dem Wohl des Unternehmens diene, indem sie einen Ausgleich ermögliche, wenn der Widerspruch zwischen kurzfristigen und langfristigen Arbeitnehmerinteressen besonders stark sei.[77] Auch das BVerfG hat diese Argumentation in seinem Mitbestimmungsurteil aufgegriffen und ausgeführt, dass die Regelung die Entsendung besonders qualifizierter Vertreter in den Aufsichtsrat ermögliche und geeignet sei, einem „Betriebsegoismus" entgegenzuwirken.[78]

Die Staffelung der Aufsichtsratsgröße nach der Anzahl der Arbeitnehmer des Unternehmens wurde im Regierungsentwurf damit begründet, dass ein Aufsichtsrat aus 20 Mitgliedern in Unternehmen, die nicht mehr als 20 000 Arbeitnehmer beschäftigen, unangemessen groß sein könne.[79] Eine solche unangemessene Größe kann sich zum einen aus einer fehlenden Arbeitsauslastung des Aufsichtsrats und zum anderen aus den finanziellen Belastungen ergeben, die mit einem größeren

---

73 BT-Drucks. 7/2172, S. 17.

74 BT-Drucks. 15/2542, S. 12; *Gach*, in: MüKo-AktG, § 4 DrittelbG Rn. 4; *Heither/von Morgen*, in: NK-GA, § 4 DrittelbG Rn. 11; *Henssler*, in: UHH, § 4 DrittelbG Rn. 13; *Kleinsorge*, in: WKS, § 4 DrittelbG Rn. 26; *Oetker*, in: ErfK, § 4 DrittelbG Rn. 10; *Seibt*, in: HWK, § 4 DrittelbG Rn. 11; *Veil*, in: RVJ, § 4 DrittelbG Rn. 2.

75 *Endres*, Schwellenwertregelungen, S. 157; *Heither/von Morgen*, in: NK-GA, § 1 Montan-MitbestG Rn. 24; *Mertens/Cahn*, in: KölnK-AktG, Anh. § 117 C Montan-MitbestG Rn. 5; *Oetker*, in: ErfK, § 1 Montan-MitbestG Rn. 1; *Wißmann*, in: MüArbR, § 283 Rn. 1; *ders.*, in: WKS, § 1 Montan-MitbestG Rn. 16; im Ergebnis ebenso *Lembke/Ludwig*, § 3 Rn. 11; *Spieker*, Aufsichtsrat, S. 60; a.A. *Seibt*, in: HWK, 2. Aufl., § 1 Montan-MitbestG Rn. 15.

76 *Henssler*, in: UHH, § 7 MitbestG Rn. 15; *Hoffmann/Lehmann/Weinmann*, § 7 MitbestG Rn. 2; *Lux*, MitbestG, S. 71; *Raiser/Jacobs*, in: RVJ, § 7 MitbestG Rn. 1.

77 BT-Drucks. VI/334, S. 107.

78 BVerfG 1.3.1979, BVerfGE 50, 290, 361.

79 BT-Drucks. 7/2172, S. 26 (§ 22 RegE).

Aufsichtsrat verbunden sind – insbesondere die Bezahlung der Aufsichtsratsmitglieder. Zwar hätte man die Größe des Aufsichtsrats in Anlehnung an das AktG auch nach der Höhe des Grundkapitals staffeln können. Letztlich dürfte aber bei beiden Staffelungen der Zusammenhang zum Umfang der Aufgaben des Aufsichtsrats nur bedingt aussagekräftig sein und vom Einzelfall abhängen,[80] zumal die Intensität der Überwachungspflicht des Aufsichtsrats abhängig ist von der wirtschaftlichen Lage der Gesellschaft[81]. Die Bestimmung anhand der Arbeitnehmerzahl steht aber im Einklang mit der Festlegung des Anwendungsbereichs in § 1 Abs. 1 Nr. 2 MitbestG, was dafür spricht, dass auch insoweit der soziale Aspekt der Mitbestimmung hervorgehoben werden sollte.

4. Art der Wahl (§ 9 Abs. 1 und 2 MitbestG)

In Bezug auf das Wahlverfahren der Aufsichtsratsmitglieder der Arbeitnehmer schreibt § 9 Abs. 1 MitbestG vor, dass die Arbeitnehmervertreter eines Unternehmens mit in der Regel mehr als 8 000 Arbeitnehmern durch Delegierte gewählt werden, sofern die wahlberechtigten Arbeitnehmer nicht die unmittelbare Wahl beschließen. Demgegenüber bestimmt § 9 Abs. 2 MitbestG, dass die Aufsichtsratsmitglieder der Arbeitnehmer in Unternehmen mit nicht mehr als 8 000 Arbeitnehmern in unmittelbarer Wahl gewählt werden, es sei denn die Arbeitnehmer entscheiden sich für eine Wahl durch Delegierte. Eine solche Differenzierung nach der Zahl der Arbeitnehmer hatte bereits die Mitbestimmungskommission in ihrem Bericht vorgeschlagen, da in Großunternehmen den Arbeitnehmern die Informationen für eine unmittelbare Wahl fehlten, die unmittelbare Wahl aber gleichzeitig eine größere Legitimationskraft besitze.[82]

Nach dem Gesetzentwurf der sozialliberalen Bundesregierung sollten die Aufsichtsratsmitglieder allerdings stets durch Wahlmänner gewählt werden, da die Erfahrungen mit den Urwahlen nach dem BetrVG 1952 gezeigt hätten, dass in

---

80 Um diesem Umstand Rechnung zu tragen, war gemäß § 86 AktG 1937 eine Befreiung von den Höchstzahlen durch ministerielle Genehmigung möglich, vgl. Amtliche Begründung zum AktG 1937, abgedruckt bei *Klausing*, AktG, S. 73. Diese wurde zwar durch die Neufassung des AktG 1965 abgeschafft, allerdings wurden als Ausgleich für den Wegfall der Ausnahmegenehmigung zugleich die Höchstzahlen erhöht, vgl. RegE eines AktG, BT-Drucks. 4/171, S. 133. Das führt aber ebenfalls zu mehr Flexibilität, trägt also der Unschärfe des Kriteriums Rechnung.

81 OLG Stuttgart 29.2.2012, AG 2012, 298, 300; OLG Stuttgart 19.6.2012, AG 2012, 762, 764; OLG Brandenburg 17.2.2009, AG 2009, 662, 664; OLG Hamburg 12.1.2001, AG 2001, 359, 362; LG München I 5.4.2007, AG 2007, 417, 418; LG München I 31.5.2007, AG 2007, 827, 828; *Drygala*, in: Schmidt/Lutter, § 116 AktG Rn. 22; *Habersack*, in: MüKo-AktG, § 111 AktG Rn. 44 ff.; *Hopt/Roth*, in: GK-AktG, § 111 AktG Rn. 86 ff.; *Koch*, in: Hüffer/Koch, § 111 AktG Rn. 15; *Mertens/Cahn*, in: KölnK-AktG, § 111 AktG Rn. 25; *Semler*, Leitung, Rn. 231 ff.; *Spindler*, in: Spindler/Stilz, § 111 AktG Rn. 25 f.; a.A. *Claussen*, AG 1984, 20, 21.

82 BT-Drucks. VI/334, S. 113.

größeren Unternehmen mit mehreren, räumlich getrennten Betrieben die Bewerber für ein Aufsichtsratsmandat den meisten Arbeitnehmern unbekannt gewesen seien, weil die Kandidaten sich nicht in allen Betrieben präsentieren konnten.[83] Konsequenz dieser mangelhaften Information sei häufig eine geringe Wahlbeteiligung, die Zufallsergebnisse zur Folge haben könne, weshalb eine Delegiertenwahl im Ergebnis eine höhere demokratische Legitimation biete.[84] Mit politischen Wahlen, für die Art. 38 Abs. 1 S. 1, 28 Abs. 1 S. 2 GG die unmittelbare Wahl vorschreiben, seien die Wahlen der Arbeitnehmervertreter in den Aufsichtsrat nicht vergleichbar, da es an Wahlkreisen fehle, die einen Wahlkampf in einem regional überschaubaren Bereich ermöglichten.[85] Bei der Aufsichtsratswahl müsse vielmehr ein praktikabler Ablauf des Wahlverfahrens sichergestellt werden.[86] Außerdem sei das Verfahren der Urwahl kompliziert und zeitraubend.[87] Vorbild der Regelung über die Delegiertenwahl war die Wahl zum Aufsichtsrat von Montanobergesellschaften in § 6 Abs. 2 MitbestErgG, der in seiner damaligen Fassung ebenfalls eine mittelbare Wahl vorschrieb.[88] Bereits § 6 Abs. 2 MitbestErgG a. F. lag der Gedanke zugrunde, dass aufgrund der räumlichen Entfernung zwischen den verschiedenen Betrieben eine gemeinsame Meinungsbildung der Arbeitnehmer und die Aufstellung geeigneter Vorschlagslisten kaum möglich seien.[89] Die Durchführung einer mittelbaren Wahl war zudem fakultativ schon in § 76 Abs. 4 BetrVG 1952 zur Vermeidung von Schwierigkeiten bei der Beteiligung von Arbeitnehmern abhängiger Unternehmen vorgesehen,[90] hatte allerdings mangels näherer Ausgestaltung in der Wahlordnung keine Bedeutung erlangt[91].

83 BT-Drucks. 7/2172, S. 22; BMA *Arendt* (SPD), Stenografischer Bericht der 110. Sitzung am 20.6.1974, S. 7466 (B), (C); *Fahrtmann* (SPD), ebd., S. 7531 (C); *Rappe* (SPD), ebd., S. 7500 (B); MinDirig *Wlotzke*, AuR 1974, 225, 230. Für § 76 Abs. 4 BetrVG schon zuvor *Fitting*, DB 1962, 1339 f.

84 BT-Drucks. 7/2172, S. 22; BMA *Arendt* (SPD), Stenografischer Bericht der 110. Sitzung am 20.6.1974, S. 7466 (B), (C); *Fahrtmann* (SPD), ebd., S. 7531 (C); *Rappe* (SPD), ebd., S. 7500 (B); MinDirig *Wlotzke*, AuR 1974, 225, 230.

85 *Sund* (SPD), Stenografischer Bericht der 230. Sitzung am 18.3.1976, S. 15999 (D).

86 *Fahrtmann* (SPD), Stenografischer Bericht der 110. Sitzung am 20.6.1974, S. 7531 (B).

87 BT-Drucks. 7/2172, S. 22.

88 BMA *Arendt* (SPD), Stenografischer Bericht der 110. Sitzung am 20.6.1974, S. 7466 (A); *Fahrtmann* (SPD), ebd., S. 7531 (A); *Haberland/Seiler*, § 9 MitbestG Anm. 1; *Hoechel*, Wahlmänner, S. 15; MinDirig *Wlotzke*, AuR 1974, 225, 230.

89 Schriftlicher Bericht des Ausschusses für Arbeit zum MitbestErgG, BT-Drucks. II/2387, S. 3.

90 Schriftlicher Bericht des Ausschusses für Arbeit zum BetrVG 1952, BT-Drucks. I/3585, S. 17; ebenso BMA *Arendt* (SPD), Stenografischer Bericht der 110. Sitzung am 20.6.1974, S. 7466 (A); *Hoechel*, Wahlmänner, S. 15; MinDirig *Wlotzke*, AuR 1974, 225, 230.

91 *Fitting*, DB 1962, 1339. Im Übrigen nutzte die Praxis die Möglichkeit der mittelbaren Wahl auch später nicht, weshalb die Vorschrift im Rahmen der Neufassung durch das DrittelbG gestrichen wurde, vgl. BT-Drucks. 15/2542, S. 11 f.

Die Regelung des Regierungsentwurfs zum Wahlverfahren rief massive Kritik unter anderem der CDU/CSU-Fraktion hervor; die mittelbare Wahl sei undemokratisch und entmündige die Arbeitnehmer.[92] Ebenso wie der Staatsbürger im politischen Bereich müsse der Arbeitnehmer seine Vertreter in unmittelbarer Wahl bestimmen können.[93] Die Regelung des § 6 Abs. 2 MitbestErgG beziehe sich auf die Konzernebene und sei deshalb mit einer Wahl im Betrieb nicht vergleichbar, zumal die Wahlmänner nicht nur in getrennten Wahlgängen gewählt würden, sondern nach § 6 Abs. 7 MitbestErgG (in seiner damaligen Fassung) auch die auf sie entfallenden Mitglieder des Aufsichtsrats getrennt wählten.[94] Der Bundesrat vertrat in seiner Stellungnahme zum Regierungsentwurf ebenfalls die Auffassung, dass das Wahlverfahren dem Selbstbestimmungsrecht der Arbeitnehmer widerspreche.[95] Grund für die Einführung der Delegiertenwahl sei zudem, dass die Gewerkschaften ihre Funktionäre nicht einer Direktwahl aussetzen wollten.[96] Teilweise wurden sogar verfassungsrechtliche Bedenken in Form eines Gleichheitsverstoßes geltend gemacht, da die DGB-Gewerkschaften im Vergleich zu anderen Gewerkschaften, die nicht alle Arbeitnehmergruppen vertreten, ohne sachlichen Grund bevorzugt würden.[97] Die Kritik beruhte indes nicht nur auf der Einschaltung der Wahlmänner an sich, sondern auch darauf, dass die Arbeitnehmervertreter von den Wahlmännern im Wege der Mehrheitswahl gewählt werden sollten.[98]

Der Ausschuss für Arbeit und Sozialordnung schlug aufgrund dieser Bewertung die heutige gesetzliche Regelung vor,[99] die sich am Vorschlag der Mitbestimmungskommission orientiert. Durch das Letztentscheidungsrecht der Arbeitnehmer über den Wahlmodus biete diese Lösung ein hohes Maß an Gestaltungsfreiheit, sei aber dennoch praktikabel.[100] Den Antrag der CDU/CSU-Fraktion, in allen Unternehmen die unmittelbare Wahl zur Regelwahl zu machen, lehnte der Ausschuss demgegenüber ab, da in Großunternehmen die mittelbare Wahl transparenter sei und auch den in kleineren Betrieben beschäftigten Arbeitnehmern eine effektive Einflussnahme

---

92 *Franke* (CDU/CSU), Stenografischer Bericht der 110. Sitzung am 20.6.1974, S. 7470 f.

93 *Blüm* (CDU/CSU), Stenografischer Bericht der 110. Sitzung am 20.6.1974, S. 7525 (C); *Franke* (CDU/CSU), Stenografischer Bericht der 230. Sitzung am 18.3.1976, S. 15999 (D); *Zink* (CDU/CSU), ebd., S. 15021 (D).

94 *Franke* (CDU/CSU), Stenografischer Bericht 110. Sitzung am 20.6.1974, S. 7470 (D); ähnlich *Badura*, ZfA 1974, 357, 373.

95 Anl. 2 zu BT-Drucks. 7/2172, S. 31.

96 *Franke* (CDU/CSU), Stenografischer Bericht der 110. Sitzung am 20.6.1974, S. 7471 (B); ebenso für die gesetzliche Regelung *Philipp*, DB 1976, 2303, 2304.

97 *Scholz*, Paritätische Mitbestimmung, S. 117; für einen Verstoß gegen Art. 12 Abs. 1 GG ohne nähere Begründung *Badura*, ZfA 1974, 357, 373.

98 Vgl. Stellungnahme des Bundesrates, Anl. 2 zu BT-Drucks. 7/2172, S. 31; *Blüm* (CDU/CSU), Stenografischer Bericht 110. Sitzung am 20.6.1974, S. 7525 (D); *Scholz*, Paritätische Mitbestimmung, S. 117.

99 BT-Drucks. 7/4787, S. 11.

100 BT-Drucks. 7/4845, S. 6.

gewährleiste.[101] In der zweiten Beratung im Bundestag fand der erneut gestellte Antrag der CDU/CSU-Fraktion[102] ebenfalls keine Mehrheit.[103]

Die jetzige gesetzliche Regelung trägt damit der grundsätzlich höheren demokratischen Legitimation durch Urwahlen Rechnung.[104] Zugleich berücksichtigt sie, dass in kleineren Unternehmen noch die Möglichkeit besteht, dass die Kandidaten den Arbeitnehmern bekannt sind oder sich ihnen vorstellen können.[105] In größeren Unternehmen ist die Wahl mittels Delegierten dagegen transparenter und gibt der Belegschaft kleinerer Betriebe und Unternehmen die Möglichkeit, den Ausgang der Wahl wirksam zu beeinflussen.[106] Die Abgrenzung der Wahlarten nach der Anzahl der Beschäftigten widerspricht allerdings insofern diesem Gedanken, als es sowohl Unternehmen mit nicht mehr als 8 000 Arbeitnehmern und vielen, räumlich weit voneinander entfernten Betrieben geben dürfte als auch Unternehmen, die mehr als 8 000 Beschäftigte haben, die in wenigen Betrieben arbeiten.[107] Durch die Möglichkeit zum Wechsel des Wahlmodus durch Beschluss der wahlberechtigten Arbeitnehmer kann diesem Umstand allerdings Rechnung getragen werden.[108]

Bislang bestand Einigkeit darüber, dass im Gegensatz zu den Schwellenwerten im Zusammenhang mit der Abstimmung über die Art der Wahl in § 9 Abs. 3 MitbestG im Rahmen der Schwellenwerte in § 9 Abs. 1 und 2 MitbestG die in der Regel beschäftigten Arbeitnehmer unabhängig von ihrer Wahlberechtigung mitgezählt werden.[109] Es stellt sich allerdings die Frage, ob an diesem Verständnis vor dem Hintergrund der vor Einführung des § 14 Abs. 2 S. 5 und 6 AÜG ergangenen Entscheidung des BAG[110] zur Berücksichtigung von *wahlberechtigten* Leiharbeitnehmern im Rahmen des § 9 Abs. 1 und 2 MitbestG festzuhalten ist. Das BAG begründete die Einbeziehung wahlberechtigter Leiharbeitnehmer damit, dass gemäß § 9 MitbestG den Wahlberechtigten die Entscheidung über die Art der Wahl zustehen solle; diese Wertentscheidung schließe es aus, wahlberechtigte Personen bei dem Schwellenwert nicht zu berücksichtigen.[111] Diese

---

101 BT-Drucks. 7/4845, S. 6.

102 BT-Drucks. 7/4887, S. 2.

103 Stenografischer Bericht der 230. Sitzung am 18.3.1976, S. 16024 (B).

104 *Raiser/Jacobs*, in: RVJ, § 9 MitbestG Rn. 3 f.; *Wolff*, DB 2002, 790.

105 *Matthes*, WO MitbestG, S. 90; *Wißmann*, in: WKS, § 9 MitbestG Rn. 4.

106 So im Anschluss an den Ausschussbericht, BT-Drucks. 7/4845, S. 6, BAG 4.11.2015, AP Nr. 2 zu § 9 MitbestG Rn. 35; *Krause*, ZIP 2014, 2209, 2216; *Wißmann*, in: WKS, § 9 MitbestG Rn. 4.

107 *Hoffmann/Lehmann/Weinmann*, § 9 MitbestG Rn. 4; *Philipp*, DB 1976, 2303, 2304; *Wlotzke*, ZGR 1977, 355, 363.

108 *Hoechel*, Wahlmänner, S. 29; *Lux*, BABl. 1976, 176, 177 f.

109 *Henssler*, in: UHH, § 9 MitbestG Rn. 8; *Oetker*, in: ErfK, 16. Aufl., § 9 MitbestG Rn. 1; *Raiser/Jacobs*, in: § 9 MitbestG Rn. 5; *Wißmann*, in: WKS, § 9 MitbestG Rn. 7.

110 BAG 4.11.2015, AP Nr. 2 zu § 9 MitbestG.

111 BAG 4.11.2015, AP Nr. 2 zu § 9 MitbestG Rn. 33. So bereits zuvor *Hay/Grüneberg*, NZA 2014, 814, 820; *Oetker*, in: ErfK, 16. Aufl., § 9 MitbestG Rn. 1.

Begründung spricht nicht dafür, generell nur wahlberechtigte Arbeitnehmer im Rahmen des Schwellenwerts von § 9 Abs. 1 und 2 MitbestG mitzuzählen.[112] Bereits nach bisherigem Verständnis ist sichergestellt, dass alle Wahlberechtigten bei dem Schwellenwert berücksichtigt werden, weil die Wahlberechtigung gemäß §§ 10 Abs. 2 S. 1, 18 S. 1 MitbestG grundsätzlich an die Eigenschaft als Arbeitnehmer des Unternehmens anknüpft. In Anbetracht des eindeutigen Wortlauts von § 9 Abs. 1 und 2 MitbestG kommt es daher im Rahmen der Schwellenwertberechnung nicht auf die Wahlberechtigung der Arbeitnehmer an.

5. Abstimmung über die Art der Wahl (§ 9 Abs. 3 S. 1 und 3 MitbestG)

Zur Abstimmung darüber, ob die Wahl durch Delegierte oder unmittelbar erfolgen soll, bedarf es eines Antrags, der von einem Zwanzigstel der wahlberechtigten Arbeitnehmer des Unternehmens unterzeichnet sein muss (§ 9 Abs. 3 S. 1 MitbestG). Der folgende Beschluss über den Wechsel der Art der Wahl kann nur unter Beteiligung von mindestens der Hälfte der wahlberechtigten Arbeitnehmer und nur mit der Mehrheit der abgegebenen Stimmen gefasst werden. Die zweistufige Regelung ist komplizierter ausgestaltet als es der Vorschlag der Mitbestimmungskommission vorgesehen hatte. Diese wollte einer qualifizierten Minderheit der Arbeitnehmer – von beispielsweise einem Viertel der Arbeitnehmer des Unternehmens – die Möglichkeit geben, sich für eine Urwahl zu entscheiden.[113] Das Gesetz stellt demgegenüber strengere Anforderungen, weil ein Wechsel des Wahlmodus nur bei einer Mehrheit der im Rahmen der Abstimmung abgegebenen Stimmen möglich ist. Lediglich in dem Sonderfall, dass sich knapp über 50 % der wahlberechtigten Arbeitnehmer an der Abstimmung beteiligen und die Mehrheit für eine Abweichung vom Regelwahlverfahren bei knapp über 50 % liegt, ist ebenso wie nach dem Vorschlag der Mitbestimmungskommission eine qualifizierte Minderheit von (etwas mehr als) einem Viertel der Belegschaft in der Lage, das Wahlverfahren zu verändern.[114]

Zunächst müssen sich jedoch 5 % der wahlberechtigten Arbeitnehmer des Unternehmens für einen Wechsel des Wahlmodus aussprechen. Hintergrund dieser Regelung ist, dass eine Vorabstimmung über die Art der Wahl mit erheblichem Aufwand verbunden ist und das Wahlverfahren insgesamt in die Länge zieht; deshalb soll diese Abstimmung nur dann stattfinden, wenn in der Belegschaft ein ernst zu nehmender Wunsch zum Wechsel des Wahlmodus besteht.[115] Das Quorum bezieht sich auf das Unternehmen und nicht auf die einzelnen Betriebe, da die Wahl im

---

112 *Oetker*, NZA 2017, 29, 31.

113 BT-Drucks. VI/334, S. 113.

114 Darauf weisen auch hin *Haberland/Seiler*, § 9 MitbestG Anm. 4; *Hoechel*, Wahlmänner, S. 28 f.

115 *Hoffmann/Lehmann/Weinmann*, § 9 MitbestG Rn. 38; *Wißmann*, in: WKS, § 9 MitbestG Rn. 21; *Wlotzke*, ZGR 1977, 355, 363.

gesamten Unternehmen nach einem einheitlichen Verfahren durchzuführen ist[116]. Von den Vorschriften über die Aufstellung von Wahlvorschlägen unterscheidet sich die Regelung dadurch, dass sie nur auf einen Prozentsatz abstellt und nicht alternativ eine bestimmte absolute Zahl von wahlberechtigten Arbeitnehmern als ausreichend ansieht.[117]

Unter Gleichheitsgesichtspunkten ist das Quorum von 5 % der wahlberechtigten Arbeitnehmer des Unternehmens nicht zu beanstanden.[118] Die Höhe des Quorums ist so klein, dass der Abstimmung nicht vorgegriffen wird; es wird lediglich dafür Sorge getragen, dass die Abstimmung nur durchgeführt wird, wenn auch tatsächlich die Möglichkeit besteht, dass die Arbeitnehmer sich für einen Wechsel des Wahlmodus entscheiden werden.

Gemäß § 9 Abs. 3 S. 3 MitbestG kann ein Beschluss über den Wechsel der Art der Wahl nur unter Beteiligung von mindestens der Hälfte der wahlberechtigten Arbeitnehmer und nur mit der Mehrheit der abgegebenen Stimmen gefasst werden. Die gesetzliche Regelung ist angelehnt an die Rechtsprechung des BAG zur nötigen Mehrheit bei der Beschlussfassung über einen Wechsel von der Gruppenwahl zur Gemeinschaftswahl nach § 13 Abs. 2 BetrVG a. F.[119] In dieser Vorschrift war bestimmt, dass die Arbeiter und Angestellten ihre Vertreter im Betriebsrat in getrennten Wahlgängen wählen, es sei denn, dass die wahlberechtigten Angehörigen beider Gruppen vor der Neuwahl in getrennten, geheimen Abstimmungen die gemeinsame Wahl beschließen. Das BAG verlangte dafür eine qualifizierte Mehrheit in der Form, dass sich auch die Mehrheit der wahlberechtigten Angehörigen jeder Gruppe an der Abstimmung beteiligen musste.[120] Die Gemeinschaftswahl sei die Ausnahme von der gesetzlichen Regel in dem Sinne, dass es eines besonderen Abstimmungsaktes bedürfe, der nicht der Zufallsmehrheit einiger weniger abstimmender Arbeitnehmer überlassen werden könne.[121] Ein repräsentativer Beschluss sei nur gewährleistet, wenn man eine Mindestteilnahmezahl der Abstimmungsberechtigten verlange.[122] Diese Erwägungen lassen sich auf die Abstimmung über den Wahlmodus in § 9 Abs. 3 S. 3 MitbestG übertragen, der ebenfalls eine Abweichung vom gesetzlichen Regelfall normiert und folglich nicht durch eine Zufallsmehrheit herbeigeführt werden soll, die sich bei einer geringen Abstimmungsbeteiligung ergeben kann.

---

116 *Hoffmann/Lehmann/Weinmann*, § 9 MitbestG Rn. 26; *Oetker*, in: GK-AktG, § 9 MitbestG Rn. 14.

117 Vgl. §§ 12 Abs. 1 S. 2, 15 Abs. 2 S. 2 Nr. 1 und 2 MitbestG, § 6 S. 2 DrittelbG.

118 *Stück*, DB 2004, 2582, 2583: Im Gegensatz zur vom BVerfG (12.10.2004, BVerfGE 111, 289) für verfassungswidrig erklärten Regelung in § 12 Abs. 1 S. 2 MitbestG, wonach jeder Wahlvorschlag von einem Zehntel oder 100 der jeweils wahlberechtigten Arbeitnehmer des Betriebs unterzeichnet werden musste, bezieht sich § 9 Abs. 3 S. 1 MitbestG auf das Unternehmen und verlangt ein wesentlich niedrigeres Quorum.

119 Hoffmann/Lehmann/Weinmann, § 9 MitbestG Rn. 49.

120 BAG 7.7.1954, AP Nr. 1 zu § 13 BetrVG; BAG 2.2.1962, AP Nr. 10 zu § 13 BetrVG.

121 BAG 7.7.1954, AP Nr. 1 zu § 13 BetrVG.

122 BAG 7.7.1954, AP Nr. 1 zu § 13 BetrVG.

6. Delegiertenzahl (§ 11 Abs. 1 S. 1 MitbestG)

Für die mittelbare Wahl bestimmt § 11 Abs. 1 S. 1 MitbestG, dass in jedem Betrieb auf je 90 wahlberechtigte Arbeitnehmer ein Delegierter entfällt. Dabei handelt es sich um den ersten Schritt zur Ermittlung der Zahl der Wahlmänner; die sich aus der sog. Schlüsselzahl 90 ergebende Zahl der Delegierten ist in größeren Betrieben anschließend in einem mehrstufigen System nach § 11 Abs. 1 S. 2 MitbestG zu reduzieren.[123] Ursprünglich entfiel auf je 60 wahlberechtigte Arbeitnehmer ein Delegierter. Durch das Gesetz zur Vereinfachung der Wahl der Arbeitnehmervertreter in den Aufsichtsrat vom 23. März 2002[124] wurde der Schlüssel auf einen Delegierten pro 90 wahlberechtigte Arbeitnehmer erhöht, um die Anzahl der Delegierten erheblich zu vermindern[125]. Die Durchführung der Delegiertenversammlung stellt regelmäßig den größten Kostenfaktor des Wahlverfahrens dar, so dass eine Verkleinerung der Delegiertenversammlung zu einer spürbaren Kostenentlastung der mitbestimmten Unternehmen führt.[126]

Die Berechnung auf Ebene des Betriebs ist insofern konsequent, als die Delegierten gemäß § 10 Abs. 1 MitbestG in jedem Betrieb unabhängig voneinander gewählt werden. Wie sich bereits aus dem Wortlaut des § 11 Abs. 1 S. 1 MitbestG ergibt, kommt es anders als etwa in § 1 Abs. 1 Nr. 2 MitbestG oder § 7 Abs. 1 S. 1 MitbestG auf die exakte Zahl der wahlberechtigten Arbeitnehmer an, nicht auf die in der Regel beschäftigten.[127] Hintergrund dessen ist, dass die Vorschrift nicht dazu dient, die Größe eines Betriebs bzw. Unternehmens allgemein zu bestimmen, sondern dass jeder Delegierter dieselbe Zahl an wahlberechtigten Arbeitnehmern vertreten soll, um jedem Betrieb auf der Delegiertenversammlung den Einfluss zu geben, der seiner zahlenmäßigen Größe entspricht.

7. Wahlvorschläge für Delegierte (§ 12 Abs. 1 S. 2 MitbestG)

Für die indirekte Wahl bestimmt § 12 Abs. 1 S. 1 MitbestG, dass die wahlberechtigten Arbeitnehmer des Betriebs Wahlvorschläge für Delegierte machen können, die gemäß Abs. 1 S. 2 von einem Zwanzigstel oder 50 der jeweils wahlberechtigten in § 3 Abs. 1 Nr. 1 bezeichneten Arbeitnehmer oder leitenden Angestellten des Betriebs unterzeichnet sein müssen.

Nach der ursprünglichen Fassung des § 12 Abs. 1 S. 2 MitbestG waren die Anforderungen an die Wahlvorschläge höher, das Unterstützerquorum lag bei 10 % bzw. 100 wahlberechtigten Arbeitnehmern. Diese Regelung hat das BVerfG allerdings mit Be-

---

123 *Henssler*, in: UHH, § 11 MitbestG Rn. 2; *Wißmann*, in: WKS, § 11 MitbestG Rn. 1.

124 BGBl. I S. 1130.

125 BT-Drucks. 14/8214, S. 10.

126 BT-Drucks. 14/8214, S. 8; *Sieg/Siebels*, NZA 2002, 697, 699. Zahlen bzgl. der Kosten von Delegiertenversammlungen sind abgedruckt bei *Sieg*, NZA 2000, 175 ff.

127 *Raiser/Jacobs*, in: RVJ, § 11 MitbestG Rn. 4.

schluss vom 12.10.2004 für unvereinbar mit Art. 3 Abs. 1 GG erklärt;[128] zuvor war das Quorum in Rechtsprechung und Literatur trotz bereits im Gesetzgebungsverfahren geäußerter Bedenken der CDU/CSU-Fraktion[129] überwiegend als verfassungsgemäß angesehen worden[130]. Das BVerfG begründete seine Entscheidung damit, dass der Gesetzgeber auch bei Wahlen im wirtschaftlichen und sozialen Bereich die Chancengleichheit der bei der Wahl antretenden Gruppen zu beachten habe.[131] Zudem falle das Recht der Koalitionen, an der Vertretung der Arbeitnehmer im Aufsichtsrat mitzuwirken, in den Schutzbereich des Art. 9 Abs. 3 GG, so dass der Gesetzgeber deren Chancengleichheit bei den Wahlen nur beeinträchtigen dürfe, wenn sich dies durch einen besonderen, zwingenden Grund rechtfertigen lasse.[132] Die Ungleichbehandlung liege darin, dass diejenigen, die das Unterschriftenquorum nicht erfüllten, nicht an der Wahl teilnehmen dürften.[133] Das Erfordernis eines bestimmten Unterschriftenquorums für Wahlvorschläge sei nur dann hinreichend sachlich gerechtfertigt, wenn und soweit es dazu diene, den Wahlakt auf ernsthafte Bewerber zu beschränken und das Stimmgewicht der einzelnen Wählerstimmen zu sichern, indem die Wähler daran gehindert würden, ihre Stimmen an aussichtslose Bewerber zu vergeben.[134] Damit könne der Gefahr der Stimmenzersplitterung begegnet werden.[135] Die Zahl der Unterschriften dürfe allerdings grundsätzlich nur so hoch festgesetzt werden, wie es für die Erreichung des mit dem Quorum verfolgten Zwecks erforderlich sei.[136] Den Bewerbern dürfe die Teilnahme an der Wahl nicht übermäßig erschwert werden und der Wählerentscheidung dürfe nicht vorgegriffen werden.[137] Im Rahmen dessen sei zu berücksichtigen, dass durch die geringe Zahl der zu vergebenden Sitze im Aufsichtsrat eine zu große Zersplitterung nicht in Betracht komme.[138] Einer Zersplitterung werde zudem dadurch vorgebeugt, dass die Wahl der Aufsichtsratsmitglieder durch die Delegierten

---

128 BVerfG 12.10.2004, BVerfGE 111, 289 ff.

129 Vgl. den Änderungsantrag der CDU/CSU-Fraktion auf Herabsetzung des Quorums auf die jetzige Höhe, BT-Drucks. 7/4887 sowie die Begründung von *Erhard* (CDU/CSU), Stenografischer Bericht der 230. Sitzung am 18.3.1976, S. 16024 ff.

130 BAG 13.5.1998, AP Nr. 1 zu § 12 MitbestG; LAG Berlin 1.11.1996, BeckRS 1996, 30764891; *Ehrich*, EWiR 1999, 179, 180; *Fitting/Wlotzke/Wißmann*, 2. Aufl., § 12 MitbestG Rn. 7; *Hanau*, in: FS Friauf, S. 621 ff.; *ders.*, in: Hanau/Ulmer, 1. Aufl., § 12 MitbestG Rn. 19; *Hoffmann/Lehmann/Weinmann*, § 12 MitbestG Rn. 10; *Matthes*, in: GK-MitbestG, § 12 MitbestG Rn. 13; *Oetker*, in: GroßK-AktG, § 12 MitbestG Rn. 4; *Raiser/Veil*, 4. Aufl., § 12 MitbestG Rn. 2; a.A. *Löwisch*, in: FS Zöllner, S. 847 ff.; *Mertens*, in: KölnK-AktG, Anh. § 117 B § 12 MitbestG Rn. 4; *Spindler*, AG 1993, 25 ff.

131 BVerfG 12.10.2004, BVerfGE 111, 289, 301.

132 BVerfG 12.10.2004, BVerfGE 111, 289, 301.

133 BVerfG 12.10.2004, BVerfGE 111, 289, 301.

134 BVerfG 12.10.2004, BVerfGE 111, 289, 302.

135 BVerfG 12.10.2004, BVerfGE 111, 289, 302.

136 BVerfG 12.10.2004, BVerfGE 111, 289, 303.

137 BVerfG 12.10.2004, BVerfGE 111, 289, 303.

138 BVerfG 12.10.2004, BVerfGE 111, 289, 304, zustimmend *Richardi/Korstock*, WuB II O. § 12 MitbestG 1.05.

an Wahlvorschläge gebunden sei. An einer unnötigen Erschwerung der Teilnahme an der Wahl fehle es nur, wenn ein deutlicher Abstand zwischen der Zahl der für eine Wahlteilnahme benötigten Unterschriften und der für einen Wahlerfolg nötigen Stimmen bestehe.[139] Dabei müsse – auch in Anbetracht der Geheimhaltung der Wahl – berücksichtigt werden, dass die Zahl derjenigen, die sich öffentlich durch ihre Unterschrift zu einer Liste bekennen, regelmäßig erheblich kleiner sei als die Zahl der möglichen Wähler einer Liste.[140] Die Zahl der gemäß § 12 Abs. 1 S. 2 MitbestG nötigen Unterschriften sei aber teilweise genauso hoch oder höher als die Zahl der Stimmen, die für einen Delegiertensitz notwendig seien.[141] Durch die Betriebsbezogenheit des Quorums werde des Weiteren verhindert, dass Gruppen, die unternehmensweit über einen hinreichenden Einfluss verfügen, aber in einzelnen Betrieben das Quorum nicht erfüllen, ihr Wählerpotential voll ausschöpfen könnten.[142]

Durch Gesetz vom 8. Juni 2005[143] ist der Gesetzgeber seiner Verpflichtung zur Schaffung einer verfassungsmäßigen Regelung nachgekommen, indem er das relative und das absolute Quorum jeweils halbierte. Diese Höhe erschwert die Wahlteilnahme nicht unnötig, da sie den vom BVerfG geforderten Abstand zwischen der Zahl der nötigen Unterschriften und der endgültig notwendigen Wählerstimmen wahrt.[144] Der Hintergrund der Vorschrift ist auch nach der Neufassung derselbe geblieben. Die Mindestunterstützung der Wahlvorschläge dient dazu, nur ernsthafte Wahlvorschläge zur Wahl zuzulassen und Stimmenzersplitterung zu verhindern. Die Wähler sollen zudem davor bewahrt werden, ihre Stimme an aussichtslose Wahlbewerber zu vergeben.

8. *Wahlvorschläge für Aufsichtsratsmitglieder der Arbeitnehmer (§ 15 Abs. 2 S. 2 MitbestG)*

Gemäß § 15 Abs. 2 S. 2 Nr. 1 MitbestG muss jeder Wahlvorschlag für Aufsichtsratsmitglieder der Arbeitnehmer, die nicht leitende Angestellte sind, von einem Fünftel oder 100 der wahlberechtigten Arbeitnehmer des Unternehmens unterzeichnet sein, während gemäß § 15 Abs. 2 S. 2 Nr. 2 S. 2 MitbestG jeder Abstimmungsvorschlag für das Aufsichtsratsmitglied der leitenden Angestellten von einem Zwanzigstel oder 50 der wahlberechtigten leitenden Angestellten unterzeichnet sein muss. Diese

139 BVerfG 12.10.2004, BVerfGE 111, 289, 304, zustimmend *Richardi/Korstock*, WuB II O. § 12 MitbestG 1.05.

140 BVerfG 12.10.2004, BVerfGE 111, 289, 304, zustimmend *Richardi/Korstock*, WuB II O. § 12 MitbestG 1.05; *Säcker*, RdA 2005, 113, 114.

141 BVerfG 12.10.2004, BVerfGE 111, 289, 305, zustimmend *Säcker*, RdA 2005, 113, 114.

142 BVerfG 12.10.2004, BVerfGE 111, 289, 305, zustimmend *Richardi/Korstock*, WuB II O. § 12 MitbestG 1.05.

143 Art. 4 des Zweiten Gesetzes zur Änderung des Seemannsgesetzes und anderer Gesetze, BGBl. I S. 1530, 1533.

144 *Henssler*, in: UHH, § 12 MitbestG Rn. 10 f.; *Raiser/Jacobs*, in: RVJ, § 12 MitbestG Rn. 1; *Säcker*, RdA 2005, 113, 115.

Regelung gilt aufgrund ihrer systematischen Stellung im dritten Unterabschnitt unmittelbar nur für die Delegiertenwahl, wird in § 18 S. 3 MitbestG aber für die unmittelbare Wahl für entsprechend anwendbar erklärt. Im Gegensatz zur Regelung in § 12 Abs. 1 S. 2 MitbestG beziehen sich die Unterschriftenquoren jeweils auf das gesamte Unternehmen und nicht auf die einzelnen Betriebe. Das resultiert daraus, dass Bezugspunkt der Mitbestimmung im Aufsichtsrat – als einem Organ der Gesellschaft – naturgemäß das Unternehmen ist.

a) Wahlvorschläge für Aufsichtsratsmitglieder der Arbeitnehmer nach § 3 Abs. 1 Nr. 1 MitbestG (§ 15 Abs. 2 S. 2 Nr. 1 MitbestG)

Hinsichtlich der Höhe des Unterschriftenquorums entspricht die heutige Fassung des § 15 Abs. 2 S. 2 Nr. 1 MitbestG derjenigen des Regierungsentwurfs, wobei die Quoren in der ursprünglichen Fassung allerdings aufgrund des Gruppenprinzips jeweils für die wahlberechtigten Arbeiter und wahlberechtigten Angestellten galten.[145] Die Mitbestimmungskommission hatte demgegenüber empfohlen, das Vorschlagsrecht solchen Gruppen von Arbeitnehmern zuzugestehen, die entweder 10 % der Arbeitnehmer des Unternehmens oder mindestens 100 Arbeitnehmer ausmachten.[146] Im Regierungsentwurf wurde die Höhe des Quorums damit begründet, dass die Legitimation der Aufsichtsratsmitglieder durch die Repräsentanten der Gesamtbelegschaft mit der Einflussnahme der Arbeitnehmer auf die Besetzung der ihnen zukommenden Aufsichtsratssitze in Ausgleich gebracht werden solle.[147] Das erklärt sich daraus, dass der Regierungsentwurf im Gegensatz zur heutigen gesetzlichen Regelung eine mittelbare Mehrheitswahl empfahl.[148] Auf der Grundlage des Regierungsentwurfs hätte das Unterschriftenquorum zudem damit gerechtfertigt werden können, dass der geschlossenen Anteilseignerseite eine geschlossene Arbeitnehmerschaft im Aufsichtsrat gegenübergestellt werden sollte, um den paritätischen Einfluss im Aufsichtsrat zu wahren.[149] Eine solche Rechtfertigung verbietet sich nach der Rechtsprechung des BVerfG zu § 12 Abs. 1 S. 2 MitbestG jedoch deshalb, weil der Gesetzgeber sich im Laufe des Gesetzgebungsverfahrens bewusst für einen Minderheitenschutz durch Verhältniswahl entschieden hat und so die fehlende Geschlossenheit der Arbeitnehmer bewusst in Kauf genommen hat.[150] Diese Erwägung lässt sich auf § 15 Abs. 2 S. 2 MitbestG übertragen, da die Arbeitnehmervertreter sowohl bei direkter als auch bei indirekter Wahl im Wege der Verhältniswahl gewählt werden (vgl. §§ 15 Abs. 1 S. 1, 18 S. 3 MitbestG).

Im Zuge der Beratungen im Ausschuss für Arbeit und Soziales stellte die CDU/CSU-Fraktion – ebenso wie im Rahmen des § 12 Abs. 1 S. 2 MitbestG – den An-

---

145 Vgl. § 15 Abs. 3 S. 4 Nr. 1 und 2 RegE, BT-Drucks. 7/2172, S. 8.

146 BT-Drucks. VI/334, S. 113.

147 BT-Drucks. 7/2172, S. 25.

148 Vgl. § 16 Abs. 1 S. 1 RegE, BT-Drucks. 7/2172, S. 8.

149 So *Hanau*, in: FS Friauf, S. 621, 635 ff.

150 BVerfG 12.10.2004, BVerfGE 111, 289, 302 f.

trag, das Unterschriftenquorum jeweils auf ein Zwanzigstel oder 50 Arbeitnehmer zu ermäßigen.[151] Die Ausschussmehrheit trat dem mit dem Argument entgegen, dass die vorgesehene Quorenhöhe aufgrund der Verhinderung völlig aussichtsloser Wahlvorschläge und der Vermeidung von Stimmenzersplitterung mit den Grundsätzen der Chancengleichheit und der geheimen Wahl vereinbar sei.[152] Des Weiteren werde die Höhe des Quorums von einem Fünftel bei größeren Unternehmen dadurch relativiert, dass auch 100 Unterschriften ausreichten.[153] Nach Aufgabe des Gruppenprinzips hat sich dieser Effekt so verstärkt, dass dem Quorum von 20 % überhaupt keine Bedeutung mehr zukommt, es reichen vielmehr immer 100 Unterschriften, weil der Anwendungsbereich des MitbestG erst bei Beschäftigung von mehr als 2 000 Arbeitnehmern eröffnet ist.[154] Selbst wenn man unterstellt, dass von den 2 001 Arbeitnehmern 400 Arbeitnehmer abzuziehen sind, weil 10 % nicht wahlberechtigt sind und es sich bei weiteren 10 % um leitende Angestellte handelt[155], läge das Quorum von einem Fünftel weit über den erforderlichen 100 Unterschriften bei 321 Unterschriften (1 601 wahlberechtigte Arbeitnehmer, davon ein Fünftel).

Aus diesem Grund bestehen auch keine verfassungsrechtlichen Bedenken gegen die Vorschrift[156]. Legt man die obigen Zahlen zugrunde, ergeben 100 Unterschriften ein Quorum von etwa 6,3 % (100*100/1601 ≈ 6,3), was nicht wesentlich über dem jetzigen Quorum von 5 % für die Wahlvorschläge für Delegierte liegt, das einhellig als verfassungsgemäß angesehen wird. Hinzu kommt, dass das BVerfG das Anliegen, den Wahlakt auf ernsthafte Bewerber zu beschränken als grundsätzlich legitim anerkennt[157] und in seiner Entscheidung zu § 12 Abs. 1 S. 2 MitbestG in Bezug auf Wahlvorschläge für Delegierte seine Argumentation wesentlich darauf stützte, dass

151 Vgl. Bericht des Ausschusses für Arbeit und Sozialordnung, BT-Drucks. 7/4845, S. 6.

152 Bericht des Ausschusses für Arbeit und Sozialordnung, BT-Drucks. 7/4845, S. 6.

153 Bericht des Ausschusses für Arbeit und Sozialordnung, BT-Drucks. 7/4845, S. 6.

154 *Fuchs/Köstler/Pütz*, Rn. 306; *Henssler*, in: UHH, § 15 MitbestG Rn. 41; *Wißmann*, in: WKS, § 15 MitbestG Rn. 41.

155 Tatsächlich ist der Anteil der leitenden Angestellten weitaus geringer, er lag laut einer Untersuchung von 1974/75 im Durchschnitt bei 2–3 %, in einzelnen Branchen bei 7 %, *Witte/Bronner*, S. 46, 80; *Witte/Bronner*, Bd. 2, S. 14, 47. Im Übrigen ist umstritten, ob die leitenden Angestellten überhaupt i.R.d. § 15 Abs. 2 S. 2 Nr. 1 MitbestG abgezogen werden müssen, dazu sogleich.

156 *Henssler*, in: UHH, § 15 MitbestG Rn. 43 f.; *Oetker*, in: ErfK, 15. Aufl., § 18 MitbestG Rn. 7; *Stück*, DB 2004, 2582, 2583; *Wißmann*, in: WKS, § 15 MitbestG Rn. 42 ff. Diejenigen Stimmen, die verfassungsrechtliche Bedenken hegen, stammen denn auch aus der Zeit vor Aufgabe des Gruppenprinzips im Jahr 2001: *Löwisch*, in: FS Zöllner (1998), S. 847, 859 f.; *Mertens*, in: KölnK-AktG, 2. Aufl. (1996), Anh. § 117 B § 15 MitbestG Rn. 4; *Spindler*, AG 1993, 25, 27.

157 BVerfG 23.3.1982, BVerfGE 60, 162, 168; BVerfG 22.10.1985, BVerfGE 71, 81, 96 f.; BVerfG 12.10.2004, BVerfGE 111, 289, 302.

bereits § 15 Abs. 2 MitbestG einer Stimmenzersplitterung entgegenwirke, weshalb eine zu große Zersplitterung von vornherein nicht zu erwarten sei[158].

Umstritten ist, ob § 15 Abs. 2 S. 2 MitbestG lediglich dazu dient, die Aufsichtsratsmitglieder durch die wahlberechtigten Arbeitnehmer i.S.v. § 3 Abs. 1 Nr. 1 MitbestG zu legitimieren. Die Folge dessen wäre, dass nur solche Arbeitnehmer – nicht aber die leitenden Angestellten – bei dem Unterschriftenquorum von 100 Arbeitnehmern mitzählen könnten. Teilweise wird demgegenüber die Auffassung vertreten, auch den leitenden Angestellten komme ein Vorschlagrecht für die regulären Arbeitnehmervertreter zu.[159] Die überwiegende Ansicht lehnt dies jedoch ab und begreift die Nummern des § 15 Abs. 2 S. 2 MitbestG als Alternativen, die sich gegenseitig ausschließen.[160]

Vor Aufgabe des Gruppenprinzips ergab sich die fehlende Berechtigung der leitenden Angestellten zur Unterstützung eines Wahlvorschlags der übrigen Angestellten ausdrücklich aus dem Wortlaut des § 15 Abs. 4 S. 2 Nr. 2 MitbestG, in welchem die nicht leitenden Angestellten als in § 3 Abs. 3 Nr. 1 bezeichnete Angestellte umschrieben wurden.[161] Der heutige Wortlaut ist demgegenüber offener formuliert und spricht lediglich von wahlberechtigten Arbeitnehmern.[162] Den Materialien zur Reform des BetrVG, durch die das Gruppenprinzip aufgegeben wurde, lässt sich indes nicht entnehmen, dass der Gesetzgeber eine inhaltliche Änderung herbeiführen wollte; in der Begründung des Regierungsentwurfs heißt es vielmehr, dass der neue § 15 Abs. 2 MitbestG die bisherige Regelung des Abs. 4 übernehme, wobei durch die Aufgabe des Gruppenprinzips die bisherigen Nummern 1 und 2 in einer neuen Nummer 1 zusammengefasst würden.[163] Diese fehlende Änderungsabsicht der Bundesregierung verdeutlichen zudem die Wahlordnungen, die von der Bundesregierung verordnet wurden und ausdrücklich regeln, dass nur die in § 3 Abs. 1 Nr. 1 MitbestG bezeichneten wahlberechtigten Arbeitnehmer Wahlvorschläge für die regulären Arbeitnehmervertreter im Aufsichtsrat unterzeichnen können (§ 25 Abs. 1 1. WahlO, § 27 Abs. 1 2. WahlO, § 27 Abs. 1 3.WahlO).[164] Auch die systematische Auslegung spricht dafür, dass der Begriff der wahlberechtigten Arbeitnehmer die leitenden Angestellten ausschließt, da die Wahlvorschläge der leitenden Angestellten nach dem klaren Wortlaut von § 15 Abs. 2 S. 2 Nr. 2 Mit-

---

158 BVerfG 12.10.2004, BVerfGE 111, 289, 304 ff. So auch *Henssler*, in: UHH, § 15 MitbestG Rn. 43; *Wißmann*, in: WKS, § 15 MitbestG Rn. 44.

159 *Henssler*, in: UHH, § 15 MitbestG Rn. 36a f.

160 *Oetker*, in: ErfK, 15. Aufl., § 18 MitbestG Rn. 7; *Raiser/Jacobs*, in: RVJ, § 15 MitbestG Rn. 18; *Wißmann*, in: WKS, § 15 MitbestG Rn. 27.

161 Darauf weist auch hin *Wißmann*, in: WKS, § 15 MitbestG Rn. 27.

162 *Wißmann*, in: WKS, § 15 MitbestG Rn. 27.

163 BT-Drucks. 14/5741, S. 58.

164 *Wißmann*, in: WKS, § 15 MitbestG Rn. 27; a.A. *Henssler*, in: UHH, § 15 MitbestG Rn. 36a f., der aus § 15 Abs. 2 S. 2 Nr. 2 MitbestG einen Umkehrschluss für Nr. 1 zieht.

bestG allein von diesen aufgestellt werden.[165] Hinzu kommt, dass § 15 Abs. 2 S. 2 Nr. 1 MitbestG zwar lediglich von wahlberechtigten Arbeitnehmern spricht, aber die Wahlvorschläge als solche „für Aufsichtsratsmitglieder der Arbeitnehmer nach § 3 Abs. 1 Nr. 1" bezeichnet, diese Wahlvorschläge also denen der leitenden Angestellten gegenüberstellt. Schließlich streitet der Zweck der Aufstellung getrennter Wahlvorschläge – die besondere Legitimation durch die entsprechende Arbeitnehmerkategorie – dafür, dass die Kandidaten der Aufsichtsratsmitglieder der Arbeitnehmer nicht durch leitende Angestellte unterstützt werden können.[166] Nur die Arbeitnehmer i.S.v. § 3 Abs. 1 Nr. 1 MitbestG sind daher befugt, die Wahlvorschläge für die allgemeinen Arbeitnehmervertreter im Aufsichtsrat zu unterschreiben.

b) Wahlvorschlag für das Aufsichtsratsmitglied der leitenden Angestellten (§ 15 Abs. 2 S. 2 Nr. 2 S. 2 MitbestG)

Die leitenden Angestellten stellen gemäß § 15 Abs. 2 S. 2 Nr. 2 MitbestG ihren Wahlvorschlag aufgrund von Abstimmungsvorschlägen durch Beschluss auf. Jeder Abstimmungsvorschlag muss von einem Zwanzigstel oder 50 der wahlberechtigten leitenden Angestellten unterzeichnet sein (§ 15 Abs. 2 S. 2 Nr. 2 S. 2 MitbestG). Im Gegensatz zu § 14 Abs. 4 BetrVG, der für Wahlvorschläge für die Betriebsratswahl ebenfalls ein Quorum von einem Zwanzigstel oder 50 der wahlberechtigten Arbeitnehmer verlangt, sind in § 15 Abs. 2 Nr. 2 S. 2 MitbestG keine weiteren absoluten Untergrenzen enthalten, so dass bei 20 oder weniger leitenden Angestellten ein gültiger Abstimmungsvorschlag bereits bei der Unterzeichnung durch einen Wahlberechtigten vorliegt.[167]

Der Regierungsentwurf zum MitbestG sah abweichend von der Gesetz gewordenen Regelung lediglich die Aufstellung von Wahlvorschlägen vor und verlangte dafür eine wesentlich größere Unterstützung; in § 15 Abs. 3 Nr. 3 war für die Wahlvorschläge der leitenden Angestellten – ebenso wie für die Wahlvorschläge der Arbeiter und der sonstigen Angestellten – vorgesehen, dass diese von einem Fünftel oder 100 der wahlberechtigten leitenden Angestellten unterzeichnet sein mussten.[168] Im Ausschuss für Arbeit und Sozialordnung wurde für die leitenden Angestellten im Hinblick auf ihren geringen Anteil an der Gesamtbelegschaft indes übereinstimmend eine Sonderregelung getroffen, wonach die Wahlvorschläge für die Aufsichtsratsmitglieder der Angestellten, die auf die leitenden Angestellten entfallen, in einem zweistufigen Verfahren bestimmt werden, das dem heutigen Verfahren in § 15 Abs. 2 S. 2 Nr. 2 MitbestG entspricht.[169] Auf diese Weise sollte sichergestellt werden, dass das Aufsichtsratsmitglied der leitenden Angestellten sowohl das Ver-

165 *Wißmann*, in: WKS, § 15 MitbestG Rn. 27.
166 *Wißmann*, in: WKS, § 15 MitbestG Rn. 27.
167 *Henssler*, in: UHH, § 15 MitbestG Rn. 78; *Wißmann*, in: WKS, § 15 MitbestG Rn. 89.
168 BT-Drucks. 7/2172, S. 8.
169 Vgl. § 15 Abs. 3 Nr. 3, BT-Drucks. 7/4787, S. 12 sowie die Begründung, BT-Drucks. 7/4845, S. 6.

trauen der leitenden Angestellten als auch der Mehrheit der Angestellten insgesamt genießt, indem zunächst die leitenden Angestellten zwei Bewerber als ihren Wahlvorschlag auswählen, von denen dann einer den Sitz im Aufsichtsrat erhält.[170] Auf die heutige Regelung übertragen bedeutet dies, dass der Vertreter der leitenden Angestellten sowohl durch die Arbeitnehmerschaft insgesamt als auch durch die leitenden Angestellten legitimiert wird; das rechtfertigt sich aus dem überproportionalen Gewicht der leitenden Angestellten bei der Besetzung des Aufsichtsrats im Verhältnis zu ihrem Anteil an der gesamten Arbeitnehmerschaft.[171]

Gegen die Höhe des Quorums für Abstimmungsvorschläge bestehen keine verfassungsrechtlichen Bedenken, da durch das vergleichsweise niedrige Quorum von einem Zwanzigstel stets ein hinreichender Abstand zu der im Abstimmungsverfahren erforderlichen Stimmenzahl gegeben ist.[172] Ebenso wie die anderen Unterschriftenquoren für Wahlvorschläge dient es dazu, die Abstimmung über die Wahlvorschläge auf ernsthafte Abstimmungsvorschläge zu beschränken, um zu verhindern, dass Wahlberechtigte ihre Stimmen an aussichtslose Bewerber vergeben und damit zu einer Stimmenzersplitterung beitragen.

9. Anfechtung der Wahl von Delegierten (§ 21 Abs. 2 S. 1 Nr. 1) und von Aufsichtsratsmitgliedern der Arbeitnehmer (§ 22 Abs. 2 S. 1 Nr. 1 MitbestG)

Das MitbestG enthält zwei Vorschriften, wonach eine Wahl beim Arbeitsgericht angefochten werden kann, wenn gegen wesentliche Vorschriften über das Wahlrecht, die Wählbarkeit oder das Wahlverfahren verstoßen worden ist, eine Berichtigung nicht erfolgt ist und der Verstoß das Wahlergebnis beeinflussen konnte (§§ 21 Abs. 1, 22 Abs. 1 MitbestG). Vorbild dieser Regelungen war § 19 BetrVG.[173] Die Normierung in zwei verschiedenen Vorschriften beruht darauf, dass nicht nur die Wahl der Arbeitnehmervertreter in den Aufsichtsrat angefochten werden kann, sondern auch die im Fall der mittelbaren Wahl vorgeschaltete Wahl der Delegierten. Zur Anfechtung der Wahl von Delegierten berechtigt sind gemäß § 21 Abs. 2 S. 1 Nr. 1 MitbestG mindestens drei wahlberechtigte Arbeitnehmer des Betriebs. Der Betriebsbezug ist eine Folge davon, dass die Delegierten in den einzelnen Betrieben getrennt gewählt werden (§ 10 Abs. 1 MitbestG). Dementsprechend zählen zu den wahlberechtigten Arbeitnehmern des Betriebs auch diejenigen Arbeitnehmer, die für die Delegiertenwahl nach § 11 Abs. 3, 4 MitbestG dem Betrieb zugeordnet

---

170 BT-Drucks. 7/4845, S. 6; *Krämer*, NJW 1977, 2142, 2144.

171 *Wißmann*, in: WKS, § 15 MitbestG Rn. 85.

172 *Henssler*, in: UHH, § 15 MitbestG Rn. 78; *Stück*, DB 2004, 2582, 2583; *Wißmann*, in: WKS, § 15 MitbestG Rn. 89.

173 *Henssler*, in: UHH, § 22 MitbestG Rn. 1 für § 22 MitbestG; *Hoffmann/Lehmann/Weinmann*, § 21 MitbestG Rn. 1; *Matthes*, in: GK-MitbestG, § 21 MitbestG Rn. 1, § 22 MitbestG Rn. 2; *Raiser/Jacobs*, in: RVJ, § 21 MitbestG Rn. 2, § 22 MitbestG Rn. 1; *Wißmann*, in: WKS, § 22 MitbestG Rn. 3 für § 22 MitbestG.

worden waren.[174] Zur Anfechtung der Wahl eines Aufsichtsratsmitglieds berechtigt sind gemäß § 22 Abs. 2 S. 1 Nr. 1 MitbestG mindestens drei wahlberechtigte Arbeitnehmer des Unternehmens.

Bei den Anfechtungsverfahren handelt es sich um objektive Wahlprüfungsverfahren, die nicht dem Einzelinteresse, sondern dem Allgemeininteresse dienen.[175] Wäre die Verfolgung subjektiver Rechte Gegenstand des Verfahrens, könnte ein einzelner Arbeitnehmer geltend machen, dass er bei ordnungsgemäßer Wahl möglicherweise in den Aufsichtsrat oder in die Delegiertenversammlung gewählt worden wäre.[176] Mit dem Erfordernis der Unterstützung durch drei wahlberechtigte Arbeitnehmer soll ein gewisser Schutz dagegen geschaffen werden, dass ein einzelner Arbeitnehmer aufgrund persönlicher Unzufriedenheit die Wahl anficht und damit ein relativ aufwendiges und schwieriges Verfahren in Gang setzt, das möglicherweise von vornherein keine Aussicht auf Erfolg bietet.[177] Die Vorschriften sorgen insoweit auch für Rechtssicherheit.[178]

10. Abberufung von Aufsichtsratsmitgliedern der Arbeitnehmer (§ 23 Abs. 1 S. 2 Nr. 1 und 2 MitbestG)

Alle Aufsichtsratsmitglieder können durch Beschluss ihrer jeweiligen Wähler abberufen werden. Für die Aufsichtsratsmitglieder der Anteilseigner folgt dies für Aktiengesellschaften und Kommanditgesellschaft auf Aktien aus § 103 Abs. 1 und 2 AktG (i.V.m. § 278 Abs. 3 AktG), für Gesellschaften mit beschränkter Haftung aus § 6 Abs. 2 S. 1 MitbestG i.V.m. § 103 Abs. 1 und 2 AktG, für Versicherungsvereine auf Gegenseitigkeit aus § 189 Abs. 3 S. 1 VAG i.V.m. § 103 Abs. 1 AktG sowie für Genossenschaften aus § 36 Abs. 3 GenG. Voraussetzung ist ein Beschluss, der einer Mehrheit von mindestens drei Vierteln der abgegebenen Stimmen bedarf, wobei jedoch – außer bei Genossenschaften gemäß §§ 36 Abs. 3 S. 2, 18 Abs. 1 S. 2 GenG – durch die Satzung eine andere Mehrheit festgesetzt werden kann. Für die Abberufung von Aufsichtsratsmitgliedern der Arbeitnehmer schreibt § 23 Abs. 2 und 3 MitbestG vor, dass ein durch Delegierte gewähltes Mitglied durch Beschluss der Delegierten abberufen wird, während ein von den Arbeitnehmern in unmittelbarer Wahl gewähltes Mitglied durch Beschluss der wahlberechtigten Arbeitnehmer abberufen wird; beide Beschlüsse bedürfen jeweils einer Mehrheit von drei

---

174 *Henssler*, in: UHH, § 21 MitbestG Rn. 11; *Hoffmann/Lehmann/Weinmann*, § 21 MitbestG Rn. 22; *Matthes*, in: GK-MitbestG, § 21 MitbestG Rn. 70; *Thau*, Mängel, S. 69; *Wißmann*, in: WKS, § 21 MitbestG Rn. 16.

175 *Thau*, Mängel, S. 40 (§ 21 MitbestG), 330 (§ 22 MitbestG).

176 So BVerwG 27.4.1983, BVerwGE 67, 145, 149 zu § 25 PersVG Baden-Württemberg; *Thau*, Mängel, S. 40 für § 21 MitbestG.

177 BAG 12.2.1985, AP Nr. 27 zu § 76 BetrVG (1952) im Rahmen der analogen Anwendung von § 19 BetrVG im Geltungsbereich von § 76 BetrVG 1952.

178 So auch der schriftliche Bericht des Ausschusses für Arbeit und Sozialordnung zum BetrVG, zu BT-Drucks. VI/2729, S. 21 für § 19 BetrVG.

Vierteln der abgegebenen Stimmen. Auch im Bereich der Montan-Mitbestimmung können die Arbeitnehmervertreter im Aufsichtsrat durch Beschluss des jeweiligen Wahlorgans abberufen werden (§ 11 Abs. 2 Montan-MitbestG i.V.m. § 103 AktG, § 10n MitbestErgG).

Im Gegensatz zu den allgemeinen gesellschaftsrechtlichen Vorschriften normiert § 23 MitbestG auch, in welchem Fall überhaupt eine Abstimmung über die Abberufung stattfindet. Antragsberechtigt für die Abberufung sind gemäß § 23 Abs. 1 S. 2 MitbestG diejenigen, denen das Wahlvorschlagsrecht für die entsprechenden Aufsichtsratsmitglieder zukommt,[179] für ein Mitglied der Arbeitnehmer nach § 3 Abs. 1 Nr. 1 MitbestG die entsprechenden wahlberechtigten Arbeitnehmer, für das Mitglied der leitenden Angestellten die wahlberechtigten leitenden Angestellten und für einen Vertreter der Gewerkschaften die Gewerkschaft, die das Mitglied vorgeschlagen hat. Antragsberechtigt sind drei Viertel der wahlberechtigten Arbeitnehmer bzw. der wahlberechtigten leitenden Angestellten. Das Antragsquorum ist im Vergleich zu dem in § 12 Abs. 1 S. 1 DrittelbG verlangten Quorum von einem Fünftel der Wahlberechtigten[180] und im Vergleich zu dem Unterstützerquorum für Wahlvorschläge als Spiegelbild des Abberufungsantrags sehr hoch[181]. Das Unterstützerquorum für den Abberufungsantrag geht sogar insofern über die Anforderungen an den endgültigen Beschluss über die Abberufung hinaus, als dafür bereits eine Mehrheit von drei Vierteln der *abgegebenen* Stimmen ausreicht.

Der Gesetzgeber rechtfertigte die hohen Anforderungen damit, dass es sich bei der Abberufung um einen schwerwiegenden Eingriff handele,[182] der zudem allein auf den Vertrauensverlust gestützt werden könne und keines wichtigen Grundes bedürfe[183]. Die Aufsichtsratsmitglieder sollen ihr Mandat weitgehend unabhängig von Schwankungen in der Wählergunst wahrnehmen können,[184] wobei durch das hohe Quorum aussichtslose Abberufungsanträge vermieden werden[185]. Das Antragsquorum setzt außerdem den Minderheitenschutz der Verhältniswahl fort, da die von Belegschaftsminderheiten legitimierten Aufsichtsratsmitglieder nicht durch einfachen Mehrheitsbeschluss abberufen werden können.[186] Aus diesem Grund ist das hohe Quorum auch im Hinblick auf das Demokratieprinzip verfassungsrecht-

179 *Hoffmann/Lehmann/Weinmann*, § 23 MitbestG Rn. 1; *Oetker*, in: GroßK-AktG, § 23 MitbestG Rn. 6; *Raiser/Jacobs*, in: RVJ, § 23 MitbestG Rn. 4; *Simons*, in: Hölters, § 103 AktG Rn. 43; *Spindler*, in: Spindler/Stilz, § 103 AktG Rn. 45.

180 Hoffmann/Lehmann/Weinmann, § 23 MitbestG Rn. 2.

181 *Oetker*, in: GroßK-AktG, § 23 MitbestG Rn. 7.

182 Begründung des RegE zu § 21, BT-Drucks. 7/2172, S. 26.

183 Bericht des Ausschusses für Arbeit und Sozialordnung zu § 21, BT-Drucks. 7/4845, S. 14.

184 *Hoffmann/Lehmann/Weinmann*, § 23 MitbestG Rn. 2; *Wißmann*, in: WKS, § 23 MitbestG Rn. 10.

185 *Oetker*, in: GroßK-AktG § 23 MitbestG Rn. 7.

186 *Wißmann*, in: WKS, § 23 MitbestG Rn. 10.

lich unbedenklich,[187] zumal das Grundgesetz den Wählern keinerlei Möglichkeit zur Abberufung ihrer Vertreter vor Ende der Legislaturperiode einräumt[188].

II. DrittelbG

1. Anwendungsschwellenwert (§ 1 Abs. 1 DrittelbG)

In Unternehmen bestimmter Rechtsformen mit in der Regel mehr als 500 Arbeitnehmern haben die Arbeitnehmer ein Mitbestimmungsrecht im Aufsichtsrat nach Maßgabe des DrittelbG (§ 1 Abs. 1 DrittelbG). Zudem besteht gemäß § 1 Abs. 1 Nr. 1 und 2 DrittelbG in Aktiengesellschaften und Kommanditgesellschaften auf Aktien mit in der Regel weniger als 500 Arbeitnehmern ein Mitbestimmungsrecht der Arbeitnehmer, wenn die Gesellschaft vor dem 10. August 1994 eingetragen worden ist und es sich nicht um eine Familiengesellschaft handelt.

a) Unternehmen mit in der Regel mehr als 500 Arbeitnehmern

Der Schwellenwert von 500 Arbeitnehmern war grundsätzlich bereits im BetrVG 1952 enthalten, in dem die Drittelbeteiligung bis zur Schaffung des DrittelbG im Jahr 2004 geregelt war. Dort galt der Schwellenwert allerdings zunächst nicht für Aktiengesellschaften und Kommanditgesellschaften auf Aktien, es sei denn, es handelte sich um Familiengesellschaften, was auch Hintergrund der noch näher zu erläuternden Sonderregelung für Altgesellschaften in § 1 Abs. 1 Nr. 1 und 2 DrittelbG ist. Der Schwellenwert von in der Regel mehr als 500 Arbeitnehmern geht auf den Entwurf eines Gesetzes über die Mitbestimmung der Arbeitnehmer im Betrieb der CDU/CSU-Bundestagsfraktion[189] vom 17. Mai 1950 zurück, den die Fraktion gegen den Willen des von ihr getragenen Bundeskanzlers *Adenauer*[190] in den Bundestag eingebracht hatte. Der Entwurf bestimmte, dass der Aufsichtsrat von Aktiengesellschaften und Kommanditgesellschaften auf Aktien zu mindestens einem Drittel aus Vertretern der Arbeitnehmer gebildet werden muss und bei anderen juristischen Personen mit mehr als 500 Arbeitnehmern ein entsprechend besetzter Aufsichtsrat oder Beirat zu bilden ist (§§ 46, 47).

Der Gesetzentwurf der SPD[191] von Juli 1950, der wesentlich auf einem Gesetzentwurf des DGB beruhte,[192] sah demgegenüber eine Ausdehnung der in der Eisen- und Stahlindustrie bereits bestehenden paritätischen Mitbestimmung auf Unternehmen aller Wirtschaftszweige vor, die entweder in der Regel mehr als 300 Arbeitnehmer

---

187 *Henssler*, in: UHH, § 23 MitbestG Rn. 2; *Wißmann*, in: WKS, § 23 MitbestG Rn. 10.

188 *Henssler*, in: UHH, § 23 MitbestG Rn. 2.

189 Entwurf eines Gesetzes über die Mitbestimmung der Arbeitnehmer im Betrieb, BT-Drucks. I/970.

190 *Müller-List*, Montanmitbestimmung, S. XLVIII: *Adenauer* wollte eine Einigung der Sozialpartner abwarten.

191 Entwurf eines Gesetzes zur Neuordnung der Wirtschaft, BT-Drucks. I/1229.

192 *Müller-List*, Montanmitbestimmung, S. XLVIII.

beschäftigen oder in einem Abschluss an Aktien-, Stamm-, Einlage-, Eigen-Kapital oder Geschäftsguthaben einschließlich gesetzlicher Rücklagen, Reservefonds und/ oder freier Rücklagen einen Betrag von mindestens 3 Millionen Reichsmark oder Deutsche Mark verzeichnet haben oder verzeichnen werden. Der Entwurf der Bundesregierung[193] folgte schließlich am 31. Oktober 1950; er sah eine Drittelbeteiligung der Arbeitnehmer im Aufsichtsrat von Aktiengesellschaften, Kommanditgesellschaften auf Aktien, Gesellschaften mit beschränkter Haftung, Genossenschaften, Versicherungsvereinen auf Gegenseitigkeit und bergrechtlichen Gewerkschaften unabhängig von der Zahl der beschäftigten Arbeitnehmer vor (§§ 89, 92).

Der Ausschuss für Arbeit empfahl nach fast zweijähriger gemeinsamer Beratung aller drei Entwürfe eine Drittelbeteiligung der Arbeitnehmer in allen Aktiengesellschaften und Kommanditgesellschaften auf Aktien (§ 76 Abs. 1 BetrVG) mit Ausnahme der Familiengesellschaften, bei denen ein Schwellenwert von 500 Arbeitnehmern gelten sollte (§ 76 Abs. 6 S. 1 BetrVG), sowie für Gesellschaften mit beschränkter Haftung und bergrechtliche Gewerkschaften mit eigener Rechtspersönlichkeit mit mehr als 500 Arbeitnehmern die zwingende Bildung eines Aufsichtsrats, der entsprechend zusammengesetzt werden musste (§ 77 Abs. 1 BetrVG).[194] In den Ausschussberatungen lehnte allerdings die SPD-Fraktion eine Begrenzung des Anwendungsbereichs nach der Beschäftigtenzahl mit dem Argument ab, dass es um echte Mitbestimmung in wirtschaftlichen Fragen gehe und nicht um betriebliche Sozialpolitik.[195] Daher müsse auch das Nennkapital einbezogen werden, um solche Unternehmen zu erfassen, deren Bedeutung sich aus ihrer Kapitalgröße ergebe.[196] Dagegen wurde eingewandt, dass es bei Handelshäusern, die über ein großes Kapital, aber nur über wenige Beschäftigte verfügten, praktisch unmöglich sei, in einen Aufsichtsrat beispielsweise drei von insgesamt sechs oder sieben Arbeitnehmern zu entsenden.[197] Zudem wurde die Ansicht vertreten, dass die Beteiligung der Arbeitnehmer in den Aufsichtsräten der Unternehmen erfolgen solle, deren Größe zu einem weniger engen persönlichen Kontakt zwischen Arbeitnehmern und Unternehmern führe.[198]

---

193 Entwurf eines Gesetzes über die Neuordnung der Beziehungen von Arbeitnehmern und Arbeitgebern in den Betrieben (Betriebsverfassungsgesetz), BT-Drucks. I/1546.

194 BT-Drucks. I/3585, S. 33 f.

195 Kurzprotokoll der gemeinsamen Sitzung des Arbeitskreises der Ausschüsse für Arbeit und Wirtschaftspolitik am 13.4.1951, S. 4, beschrieben bei *Arnold*, Entstehung, S. 192.

196 Kurzprotokoll der gemeinsamen Sitzung des Arbeitskreises der Ausschüsse für Arbeit und Wirtschaftspolitik am 13.4.1951, S. 4, beschrieben bei *Arnold*, Entstehung, S. 192.

197 So der Abgeordnete *Walter* (FDP), Kurzprotokoll der gemeinsamen Sitzung des Arbeitskreises der Ausschüsse für Arbeit und Wirtschaftspolitik am 7.11.1951, S. 5, beschrieben bei *Arnold*, Entstehung, S. 192.

198 So der Abgeordnete *Schmitz* (CDU), Kurzprotokoll der gemeinsamen Sitzung des Arbeitskreises der Ausschüsse für Arbeit und Wirtschaftspolitik am 13.4.1951, S. 3, beschrieben bei *Arnold*, Entstehung, S. 192.

Wie bereits im Rahmen der Erläuterung zu § 1 Abs. 1 Nr. 2 MitbestG dargestellt, hat die Mitbestimmungskommission herausgearbeitet, dass aufgrund der sich verändernden Strukturen im Unternehmen ein direkter Zusammenhang zwischen der intensiveren Form der Mitbestimmung und zunehmender Belegschaftsstärke besteht.[199] Auch in der heutigen Literatur wird auf den von der Beschäftigtenzahl abhängigen Abstand zwischen Belegschaft und Management hingewiesen.[200] Diesem Verhältnis entspricht es, dass durch die Drittelbeteiligung die Willensbildung im Aufsichtsrat weit weniger beeinflusst wird als im Rahmen der Mitbestimmung nach dem MitbestG. Des Weiteren wäre der organisatorische und finanzielle Aufwand, der mit der Mitbestimmung nach dem MitbestG verbunden ist, bei kleineren Unternehmen nicht angemessen.[201] Teilweise wird die Schwelle von 500 Arbeitnehmern dabei aber aus betriebswirtschaftlicher Sicht als zu hoch angesehen.[202] Auch hier gilt allerdings, dass es sich bei der Festsetzung des konkreten Werts letztlich um eine Entscheidung handelt, bei der sich die konkrete Höhe des Schwellenwerts nicht dezidiert begründen lässt, sondern der Einschätzung des Gesetzgebers unterliegt.

Die Schwelle von 500 Arbeitnehmern soll nach teilweise vertretener Ansicht sicherstellen, dass nur Unternehmen mit einer ausreichenden wirtschaftlichen Bedeutung der Drittelparität unterliegen.[203] Zum Nachweis wird auf den Bericht des Ausschusses für Arbeit verwiesen,[204] dem sich allerdings eine derartige Begründung des Schwellenwerts nicht entnehmen lässt[205]. Der Argumentation ist zwar zuzugeben, dass die wirtschaftliche Bedeutung eines Unternehmens in einem gewissen Zusammenhang zu der Zahl der beschäftigten Arbeitnehmer steht, indes hat sich der Gesetzgeber – wie dargestellt – bewusst gegen eine Absenkung des Schwellenwerts entschieden, welche die SPD in ihrem Antrag mit der wirtschaftlichen Bedeutung kapitalintensiver Unternehmen begründet hatte. Hinzu kommt, dass es bei einer wirtschaftlichen Betrachtung nahe gelegen hätte, ebenso wie im KSchG Teilzeitbeschäftigte nur anteilig zu berücksichtigen.[206] Das gilt zwar nicht für den Erlass des Gesetzes im Jahr 1952 – zu dieser Zeit dürfte die Zahl der Teilzeitbeschäftigten ver-

199 Vgl. dazu oben § 2 B. I. 1. b).

200 *Endres*, Schwellenwertregelungen, S. 161; *Krause*, ZIP 2014, 2209, 2220.

201 *Endres*, Schwellenwertregelungen, S. 161; *Rittner*, in: GS Rödig, S. 74, 81.

202 *Kunze*, in: FS Geßler, S. 47, 50.

203 BAG 1.12.1961, AP Nr. 1 zu § 77 BetrVG 1952; *Endres*, Schwellenwertregelungen, S. 161.

204 BAG 1.12.1961, AP Nr. 1 zu § 77 BetrVG 1952; *Endres*, Schwellenwertregelungen, S. 161.

205 BT-Drucks. I/3585, S. 17.

206 Darauf, dass eine solche Auslegung nach der Entscheidung des BAG konsequent wäre, weist hin *Kötter*, AP Nr. 1 zu § 77 BetrVG 1952.

schwindend gering gewesen sein[207] –, aber für spätere Änderungen des Gesetzes.[208] Entscheidender ist jedoch, dass der Gesetzgeber alternativ auf den Umsatz oder die Bilanzsumme der Unternehmen hätte abstellen können, wie es der Entwurf der SPD vorgeschlagen hatte. Durch den Schwellenwert in § 1 Abs. 1 DrittelbG sollen daher – ähnlich wie beim MitbestG – strukturähnliche Unternehmen erfasst werden, deren Größe zu einem weniger engen persönlichen Kontakt zwischen Arbeitnehmern und Arbeitgeber führt.

b) Altgesellschaften mit in der Regel weniger als 500 Arbeitnehmern

Gemäß § 1 Abs. 1 Nr. 1 S. 2, Nr. 2 S. 2 DrittelbG besteht in Aktiengesellschaften und Kommanditgesellschaften auf Aktien mit in der Regel weniger als 500 Arbeitnehmern ein Mitbestimmungsrecht der Arbeitnehmer, wenn die Gesellschaft vor dem 10. August 1994 in das Handelsregister eingetragen worden ist und es sich nicht um eine Familiengesellschaft handelt. Diese Fassung geht auf eine Änderung des BetrVG 1952 aus dem Jahr 1994 zurück. Mit dem Gesetz für kleine Aktiengesellschaften und zur Deregulierung des Aktienrechts[209] vom 2. August 1994 sollte der mittelständischen Wirtschaft der Zugang zum Kapitalmarkt (Börse) eröffnet werden, da dieser Teil der deutschen Wirtschaft im internationalen Vergleich eine geringe Eigenkapitalausstattung aufwies.[210] Dazu sollten Hemmnisse für die Wahl der Aktiengesellschaft als Rechtsform für mittelständische Unternehmen abgebaut werden.[211] Der Umstand, dass Aktiengesellschaften mit Ausnahme von Familiengesellschaften unabhängig von der Zahl der beschäftigten Arbeitnehmer der Unternehmensmitbestimmung nach dem BetrVG 1952 unterlagen, wurde dabei als ein solches Hemmnis eingestuft.[212] Zum Beleg dieser Annahme berief sich die Bundesregierung in der Entwurfsbegründung auf eine 1988 veröffentlichte Untersuchung von *Albach* und *Lutter*, die allerdings insofern ein differenzierteres Bild zeigte, als aus Sicht der schriftlich befragten Unternehmer die Mitbestimmung im Aufsichtsrat nach dem BetrVG 1952 im Allgemeinen kein Hindernis für die Wahl der Rechtsform der Aktiengesellschaft darstellte.[213] Unter den befragten Unternehmern bestand zudem keine Einigkeit darüber, dass eine Untergrenze von 500 Arbeitnehmern auch für die

---

207 Ab 1948 gab es zwar erste Tendenzen zur Entwicklung eines Rechts auf Teilzeitarbeit für Kriegswitwen. Diese Bestrebungen endeten indes mit Erlass des Bundesversorgungsgesetzes, da die Frauen nun als versorgt galten: *Annuß*, in: Annuß/Thüsing, Einführung Rn. 21; *von Oertzen*, Teilzeitarbeit, S. 54.

208 Eine entsprechende Anregung findet sich bei *Löwisch*, RdA 1984, 197, 209.

209 BGBl. I S. 1961.

210 Gesetzentwurf der Fraktionen der CDU/CSU und FDP, BT-Drucks. 12/6721, S. 5.

211 Gesetzentwurf der Fraktionen der CDU/CSU und FDP, BT-Drucks. 12/6721, S. 5.

212 BT-Drucks. 12/6721, S. 5 f.; *G. Blanke*, BB 1994, 1505, 1510; *Chmielewicz*, in: FS Potthoff, S. 164, 169 f.; *Hommelhoff*, ZHR 153 (1989), 181, 188; *ders.*, ZGR-Sonderheft 12, S. 65, 77; *Seibert/Köster/Kiem*, Kleine AG, 3. Aufl., Rn. 245 ff.

213 *Albach/Lutter*, Deregulierung, S. 104 f.

Aktiengesellschaft sinnvoll wäre.[214] Dennoch wurde die Sonderstellung der Gesellschaften mit beschränkter Haftung und Familiengesellschaften im Vergleich zu den Aktiengesellschaften von den befragten Unternehmern als gewichtiges Problem eingestuft, das zudem dadurch verschärft werde, dass der Aufsichtsrat in einer Aktiengesellschaft größeren Einfluss auf die Unternehmenspolitik nehmen könne.[215] Dieser Umstand beruht darauf, dass der Aufsichtsrat der Aktiengesellschaft weitergehende Kompetenzen hat als der der Gesellschaft mit beschränkter Haftung[216] und zugleich die Hauptversammlung der Aktionäre im Vergleich zur Gesellschafterversammlung bei der Gesellschaft mit beschränkter Haftung eine schwächere Stellung[217] hat.[218] Die Untersuchung empfahl deshalb für sog. Private Aktiengesellschaften, deren Aktien an keinem Kapitalmarkt gehandelt werden, die Gleichstellung mit Gesellschaften mit beschränkter Haftung und Familiengesellschaften hinsichtlich des Schwellenwerts von 500 Arbeitnehmern.[219] Letztlich diente allerdings auch der Entwurf von *Albach* und *Lutter* dem Ziel, die Attraktivität der Aktiengesellschaft zu steigern, um eine bessere Kapitalausstattung des Mittelstands zu gewährleisten,[220] wohl in der Hoffnung, dass sich die sog. Privaten Aktiengesellschaften später leichter von dieser Art der Aktiengesellschaft verabschieden würden als sogleich eine „normale" Aktiengesellschaft zu gründen oder sich in eine solche umzuwandeln.

Der Gesetzgeber nahm diesen Vorschlag auf, verfolgte aber einen umfassenderen Ansatz und sah von der Einführung verschiedener Arten von Aktiengesellschaften ab; er stufte die Aktiengesellschaft vielmehr insgesamt auch für kleinere Unternehmen als geeignete Rechtsform ein und löste sich damit von dem Leitbild der großen Publikumsgesellschaft, das dem BetrVG 1952 zugrunde gelegen hatte[221]. Im Entwurf der Fraktionen der CDU/CSU und FDP war daher vorgesehen, den Schwellenwert allgemein auch auf Aktiengesellschaften und Kommanditgesellschaften auf Aktien

---

214 *Albach/Lutter*, Deregulierung, S. 105 f.

215 *Albach/Lutter*, Deregulierung, S. 105 f.

216 Ihm fehlt namentlich die Kompetenz zur Bestellung und Abberufung des Vorstands, da § 1 Abs. 1 Nr. 3 S. 2 DrittelbG nicht auf § 84 AktG verweist.

217 Die Hauptversammlung ist zu Weisungen an den Vorstand nicht berechtigt (vgl. § 76 Abs. 1 AktG), während die Gesellschafterversammlung gemäß § 37 Abs. 1 GmbHG dem Geschäftsführer der GmbH Weisungen erteilen kann. Das gilt nach ganz h.M. auch in der mitbestimmten GmbH, BVerfG 1.3.1979, BVerfGE 50, 290, 346; BGH 14.11.1983, BGHZ 89, 48, 57; *Altmeppen*, in: Roth/Altmeppen, § 37 GmbHG Rn. 30; *Oetker*, in: Henssler/Strohn, § 37 GmbHG Rn. 11; *Paefgen*, in: UHL, § 37 GmbHG Rn. 31; *Schneider/Schneider*, in: Scholz, § 37 GmbHG Rn. 48; *Zöllner/Noack*, in: Baumbach/Hueck, § 37 GmbHG Rn. 20; a.A. *Bauckelmann*, in: Rowedder/Schmidt-Leithoff, § 37 GmbHG Rn. 29.

218 *Seibert/Köster/Kiem*, Kleine AG, 3. Aufl., Rn. 251.

219 *Albach/Lutter*, Deregulierung, S. 30, 106 f.

220 *Albach/Lutter*, Deregulierung, S. 107.

221 Gesetzentwurf der Fraktionen der CDU/CSU und FDP, BT-Drucks. 12/6721, S. 11.

zu erstrecken,[222] wobei eine Übergangsvorschrift die Anwendung auf bereits bestehende Gesellschaften für fünf Jahre hinausschob[223].

Die heutige Fassung von § 1 Abs. 1 Nr. 1 S. 2, Nr. 2 S. 2 DrittelbG entspricht hingegen der Beschlussempfehlung des Rechtsausschusses, der sich zur Begründung seiner Empfehlung auf das Ziel des Gesetzes berief, mittelständischen Unternehmen anderer Rechtsformen den Weg in die Aktiengesellschaft zu erleichtern[224]. Aus diesem Grund bestehe kein zwingendes Bedürfnis, den Schwellenwert auch für bereits bestehende Aktiengesellschaften einzuführen, die gelernt hätten, mit der Mitbestimmung umzugehen.[225] Die Beschränkung des Schwellenwerts auf Neugründungen erfuhr in der Literatur ein geteiltes Echo, teilweise wird sie als sachgerecht angesehen,[226] teilweise als „bedauerlicher Schönheitsfehler der Reform" bezeichnet[227]. Zu Beginn des Jahres 2014 entschied das BVerfG in einem Nichtannahmebeschluss, dass die Regelung jedenfalls verfassungsrechtlich nicht zu beanstanden ist[228] und schloss sich insoweit nicht den zuvor geäußerten verfassungsrechtlichen Bedenken im Hinblick auf Art. 3 Abs. 1 GG[229] an. Dass der Gesetzgeber bei seiner Differenzierung der Kontinuitätswahrung hohen Rang beigemessen habe und davon ausgegangen sei, dass Wettbewerbsverzerrungen aufgrund der Stichtagsregelung nicht zu erwarten gewesen seien, sei in Anbetracht der nicht sehr gewichtigen Ungleichbehandlung in Form der Drittelbeteiligung der Arbeitnehmer im Aufsichtsrats und der weiten Einschätzungsprärogative des Gesetzgebers nicht gleichheitswidrig.[230]

2. *Wahlvorschläge (§ 6 S. 2 DrittelbG)*

Gemäß § 6 S. 2 DrittelbG müssen die Wahlvorschläge der Arbeitnehmer von mindestens einem Zehntel oder von mindestens 100 Wahlberechtigten unterzeichnet sein. Eine ähnliche Regelung war bereits in § 76 Abs. 3 S. 2 BetrVG 1952 enthalten.

---

222 Art. 2 des Gesetzentwurfs der Fraktionen der CDU/CSU und FDP, BT-Drucks. 12/6721, S. 4.

223 Art. 4 des Gesetzentwurfs der Fraktionen der CDU/CSU und FDP, BT-Drucks. 12/6721, S. 4.

224 BT-Drucks. 12/7848, S. 9 f.

225 BT-Drucks. 12/7848, S. 9 f.

226 *Lutter*, AG 1994, 429, 445. Ähnlich *Ginal*, GWR 2014, 159.

227 *Hahn*, DB 1994, 1659, 1665. Ähnlich *Seibt*, NZA 2004, 767, 768.

228 BVerfG 9.1.2014, ZIP 2014, 464 ff.; ebenso bereits die Vorentscheidungen des OLG Düsseldorf 27.7.2011, ZIP 2011, 1564 ff.; LG Dortmund 25.2.2010–18 O 49/09 AktE, juris; zustimmend *Ginal*, GWR 2014, 159; *Imhof*, GWR 2011, 494; *Lutter*, EWiR 2011, 637 f.; weiterhin kritisch *Latzel*, AG 2014, 395 ff.; zurückhaltender *Büdenbender*, EWiR 2014, 239, 240.

229 So *Büdenbender*, ZIP 2000, 385, 398 ff.; *Habersack*, in: UHH, § 1 DrittelbG Rn. 14; *Henssler*, ZfA 2000, 241, 259 f.; *Joost*, in: FS Richardi, S. 573, 581 f.; *Latzel*, Gleichheit, Rn. 309 ff.; *Lieb/Jacobs*, Arbeitsrecht, Rn. 917; *Raiser*, DJT 2006/I, S. B 76; *Raiser/Veil*, 5. Aufl., § 1 DrittelbG Rn. 7.

230 BVerfG 9.1.2014, ZIP 2014, 464, Rn. 32 ff.

Danach mussten die Wahlvorschläge der Arbeitnehmer „von mindestens einem Zehntel der wahlberechtigten Arbeitnehmer der Betriebe des Unternehmens oder von mindestens 100 wahlberechtigten Arbeitnehmern unterzeichnet sein".

Auch § 6 S. 2 DrittelbG soll der Stimmenzersplitterung entgegenwirken, indem nur ernsthafte Bewerber zur Wahl zugelassen werden.[231] Das Quorum von einem Zehntel bzw. 100 Wahlberechtigten entspricht demjenigen in § 12 Abs. 1 S. 2 MitbestG a. F., das vom BVerfG für gleichheitswidrig erklärt wurde. Das wirft die Frage der Vereinbarkeit von § 6 S. 2 DrittelbG mit Art. 3 Abs. 1 GG auf.

Insoweit wird teilweise die Auffassung vertreten, dass die Entscheidung des BVerfG sich nicht auf das DrittelbG übertragen lasse, da es im DrittelbG kein Vorschlagsrecht der Gewerkschaften für die Arbeitnehmervertreter im Aufsichtsrat wie in § 16 Abs. 2 MitbestG gebe.[232] Diese Begründung vermag nicht zu überzeugen, weil das BVerfG in seiner Entscheidung zu § 12 Abs. 1 S. 2 MitbestG zur Eröffnung des Schutzbereichs von Art. 9 Abs. 3 GG nicht nur das Wahlvorschlagsrecht der Gewerkschaften anführte, sondern sich auch darauf berief, dass bei den Wahlen im Rahmen der Unternehmensmitbestimmung die Wahlbewerber in der Praxis regelmäßig auf Listen kandidierten, die als Listen einer bestimmten Gewerkschaft bezeichnet seien.[233] Letzteres gilt aber ebenso für die Aufsichtsratswahlen nach dem DrittelbG.[234]

Die genannte Rechtsprechung lässt sich dennoch nicht auf § 6 S. 2 DrittelbG übertragen.[235] Wie bereits im Rahmen der Ausführungen zu § 15 Abs. 2 S. 2 Nr. 1 MitbestG aufgezeigt wurde, bezog sich die Entscheidung auf die Wahlvorschläge für Delegierte, bei denen nach dem BVerfG berücksichtigt werden musste, dass bereits die Quoren für die Wahlvorschläge der Arbeitnehmervertreter einer Stimmenzersplitterung entgegenwirkten.[236] § 6 S. 2 DrittelbG regelt aber gerade, wie viele Unterschriften für Wahlvorschläge bei der unmittelbaren Wahl der Arbeitnehmervertreter im Aufsichtsrat notwendig sind.[237] Im Übrigen enthalten die Wahlvorschriften des DrittelbG keinen besonderen Minderheitenschutz und bestimmen in § 5 Abs. 1 DrittelbG, dass die Wahl der Aufsichtsratsmitglieder der Arbeitnehmer nach den Grundsätzen der Mehrheitswahl erfolgt. Die Regelung in § 6 S. 2 DrittelbG

---

231 *Henssler*, in: UHH, § 6 DrittelbG Rn. 3; *Kleinsorge*, in: WKS, § 6 DrittelbG Rn. 9; *Röder*, DrittelbG, Rn. 279; *Veil*, in: RVJ, § 6 DrittelbG Rn. 5.

232 *Schulte*, ArbRB 2005, 20, 21.

233 BVerfG 12.10.2004, BVerfGE 111, 289, 301.

234 Vgl. z.B. BAG 27.1.1993, AP Nr. 29 zu § 76 BetrVG (1952).

235 LAG Frankfurt a.M. 5.8.2010–9 TaBV 26/10, juris Rn. 30; *Heither/von Morgen*, in: NK-GA, § 6 DrittelbG Rn. 4; *Henssler*, in: UHH, § 6 DrittelbG Rn. 3; *Kleinsorge*, in: WKS, § 6 DrittelbG Rn. 9; *Oetker*, in: ErfK, § 6 DrittelbG Rn. 3; *Röder*, DrittelbG, Rn. 279; *Schulte*, ArbRB 2005, 20, 21; *Seibt*, in: HWK, § 6 DrittelbG Rn. 3; *Veil*, in: RVJ, § 6 DrittelbG Rn. 5.

236 BVerfG 12.10.2004, BVerfGE 111, 289, 304 ff.

237 *Heither/von Morgen*, in: NK-GA, § 6 DrittelbG Rn. 4; *Henssler*, in: UHH, § 6 DrittelbG Rn. 3; *Oetker*, in: ErfK, § 6 DrittelbG Rn. 3; *Seibt*, in: HWK, § 6 DrittelbG Rn. 3.

lässt sich daher auch damit rechtfertigen, dass die Arbeitnehmer eine geschlossene Vertretung im Aufsichtsrat erhalten sollen,[238] um ihren ohnehin gegenüber dem MitbestG geringeren Einfluss nicht durch Unstimmigkeiten innerhalb der Arbeitnehmervertreter zu schwächen.

3. *Anfechtung der Wahl von Aufsichtsratsmitgliedern der Arbeitnehmer (§ 11 Abs. 2 S. 1 Nr. 1 DrittelbG)*

Die Wahl eines Aufsichtsratsmitglieds der Arbeitnehmer kann gemäß § 11 Abs. 1 DrittelbG beim Arbeitsgericht angefochten werden, wenn gegen wesentliche Vorschriften über das Wahlrecht, die Wählbarkeit oder das Wahlverfahren verstoßen wurde, dies das Wahlergebnis beeinflussen konnte und eine Berichtigung nicht erfolgt ist. Diese Regelung wurde erst mit der Schaffung des DrittelbG in das Gesetz aufgenommen. Das BetrVG 1952 enthielt hingegen für die Aufsichtsratswahl keine Vorschrift zur Wahlanfechtung, weshalb sich die Praxis mit einer analogen Anwendung von § 19 BetrVG behalf[239].

Einen Schwellenwert enthält in diesem Zusammenhang § 11 Abs. 2 S. 1 Nr. 1 DrittelbG, wonach mindestens drei Wahlberechtigte zur Anfechtung berechtigt sind. Ebenso wie bei §§ 21 Abs. 2 S. 1 Nr. 1, 22 Abs. 2 S. 1 Nr. 1 MitbestG wird damit für die Wahlanfechtung im Interesse der Rechtssicherheit ein gewisser Rückhalt in der Belegschaft verlangt, um zu verhindern, dass etwa ein selbst nicht gewählter Arbeitnehmer die Wahl anficht, obwohl tatsächlich keine Verstöße gegen Wahlvorschriften ersichtlich sind.

4. *Abberufung von Aufsichtsratsmitgliedern der Arbeitnehmer (§ 12 Abs. 1 S. 1 DrittelbG)*

Gemäß § 12 Abs. 1 DrittelbG können die Aufsichtsratsmitglieder der Arbeitnehmer durch einen Beschluss der Wahlberechtigten abberufen werden, der einer Mehrheit von drei Vierteln der abgegebenen Stimmen bedarf. Wie bereits bei den Ausführungen zur Abberufung von Aufsichtsratsmitgliedern im Anwendungsbereich des MitbestG zum Vergleich erwähnt, setzt die Abstimmung über die Abberufung im Geltungsbereich des DrittelbG gemäß § 12 Abs. 1 S. 1 einen Antrag von mindestens einem Fünftel der Wahlberechtigten voraus. Das Antragsquorum von 20 %, das bereits in § 76 Abs. 5 BetrVG 1952 enthalten war, ist doppelt so hoch wie das Quorum für einen Wahlvorschlag nach § 6 S. 2 Alt. 1 DrittelbG,[240] was verhindern soll, dass

---

238 Ähnlich *Hanau*, in: FS Friauf, S. 621, 635 ff. für die Quoren für Wahlvorschläge im MitbestG. Das BVerfG verwarf diese Argumentation aufgrund der Verhältniswahl im MitbestG, BVerfG 12.10.2004, BVerfGE 111, 289, 302.

239 BAG 12.2.1985, AP Nr. 27 zu § 76 BetrVG 1952; BAG 27.1.1993, AP Nr. 29 zu § 76 BetrVG 1952.

240 Das betonen auch *Henssler*, in: UHH, § 12 DrittelbG Rn. 2; *Oetker*, in: ErfK, § 12 DrittelbG Rn. 4.

es zu leichtfertig oder aus sachfremden Erwägungen heraus zu einer Abstimmung über einen Abberufungsantrag kommt.[241] Die Tätigkeit der Arbeitnehmervertreter soll nicht ohne wichtigen Grund beeinträchtigt werden.[242] Das Bestehen eines wichtigen Grundes ist dabei allerdings keine Voraussetzung einer Abberufung gemäß § 12 DrittelbG, entscheidend ist allein der Vertrauensentzug durch die qualifizierte Mehrheit.[243]

III. Montan-MitbestG

1. Entstehungsgeschichte des Montan-MitbestG

Das Montan-MitbestG findet gemäß § 1 Abs. 2 Montan-MitbestG nur auf Unternehmen der genannten Rechtsformen Anwendung, die in der Regel mehr als 1 000 Arbeitnehmer beschäftigen oder „Einheitsgesellschaften" sind.[244] Um ein Verständnis für Hintergrund und Zweck der Begrenzung des Anwendungsbereichs des Montan-MitbestG entwickeln zu können, soll zunächst kurz der geschichtliche Hintergrund des Gesetzes beleuchtet werden.

Nach der Kapitulation Deutschlands legten die Alliierten in Punkt 12 des Potsdamer Abkommens vom 2. August 1945 fest, dass in praktisch kürzester Frist das deutsche Wirtschaftsleben mit dem Ziel der Vernichtung der bestehenden übermäßigen Konzentration der Wirtschaftskraft zu dezentralisieren sei.[245] Die Alliierten übernahmen die Kontrolle über die Kohleförderung, den Bergbau sowie die Eisen- und Stahlindustrie.[246] Bereits im Januar 1946 beschloss der Aufsichtsrat der Klöckner-Werke, einer „Mitwirkung der aufbaubereiten Arbeitnehmerschaft" zuzustimmen, forderte aber zugleich eine generelle Regelung über die Beteiligung der

241 *Kleinsorge*, in: WKS, § 12 DrittelbG Rn. 2.

242 Begründung des Ausschusses für Arbeit zum BetrVG 1952, BT-Drucks. I/3585, S. 17 f.

243 *Heither/von Morgen*, in: NK-GA, § 12 DrittelbG Rn. 1; *Kleinsorge*, in: WKS, § 12 DrittelbG Rn. 2; *Oetker*, in: ErfK, § 12 DrittelbG Rn. 2; *Seibt*, in: HWK, § 12 DrittelbG Rn. 1; *Veil*, in: RVJ, § 12 DrittelbG Rn. 5.

244 Die Ausnahme für Einheitsgesellschaften gilt nicht im Saarland, vgl. § 2 Nr. 1 des Saarländischen Gesetzes Nr. 560 über die Einführung der Mitbestimmung der Arbeitnehmer in den Aufsichtsräten und Vorständen der Unternehmen des Bergbaus und der Eisen und Stahl erzeugenden Industrie vom 22.12.1956 (ABl. S. 1703). In den neuen Bundesländern gilt hingegen nur eine abweichende Fassung des § 1 Abs. 1 Montan-MitbestG, während § 1 Abs. 2 Montan-MitbestG bzgl. der Einheitsgesellschaften schlicht keinen Anwendungsbereich hat, vgl. Art. 8 i.V.m. Anl. I Kap. VIII Sachgeb. A Abschn. III Nr. 11 zum Einigungsvertrag (BGBl. II S. 889, 1022).

245 Amtsblatt des Kontrollrats in Deutschland, Ergänzungsblatt Nr. 1 30.4.1946, S. 13 ff., abgedruckt in Dokumente zur Deutschlandpolitik, S. 2101 ff., auszugsweise auch bei *Peters*, Montanmitbestimmung, S. 35 ff.; *Potthoff*, Montan-Mitbestimmung, S. 22.

246 Vgl. zum Ablauf im Einzelnen *Müller-List*, Montanmitbestimmung, S. XX ff.; *Potthoff*, Montan-Mitbestimmung, S. 34.

Arbeitnehmer in den Unternehmen.[247] Zur Kontrolle und Neuordnung der Eisen- und Stahlindustrie wurde im August 1946 die North German Iron and Steel Control (NGISC) eingerichtet, die unter Beteiligung der deutschen Treuhandverwaltung die Entflechtung durchführen sollte.[248] Bei der Erarbeitung der Entflechtungspläne beteiligten die NGISC und die Treuhandverwaltung die Gewerkschaften; so gab es Besprechungen mit Vertretern der Einheitsgewerkschaft von Nordrhein-Westfalen.[249] Dabei forderte deren damaliger Vorsitzender *Hans Böckler* eine Beteiligung der Arbeitnehmer bei der Besetzung der Vorstände und Aufsichtsräte, was bei der NGISC und der Treuhandverwaltung auf Zustimmung traf, da sie selbst schon ähnliche Pläne entworfen hatten.[250] Die Eisen- und Stahlwirtschaft bekannte sich ebenfalls zur Einführung der wirtschaftlichen Mitbestimmung, wobei ihre weitreichenden Vorschläge zur Beteiligung der Arbeitnehmer im Aufsichtsrat[251] überwiegend lediglich als Versuch angesehen werden, die Gewerkschaften zu einer Zusammenarbeit zur Verhinderung der Entflechtungspläne zu bewegen[252].

Zum 1. März 1947 wurden die ersten vier eisenschaffenden Werke aus ihren alten Konzernen herausgelöst und als selbständige Aktiengesellschaften neu gegründet, wobei sie Arbeitsdirektoren und paritätisch besetzte Aufsichtsräte erhielten.[253] Eine Ausdehnung der Mitbestimmung auf andere Industriezweige erfolgte entgegen anderslautender Gewerkschaftsforderungen allerdings nicht.[254] Das galt auch für die Bergbauunternehmen, die ebenfalls beschlagnahmt waren und der Kontrolle der Combined Coal Control Group unterlagen, der die Deutsche Kohlenbergbau-Leitung beigeordnet war, deren einflussreicher Beirat allerdings zur Hälfte mit Vertretern der Gewerkschaften besetzt war.[255]

Nach Gründung der Bundesrepublik drohte der Verlust der bereits bestehenden Mitbestimmungsrechte, weil im Mai 1950 das Gesetz Nr. 27 der Alliierten Hohen

---

247 *Potthoff*, Montan-Mitbestimmung, S. 31 f.; *Schneider*, in: Judith, 25 Jahre Montanmitbestimmung, S. 73.

248 *Schneider*, in: Judith, 25 Jahre Montanmitbestimmung, S. 74.

249 *Schneider*, in: Judith, 25 Jahre Montanmitbestimmung, S. 74; *Müller-List*, Montanmitbestimmung, S. XXXI.

250 Bericht der Stahltreuhändervereinigung, S. 82; *Müller-List*, Montanmitbestimmung, S. XXXI. Ähnlich *Potthoff*, Montan-Mitbestimmung, S. 38 ff.

251 Vgl. die Briefe von *Jarres*, Aufsichtsratsvorsitzender der Klöckner-Werke AG, und von *Reusch/Hilbert* für die Gutehoffnungshütte Oberhausen AG an die Einheitsgewerkschaft der britischen Zone jeweils vom 18.1.1947, abgedruckt bei *Judith*, 25 Jahre Montanmitbestimmung, S. 122 ff.; *Peters*, Montanmitbestimmung, S. 79 ff.; *Potthoff*, Montan-Mitbestimmung, S. 42 f.

252 *Müller-List*, Montanmitbestimmung, S. XXXII f.; *Potthoff*, Montan-Mitbestimmung, S. 41.

253 *Potthoff*, Montan-Mitbestimmung, S. 47 ff., 55; *Schneider*, in: Judith, 25 Jahre Montanmitbestimmung, S. 74.

254 *Müller-List*, Montanmitbestimmung, S. XXXIV f.

255 *Friauf*, Verfassungsmäßigkeit, S. 12; *Potthoff*, Montan-Mitbestimmung, S. 37.

Kommission[256] die endgültige Regelung der entflochtenen Eisen- und Stahlindustrie und des Kohlenbergbaus dem Gesetzgeber der Bundesrepublik Deutschland überließ und das geltende Aktienrecht einer Entsendung von Arbeitnehmervertretern in den Aufsichtsrat entgegenstand[257]. Die Bundesregierung geriet in Zugzwang,[258] was der Absicht *Adenauers* zuwiderlief, die Ordnung der Beziehungen zwischen Arbeitnehmern und Arbeitgebern den Sozialpartnern zu überlassen[259]. Erste Verhandlungen der Sozialpartner in Hattenheim waren zu diesem Zeitpunkt bereits gescheitert.[260] Nach Einbringung der drei Entwürfe zum BetrVG in den Bundestag drohte die IG Metall im Januar 1951, die Werke der eisen- und stahlerzeugenden Industrie ab dem 1. Februar 1951 zu bestreiken, wenn nicht bis zu diesem Zeitpunkt eine den gewerkschaftlichen Forderungen entsprechende Regelung des Mitbestimmungsrechts der Arbeitnehmer getroffen würde.[261] Wenig später schloss sich dem auch die IG Bergbau an, während gleichzeitig in Bonn erneut Verhandlungen der Gewerkschaften mit den Vertretern der Arbeitgeber begannen.[262] Als die Verhandlungen zu scheitern drohten, führte *Adenauer* zunächst getrennt mit Vertretern des DGB sowie mit Sachverständigen aus Unternehmerkreisen Gespräche, die schließlich zu einer Einigung unter seinem Vorsitz führten.[263]

2. *Vorschläge zum Anwendungsbereich des Montan-MitbestG*

Die aus dieser Einigung hervorgegangenen Richtlinien über die Mitbestimmung in der Kohle und Eisen schaffenden Industrie vom 27. Januar 1951[264] enthielten keine Beschränkung auf Unternehmen mit einer bestimmten Anzahl an Beschäftigten. Dort hieß es lediglich, dass die Regelung nicht für Unternehmen gelte, die im Hinblick auf ihre Unternehmensgröße oder aus sonstigen wichtigen Gründen im Einvernehmen beider Sozialpartner ungeeignet seien. Der Referentenentwurf

---

256 Amtsblatt der Alliierten Hohen Kommission für Deutschland 20.5.1950, Nr. 20 S. 298 ff., abgedruckt bei *Kötter*, Mitbestimmungsrecht, S. 201 ff.

257 *Oetker*, in: ErfK, Einl. Montan-MitbestG Rn. 1; *Seibt*, in: HWK, 2. Aufl., § 1 Montan-MitbestG Rn. 2.

258 *Müller-List*, Montanmitbestimmung, S. XLIII; *Reichold*, Betriebsverfassung, S. 371.

259 Vgl. die Regierungserklärung *Adenauers* (CDU), Stenografischer Bericht der 5. Sitzung am 20.9.1949, S. 26 (C), (D); *Müller-List*, Montanmitbestimmung, S. XXXVIII, XLIII.

260 *Potthoff*, Montan-Mitbestimmung, S. 72; *Müller-List*, Montanmitbestimmung, S. XLV.

261 *Potthoff*, Montan-Mitbestimmung, S. 77; *Schneider*, in: Judith, 25 Jahre Montanmitbestimmung, S. 77.

262 *Schneider*, in: Judith, 25 Jahre Montanmitbestimmung, S. 77.

263 *Boldt*, RdA 1951, 169, 170; *Potthoff*, Montan-Mitbestimmung, S. 77 f.; *Schneider*, in: Judith, 25 Jahre Montanmitbestimmung, S. 77.

264 Abgedruckt bei *Boldt*, Mitbestimmungsgesetz, S. 138 ff.; *Höcker/Johannsen*, Mitbestimmung, S. 7 ff.; *Schöne*, Gesetz über die Mitbestimmung, S. 8 ff.; *Kötter*, Mitbestimmungsrecht, S. 175 ff.

vom 28. Januar 1951[265] bestimmte in § 13 Abs. 1, dass solche Unternehmen vom Anwendungsbereich des Gesetzes ausgenommen seien, die nicht mehr als 300 Arbeitnehmer beschäftigen oder ein Nennkapital einschließlich der Rücklagen von weniger als einer Million Deutsche Mark haben. Gemäß § 13 Abs. 1 des Regierungsentwurfs vom 30. Januar 1951[266] sollte das Montan-MitbestG nur für Unternehmen gelten, die mehr als 1 000 Arbeitnehmer beschäftigen oder ein Nennkapital von mehr als einer Million Deutsche Mark haben.

In der gemeinsamen Eingabe der Sachverständigen für Kohle und Eisen und des DGB vom 7. Februar 1951 an den Bundeskanzler zum Regierungsentwurf[267] heißt es trotz der fehlenden Beschränkung des Anwendungsbereichs in den gemeinsamen Richtlinien, dass beide Teile darin übereinstimmen, dass „nennenswerte Betriebsgrößen" angesprochen werden sollten. Darüber, in welchen Fällen eine solche nennenswerte Betriebsgröße vorliegt, bestand allerdings keine Einigkeit. Der DGB legte „entscheidenden Wert darauf, dass die Zahl von „1 000 Arbeitnehmern" im Gesetz nicht genannt wird",[268] während die Sachverständigen der Unternehmer in ihrem Schreiben an den Bundeskanzler vom 4. Februar 1951 die Grenze von 1 000 Arbeitnehmern als angemessen einstuften[269].

Der Bundesrat empfahl in seiner Stellungnahme zum Montan-MitbestG eine Regelung, wonach das Gesetz nicht für Unternehmen gelten sollte, die in der Regel weniger als 300 Arbeitnehmer beschäftigen oder ein Nennkapital einschließlich Rücklagen von weniger als einer Million Deutsche Mark haben,[270] was dem Vorschlag des DGB in der Eingabe an den Präsidenten des Bundesrats vom 1. Februar 1951 entsprach[271]. Der Bundesrat begründete seine Empfehlung damit, dass für die in § 13 Abs. 2 des Regierungsentwurfs vorgesehene Möglichkeit, die Anwendung einzelner Vorschriften des Gesetzes durch Beschluss des für die Aufstellung der Satzung zuständigen Organs mit Einwilligung der zuständigen Spitzenorganisation auszuschließen, ein größerer Anwendungsbereich geschaffen werden solle.[272] Diese

---

265 Abgedruckt bei *Höcker/Johannsen*, Mitbestimmung, S. 23 ff.; *Kötter*, Mitbestimmungsrecht, S. 178 ff.; *Müller-List*, Montanmitbestimmung, S. 286 ff. (synoptische Darstellung der verschiedenen Entwürfe).

266 BT-Drucks. I/1858.

267 Abgedruckt bei *Höcker/Johannsen*, Mitbestimmung, S. 61 ff.; *Kötter*, Mitbestimmungsrecht, S. 188 ff.

268 Gemeinsame Eingabe der Sachverständigen für Kohle und Eisen und des DGB vom 7.2.1951 an den Bundeskanzler zum Regierungsentwurf, Punkt 11, abgedruckt bei *Höcker/Johannsen*, Mitbestimmung, S. 61, 65; *Kötter*, Mitbestimmungsrecht, S. 188, 191.

269 Abgedruckt bei *Höcker/Johannsen*, Mitbestimmung, S. 53, 58.

270 Empfehlungen des Bundesrats vom 9.2.1951 zu BT-Drucks. I/1858, Punkt 13, abgedruckt bei *Kötter*, Mitbestimmungsrecht, S. 195.

271 Abgedruckt bei *Höcker/Johannsen*, Mitbestimmung, S. 35, 42 ff.; *Müller-List*, Montanmitbestimmung, S. 311, 316.

272 Empfehlungen des Bundesrats vom 9.2.1951 zu BT-Drucks. I/1858, Punkt 13, abgedruckt bei *Kötter*, Mitbestimmungsrecht, S. 195.

Erwägung hilft bei der Analyse des Schwellenwerts allerdings nicht weiter, da die in § 13 Abs. 2 des Regierungsentwurfs enthaltene Regelung im Zuge der Ausschussberatungen ersatzlos gestrichen wurde[273].

3. *Schutz kleiner Unternehmen vor den Belastungen durch das Montan-MitbestG*

Die Begrenzung des Anwendungsbereichs des Montan-MitbestG soll zunächst kleinere Unternehmen vor den finanziellen und organisatorischen Belastungen schützen, die mit der Mitbestimmung der Arbeitnehmer verbunden sind. So führte der damalige Bundesarbeitsminister *Storch* (CDU) in der ersten Beratung des Montan-MitbestG im Bundestag am 14. Februar 1951 zu § 13 des Regierungsentwurfs aus, dass diese Vorschrift aufgenommen worden sei, weil es wirtschaftlich nicht tragbar erscheine, Mittelbetrieben und kleineren Betrieben mit weniger als 1 000 Arbeitnehmern einen Aufsichtsrat von elf Personen und einen Arbeitsdirektor zu geben.[274] Der Arbeitsdirektor fände in einem Betrieb von etwa 500 Arbeitnehmern kein Arbeitsgebiet vor, das ihn voll auslasten könnte.[275] Diesen Aspekt griff in derselben Sitzung auch die Abgeordnete *Wessel* von der Zentrumfraktion[276] auf, indem sie darauf hinwies, dass der Mittelstand als Stabilitätspfeiler der Gesellschaft vor nicht notwendigen Eingriffen bewahrt werden müsse.[277]

4. *Strukturveränderungen in Unternehmen mit zunehmender Größe*

Darüber hinaus lassen sich die zur Begründung des Schwellenwerts in § 1 Abs. 1 Nr. 2 MitbestG angeführten Erwägungen, dass erst mit dem Überschreiten einer bestimmten Unternehmensgröße die Probleme der Anonymisierung der Arbeitnehmer und der Bürokratisierung der Unternehmensverwaltung auftreten, welche die Sicherung der Mitbestimmung der Arbeitnehmer durch entsprechende Institutionen erfordern, auf den Schwellenwert in § 1 Abs. 2 Montan-MitbestG übertragen.[278] Das wird dadurch bestätigt, dass in der ersten Beratung des Montan-MitbestG im Bundestag von der Abgeordneten *Wessel* (Zentrum) die Schwelle von 1 000 Arbeitnehmern damit begründet wurde, dass in überschaubaren Klein- und Mittelbetrieben

273 Vgl. BT-Drucks. I/2042.
274 Stenografischer Bericht der 117. Sitzung am 14.2.1951, S. 4433 (B).
275 Stenografischer Bericht 117. Sitzung am 14.2.1951, S. 4433 (B).
276 Die Zentrumsfraktion unterstützte in der zweiten Beratung den Antrag des Ausschusses zu § 1 Montan-MitbestG, der weiterhin eine Grenze von 1 000 Arbeitnehmern vorsah und der insoweit der heutigen Fassung entspricht (Stenografischer Bericht der 129. Sitzung am 4.4.1951, S. 4909 [B]).
277 Stenografischer Bericht der 117. Sitzung am 14.2.1951, S. 4452 (D).
278 *Endres*, Schwellenwertregelungen, S. 157.

aufgrund der bestehenden menschlichen Nähe eine tägliche Aussprache erfolge, weshalb es keiner durch Gesetz bestimmten Form der Mitbestimmung bedürfe[279].

5. *Mitbestimmung als Instrument der Machtkontrolle*

Der oben beschriebene historische Kontext des Montan-MitbestG spricht dafür, dass über die Mitbestimmung der Arbeitnehmer auch die wirtschaftliche Macht der Unternehmen kontrolliert werden sollte. Diesem Zweck entsprach die im Regierungsentwurf vorgesehene Regelung, den Anwendungsbereich des Montan-MitbestG alternativ zur Beschäftigtenzahl vom Nennkapital der Gesellschaften abhängig zu machen. Die entsprechende Vorschrift wurde indes in den Ausschussberatungen gestrichen, die Empfehlung des Ausschusses für Arbeit[280] enthielt vielmehr eine Fassung von § 1 Abs. 2 Montan-MitbestG, die hinsichtlich des Schwellenwerts der heutigen Regelung entspricht. Der Ausschussvorsitzende *Sabel* (CDU) begründete die Streichung damit, dass die Beibehaltung dazu geführt hätte, dass eine beachtliche Zahl von Betrieben nunmehr dem Gesetz unterstellt worden wäre, die eine Belegschaftsstärke von weit unter 1 000 Arbeitnehmern habe.[281] Das Merkmal der Beschäftigtenzahl wurde demnach als entscheidender angesehen als die wirtschaftliche Bedeutung der Unternehmen. Dieser Linie folgend wurde auch der von der SPD-Fraktion in der zweiten Beratung des Montan-MitbestG gestellte den Antrag, die Regelung bzgl. des Nennkapitals wie im Regierungsentwurf vorgesehen beizubehalten, abgelehnt.[282] Die SPD hatte ihren Antrag damit begründet, dass man sich nicht nur von der Anzahl der Beschäftigten leiten lassen dürfe, sondern dass vielmehr die wirtschaftliche Bedeutung des Unternehmens entscheidend sei.[283] So fielen beispielsweise zwei Unternehmen mit einer Jahresproduktion von mehr als einer Million Tonnen Braunkohle nicht in den Geltungsbereich des Gesetzes, obwohl sie wirtschaftlich bedeutend seien und auch für die Versorgung der Energiewerke eine wesentliche Rolle spielten.[284]

Dass die wirtschaftliche Stärke der Unternehmen gleichzeitig aber nicht völlig außer Betracht gelassen werden sollte, zeigt sich daran, dass die sog. Einheitsgesell-

---

279 Stenografischer Bericht der 117. Sitzung am 14.2.1951, S. 4452 (C).

280 BT-Drucks. I/2042.

281 Stenografischer Bericht der 129. Sitzung am 4.4.1951, S. 4901 (A). Nach Aussage des Oberbergrats *Oellrich* aus dem Bundeswirtschaftsministerium gab es etwa neun Unternehmen, die über ein entsprechendes Nennkapital, aber nicht über mehr als 1 000 Arbeitnehmer verfügten, vgl. Kurzprotokoll der gemeinsamen Sitzung der Ausschüsse für Arbeit und für Wirtschaftspolitik des Deutschen Bundestages, ParlA I 159 A, lfd. Nr. 31, abgedruckt bei *Müller-List*, Montanmitbestimmung, S. 424, 425.

282 Stenografischer Bericht der 129. Sitzung am 4.4.1951, S. 4909 (A).

283 So der Abgeordnete *Bergmann* (SPD), Stenografischer Bericht der 129. Sitzung am 4.4.1951, S. 4907 (A).

284 So der Abgeordnete *Bergmann* (SPD), Stenografischer Bericht der 129. Sitzung am 4.4.1951, S. 4907 (B).

schaften unabhängig von ihrer Beschäftigtenzahl in den Anwendungsbereich des Montan-MitbestG fallen (§ 1 Abs. 2 Montan-MitbestG). Als Einheitsgesellschaften werden diejenigen Gesellschaften bezeichnet, die aufgrund des Gesetzes Nr. 27 der Alliierten Hohen Kommission[285] gebildet wurden; um eine besondere Rechtsform handelt es sich nicht.[286] Während der parlamentarischen Beratungen zum Montan-MitbestG hatte die Bildung der Einheitsgesellschaften zwar noch nicht begonnen, allerdings stand durch das Gesetz Nr. 27 bereits fest, welche Unternehmen in Einheitsgesellschaften überführt werden sollten.[287] Mangels Geltung des Gesetzes Nr. 27 wurden im Saarland und in den neuen Bundesländern allerdings keine Einheitsgesellschaften gegründet.[288] Die Regelung zu den Einheitsgesellschaften wurde im Rahmen der Beratungen des Arbeitskreises „Mitbestimmung – Bergbau und Eisen" eingefügt, nachdem Abgeordnete der SPD Bedenken gegen die Grenze von 1 000 Arbeitnehmern geäußert hatten, da auf diese Weise beachtliche Unternehmen ausgeschlossen würden.[289] Um diesen Vorbehalten Rechnung zu tragen, schlug der Abgeordnete *Schröder* (CDU) vor, Einheitsgesellschaften in jedem Fall unter das Gesetz zu stellen,[290] was vom Arbeitskreis auch so beschlossen[291] und vom Bundestag angenommen[292] wurde. Hier zeigt sich, dass der Gesetzgeber wirtschaftliche Aspekte in die Ausgestaltung des Anwendungsbereichs einbezog, erbrachten die Einheitsgesellschaften doch zusammen 98,5 % der westdeutschen Eisen- und Stahlproduktion[293].

Zugleich wurde bereits in den Ausschussberatungen für die Beibehaltung der Grenze von 1 000 Arbeitnehmern die fehlende Bedeutung der Unternehmen in der

---

285 Amtsblatt der Alliierten Hohen Kommission für Deutschland 20.5.1950, Nr. 20 S. 298 ff., abgedruckt bei *Kötter*, Mitbestimmungsrecht, S. 201 ff. Eine Liste der Einheitsgesellschaften findet sich im Bericht der Stahltreuhändervereinigung, S. 261 f.

286 *Boldt*, Mitbestimmungsgesetz, S. 36; *Oetker*, in: ErfK, § 1 Montan-MitbestG Rn. 14; *Wlotzke/Wißmann*, DB 1981, 623, 628 Fn. 64; *Wißmann*, in: WKS, § 1 Montan-MitbestG Rn. 17.

287 Die Neugründung der Einheitsgesellschaften aus Vermögensgegenständen von Unternehmen des Anhangs A des Gesetzes Nr. 27 der AHK begann erst im Juli 1951, vgl. Bericht der Stahltreuhändervereinigung, S. 261 f.

288 *Wißmann*, in: WKS, § 1 Montan-MitbestG Rn. 17.

289 Vgl. Kurzprotokoll der 7. Sitzung des Arbeitskreises „Mitbestimmung – Bergbau und Eisen" des Deutschen Bundestages, ParlA, I 159 A, lfd. Nr. 24, abgedruckt bei *Müller-List*, Montanmitbestimmung, S. 397, 398.

290 Vgl. Kurzprotokoll der 7. Sitzung des Arbeitskreises „Mitbestimmung – Bergbau und Eisen" des Deutschen Bundestages, ParlA, I 159 A, lfd. Nr. 24, abgedruckt bei *Müller-List*, Montanmitbestimmung, S. 397, 398.

291 Vgl. Kurzprotokoll der 12. Sitzung des Arbeitskreises „Mitbestimmung – Bergbau und Eisen" des Deutschen Bundestages, ParlA, I 159 A, lfd. Nr. 29 sowie die abschließende Empfehlung des Ausschusses für Arbeit, BT-Drucks. I/2042, S. 2.

292 Stenografischer Bericht der 132. Sitzung am 10.4.1951, S. 5076 (A).

293 Angabe des OLG Karlsruhe 7.7.1976, DB 1976, 1871, 1872.

Größenordnung zwischen 300 und 1 000 Arbeitnehmern angeführt.[294] Die Annahme der nicht wesentlichen Bedeutung dieser Unternehmen bezog sich dabei auf ihren Anteil an der Gesamtförderung von Stein- und Braunkohle sowie Eisenerz, nicht auf die absolute Zahl der vorhandenen Unternehmen. Das spricht ebenfalls dafür, dass trotz der Streichung des Schwellenwerts mit Bezug zum Nennkapital die gesamtwirtschaftliche Bedeutung der Unternehmen für die Entscheidung über die Einbeziehung in den Anwendungsbereich eine Rolle spielte. Teilweise wird die Grenze von 1 000 Arbeitnehmern denn auch lediglich als eine Art „Geringfügigkeitsprinzip" eingeordnet: vom Anwendungsbereich ausgenommen werden sollten nur die „wirklich" kleinen Montangesellschaften, von denen es zudem nur sehr wenige gegeben habe und gebe.[295]

In rechtspolitischer Hinsicht wird die Bestimmung der Größe und Bedeutung des Unternehmens allein über die Zahl der beschäftigten Arbeitnehmer teilweise als unzureichend angesehen, da durch das Montan-MitbestG nicht nur Arbeitnehmerinteressen, sondern auch Allgemeininteressen gewahrt werden sollten, insbesondere in sozial-, wirtschafts- und gesellschaftspolitischer Hinsicht.[296] In solchen Fällen sei die Arbeitnehmerzahl aber kein adäquates Größenkriterium mehr, vielmehr müssten daneben weitere Merkmale treten, die Maßstäbe für das wirtschaftspolitische Allgemeininteresse abgäben.[297] Dass das Montan-MitbestG solche Merkmale nicht enthalte, beruhe darauf, dass die Unternehmen der Montanindustrie schon als solche als Unternehmen mit gesamtwirtschaftlicher Bedeutung angesehen wurden, weshalb die Regelung entsprechender Merkmale nicht vonnöten gewesen sei.[298] Diese Einschätzung sei allerdings bereits bei Erlass des Montan-MitbestG nicht mehr ausnahmslos korrekt gewesen, weshalb eine Kombination der Merkmale Arbeitnehmerzahl, Bilanzsumme und Umsatz vorzuziehen sei.[299]

Diese Argumentation steht indes insofern nicht im Einklang mit der oben geschilderten Entstehungsgeschichte des Montan-MitbestG, als die Streichung der Regelung über das Nennkapital eine bewusste Entscheidung des Gesetzgebers war, die dazu diente, den Anwendungsbereich des Montan-MitbestG zu verkleinern.[300] Andererseits wurde das Merkmal des Nennkapitals auch deshalb gestrichen, weil man befürchtete,

---

294 So der Abgeordnete *Schröder* (CDU) in der 5. Sitzung des Arbeitskreises „Mitbestimmung – Bergbau und Eisen" des Deutschen Bundestages am 23.2.1951, ParlA, I 159 A, lfd. Nr. 21, teilweise abgedruckt bei *Müller-List*, Montanmitbestimmung, S. 391, 392 f.

295 *Rittner*, in: GS Rödig, S. 74, 82 f.

296 *Kunze*, in: FS R. Fischer, S. 365, 379.

297 *Kunze*, in: FS R. Fischer, S. 365, 379 f.

298 *Kunze*, in: FS R. Fischer, S. 365, 380.

299 *Kunze*, in: FS R. Fischer, S. 365, 380.

300 Vgl. die Ausführungen des Ausschussvorsitzenden *Sabel* (CDU) in der zweiten Beratung des Montan-MitbestG: Stenografischer Bericht 129. Sitzung am 4.4.1951, S. 4901 (A).

die Unternehmen könnten dieses künstlich niedrig halten.[301] In diesem Zusammenhang fällt auf, dass die Streichung des Nennkapitals vom Gesetzgeber an keiner Stelle damit begründet wurde, dass die wirtschaftliche Bedeutung der Unternehmen bei der Bestimmung des Anwendungsbereichs außer Betracht zu lassen sei. Es ist vielmehr davon auszugehen, dass der Gesetzgeber meinte, der wirtschaftlichen Bedeutung der Unternehmen durch die Einbeziehung sämtlicher Einheitsgesellschaften hinreichend Rechnung tragen zu können. Zudem ist zu vermuten, dass es bei der Streichung des Nennkapitals als Anwendungsmerkmal letztlich auch darum ging, die absolute Zahl der vom Montan-MitbestG erfassten Unternehmen zu verringern, um sich von der Position der SPD abzuheben. Das wird daran deutlich, dass der Entwurf der SPD zwar eine Grenze von 300 Arbeitnehmern, aber ebenso wie der Regierungsentwurf für das Nennkapital eine Grenze von einer Million DM vorsah, so dass von beiden Regelungen aufgrund des Alternativitätsverhältnisses der Anwendungsmerkmale dieselbe Zahl von Unternehmen erfasst worden wäre.

Im Übrigen ist es in Anbetracht der diesbezüglichen Erkenntnisse der Mitbestimmungskommission keineswegs sicher, ob die Arbeitnehmerbeteiligung im Aufsichtsrat tatsächlich geeignet ist, einer übermäßigen Machtausübung durch große Unternehmen entgegenzuwirken. Wie bereits im Rahmen der Ausführungen zum MitbestG aufgezeigt, gaben sämtliche zur Rekonzentration in der Stahlindustrie befragten Arbeitnehmervertreter in Übereinstimmung mit den Unternehmensleitungen an, dass ein Missbrauch wirtschaftlicher Machtpositionen nicht zu befürchten sei und im Übrigen sowohl ein unternehmenspolitisches wie ein gesamtwirtschaftliches Interesse an möglichst starken und wettbewerbsfähigen Unternehmen bestehe.[302] Auch die Kontrolle politischer Macht spielte nach Aussage der befragten Arbeitnehmervertreter im Rahmen ihrer Aufsichtsratsarbeit keine Rolle.[303]

6. *Zusammenfassung*

Zusammenfassend lässt sich feststellen, dass die genaue Festlegung des Schwellenwerts in § 1 Abs. 2 Montan-MitbestG ein politischer Kompromiss war, bei dessen Aushandlung es u.a. darauf ankam, wie viele Unternehmen nach der jeweiligen Regelung in den Anwendungsbereich des Gesetzes fallen würden. Dennoch gibt es durchaus auch inhaltliche Erwägungen für die Begrenzung des Anwendungsbereichs des Montan-MitbestG, etwa die finanziellen und organisatorischen Belastungen, die mit der Anwendung des Gesetzes für die Unternehmen einhergehen und die nur wirtschaftlich starken Unternehmen zugemutet werden sollten. Zudem lässt sich der Schwellenwert damit begründen, dass die Mitbestimmung aufgrund

301 So BMA *Storch* (CDU) am 12.3.1951 in der gemeinsamen Sitzung der Ausschüsse für Arbeit und Wirtschaftspolitik des Deutschen Bundestages, vgl. Kurzprotokoll der Sitzung, ParlA, I 159 A, lfd. 31, abgedruckt bei *Müller-List*, Montanmitbestimmung, S. 424, 425.

302 BT-Drucks. VI/334, S. 55.

303 BT-Drucks. VI/334, S. 55.

der engeren persönlichen Beziehungen in kleineren und mittleren Unternehmen nicht notwendig ist. Der Schwellenwert dient demgegenüber nicht vorrangig dazu, wirtschaftliche oder politische Macht großer Unternehmen zu kontrollieren.

C. Verknüpfung zwischen der Berücksichtigung bei den Schwellenwerten und der Wahlberechtigung („Einheit von Zählen und Wählen")

In der Diskussion um die Berücksichtigung bestimmter Arbeitnehmergruppen im Rahmen der Schwellenwerte des MitbestG und des DrittelbG wird vielfach das Bestehen eines Zusammenhangs zwischen der Einbeziehung von Arbeitnehmern in die Schwellenwerte und ihrem Wahlrecht erörtert.[304] Zum Teil wird die Auffassung vertreten, die Anrechnung von Arbeitnehmern bei den Schwellenwerten sei untrennbar mit ihrem Wahlrecht verbunden („Einheit von Zählen und Wählen").[305] Die Unternehmensmitbestimmung sei auf Teilhabe gerichtet, so dass sie nicht von Arbeitnehmern abhängen könne, die selbst nicht mitbestimmungsberechtigt seien.[306] Andere betonen die unterschiedlichen Regelungsanliegen von Wahlberechtigung und unternehmensbezogenen Größenmerkmalen[307] und sind der Auffassung, dass die wählenden und die zählenden Arbeitnehmer nicht notwendigerweise übereinstimmen müssen[308].

304 Im Rahmen des Montan-MitbestG lässt sich ein solcher unmittelbarer Zusammenhang nicht herstellen, weil in dessen Geltungsbereich die Arbeitnehmervertreter nicht unmittelbar durch die Arbeitnehmer gewählt werden, vgl. § 6 Montan-MitbestG.

305 Für Gemeinschaftsbetriebe: *Thüsing/Forst*, in: FS Kreutz, S. 867, 878 f.; in diese Richtung auch *Joost*, RdA 1998, 310, 311. Für im Ausland beschäftigte Arbeitnehmer: *Drygala*, in: ZHR Beiheft 78, S. 81, 91; *Ebenroth/Sura*, ZHR 144 (1980), 610, 612; *Großfeld*, in: Staudinger, IntGesR Rn. 526; *Hammen*, WuB 2015, 644, 645; *ders.*, Der Konzern 2016, 105, 108 f.; *Kindler*, in: MüKo-BGB, IntGesR Rn. 577; *Klückers*, Arbeitnehmerzurechnung, S. 68 f.; *Latzel*, Gleichheit, Rn. 337; *Lubitz*, Sicherung, S. 130; *Lutter*, ZGR 1977, 195, 206; *Nienerza*, Mitbestimmung, S. 81 f.; *Rehberg*, in: Eidenmüller, § 6 Rn. 138; *Säcker*, WahlO, Rn. 60; *Schubert*, AG 2017, 369, 371; *M. Schubert*, Unternehmensmitbestimmung, S. 104; *Thüsing*, in: Zukunft Unternehmensmitbestimmung, Rn. 28.

306 *Ebenroth/Sura*, ZHR 144 (1980), 610, 612; *Großfeld*, in: Staudinger, IntGesR Rn. 526; *Kindler*, in: MüKo-BGB, IntGesR Rn. 577; *Latzel*, Gleichheit, Rn. 337; *Lubitz*, Sicherung, S. 130; *Nienerza*, Mitbestimmung, S. 82; *Rehberg*, in: Eidenmüller, § 6 Rn. 138; *M. Schubert*, Unternehmensmitbestimmung, S. 104.

307 Allgemein: *Windbichler*, Arbeitsrecht, S. 512. Für Gemeinschaftsbetriebe: *Bonanni*, Gemeinsamer Betrieb, S. 284; *Thüsing/Pötters*, in: FS Wank, S. 599, 615; *Wanhöfer*, Gemeinschaftsbetrieb, S. 54. Für Gemeinschaftsunternehmen: *Säcker*, WahlO, Rn. 195. Für Leiharbeitnehmer: *Hay/Grüneberg*, NZA 2014, 814, 819.

308 Allgemein: *Lux*, BB 1977, 905, 909; *Windbichler*, Arbeitsrecht, S. 512. Bzgl. § 2 DrittelbG: KG 7.6.2007, ZIP 2007, 1566, 1568. Für Gemeinschaftsbetriebe: *Bonanni*,

Für ein einheitliches Verständnis des Arbeitnehmerbegriffs im Geltungsbereich des MitbestG und des DrittelbG spricht zunächst, dass diese Gesetze jeweils in § 3 Abs. 1 eine für das gesamte Gesetz geltende Legaldefinition des Arbeitnehmers enthalten.[309] Zu bedenken ist allerdings, dass diese Definitionen so allgemein gehalten sind, dass sie zur Lösung der problematischen Fragen des Arbeitnehmerbegriffs wenig beizutragen vermögen. Hinzu kommt, dass die Anzahl der Wahlberechtigten und der in der Regel beschäftigten Arbeitnehmer schon nach der Konzeption von MitbestG und DrittelbG nicht vollständig deckungsgleich ist. Anders als im BetrVG, das auch weit kleinere Einheiten betrifft, und deshalb in § 1 Abs. 1 S. 1 BetrVG bestimmt, dass in Betrieben mit in der Regel mindestens fünf ständigen wahlberechtigten Arbeitnehmern, von denen drei wählbar sind, ein Betriebsrat gewählt wird, stellen das MitbestG und das DrittelbG zur Bestimmung ihres Anwendungsbereichs nicht auf die wahlberechtigten Arbeitnehmer ab.[310] Das MitbestG und das DrittelbG differenzieren insofern vielmehr zwischen der Wahlberechtigung bzw. denjenigen Schwellenwerten, welche auf die wahlberechtigten Arbeitnehmer abstellen, und den Schwellenwerten, welche dazu dienen, die strukturelle Größe eines Unternehmens zu bestimmen, indem die Wahlberechtigung an einem bestimmten Stichtag ermittelt wird, während sich letztere Schwellenwerte auf die in der Regel beschäftigten Arbeitnehmer beziehen.[311] Das DrittelbG stellt zudem im Rahmen der Konzernregelung des § 2 an die Wahlberechtigung geringere Anforderungen als an die Berücksichtigung im Rahmen der Schwellenwerte, da lediglich für letztere der Abschluss eines Beherrschungsvertrags oder eine Eingliederung verlangt wird.[312]

Vor allem aber führt der neue § 14 Abs. 2 S. 5 und 6 AÜG dazu, dass die Voraussetzungen für eine Berücksichtigung der Leiharbeitnehmer bei den Schwellenwerten der Gesetze zur Unternehmensmitbestimmung nicht mit den Voraussetzungen für die Wahlberechtigung der Leiharbeitnehmer gemäß §§ 10 Abs. 2 S. 2, 18 S. 2 Mit-

---

Gemeinsamer Betrieb, S. 284; *Thüsing/Pötters*, in: FS Wank, S. 599, 613 ff.; *Wanhöfer*, Gemeinschaftsbetrieb, S. 54 f., 110; *Wiedemann*, SAE 1962, 212. Für Gemeinschaftsunternehmen: *Säcker*, WahlO, Rn. 195. Für im Ausland beschäftigte Arbeitnehmer: *Behme*, EuZA 2016, 411, 412 f.; *Deinert*, IntArbR, § 17 Rn. 90; *Frohnmayer/Klein-Wiele*, FuS 2015, 240, 241; *Giedinghagen/Angelé*, EWiR 2015, 761, 762; *Koch*, in: Hüffer/Koch, § 96 AktG Rn. 4a; *Krause*, ZIP 2015, 636, 637; *Kruchen*, AG 2017, 385, 386 f.; *Lux*, MitbestG, S. 68; *Rödl*, JZ 2016, 980 Fn. 3; *Seibt*, DB 2016, 1743, 1744 (bezogen auf das Unionsrecht); *Verse/Wiersch*, EuZW 2016, 330, 332; *Wansleben*, WM 2017, 785. Für Leiharbeitnehmer: *Hay/Grüneberg*, NZA 2014, 814, 819.

309 *Thüsing/Forst*, in: FS Kreutz, S. 867, 879, anders aber nunmehr *Thüsing/Pötters*, in: FS Wank, S. 599, 614 f.

310 Darauf, dass das MitbestG anders als § 1 BetrVG nicht auf eine Mindestzahl an Wahlberechtigten abstellt, weist auch hin *Wanhöfer*, Gemeinschaftsbetrieb, S. 55.

311 *Wanhöfer*, Gemeinschaftsbetrieb, S. 54.

312 *Bonanni/Otte*, BB 2016, 1653, 1657; *Verse/Wiersch*, EuZW 2016, 330, 332; *Winter/Marx/De Decker*, NZA 2015, 1111, 1114. Mit diesem Unterschied befasst sich die Entscheidung des KG 7.6.2007, ZIP 2015, 1566 ff.

bestG und § 5 Abs. 2 S. 2 DrittelbG i.V.m. § 7 S. 2 BetrVG übereinstimmen. Und schließlich zeigte bereits die vor der Einführung des § 14 Abs. 2 S. 5 und 6 AÜG geführte Diskussion um die Einbeziehung der Leiharbeitnehmer in die Schwellenwerte, dass ein Gleichlauf zwischen der Wahlberechtigung und der Berücksichtigung bei den Schwellenwerten nicht ohne Weiteres unterstellt werden kann.

Zur Klärung der Frage, welche Arbeitnehmer bei den verschiedenen Schwellenwerten zu berücksichtigen sind, ist mithin auf den allgemeinen Auslegungskanon zurückzugreifen, der als bedeutendes Element die teleologische Auslegung enthält[313]. Bezieht man im Rahmen der Auslegung aber die unterschiedlichen Regelungszwecke der einzelnen Schwellenwerte ein, ist es nicht von vornherein ausgeschlossen zwischen der Wahlberechtigung und der Berücksichtigung bei den Schwellenwerten, die nicht auf die Wahlberechtigten oder wahlberechtigten Arbeitnehmer abstellen, zu differenzieren. Ob die Regelungsanliegen der einzelnen Vorschriften mit Schwellenwerten im Ergebnis tatsächlich zu einer uneinheitlichen Auslegung führen, ist eine andere Frage.

Damit soll nicht in Abrede gestellt werden, dass die Wahlberechtigung bzw. die fehlende Wahlberechtigung bestimmter Arbeitnehmergruppen im Rahmen der systematischen Auslegung einen wichtigen Aspekt darstellt. Wie noch zu zeigen sein wird, kommt hinzu, dass sich Argumente, die für oder gegen die Wahlberechtigung sprechen, vielfach auf die Frage der Berücksichtigung bei den Schwellenwerten übertragen lassen. Als Ergebnis bleibt festzuhalten, dass ein automatischer Gleichlauf zwischen der Wahlberechtigung und der Berücksichtigung im Rahmen von Schwellenwerten nicht existiert, das Wahlrecht oder der Ausschluss davon aber gleichwohl für die Frage der Einbeziehung in die Schwellenwerte eine wichtige Rolle spielt.

D. Zusammenfassung

Hintergrund des Anwendungsschwellenwerts von 2 000 Arbeitnehmern in § 1 Abs. 1 Nr. 2 MitbestG ist, dass nur entsprechend große Unternehmen über eine ausreichend differenzierte Organisation verfügen, an der die Mitbestimmung ansetzen kann. Erst ab dieser Unternehmensgröße kommt es zur Anonymisierung der Arbeitnehmer und zur Bürokratisierung der Unternehmensverwaltung. Der Schwellenwert in § 4 Abs. 1 S. 1 MitbestG dient der Feststellung, ob es sich bei der Kapitalgesellschaft und Co. KG um einheitliches Unternehmen handelt oder ob der Geschäftsbetrieb der Kapitalgesellschaft wesentlich über die Geschäftsführung der KG hinausgeht. Die Staffelung der Aufsichtsratsgröße anhand der Zahl der im Unternehmen beschäftigten Arbeitnehmer soll verhindern, dass kleinere Unternehmen unangemessen große Aufsichtsräte erhalten. Das bezieht sich sowohl auf die mit ei-

313 *Bydlinski*, Methodenlehre, S. 453 ff.; *Coing*, Methodenlehre, S. 32 ff.; *Engisch*, Einführung, S. 133, 136, 142 ff.; *Larenz/Canaris*, Methodenlehre, S. 153 ff., 164 ff.; *Zippelius*, Methodenlehre, S. 41 f.

nem größeren Aufsichtsrat verbundenen höheren finanziellen Belastungen als auch auf die Arbeitsauslastung der Aufsichtsräte. Die Abhängigkeit des Wahlverfahrens von der Zahl der in der Regel im Unternehmen beschäftigten Arbeitnehmer gemäß § 9 Abs. 1 und 2 MitbestG trägt dem Umstand Rechnung, dass eine Direktwahl grundsätzlich eine höhere demokratische Legitimation bietet, in größeren Unternehmen die Delegiertenwahl aber für mehr Transparenz sorgt und zudem den in kleineren Betrieben beschäftigten Arbeitnehmern eine Einflussnahme auf die Wahl ermöglicht. Die Wahlverfahrensvorschriften des MitbestG, die den wahlberechtigten Arbeitnehmern weitere Rechte im Zusammenhang mit dem Wahlverfahren gewähren, sind Ausfluss des Wahlrechts der Arbeitnehmer und mit diesem untrennbar verbunden. § 11 Abs. 1 S. 1 MitbestG sorgt dafür, dass jeder Delegierte dieselbe Anzahl an wahlberechtigen Arbeitnehmern vertritt.

Durch den Schwellenwert in § 1 Abs. 1 DrittelbG sollen strukturähnliche Unternehmen erfasst werden, deren Größe zu einem weniger engen persönlichen Kontakt zwischen Arbeitnehmern und Arbeitgeber führt. Die Wahlverfahrensvorschriften des DrittelbG gewähren den Wahlberechtigten als Annex zu ihrem Wahlrecht weitere Rechte im Zusammenhang mit dem Wahlverfahren.

Hintergrund des Schwellenwerts von 1 000 Arbeitnehmern in § 1 Montan-MitbestG sind einerseits die mit der Mitbestimmung verbundenen finanziellen Belastungen, die nur von ausreichend großen Unternehmen getragen werden können, sowie andererseits die fehlende Notwendigkeit einer institutionalisierten Mitbestimmung in kleineren Unternehmen.

Bei denjenigen Schwellenwertregelungen, die nicht auf eine bestimmte Anzahl oder einen bestimmten Anteil von wahlberechtigten Arbeitnehmern oder von Wahlberechtigten abstellen, besteht kein zwingender Gleichlauf zwischen dem Wahlrecht und der Berücksichtigung bei den Schwellenwerten. Dieser Befund schließt es allerdings nicht aus, die Wahlberechtigung bzw. den Ausschluss von der Wahlberechtigung im Rahmen der Diskussion um die Einbeziehung in die Schwellenwerte als wichtigen Aspekt zu berücksichtigen.

§ 3 Gemeinschaftsbetriebe im Lichte der Schwellenwerte

A. Begriff des Gemeinschaftsbetriebs

Ein gemeinsamer Betrieb mehrerer Unternehmen – oder Gemeinschaftsbetrieb – liegt vor, wenn die in einer Betriebsstätte vorhandenen materiellen und immateriellen Betriebsmittel mehrerer Unternehmen für einen oder mehrere einheitliche arbeitstechnische Zwecke zusammengefasst, geordnet und gezielt eingesetzt werden und der Einsatz der menschlichen Arbeitskraft von einem einheitlichen Leitungsapparat gesteuert wird.[314] Das setzt nach ständiger Rechtsprechung des BAG voraus, dass sich die Unternehmen zumindest stillschweigend zu einer gemeinsamen Führung rechtlich verbunden haben, die sich auf die wesentlichen Arbeitgeberfunktionen in personellen und sozialen Angelegenheiten erstreckt.[315] Dafür ist vor allem entscheidend, ob ein arbeitgeberübergreifender Personaleinsatz praktiziert wird, der charakteristisch für den normalen Betriebsablauf ist.[316] Eine lediglich unternehmerische Zusammenarbeit – beispielsweise auf der Grundlage von Beherrschungsverträgen – ist insoweit nicht ausreichend.[317]

Da der Nachweis einer Führungsvereinbarung in der Praxis Schwierigkeiten bereiten kann, enthält § 1 Abs. 2 Nr. 1 BetrVG seit dem Jahr 2001 eine widerlegbare Vermutung für das Vorliegen eines gemeinsamen Betriebs, wenn zur Verfolgung arbeitstechnischer Zwecke die Betriebsmittel sowie die Arbeitnehmer von

---

314 BAG 23.3.1984, AP Nr. 4 zu § 23 KSchG 1969; BAG 13.6.1985, AP Nr. 10 zu § 1 KSchG 1969; BAG 25.9.1986, 14.9.1988, AP Nr. 7, 9 zu § 1 BetrVG 1972; BAG 22.10.2003, 11.2.2004, 22.6.2005, 13.2.2013, AP Nr. 21, 22, 23, 34 zu § 1 BetrVG 1972 Gemeinsamer Betrieb; *Fitting*, § 1 BetrVG Rn. 80; *Koch*, in: ErfK, § 1 BetrVG Rn. 14; *Preis*, in: WPK, § 1 BetrVG Rn. 34; *Trümner*, in: DKKW, § 1 BetrVG Rn. 93.

315 BAG 7.8.1986, AP Nr. 5 zu § 1 BetrVG 1972; BAG 24.1.1996, AP Nr. 8 zu § 1 BetrVG 1972 Gemeinsamer Betrieb; BAG 11.11.1997, AP Nr. 42 zu § 111 BetrVG 1972; BAG 22.10.2003, AP Nr. 21 zu § 1 BetrVG 1972 Gemeinsamer Betrieb; BAG 11.2.2004, AP Nr. 22 zu § 1 BetrVG 1972 Gemeinsamer Betrieb; BAG 13.2.2013, AP Nr. 34 zu § 1 BetrVG 1972 Gemeinsamer Betrieb.

316 BAG 24.1.1996, AP Nr. 8 zu § 1 BetrVG 1972 Gemeinsamer Betrieb; BAG 22.6.2005, AP Nr. 23 zu § 1 BetrVG 1972 Gemeinsamer Betrieb; BAG 18.1.2012, AP Nr. 33 zu § 1 BetrVG 1972 Gemeinsamer Betrieb; BAG 13.2.2013, AP Nr. 34 zu § 1 BetrVG 1972 Gemeinsamer Betrieb; *Fitting*, § 1 BetrVG Rn. 82; *Richardi*, in: Richardi, § 1 BetrVG Rn. 67.

317 BAG 14.9.1988, AP Nr. 9 zu § 1 BetrVG 1972; BAG 18.1.1990, AP Nr. 9 zu § 23 KSchG 1969; BAG 22.6.2005, AP Nr. 23 zu § 1 BetrVG 1972 Gemeinsamer Betrieb; *Fitting*, § 1 BetrVG Rn. 82; *Franzen*, in: GK-BetrVG, § 1 BetrVG Rn. 46; *Kloppenburg*, in: HaKo-BetrVG, § 1 BetrVG Rn. 38; *Koch*, in: ErfK, § 1 BetrVG Rn. 14; *Preis*, in: WPK, § 1 BetrVG Rn. 34; *Richardi*, in: Richardi, § 1 BetrVG Rn. 67.

den Unternehmen gemeinsam eingesetzt werden.[318] Ein gemeinsamer Einsatz der Arbeitnehmer liegt vor, wenn der Rahmen zur Erbringung der Arbeitsleistung in Form von Arbeitszeit und betrieblicher Ordnung einheitlich gestaltet ist.[319] Das die Arbeitsleistung selbst betreffende Weisungsrecht muss hingegen nicht gemeinsam organisiert sein.[320] Ein Gemeinschaftsbetrieb kann zudem durch die Spaltung eines Unternehmens entstehen, was gemäß § 1 Abs. 2 Nr. 2 BetrVG vermutet wird, wenn die Spaltung zur Folge hat, dass von einem Betrieb ein oder mehrere Betriebsteile einem an der Spaltung beteiligten anderen Unternehmen zugeordnet werden, ohne dass sich dabei die Organisation des betroffenen Betriebs wesentlich ändert.

In der Praxis entstehen Gemeinschaftsbetriebe nicht nur durch die Spaltung von Unternehmen, sie werden beispielsweise auch von Versicherungsgesellschaften gegründet, die aus versicherungsaufsichtsrechtlichen Gründen verschiedene Sparten des Versicherungsgeschäfts getrennt betreiben müssen (vgl. § 8 Abs. 4 S. 2 VAG).[321] Des Weiteren können Arbeitsgemeinschaften (sog. ARGE), die sich häufig im Baugewerbe finden, für ein bestimmtes Bauprojekt einen gemeinsamen Betrieb bilden.[322] Gemeinschaftsbetriebe sind zudem im Druck- und Verlagsgewerbe verbreitet.[323]

B. Wahlrecht der Arbeitnehmer in Gemeinschaftsbetrieben

I. MitbestG und DrittelbG

1. Meinungsstand

Da zum einen vielfach ein Zusammenhang zwischen der Wahlberechtigung der Arbeitnehmer in Gemeinschaftsbetrieben und ihrer Berücksichtigung im Rahmen der Schwellenwerte angenommen wird („Einheit von Zählen und Wählen“) und

---

318 BT-Drucks. 14/5741, S. 33; BAG 11.2.2004, AP Nr. 22 zu § 1 BetrVG 1972 Gemeinsamer Betrieb; BAG 13.8.2008, NZA-RR 2009, 255, 257; BAG 18.1.2012, AP Nr. 33 zu § 1 BetrVG 1972 Gemeinsamer Betrieb; *Fitting*, § 1 BetrVG Rn. 86; *Franzen*, in: GK-BetrVG, § 1 BetrVG Rn. 52; *Kloppenburg*, in: HaKo-BetrVG, § 1 BetrVG Rn. 49, 51; *Preis*, in: WPK, § 1 BetrVG Rn. 36.

319 *Fitting*, § 1 BetrVG Rn. 87; *Richardi*, in: Richardi, § 1 BetrVG Rn. 75.

320 *Richardi*, in: Richardi, § 1 BetrVG Rn. 75.

321 Vgl. die entsprechenden Entscheidungen: BAG 1.12.1961, AP Nr. 1 zu § 77 BetrVG 1952; BAG 14.9.1988, AP Nr. 9 zu § 1 BetrVG 1972; LG Hamburg 21.10.2008, ZIP 2008, 2363 ff. *Bonanni*, Gemeinsamer Betrieb, S. 7; *Rentschler*, Gemeinschaftsbetrieb, S. 1; *Trümner*, in: DKKW, § 1 BetrVG Rn. 106.

322 BAG 11.3.1975, AP Nr. 1 zu § 24 BetrVG 1972; *Bonanni*, Gemeinsamer Betrieb, S. 85; *Rentschler*, Gemeinschaftsbetrieb, S. 1.

323 Vgl. die entsprechenden Entscheidungen: BAG 14.11.1975, AP Nr. 5 zu § 118 BetrVG 1972; BAG 9.2.2000, DB 2000, 384; LAG Düsseldorf 17.1.1995, LAGE Nr. 7 zu § 4 BetrVG 1972. *Bonanni*, Gemeinsamer Betrieb, S. 8; *Rentschler*, Gemeinschaftsbetrieb, S. 1; *Trümner*, in: DKKW, § 1 BetrVG Rn. 108.

zum anderen verschiedene Schwellenwerte auf wahlberechtigte Arbeitnehmer oder Wahlberechtigte abstellen, soll zunächst erörtert werden, welche Arbeitnehmer in gemeinsamen Betrieben mehrerer Unternehmen berechtigt sind, an der Wahl der Arbeitnehmervertreter teilzunehmen.

Ob allen Arbeitnehmern eines Gemeinschaftsbetriebs im Rahmen der Wahl der Arbeitnehmervertreter im Aufsichtsrat das aktive Wahlrecht zukommt, wird unterschiedlich beurteilt. Ebenso wie das BAG[324] in einer Entscheidung zu § 5 Abs. 2 S. 1 DrittelbG aus dem Jahr 2013 geht die überwiegende Ansicht in der Literatur[325] davon aus, dass sämtliche Arbeitnehmer eines Gemeinschaftsbetriebs über eine entsprechende Wahlberechtigung verfügen. Die Entstehungsgeschichte des DrittelbG spreche für eine solche Auslegung, da die Vorgängernorm des § 76 Abs. 2 BetrVG 1952 betriebsbezogen formuliert gewesen sei und der Gesetzgeber den Inhalt der gesetzlichen Regelung bei der Neufassung im DrittelbG nicht habe verändern wollen.[326] § 7 S. 2 BetrVG zeige zudem, dass eine vertragliche Bindung für die Wahlberechtigung nicht zwingend sei.[327] Auch der Sinn und Zweck der Unternehmensmitbestimmung streite für ein Wahlrecht aller Arbeitnehmer, seien die Arbeitnehmer des Gemeinschaftsbetriebs doch von den unternehmerischen Entscheidungen aller beteiligten Unternehmen betroffen.[328]

Demgegenüber billigen andere nur denjenigen das Wahlrecht zu, die in einem Vertragsverhältnis zu dem Unternehmen stehen, in dem die Wahl stattfindet.[329] Zur Begründung berufen sich die Vertreter dieser Auffassung auf den allgemeinen – nunmehr in § 611a Abs. 1 S. 1 BGB verankerten – Arbeitnehmerbegriff, wonach Arbeitnehmer ist, wer aufgrund privatrechtlichen Vertrags zur Leistung weisungs-

---

324 BAG 13.3.2013, AP Nr. 1 zu § 5 DrittelbG Rn. 24 ff.; bestätigt durch BAG 14.8.2013, AP Nr. 2 zu § 5 DrittelbG Rn. 25.

325 *Bachner*, AiB 2013, 615, 617; *Däubler*, in: FS Zeuner, S. 19, 31; *Gaul*, Betriebs- und Unternehmensspaltung, § 34 Rn. 45; *Henssler*, in: UHH, § 10 MitbestG Rn. 7 (differenzierend aber bei § 3 MitbestG Rn. 120, § 10 MitbestG Rn. 21); *Hanau*, ZfA 1990, 115, 127; *Hjort*, NZA 2001, 696, 701; *Kleinsorge*, in: WKS, § 5 DrittelbG Rn. 14; *Lembke/Ludwig*, § 5 Rn. 32; *Raiser/Jacobs*, in: RVJ, § 3 MitbestG Rn. 44; *Säcker*, WahlO, Rn. 213; *ders.*, ZfA 2008, 51, 61; *Silberberger*, Veränderungsprozesse, S. 83; *Thüsing/Forst*, in: FS Kreutz, S. 867, 878 f.; *Wißmann*, in: WKS, § 3 MitbestG Rn. 65 f., § 10 MitbestG Rn. 26.

326 BAG 13.3.2013, AP Nr. 1 zu § 5 DrittelbG Rn. 29 ff.

327 LAG Frankfurt a. M. 10.3.2011–9 TaBV 164/10, juris Rn. 45; *Thüsing/Forst*, in: FS Kreutz, S. 867, 879; *Wißmann*, in: WKS, § 10 MitbestG Rn. 11.

328 BAG 13.3.2013, AP Nr. 1 zu § 5 DrittelbG Rn. 36 f.; LAG Frankfurt a. M. 10.3.2011–9 TaBV 164/10, juris Rn. 46; *Hjort*, NZA 2001, 696, 700; *Kleinsorge*, in: WKS, § 4 DrittelbG Rn. 22; *Säcker*, WahlO, Rn. 213; *Silberberger*, Veränderungsprozesse, S. 83; *Thüsing/Forst*, in: FS Kreutz, S. 867, 879.

329 *Annuß*, in: FS von Hoyningen-Huene, S. 17 ff.; *Herrmann*, Gemeinsamer Betrieb, S. 166 f.; *Hohenstatt/Schramm*, NZA 2010, 846, 850 f.; *Oetker*, in: ErfK, §§ 10–17 MitbestG Rn. 3, der für das DrittelbG aber auf die h.M. verweist, § 5 DrittelbG Rn. 6; *Windbichler*, Arbeitsrecht, S. 501.

gebundener fremdbestimmter Arbeit in persönlicher Abhängigkeit verpflichtet ist.[330] Eine Abweichung von diesem Begriff sei auch nicht nach dem Sinn und Zweck der Unternehmensmitbestimmung geboten, da sich die einheitliche Leitung des Gemeinschaftsbetriebs auf betriebsverfassungsrechtliche Fragen und nicht auf die Unternehmenspolitik beziehe.[331]

Schließlich existieren vermittelnde Ansichten. Ein Teil der Literatur stellt für das Wahlrecht darauf ab, ob der einzelne Arbeitnehmer dem Direktionsrecht des jeweiligen Unternehmens untersteht.[332] Dabei wird teilweise zusätzlich verlangt, dass die Arbeitnehmer die Voraussetzungen des § 7 S. 2 BetrVG erfüllen.[333] Andere wollen die Wahlberechtigung grundsätzlich nur den vertraglich verbundenen Arbeitnehmer zugestehen und davon nur für diejenigen Arbeitnehmer eine Ausnahme zulassen, die im Gemeinschaftsbetrieb dauerhaft und vollständig für ein vertragsfremdes Unternehmen tätig sind.[334] Nur in diesem Fall sei der Arbeitnehmer von den unternehmerischen Entscheidungen so umfassend betroffen, dass er berechtigt sei, über sein Wahlrecht auf diese Entscheidungen Einfluss zu nehmen.[335] Eine vollständig verlagerte Arbeitsbeziehung wird dabei teilweise bereits angenommen, wenn der Arbeitnehmer seine Tätigkeit zu 85–90 % für das entsprechende Unternehmen erbringt.[336]

2. Stellungnahme

a) Wortlaut

Wahlberechtigt sind nach §§ 10 Abs. 2 S. 1, 18 S. 1 MitbestG und § 5 Abs. 2 S. 1 DrittelbG übereinstimmend die „Arbeitnehmer des Unternehmens“. Gemeinhin setzt die Arbeitnehmereigenschaft zwar den Abschluss eines Vertrages voraus, so dass man aus dem Bezug auf das Unternehmen das Erfordernis eines Vertrages mit dem entsprechenden Unternehmen herleiten könnte.[337] Zwingend ist dieses Verständnis aber nicht; es kann ebenso eine Zugehörigkeit im weiteren Sinne gemeint sein,[338] da die grundsätzliche Arbeitnehmereigenschaft der Beschäftigten im Gemeinschaftsbe-

---

330 *Hohenstatt/Schramm*, NZA 2010, 846, 850, 847 f.; *Windbichler*, Arbeitsrecht, S. 501.

331 *Hohenstatt/Schramm*, NZA 2010, 846, 850, 848.

332 *Prinz*, SAE 2013, 90, 93, der aber zugleich auf die damit verbundenen praktischen Schwierigkeiten hinweist; *Rentschler*, Gemeinschaftsbetrieb, S. 167 ff.; *Wiedemann*, SAE 1962, 212, 213; *Zöllner*, in: FS Semler S. 995, 1012 f.

333 *Rentschler*, Gemeinschaftsbetrieb, S. 168.

334 *Bonanni*, Gemeinsamer Betrieb, S. 296 ff.; *Wanhöfer*, Gemeinschaftsbetrieb, S. 111 ff.

335 *Bonanni*, Gemeinsamer Betrieb, S. 296 f.; *Wanhöfer*, Gemeinschaftsbetrieb, S. 112 f.

336 *Wanhöfer*, Gemeinschaftsbetrieb, S. 113, 98 f.

337 BAG 13.3.2013, AP Nr. 1 zu § 5 DrittelbG Rn. 27.

338 BAG 13.3.2013, AP Nr. 1 zu § 5 DrittelbG Rn. 28; *Annuß*, in: FS von Hoyningen-Huene, S. 17, 18; *Henssler*, in: UHH, § 3 MitbestG Rn. 120; *Raiser/Jacobs*, in: RVJ, § 3 MitbestG Rn. 44.

trieb nicht in Streit steht und sie ihre Arbeit in einem Betrieb auch des betroffenen Unternehmens verrichten.

Teilweise wird aus der Formulierung „Arbeitnehmer des Unternehmens" aufgrund der Einordnung als Possessivgenitiv der Schluss gezogen, dass wahlberechtigt nur diejenigen Arbeitnehmer seien, die dem Weisungsrecht des jeweiligen Trägerunternehmens unterlägen.[339] Der Possessivgenitiv drücke Besitzverhältnisse aus und Besitz werde durch die Erlangung der tatsächlichen Gewalt über eine Sache erworben.[340] Auf Ebene des Arbeitsverhältnisses entspreche das Weisungsrecht gegenüber dem Arbeitnehmer sinnbildlich der tatsächlichen Gewalt.[341] Dieser Argumentation kann indes nicht gefolgt werden, da sie die Wortlautauslegung überdehnt. Zwar bedeutet possessiv „besitzanzeigend",[342] der Possessivgenitiv wird aber darüber hinaus verwendet, um eine Zugehörigkeit im weiteren Sinne auszudrücken, die über den Spezialfall des Besitzes hinausgeht[343]. Da Arbeitnehmer keine Sachen sind, ist davon auszugehen, dass die Formulierung „Arbeitnehmer des Unternehmens" eine solche allgemeine Zugehörigkeit und nicht den Besitz anzeigen soll. Dieses Verständnis legte im Übrigen das BAG seiner Entscheidung zum Wahlrecht zugrunde, indem es davon ausging, dass mit der Formulierung „*des* Unternehmens" auch eine Zugehörigkeit im weitesten Sinne ausgedrückt werden könne.[344] Daher bedarf es des zweifelhaften Vergleichs zwischen dem Direktionsrecht und der tatsächlichen Gewalt nicht.

Insgesamt bleibt festzuhalten, dass der Wortlaut der Vorschriften über die Wahlberechtigung für die Frage des Wahlrechts der Arbeitnehmer eines gemeinsamen Betriebs mehrerer Unternehmen wenig ergiebig ist. Sicher lässt sich dem Wortlaut lediglich entnehmen, dass die Arbeitnehmer in irgendeiner Weise zum Unternehmen gehören müssen.

b) Systematik

aa) Wahlberechtigung von Leiharbeitnehmern (§ 7 S. 2 BetrVG)

Sowohl §§ 10 Abs. 2 S. 2, 18 S. 2 MitbestG als auch § 5 Abs. 2 S. 2 DrittelbG ordnen eine entsprechende Anwendung von § 7 S. 2 BetrVG an, der Leiharbeitnehmern, die länger als drei Monate im Betrieb eingesetzt werden, das aktive Wahlrecht zubilligt. Auf die Arbeitnehmer von Gemeinschaftsbetrieben findet diese Vorschrift allerdings keine Anwendung.[345] Zwar schließt der Wortlaut des § 7 S. 2 BetrVG ein solches Verständnis nach natürlichem Sprachgebrauch nicht von vornherein

339 *Rentschler*, Gemeinschaftsbetrieb, S. 167.
340 *Rentschler*, Gemeinschaftsbetrieb, S. 167.
341 *Rentschler*, Gemeinschaftsbetrieb, S. 167.
342 *Duden*, Bd. 1, Stichwort: possessiv.
343 *Duden*, Bd. 4, Rn. 1268. Darauf verweist ebenfalls BAG 13.3.2013, AP Nr. 1 zu § 5 DrittelbG Rn. 28.
344 BAG 13.3.2013, AP Nr. 1 zu § 5 DrittelbG Rn. 28.
345 A.A. ohne nähere Begründung *Rentschler*, Gemeinschaftsbetrieb, S. 168, 172.

aus, da nach dessen Formulierung darauf abzustellen ist, ob „Arbeitnehmer eines anderen Arbeitgebers zur Arbeitsleistung überlassen" werden, wovon man bei einem Gemeinschaftsbetrieb aufgrund des gemeinsamen Einsatzes der Mitarbeiter ausgehen könnte. Gemäß dem neuen § 1 Abs. 1 S. 2 AÜG werden Arbeitnehmer allerdings nur dann zur Arbeitsleistung überlassen, wenn sie in die Arbeitsorganisation des Entleihers eingegliedert sind und seinen Weisungen unterliegen. Diese Legaldefinition verdeutlicht, dass die Arbeitsorganisation des Entleihers sich von der des Verleihers trennen lassen muss, was bei der Zusammenarbeit mehrerer Unternehmen im Rahmen eines Gemeinschaftsbetriebs nicht der Fall ist.[346] Bei der Beschäftigung in einem gemeinsamen Betrieb fehlt es an dem für die Arbeitnehmerüberlassung typischen Einsatz in einem fremden Betrieb, da die Arbeitnehmer dauerhaft in ihren Stammbetrieb eingegliedert sind.[347] Arbeitnehmerüberlassung in diesem Sinne und das Vorliegen eines Gemeinschaftsbetriebs schließen sich daher gegenseitig aus.[348] Ein anderes Verständnis des § 7 S. 2 BetrVG widerspräche des Weiteren zumindest im Geltungsbereich des BetrVG der allgemeinen Regelung in § 7 S. 1 BetrVG, wonach alle Arbeitnehmer des Betriebs, die das 18. Lebensjahr vollendet haben, wahlberechtigt sind, da Gemeinschaftsbetriebe als Betriebe im Sinne des BetrVG ohnehin dieser Regelung unterfallen. Das gilt umso mehr vor dem Hintergrund, dass § 7 S. 2 BetrVG und § 1 Abs. 1 S. 2, Abs. 2 BetrVG durch dasselbe Reformgesetz in das BetrVG eingefügt wurden[349].

Zweifelhaft ist zudem, ob aus der Anwendbarkeit des § 7 S. 2 BetrVG auch im MitbestG und DrittelbG der Schluss gezogen werden kann, dass die Wahlberechtigung nicht zwingend einen Vertrag mit dem jeweiligen Unternehmen voraussetzt. Zwar stehen die Arbeitnehmer des gemeinsamen Betriebs, deren Wahlberechtigung umstritten ist, wie die Leiharbeitnehmer nicht in einem Vertragsverhältnis zu dem Unternehmen, an dessen Aufsichtsratswahl sie teilnehmen, und sind im Gegensatz zu den Leiharbeitnehmern sogar dauerhaft in den Gemeinschaftsbetrieb eingegliedert, so dass ein Erst-recht-Schluss in Betracht käme. Allerdings könnte man ebenso

346 A.A. der Deutsche Anwaltverein, RdA 2016, 173; *Olbertz/Groth*, GWR 2016, 371 f., die kritisieren, dass es nach dem Wortlaut des § 1 Abs. 1 S. 2 AÜG entgegen der Rechtsprechung des BAG nicht darauf ankommt, dass die zur Verfügung gestellten Arbeitskräfte ihre Arbeit allein nach den Weisungen und im Interesse des Entleihers ausführen. Im Ergebnis wie hier *Deinert*, RdA 2017, 65, 73; *Groeger*, ArbRB 2017, 216, 218 f.; implizit auch: *Koller-van Delden/Gallini*, DStR 2017, 206, 208; *Ulrici*, § 1 AÜG Rn. 54.

347 BAG 3.12.1997, AP Nr. 24 zu § 1 AÜG; *Bissels*, in: UCGBH, § 1 AÜG Rn. 143; *Hamann*, in: SH, § 1 AÜG Rn. 65; *Schönhöft/Lermen*, BB 2008, 2515, 2517; *Schönhöft/Oelze*, BB 2016, 565, 566.

348 BAG 3.12.1997, AP Nr. 24 zu § 1 AÜG; BAG 25.10.2000, AP Nr. 15 zu § 10 AÜG; *Boemke*, in: Boemke/Lembke, § 1 AÜG Rn. 42; *Bonanni*, Gemeinsamer Betrieb, S. 83 f.; *Hamann*, in: SH, § 1 AÜG Rn. 65; *Schönhöft/Lermen*, BB 2008, 2515, 2517; *Schönhöft/Oelze*, BB 2016, 565, 566; *Waas*, in: Thüsing, § 1 AÜG Rn. 45.

349 Vgl. BetrVG-Reformgesetz von 2001, BGBl. I S. 1852 f.

gut den Umkehrschluss ziehen, wonach die Regelung durch den Gesetzgeber gerade zeige, dass eine Ausnahme von dem grundsätzlich erforderlichen Vertragsverhältnis nur für die Leiharbeitnehmer gelten solle. Aus diesem Grund kann § 7 S. 2 BetrVG letztlich weder für noch gegen eine Wahlberechtigung im Gemeinschaftsbetrieb ins Feld geführt werden.

bb) Vorschriften über Wahlvorschläge und Wahlanfechtung

Gemäß §§ 6 S. 1, 11 Abs. 2 Nr. 2 DrittelbG können die Betriebsräte sowohl Wahlvorschläge unterbreiten als auch die Wahl anfechten. Das BAG hält es für „eher unstimmig", bei dem Wahlrecht der Arbeitnehmer nach ihrer Vertragsstellung zu differenzieren, aber dem Betriebsrat als einem Gremium, das sämtliche Arbeitnehmer des gemeinsamen repräsentiere, das Wahlvorschlags- und Wahlanfechtungsrecht zu geben.[350]

Dem wird entgegengehalten, dass die Wahlvorschlagsberechtigung und das Wahlrecht nicht zwingend übereinstimmen müssten, sondern dass sie in der Arbeitsrechtsordnung teilweise zur Erleichterung der Wahl unabhängig voneinander geregelt worden seien, etwa in § 14 Abs. 3 BetrVG und § 19 Abs. 4 BPersVG.[351] Den Gesetzesmaterialien zum DrittelbG sei zu entnehmen, dass die Wahlvorschlagsberechtigung des Betriebsrats gemäß § 6 S. 1 DrittelbG allein der Verfahrensvereinfachung diene.[352]

Dieser Schluss kann aus der zitierten Gesetzesbegründung der Bundesregierung indes nicht abgeleitet werden, heißt es darin doch: „Wie bisher haben auch die Betriebsräte, in Unternehmen mit mehreren Betrieben auch der Gesamtbetriebsrat und in Konzernen der Konzernbetriebsrat ein jeweils eigenständiges Wahlvorschlagsrecht. Dieses organisatorisch einfache Verfahren, das sich in der Praxis bewährt hat, bleibt erhalten"[353]. Dieser Begründung lässt sich lediglich entnehmen, dass der Gesetzgeber das Wahlvorschlagsrecht des Betriebsrats für ein erhaltenswertes, organisatorisch einfaches Verfahren hält, nicht aber, dass die Verfahrensvereinfachung der entscheidende Grund dafür war, dem Betriebsrat in § 76 Abs. 3 BetrVG 1952 das Wahlvorschlagrecht zuzubilligen. Inhaltlich zeigen die Beispiele, dass Wahlvorschlagsberechtigung und Wahlrecht nicht notwendig übereinstimmen müssen, allerdings lässt sich den Vorschriften über die Wahlvorschläge und die Wahlanfechtung dennoch entnehmen, dass die Unternehmensmitbestimmung trotz ihres Bezugs auf den Rechtsträger nach dem Willen des Gesetzgebers in engem Zusammenhang mit der Einheit „Betrieb" steht, was für ein Wahlrecht aller Arbeitnehmer eines gemeinsamen Betriebs spricht.

Im Anwendungsbereich des MitbestG steht das Wahlvorschlagsrecht gemäß § 15 Abs. 2 S. 2 MitbestG (i.V.m. § 18 S. 3 MitbestG) den wahlberechtigten Arbeitnehmern

---

350 BAG 13.3.2013, AP Nr. 1 zu § 5 DrittelbG Rn. 33.
351 *Annuß*, in: FS von Hoyningen-Huene, S. 17, 20.
352 *Annuß*, in: FS von Hoyningen-Huene, S. 17, 20.
353 BT-Drucks. 15/2542, S. 13.

des Unternehmens (Nr. 1) bzw. den wahlberechtigten leitenden Angestellten (Nr. 2) zu, so dass sich diesen Vorschriften keine Argumente für oder gegen die Wahlberechtigung der Arbeitnehmer eines gemeinsamen Betriebs entnehmen lassen. Das Wahlvorschlagsrecht der „wahlberechtigten Arbeitnehmer des *Betriebs*" in § 12 Abs. 1 S. 1 MitbestG, dessen Formulierung als Argument für eine Wahlberechtigung aller Arbeitnehmer eines gemeinsamen Betriebs herangezogen werden könnte, bezieht sich demgegenüber nur auf die Wahl der Delegierten, welche gemäß § 10 Abs. 1 MitbestG auf betrieblicher Ebene erfolgt. Obwohl § 12 Abs. 1 S. 1 MitbestG nicht für die unmittelbare Wahl gilt,[354] sollte der Kreis der Wahlberechtigten nicht von der Art der Wahl abhängen, so dass die betriebsbezogene Formulierung des § 12 Abs. 1 S. 1 MitbestG allgemein als Argument für die Wahlberechtigung sämtlicher Arbeitnehmer eines gemeinsamen Betriebs anzusehen ist. Das gilt umso mehr vor dem Hintergrund, dass die Wahlberechtigung im Falle einer Abstimmung über die Art der Wahl bereits vor dieser feststehen muss, weil gerade die wahlberechtigten Arbeitnehmer zur Abstimmung über den Wechsel der Wahlart berechtigt sind.[355] In Anbetracht der Tatsache, dass § 12 Abs. 1 S. 1 MitbestG das Wahlvorschlagsrecht lediglich den *wahlberechtigten* Arbeitnehmern des Betriebs zubilligt, lässt sich aus der betriebsbezogenen Formulierung indes nicht zwingend auf ein Wahlrecht aller Arbeitnehmer eines gemeinsamen Betriebs schließen. Gleichwohl zeigt § 12 Abs. 1 S. 1 MitbestG aber die Verknüpfung der Aufsichtsratswahl mit der betrieblichen Ebene. Diesen Zusammenhang verdeutlicht zudem das Anfechtungsrecht des Betriebsrats bezüglich der Wahl der Delegierten in § 21 Abs. 2 S. 1 Nr. 2 MitbestG.[356]

Im Gegensatz dazu lässt sich das Recht des Gesamtbetriebsrats zur Wahlanfechtung aus § 22 Abs. 2 S. 1 Nr. 2 MitbestG nicht als systematisches Argument für die Wahlberechtigung aller Arbeitnehmer anführen. Dies ist zwar erwägenswert, weil gemäß § 47 Abs. 2 S. 1 BetrVG jeder Betriebsrat eines oder zwei seiner Mitglieder in den Gesamtbetriebsrat entsendet und der Gesetzgeber durch die Einführung von § 47 Abs. 9 BetrVG anerkannt hat, dass auch der Betriebsrat eines Gemeinschaftsbetriebs gesamtbetriebsratsfähig ist[357]. Allerdings ist in diesem Zusammenhang zu berücksichtigen, dass in der Literatur umstritten ist, ob die in den Gesamtbetriebsrat entsandten Betriebsratsmitglieder in einem Vertragsverhältnis zu dem

354 Das verkennt *Rentschler*, Gemeinschaftsbetrieb, S. 169, der meint § 12 Abs. 1 MitbestG gelte gemäß § 18 S. 3 MitbestG auch für die unmittelbare Wahl.

355 Ebenso *Wißmann*, in: WKS, § 10 MitbestG Rn. 35 im Zusammenhang mit der entsprechenden Anwendung von § 7 S. 2 BetrVG gemäß § 10 Abs. 2 S. 2 MitbestG.

356 Auch insoweit weist *Rentschler*, Gemeinschaftsbetrieb, S. 169, nicht darauf hin, dass sich § 21 MitbestG lediglich auf die Anfechtung der Wahl von Delegierten bezieht.

357 BAG 13.2.2007, AP Nr. 17 zu § 47 BetrVG 1972 Rn. 19; BAG 17.3.2010, AP Nr. 18 zu § 47 BetrVG 1972 Rn. 18; *Annuß*, in: Richardi, § 47 BetrVG Rn. 77; *Fitting*, § 47 BetrVG Rn. 80; *Hanau*, RdA 2001, 65, 67; *Konzen*, RdA 2001, 76, 81; *Kreutz/Franzen*, in: GK-BetrVG, § 47 BetrVG Rn. 21, 114; *Löwisch*, in: Löwisch/Kaiser, § 47 BetrVG Rn. 28; *I. Schmidt*, in: FS Küttner, S. 499, 502.

Unternehmen stehen müssen, für das der Gesamtbetriebsrat zuständig ist[358]. Es lässt sich daher nicht sagen, dass es widersprüchlich wäre, wenn Arbeitnehmer des Gemeinschaftsbetriebs als Gesamtbetriebsratsmitglieder die Wahl der Arbeitnehmervertreter anfechten könnten, obwohl sie selbst nicht wahlberechtigt sind, da dies nach dem Gesetzeswortlaut nicht eindeutig feststeht.

c) Telos

Für die Frage der Wahlberechtigung der Arbeitnehmer eines gemeinsamen Betriebs mehrerer Unternehmen ist im Rahmen der teleologischen Auslegung zunächst in den Blick zu nehmen, welchem Zweck die Wahlberechtigung der einzelnen Arbeitnehmer dient. Die Unternehmensmitbestimmung soll einen Ausgleich dafür schaffen, dass der Arbeitnehmer sich dem Weisungsrecht des Arbeitgebers unterwirft und damit Inhalt, Durchführung, Zeit und Ort seiner Tätigkeit nicht frei bestimmen kann.[359] Das legt nahe, nur denjenigen Arbeitnehmern das Wahlrecht zuzusprechen, die dem Direktionsrecht der einheitlichen Leitung des Gemeinschaftsbetriebs unterliegen.

Es ist allerdings zu bedenken, dass zwar die Nachteile der einzelnen Arbeitnehmer, die durch die Unternehmensmitbestimmung abgemildert werden sollen, aus dieser Fremdbestimmtheit resultieren, dass aber die unternehmerischen Entscheidungen, an denen der Aufsichtsrat beteiligt ist, sich weitergehend auch auf die Situation der Beschäftigten auswirken können, die nach der Vereinbarung der Trägerunternehmen weiterhin nur dem Weisungsrecht ihres Vertragsarbeitgebers unterliegen sollen. Insofern sind alle Arbeitnehmer des gemeinsamen Betriebs von den unternehmerischen Entscheidungen beider Unternehmen betroffen, etwa bei Betriebsänderungen, die zu einer anderen Verwendung der Arbeitskräfte im Gemeinschaftsbetrieb führen können. Hinzu kommt, dass dem einzelnen Arbeitnehmer eines gemeinsamen Betriebs, der seine Anweisungen von seinem unmittelbaren Vorgesetzten empfängt, nicht immer bewusst sein dürfte, welche konkreten Absprachen sein Vertragsarbeitgeber mit dem anderen Trägerunternehmen über den Einsatz seiner Arbeitskraft getroffen hat. Des Weiteren kann für Teile des Direktionsrechts eine einheitliche Leitung gegeben sein, für andere aber nicht, etwa wenn für den gemeinsamen Betrieb eine einheitliche Regelung zur Arbeitszeit getroffen wird, das inhaltsbezogene Weisungsrecht für bestimmte Arbeitnehmer aber einem Unternehmen überlassen bleibt.

---

358 Für das Bestehen eines Vertragsverhältnisses als Voraussetzung der Entsendung: *Annuß*, in: Richardi, § 47 BetrVG Rn. 77; *Glock*, in: HWGNRH, § 47 BetrVG Rn. 79; *Hoffmann/Alles*, NZA 2014, 757, 758; *Hohenstatt*, in: WHSS, Rn. D 117; *Hohenstatt/Dzida*, in: HWK, § 47 BetrVG Rn. 28; *Sieg/Maschmann*, Unternehmensumstrukturierung, Rn. 390; *Urban*, EWiR 2007, 615, 616. Dagegen: *Fitting*, § 47 BetrVG Rn. 81; *I. Schmidt*, in: FS Küttner, S. 499, 502; *Schönhöft/Wertz*, RdA 2010, 100, 102; *Trittin*, in: DKKW, § 47 BetrVG Rn. 157.

359 BAG 13.3.2013, AP Nr. 1 zu § 5 DrittelbG Rn. 35; vgl. oben § 2 B. I. 1. a).

Im Übrigen ist eine Differenzierung nach dem Weisungsrecht gegebenenfalls mit hohem Aufwand verbunden und zudem der Rechtssicherheit nicht dienlich,[360] so dass der entsprechenden Auffassung nicht gefolgt werden kann. Auf ähnliche praktische Schwierigkeiten stößt auch das Modell, das sich primär an den Vertragsverhältnissen orientiert und daneben berücksichtigen will, wenn der einzelne Arbeitnehmer seine Leistung dauerhaft und (nahezu) vollständig für ein Trägerunternehmen erbringt, zu dem er in keiner vertraglichen Beziehung steht, da nach dieser Auffassung ebenfalls die Arbeitsleistung jedes einzelnen Arbeitnehmers untersucht werden müsste.[361]

Wesentlich für ein Wahlrecht aller Arbeitnehmer des Gemeinschaftsbetriebs spricht die bereits angesprochene Betroffenheit aller Arbeitnehmer von den unternehmerischen Entscheidungen, die in den jeweiligen Trägerunternehmen gefällt werden.[362] Selbst wenn die Initiative für Änderungen der Gestaltung des gemeinsamen Betriebs lediglich von einem Unternehmen ausgeht, ändert dies nichts daran, dass die betroffenen Unternehmen zu einer Einigung für den gemeinsamen Betrieb kommen müssen.[363] Hinzu kommt, dass das Risiko eines Arbeitsplatzverlustes insoweit nicht allein vom Vertragsarbeitgeber abhängig ist, als der Gemeinschaftsbetrieb bei einer betriebsbedingten Kündigung Bezugspunkt für den Umfang des Kündigungsschutzes nach § 1 KSchG ist.[364] Das bedeutet, dass sowohl für die Pflicht zur Weiterbeschäftigung auf einem freien Arbeitsplatz[365] als auch für die Sozialauswahl[366] auf die Verhältnisse im Gemeinschaftsbetrieb abzustellen ist.

---

360 *Prinz*, SAE 2013, 90, 93.

361 *Thüsing/Forst*, in: FS Kreutz, S. 867, 872.

362 BAG 13.3.2013, AP Nr. 1 zu § 5 DrittelbG Rn. 36; *Däubler*, in: FS Zeuner, S. 19, 31; *Hjort*, NZA 2001, 696, 700; *Säcker*, WahlO, Rn. 213; *Thüsing/Forst*, in: FS Kreutz, S. 867, 879.

363 *Hjort*, NZA 2001, 696, 698.

364 *Hjort*, NZA 2001, 696, 700; a.A. aufgrund seiner Kritik an der h.M. (vgl. die beiden folgenden Fußnoten) *Annuß*, in: FS von Hoyningen-Huene, S. 17, 26 f.

365 BAG 13.6.1985, AP Nr. 10 zu § 1 KSchG 1969; BAG 18.10.2000, AP Nr. 39 zu § 9 KSchG 1969; BAG 15.2.2007, AP Nr. 2 zu § 613a BGB Widerspruch Rn. 31 ff.; BAG 18.10.2012, AP Nr. 196 zu § 1 KSchG 1969 Betriebsbedingte Kündigung Rn. 53; *Deinert*, in: DDZ, § 1 KSchG Rn. 389, 417; *Griebeling/Rachor*, in: KR, § 1 KSchG Rn. 136, 217; *Kiel*, in: APS, § 1 KSchG Rn. 545; *Krause*, in: HHL, § 1 KSchG Rn. 776, 866; *Mestwerdt/Zimmermann*, in: HaKo-KSchR, § 1 KSchG Rn. 695; *Oetker*, in: ErfK, § 1 KSchG Rn. 247; a.A. *Annuß*, Betriebsbedingte Kündigung, S. 126 ff. Für Spaltungen und Teilübertragungen nach dem UmwG gilt die entsprechende Sonderregelung des § 322 UmwG.

366 BAG 13.6.1985, AP Nr. 10 zu § 1 KSchG 1969; BAG 5.5.1994, AP Nr. 68 zu § 1 KSchG 1969 Betriebsbedingte Kündigung; BAG 24.2.2005, AP Nr. 4 zu § 1 KSchG 1969 Gemeinschaftsbetrieb; BAG 29.11.2007, AP Nr. 95 zu § 1 KSchG 1969 Soziale Auswahl Rn. 23; *Deinert*, in: DDZ, § 1 KSchG Rn. 474; *Eylert*, in: SES, § 1 KSchG Rn. 368; *Griebeling/Rachor*, in: KR, § 1 KSchG Rn. 136, 609a; *Kiel*, in: APS, § 1 KSchG Rn. 602; *Krause*, in: HHL, § 1 KSchG Rn. 902; *Mestwerdt/Zimmermann*, in:

In diesem Zusammenhang ist allerdings zuzugeben, dass die Notwendigkeit einer auf den gemeinsamen Betrieb bezogenen Betrachtung entfällt, wenn der Gemeinschaftsbetrieb aufgelöst wurde[367] oder zumindest der Beschluss über die Auflösung des Gemeinschaftsbetriebs greifbare Formen angenommen hat und die Prognose gerechtfertigt ist, dass die Auflösung bis zum Ablauf der Kündigungsfrist vollzogen sein wird[368]. Von einer Auflösung des Gemeinschaftsbetriebs ist dabei regelmäßig auszugehen, wenn einer der den gemeinsamen Betrieb bildenden Teile stillgelegt wird bzw. stillgelegt werden soll.[369]

Aus diesem Umstand könnte man zwar den Schluss ziehen, dass die Arbeitnehmer des Gemeinschaftsbetriebs keine umfassende „Schicksalsgemeinschaft" bilden, weil durch die Stilllegung eines Betriebsteils der gemeinsame Betrieb wieder in seine einzelnen Betriebe zerfällt.[370] Im Ergebnis spricht diese Überlegung indes nicht gegen die Wahlberechtigung der Arbeitnehmer bei allen Trägerunternehmen, da unabhängig von der Frage der rechtlich einheitlichen Betrachtung auch nach der Auflösung des Gemeinschaftsbetriebs aufgrund der dadurch nötigen Umgestaltung der Betriebsorganisation die Arbeitsverhältnisse zumindest mittelbar durch den gemeinsamen Betrieb beeinflusst werden.[371] Außerdem ist zu bedenken, dass das Wahlrecht nur so lange bestehen kann wie der gemeinsame Betrieb besteht, weshalb die getrennte Betrachtung nach der Auflösung dem Wahlrecht nicht entgegensteht. Solange der Gemeinschaftsbetrieb fortgeführt wird, sind alle Arbeitnehmer umfassend von den Entscheidungen aller Unternehmen betroffen, weil so lange

---

HaKo-KSchR, § 1 KSchG Rn. 825; *Oetker*, in: ErfK, § 1 KSchG Rn. 322; a.A. *Annuß*, Betriebsbedingte Kündigung, S. 232 ff.; *Annuß/Hohenstatt*, NZA 2004, 420, 422. Für Spaltungen und Teilübertragungen nach dem UmwG gilt wiederum die entsprechende Sonderregelung des § 322 UmwG.

367 BAG 13.9.1995, AP Nr. 72 zu § 1 KSchG 1969 Betriebsbedingte Kündigung; BAG 14.8.2007, AP Nr. 325 zu § 613a BGB Rn. 31; BAG 18.10.2012, AP Nr. 196 zu § 1 KSchG 1969 Betriebsbedingte Kündigung Rn. 53; *Deinert*, in: DDZ, § 1 KSchG Rn. 389, 474; *Griebeling/Rachor*, in: KR, § 1 KSchG Rn. 136; *Krause*, in: HHL, § 1 KSchG Rn. 777; *Oetker*, in: ErfK, § 1 KSchG Rn. 247, 322; *Preis*, in: APS, Grundlagen C Rn. 85; *ders.*, in: SPV, Rn. 1054; *Schwarze*, in: SES, § 1 KSchG Rn. 315, 368.

368 BAG 18.9.2003, AP Nr. 14 zu § 17 KSchG 1969; BAG 14.8.2007, AP Nr. 325 zu § 613a BGB Rn. 32; *Deinert*, in: DDZ, § 1 KSchG Rn. 474; *Griebeling/Rachor*, in: KR, § 1 KSchG Rn. 136; *Krause*, in: HHL, § 1 KSchG Rn. 777, 868; *Oetker*, in: ErfK, § 1 KSchG Rn. 322; *Preis*, in: SPV, Rn. 1054.

369 BAG 13.9.1995, AP Nr. 72 zu § 1 KSchG 1969 Betriebsbedingte Kündigung; BAG 24.2.2005, AP Nr. 4 zu § 1 KSchG1969 Gemeinschaftsbetrieb; BAG 18.10.2012, AP Nr. 196 zu § 1 KSchG 1969 Betriebsbedingte Kündigung Rn. 53 f.; *Eylert*, in: SES, § 1 KSchG Rn. 368; *Krause*, in: HHL, § 1 KSchG Rn. 777, 867; *Mestwerdt/Zimmermann*, in: HaKo-KSchR, § 1 KSchG Rn. 695.

370 Ähnlich für den Fall des Konkurses eines Trägerunternehmens *Wanhöfer*, Gemeinschaftsbetrieb, S. 87 f. im Zusammenhang mit der Berücksichtigung der Arbeitnehmer bei den Schwellenwerten.

371 *Joost*, RdA 1998, 310, 311.

eine Abstimmung hinsichtlich des gemeinsamen Betriebs unter den Unternehmen stattfinden muss. Hinzu kommt, dass die Entscheidung über die Auflösung des Gemeinschaftsbetriebs selbst der Kontrolle des Aufsichtsrats unterliegen kann.[372] Aus den genannten Gründen sind zudem nicht nur Arbeitnehmer von den Entscheidungen des Unternehmens betroffen, mit dem sie entweder einen Arbeitsvertrag geschlossen haben oder bei dem sie ihre Arbeitsleistung dauerhaft und (nahezu) vollständig erbringen.[373]

Gegen eine Wahlberechtigung aller Arbeitnehmer wird teilweise eingewandt, dass dadurch gegen den Grundsatz der Wahlgleichheit verstoßen werde, der auch im Bereich der Unternehmensmitbestimmung gelte.[374] Die Belegschaft des gemeinsamen Betriebs erhalte im Vergleich zu den Arbeitnehmern, die nicht im Gemeinschaftsbetrieb beschäftigt sind, eine überproportionale Repräsentation.[375] Soweit dem entgegengehalten wird, dass beide Wahlen getrennt zu betrachten seien, weshalb es nicht schade, dass die Arbeitnehmer des Gemeinschaftsbetriebs bei beiden Wahlen wahlberechtigt seien,[376] ist das zwar richtig, trifft aber nicht den Kern des Problems. Es ist insoweit nicht entscheidend, dass die Arbeitnehmer überhaupt bei beiden Wahlen beteiligt sind, sondern es geht vielmehr darum, dass durch die Wahlberechtigung aller Arbeitnehmer des Gemeinschaftsbetriebs der Einfluss dieser Arbeitnehmer aufgrund der höheren Zahl an Wahlberechtigten insgesamt zunimmt. Aufgrund der Abhängigkeit der Arbeitnehmer des gemeinsamen Betriebs von den unternehmerischen Entscheidungen beider Trägerunternehmen ist diese Folge allerdings hinzunehmen.[377] Wenn es geboten ist, den Arbeitnehmern ein solches Wahlrecht zu geben, um dem Sinn und Zweck der Mitbestimmung gerecht zu werden, sind diese Arbeitnehmer ebenfalls als Teil des Unternehmens anzusehen, so dass ein Verstoß gegen den Grundsatz der Gleichheit der Wahl nicht gegeben sein kann.[378]

d) Entstehungsgeschichte

Die Entstehungsgeschichte des MitbestG enthält – soweit ersichtlich – keine Anhaltspunkte, die im Rahmen der Auslegung für oder gegen eine Wahlberechtigung der Beschäftigten herangezogen werden könnten. Hingegen stützte sich das BAG in seiner Entscheidung zur Wahlberechtigung aller Arbeitnehmer eines gemeinsamen Betriebs mehrerer Unternehmen wesentlich auf die Entstehungsgeschichte

---

372 *Joost*, RdA 1998, 310, 311.

373 So aber *Bonanni*, Gemeinsamer Betrieb, S. 296 ff.; *Wanhöfer*, Gemeinschaftsbetrieb, S. 111 ff. Ablehnend auch *Hjort*, NZA 2001, 696, 699; im Ergebnis auch *Thüsing/Forst*, in: FS Kreutz, S. 867, 878 f.

374 *Bonanni*, Gemeinsamer Betrieb, S. 300; *Wanhöfer*, Gemeinschaftsbetrieb, S. 117.

375 *Bonanni*, Gemeinsamer Betrieb, S. 300; *Wanhöfer*, Gemeinschaftsbetrieb, S. 117.

376 *Thüsing/Forst*, in: FS Kreutz, S. 867, 876; ähnlich *Wißmann*, in: WKS, § 10 MitbestG Rn. 11.

377 Ähnlich BAG 13.3.2013, AP Nr. 1 zu § 5 DrittelbG Rn. 37.

378 Ähnlich BAG 13.3.2013, AP Nr. 1 zu § 5 DrittelbG Rn. 37.

des DrittelbG. Gemäß § 76 Abs. 2 S. 1 BetrVG 1952 wurden die Vertreter der Arbeitnehmer „von allen nach § 7 des Betriebsverfassungsgesetzes wahlberechtigten Arbeitnehmern der Betriebe des Unternehmens" gewählt. Nach dieser Formulierung seien die Arbeitnehmer eines gemeinsam geführten Betriebs in allen Trägerunternehmen wahlberechtigt.[379] Der Gesetzgeber habe in § 5 Abs. 2 S. 1 DrittelbG den Wortlaut lediglich sprachlich anpassen wollen, eine inhaltliche Änderungsabsicht lasse sich den Gesetzesmaterialien nicht entnehmen.[380] Zweck der Änderung sei nur gewesen, den Regelungsrest des BetrVG 1952 in ein anwenderfreundliches Gesetz zu überführen.[381]

Dieser Argumentation ist zuzugeben, dass der Wortlaut des § 76 Abs. 2 S. 1 BetrVG 1952 tatsächlich ein Wahlrecht aller Arbeitnehmer eines Gemeinschaftsbetriebs nahelegt.[382] Es ist indes zu bedenken, dass bei Schaffung des BetrVG 1952 die Figur des gemeinsamen Betriebs mehrerer Unternehmen noch nicht anerkannt war, so dass die ursprüngliche Formulierung keine bewusste Entscheidung des Gesetzgebers für ein Wahlrecht der Beschäftigten eines gemeinsamen Betriebs darstellt.[383] Die betriebsbezogene Formulierung dürfte eher eine Folge davon gewesen sein, dass die Unternehmensmitbestimmung ein Teil des insgesamt auf den Betrieb bezogenen BetrVG gewesen ist.[384] Dass der Gesetzgeber bei Neufassung des § 5 Abs. 2 S. 1 DrittelbG die betriebsbezogene in eine unternehmensbezogene Formulierung umwandelte, war dementsprechend dadurch motiviert, dass im DrittelbG nur noch die Mitbestimmung im Aufsichtsrat geregelt ist.[385]

Aus dieser Änderung wird denn auch teilweise der Schluss gezogen, dass die historische Auslegung gegen eine Wahlberechtigung aller Arbeitnehmer in gemeinsamen Betrieben mehrerer Unternehmen spreche.[386] Das belege zudem das enge Verständnis der Unternehmenszugehörigkeit in der Gesetzesbegründung zu § 4 Abs. 3 DrittelbG, wonach das Merkmal der einjährigen Unternehmensangehörigkeit dann vorliege, wenn ein Arbeitnehmer ein Jahr lang entweder in dem Unternehmen, dessen Aufsichtsrat neu gewählt wird, aufgrund einer arbeitsvertraglichen Verpflichtung tätig gewesen sei oder einem anderen Unternehmen angehöre, dessen

---

379 BAG 13.3.2013, AP Nr. 1 zu § 5 DrittelbG Rn. 31 f.

380 BAG 13.3.2013, AP Nr. 1 zu § 5 DrittelbG Rn 30 ff.

381 BAG 13.3.2013, AP Nr. 1 zu § 5 DrittelbG Rn. 30 unter Berufung auf BT-Drucks. 15/2542, S. 1.

382 So auch *Annuß*, in: FS von Hoyningen-Huene, S. 17, 20 Fn. 11.

383 *Annuß*, in: FS von Hoyningen-Huene, S. 17, 19.

384 *Annuß*, in: FS von Hoyningen-Huene, S. 17, 20.

385 *Annuß*, in: FS von Hoyningen-Huene, S. 17, 20 unter Verweis auf die Begründung des Regierungsentwurfs zu § 2 DrittelbG, wonach an die Stelle der betriebsbezogenen eine unternehmensbezogene Betrachtungsweise trete, da das DrittelbG im Unterschied zum BetrVG 1952 ausschließlich die Wahl der Arbeitnehmervertreter in den Aufsichtsrat regele, BT-Drucks. 15/2542, S. 12.

386 *Annuß*, in: FS von Hoyningen-Huene, S. 17, 20.

Arbeitnehmer nach dem DrittelbG an der Wahl der Aufsichtsratsmitglieder des Unternehmens teilnehmen.[387]

Ob daraus gefolgert werden kann, dass nur arbeitsvertraglich verbundene Beschäftigte oder nach § 2 Abs. 1 DrittelbG Wahlberechtigte dem Unternehmen angehören, erscheint indes zweifelhaft, da die Aussage über die Unternehmenszugehörigkeit lediglich in den Erläuterungen zur Wählbarkeit erfolgte, weshalb darin keine umfassende Stellungnahme gesehen werden kann. Insgesamt dürfte die Änderung des § 5 Abs. 2 DrittelbG gegenüber § 76 Abs. 2 BetrVG allein auf den veränderten Geltungsbereich des Gesetzes zurückzuführen sein und nicht als ein Bekenntnis des Gesetzgebers gegen ein Wahlrecht der Arbeitnehmer eines Gemeinschaftsbetriebs zu verstehen sein. Denn das Problem der Wahlberechtigung der Arbeitnehmer eines Gemeinschaftsbetriebs dürfte bei der Neufassung nicht berücksichtigt worden sein. Die Entstehungsgeschichte des DrittelbG spricht daher insgesamt weder für noch gegen ein Wahlrecht aller im Gemeinschaftsbetrieb Beschäftigten.

e) Ergebnis

Abschließend bleibt festzuhalten, dass der Wortlaut der §§ 10 Abs. 2 S. 1, 18 S. 1 MitbestG und des § 5 Abs. 2 S. 1 DrittelbG hinsichtlich der Wahlberechtigung der Arbeitnehmer eines Gemeinschaftsbetriebs verschiedene Auslegungsergebnisse zulässt. Im Rahmen der systematischen Auslegung streiten die Vorschriften über die Wahlvorschlagsberechtigung sowie das Recht zur Wahlanfechtung aufgrund ihres Bezugs auf die betriebliche Ebene für die Wahlberechtigung aller Arbeitnehmer, während der entsprechenden Geltung des § 7 S. 2 BetrVG kein Rückschluss für oder gegen die Wahlberechtigung entnommen werden kann. Im Übrigen gilt die Dreimonatsgrenze des § 7 S. 2 BetrVG beim Gemeinschaftsbetrieb nicht. Die Entstehungsgeschichte des MitbestG und des DrittelbG sind für die Frage der Wahlberechtigung der Arbeitnehmer in Gemeinschaftsbetrieben unergiebig. Eine Differenzierung nach dem Weisungsrecht, wie sie der allgemeine Sinn und Zweck der Unternehmensmitbestimmung nahelegt, scheidet aufgrund des damit verbundenen Aufwands, der in keinem angemessenen Verhältnis zu seinem Nutzen steht, aus. Ähnliches gilt für die Differenzierung danach, für welches Unternehmen der einzelne Arbeitnehmer seine Arbeitsleistung überwiegend erbringt. Letztlich entscheidendes Argument für die Wahlberechtigung ist die umfassende Betroffenheit aller Arbeitnehmer von den Entscheidungen der Trägerunternehmen. Es sind somit alle Arbeitnehmer eines Gemeinschaftsbetriebs bei den Wahlen der Arbeitnehmervertreter im Aufsichtsrat als wahlberechtigt anzusehen.

387 *Annuß*, in: FS von Hoyningen-Huene, S. 17, 19 unter Berufung auf BT-Drucks. 15/2542, S. 12.

II. Montan-MitbestG

Im Geltungsbereich des Montan-MitbestG stellt sich die Frage nach der Wahlberechtigung des einzelnen Arbeitnehmers nicht in derselben Form wie im Anwendungsbereich von MitbestG und DrittelbG, da gemäß § 6 Montan-MitbestG die Arbeitnehmervertreter im Aufsichtsrat der Haupt- bzw. Gesellschafterversammlung von den Betriebsräten verbindlich vorgeschlagen werden. Da für den Gemeinschaftsbetrieb mehrerer Unternehmen nur ein einheitlicher Betriebsrat von allen Beschäftigten gemeinsam gewählt wird, könnte man allerdings erwägen, ob auch dieser Betriebsrat an der Versammlung aller Betriebsräte des Unternehmens zur Wahl der Arbeitnehmervertreter teilnehmen darf oder ob der Betriebsrat nur einen Teil seiner Mitglieder zur Wahlversammlung entsenden darf, etwa diejenigen Arbeitnehmer, welche in einem Vertragsverhältnis zu dem Unternehmen stehen, dessen Aufsichtsrat gewählt wird. Soweit ersichtlich ist diese Frage für § 6 Montan-MitbestG bislang nicht diskutiert worden, allerdings gab es vor der Anerkennung der Gesamtbetriebsratsfähigkeit von gemeinsamen Betrieben durch § 47 Abs. 9 BetrVG einen ähnlichen Streit um die Beteiligung des Betriebsrats eines Gemeinschaftsbetriebs bei der Bildung eines Gesamtbetriebsrats[388] und auch heute ist umstritten, ob nur Betriebsratsmitglieder in den Gesamtbetriebsrat entsandt werden können, die in einem Vertragsverhältnis zu dem jeweiligen Trägerunternehmen stehen.[389]

Im Rahmen eines Vergleichs mit der Rechtslage beim Gesamtbetriebsrat ist indes zu berücksichtigen, dass die Entsendung bestimmter Betriebsratsmitglieder in den Gesamtbetriebsrat nicht zu einer Veränderung des Stimmgewichts dieser Mitglieder führt, weil sich gemäß § 47 Abs. 7, 8 BetrVG die Gewichtung der Stimmen an der Anzahl der von den jeweiligen Mitgliedern repräsentierten wahlberechtigten Arbeitnehmer orientiert, während im Montan-MitbestG jedes Betriebsratsmitglied eine Stimme hat und eine gerechte Verteilung des Stimmgewichts der verschiedenen Betriebe dadurch sichergestellt wird, dass sich die Größe aller Betriebsräte gemäß § 9 BetrVG nach der Anzahl der in der Regel beschäftigten (wahlberechtigten) Ar-

388 Vgl. dazu BAG 21.10.1969, AP Nr. 10 zu § 3 BetrVG 1952; *Annuß*, in: Richardi, § 47 BetrVG Rn. 76; *Däubler*, in: FS Zeuner, S. 19, 28 f.; *Fromen*, in: FS D. Gaul, S. 151, 183 ff.; *Hanau*, in: FS Kissel, S. 347, 348 ff.; *Herrmann*, Gemeinsamer Betrieb, S. 138 ff.; *Ingenfeld*, CR 1993, 288, 292 f.; *Joost*, Grundbegriffe, S. 264; *Konzen*, AuR 1985, 341, 353 f.; *ders.*, Unternehmensaufspaltung, S. 118 ff.; *Richardi*, in: Dietz/Richardi, 6. Aufl., § 1 BetrVG Rn. 86; *Säcker*, WahlO, Rn. 209; *Sick*, BB 1992, 1129, 1133; *Windbichler*, Arbeitsrecht, S. 294 f.

389 Dafür: *Annuß*, in: Richardi, § 47 BetrVG Rn. 77; *Glock*, in: HWGNRH, § 47 BetrVG Rn. 79; *Hoffmann/Alles*, NZA 2014, 757, 758; *Hohenstatt*, in: WHSS, Rn. D 117; *Hohenstatt/Dzida*, in: HWK, § 47 BetrVG Rn. 28; *Sieg/Maschmann*, Unternehmensumstrukturierung, Rn. 390; *Urban*, EWiR 2007, 615, 616. Dagegen: *Fitting*, § 47 BetrVG Rn. 81; *Kreutz/Franzen*, in: GK-BetrVG, § 47 BetrVG Rn. 40, 117; *I. Schmidt*, in: FS Küttner, S. 499, 502; *Schönhöft/Wertz*, RdA 2010, 100, 102; *Trittin*, in: DKKW, § 47 BetrVG Rn. 157.

beitnehmer richtet. Da die Größe der Betriebsräte nicht proportional ansteigt, wird auf diese Weise zugleich der Einfluss kleinerer Betriebe gewährleistet.

Ein völliger Ausschluss des Betriebsrats des gemeinsamen Betriebs scheidet aus, weil dadurch auch die vertraglich mit dem Unternehmen verbundenen Arbeitnehmer keinen Einfluss auf die Zusammensetzung des Aufsichtsrats nehmen könnten. Diese können aber nicht aufgrund von organisatorischen Strukturen, auf die sie nicht einwirken können, ihrer Beteiligung an der Vertretung auf Unternehmensebene beraubt werden. Das gilt umso mehr nach der Anerkennung des Instituts des gemeinsamen Betriebs mehrerer Unternehmen in § 1 Abs. 1 S. 2 und Abs. 2 BetrVG.

Auch eine Beschränkung auf die Entsendung von Vertragsarbeitnehmern widerspräche dem Wortlaut von § 6 Abs. 1 S. 2 Montan-MitbestG, der „die Betriebsräte der Betriebe des Unternehmens" zur Auswahl der unternehmensangehörigen Arbeitnehmervertreter berechtigt und nicht nur bestimmte Mitglieder dieser Betriebsräte. Dasselbe gilt für die Aufstellung der Wahlvorschläge, die den Betriebsräten ihrerseits von den Spitzenorganisationen vorgeschlagen werden, weil diese Bewerber gemäß § 6 Abs. 5 S. 1 Montan-MitbestG von den „Mitglieder[n] der Betriebsräte der Betriebe des Unternehmens" gewählt werden. Außerdem ist nicht gesagt, dass die arbeitsvertraglich mit dem betreffenden Unternehmen verbundenen Betriebsratsmitglieder auch von den vertraglich mit dem Unternehmen verbundenen Arbeitnehmern gewählt wurden. Vor allem streitet für dieses Ergebnis aber die oben festgestellte Notwendigkeit der Beteiligung aller Arbeitnehmer des Gemeinschaftsbetriebs aufgrund ihrer Abhängigkeit von den Entscheidungen der Trägerunternehmen, die im Bereich der Montan-Mitbestimmung ebenso gilt wie im Anwendungsbereich von MitbestG und DrittelbG.

In Betracht käme des Weiteren eine Beschränkung des Stimmgewichts der Betriebsratsmitglieder des gemeinsamen Betriebs orientiert an der Anzahl der arbeitsvertraglich verbundenen Arbeitnehmer.[390] Das stünde aber ebenfalls im Widerspruch zum Wortlaut des § 6 Montan-MitbestG und ist auch mit der umfassenden Betroffenheit aller Arbeitnehmer des Gemeinschaftsbetriebs von den unternehmerischen Entscheidungen der Trägergesellschaften nicht zu vereinbaren. Im Ergebnis nehmen daher sämtliche Betriebsratsmitglieder eines gemeinsamen Betriebs an der Aufstellung der Wahlvorschläge teil.

390 Für den Gesamtbetriebsrat wird eine ähnliche Beschränkung auch ohne eine entsprechende Vereinbarung erwogen: *Annuß*, in: Richardi, § 47 BetrVG Rn. 78; *Hohenstatt*, in: WHSS, Rn. D 118 ff.; *Hohenstatt/Dzida*, in: HWK, § 47 BetrVG Rn. 29; *Sieg/Maschmann*, Unternehmensumstrukturierung, Rn. 390; a.A. *Fitting*, § 47 BetrVG Rn. 82; *Kreutz/Franzen*, in: GK-BetrVG, § 47 BetrVG Rn. 114 f.; *I. Schmidt*, in: FS Küttner, S. 499, 504 f.; *Trittin*, in: DKKW, § 47 BetrVG Rn. 150, 158.

C. Berücksichtigung im Rahmen der Schwellenwerte

I. Meinungsstand

1. Berücksichtigung nur der vertraglich verbundenen Arbeitnehmer

Teilweise wird in Rechtsprechung und Schrifttum die Ansicht vertreten, dass nur diejenigen Beschäftigten eines Gemeinschaftsbetriebs im Rahmen der Schwellenwerte zu berücksichtigen seien, die einen Arbeitsvertrag mit dem jeweiligen Unternehmen abgeschlossen hätten.[391] Zur Begründung berufen sich die Befürworter dieser Auffassung auf § 3 Abs. 1 S. 1 Nr. 1 MitbestG und § 3 Abs. 1 DrittelbG, die für die allgemeine Arbeitnehmerdefinition einheitlich auf § 5 Abs. 1 BetrVG verweisen.[392] Danach sei Arbeitnehmer nur, wer aufgrund eines privatrechtlichen Vertrags zur Leistung von Diensten in persönlicher Abhängigkeit verpflichtet sei.[393] Zudem ließen MitbestG und DrittelbG eine Zurechnung unternehmensfremder Arbeitnehmer nur dann zu, wenn die von dem Unternehmen ausgeübte Leitungsmacht gesellschaftsrechtlich verankert sei.[394] Eine Übertragung der Rechtslage im Betriebsverfassungsrecht auf die Unternehmensmitbestimmung sei aufgrund der unterschiedlichen Zielsetzungen beider Mitbestimmungsarten nicht möglich.[395]

2. Zurechnung nach Weisungsrecht oder Verantwortlichkeit

Ebenso wie im Rahmen der Wahlberechtigung wird auch in Bezug auf die Berechnung der Schwellenwerte in der Literatur die Auffassung vertreten, dass eine Zurechnung nur dann möglich sei, wenn das Weisungsrecht gegenüber den jeweiligen

---

391 LG Bremen 4.2.2005, BeckRS 2010, 17611; LG Hannover 14.5.2012, BeckRS 2013, 12440; *Annuß*, in: FS von Hoyningen-Huene, S. 25 ff.; *Bonanni/Otte*, BB 2016, 1653, 1655 f.; *Gach*, in: MüKo-AktG, § 3 MitbestG Rn. 38a; *Hohenstatt/Schramm*, in: KölnK-UmwG, § 325 UmwG Rn. 10; *dies.*, NZA 2010, 846 ff.; *Lenze*, Folgen, S. 82 f.; *Lüers/Schomaker*, BB 2013, 565 ff.; *Manthey/Hinrichs*, NZG 2014, 1096, 1098 f.; *Prinz*, SAE 2013, 90, 93; *Raiser/Jacobs*, in: RVJ, § 3 MitbestG Rn. 44; *Rieble*, in: Bork/Schäfer, § 52 GmbHG Rn. 58 f.; *Röder*, DrittelbG, Rn. 74; *Simon*, in: Semler/Stengel, § 325 UmwG Rn. 5; *Spindler*, in: Spindler/Stilz, § 96 AktG Rn. 9a; *Wichert*, in: Heidel, § 3 MitbestG Rn. 24; *Windbichler*, Arbeitsrecht, S. 501.

392 LG Bremen 4.2.2005, BeckRS 2010, 17611; *Hohenstatt/Schramm*, NZA 2010, 846, 847; *Lüers/Schomaker*, BB 2013, 565, 567; *Spindler*, in: Spindler/Stilz, § 96 AktG Rn. 9a.

393 LG Bremen 4.2.2005, BeckRS 2010, 17611; *Hohenstatt/Schramm*, NZA 2010, 846, 847; *Lüers/Schomaker*, BB 2013, 565, 567; *Spindler*, in: Spindler/Stilz, § 96 AktG Rn. 9a.

394 *Hohenstatt/Schramm*, NZA 2010, 846, 848; *Raiser/Jacobs*, in: RVJ, § 3 MitbestG Rn. 44.

395 *Hohenstatt/Schramm*, NZA 2010, 846, 848; *Lüers/Schomaker*, BB 2013, 565, 567; *Raiser/Jacobs*, in: RVJ, § 3 MitbestG Rn. 44; *Rieble*, in: Bork/Schäfer, § 52 GmbHG Rn. 59.

Arbeitnehmern von sämtlichen Unternehmen gemeinschaftlich ausgeübt werde.[396] Das entspreche dem Sinn und Zweck der Mitbestimmung, Arbeitnehmern eine Beteiligung im Aufsichtsrat der Unternehmen zu verschaffen, die für den Arbeitnehmer wesentliche Entscheidungen träfen.[397]

Ähnlich argumentiert ein Teil des Schrifttums, der die Zurechnung mit der Verantwortlichkeit des jeweiligen Unternehmens für den einzelnen Arbeitnehmer verknüpfen will.[398] Danach seien Arbeitnehmer dem Unternehmen zuzurechnen, mit dem sie in einem Vertragsverhältnis stünden, auch wenn sie im Rahmen ihrer Tätigkeit für den gemeinsamen Betrieb ausschließlich für ein anderes Trägerunternehmen tätig seien.[399] Arbeitnehmer, die ausschließlich für ein Unternehmen arbeiteten, seien bei diesem ebenfalls mitzuzählen.[400] Insoweit komme es nicht auf das Bestehen eines Vertragsverhältnisses an, da in diesem Fall eine umfassende Verantwortlichkeit dieses Unternehmens gegeben sei, sowohl hinsichtlich der tatsächlichen Gestaltung des Arbeitsverhältnisses als auch im Hinblick auf die Sicherheit des Arbeitsplatzes.[401] Eine ausschließliche Tätigkeit liege bereits dann vor, wenn der Arbeitnehmer zu 85–90 % für das fremde Unternehmen tätig sei, da andernfalls Manipulationsmöglichkeiten bestünden, indem dem Arbeitnehmer eine geringfügige Tätigkeit für sein Vertragsunternehmen zugewiesen werde.[402] Bei einer gemischten Tätigkeit erfolge lediglich eine Zurechnung zum Vertragspartner des Arbeitnehmers.[403]

---

396 *Henssler*, in: UHH, § 3 MitbestG Rn. 120; *Lambrich/Reinhard*, NJW 2014, 2229, 2232; *Richardi*, in: Richardi, § 1 BetrVG Rn. 84; *Zöllner*, in: FS Semler, S. 995, 1012 f. Unklar *Hanau*, ZfA 1990, 115, 127 und *Seibt*, in: HWK, § 1 MitbestG Rn. 11, § 3 DrittelbG Rn. 3, *ders.*, in: WHSS, Rn. F 18, bei denen nicht hinreichend deutlich wird, ob die gemeinschaftliche Leitung Voraussetzung für die Zurechnung sein soll oder nur als allgemeine Voraussetzung des gemeinsamen Betriebs zu verstehen ist.

397 *Lambrich/Reinhard*, NJW 2014, 2229, 2232; *Seibt*, in: HWK, § 1 MitbestG Rn. 11, § 3 DrittelbG Rn. 3; *ders.*, in: WHSS, Rn. F 18.

398 *Bonanni*, Gemeinsamer Betrieb, S. 290 ff.; *Rentschler*, Gemeinschaftsbetrieb, S. 155 ff.; *Wanhöfer*, Gemeinschaftsbetrieb, S. 82 ff.

399 *Bonanni*, Gemeinsamer Betrieb, S. 295; *Rentschler*, Gemeinschaftsbetrieb, S. 156; *Wanhöfer*, Gemeinschaftsbetrieb, S. 84 f.

400 *Bonanni*, Gemeinsamer Betrieb, S. 295; *Wanhöfer*, Gemeinschaftsbetrieb, S. 86 ff. Ähnlich *Rentschler*, Gemeinschaftsbetrieb, S. 142 f., 156 f.

401 *Bonanni*, Gemeinsamer Betrieb, S. 295; *Wanhöfer*, Gemeinschaftsbetrieb, S. 86 ff. Ähnlich *Rentschler*, Gemeinschaftsbetrieb, S. 142 f., 156.

402 *Wanhöfer*, Gemeinschaftsbetrieb, S. 98 f. Im Ergebnis ebenso *Rentschler*, Gemeinschaftsbetrieb, S. 157.

403 *Bonanni*, Gemeinsamer Betrieb, S. 295, 293; *Rentschler*, Gemeinschaftsbetrieb, S. 157 f.; *Wanhöfer*, Gemeinschaftsbetrieb, S. 88 f.

3. Anteilige Berücksichtigung

In einem mehr als 50 Jahre alten Beschluss entschied das BAG, dass es im Rahmen der Schwellenwertberechnung nach § 77 Abs. 2 BetrVG 1952 auf die Zahl der ständig besetzten Arbeitsplätze ankäme.[404] Hintergrund des Schwellenwerts sei die wirtschaftliche Bedeutung des Unternehmens, die sich nicht anhand der bestehenden Vertragsverhältnisse bemessen lasse, sondern nach dem Arbeitsanfall in Form der ständig besetzten Arbeitsplätze.[405] Jeder Arbeitnehmer, der für beide Unternehmen arbeite, sei mit dem Bruchteil mitzuzählen, zu dem er für das betreffende Unternehmen tatsächlich tätig sei.[406] Diese Art der Berechnung könne zudem nicht manipuliert werden.[407] Den konkreten Arbeitsanfall ermittelte das BAG im Anschluss an die vom LAG getroffenen Feststellungen dadurch, dass es die Arbeitnehmer in Gruppen einteilte, und zwar in solche, die zu 100 % für das Unternehmen tätig sind, solche die zwischen 50 % und 100 % ihrer Arbeitszeit für das Unternehmen arbeiten und solche, die weniger als 50 % für das Unternehmen tätig sind.[408] Zwei Arbeitnehmer, die einen Arbeitsplatz zu je 50 % ausfüllten, seien als ein Arbeitsplatz zu zählen, wenn es sich nicht ausnahmsweise um voll zu zählende Arbeitsplätze etwa von Reinigungskräften handele, die üblicherweise nicht während der gesamten unternehmensüblichen Arbeitszeit besetzt seien.[409]

Säcker befürwortet ebenfalls eine anteilige Berücksichtigung, allerdings bestimmt durch die Beteiligungsverhältnisse der Trägerunternehmen am gemeinsamen Betrieb.[410] Die Schwellenwerte von §§ 1 Abs. 1 Nr. 2, 7 Abs. 1 S. 1 MitbestG und § 1 Abs. 1 DrittelbG (bzw. § 77 BetrVG 1952) seien objektiv-strukturelle Merkmale; rechne man bei einem Gemeinschaftsbetrieb allen Unternehmen sämtliche Arbeitnehmer zu, erreichten die Unternehmen eine Größe, über die sie in Wirklichkeit gar nicht verfügten.[411] Das widerspreche der gesetzlichen Wertung, dass der Gleichordnungskonzern mitbestimmungsfrei sei.[412] Wiederum eine andere Form der quotalen Zurechnung schlägt *Wiedemann* vor. Die Gruppeneinteilung des BAG sei ungenau, weshalb sich eine Aufteilung nach Lohnsummen anbiete, welche die Beanspruchung der Arbeitnehmer durch die verschiedenen Unternehmen abbilden könne, solange keine Anhaltspunkte für eine Manipulation vorhanden seien.[413]

In der Rechtsprechung wird zudem die Auffassung vertreten, dass grundsätzlich alle Arbeitnehmer gemeinsamer Betriebe bei beiden Unternehmen mit-

404 BAG 1.12.1961, AP Nr. 1 zu § 77 BetrVG 1952.
405 BAG 1.12.1961, AP Nr. 1 zu § 77 BetrVG 1952.
406 BAG 1.12.1961, AP Nr. 1 zu § 77 BetrVG 1952.
407 BAG 1.12.1961, AP Nr. 1 zu § 77 BetrVG 1952.
408 BAG 1.12.1961, AP Nr. 1 zu § 77 BetrVG 1952.
409 BAG 1.12.1961, AP Nr. 1 zu § 77 BetrVG 1952.
410 *Säcker*, WahlO, Rn. 215; *ders.*, ZfA 2008, 51, 61 f.
411 *Säcker*, WahlO, Rn. 215, 195.
412 *Säcker*, WahlO, Rn. 215.
413 *Wiedemann*, SAE 1962, 212, 213.

zuzählen seien; davon ausgenommen seien aber diejenigen Arbeitnehmer, die nicht für das betroffene Trägerunternehmen, sondern ausschließlich für das Unternehmen tätig seien, bei dem sie angestellt sind.[414] Allein die Möglichkeit auch die Arbeitskraft dieser Arbeitnehmer in Anspruch zu nehmen, reiche für eine Zurechnung nicht aus.[415]

4. *Keine Umgehung des § 2 Abs. 2 DrittelbG*

Das OLG Düsseldorf vertrat in einer neueren Entscheidung in einem obiter dictum die Auffassung, dass bei Gemeinschaftsbetrieben die Zurechnung der nicht vertraglich verbundenen Arbeitnehmer ausscheide, wenn dadurch die Vorschrift des § 2 Abs. 2 DrittelbG umgangen werde.[416] Bestehe zwischen den Trägerunternehmen des gemeinsamen Betriebs lediglich ein faktisches Konzernverhältnis, scheide mangels Beherrschungsvertrag oder Eingliederung eine Konzernzurechnung gemäß § 2 Abs. 2 DrittelbG aus.[417] Diese Wertung führe dazu, dass in solchen Fällen auch keine Zurechnung nach den für Gemeinschaftsbetriebe geltenden Grundsätzen erfolgen dürfe.[418]

5. *Generelle Berücksichtigung*

Wieder andere plädieren für eine umfassende Zurechnung aller Arbeitnehmer bei den jeweiligen Trägerunternehmen des Gemeinschaftsbetriebs.[419] Besonderheit des gemeinsamen Betriebs sei es gerade, dass die einheitliche Leitung sich auf alle im Betrieb beschäftigten Arbeitnehmer erstrecke.[420] Die Pluralität der Entscheidungsträger im Hinblick auf unternehmerische Entscheidungen, von denen alle Arbeitnehmer des gemeinsamen Betriebs gleichermaßen betroffen seien, dürfe sich nach dem Zweck der Unternehmensmitbestimmung nicht zulasten der Arbeitnehmer

414 LG Hamburg 21.10.2008, ZIP 2008, 2364, 2366.

415 LG Hamburg 21.10.2008, ZIP 2008, 2364, 2366.

416 OLG Düsseldorf 21.7.2016, WM 2017, 1407, 1413; a. A. *Oetker*, WuB 2017, 661.

417 OLG Düsseldorf 21.7.2016, WM 2017, 1407, 1413.

418 OLG Düsseldorf 21.7.2016, WM 2017, 1407, 1413; a. A. *Oetker*, WuB 2017, 661.

419 *Abend*, DB 2017, 607 ff.; *Boecken*, Unternehmensumwandlungen, Rn. 431; *Däubler*, in: FS Zeuner, S. 19, 31; *Gaul*, Betriebs- und Unternehmensspaltung, § 34 Rn. 45; *Heither/von Morgen*, in: NK-GA, § 1 MitbestG Rn. 17, § 1 DrittelbG Rn. 30; *Herrmann*, Gemeinsamer Betrieb, S. 166 f.; *Hjort*, NZA 2001, 696 ff.; *Joost*, RdA 1998, 310, 311; *Kleinsorge*, in: WKS, § 1 DrittelbG Rn. 83; *Koch*, in: Schaub, § 258 Rn. 2; *Köstler/Müller/Sick*, Rn. 155; *Oetker*, in: ErfK, § 1 MitbestG Rn. 6, § 1 DrittelbG Rn. 28; *Silberberger*, Veränderungsprozesse, S. 83; *Thüsing/Forst*, in: FS Kreutz, S. 867 ff. (anders aber wohl nunmehr *Thüsing/Pötters*, in: FS Wank, S. 599, 606 ff.); *Wißmann*, in: WKS, § 3 MitbestG Rn. 65 f., § 10 MitbestG Rn. 10 ff.

420 *Gaul*, Betriebs- und Unternehmensspaltung, § 34 Rn. 45; *Oetker*, in: ErfK, § 1 MitbestG Rn. 6, § 1 DrittelbG Rn. 28.

auswirken.[421] Der Gemeinschaftsbetrieb sei insofern mit dem Gemeinschaftsunternehmen vergleichbar, bei dem die Zurechnung aller Arbeitnehmer anerkannt sei.[422] Des Weiteren wird – ähnlich wie bei der Diskussion um das Wahlrecht – im Rahmen der systematischen Auslegung des MitbestG auf § 5 MitbestG verwiesen, der verdeutliche, dass es für die Zurechnung darauf ankomme, ob der einzelne Arbeitnehmer von den Entscheidungen eines Unternehmens betroffen sei.[423]

II. Stellungnahme

1. Allgemeingültige Argumente

a) Einheit von Zählen und Wählen

Zunächst sei daran erinnert, dass bereits im Rahmen von § 2 festgehalten wurde,[424] dass kein zwingender Gleichlauf zwischen der Wahlberechtigung und der Berücksichtigung im Rahmen der Schwellenwerte besteht. Durch die Feststellung, dass sämtliche Arbeitnehmer eines gemeinsamen Betriebs berechtigt sind, an der Wahl der Arbeitnehmervertreter in den Aufsichtsrat aller Trägerunternehmen teilzunehmen, ist die Frage der Berücksichtigung der Arbeitnehmer eines Gemeinschaftsbetriebs also nicht gleichsam vorentschieden. Anzuerkennen ist allerdings, dass die Wahlberechtigung aller Arbeitnehmer auch für Einbeziehung aller Arbeitnehmer in die Schwellenwerte streitet.

b) Wortlaut

Alle Schwellenwertregelungen sind ihrem Wortlaut nach auf eine bestimme Anzahl oder einen bestimmten Bruchteil von (wahlberechtigten) Arbeitnehmern bezogen, was grundsätzlich gegen eine Differenzierung nach der Dauer der Arbeitszeit – wie sie vom BAG vorgenommen wurde – spricht, da Arbeitnehmer nur eine Person sein kann und in den Gesetzen gerade nicht von Arbeitsplätzen die Rede ist.[425] Das gilt

421 *Däubler*, in: FS Zeuner, S. 19, 31; *Gaul*, Betriebs- und Unternehmensspaltung, § 34 Rn. 45; *Kleinsorge*, in: WKS, § 1 DrittelbG Rn. 83; *Köstler/Müller/Sick*, Rn. 155; *Oetker*, in: ErfK, § 1 MitbestG Rn. 6; *Hjort*, NZA 2001, 696, 697 f.; *Silberberger*, Veränderungsprozesse, S. 83; *Wißmann*, in: WKS, § 3 MitbestG Rn. 66, § 10 MitbestG Rn. 11.

422 *Hjort*, NZA 2001, 696, 700 (im Zusammenhang mit der Wahlberechtigung); *Thüsing/Forst*, in: FS Kreutz, S. 867, 874 f. Ähnlich *Hanau*, ZfA 1990, 115, 127; *Köstler/Müller/Sick*, Rn. 155; *Wißmann*, in: WKS, § 10 MitbestG Rn. 11.

423 *Däubler*, in: FS Zeuner, S. 19, 31; *Thüsing/Forst*, in: FS Kreutz, S. 867, 874 f.; *Wißmann*, in: WKS, § 10 MitbestG Rn. 11.

424 Vgl. dazu § 2 C.

425 *Henssler*, in: UHH, § 1 MitbestG Rn. 23; *Hoffmann/Lehmann/Weinmann*, § 1 MitbestG Rn. 28; *Kötter*, Anm. zu AP Nr. 1 zu § 77 BetrVG 1952; *Raiser*, in: RVJ, § 1 MitbestG Rn. 19; *Richardi*, in: Dietz/Richardi, 6. Aufl., § 77 BetrVG 1952 Rn. 8; *Wanhöfer*, Gemeinschaftsbetrieb, S. 82; im Ergebnis ebenso *Lenze*, Folgen, S. 82.

auch für den differenzierenden Ansatz *Wanhöfers*, der zwar grundsätzlich ebenfalls hervorhebt, dass die Mitbestimmungsgesetze sich nicht auf die Zahl der Arbeitsplätze beziehen, aber zugleich im Widerspruch dazu darauf abstellt, für welches Unternehmen ein nicht vertraglich mit dem betroffenen Unternehmen verbundener Arbeitnehmer tätig wird.[426]

c) Systematik

aa) Betriebsbegriff des BetrVG (§ 3 Abs. 2 S. 1 MitbestG und DrittelbG)

Sowohl § 3 Abs. 2 S. 1 MitbestG als auch § 3 Abs. 2 S. 1 DrittelbG verweisen für den Betriebsbegriff auf die Definition des BetrVG. Dieser Verweis umfasst die Vermutung für das Vorliegen eines gemeinsamen Betriebs mehrerer Unternehmen in § 1 Abs. 2 BetrVG.[427] Aus diesem Grund wird die gesetzliche Anerkennung des Gemeinschaftsbetriebs als Argument für die Berücksichtigung aller Arbeitnehmer eines gemeinsamen Betriebs mehrerer Unternehmen im Geltungsbereich von MitbestG und DrittelbG angesehen.[428] Dem ist im Grundsatz zuzustimmen. Allerdings darf der Verweisung angesichts des Unternehmensbezugs der Mitbestimmung im Aufsichtsrat kein entscheidendes Gewicht beigemessen werden, zumal einige Schwellenwertregelungen explizit auf die „Arbeitnehmer des Unternehmens" abstellen.

Dennoch nicht zu überzeugen vermag die Argumentation des LG Bremen, wonach die Anerkennung des gemeinsamen Betriebs in § 1 Abs. 2 BetrVG bei der Auslegung von § 1 Abs. 1 Nr. 2 MitbestG keine Berücksichtigung finden dürfe, weil der Gesetzgeber sie im BetrVG angesiedelt und für das MitbestG nicht bestimmt habe, dass die Arbeitnehmer eines nach einer Abspaltung unverändert verbliebenen gemeinsamen Betriebs bei dem Schwellenwert des § 1 Abs. 1 Nr. 2 MitbestG zu berücksichtigen seien, obwohl dies angesichts der in demselben Artikelgesetz erfolgten Änderung von § 322 UmwG und § 1 MitbestG nahegelegen hätte[429]. Gegen diese Argumentation spricht, dass der Gesetzgeber in Art. 12 des genannten Gesetzes die zuvor nur auf Nebenbetriebe und Betriebsteile bezogene Verweisung in § 10 Abs. 1 S. 2 MitbestG a. F. durch einen allgemeinen Verweis auf den Betriebsbegriff des BetrVG in § 3 Abs. 2 MitbestG ersetzte[430]. In Anbetracht dessen kann dem Gesetzgeber der Wille zur Beschränkung der Berücksichtigung aller Arbeitnehmer gemeinsamer Betriebe auf die Schwellenwerten des BetrVG nicht unterstellt wer-

426 *Joost*, RdA 1998, 310, 311.

427 *Gach*, in: MüKo-AktG, § 3 MitbestG Rn. 35 ff.; *Mertens/Cahn*, in: KölnK-AktG, Anh. § 117 B § 3 MitbestG Rn. 25; *Oetker*, in: ErfK, §§ 2, 3 MitbestG Rn. 3; *Raiser/Jacobs*, in: RVJ, § 3 MitbestG Rn. 44; *Ulmer/Habersack*, in: UHH, § 3 MitbestG Rn. 119; *Wißmann*, in: WKS, § 3 MitbestG Rn. 60 ff.

428 *Gaul*, Betriebs- und Unternehmensspaltungen, § 34 Rn. 45; *Henssler*, in: UHH, § 3 MitbestG Rn. 120. So auch für die Wahlberechtigung gemäß § 5 Abs. 2 DrittelG: LAG Frankfurt a. M. 10.3.2011–9 TaBV 164/10, juris Rn. 47.

429 LG Bremen 4.2.2005, BeckRS 2010, 17611.

430 Gesetz zur Reform des BetrVG vom 23. Juli 2001, BGBl. I S. 1852, 1867.

den, wenn die Gesetzesmaterialien sich nicht ausdrücklich mit dem Problem der Berücksichtigung aller Arbeitnehmer im Rahmen der Schwellenwerte der Unternehmensmitbestimmungen befassen.[431]

Diese Auslegung steht auch mit der Rechtsprechung des BAG im Einklang, wonach § 99 Abs. 1 S. 1 BetrVG analog anzuwenden ist, wenn mehrere Unternehmen mit jeweils weniger als zwanzig wahlberechtigten Arbeitnehmern gemeinsam einen Betrieb führen, in dem insgesamt mehr als zwanzig wahlberechtigte Arbeitnehmer beschäftigt sind[432]. Danach ist die dort ebenfalls fehlende Erwähnung des Gemeinschaftsbetriebs nicht als „beredtes Schweigen" des Gesetzgebers zu verstehen, obwohl dieser mit dem Reformgesetz von 2001 zugleich den Bezug der Schwellenwerte in §§ 99 Abs. 1 S. 1, 111 S. 1 BetrVG vom „Betrieb" auf „Unternehmen" änderte und keine ausdrückliche Regelung zum Gemeinschaftsbetrieb traf.[433]

bb) MitbestG und DrittelbG: Verweis auf den Arbeitnehmerbegriff des BetrVG

Sowohl § 3 Abs. 1 S. 1 Nr. 1 MitbestG als auch § 3 Abs. 1 DrittelbG verweisen für die Begriffsbestimmung des Arbeitnehmers auf § 5 Abs. 1 BetrVG. Der Wortlaut dieser Vorschrift ist für die Auslegung unergiebig, weil darin lediglich bestimmt ist, dass Arbeitnehmer Arbeiter und Angestellte einschließlich der zu ihrer Berufsausbildung Beschäftigten sind. Obwohl damit auf den allgemeinen – nunmehr in § 611a Abs. 1 BGB verankerten – Arbeitnehmerbegriff Bezug genommen wird, der ein Vertragsverhältnis zum Arbeitgeber verlangt, vermag der Verweis für den Spezialfall des gemeinsamen Betriebs mehrerer Unternehmen zur Auslegung wenig beizutragen, steht doch nicht die grundsätzliche Arbeitnehmereigenschaft der Beschäftigten in Streit, sondern ihr Verhältnis zu den jeweiligen Unternehmen.

Die Verweisung erfasst zudem § 5 Abs. 1 S. 3 BetrVG, wonach Beamte, Soldaten und Arbeitnehmer des öffentlichen Dienstes, die in Betrieben privatrechtlich organisierten Unternehmen tätig sind, als Arbeitnehmer gelten. Daraus wird teilweise der Umkehrschluss gezogen, dass unter § 5 Abs. 1 S. 1 BetrVG nur diejenigen Arbeitnehmer fielen, die mit dem Rechtsträger des Betriebs arbeitsvertraglich verbunden seien.[434] Tatsächlich liegt dieser Schluss nahe, weil sich § 5 Abs. 1 S. 3 BetrVG angesichts der Erwähnung der Arbeitnehmer des öffentlichen Dienstes nicht nur auf die Arbeitnehmereigenschaft als solche beziehen kann, sondern darüber hinaus die Betriebszugehörigkeit der genannten Personen begründet[435].

---

431 Im Ergebnis ebenso *Thüsing/Forst*, in: FS Kreutz, S. 867, 877.

432 BAG 29.9.2004, AP Nr. 40 zu § 99 BetrVG.

433 BAG 29.9.2004, AP Nr. 40 zu § 99 BetrVG.

434 *Oetker*, JbArbR 53 (2016), 47, 56 f., der den Umkehrschluss aber nicht für ausschlaggebend hält, sondern vorrangig auf den Normzweck des jeweiligen Schwellenwerts abstellt.

435 So ausdrücklich: BAG 15.12.2011, AP Nr. 77 zu § 5 BetrVG 1972 Rn. 21; *Raab*, in: GK-BetrVG, § 5 BetrVG Rn. 14, 78. Im Ergebnis ebenso: *Fitting*, § 5 BetrVG

Andererseits ist zu bedenken, dass es sich bei § 5 Abs. 1 S. 3 BetrVG um eine Sondervorschrift für Beschäftigte des öffentlichen Dienstes handelt, die im Jahr 2009 auf Bitten des Bundesrats in das BetrVG aufgenommen wurde[436]. Diese Bitte des Bundesrats beruhte darauf, dass der Bund zuvor im Zusammenhang mit verschiedenen Privatisierungen und Public Private Partnerships ähnliche Sonderregelungen getroffen hatte,[437] weil nach der Rechtsprechung des BAG Beamte im Falle einer Abordnung an privatrechtliche Unternehmen nicht als Arbeitnehmer im betriebsverfassungsrechtlichen Sinn anzusehen waren[438]. Die Schaffung entsprechender Vorschriften war den Ländern mangels Gesetzgebungskompetenz allerdings nicht möglich. In einer ersten Stellungnahme zu der Bitte des Bundesrats hatte die Bundesregierung noch die Ansicht vertreten, dass eine entsprechende grundsätzliche Änderung des BetrVG einer eingehenden Erörterung bedürfe, die im laufenden Gesetzgebungsverfahren nicht mehr zu leisten sei.[439] Tatsächlich wurden die betriebsverfassungsrechtlichen Auswirkungen der Sonderregelung im späteren Gesetzgebungsverfahren aber nicht diskutiert[440] und in der Regierungsbegründung lediglich auf die Bitte des Bundesrats verwiesen[441]. Aus der Entstehungsgeschichte folgt daher, dass sich zwar logisch aus § 5 Abs. 1 S. 3 BetrVG der Schluss ziehen lässt, dass Arbeitnehmer im Sinne von § 5 Abs. 1 S. 1 BetrVG in einem Arbeitsverhältnis zum Rechtsträger des Betriebsinhabers stehen müssen. Dahinter steht aber keine entsprechende gesetzgeberische Wertentscheidung,[442] so dass dieses Argument letztlich nicht überzeugen kann.

Rn. 318a; *Gaul*, in: HWK, § 5 BetrVG Rn. 34a; *Heise/Fedder*, NZA 2009, 1069, 1071; *Kloppenburg*, in: HaKo-BetrVG, § 5 BetrVG Rn. 23; *Koch*, in: ErfK, § 5 BetrVG Rn. 3a; *Trümner*, in: DKKW, § 5 BetrVG Rn. 108. A.A. *Löwisch*, BB 2009, 2316, 2316 f.; *von Steinau-Steinrück/Mosch*, NJW-Spezial 2009, 706.

436 BT-Drucks. 16/1336 Anlage 2, S. 21; BT-Drucks. 16/11608, S. 21.

437 Vgl. die Regelungen für die Deutsche Bahn und die Deutsche Bundespost in § 19 Abs. 1 DBGrG und § 24 Abs. 2 und 3 PostPersRG, für die Zuweisung zu einem mit der Bundeswehr kooperierenden Wirtschaftsunternehmen in § 6 Abs. 1 BwKoopG, für den Einsatz von Beamten und Arbeitnehmern der Bundeswertpapierverwaltung in der Bundesrepublik Deutschland-Finanzagentur GmbH in § 5 Abs. 1 BWpVerwPG und für den Einsatz von Arbeitnehmern und Beamten der Bundesagentur für Außenwirtschaft bei der Germany Trade and Invest – Gesellschaft für Außenwirtschaft und Standortmarketing mbH in § 5 Abs. 1 BfAIPG.

438 BAG 25.2.1998, AP Nr. 8 zu § 8 BetrVG 1972; BAG 28.3.2001, AP Nr. 5 zu § 5 BetrVG 1972.

439 BT-Drucks. 16/1336, Anlage 3, S. 22.

440 Darauf weisen ebenfalls hin *Heise/Fedder*, NZA 2009, 1069; *Raab*, in: GK-BetrVG, § 5 BetrVG Rn. 77.

441 BT-Drucks. 16/11608, S. 21.

442 So mit entsprechender Begründung *Raab*, in: GK-BetrVG, § 5 BetrVG Rn. 77 für die aus der Gleichstellung resultierenden Rechtsfolgen.

cc) Arbeitnehmerzurechnung bei der Kapitalgesellschaft und Co. KG und im Konzern (§§ 4, 5 MitbestG und § 2 Abs. 2 DrittelbG)

Im Rahmen der systematischen Auslegung führen die Gegner einer Zurechnung aller Arbeitnehmer zudem §§ 4, 5 MitbestG und § 2 Abs. 2 DrittelbG an, bei denen es sich um eng auszulegende Ausnahmetatbestände handele, deren Wortlaut („gelten") zeige, dass grundsätzlich eine vertragsrechtliche Zuordnung vorzunehmen sei.[443] Den Vorschriften sei außerdem zu entnehmen, dass die Zurechnung unternehmensfremder Arbeitnehmer nur dann anzuerkennen sei, wenn die von dem Unternehmen ausgeübte Leitungsmacht gesellschaftsrechtlich vermittelt sei.[444] Des Weiteren erfassten § 5 MitbestG und § 2 Abs. 2 DrittelbG lediglich Unterordnungskonzerne im Sinne des § 18 Abs. 1 AktG; der gemeinsame Betrieb mehrerer Unternehmen entspreche aber einem Gleichordnungskonzern gemäß § 18 Abs. 2 AktG.[445] Dagegen wird eingewandt, § 5 MitbestG verdeutliche im Gegenteil, dass es auf die Anzahl der Arbeitnehmer ankomme, die potentiell von den unternehmerischen Entscheidungen betroffen sein könnten.[446]

Letztlich dürfte hier – ähnlich wie bei § 7 S. 2 BetrVG – weder der eine noch der andere Schluss zwingend sein. Einerseits ist die Betroffenheit der Arbeitnehmer von den Entscheidungen der anderen Unternehmen Hintergrund der genannten Vorschriften. Andererseits stellen die §§ 4, 5 MitbestG und § 2 Abs. 2 DrittelbG Sondervorschriften dar, die sich zudem dadurch unterscheiden, dass die Zurechnungsvorschrift des DrittelbG wesentlich enger ist als die des MitbestG.[447] So findet die GmbH & Co. KG im DrittelbG keine Berücksichtigung und auch die konzernrechtliche Zurechnung zum herrschenden Unternehmen ist auf Fälle beschränkt, in denen zwischen den Unternehmen ein Beherrschungsvertrag besteht oder das abhängige Unternehmen in das herrschende Unternehmen eingegliedert ist. Diese Unterschiede wecken Zweifel daran, ob sich den Vorschriften ein allgemeiner Rechtsgedanke entnehmen lässt, der sich auf den gemeinsamen Betrieb mehrerer Unternehmen übertragen lässt. Hinzu kommt, dass der Gemeinschaftsbetrieb aufgrund der bestehenden einheitlichen Leitung tatsächlich Ähnlichkeit mit einem Gleichordnungskonzern hat. Da die § 5 MitbestG und § 2 Abs. 2 DrittelbG aber nur gesellschaftsrechtlich vermittelte Entscheidungsbefugnisse betreffen, erscheint es trotz des Ausnahmecharakters der genannten Normen nicht grundsätzlich ausgeschlossen, für den Gemeinschaftsbetrieb im Wege der allgemeinen Auslegung eine Mehrfachzurechnung zu bejahen.

---

443 *Bonanni/Otte*, BB 2016, 1653, 1656; *Lüers/Schomaker*, BB 2013, 565, 567. Ähnlich LG Hannover 14.5.2012, BeckRS 2013, 12440 Rn. 17; *Gach*, in: MüKo-AktG, § 3 MitbestG Rn. 38a.

444 *Hohenstatt/Schramm*, NZA 2010, 846, 848; *Raiser/Jacobs*, in: RVJ, § 3 MitbestG Rn. 44.

445 *Rentschler*, Gemeinschaftsbetrieb, S. 103 ff.; *Säcker*, WahlO, Rn. 215; *Wanhöfer*, Gemeinschaftsbetrieb, S. 100 f.

446 *Däubler*, in: FS Zeuner, S. 19, 31.

447 Auf die insoweit bestehenden Unterschiede verweisen ebenfalls *Bonanni/Otte*, BB 2016, 1653, 1656 f.

Besteht zwischen den Trägerunternehmen des gemeinsamen Betriebs gleichzeitig ein faktisches Konzernverhältnis, stellt sich im Anwendungsbereich des DrittelbG darüber hinaus die Frage, ob in diesen Fällen eine Umgehung des § 2 Abs. 2 DrittelbG dadurch vermieden werden muss, dass nur die vertraglich verbundenen Arbeitnehmer bei der Berechnung der Schwellenwerte berücksichtigt werden. Das ist nur dann der Fall, wenn § 2 Abs. 2 DrittelbG als abschließende Regelung für Konzernverhältnisse zu verstehen ist, der eine Sperrwirkung gegenüber anderen Zurechnungstatbeständen zukommt. Dagegen spricht, dass es sich bei § 2 Abs. 2 DrittelbG nicht um einen das DrittelbG prägenden Grundsatz handelt. Das zeigt zum einen die Beteiligung sämtlicher Arbeitnehmer von Konzernunternehmen an der Wahl der Arbeitnehmervertreter im Aufsichtsrat gemäß § 2 Abs. 1 DrittelbG, die bereits vor der Einführung der Konzernzurechnungsregelung im BetrVG 1952 enthalten war. Zum anderen lässt sich der Entstehungsgeschichte des § 2 Abs. 2 DrittelbG entnehmen, dass die Beschränkung der Konzernzurechnung vor allem historische Gründe hat. Die Regelung des § 2 Abs. 2 DrittelbG entspricht hinsichtlich der Beschränkung auf Fälle der qualifizierten Konzernierung § 77a BetrVG 1952.[448] Diese Vorschrift wiederum wurde mit der Aktienrechtsreform von 1965 in das BetrVG 1952 eingefügt. Hintergrund der Aufnahme einer Konzernzurechnungsvorschrift in das BetrVG 1952 war, dass dadurch der zuvor bestehende Streit über die Berücksichtigung der Arbeitnehmer abhängiger Unternehmen im Rahmen der Schwellenwerte im Sinne einer vermittelnden Lösung entschieden werden sollte.[449] Auch die Begründung für die Ablehnung des Antrags des Arbeitsausschusses, eine Zurechnung auch im faktischen Konzern zu regeln, zeigt, dass es dem historischen Gesetzgeber vorrangig darauf ankam, einen Kompromiss zwischen den verschiedenen Auffassungen zu finden: Der Rechts- und der Wirtschaftsausschuss beriefen sich insoweit darauf, dass das BAG – abweichend von einem Teil des Schrifttums – die Konzernzurechnung ablehne.[450] Der Regierungsentwurf enthalte eine sachgerechte, vermittelnde Lösung.[451]

Rechtssicherheitserwägungen, mit denen die Beschränkung der Konzernzurechnung auf die Fälle eines Beherrschungsvertrags oder einer Eingliederung ebenfalls begründet wurde,[452] stehen einer Zurechnung bei Vorliegen eines Gemeinschafts-

448 Vgl. die Begründung des RegE des Zweiten Gesetzes zur Vereinfachung der Wahl der Arbeitnehmervertreter in den Aufsichtsrat, mit dem das DrittelbG eingeführt wurde, BT-Drucks. 15/2542, S. 11 f.

449 So die Begründung des RegE eines Einführungsgesetzes zum AktG, BT-Drucks. IV/171, S. 324.

450 Schriftlicher Bericht des Rechtsausschusses über die von der Bundesregierung eingebrachten eines AktG und eines Einführungsgesetzes zum AktG, zu Drucks. IV/3296, S. 67 f.

451 Schriftlicher Bericht des Rechtsausschusses über die von der Bundesregierung eingebrachten eines AktG und eines Einführungsgesetzes zum AktG, zu Drucks. IV/3296, S. 68.

452 Schriftlicher Bericht des Rechtsausschusses über die von der Bundesregierung eingebrachten eines AktG und eines Einführungsgesetzes zum AktG, zu Drucks. IV/3296, S. 68.

betriebs zwischen konzernverbundenen Unternehmen nicht entgegen. Das folgt zunächst aus dem Umstand, dass diese Begründung in Anbetracht der Beteiligung der Arbeitnehmer aller abhängigen Unternehmen an der Wahl der Arbeitnehmervertreter in den Aufsichtsrat ohnehin nicht stichhaltig ist. Hinzu kommt, dass durch die Prüfung, ob ein gemeinsamer Betrieb vorliegt, zwar im Einzelfall Rechtsunsicherheit entstehen mag.[453] Aufgrund der Anerkennung der Rechtsfigur des Gemeinschaftsbetriebs durch den Gesetzgeber kann dieser Aspekt indes nicht überzeugend gegen die Zurechnung angeführt werden, zumal die Vermutungstatbestände des § 1 Abs. 2 BetrVG den Nachweis einer Führungsvereinbarung erleichtern. Nach alledem ist zwar anzuerkennen, dass die Regelung des § 2 Abs. 2 DrittelbG durch die Zurechnung im Gemeinschaftsbetrieb im Einzelfall eingeschränkt werden kann. Allerdings erzwingt dies keine Beschränkung der Zurechnung in gemeinsamen Betrieben, die von faktisch konzernverbundenen Unternehmen getragen werden.[454]

dd) Mitbestimmungsbeibehaltung bei Abspaltung oder Ausgliederung (§ 325 Abs. 1 UmwG)

Teilweise wird § 325 Abs. 1 UmwG zur systematischen Auslegung herangezogen, nach dessen Satz 1 die vor einer Abspaltung oder Ausgliederung geltenden Vorschriften über die Beteiligung der Arbeitnehmer im Aufsichtsrat noch für einen Zeitraum von fünf Jahren Anwendung finden, wenn durch die Spaltung die gesetzlichen Voraussetzungen der Mitbestimmung bei dem übertragenden Rechtsträger entfallen.[455] Die Beschränkung der Mitbestimmungsbeibehaltung auf den übertragenden Rechtsträger würde umgangen, wenn über die Zurechnung aller Arbeitnehmer des Gemeinschaftsbetriebs die vorher geltende Mitbestimmung auch bei dem abgespaltenen Unternehmen aufrechterhalten werden würde.[456]

Diese Argumentation vernachlässigt indes, dass § 325 Abs. 1 UmwG nur dann gilt, wenn der Gemeinschaftsbetrieb durch Abspaltung oder Ausgliederung entsteht. Aus einer solchen Teilbereichsregelung einen Umkehrschluss für alle Gemeinschaftsbetriebe zu ziehen, ginge zu weit, zumal die Absicht des Gesetzgebers, mit § 325 UmwG Einschränkungen bei der Mitbestimmung zu verhindern,[457] in ihr Gegenteil verkehrt würde.

---

453 Vgl. zu diesem Aspekt auch § 3 C. II. 1. d).

454 Ebenso *Oetker*, WuB 2017, 661; a.A. OLG Düsseldorf 21.7.2016, WM 2017, 1407, 1413.

455 LG Bremen 4.2.2005, BeckRS 2010, 17611.

456 LG Bremen 4.2.2005, BeckRS 2010, 17611.

457 Vgl. die Stellungnahme des BR zum RegE eines Gesetzes zur Bereinigung des Umwandlungsrechts, BT-Drucks. 12/7265, Anl. 2, S. 5 u. die Beschlussempfehlung des Vermittlungsausschusses, BT-Drucks. 12/8415.

ee) Unternehmensbezogene Schwellenwerte im BetrVG (§§ 99, 106 BetrVG)

Teilweise wird als Argument für die Zurechnung aller Arbeitnehmer die Rechtsprechung des BAG zu den ebenfalls unternehmensbezogenen Schwellenwerten in §§ 99 Abs. 1 S. 1 HS. 1, 106 Abs. 1 S. 1 BetrVG angeführt, wonach sämtliche Arbeitnehmer des Gemeinschaftsbetriebs zu berücksichtigen seien.[458] Zwar lässt allein der Bezug dieser Normen auf das Unternehmen noch nicht darauf schließen, dass sich die diesen Entscheidungen zugrundliegenden Erwägungen auf die Unternehmensmitbestimmung übertragen lassen.[459] Es ist aber ebenso wenig von vornherein ausgeschlossen, die genannte Rechtsprechung wegen der grundsätzlichen Unterschiede zwischen der betrieblichen Mitbestimmung und der Unternehmensmitbestimmung im Rahmen der systematischen Auslegung zu berücksichtigen. Die Begründungen des BAG sind vielmehr näher zu untersuchen.

Im Rahmen von § 106 BetrVG argumentiert das BAG damit, dass der Wirtschaftsausschuss ein Hilfsorgan des Betriebsrats sei, dessen Tätigkeit im Grunde lediglich der Erfüllung von Betriebsratsarbeit diene.[460] Mit dieser Konzeption ließe es sich nicht vereinbaren, dem Betriebsrat die Unterstützung durch einen Wirtschaftsausschuss allein deshalb zu verwehren, weil der Betrieb über mehrere Rechtsträger verfüge.[461] Diese Begründung lässt es nicht zu, die Entscheidung im Rahmen der Diskussion um die Berücksichtigung der Arbeitnehmer eines gemeinsamen Betriebs bei den Schwellenwerten in der Unternehmensmitbestimmung als Argument zu berücksichtigen, weil es sich um eine am spezifischen Zweck des § 106 BetrVG orientierte Argumentation handelt.[462]

Zu § 99 BetrVG führt das BAG aus, dass die Formulierung „in Unternehmen" als „in Betrieben von Unternehmen" zu verstehen sei, weil Betriebsräte nicht in Unternehmen, sondern in Betrieben eines Unternehmens gewählt würden.[463] Diese spezifisch betriebsverfassungsrechtliche Begründung lässt sich nicht auf die Unternehmensmitbestimmung übertragen.[464] Anders ist es jedoch bei der Argumentation

458 *Bachner*, AiB 2013, 615, 617 (§ 99 BetrVG); *Thüsing/Forst*, in: FS Kreutz, S. 867, 876 (§§ 99, 106 BetrVG); *Thüsing/Pötters*, in: FS Wank, S. 599, 607 (§ 106 BetrVG).

459 Ähnlich *Rentschler*, Gemeinschaftsbetrieb, S. 132. Allgemein gegen die unbesehene Übertragung betriebsverfassungsrechtlicher Lösungen auf die Unternehmensmitbestimmung: *Bonanni*, Gemeinsamer Betrieb, S. 285; *Wanhöfer*, Gemeinschaftsbetrieb, S. 58.

460 BAG 1.8.1990, AP Nr. 8 zu § 106 BetrVG 1972.

461 BAG 1.8.1990, AP Nr. 8 zu § 106 BetrVG 1972. An einer planwidrigen Regelungslücke fehlt es nach BAG 22.3.2016, AP Nr. 19 zu § 106 BetrVG 1972 Rn. 13 allerdings in dem Fall, dass von einem herrschenden Unternehmen sowie einem in seinem alleinigen Eigentum stehenden abhängigen Unternehmen ein Gemeinschaftsbetrieb geführt und die Voraussetzungen zur Bildung eines Wirtschaftsausschusses allein beim herrschenden Unternehmen vorliegen.

462 Im Ergebnis ebenso *Rentschler*, Gemeinschaftsbetrieb, S. 133.

463 BAG 29.9.2004, AP Nr. 40 zu § 99 BetrVG 1972 Versetzung.

464 Im Ergebnis ebenso *Rentschler*, Gemeinschaftsbetrieb, S. 133.

des BAG zur ratio legis des § 99 BetrVG. Hintergrund der Ausnahme für Unternehmen mit weniger als 21 Arbeitnehmern sei die in diesen Einheiten bestehende enge persönliche Zusammenarbeit zwischen Arbeitgeber und Arbeitnehmern.[465] Da bei einem gemeinsamen Betrieb mehrerer Unternehmen ein gemeinsamer Einsatz der Arbeitnehmer erfolge, der die betriebliche Bürokratie komplexer mache, würden die persönliche Nähe zwischen Arbeitgeber und Arbeitnehmern sowie die Organisationsstruktur auch durch die Betriebsgröße und nicht nur durch die Unternehmensgröße beeinflusst.[466] Diese Überlegungen lassen sich durchaus auf diejenigen Schwellenwertregelungen übertragen, die ebenfalls an die persönliche Nähe und die Organisationsstrukturen in den Unternehmen anknüpfen. Wie sich das im Einzelnen auswirkt, wird im Rahmen der Auslegung der verschiedenen Schwellenwertregelungen noch genauer zu untersuchen sein.[467]

ff) Berücksichtigung von Leiharbeitnehmern bei den Schwellenwerten der Mitbestimmungsgesetze (§ 14 Abs. 2 S. 5 und 6 AÜG)

Ebenso wie die entsprechende Geltung des § 7 S. 2 BetrVG im MitbestG und DrittelbG für die Wahlberechtigung aller Arbeitnehmer eines gemeinsamen Betriebs angeführt wird, wird die Neuregelung zur Einbeziehung von Leiharbeitnehmern im Rahmen der Schwellenwerte in § 14 Abs. 2 S. 5 und 6 AÜG als Argument für die Berücksichtigung aller Arbeitnehmer eines Gemeinschaftsbetriebs bei den Schwellenwerten der Mitbestimmungsgesetze angesehen.[468] Gemäß § 14 Abs. 2 S. 5 AÜG sind Leiharbeitnehmer auch im Entleiherunternehmen zu berücksichtigen, soweit Bestimmungen der Mitbestimmungsgesetze eine bestimmte Anzahl oder einen bestimmten Anteil von Arbeitnehmern voraussetzen. Die Vorschrift des § 14 Abs. 2 S. 6 AÜG macht davon eine Ausnahme, soweit die Anwendung der Mitbestimmungsgesetze eine bestimmte Anzahl oder einen bestimmten Anteil von Arbeitnehmern erfordert. In diesen Fällen sind Leiharbeitnehmer im Entleiherunternehmen nur zu berücksichtigen, wenn die Einsatzdauer sechs Monate übersteigt.

Der genannten Argumentation ist insoweit zuzustimmen, als die Situation von Leiharbeitnehmern und vertraglich nicht mit dem betreffenden Trägerunternehmen verbundenen Arbeitnehmern eines gemeinsamen Betriebs darin übereinstimmt, dass beide in einen Betrieb eingegliedert sind und den Weisungen der Betriebsleitung unterstehen, obwohl sie keinen Arbeitsvertrag mit dem Unternehmen abgeschlossen haben. Aufgrund dieser Parallele liegt es nahe, § 14 Abs. 2 S. 5 AÜG analog auf die Berücksichtigung der Arbeitnehmer von Gemeinschaftsbetrieben anzuwenden oder zumindest dessen Rechtsgedanken in die Auslegung einzubeziehen.

Einem solchen Verständnis steht indes entgegen, dass mit der Neuregelung in § 14 Abs. 2 S. 5 und 6 AÜG lediglich die Rechtsprechung des BAG zur Berücksich-

465 BAG 29.9.2004, AP Nr. 40 zu § 99 BetrVG 1972 Versetzung.

466 BAG 29.9.2004, AP Nr. 40 zu § 99 BetrVG 1972 Versetzung.

467 Siehe dazu § 3 C. II. 2.

468 *Abend*, DB 2017, 607, 608 f.

tigung von Leiharbeitnehmern im Rahmen von § 9 Abs. 1 und 2 MitbestG für alle Schwellenwertregelungen der Mitbestimmungsgesetze gesetzlich verankern werden sollte[469]. Das lässt darauf schließen, dass der Gesetzgeber mit der Schaffung von § 14 Abs. 2 S. 5 und 6 AÜG kein dogmatisches Konzept verfolgte, das sich auf die Zurechnung der Arbeitnehmer eines gemeinsamen Betriebs übertragen lässt. Für die Regelung des § 14 Abs. 2 S. 6 AÜG kommt hinzu, dass die Differenzierung nach der Einsatzdauer nicht uneingeschränkt für eine Berücksichtigung aller Arbeitnehmer eines Gemeinschaftsbetriebs im Rahmen der Schwellenwerte spricht, sondern eher als Argument für eine Zurechnung je nach Tätigkeit für das betroffene Trägerunternehmen angesehen werden könnte. Auch gegen ein solches Verständnis spricht indes, dass die absolute Mindesteinsatzdauer nicht zu dem in Gemeinschaftsbetrieben praktizierten dauerhaften arbeitsteiligen Einsatz für verschiedene Trägerunternehmen passt. Einer Übertragung des Rechtsgedankens von § 14 Abs. 2 S. 6 AÜG auf Gemeinschaftsbetriebe steht zudem entgegen, dass es sich bei dieser Vorschrift um einen politischen Kompromiss handelt, der in das Gesetz aufgenommen wurde, weil im Koalitionsvertrag zwischen CDU, CSU und SPD für die 18. Legislaturperiode nur eine Regelung über die Berücksichtigung von Leiharbeitnehmern bei den Schwellenwerten des BetrVG – nicht aber der Mitbestimmungsgesetze – vereinbart worden war[470]. Daher erscheint es nicht angebracht, aus dieser Regelung Rückschlüsse für die Berücksichtigung vertragsfremder Arbeitnehmer eines Gemeinschaftsbetriebs im Rahmen der Schwellenwerte zu ziehen. Bei § 14 Abs. 2 S. 5 und 6 AÜG handelt es sich vielmehr um eine Sonderregelung für die Arbeitnehmerüberlassung, aus der sich keine Argumente für die Berücksichtigung der Arbeitnehmer eines Gemeinschaftsbetriebs bei den Schwellenwerten ergeben.

Damit wird zugleich deutlich, dass sich aus der Sondervorschrift des § 14 Abs. 2 S. 5 und 6 AÜG kein Umkehrschluss gegen die Einbeziehung der vertragsfremden Arbeitnehmer ziehen lässt. Auch insoweit ist zu bedenken, dass der Gesetzgeber lediglich eine gesetzliche Klarstellung für die Streitfrage der Berücksichtigung der Leiharbeitnehmer herbeiführen wollte. Aus einer solchen Spezialregelung können keine Rückschlüsse für andere Auslegungsprobleme gezogen werden.

d) Praktikabilität und Rechtssicherheit

Wesentlicher Nachteil der Rechtsprechung des BAG ist, dass sie ein aufwendiges Berechnungsverfahren erforderlich macht, das finanzielle Belastungen mit sich bringt und zudem zu Rechtsunsicherheit führen kann.[471] So ist nicht davon auszugehen, dass sich für jeden Arbeitnehmer sagen lässt, wie viel Prozent seiner Arbeitskraft

---

469 So die Begründung des RegE, BT-Drucks. 18/9232, S. 29.

470 Vgl. dazu § 4 C. II.

471 LG Hamburg 21.10.2008, ZIP 2008, 2364, 2367; *Heither/von Morgen*, in: NK-GA, § 1 MitbestG Rn. 17, § 1 DrittelbG Rn. 30; *Hjort*, NZA 2001, 696, 698 f.; *Kötter*, Anm. zu AP Nr. 1 zu § 77 BetrVG 1952; *Rentschler*, Gemeinschaftsbetrieb, S. 82 ff.; *Thüsing/Forst*, in: FS Kreutz, S. 867, 871.

er welchem Unternehmen widmet, zumal dies je nach Arbeitsanfall Schwankungen unterliegen dürfte.[472] Außerdem ist es gerade einer der Vorteile der Zusammenarbeit mehrerer Unternehmen in einem gemeinsamen Betrieb, dass der Einsatz der Arbeitnehmer kurzfristig neu verteilt werden kann, so dass es je nach Dauer der Umdisponierung öfter zu einem Wandel in der Zuordnung käme.[473]

In der Praxis nicht durchführbar erscheint der Vorschlag von *Säcker*, eine Zurechnung nach den Beteiligungsverhältnissen der Unternehmen vorzunehmen, weil unklar bleibt, auf welche Art und Weise die entsprechenden Anteile der Unternehmen festgestellt werden sollen.[474] Im Gegensatz zum Gemeinschaftsunternehmen gibt es bei dem gemeinsamen Betrieb keine Kapitalbeteiligung, an der man sich ohne Weiteres orientieren könnte.[475]

Ähnlichen Bedenken begegnet die Differenzierung nach Lohnsummen. Wenn dabei nicht nur die aus dem Arbeitsvertrag entspringende Lohnzahlungspflicht herangezogen werden soll, die lediglich zur Berücksichtigung der Vertragsarbeitnehmer führt, setzt diese Methode voraus, dass zwischen den Unternehmen entsprechende interne Verrechnungsabreden bestehen, die indes Manipulationsmöglichkeiten eröffnen.[476] Des Weiteren spricht gegen diese Lösung, dass die Verteilung der Lohnsummen bei einer exakten Aufteilung zwischen den Unternehmen ebenfalls dem Einsatz der Arbeitnehmer entsprechenden Schwankungen unterliegen dürfte, welche den Berechnungsaufwand erhöhen und zu Rechtsunsicherheit führen können.[477]

Die Flexibilität des Einsatzes der Arbeitnehmer im gemeinsamen Betrieb führt auch bei der vermeintlich einfacher zu handhabenden Zurechnung nach Verantwortlichkeit, die sich primär am Arbeitsvertrag und erst in zweiter Linie daran orientiert, für welches Unternehmen der jeweilige Arbeitnehmer tätig wird, zu praktischen Schwierigkeiten, da hierfür ebenfalls der Arbeitseinsatz jedes Arbeitnehmers untersucht werden muss.[478] Mit ähnlichen Problemen verbunden ist schließlich die Differenzierung danach, ob der einzelne Arbeitnehmer dem Weisungsrecht des entsprechenden Unternehmens unterliegt.[479]

---

472 *Hjort*, NZA 2001, 696, 698.

473 *Bonanni*, Gemeinsamer Betrieb, S. 290; *Thüsing/Forst*, in: FS Kreutz, S. 867, 871; *Wanhöfer*, Gemeinschaftsbetrieb, S. 81.

474 *Bonanni*, Gemeinsamer Betrieb, S. 290; *Herrmann*, Gemeinsamer Betrieb, S. 167; *Lenze*, Folgen, S. 82 Fn. 364; *Rentschler*, Gemeinschaftsbetrieb, S. 85; *Thüsing/Forst*, in: FS Kreutz, S. 867, 872; *Wanhöfer*, Gemeinschaftsbetrieb, S. 81; *Zöllner*, in: FS Semler, S. 995, 1012 Fn. 51.

475 *Bonanni*, Gemeinsamer Betrieb, S. 290; *Herrmann*, Gemeinsamer Betrieb, S. 167; *Rentschler*, Gemeinschaftsbetrieb, S. 85; *Thüsing/Forst*, in: FS Kreutz, S. 867, 872; *Wanhöfer*, Gemeinschaftsbetrieb, S. 81.

476 *Bonanni*, Gemeinsamer Betrieb, S. 289 f.

477 *Thüsing/Forst*, in: FS Kreutz, S. 867, 871.

478 *Thüsing/Forst*, in: FS Kreutz, S. 867, 872.

479 *Lenze*, Folgen, S. 82; *Thüsing/Forst*, in: FS Kreutz, S. 867, 872 f.

Teilweise wird auch gegen die Berücksichtigung aller Arbeitnehmer eines gemeinsamen Betriebs eingewandt, dass diese zu Rechtsunsicherheit führen könne, weil dabei zu prüfen sei, ob tatsächlich ein gemeinsamer Betrieb mehrerer Unternehmen vorliege.[480] Die vielen Rechtsstreitigkeiten auf diesem Gebiet zeigten, dass hier erhebliche Unsicherheiten bestünden.[481] Diese Argumentation ist indes nicht überzeugend, weil sich die eventuell im Einzelfall bestehende Rechtsunsicherheit insoweit von den oben beschriebenen praktischen Schwierigkeiten unterscheidet, als die Rechtsfigur des gemeinsamen Betriebs vom Gesetzgeber in § 1 Abs. 2 BetrVG anerkannt wurde. Probleme bei der Anwendung unbestimmter Rechtsbegriffe sind aber hinzunehmen und von der Rechtsprechung zu lösen. Demgegenüber resultieren die beschriebenen praktischen Schwierigkeiten der differenzierenden Lösungen gerade daraus, dass sie den Eigenheiten des Gemeinschaftsbetriebs nicht gerecht werden.

e) Umgehung der Mitbestimmung

Teilweise wird als Argument gegen eine arbeitsvertragsbezogene Betrachtungsweise angeführt, es müsse verhindert werden, dass Unternehmen die Schwellenwerte durch den systematischen Einsatz von Arbeitnehmern fremder Unternehmen umgehen.[482] Diese Manipulationsgefahr besteht theoretisch bei jedem gemeinsamen Betrieb, sie wird aber besonders dann relevant, wenn die Trägerunternehmen demselben Konzern angehören.[483]

Dagegen wird eingewandt, dass es sich nicht um eine Umgehung handele, weil lediglich gesetzlich gewährte Gestaltungsmöglichkeiten genutzt würden.[484] Die Zusammenarbeit über einen gemeinsamen Betrieb unterscheide sich insoweit nicht von der Gründung einer Personengesellschaft oder einer ausländischen Kapitalgesellschaft zur Vermeidung der Unternehmensmitbestimmung.[485]

Dem ist zuzustimmen, da der Anwendungsbereich der Gesetze zur Unternehmensmitbestimmung bewusst lückenhaft gestaltet wurde. Daran ändert auch die Tatsache nichts, dass der Ausschluss der Personengesellschaften vom Anwendungsbereich der Mitbestimmungsgesetze sachlich auf der persönlichen Haftung der Gesellschafter beruht,[486] weil der Geltungsbereich nicht nur in dieser Hinsicht

480 *Thüsing/Pötters*, in: FS Wank, S. 599, 608.
481 *Thüsing/Pötters*, in: FS Wank, S. 599, 608.
482 LG Hamburg 21.10.2008, ZIP 2008, 2364, 2365; *Bachner*, AiB 2013, 615, 616 f.; *Bonanni*, Gemeinsamer Betrieb, S. 289; *Thüsing/Forst*, in: FS Kreutz, S. 867, 873 f. *Wanhöfer*, Gemeinschaftsbetrieb, S. 81 weist zwar auf Manipulationsmöglichkeiten hin, hält aber zugleich mitbestimmungsvermeidende Gestaltungen für zulässig (S. 106 f.).
483 Ähnlich *Rentschler*, Gemeinschaftsbetrieb, S. 139 f., der Manipulationen bei fehlender Identität der Anteilseigner- und Geschäftsleiterkreise für fernliegend hält.
484 *Annuß*, in: FS von Hoyningen-Huene, S. 17, 27; *Kolbe*, Mitbestimmung, S. 261 f.
485 *Annuß*, in: FS von Hoyningen-Huene, S. 17, 27.
486 So aber *Thüsing/Forst*, in: FS Kreutz, S. 867, 874.

lückenhaft ist, wie das Beispiel der ausländischen Rechtsformen zeigt[487]. Im Übrigen ist die Konzernzurechnung in den Mitbestimmungsgesetzen nicht einheitlich gestaltet, da nach § 2 Abs. 2 DrittelbG die Arbeitnehmer eines Konzernunternehmens nur dann als solche des herrschenden Unternehmens gelten, wenn zwischen den Unternehmen ein Beherrschungsvertrag besteht oder das abhängige Unternehmen in das herrschende Unternehmen eingegliedert ist.[488] Im Geltungsbereich des Montan-MitbestG existiert für den Schwellenwert in § 1 Abs. 2 überhaupt keine Konzernzurechnung.[489] Außerdem sind die gesetzlichen Regelungen, die unmittelbar einem Verlust der Unternehmensmitbestimmung aufgrund von Umstrukturierungen entgegenwirken sollen, nicht umfassend ausgestaltet. So ist der Anwendungsbereich von § 325 Abs. 1 UmwG, der auf Vorschlag des Vermittlungsausschusses in das UmwG aufgenommen wurde, nachdem der Bundesrat in seiner Stellungnahme kritisiert hatte, dass der entsprechende Regierungsentwurf die „Flucht aus der Unternehmensmitbestimmung"[490] fördere, auf Abspaltungen und Ausgliederungen beschränkt[491]. Des Weiteren bietet das MitbestBeiG, das ebenso wie § 325 Abs. 1 UmwG dazu dient, die Unternehmensmitbestimmung nach Umstrukturierungen zu sichern, sich aber auf den Austausch von Anteilen und die Einbringung von Unternehmensteilen durch Gesellschaften verschiedener Mitgliedstaaten der Europäischen Union bezieht, keinen umfassenden Schutz gegen den Wegfall der Unternehmensmitbestimmung.[492] Denn gemäß § 2 Abs. 1 MitbestBeiG können die beteiligten Unternehmen wählen, ob sie bestimmte steuerliche Privilegien in Anspruch nehmen oder die Mitbestimmung beibehalten[493]. Diese Beispiele verdeutlichen, dass die Umgehungsgefahr kein überzeugendes Argument für die Zurechnung aller Arbeitnehmer ist.[494]

Manipulationsmöglichkeiten spielen auch bei der Begründung der Zurechnung nach Verantwortlichkeit eine Rolle. Die Vertreter dieses Ansatzes wollen Arbeit-

---

487 Der Bundestag lehnte 2012 (Stenografischer Bericht der 187. Sitzung am 28.6.2012, S. 22356) die Anträge der SPD (BT-Drucks. 17/2122) und der LINKEN (BT-Drucks. 17/1413) ab, die Mitbestimmung auf Unternehmen ausländischer Rechtsform mit Verwaltungssitz oder Zweigniederlassung in Deutschland zu erstrecken.

488 *Lenze*, Folgen, S. 132.

489 Das beruht darauf, dass § 1 Abs. 2 Montan-MitbestG in § 1 Abs. 4 S. 1 Montan-MitbestG nicht genannt wird, *Engels*, BB 1981, 1349, 1354; *Heither/von Morgen*, in: NK-GA, § 1 Montan-MitbestG Rn. 26; *Oetker*, in: ErfK, § 1 Montan-MitbestG Rn. 13; *Seibt*, in: HWK, 2. Aufl., § 1 Montan-MitbestG Rn. 16; *Wißmann*, in: WKS, § 1 Montan-MitbestG Rn. 16; *Wlotzke/Wißmann*, DB 1981, 623, 628.

490 Stellungnahme des Bundesrats, BT-Drucks. 12/7265, Anl. 2, S. 5.

491 *Lenze*, Folgen, S. 132.

492 *Lenze*, Folgen, S. 132.

493 Kritisch zur Devise „Geld oder Mitbestimmung" *Joost*, in: FS Richardi, S. 573, 580.

494 Ähnlich *Wanhöfer*, Gemeinschaftsbetrieb, S. 106 f. sowie allgemein für Zurückhaltung bei Analogien zum MitbestG unter Umgehungsgesichtspunkten *Ulmer/Habersack*, in: UHH, § 1 MitbestG Rn. 28.

nehmer nur dann bei einem Unternehmen mitzählen, zu dem kein Arbeitsvertrag besteht, wenn der Arbeitnehmer ausschließlich für dieses Unternehmen tätig werde.[495] Um Manipulationen durch die Unternehmen entgegenzuwirken, sei aber schon dann von einer ausschließlichen Tätigkeit auszugehen, wenn der Arbeitnehmer zu 85–90 % für dieses Unternehmen arbeite.[496] Abgesehen davon, dass angesichts der oben beschriebenen Lückenhaftigkeit der Gesetze zur Unternehmensmitbestimmung das Umgehungsargument ohnehin nicht überzeugen kann, ist die Festsetzung einer bestimmten Prozentgrenze nicht geeignet, Manipulationen effektiv zu verhindern, da die Unternehmen wiederum dafür sorgen können, dass sie die entsprechende Prozentgrenze gerade eben unterschreiten.[497]

Dem Umgehungsaspekt ähnlich ist das Argument, dass bei einer Zurechnung sämtlicher Arbeitnehmer eines gemeinsamen Betriebs zu den Trägerunternehmen der Vorstand einer Aktiengesellschaft die Größe des Aufsichtsrats steuern könne, indem er einen Gemeinschaftsbetrieb mit einem anderen Unternehmen gründe oder aufgebe.[498] Das widerspreche der Satzungsautonomie der Hauptversammlung, da Abweichungen von der gesetzlichen Regelung über die Größe des Aufsichtsrats gemäß § 95 S. 2 AktG bzw. § 7 Abs. 1 S. 2 und 3 MitbestG nur in der Satzung festgelegt werden könnten.[499]

Diese Folge sollte indes nicht überbewertet werden, weil der Vorstand nicht nach freiem Ermessen über die Größe des Aufsichtsrats zu entscheiden vermag, sondern auf dessen Größe lediglich mittelbar über die Anzahl der in der Regel beschäftigten Arbeitnehmer Einfluss nehmen kann, was im Übrigen außerhalb von gemeinsamen Betrieben ebenfalls möglich ist. Die Einflussmöglichkeit des Vorstands ist zudem Ausfluss davon, dass der Gesetzgeber durch die zwingenden Vorschriften über die Größe des Aufsichtsrats im Geltungsbereich des MitbestG den Erfordernissen der Mitbestimmung gerade Vorrang vor einer Regelung in der Satzung einräumt und insoweit auch die Satzungsautonomie der Hauptversammlung einschränkt.

f) Telos

Bei Befürwortern und Gegnern der Mehrfachzurechnung besteht Einigkeit darüber, dass der Sinn und Zweck der Unternehmensmitbestimmung darin liegt, die Arbeitnehmer an den für sie relevanten Entscheidungsprozessen zu beteiligen[500]. Keine

495 *Bonanni*, Gemeinsamer Betrieb, S. 295; *Wanhöfer*, Gemeinschaftsbetrieb, S. 86 ff. Ähnlich *Rentschler*, Gemeinschaftsbetrieb, S. 142 f., 156.

496 *Wanhöfer*, Gemeinschaftsbetrieb, S. 98 f.

497 *Joost*, RdA 1998, 310, 311.

498 So *Thüsing/Pötters*, in: FS Wank, S. 599, 608.

499 *Thüsing/Pötters*, in: FS Wank, S. 599, 608.

500 *Bonanni*, Gemeinsamer Betrieb, S. 291; *Gaul*, Betriebs- und Unternehmensspaltung, § 34 Rn. 45; *Hanau*, ZfA 1990, 115, 127; *Hohenstatt/Schramm*, NZA 2010, 846, 848; *Lambrich/Reinhard*, NJW 2014, 2229, 2232; *Oetker*, in: ErfK, § 1 MitbestG Rn. 6; *Raiser/Jacobs*, in: RVJ, § 3 MitbestG Rn. 44; *Rentschler*, Gemeinschaftsbetrieb, S. 116;

Einigkeit herrscht indes in Bezug auf die Frage, ob in allen Trägerunternehmen solche Entscheidungen getroffen werden, die sämtliche Arbeitnehmer des gemeinsamen Betriebs betreffen. Diejenigen, die eine Zurechnung ablehnen, heben die Unterschiede zwischen der Mitbestimmung auf Betriebs- und Unternehmensebene hervor: Die einheitliche Leitung im Bereich der sozialen und personellen Angelegenheiten rechtfertige eine Zurechnung auf betrieblicher Ebene, unternehmenspolitische Entscheidungen würden aber nicht unternehmensübergreifend getroffen, so dass insoweit eine Berücksichtigung aller Arbeitnehmer nicht geboten sei.[501]

Demgegenüber weisen die Befürworter einer mehrfachen Zurechnung zu Recht darauf hin, dass alle beteiligten Unternehmen über das Schicksal ihres gemeinsamen Betriebs bestimmen, so dass sämtliche Arbeitnehmer von den unternehmerischen Entscheidungen der Trägerunternehmen betroffen sind.[502] Ebenso wie bei der Wahlberechtigung spricht auch hier für eine Berücksichtigung aller Arbeitnehmer des Gemeinschaftsbetriebs, dass Betriebsänderungen nur von allen Beteiligten gemeinsam getragen werden können und dass hinsichtlich der Weiterbeschäftigungsmöglichkeit und hinsichtlich der Sozialauswahl bei Kündigungen auf den gesamten Gemeinschaftsbetrieb bzw. alle Arbeitnehmer des Gemeinschaftsbetriebs abzustellen ist.[503] Hinzu kommt, dass sich die Zielrichtung der Unternehmensmitbestimmung zwar insofern von der betrieblichen Mitbestimmung unterscheidet, als sie auf eine Beteiligung an der Unternehmenspolitik gerichtet ist. Allerdings soll damit auch ein Ausgleich dafür geschaffen werden, dass der Arbeitnehmer dem Direktionsrecht des Arbeitgebers unterliegt, so dass die Unternehmensmitbestimmung nicht losgelöst von der einheitlichen Leitung in personellen und sozialen Angelegenheiten betrachtet werden kann. Insofern kommt es entscheidend darauf an, dass das grund-

---

Seibt, in: WHSS, Rn. F 18; *ders.*, in: HWK, § 1 MitbestG Rn. 11, § 3 DrittelbG Rn. 3; *Spindler*, in: Spindler/Stilz, § 96 AktG Rn. 9a; *Thüsing/Forst*, in: FS Kreutz, S. 867, 875; *Thüsing/Pötters*, in: FS Wank, S. 599, 606; *Wanhöfer*, Gemeinschaftsbetrieb, S. 63, 66 f.; *Zöllner*, in: FS Semler, S. 995, 1013.

501 *Annuß*, in: FS von Hoyningen-Huene, S. 17, 24; *Bonanni*, Gemeinsamer Betrieb, S. 295; *Bonanni/Otte*, BB 2016, 1653, 1656; *Hohenstatt/Schramm*, in: KölnK-UmwG, § 325 UmwG Rn. 10; *dies.*, NZA 2010, 846, 848; *Lüers/Schomaker*, BB 2013, 565, 568; *Manthey/Hinrichs*, NZG 2014, 1096, 1099; *Raiser/Jacobs*, in: RVJ, § 3 MitbestG Rn. 44; *Rentschler*, Gemeinschaftsbetrieb, S. 118; *Spindler*, in: Spindler/Stilz, § 96 AktG Rn. 9a.

502 *Abend*, DB 2017, 607, 608 f. (im Rahmen eines Vergleichs mit Leiharbeitnehmern); *Däubler*, in: FS Zeuner, S. 19, 31; *Gaul*, Betriebs- und Unternehmensspaltung, § 34 Rn. 45; *Hanau*, ZfA 1990, 115, 127; *Heither/von Morgen*, in: NK-GA, § 1 MitbestG Rn. 17, § 1 DrittelbG Rn. 30; *Köstler/Müller/Sick*, Rn. 155; *Oetker*, in: ErfK, § 1 MitbestG Rn. 6; *Thüsing/Forst*, in: FS Kreutz, S. 867, 875; *Wißmann*, in: WKS, § 3 MitbestG Rn. 66, § 10 MitbestG Rn. 11. Ähnlich *Zöllner*, in: FS Semler, S. 995, 1013.

503 *Abend*, DB 2017, 607, 608 (nur bezogen auf die Sozialauswahl); *Hjort*, NZA 2011, 696, 698 f.; a.A. *Annuß*, in: FS von Hoyningen-Huene, S. 17, 26 f.

sätzliche Anliegen beider Mitbestimmungsarten übereinstimmend in der Teilhabe der Arbeitnehmer zu sehen ist.[504]

Aus dem Bezug zum Weisungsrecht ließe sich darüber hinaus die Differenzierung danach herleiten, ob dieses von einzelnen Trägerunternehmen oder von der einheitlichen Leitung ausgeübt wird. Abgesehen von den damit verbundenen praktischen Schwierigkeiten spricht gegen eine solche Differenzierung, dass, selbst wenn das Weisungsrecht nicht von allen beteiligten Unternehmen ausgeübt werden kann, dies auf einer Vereinbarung der beteiligten Unternehmen beruht, die der einzelne Arbeitnehmer nicht beeinflussen und die von den Unternehmen bei Bedarf jederzeit verändert werden kann. Diese Flexibilität, welche den Gemeinschaftsbetrieb auszeichnet, lässt es fraglich erscheinen, ob die anteilige Berechnung wirklich zu genaueren und damit gerechteren Ergebnissen führt. Hinzu kommt, dass das Weisungsrecht verschiedene Aspekte beinhaltet, deren Ausübung zwischen den Trägerunternehmen nicht notwendig einheitlich gestaltet sein muss. So wird das Weisungsrecht hinsichtlich Ort und Zeit der Arbeitsleistung in einem gemeinsamen Betrieb in aller Regel einheitlich gestaltet sein. Etwas anderes gilt nur für das inhaltliche Weisungsrecht. Ist das auf die Arbeitsleistung als solche bezogene Weisungsrecht damit entscheidend? Aus Arbeitnehmersicht lässt sich diese Frage nicht eindeutig beantworten. Letztlich sollte es daher ausreichen, dass die einheitliche Leitung des gemeinsamen Betriebs zumindest bestimmte Aspekte des Direktionsrechts ausübt, was in jedem Gemeinschaftsbetrieb der Fall ist.

Dem Argument, dass diejenigen mitzuzählen sind, die von den unternehmerischen Entscheidungen betroffen sind, wird teilweise entgegengehalten, dass eine strikte Anwendung dieses Kriteriums zu einer uferlosen Zurechnung führe, da infolgedessen auch Werkunternehmer und Arbeitnehmer von Zulieferern mitzuzählen seien.[505] Dagegen ist indes einzuwenden, dass es sich bei der Betroffenheit der Arbeitnehmer von gemeinsamen Betrieben mehrerer Unternehmen lediglich um ein – wenn auch wichtiges – Argument handelt, das nicht als allgemeiner Zurechnungsgrundsatz zu verstehen ist. Entscheidend ist jedoch, dass die Arbeitnehmer eines gemeinsamen Betriebs zusammen mit Vertragsarbeitnehmern des jeweiligen Unternehmens in einen Betrieb eingegliedert sind, während dies bei den Arbeitnehmern in Zulieferbetrieben und bei den Werkunternehmern, die nach den tatsächlichen Verhältnissen nicht als Arbeitnehmer einzuordnen sind, nicht der Fall ist.

Teilweise wird im Rahmen der teleologischen Auslegung zudem auf das Ziel des MitbestG zurückgegriffen, eine Gleichberechtigung von Kapital und Arbeit zu schaffen.[506] Sowohl die Anteilseigner als auch die Arbeitnehmer nähmen an Erfolg und Misserfolg des Unternehmens teil, erstere aufgrund ihrer Beteiligung am Unter-

504 *Thüsing/Forst*, in: FS Kreutz, S. 867, 876 f.

505 *Hohenstatt/Schramm*, NZA 2010, 846, 849; *Rentschler*, Gemeinschaftsbetrieb, S. 117 f.

506 *Rentschler*, Gemeinschaftsbetrieb, S. 116 f.

nehmen, letztere über Bonuszahlungen oder Kurzarbeit bzw. Insolvenz.[507] Zu dieser Schicksalsgemeinschaft gehörten aber nur diejenigen, die aufgrund eines bestehenden Arbeitsverhältnisses ihr Gehalt von dem entsprechenden Unternehmen erhielten.[508] Im Übrigen spreche gegen eine Mehrfachzurechnung, dass dadurch in der Gesamtbelegschaft ein Ungleichgewicht zugunsten der Arbeitnehmer des Gemeinschaftsbetriebs entstehe, weil diese in mehreren Trägerunternehmen mitbestimmen dürften.[509] Das stehe nicht im Einklang mit der gleichberechtigten Teilhabe aller Arbeitnehmer.[510] Gegen diese Argumentation lässt sich ebenfalls die Abhängigkeit von den Entscheidungen anderer Trägerunternehmen bei Betriebsänderungen sowie die gemeinsame Sozialauswahl anführen, die zur Folge haben, dass auch die übrigen Arbeitnehmer des gemeinsamen Betriebs durchaus als Mitglied der genannten Schicksalsgemeinschaft angesehen werden können. Das Argument der Bevorzugung der Arbeitnehmer des gemeinsamen Betriebs kann im Rahmen der Zurechnung bei den Schwellenwerten, die lediglich auf die „Arbeitnehmer“ und nicht auf die „wahlberechtigten Arbeitnehmer“ oder „Wahlberechtigten“ abstellen, keine Berücksichtigung finden, da die anderen Arbeitnehmer keinen Nachteil durch eine Zurechnung erleiden, sondern allenfalls aufgrund der Wahlberechtigung benachteiligt werden. Dass auch dies nicht der Fall ist, wurde bereits im Rahmen der Wahlberechtigung festgestellt.[511]

Wesentliches Argument gegen eine pauschale Mehrfachzurechnung der Arbeitnehmer eines gemeinsamen Betriebs ist der Vorwurf, dass auf diese Weise die Arbeitnehmerzahl aufgebläht werde und dem Unternehmen so eine Größe zugeschrieben werde, über die es objektiv betrachtet nicht verfüge.[512] §§ 1 Abs. 1 Nr. 2 und 7 Abs. 1 MitbestG dienten aber zur Bestimmung von Großunternehmen anhand objektiv-struktureller Merkmale.[513] Dem ist zuzugeben, dass die so errechnete Arbeitnehmerzahl eines Unternehmens nicht mit dessen wirtschaftlicher Belastbarkeit übereinstimmt, weil die Trägerunternehmen nicht allein für die Vergütung sämtlicher Arbeitnehmer aufkommen müssen. Allerdings lässt diese Betrachtungsweise unberücksichtigt, ob mit den genannten Schwellenwertregelungen tatsächlich Wirtschaftskraft und Größe gleichgesetzt werden sollten, was im Rahmen der Einzelbetrachtung von §§ 1 und 7 MitbestG näher beleuchtet werden soll[514].

Der vorherigen Erwägung ähnlich ist das Argument, eine Mehrfachzurechnung könne in der Praxis zur Folge haben, dass ein Unternehmen mehr Arbeitnehmervertreter im Aufsichtsrat habe als Arbeitnehmer; das könne etwa dann der Fall sein, wenn ein kleiner Zulieferer einen gemeinsamen Betrieb mit einer sehr viel größeren

507 *Rentschler*, Gemeinschaftsbetrieb, S. 116 f.
508 *Rentschler*, Gemeinschaftsbetrieb, S. 117.
509 *Rentschler*, Gemeinschaftsbetrieb, S. 119.
510 *Rentschler*, Gemeinschaftsbetrieb, S. 119.
511 Vgl. § 3 B. I. 2. c).
512 *Lenze*, Folgen, S. 82; *Rentschler*, Gemeinschaftsbetrieb, S. 81 f.; *Säcker*, WahlO, Rn. 215, 195; *Wanhöfer*, Gemeinschaftsbetrieb, S. 79 f.
513 *Säcker*, WahlO, Rn. 215, 195.
514 Vgl. zu § 1 MitbestG § 3 C. II. 2. a) aa), zu § 7 MitbestG § 3 C. II. 2. a) cc).

Gesellschaft bilde.[515] In solchen Fällen ist zunächst genau zu prüfen, ob tatsächlich ein gemeinsamer Betrieb vorliegt. An einem Gemeinschaftsbetrieb fehlt es, wenn die Steuerung des Personaleinsatzes und die Nutzung der Betriebsmittel nur durch ein Unternehmen erfolgt,[516] was bei derart großen Unterschieden in der Belegschaftsstärke nahe liegt. Zudem wirkt die beschriebene Folge zwar auf den ersten Blick befremdlich; es erscheint in Anbetracht der Abhängigkeit der Arbeitnehmer von den Entscheidungen der beteiligten Unternehmen aber nicht ausgeschlossen, dies im Einzelfall hinzunehmen. Im Übrigen bliebe den Unternehmen noch die Möglichkeit, mitbestimmungsfreie Rechtsformen zu wählen.

g) Vergleich mit dem Gemeinschaftsunternehmen

Da für Gemeinschaftsunternehmen die Zurechnung aller Arbeitnehmer zu den jeweiligen Trägerunternehmen weitgehend anerkannt ist, wird im Rahmen der Diskussion um die Zurechnung der Arbeitnehmer im Gemeinschaftsbetrieb teilweise ein Vergleich zu den Gemeinschaftsunternehmen gezogen.[517] Ein Gemeinschaftsunternehmen liegt vor, wenn ein Unternehmen über mehrere voneinander unabhängige Muttergesellschaften verfügt, die das Unternehmen zur Erreichung gemeinsamer Zwecke gegründet oder erworben haben und deren Einflusspotential nicht einzeln, aber in Summe eine Stimmenmehrheit ergibt.[518] Insoweit wird diskutiert, ob Gemeinschaftsunternehmen mehreren Konzernen i.S.v. § 18 AktG angehören können, was zugleich für die Anwendung von § 5 MitbestG, § 2 DrittelbG und § 1 Abs. 4 Montan-MitbestG bedeutsam ist. Die Möglichkeit einer solchen mehrfachen Konzernzugehörigkeit wurde vom BAG durch zwei Beschlüsse in Wahlanfechtungsverfahren im Anwendungsbereich von § 76 Abs. 4 BetrVG 1952 grundsätzlich anerkannt[519] und wird für § 5 Abs. 1 MitbestG mit Abweichungen in den Einzelheiten heute überwiegend bejaht[520].

515 *Thüsing/Pötters*, in: FS Wank, S. 599, 608.

516 BAG 22.6.2005, AP Nr. 23 zu § 1 BetrVG 1972 Gemeinsamer Betrieb; *Fitting*, § 1 BetrVG Rn. 82.

517 *Hanau*, ZfA 1990, 115, 127; *Hjort*, NZA 2001, 696, 700 (im Zusammenhang mit der Wahlberechtigung); *Köstler/Müller/Sick*, Rn. 155; *Thüsing/Forst*, in: FS Kreutz, S. 867, 874 f.; *Wißmann*, in: WKS, § 3 MitbestG Rn. 66, § 10 MitbestG Rn. 11.

518 BAG 16.8.1995, AP Nr. 30 zu § 76 BetrVG 1952; *Bayer*, in: MüKo-AktG, § 17 AktG Rn. 76; *Emmerich*, in: Emmerich/Habersack, § 17 AktG Rn. 28; *Hirschmann*, in: Hölters, § 17 AktG Rn. 13; *Klinkhammer*, Mitbestimmung, S. 18; *Klückers*, Arbeitnehmerzurechnung, S. 112; *Koch*, in: Hüffer/Koch, § 17 AktG Rn. 13; *Oetker*, in: ErfK, § 17 AktG Rn. 5; *Schall*, in: Spindler/Stilz, § 17 AktG Rn. 15; *Ulmer/Habersack*, in: UHH, § 5 MitbestG Rn. 44; *Wanhöfer*, Gemeinschaftsbetrieb, S. 102; *Wißmann*, in: MüArbR, § 279 Rn. 16.

519 BAG 18.6.1970, AP Nr. 20 zu § 76 BetrVG 1952; BAG 16.8.1995, AP Nr. 30 zu § 76 BetrVG 1952.

520 BAG 30.10.1986, AP Nr. 1 zu § 55 BetrVG 1972 (obiter dictum); LAG Hamm 17.8.1977, DB 1977, 2052 f.; OLG Düsseldorf 30.10.2006, NZA 2007, 707, 709 f.;

Im Zusammenhang mit dem Gemeinschaftsbetrieb ist zunächst zu klären, wie eine mögliche Vergleichbarkeit mit dem Gemeinschaftsunternehmen rechtsdogmatisch einzuordnen ist, also ob der Vergleich Argument für eine erweiternde Auslegung der jeweiligen Schwellenwertregelungen sein kann oder ob eine analoge Anwendung von § 5 MitbestG bzw. § 2 Abs. 2 DrittelbG auf den Gemeinschaftsbetrieb zu prüfen ist. Das wird von den Befürwortern eines solchen Vergleichs ohne nähere Begründung unterschiedlich beurteilt.[521]

Grenze der Auslegung ist der mögliche Wortsinn des Gesetzes.[522] Im Rahmen der Diskussion um die Wahlberechtigung wurde bereits ausgeführt, dass selbst die Formulierung „Arbeitnehmer des Unternehmens" einer erweiternden Auslegung unter Berücksichtigung aller Arbeitnehmer des Gemeinschaftsbetriebs zugänglich ist und dementsprechend die Zuerkennung des Wahlrechts nicht mit einer analogen Anwendung begründet werden muss. Die Formulierungen in den einzelnen Vorschriften mit Schwellenwerten sind zwar unterschiedlich, stimmen aber alle darin überein, dass sie von „(wahlberechtigten) Arbeitnehmer des Unternehmens" oder „in Unternehmen" bzw. „in Betrieben" sprechen. Diese Formulierungen schließen die Berücksichtigung der Arbeitnehmer in gemeinsamen Betrieben nicht aus, weil damit auch ein Bezug zum Unternehmen im weiteren Sinne gemeint sein kann.

Gegen eine analoge Anwendung spricht des Weiteren, dass die Vorschriften zur Konzernzurechnung in § 5 MitbestG und § 2 Abs. 2 DrittelbG nicht zwischen verschiedenen Schwellenwertregelungen differenzieren, sondern allgemein an-

---

Gach, in: MüKo-AktG, § 5 MitbestG Rn. 28; *Henssler*, ZIAS 1995, 551, 560 ff.; *Klinkhammer*, Mitbestimmung, S. 101 ff.; *Klückers*, Arbeitnehmerzurechnung, S. 162 ff.; *Köstler/Müller/Sick*, Rn. 255 ff.; *Lenze*, Folgen, S. 86 f.; *Löwisch*, in: FS Schlechtriem, S. 833, 843 ff.; *Lux*, MitbestG, S. 63; *Mertens/Cahn*, in: KölnK-AktG, Anh. § 117 B § 5 MitbestG Rn. 35; *Oetker*, in: ErfK, § 5 MitbestG Rn. 10 ff.; *Ulmer/Habersack*, in: UHH, § 5 MitbestG Rn. 47 ff.; *Raiser*, in: RVJ, § 5 MitbestG Rn. 25 ff.; *D. Reuter*, AcP 179 (1979), 509, 551 ff.; *Schneider*, in: GK-MitbestG, § 5 MitbestG Rn. 95; *Seibt*, in: HWK, § 5 MitbestG Rn. 10; *Spindler*, in: Spindler/Stilz, § 96 AktG Rn. 9; *Wißmann*, in: MüArbR, § 279 Rn. 16; *ders.*, in: WKS, § 5 MitbestG Rn. 44 ff. A.A. v. a. die ältere Literatur: *Ahrens*, AG 1975, 151 ff.; *W.F. Bayer*, ZGR 1977, 173, 187 ff. (nur für Wahlberechtigung); *Duden*, ZHR 141 (1977), 145, 161 ff.; *Hoffmann/Lehmann/Weinmann* (1978), § 5 MitbestG Rn. 29 ff.; *Marchand*, Abhängigkeit (1985), S. 174 ff.; *Meilicke/Meilicke*, BB 1978, 406, 407 f.; *Richardi*, Konzernzugehörigkeit (1977), passim; *Säcker*, WahlO (1978), Rn. 195 ff.; *Steindorff*, ZHR 141 (1977), 457, 463 f.; *Wessing/Hölters*, DB 1977, 864 ff.; *Windbichler*, Arbeitsrecht (1989), S. 522 ff. Neuer nur *Säcker*, ZfA 2008, 51, 61.

521 *Hanau*, ZfA 1990, 115, 127; *Hjort*, NZA 2001, 696, 700; *Köstler/Müller/Sick*, Rn. 155 und *Wißmann*, in: WKS, § 10 MitbestG Rn. 11 weisen lediglich auf die Gemeinsamkeiten mit dem Gemeinschaftsunternehmen hin, während *Thüsing/Forst*, in: FS Kreutz, S. 867, 874 f. eine analoge Anwendung von § 5 MitbestG prüfen.

522 *Bydlinski*, Methodenlehre, S. 441; *Meier-Hayoz*, Richter, S. 42; *Fikentscher*, Methoden, Bd. IV, S. 294; *Neuner*, Rechtsfindung, S. 90 f.; *Larenz/Canaris*, Methodenlehre, S. 143; *Raisch*, Nutzen, S. 29; *Roxin*, AT I, § 5 Rn. 26 ff.

ordnen, dass die Arbeitnehmer der Konzernunternehmen als Arbeitnehmer des herrschenden Unternehmens gelten. Eine Berücksichtigung der unterschiedlichen Hintergründe der einzelnen Schwellenwerte wäre daher nicht möglich. Für den Schwellenwert in § 1 Abs. 2 Montan-MitbestG existiert ohnehin keine Konzernzurechnung[523]. Der Vergleich mit dem Gemeinschaftsunternehmen sollte aus diesen Gründen lediglich im Rahmen der allgemeinen Auslegung Berücksichtigung finden.

Gegen den Vergleich mit dem Gemeinschaftsunternehmen wird teilweise vorgebracht, dass sich dieses vom gemeinsamen Betrieb dadurch unterscheide, dass es bei letzterem an einem gemeinsamen Zweck der beteiligten Unternehmen fehle.[524] Ähnlich wie beim Zweck der Unternehmensmitbestimmung wird zudem darauf verwiesen, dass sich beim Gemeinschaftsbetrieb die einheitliche Leitungsmacht lediglich auf die betriebliche Ebene beziehe[525].

Entscheidend für die Übertragbarkeit der Argumentation zum Gemeinschaftsunternehmen ist aber nicht die genaue Ausgestaltung der Zusammenarbeit, sondern ob sich die Begründung für eine Mehrfachzurechnung inhaltlich auf den gemeinsamen Betrieb übertragen lässt. Das folgt daraus, dass es aus Sicht der betroffenen Arbeitnehmer keine entscheidende Rolle spielen dürfte, wie die Zusammenarbeit der Unternehmen organisiert ist, ob sie also auf Betriebs- oder Unternehmensebene erfolgt[526]. Die Zurechnung aller Arbeitnehmer eines Gemeinschaftsunternehmens zu den beteiligten Unternehmen wird damit begründet, dass alle Arbeitnehmer von den Entscheidungen der beteiligten Unternehmen betroffen seien.[527] Diese Argumentation lässt sich auch auf den Gemeinschaftsbetrieb anwenden.[528] Mehr als diese Ähnlichkeit kann dem Vergleich mit dem Gemeinschaftsunternehmen indes nicht entnommen werden, da sonst die zwischen Gemeinschaftsbetrieben und -unternehmen bestehenden Unterschiede vernachlässigt würden. Im Übrigen ist bei der Bewertung des Vergleichs zu berücksichtigen, dass die Frage der Konzernzurechnung beim Gemein-

---

523 *Engels*, BB 1981, 1349, 1354; *Heither/von Morgen*, in: NK-GA, § 1 Montan-MitbestG Rn. 26; *Oetker*, in: ErfK, § 1 Montan-MitbestG Rn. 13; *Seibt*, in: HWK, 2. Aufl., § 1 Montan-MitbestG Rn. 16; *Wißmann*, in: WKS, § 1 Montan-MitbestG Rn. 16; *Wlotzke/Wißmann*, DB 1981, 623, 628.

524 *Zöllner*, in: FS Semler, S. 995, 1012.

525 *Hohenstatt/Schramm*, NZA 2010, 846, 848; *Rentschler*, Gemeinschaftsbetrieb, S. 80.

526 *Hjort*, NZA 2001, 696, 698. Die Annahme von *Thüsing/Forst*, in: FS Kreutz, S. 867, 875, dass die Art der Zusammenarbeit aus Sicht der *Betriebsträger* regelmäßig keine Rolle spiele, erscheint in dieser Allgemeinheit zweifelhaft. Kritisch auch *Rentschler*, Gemeinschaftsbetrieb, S. 109 f.

527 BAG 30.10.1986, AP Nr. 1 zu § 55 BetrVG 1972; LAG Hamm 17.8.1977, DB 1977, 2052, 2053; *Henssler*, ZIAS 1995, 551, 561; *Klinkhammer*, Mitbestimmung, S. 101; *Klückers*, Arbeitnehmerzurechnung, S. 163; *Köstler/Müller/Sick*, Rn. 255; *Löwisch*, in: FS Schlechtriem, S. 833, 843 f.; *Lux*, MitbestG, S. 63; *Ulmer/Habersack*, in: UHH, § 5 MitbestG Rn. 48.; *Raiser*, in: RVJ, § 5 MitbestG Rn. 27; *D. Reuter*, AcP 179 (1979), 509, 551 f.; *Schneider*, in: GK-MitbestG, § 5 MitbestG Rn. 95; *Wißmann*, in: WKS, § 5 MitbestG Rn. 45.

528 Ebenso *Wißmann*, in: WKS, § 10 MitbestG Rn. 11.

schaftsunternehmen sich nicht unmittelbar dem Gesetz entnehmen lässt, sondern vielmehr selbst eine Frage der Auslegung ist, die heute zwar überwiegend anerkannt, aber keineswegs unumstritten ist.[529] Entscheidendes Argument für eine Zurechnung aller Arbeitnehmer kann der Vergleich daher nicht sein.

h) Zwischenergebnis

Unabhängig von den einzelnen Vorschriften, die Schwellenwerte aufstellen, spricht der Zweck der Unternehmensmitbestimmung, den Arbeitnehmern als Ausgleich für ihre Fremdbestimmtheit eine Beteiligung am Willensbildungsprozess im Unternehmen zu ermöglichen, für eine Berücksichtigung sämtlicher Arbeitnehmer eines Gemeinschaftsbetriebs, weil diese aufgrund der einheitlichen Leitung auch von den Entscheidungen der Trägerunternehmen betroffen sind, mit dem sie kein Arbeitsvertrag verbindet. Insoweit unterscheidet sich die Lage der Arbeitnehmer eines gemeinsamen Betriebs mehrerer Unternehmen nicht von derjenigen der Arbeitnehmer eines Gemeinschaftsunternehmens. Zudem stellen alle Schwellenwertregelungen auf die Person des Arbeitnehmers ab und bringen damit zum Ausdruck, dass die soziale Verantwortlichkeit des Unternehmens entscheidender ist als die geleistete Arbeitszeit. In systematischer Hinsicht bietet die Anerkennung des gemeinsamen Betriebs im BetrVG einen Anhaltspunkt für eine Berücksichtigung auch auf Ebene der Unternehmensmitbestimmung. Aus § 5 Abs. 1 S. 3 BetrVG, §§ 4, 5 MitbestG, § 2 Abs. 2 DrittelbG, § 325 Abs. 1 UmwG und § 14 Abs. 2 S. 5 und 6 AÜG lassen sich dagegen keine überzeugenden Rückschlüsse für oder gegen die Einbeziehung aller Arbeitnehmer ziehen. § 2 Abs. 2 DrittelbG steht zudem einer Zurechnung im Gemeinschaftsbetrieb nicht entgegen, wenn zwischen den Trägerunternehmen ein faktisches Konzernverhältnis besteht. Manko aller differenzierenden Regelungen ist der damit verbundene hohe Aufwand, der zudem zu Rechtsunsicherheit führen kann. Gegen eine Mehrfachzurechnung der Arbeitnehmer spricht, dass diese die Gefahr birgt, dass den Unternehmen eine Größe zugeschrieben wird, die sie objektiv nicht haben. Das kann aber gegebenenfalls bei den einzelnen Vorschriften, die Schwellenwerte aufstellen, noch berücksichtigt werden. Insgesamt streiten die allgemeingültigen Argumente daher eher für die Einbeziehung aller Arbeitnehmer gemeinsamer Betriebe in die Schwellenwerte der Unternehmensmitbestimmungen.

2. Auslegung der einzelnen Vorschriften

a) MitbestG

aa) Anwendungsschwellenwert (§ 1 Abs. 1 Nr. 2 MitbestG)

Gemäß § 1 Abs. 1 Nr. 2 MitbestG haben die Arbeitnehmer ein Mitbestimmungsrecht „in Unternehmen, die […] in der Regel mehr als 2 000 Arbeitnehmer beschäftigen". Dieser Wortlaut spricht trotz seines Bezugs auf das Unternehmen für eine Berück-

529 Ähnlich *Rentschler*, Gemeinschaftsbetrieb, S. 79.

sichtigung auch derjenigen Arbeitnehmer eines gemeinsamen Betriebs, die für ein Unternehmen arbeiten, zu dem sie nicht in einem Vertragsverhältnis stehen, da das Wort „beschäftigen" auf ein tatsächliches Tätigwerden für das Unternehmen hindeutet[530]. Eine solche Differenzierung sähe sich allerdings wieder dem Einwand fehlender Praktikabilität ausgesetzt. Auf tatsächlicher Ebene ist im Rahmen des Gemeinschaftsbetriebs aber außerdem zu berücksichtigen, dass alle Arbeitnehmer in denselben Betrieb eingegliedert sind, was es rechtfertigt, von einer Beschäftigung aller Arbeitnehmer auszugehen.[531] Der Wortlaut von § 1 Abs. 1 Nr. 2 MitbestG spricht daher für die Berücksichtigung sämtlicher Arbeitnehmer eines Gemeinschaftsbetriebs.

Die Unternehmensmitbestimmung soll vor allem dazu dienen, einen Ausgleich dafür zu schaffen, dass der Arbeitnehmer sich fremder Leitungs- und Organisationsgewalt unterwirft.[532] Dementsprechend könnte man auf die Weisungsgebundenheit des einzelnen Arbeitnehmers abstellen, allerdings ließe man dann unberücksichtigt, dass auch die Unternehmensstrukturen bei der Festlegung des Schwellenwerts von 2 000 Arbeitnehmern eine wesentliche Rolle spielten. Die Mitbestimmung im Aufsichtsrat wurde erst dann als notwendig angesehen, wenn Probleme der Anonymisierung der Arbeitnehmer, der Bürokratisierung von Unternehmensverwaltungen und der Entstehung von Dienstwegen auftreten. Tatsächlich lautete die exakte Formulierung der Mitbestimmungskommission, dass „erst mit dem Überschreiten einer bestimmten *Betriebsgröße*" diese Probleme die Sicherung einer Mitbestimmung durch entsprechende Institutionen besonders notwendig machen[533]. Allerdings sollte diese Formulierung nicht überinterpretiert werden, handelt es sich doch nicht um einen der Auslegung zugänglichen Gesetzestext, sondern um Erwägungen einer vom Bundestag eingesetzten Kommission. Entscheidend ist vielmehr, dass diese Effekte tatsächlich auch bei einem gemeinsamen Betrieb mehrerer Unternehmen entstehen, weil sich durch die Eingliederung aller Arbeitnehmer in den gemeinsamen Betrieb die Anzahl der Arbeitnehmer erhöht, deren Arbeit koordiniert werden muss, was zu bürokratischen Strukturen führt. Hinzu kommt, dass der Arbeitnehmer in seinem täglichen Arbeitsalltag im Betrieb von einer größeren Anzahl anderer Arbeitnehmer umgeben ist, die zu dem beschriebenen anonymen Klima beitragen. Die dem Schwellenwert zugrundeliegenden Erwägungen gelten daher ebenso für gemeinsame Betriebe, was maßgeblich für eine Berücksichtigung aller Arbeitnehmer streitet.[534]

---

530 *Oetker*, JbArbR 53 (2016), 47, 56; *Rentschler*, Gemeinschaftsbetrieb, S. 99 f.; a.A. LG Bremen 4.2.2005, BeckRS 2010, 17611; *Rieble*, in: Bork/Schäfer, § 52 GmbHG Rn. 59; *Wichert*, in: Heidel, § 3 MitbestG Rn. 24. Bzgl. der Berücksichtigung von Leiharbeitnehmern: *Fuchs/Köstler/Pütz*, Rn. 31; *Hay/Grüneberg*, NZA 2014, 814, 816; *Köstler/Pütz*, EWiR 2014, 347, 348; *Krause*, ZIP 2014, 2209, 2211; *Schubert/Liese*, NZA 2016, 1297, 1300; *Ulmer*, in: FS Heinsius, S. 855, 864 f.

531 *Oetker*, JbArbR 53 (2016), 47, 56.

532 Vgl. dazu oben § 2 B. I. 1. a).

533 BT-Drucks. VI/334, S. 114 f.

534 Ebenso *Oetker*, JbArbR 53 (2016), 47, 57; differenzierend *Wanhöfer*, Gemeinschaftsbetrieb, S. 62 ff, S. 72 ff.

Das BAG stützte seine Entscheidung, wonach auf die Zahl der ständig besetzten Arbeitsplätze abzustellen sei, wesentlich darauf, dass die Begrenzung des Anwendungsbereichs in § 77 Abs. 2 BetrVG 1952 sich nach Größe und wirtschaftlicher Bedeutung der Unternehmen richte.[535] Neben den bereits aufgezeigten Einwänden spricht dagegen im Rahmen von § 1 Abs. 1 Nr. 2 MitbestG, dass für die Bestimmung dieses Schwellenwerts die wirtschaftliche Bedeutung der Unternehmen nicht ausschlaggebend war, sondern vielmehr die innere Struktur der Unternehmen als entscheidend angesehen wurde. Dass der Beschäftigtenzahl auch eine gewisse Aussagekraft hinsichtlich der wirtschaftlichen Leistungsfähigkeit des Unternehmens zukommt, steht dem nicht entgegen.

Damit ist zugleich das Argument entkräftet, dass es sich bei dem Schwellenwert in § 1 Abs. 1 Nr. 2 MitbestG um ein Merkmal zur Bestimmung der objektiv-strukturellen Größe eines Unternehmens handele. Diese Grundaussage soll zwar nicht in Abrede gestellt werden, allerdings lässt sich ihr nicht entnehmen, dass den Trägerunternehmen eines Gemeinschaftsbetriebs eine Größe zugeschrieben wird, über die sie objektiv nicht verfügen. Entscheidend ist nämlich die strukturelle Größe des Unternehmens, die sich durch den Gemeinschaftsbetrieb ebenso verändert wie bei der Beschäftigung einer entsprechenden Anzahl arbeitsvertraglich verbundener Arbeitnehmer.

Insgesamt bleibt festzuhalten, dass sowohl der Wortlaut als auch der Telos des § 1 Abs. 1 Nr. 2 MitbestG für eine Berücksichtigung sämtlicher Arbeitnehmer eines gemeinsamen Betriebs mehrerer Unternehmen sprechen. Im Zusammenspiel mit dem allgemeinen Zweck der Unternehmensmitbestimmung, dem Vergleich mit dem Gemeinschaftsunternehmen und der fehlenden Praktikabilität differenzierender Ansichten ist daher von einer Zurechnung sämtlicher Arbeitnehmer des gemeinsamen Betriebs zu den Trägerunternehmen auszugehen.

bb) Arbeitnehmerzurechnung bei der Kapitalgesellschaft und Co. KG (§ 4 Abs. 1 S. 1 MitbestG)

Bei einer Kapitalgesellschaft und Co. KG werden gemäß § 4 Abs. 1 S. 1 MitbestG die Arbeitnehmer der Kommanditgesellschaft dem Unternehmen zugerechnet, das als persönlich haftender Gesellschafter auftritt, sofern es nicht „einen eigenen Geschäftsbetrieb mit in der Regel mehr als 500 Arbeitnehmern hat". Das könnte gegen die Berücksichtigung aller Arbeitnehmer eines Gemeinschaftsbetriebs sprechen, weil das Unternehmen gerade nicht allein über den gemeinsamen Betrieb bestimmen kann, der Geschäftsbetrieb also nicht der Komplementärgesellschaft allein als „eigener" zugeordnet werden kann. Es ist indes zu berücksichtigen, dass die Verwendung der Formulierung „eigener Geschäftsbetrieb" vorrangig dazu dienen soll, festzustellen, ob die Tätigkeit des Unternehmens über die Geschäftsführung bei

535 BAG 1.12.1961, AP Nr. 1 zu § 77 BetrVG 1952.

der Kommanditgesellschaft hinausgeht.[536] Solange der gemeinsame Betrieb nicht von der Kommanditgesellschaft und der Komplementärgesellschaft gemeinsam getragen wird, steht der Gebrauch der Formulierung „*eigener* Geschäftsbetrieb" einer Berücksichtigung aller Arbeitnehmer eines gemeinsamen Betriebs nicht entgegen. Andererseits sollte die Verwendung des Ausdrucks „Geschäfts*betrieb*" nicht als Hinweis auf eine Zurechnung aller Arbeitnehmer eines gemeinsamen Betriebs missverstanden werden, so dass der Wortlaut des § 4 Abs. 1 S. 1 MitbestG letztlich als offen anzusehen ist.

In systematischer Hinsicht ist zu bedenken, dass § 4 Abs. 1 S. 1 MitbestG ebenso wie § 1 Abs. 1 Nr. 2 MitbestG den Geltungsbereich des MitbestG definiert, was für eine einheitliche Betrachtung bei der Zählung der Arbeitnehmer eines Gemeinschaftsbetriebs spricht. Demgegenüber erscheint es nicht möglich, die Maßstäbe des DrittelbG bei der Berechnung des Schwellenwerts anzulegen, obwohl Hintergrund der Grenze von 500 Arbeitnehmern der Gedanke ist, dass den Arbeitnehmern der Komplementärgesellschaft in diesem Fall jedenfalls die Drittelbeteiligung im Aufsichtsrat zusteht. Einer solchen Anpassung der Anwendungsbereiche von MitbestG und DrittelbG steht entgegen, dass die Schwellenwerte in verschiedenen Gesetzen enthalten sind, die weder hinsichtlich des Arbeitnehmerbegriffs (leitende Angestellte) noch in Bezug auf die erfassten Gesellschaftsformen (Versicherungsverein auf Gegenseitigkeit) übereinstimmen.

Neben den allgemeinen Argumenten, die für eine Mehrfachzurechnung der Arbeitnehmer sprechen, ist damit der Gleichlauf der Schwellenwerte in § 1 Abs. 1 Nr. 2 MitbestG und § 4 Abs. 1 S. 1 MitbestG entscheidend, so dass sämtliche Arbeitnehmer eines gemeinsamen Betriebs bei den Trägerunternehmen mitzählen.

cc) Größe des Aufsichtsrats (§ 7 Abs. 1 S. 1 MitbestG)

Gemäß § 7 Abs. 1 S. 1 Nr. 1 MitbestG setzt sich der Aufsichtsrat eines Unternehmens mit in der Regel nicht mehr als 10 000 Arbeitnehmern aus je sechs Aufsichtsratsmitgliedern der Anteilseigner und der Arbeitnehmer zusammen. Der damit hergestellte Unternehmensbezug ist in den anderen Nummern ebenso enthalten, steht einer Mehrfachzurechnung aber nicht zwingend entgegen, da nach der sprachlichen Fassung Unternehmen mit einer bestimmten Anzahl an Arbeitnehmern auch solche sein können, die auf die Arbeitskraft dieser Anzahl an Arbeitnehmern aufgrund einer Kooperation im Rahmen eines gemeinsamen Betriebs zugreifen können.[537]

Im Rahmen von § 2 wurde aufgezeigt, dass die von § 7 Abs. 1 MitbestG festgelegte Zahl der Aufsichtsratsmitglieder von zwölf bis 20 Personen relativ groß ist, um

536 Vgl. hierzu und zu den folgenden Ausführungen zum Hintergrund des Schwellenwerts § 2 B. I. 2.

537 Ähnlich für die Wahlberechtigung BAG 13.3.2013, AP Nr. 1 zu § 5 DrittelbG Rn. 28; *Annuß*, in: FS von Hoyningen-Huene, S. 17, 18; *Henssler*, in: UHH, § 3 MitbestG Rn. 120; *Raiser/Jacobs*, in: RVJ, § 3 MitbestG Rn. 44; a.A. allgemein für den Bezug des Wortlauts auf das „Unternehmen" *Rieble*, in: Bork/Schäfer, § 52 GmbHG Rn. 59.

sowohl den Gewerkschaften als auch den leitenden Angestellten zu ermöglichen, ihre eigenen Vertreter im Aufsichtsrat zu bestimmen.[538] Es stellt sich die Frage, ob bei den Arbeitnehmern gemeinsamer Betriebe eine besondere Interessenlage besteht, die es rechtfertigt, diesem Gedanken entsprechend alle Arbeitnehmer in Gemeinschaftsbetrieben mitzuzählen, um so die Wahrscheinlichkeit zu erhöhen, dass die spezifischen Interessen der Belegschaft des gemeinsamen Betriebs im Aufsichtsrat vertreten werden. Insoweit ist zwar zuzugeben, dass ein Wahlvorschlag des Gemeinschaftsbetriebs zur Wahl gestellt werden könnte. Allein eine höhere Anzahl an zu vergebenden Mandaten führt indes nicht dazu, dass die Arbeitnehmer des gemeinsamen Betriebs sich zwingend geschlossen hinter diesen Wahlvorschlag stellen. Dies wird vielmehr im Einzelfall von den Kandidaten abhängen. Sicherstellen ließe sich eine spezifische Interessenvertretung für den Gemeinschaftsbetrieb nur im Wege einer besonderen Legitimation wie sie in § 7 Abs. 2 MitbestG für die Gewerkschaftsvertreter und in § 15 Abs. 1 S. 2 MitbestG (i.V.m. § 18 S. 3 MitbestG) für den leitenden Angestellten im Aufsichtsrat vorgesehen ist. Dass eine größere Anzahl an Arbeitnehmervertretern die Wahrscheinlichkeit der Wahl eines Interessenvertreters des Gemeinschaftsbetriebs erhöht, spricht zwar für die Berücksichtigung aller Arbeitnehmer, kann aber im Rahmen der Auslegung von § 7 Abs. 1 S. 1 MitbestG nicht entscheidend sein.

Die Staffelung der Zahl der Aufsichtsratsmitglieder nach der Zahl der Arbeitnehmer soll verhindern, dass kleinere Unternehmen einen unangemessen großen Aufsichtsrat erhalten. Problematisch ist in diesem Zusammenhang, dass sich schwer sagen lässt, ob die Arbeitsbelastung des Aufsichtsrats bei Beschäftigung einer bestimmten Anzahl von Arbeitnehmern in einem ähnlichen Maß steigt, wenn die Arbeitnehmer lediglich in einem gemeinsamen Betrieb beschäftigt werden. Diese Schwierigkeit beruht allerdings wesentlich darauf, dass der Zusammenhang zwischen der Anzahl der beschäftigten Arbeitnehmer und der Arbeitsbelastung des Aufsichtsrats ohnehin nicht besonders eng sein dürfte. Grundsätzlich besteht allerdings insoweit ein Zusammenhang, als die Personalplanung und damit auch die Entscheidung über den Einsatz des Personals im Wege der Zusammenarbeit in einem Gemeinschaftsbetrieb zentraler Gegenstand der Überwachung der Geschäftsführung durch den Aufsichtsrat ist, wie die Berichtspflicht des § 90 Abs. 1 S. 1 Nr. 1 AktG zeigt.

Andererseits soll die Staffelung der Aufsichtsratsgröße in Abhängigkeit von der Anzahl der Arbeitnehmer den stärkeren finanziellen Belastungen Rechnung tragen, die mit einem größeren Aufsichtsrat einhergehen. Dieser Zusammenhang spricht für eine wirtschaftliche Betrachtung anhand einer prozentualen Zurechnung der Arbeitnehmer nach dem Anteil ihrer Tätigkeit für das jeweilige Unternehmen, wie sie vom BAG vorgenommen wurde, oder nach der Aufteilung der Lohnsummen unter den beteiligten Unternehmen, wie sie von *Wiedemann* vorgeschlagen wurde. Entscheidendes Argument gegen eine solche Aufteilung ist aber der Wortlaut des

538 Vgl. hierzu und zu den folgenden Ausführungen oben § 2 B. I. 3.

§ 7 Abs. 1 S. 1 MitbestG, der einheitlich an die Anzahl der Arbeitnehmer anknüpft. Um sicherzustellen, dass die Unternehmen durch einen zu großen Aufsichtsrat nicht über Gebühr finanziell belastet werden, könnte man auch erwägen, im Rahmen der Zusammensetzung des Aufsichtsrats lediglich die vertraglich verbundenen Arbeitnehmer mitzuzählen. Ein solches Verständnis hätte den Vorteil, dass den Trägerunternehmen eines gemeinsamen Betriebs die Möglichkeit gegeben wäre, einer eventuell bestehenden höheren Arbeitsbelastung des Aufsichtsrats durch eine freiwillige Vergrößerung des Aufsichtsrats gemäß § 7 Abs. 1 S. 2 und 3 MitbestG Rechnung zu tragen. Die Flexibilität, welche die Zusammenarbeit in einem gemeinsamen Betrieb bietet, setzte sich damit bei der Größe des Aufsichtsrats fort. Es stellt sich allerdings die Frage, ob eine solche Auslegung im Widerspruch dazu steht, dass alle Arbeitnehmer eines gemeinsamen Betriebs aufgrund der einheitlichen Leitung von den unternehmerischen Entscheidungen sämtlicher Trägerunternehmen betroffen sind. In diesem Zusammenhang ist indes zu berücksichtigen, dass das Verhältnis zwischen Arbeitnehmer- und Anteilseignervertretern im Aufsichtsrat gleich bleibt. Die Arbeitnehmer sind also weiterhin nahezu gleichberechtigt im Aufsichtsrat beteiligt und erleiden im Hinblick auf die institutionelle Verankerung der Mitbestimmung im Aufsichtsrat keine Nachteile. Aus demselben Grund steht eine derartige Auslegung außerdem nicht im Widerspruch zur Entscheidung des Gesetzgebers, über die Anknüpfung an die Anzahl der Arbeitnehmer die soziale Bedeutung der Mitbestimmung hervorzuheben.

Für eine Zurechnung nur derjenigen Arbeitnehmer, die in einem Vertragsverhältnis zu dem jeweiligen Unternehmen stehen, spricht des Weiteren, dass auf diese Weise den Bedenken Rechnung getragen werden kann, die gegen eine komplette Mehrfachzurechnung geltend gemacht werden. Das gilt zum einen für den Einwand, dass den Unternehmen eine Größe zugeschrieben werde, über die sie objektiv nicht verfügten. Im Rahmen des § 1 Abs. 1 Nr. 2 MitbestG konnte dieses Argument nicht überzeugen, weil die dieser Vorschrift zugrundeliegende Vorstellung von Größe gerade auf Strukturen beruht, die sich auch im Gemeinschaftsbetrieb finden. § 1 Abs. 1 Nr. 2 MitbestG und § 7 Abs. 1 S. 1 MitbestG stimmen zwar darin überein, dass sie sich beide auf die in der Regel beschäftigten Arbeitnehmer beziehen, was dafür spricht, dass es sich auch bei § 7 Abs. 1 S. 1 MitbestG um ein objektiv-strukturelles Merkmal handelt[539]. Allerdings hat § 7 Abs. 1 S. 1 MitbestG vor allem die finanzielle Struktur eines Unternehmens und nicht das Verhältnis der Arbeitnehmer zu ihrem Arbeitgeber im Blick. Aus diesem Grund ist der Einwand der Aufblähung der Unternehmensgröße durch eine Mehrfachzurechnung in diesem Zusammenhang durchaus überzeugend. Bei einer Berücksichtigung nur der Vertragsarbeitnehmer kann zudem verhindert werden, dass die Anzahl der vertraglich verbundenen Arbeitnehmer außer Verhältnis zur Anzahl der Aufsichtsratsmitglieder der Arbeitnehmer steht.

539 So *Säcker*, WahlO, Rn. 195 f., der daraus den Schluss zieht, dass eine Mehrfachzurechnung beim Gemeinschaftsunternehmen und -betrieb grundsätzlich nicht möglich ist (vgl. Rn. 215).

Für eine mit §§ 1 Abs. 1 Nr. 2, 4 Abs. 1 S. 1 MitbestG übereinstimmende Auslegung im Rahmen von § 7 Abs. 1 S. 1 MitbestG streitet zwar das allgemeine systematische Argument der einheitlichen Auslegung des Arbeitnehmerbegriffs innerhalb eines Gesetzes, das dadurch gestützt wird, dass § 3 Abs. 1 MitbestG eine entsprechende Legaldefinition enthält.[540] Allerdings sollte dieser Aspekt auch an dieser Stelle nicht überbewertet werden, da die Definition so allgemein gehalten ist, dass sie zur Lösung der problematischen Fragen des Arbeitnehmerbegriffs wenig beizutragen vermag. Wie in § 2 gezeigt wurde,[541] besteht darüber hinaus kein zwingender Gleichlauf zwischen der Wahlberechtigung und der Berücksichtigung im Rahmen der Schwellenwerte im Sinne einer „Einheit von Zählen und Wählen“, so dass die Einbeziehung nur der vertraglich mit dem jeweiligen Trägerunternehmen verbundenen Arbeitnehmer in § 7 Abs. 1 S. 1 MitbestG nicht der Wahlberechtigung aller Arbeitnehmer im Gemeinschaftsbetrieb widerspricht.

Des Weiteren steht die Berücksichtigung nur der vertraglich mit dem jeweiligen Unternehmen verbundenen Arbeitnehmer § 14 Abs. 2 S. 5 AÜG nicht entgegen, da es sich bei dieser Vorschrift um eine Sonderregelung für Leiharbeitnehmer handelt[542]. Das wird vor allem an § 14 Abs. 2 S. 6 AÜG deutlich, der mit der Einsatzdauer im Entleiherunternehmen für die Berücksichtigung bei den Schwellenwerten auf ein Kriterium abstellt, das sich auf Gemeinschaftsbetriebe nur bedingt übertragen lässt. Die Vorschrift des § 14 Abs. 2 S. 5 und 6 AÜG zeigt durch den auf Anwendungsschwellenwerte beschränkten Geltungsbereich der Mindesteinsatzdauer vielmehr, dass eine Differenzierung der Zurechnung je nach Schwellenwert durchaus möglich ist. Aus diesen Gründen sind im Rahmen des § 7 Abs. 1 S. 1 MitbestG lediglich diejenigen Arbeitnehmer zu berücksichtigen, die in einem Vertragsverhältnis zu dem jeweiligen Unternehmen stehen.

dd) Wahlverfahrensvorschriften

(1) Art der Wahl (§ 9 Abs. 1 und 2 MitbestG)

Gemäß § 9 Abs. 1 S. 1 MitbestG werden „die Aufsichtsratsmitglieder der Arbeitnehmer (§ 7 Abs. 2) eines Unternehmens mit in der Regel mehr als 8 000 Arbeitnehmern“ grundsätzlich durch Delegierte gewählt. Demgegenüber schreibt § 9 Abs. 2 S. 1 MitbestG mit einer entsprechenden Formulierung für Unternehmen mit in der Regel nicht mehr als 8 000 Arbeitnehmern grundsätzlich die unmittelbare Wahl vor. Für diesen Wortlaut gilt das bereits zu anderen unternehmensbezogenen Formulierungen Gesagte entsprechend.

Im Hinblick auf den Gemeinschaftsbetrieb ist entscheidend, dass die Abgrenzung von mittelbarer und unmittelbarer Wahl nach der Beschäftigtenzahl auf der Überlegung beruht, dass in vergleichsweise kleinen Unternehmen der persönliche Kon-

---

540 *Thüsing/Forst*, in: FS Kreutz, S. 867, 879.

541 Vgl. oben § 2 C.

542 Vgl. oben § 3 C. II. 1. c) ff).

takt zwischen den Beschäftigten und den Kandidaten für ein Aufsichtsratsmandat bereits besteht oder zumindest hergestellt werden kann, so dass sich die Arbeitnehmer einen eigenen Eindruck von den Wahlbewerbern verschaffen können.[543] Dieses Kriterium orientiert sich aber vor allem an der Struktur innerhalb der Betriebe eines Unternehmens, weil das Bestehen persönlicher Kontakte davon abhängig ist, wie viele Personen innerhalb eines Betriebs an demselben Standort zusammenarbeiten. Was die Verteilung der Belegschaft auf die einzelnen Betriebe und deren räumliche Entfernung angeht, die für Kontakt zwischen den Kandidaten und den Wählern ebenfalls eine Rolle spielen, ergeben sich für den Gemeinschaftsbetrieb keine Besonderheiten; auch hier lässt sich nicht vermeiden, dass die Belegschaft in Unternehmen mit in der Regel weniger als 8 000 Arbeitnehmern so ungünstig auf die einzelnen Betriebe verteilt ist, dass die Kandidaten sich nicht in den anderen Betrieben vorstellen können. Dabei handelt es sich aber um ein allgemeines Problem ohne Bezug zum Gemeinschaftsbetrieb, das der Einbeziehung sämtlicher Arbeitnehmer in die Schwellenwerte nicht entgegensteht. Im Rahmen von § 9 Abs. 1 und 2 MitbestG sind somit alle Arbeitnehmer bei sämtlichen Trägerunternehmen mitzuzählen.

(2) Sonstige Wahlverfahrensvorschriften

Bei den übrigen Schwellenwerten in § 9 Abs. 3 S. 1 und 3 MitbestG (Abstimmung über die Art der Wahl), § 11 Abs. 1 S. 1 MitbestG (Zahl der Delegierten), § 12 Abs. 1 S. 2 MitbestG (Wahlvorschläge für Delegierte), § 15 Abs. 2 S. 2 MitbestG (Wahlvorschläge für Aufsichtsratsmitglieder der Arbeitnehmer), § 21 Abs. 2 S. 1 Nr. 1 MitbestG (Anfechtung der Wahl von Delegierten), § 22 Abs. 2 S. 1 Nr. 1 MitbestG (Anfechtung der Wahl von Aufsichtsratsmitgliedern der Arbeitnehmer) und § 23 Abs. 1 S. 2 Nr. 1 und 2 MitbestG (Abberufung von Aufsichtsratsmitgliedern der Arbeitnehmer) handelt es sich um solche, die nicht auf die Anzahl der in der Regel beschäftigten Arbeitnehmer abstellen. Sie beziehen sich vielmehr auf eine bestimmte Anzahl oder einen Bruchteil der „wahlberechtigten Arbeitnehmer" oder der „wahlberechtigten leitenden Angestellten". Da allen im Gemeinschaftsbetrieb Beschäftigten nach obigen Feststellungen das Wahlrecht zusteht, spricht dieser Wortlaut für eine Berücksichtigung sämtlicher Arbeitnehmer. Bei den Vorschriften über die Delegiertenwahl kommt hinzu, dass sich diese nach ihrem Wortlaut auf die wahlberechtigten Arbeitnehmer des *Betriebs* beziehen, weil die Delegierten dort gewählt werden (§§ 11 Abs. 1 S. 1, 12 Abs. 1 S. 2, 21 Abs. 2 S. 1 Nr. 1 MitbestG).

Die Berücksichtigung aller Wahlberechtigten steht auch mit den verschiedenen Regelungsanliegen der auf das Wahlverfahren bezogenen Schwellenwerte in Einklang. Dass der Antrag auf Änderung des Wahlmodus von mittelbarer zu unmittelbarer Wahl (und umgekehrt) gemäß § 9 Abs. 3 S. 1 MitbestG von einem Zwanzigstel der Arbeitnehmer des Unternehmens unterzeichnet sein muss, rechtfertigt sich daraus, dass die aufwendige Abstimmung über die Art der Wahl nur dann stattfinden soll, wenn es in der Belegschaft schon einen gewissen Rückhalt für eine Änderung

543 Vgl. oben § 2 B. I. 4.

gibt[544]. Da nach der Konzeption des § 9 Abs. 3 MitbestG gerade die Wähler über den Wahlmodus selbst entscheiden können sollen, stellt die Berechtigung zur Antragstellung einen Annex zur Wahlberechtigung dar, der folglich allen Arbeitnehmern des gemeinsamen Betriebs mehrerer Unternehmen zusteht. Dasselbe gilt für die Mindestbeteiligung nach § 9 Abs. 3 S. 3 MitbestG von mindestens der Hälfte der wahlberechtigten Arbeitnehmer bei der eigentlichen Abstimmung darüber, ob die Wahl als unmittelbare oder mittelbare durchgeführt werden soll. Die erforderliche Mindestbeteiligung kann als Teil der qualifizierten Mehrheit nicht nach anderen Maßstäben errechnet werden als die Mehrheit selbst, so dass die Wahlberechtigung zu einer Berücksichtigung auch im Rahmen der Mindestbeteiligung führen muss.

Ebenfalls eine unmittelbare Folge der Zuerkennung des Wahlrechts ist die Berücksichtigung bei Errechnung der Zahl der Delegierten nach § 11 Abs. 1 S. 1 MitbestG, wonach in jedem Betrieb auf je 90 wahlberechtige Arbeitnehmer ein Delegierter entfällt, da ansonsten die Anzahl der wahlberechtigten Arbeitnehmer in einem Betrieb in der Delegiertenversammlung nicht korrekt widergespiegelt würde[545].

Da das Gesetz in § 12 Abs. 1 MitbestG für die Wahl der Delegierten sowie in § 15 Abs. 2 MitbestG für die Wahl der unternehmensangehörigen Aufsichtsratsmitglieder der Arbeitnehmer den wahlberechtigten Arbeitnehmern das Recht zubilligt, Wahlvorschläge zu unterbreiten, ist diese Berechtigung gleichfalls als Annex zur Wahlberechtigung anzusehen, so dass alle wahlberechtigten Arbeitnehmer eines gemeinsamen Betriebs mehrerer Unternehmen bei den entsprechenden Schwellenwerten mitzählen. Das entspricht dem Gedanken, durch vorgelagerte Anforderungen auf Ebene der Wahlvorschläge völlig aussichtslose Bewerber von der Wahl auszuschließen, um einer Stimmenzersplitterung entgegenzuwirken[546].

Eine qualifizierte Minderheit von drei wahlberechtigten Arbeitnehmern des Betriebs bzw. des Unternehmens verfügt über das Recht, die Wahl der Delegierten (§ 21 MitbestG) bzw. die Wahl der Aufsichtsratsmitglieder der Arbeitnehmer (§ 22 MitbestG) anzufechten. Auch diese Befugnis ist als Ergänzung des aktiven Wahlrechts anzusehen und steht damit allen wahlberechtigten Arbeitnehmern zu, die so die Möglichkeit erhalten, im objektiven Interesse auf eine gesetzeskonforme Wahl hinzuwirken.

Die Abberufung von Aufsichtsratsmitgliedern weist zwar keinen unmittelbaren Bezug zur Wahl auf, hängt aber dennoch als Spiegelbild der Wahl eng mit ihr zusammen. Das verdeutlichen die Wahlordnungen zum MitbestG, die ebenfalls Vorschriften über die Abberufung enthalten (§§ 82 ff. 1. WahlO MitbestG, §§ 88 ff. 2. sowie 3. WahlO MitbestG). Aus diesem Grund gilt auch hier, dass die wahlberechtigten Arbeitnehmer eines gemeinsamen Betriebs bei den Schwellenwerten in § 23 Abs. 1 S. 2 Nr. 1 und 2 MitbestG zu berücksichtigen sind.

544 Vgl. oben § 2 B. I. 5.
545 Vgl. oben § 2 B. I. 6.
546 Vgl. oben § 2 B. I. 7. und 8.

b) *DrittelbG*

aa) Anwendungsschwellenwert (§ 1 Abs. 1 DrittelbG)

Gemäß § 1 Abs. 1 Nr. 1 DrittelbG haben die Arbeitnehmer ein Mitbestimmungsrecht im Aufsichtsrat nach Maßgabe des DrittelbG „in einer Aktiengesellschaft mit in der Regel mehr als 500 Arbeitnehmern". Für Unternehmen der weiteren genannten Rechtsformen verwendet das Gesetz entsprechende Formulierungen, die jeweils auf die Gesellschaftsform bezogen sind. Dieser Wortlaut ist zwar nicht auf den Betrieb bezogen, aber dennoch nicht so eng formuliert, dass er einer Zurechnung zwingend entgegenstünde.[547] Insoweit unterscheidet sich der Bezug auf die einzelnen Gesellschaftsformen nicht von der unternehmensbezogenen Formulierung.

Der Hintergrund des Schwellenwerts von 500 Arbeitnehmern liegt darin begründet, dass die Beteiligung der Arbeitnehmer im Aufsichtsrat dort erfolgen soll, wo durch die Größe des Unternehmens der persönliche Kontakt zwischen der Belegschaft und den Unternehmern nicht mehr in ausreichendem Maße gegeben ist.[548] Demgegenüber wurde der Vorschlag der SPD abgelehnt, die Kapitalausstattung der Unternehmen zu berücksichtigen, was darauf schließen lässt, dass die wirtschaftliche Bedeutung der erfassten Unternehmen zumindest nur eine untergeordnete Rolle spielen sollte. Aus diesem Grund ist die Argumentation des BAG, wonach die Begrenzung der wirtschaftlichen Bedeutung der Unternehmen Rechnung trage, nicht überzeugend. Es wurde bereits im Rahmen der allgemeinen Ausführungen zum Schwellenwert in § 1 Abs. 1 DrittelbG darauf hingewiesen, dass sich diese Erwägungen nicht dem vom BAG zitierten Ausschussbericht entnehmen lassen. Es spielt daher keine Rolle, dass die Wirtschaftskraft des Unternehmens bei der Hinzurechnung aller Arbeitnehmer eines Gemeinschaftsbetriebs nicht korrekt abgebildet wird, weil die Trägerunternehmen eines gemeinsamen Betriebs das Arbeitsentgelt der von ihnen beschäftigten Arbeitnehmer gemeinsam tragen. Auch der vom BAG insoweit herangezogene Vergleich zu der Begrenzung in § 3 Abs. 2 MitbestErgG[549] geht fehl; zum einen, weil diese Vorschrift durch ihren Bezug auf den Umsatz im Gegensatz zu § 1 Abs. 1 DrittelbG ausdrücklich auf ein wirtschaftliches Kriterium abstellt und zum anderen, weil sie an ein bestimmtes Umsatzverhältnis anknüpft, nicht aber an eine absolute Umsatzhöhe[550].

Ebenso wie bei § 1 Abs. 1 Nr. 2 MitbestG spricht der Hintergrund des Schwellenwerts vielmehr für eine Berücksichtigung aller im Gemeinschaftsbetrieb tätigen Arbeitnehmer, weil auch diejenigen Arbeitnehmer, die keinen Arbeitsvertrag mit dem Unternehmen geschlossen haben, aufgrund ihrer Eingliederung in den gemein-

---

547 Ähnlich für die Wahlberechtigung BAG 13.3.2013, AP Nr. 1 zu § 5 DrittelbG Rn. 28; *Annuß*, in: FS von Hoyningen-Huene, S. 17, 18; *Henssler*, in: UHH, § 3 MitbestG Rn. 120; *Raiser/Jacobs*, in: RVJ, § 3 MitbestG Rn. 44; a.A. allgemein für den Bezug des Wortlauts auf das „Unternehmen" *Rieble*, in: Bork/Schäfer, § 52 GmbHG Rn. 59.

548 Vgl. hierzu und zu den folgenden Ausführungen § 2 B. II. 1. a).

549 BAG 1.12.1961, AP Nr. 1 zu § 77 BetrVG 1952.

550 *Kötter*, Anm. zu AP Nr. 1 zu § 77 BetrVG 1952.

samen Betrieb zu einem weniger engen Kontakt zwischen Unternehmensleitung und Belegschaft beitragen, da sie mehr Koordination erforderlich machen und damit an der Bürokratisierung der allgemeinen Strukturen im Unternehmen mitwirken.[551]

In historischer Hinsicht könnte man entsprechend der Argumentation des BAG im Hinblick auf die Wahlberechtigung[552] auf den Wortlaut von § 77a BetrVG 1952 verweisen, wonach „die Arbeitnehmer der *Betriebe* eines Konzernunternehmens“ unter bestimmten Voraussetzungen als Arbeitnehmer des herrschenden Unternehmens galten. Diese Formulierung legt zumindest für die Konzernzurechnung die Berücksichtigung aller Arbeitnehmer eines Gemeinschaftsbetriebs im Rahmen der Schwellenwerte nahe. Einer solchen Interpretation des § 77a BetrVG 1952 steht allerdings entgegen, dass die Abfassung dieser Vorschrift nicht Ausdruck einer entsprechenden gesetzgeberischen Entscheidung für die Einbeziehung aller Arbeitnehmer gemeinsamer Betriebe war, sondern auf der Regelung der Unternehmensmitbestimmung im BetrVG beruhte. Dementsprechend heißt es in der Begründung des Regierungsentwurfs zu § 2 DrittelbG: „Da das DrittelbG im Unterschied zum BetrVG 1952 ausschließlich die Wahl der Arbeitnehmervertreter in den Aufsichtsrat regelt, tritt an die Stelle der betriebsbezogenen eine unternehmensbezogene Betrachtungsweise“.[553] Daher ist die Entstehungsgeschichte für die Frage der Berücksichtigung aller Arbeitnehmer eines gemeinsamen Betriebs im Rahmen des Schwellenwerts von § 1 Abs. 1 DrittelbG unergiebig. Dennoch sprechen insgesamt die besseren Argumente für eine Berücksichtigung sämtlicher Arbeitnehmer gemeinsamer Betriebe im Rahmen von § 1 Abs. 1 DrittelbG – vor allem aufgrund des Zwecks der Unternehmensmitbestimmung im Allgemeinen und des Zwecks des Anwendungsschwellenwerts im Besonderen.

bb) Wahlverfahrensvorschriften

Schwellenwerte im Zusammenhang mit dem Wahlverfahren finden sich im DrittelbG in den Regelungen über Wahlvorschläge (§ 6 S. 2 DrittelbG), über die Anfechtung der Wahl (§ 11 Abs. 2 S. 1 Nr. 1 DrittelbG) und über die Abberufung von Aufsichtsratsmitgliedern der Arbeitnehmer (§ 12 Abs. 1 S. 1 DrittelbG). Ihrem Wortlaut nach stellen diese Vorschriften auf eine bestimmte Anzahl oder einen bestimmten Prozentsatz der „Wahlberechtigten“ ab. Da sämtlichen Arbeitnehmern eines gemeinsamen Betriebs mehrerer Unternehmen aufgrund ihrer Betroffenheit von den Entscheidungen aller Trägerunternehmen das Wahlrecht zusteht, spricht dieser Wortlaut für ihre Berücksichtigung.

Zudem sind sowohl das Recht zur Unterbreitung von Wahlvorschlägen als auch das Wahlanfechtungsrecht und die Berechtigung zur Einleitung einer Abstimmung über die Abberufung von Aufsichtsratsmitgliedern als Annex zur Wahlberechtigung

---

551 *Oetker*, JbArbR 53 (2016), 47, 57.

552 Vgl. dazu oben § 3 B. I. 2. d).

553 BT-Drucks. 15/2542, S. 12. Darauf verweist für die Wahlberechtigung *Annuß*, in: FS Hoyningen-Huene, S. 17, 20.

anzusehen. Beim Wahlvorschlagsrecht ergibt sich dies daraus, dass die verlangte Unterstützung durch mindestens ein Zehntel der Wahlberechtigten oder 100 Wahlberechtigte verhindern soll, dass Kandidaten zur Wahl antreten, obwohl sie keinerlei Rückhalt unter den Wahlberechtigten haben[554]. Wächter über den rechtmäßigen Ablauf der Wahl sollen u. a. diejenigen sein, die an der Wahl beteiligt waren, weshalb eine Minderheit von Wahlberechtigten ein Wahlanfechtungsverfahren einleiten können soll. Ähnliches gilt schließlich für den Antrag zur Beschlussfassung über die Abberufung eines Aufsichtsratsmitglieds der Arbeitnehmer, den ebenfalls die Wahlberechtigten anstoßen können, um auch während der Amtszeit der Aufsichtsratsmitglieder sicherzustellen, dass kein Vertrauensverlust zwischen Wählern und Gewählten eintritt[555]. Der Sinn und Zweck der einzelnen Wahlverfahrensvorschriften mit Schwellenwerten streitet daher ebenfalls für die Berücksichtigung aller wahlberechtigten Arbeitnehmer eines Gemeinschaftsbetriebs, so dass eine Mehrfachzurechnung in dieser Hinsicht zu bejahen ist.

c) Montan-MitbestG

Das Montan-MitbestG findet gemäß § 1 Abs. 2 nur auf diejenigen „Unternehmen Anwendung, welche […] in der Regel mehr als eintausend Arbeitnehmer beschäftigen“. Dieser Wortlaut ist zwar unternehmensbezogen, enthält durch die Verwendung des Wortes „beschäftigen“ aber zugleich ein tatsächliches Element, das eine Berücksichtigung von Arbeitnehmern, die nicht in einem Vertragsverhältnis zu dem Unternehmen stehen, aber in einen Betrieb auch des Unternehmens eingegliedert sind, möglich erscheinen lässt.[556]

In systematischer Hinsicht spricht für eine Berücksichtigung aller Arbeitnehmer des Gemeinschaftsbetriebs, dass gemäß § 6 Abs. 1 S. 1 Montan-MitbestG zwei der vier Arbeitnehmervertreter im Aufsichtsrat Arbeitnehmer sein müssen, die „in einem Betriebe des Unternehmens beschäftigt sind“. Diese Vertreter der Arbeitnehmer werden durch die Betriebsräte der Betriebe des Unternehmens gewählt, und zwar von allen Betriebsratsmitgliedern gemeinsam.[557] Auch die zwei anderen Arbeitnehmervertreter und das weitere Mitglied i.S.v. § 4 Abs. 1 S. 2 lit. b) Montan-MitbestG, die von den Spitzenorganisationen vorgeschlagen werden, werden von den Mitgliedern der Betriebsräte der Betriebe der Unternehmen gewählt (§ 6 Abs. 5 S. 1 Montan-MitbestG). Sind demnach alle Arbeitnehmer eines gemeinsamen Betriebs passiv wahlberechtigt i.S.v. § 6 Abs. 1 S. 1 Montan-MitbestG und die Arbeitnehmervertreter aufgrund der Wahl durch die Betriebsräte, die wiederum von allen wahl-

554 Vgl. oben § 2 B. II. 2.

555 Vgl. oben § 2 B. II. 4.

556 Für ein solches Verständnis des Wortes „beschäftigen“ im Rahmen des § 1 Abs. 1 Nr. 2 MitbestG: *Oetker*, JbArbR 53 (2016), 47, 56; *Rentschler*, Gemeinschaftsbetrieb, S. 99 f.; a.A. LG Bremen 4.2.2005, BeckRS 2010, 17611; *Rieble*, in: Bork/Schäfer, § 52 GmbHG Rn. 59.

557 Vgl. oben § 3 B. II.

berechtigten Arbeitnehmern für den Gemeinschaftsbetrieb gewählt werden, von sämtlichen Arbeitnehmern der Betriebe des Unternehmens legitimiert, erschiene es widersprüchlich, nicht auch alle Arbeitnehmer des Gemeinschaftsbetriebs im Rahmen der Schwellenwertberechnung nach § 1 Abs. 2 Montan-MitbestG mitzuzählen.

Gegen eine Berücksichtigung sämtlicher Arbeitnehmer gemeinsamer Betriebe spricht demgegenüber, dass der Schwellenwert von 1 000 Arbeitnehmern u. a. darauf beruht, dass die mit der Montan-Mitbestimmung verbundenen Kosten kleineren Unternehmen nicht zugemutet werden sollen.[558] Da die Lohnkosten bei einem gemeinsamen Betrieb unter den Unternehmen geteilt werden, könnte die Zurechnung aller Arbeitnehmer zu einer falschen Einschätzung der Wirtschaftskraft des betroffenen Unternehmens führen. Andererseits dürfte der Zusammenhang zwischen der Arbeitnehmerzahl und der wirtschaftlichen Belastbarkeit eines Unternehmens auch innerhalb desselben Wirtschaftszweigs nicht besonders eng sein, zumal nach dem Wortlaut des § 1 Abs. 2 Montan-MitbestG Teilzeitbeschäftigte nicht lediglich anteilig berücksichtigt werden. Darüber hinaus spielte die gesamtwirtschaftliche der Unternehmen zur Bestimmung des Anwendungsbereichs des Montan-MitbestG nur eine untergeordnete Rolle. Hinzu kommt, dass die Festlegung des Schwellenwerts auch darauf beruht, dass in kleineren Unternehmen aufgrund der persönlichen Beziehungen eine institutionalisierte Mitbestimmung nicht vonnöten ist. Die Kooperation mehrerer Unternehmen in Form eines gemeinsamen Betriebs trägt aber aufgrund der insgesamt größeren Beschäftigtenzahl zu einem größeren Abstand zwischen Belegschaft und Management bei. Insgesamt überwiegen daher die Argumente, die für eine Berücksichtigung aller Arbeitnehmer gemeinsamer Betriebe streiten, so dass sämtliche Beschäftigte im Rahmen von § 1 Abs. 2 Montan-MitbestG mitzählen.

D. Zusammenfassung

Im Rahmen der Schwellenwerte des MitbestG, des DrittelbG und des Montan-MitbestG sind sämtliche Arbeitnehmer eines Gemeinschaftsbetriebs unabhängig von ihrer arbeitsvertraglichen Beziehung zu berücksichtigen. Eine Ausnahme gilt lediglich für den Schwellenwert in § 7 Abs. 1 S. 1 MitbestG, bei dem nur die Arbeitnehmer mitzuzählen sind, die einen Arbeitsvertrag mit dem jeweiligen Unternehmen abgeschlossen haben.

558 Vgl. hierzu und zu den folgenden Ausführungen oben § 2 B. III.

§ 4 Einbeziehung von Leiharbeitnehmern

A. Begriff der Leiharbeit

Man spricht von Leiharbeit, wenn ein Arbeitgeber (Verleiher) seinen Arbeitnehmer einem Dritten (Entleiher) zur Arbeitsleistung überlässt. Gemäß § 1 Abs. 1 S. 2 AÜG n.F. werden Arbeitnehmer zur Arbeitsleistung überlassen, wenn sie in die Arbeitsorganisation des Entleihers eingegliedert sind und seinen Weisungen unterliegen.[559] Dadurch kommt es aus Sicht des Leiharbeitnehmers zur Aufspaltung der Arbeitgeberstellung zwischen Verleiher und Entleiher.[560]

Zur Bestimmung des Anwendungsbereichs des AÜG wird heute zwischen der Arbeitnehmerüberlassung im Rahmen der wirtschaftlichen Tätigkeit des Verleihers und der nichtwirtschaftlichen Überlassung unterschieden. Nur erstere unterliegt gemäß § 1 Abs. 1 S. 1 AÜG grundsätzlich einer Erlaubnispflicht. Der europarechtlich determinierte Begriff der wirtschaftlichen Tätigkeit umfasst dabei jede Tätigkeit, die darin besteht, Güter oder Dienstleistungen auf einem konkreten Markt anzubieten.[561] Wesentlicher Unterschied zur gewerbsmäßigen Tätigkeit i.S.v. § 1

---

559 Das entspricht der bisherigen Definition im Rahmen von § 7 S. 2 BetrVG, die bereits in der Begründung des Regierungsentwurfs zu dieser Norm genannt wurde, BT-Drucks. 14/5741, S. 36. LAG Mainz 2.2.2007, EzAÜG BetrVG Nr. 96; *Boemke*, in: Boemke/Lembke, § 1 AÜG Rn. 11; *Boewer/Gaul/Otto*, GmbHR 2004, 1065, 1068; *Brors*, in: HaKo-BetrVG, § 7 BetrVG Rn. 16; *Däubler*, AuR 2001, 285, 286; *Engels/Trebinger/Löhr-Steinhaus*, DB 2001, 532, 536; *Fitting*, § 7 BetrVG Rn. 38; *Kleinsorge*, in: WKS, § 5 DrittelbG Rn. 12; *Koch*, in: ErfK, § 7 BetrVG Rn. 6; *Maschmann*, in: AR, § 7 BetrVG Rn. 7; *Raab*, in: GK-BetrVG, 10. Aufl., § 7 BetrVG Rn. 99; *Reichold*, in: HWK, § 7 BetrVG Rn. 15; *Thüsing*, in: Richardi, § 7 BetrVG Rn. 10; *Wißmann*, in: WKS, § 10 MitbestG Rn. 31; *Wlotzke*, in: WPK, § 7 BetrVG Rn. 21. Vgl. zu den Einzelheiten der Neuregelung: *Bissels*, in: UCGBH, § 1 AÜG Rn. 6 ff.; *Bissels/Falter*, ArbRAktuell 2017, 33 f.; *Brock*, öAT 2017, 70 f.; *Deinert*, RdA 2017, 65, 72 f.; *Hamann/Klengel*, EuZA 2017, 485, 490; *Henssler*, RdA 2017, 83, 87 f.; *ders.*, in: Henssler/Grau, § 3 Rn. 18 ff.; *Kainer/Schweipert*, NZA 2017, 13, 14 f.; *Olbertz/Groth*, GWR 2016, 371 f.; *Pickenhahn*, in: Henssler/Grau, § 5 Rn. 25 f.; *Raab*, in: GK-BetrVG, § 7 BetrVG Rn. 73 ff.; *Siebert/Meyer*, öAT 2017, 45; *Siebert/Novak*, ArbRAktuell 2016, 391; *Thüsing*, DB 2016, 2663 f.; *Tuengerthal*, BB 2016, 2875 f.; *Ulrici*, § 1 AÜG Rn. 47 ff.; *Wank*, RdA 2017, 100, 102; *ders.*, in: ErfK, § 1 AÜG Rn. 20 ff.

560 BAG 5.12.2012, AP Nr. 81 zu § 5 BetrVG 1972 Rn. 19; BAG 15.10.2014, AP Nr. 79 zu § 80 BetrVG 1972 Rn. 27 f.; *Konzen*, ZfA 1982, 259, 264 ff.; *Beck*, in: AR, § 1 AÜG Rn. 12; *Ulrici*, in: NK-GA, § 1 AÜG Rn. 5; *Weber*, Arbeitsverhältnis, S. 305 ff.

561 So die Definition des EuGH, EuGH 16.6.1987–118/85 (*Komm./Italien*), Slg. 1987, 2599 Rn. 7; EuGH 18.6.1998 – C-35/96 (*Komm./Italien*), Slg. 1998, I-3851 Rn. 36; EuGH 10.1.2006 – C-222/04 (*Cassa di Risparmio di Firenze*), Slg. 2006, I-289 Rn. 108 im Wettbewerbsrecht, die sich auf die Arbeitnehmerüberlassung übertragen lässt, LAG Düsseldorf 26.7.2012–15 Sa 1452/11, juris Rn. 41, 44; *Beck*, in: AR, § 1 AÜG

Abs. 1 S. 1 AÜG a.F. ist, dass es nicht darauf ankommt, ob der Verleiher mit Gewinnerzielungsabsicht handelt.[562] Eine wirtschaftliche Tätigkeit in diesem Sinne liegt auch vor, wenn ein konzernangehöriges Unternehmen als reine Personalführungsgesellschaft Leiharbeitnehmer zum Selbstkostenpreis an andere Konzernunternehmen überlässt.[563] Bei erlaubter Arbeitnehmerüberlassung im Rahmen der wirtschaftlichen Tätigkeit des Verleihers bleibt der Leiharbeitnehmer gemäß § 14 Abs. 1 AÜG während seiner Überlassung Angehöriger des entsendenden Betriebs des Verleihers. Liegt die erforderliche Erlaubnis nicht vor, so ist gemäß § 9 Nr. 1 AÜG der Arbeitsvertrag zwischen Verleiher und Leiharbeitnehmer unwirksam. In diesem Fall gilt gemäß § 10 Abs. 1 S. 1 AÜG ein Arbeitsverhältnis zwischen dem Entleiher und dem Leiharbeitnehmer als zustande gekommen.

Die bis 2011 im AÜG verankerte Differenzierung zwischen gewerbsmäßiger und nichtgewerbsmäßiger Arbeitnehmerüberlassung stimmt weitgehend mit der früher üblichen Unterscheidung zwischen unechter und echter Leiharbeit überein,[564] weshalb teilweise noch heute die Arbeitnehmerüberlassung nach dem AÜG in Abgrenzung zur echten Leiharbeit als unechte Leiharbeit bezeichnet wird[565]. Echte Leiharbeit zeichnet sich dadurch aus, dass der Arbeitnehmer gewöhnlich in den

---

Rn. 33; *Bissels*, in: UCGBH, § 1 AÜG Rn. 107; *Boemke*, in: Boemke/Lembke, § 1 AÜG Rn. 47; *Hamann*, RdA 2011, 321, 323; *Hinrichs/Wenzel/Knoll*, ZTR 2014, 68, 69; *Huke/Neufeld/Luickhardt*, BB 2012, 961, 965; *Koch*, in: Schaub, § 120 Rn. 7; *Leuchten*, NZA 2011, 608, 609; *Raif*, GWR 2011, 303, 304; *Rieble/Vielmeier*, EuZA 2011, 474, 477 f.; *Sandmann/Marschall/Schneider*, § 1 AÜG Rn. 34; *Thüsing/Thieken*, DB 2012, 347, 348 ff.; *J. Ulber*, in: Ulber, § 1 AÜG Rn. 196; *Ulrici*, in: NK-GA, § 1 AÜG Rn. 43 f.; *Wank*, in: ErfK, § 1 AÜG Rn. 42.

562 *Beck*, in: AR, § 1 AÜG Rn. 33; *Bissels*, in: UCGBH, § 1 AÜG Rn. 107; *Boemke*, RIW 2009, 177, 178; *ders.*, in: Boemke/Lembke, § 1 AÜG Rn. 49; *Gerdom*, öAT 2011, 150, 151; *Hamann*, NZA 2011, 70, 71 f.; *Hinrichs/Wenzel/Knoll*, ZTR 2014, 68, 69; *Kalb*, in: HWK, § 1 AÜG Rn. 32; *Lembke*, DB 2011, 414; *Leuchten*, NZA 2011, 608, 609; *Rieble/Vielmeier*, EuZA 2011, 474, 478; *J. Ulber*, in: Ulber, § 1 AÜG Rn. 202; *Ulrici*, in: NK-GA, § 1 AÜG Rn. 44; *Waas*, in: Thüsing, § 1 AÜG Rn. 101a; *Wank*, in: ErfK, § 1 AÜG Rn. 31.

563 So die Begründung des Regierungsentwurfs, BT-Drucks. 17/4804, S. 8; LAG Düsseldorf 26.7.2012–15 Sa 1452/11, juris Rn. 41, 44; *Beck*, in: AR, § 1 AÜG Rn. 34; *Bissels*, in: UCGBH, § 1 AÜG Rn. 108; *Böhm*, DB 2012, 918, 919; *Boemke*, in: Boemke/Lembke, § 1 AÜG Rn. 50; *Hamann*, RdA 2011, 321, 324; *Huke/Neufeld/Luickhardt*, BB 2012, 961, 965; *Kalb*, in: HWK, § 1 AÜG Rn. 32; *Lembke*, DB 2011, 414; *ders.*, BB 2012, 2497, 2499; *Thüsing/Thieken*, DB 2012, 347 ff.; *Ulrici*, in: NK-GA, § 1 AÜG Rn. 44; *Waas*, in: Thüsing, § 1 AÜG Rn. 101a; a.A. *Rieble/Vielmeier*, EuZA 2011, 474, 480 f.

564 *Hamann*, in: SH, Einl. Rn. 98, § 1 AÜG Rn. 8; *J. Ulber*, in: Ulber, § 1 AÜG Rn. 178; *Waas*, in: Thüsing, § 1 AÜG Rn. 21. Kritisch zur Gleichstellung von unechter Leiharbeit und gewerbsmäßiger Arbeitnehmerüberlassung *Sandmann/Marschall/Schneider*, Einl. Rn. 8.

565 So *Wißmann*, in: WKS, § 1 MitbestG Rn. 42, § 10 MitbestG Rn. 32.

Betrieb seines Arbeitgebers eingegliedert ist, aber ausnahmsweise vorübergehend einem Dritten überlassen wird,[566] und entspricht daher heute der in § 1 Abs. 3 Nr. 2a AÜG privilegierten Form der Arbeitnehmerüberlassung[567]. Von unechter Leiharbeit spricht man demgegenüber, wenn der Arbeitnehmer gerade zu dem Zweck eingestellt wird, Dritten zeitweise gegen Entgelt zur Verfügung zu stehen.[568]

Eine Sonderstellung nehmen die soeben erwähnten nach § 1 Abs. 3 AÜG privilegierten Formen der Arbeitnehmerüberlassung ein, auf die das AÜG – abgesehen von § 1b S. 1, § 16 Abs. 1 Nr. 1f. und Abs. 2 bis 5 sowie §§ 17 und 18 – keine Anwendung findet. Die Bevorzugung beruht darauf, dass in diesen Fällen nach Ansicht des Gesetzgebers „eine Gefährdung der sozialen Sicherheit für Leiharbeitnehmer und eine Störung des Arbeitsmarktes ausgeschlossen werden kann, ohne dass es der Beschränkungen und Kontrollen nach dem AÜG bedarf".[569] Von § 1 Abs. 3 AÜG waren bislang vier Tatbestände erfasst: die Arbeitnehmerüberlassung zur Arbeitsplatzsicherung (Nr. 1), die konzerninterne Arbeitnehmerüberlassung (Nr. 2), die gelegentliche Arbeitnehmerüberlassung (Nr. 2a) und die Arbeitnehmerüberlassung an deutsch-ausländische Gemeinschaftsunternehmen (Nr. 3). Zum 1. April 2017 wurde der Katalog der privilegierten Formen der Arbeitnehmerüberlassung um die in Tarifverträgen des öffentlichen Dienstes vorgesehenen Personalgestellungen (§ 1 Abs. 3 Nr. 2b AÜG) und um die Arbeitnehmerüberlassung zwischen juristischen Personen des öffentlichen Rechts, die Tarifverträge des öffentlichen Dienstes oder Regelungen der öffentlich-rechtlichen Religionsgesellschaften anwenden (§ 1 Abs. 3 Nr. 2c AÜG), erweitert.

B. Wahlrecht der Leiharbeitnehmer

Da auch unter Geltung des § 14 Abs. 2 S. 5 und 6 AÜG die Wahlberechtigung der Leiharbeitnehmer teilweise als relevant für die Berücksichtigung im Rahmen der Schwellenwerten angesehen wird und sich zudem verschiedene Schwellenwer-

---

566 BGH 9.3.1971, AP Nr. 1 zu § 611 BGB Leiharbeitsverhältnis; BAG 15.2.1974, AP Nr. 7 zu § 637 RVO; BAG 27.5.1983, EzAÜG Nr. 126; *Boemke*, in: Boemke/Lembke, § 1 AÜG Rn. 16; *Koch*, in: Schaub, § 120 Rn. 5; *Nikisch*, Arbeitsrecht I, S. 241; *Sandmann/Marschall/Schneider*, Einl. Rn. 8; *Schüren*, in: SH, Einl. Rn. 98; *Thüsing*, in: Thüsing, Einf. Rn. 13; *J. Ulber*, in: Ulber, § 1 AÜG Rn. 178.

567 *Boemke*, in: Boemke/Lembke, § 1 AÜG Rn. 17; *Ulrici*, in: NK-GA, § 1 AÜG Rn. 80; *ders.*, § 1 AÜG Rn. 164. Auch bei § 1 Abs. 3 Nr. 2 AÜG handelt es sich um echte Leiharbeit, *Boemke*, in: Boemke/Lembke, § 1 AÜG Rn. 17.

568 BGH 9.3.1971, AP Nr. 1 zu § 611 BGB Leiharbeitsverhältnis; BAG 9.3.1971, AP Nr. 1 zu § 611 BGB Leiharbeitsverhältnis; BSG 29.7.1970, AP Nr. 9 zu § 37 AVAVG; *Boemke*, in: Boemke/Lembke, § 1 AÜG Rn. 16; *Nikisch*, Arbeitsrecht I, S. 244; *Sandmann/Marschall/Schneider*, Einl. Rn. 8; *Schüren*, in: SH, Einl. Rn. 98; *Thüsing*, in: Thüsing, Einf. Rn. 13; *J. Ulber*, in: Ulber, § 1 AÜG Rn. 178.

569 Beschlussempfehlung und Bericht des Ausschusses für Arbeit und Sozialordnung, BT-Drucks. 10/3206, S. 32.

te auf die wahlberechtigten Arbeitnehmer oder Wahlberechtigten beziehen, soll zunächst dargestellt werden, unter welchen Voraussetzungen Leiharbeitnehmer an der Wahl der Arbeitnehmervertreter teilnehmen können. Gemäß §§ 10 Abs. 2 S. 2, 18 S. 2 MitbestG und § 5 Abs. 2 S. 2 DrittelbG gilt die Vorschrift des § 7 S. 2 BetrVG entsprechend, wonach Arbeitnehmer eines anderen Arbeitgebers, die zur Arbeitsleistung überlassen werden, wahlberechtigt sind, wenn sie länger als drei Monate im Betrieb eingesetzt werden. Für § 7 S. 2 BetrVG spielt es keine Rolle, ob der Verleih im Rahmen einer wirtschaftlichen Tätigkeit erfolgt; nichtwirtschaftliche Überlassungen werden ebenso erfasst.[570]

Wie sich aus der Formulierung „eingesetzt werden" ergibt, ist für die Dreimonatsfrist die geplante Einsatzdauer des Leiharbeitnehmers maßgeblich, so dass die Wahlberechtigung bereits ab dem ersten Arbeitstag besteht.[571] Unschädlich ist es auch, wenn es sich bei dem Wahltag um den letzten Arbeitstag des Leiharbeitnehmers handelt,[572] da insoweit für gekündigte Arbeitnehmer nichts anderes gilt[573]. Aus der nur entsprechenden Anwendung des § 7 S. 2 BetrVG folgt im Zusammenhang mit dem Unternehmensbezug der Mitbestimmung nach

570 *Boemke*, in: Boemke/Lembke, § 14 AÜG Rn. 70; *Brors*, in: HaKo-BetrVG, § 7 BetrVG Rn. 18, 21; *zu Dohna-Jaeger*, in: Ulber, § 14 AÜG Rn. 70; *Fitting*, § 7 BetrVG Rn. 39, 41; *Koch*, in: ErfK, § 7 BetrVG Rn. 6; *Maschmann*, in: AR, § 7 BetrVG Rn. 7; *Nicolai*, in: HWGNRH, § 7 BetrVG Rn. 36; *Raab*, in: GK-BetrVG, § 7 BetrVG Rn. 98; *Reichold*, in: HWK, § 7 BetrVG Rn. 15, 17; *Thüsing*, in: Richardi, § 7 BetrVG Rn. 12; *Wißmann*, in: WKS, § 10 MitbestG Rn. 32. Noch für die Gewerbsmäßigkeit: *Brors*, NZA 2002, 123, 125; *Däubler*, AuR 2001, 285, 286; *ders.*, AiB 2001, 684, 685; *Dewender*, RdA 2003, 274, 275; *Konzen*, RdA 2001, 76, 83; *Lindemann/Simon*, NZA 2002, 365, 367; *Löwisch*, BB 2001, 1734, 1737; *Maschmann*, DB 2001, 2446; *Wank*, in: ErfK, § 14 AÜG Rn. 6; *Wlotzke*, in: 50 Jahre BAG, S. 1149, 1152 f.; *ders.*, in: WPK, § 7 BetrVG Rn. 23.

571 ArbG Düsseldorf 2.6.2006–13 BV 55/06, juris Rn. 38; *Boemke*, in: Boemke/Lembke, § 14 AÜG Rn. 69; *Brors*, NZA 2002, 123, 125; *dies.*, in: HaKo-BetrVG, § 7 BetrVG Rn. 17; *Däubler*, AuR 2001, 285, 286; *Düwell/Dahl*, NZA-RR 2011, 1 f.; *Fitting*, § 7 BetrVG Rn. 60; *Homburg*, in: DKKW, § 7 BetrVG Rn. 9; *Hamann*, in: SH, § 14 AÜG Rn. 55; *Lindemann/Simon*, NZA 2002, 365, 367; *Nicolai*, in: HWGNRH, § 7 BetrVG Rn. 37; *Raab*, in: GK-BetrVG, § 7 BetrVG Rn. 100; *Reichold*, in: HWK, § 7 BetrVG Rn. 19; *Wiebauer*, in: Löwisch/Kaiser, § 7 BetrVG Rn. 23; *Wißmann*, in: WKS, § 10 MitbestG Rn. 34; *Wlotzke*, in: WPK, § 7 BetrVG Rn. 26. So auch ausdrücklich die Begründung des Regierungsentwurfs, BT-Drucks. 14/5741, S. 36.

572 *Boemke*, in: Boemke/Lembke, § 14 AÜG Rn. 68; *Däubler*, AiB 2001, 684, 686; *Fitting*, § 7 BetrVG Rn. 60; *Raab*, in: GK-BetrVG, § 7 BetrVG Rn. 100; *Thüsing*, in: Thüsing, § 14 AÜG Rn. 58; *ders.*, in: Richardi, § 7 BetrVG Rn. 11; *Wiebauer*, in: Löwisch/Kaiser, § 7 BetrVG Rn. 23; *Wißmann*, in: WKS, § 10 MitbestG Rn. 34; *Wlotzke*, in: 50 Jahre BAG, S. 1149, 1151; a.A. *Maschmann*, DB 2001, 2446 f.; *ders.*, in: AR, § 7 BetrVG Rn. 7; *Sieg/Siebels*, NZA 2002, 697, 698 f.

573 *Thüsing*, in: Thüsing, § 14 AÜG Rn. 58; *ders.*, in: Richardi, § 7 BetrVG Rn. 11.

dem MitbestG und DrittelbG, dass sich die Einsatzdauer nicht auf den Betrieb, sondern auf das Unternehmen bezieht.[574]

Darüber hinaus stellt sich die Frage, ob mehrere kurzzeitige Überlassungen desselben Leiharbeitnehmers für die Berechnung der Einsatzdauer zu addieren sind. Ein Teil des Schrifttums lehnt eine Addition vollständig ab.[575] Andere befürworten eine Zusammenrechnung bei sehr kurzen Unterbrechungen und fordern lediglich einen im Wesentlichen ununterbrochenen Einsatz.[576] Ein weiterer Teil der Literatur greift auf den für andere Wartefristen entwickelten Grundsatz des Sachzusammenhangs zurück; entscheidend sei insoweit, dass die Unterbrechung nicht zu lange andauere und nicht vom Arbeitnehmer zu vertreten sei.[577] Ein ähnlicher Ansatz hält es für ausschlaggebend, ob im Zeitpunkt der Unterbrechung feststehe, dass der Arbeitnehmer seinen Einsatz fortsetzen werde.[578]

Der Wortlaut von § 7 S. 2 BetrVG ist insoweit unergiebig, weil sich ihm nicht entnehmen lässt, wie Einsatzunterbrechungen zu behandeln sind.[579] In systematischer Hinsicht bietet sich ein Rückgriff auf die Neuregelung des § 1 Abs. 1b S. 2 AÜG an.[580] Nach dieser Vorschrift sind auf die Höchstüberlassungsdauer von 18 Monaten vorherige Überlassungen an denselben Entleiher vollständig anzurechnen, wenn zwischen den Einsätzen jeweils nicht mehr als drei Monate liegen. Dem lässt sich die Wertung entnehmen, dass bei einer solchen Unterbrechung noch von einem einheitlichen Einsatz des Leiharbeitnehmers auszugehen ist. Im Rahmen der Auslegung von § 7 S. 2 BetrVG muss indes auch der Zweck der Mindestein-

---

574 *Gach*, in: MüKo-AktG, § 10 MitbestG Rn. 11; *Kleinsorge*, in: WKS, § 5 DrittelbG Rn. 12; *Wißmann*, in: WKS, § 10 MitbestG Rn. 35. Ebenso die Begründung zum Regierungsentwurf bzgl. § 10 MitbestG, BT-Drucks. 14/5741, S. 58; im Ergebnis ebenso *Baeck/Winzer*, NZG 2013, 251, 252; *Huke/Prinz*, BB 2004, 2633, 2635; a.A. wohl *Raiser/Jacobs*, in: RVJ, § 10 MitbestG Rn. 11, § 18 MitbestG Rn. 3; *Seibt*, in: HWK, § 18 MitbestG Rn. 3a.

575 *Brors*, in: HaKo-BetrVG, § 7 BetrVG Rn. 17; *Nicolai*, in: HWGNRH, § 7 BetrVG Rn. 38; *Schiefer/Korte*, NZA 2002, 57, 59; *Sieg/Siebels*, NZA 2002, 697, 698; wohl auch *Hamann*, in: SH, § 14 AÜG Rn. 57.

576 *Koch*, in: ErfK, § 7 BetrVG Rn. 6; *Maschmann*, in: AR, § 7 BetrVG Rn. 7; *Thüsing*, in: Thüsing, § 14 AÜG Rn. 58; *ders.*, in: Richardi, § 7 BetrVG Rn. 11; *Reichold*, in: HWK, § 7 BetrVG Rn. 19; *Wlotzke*, in: 50 Jahre BAG, S. 1149, 1152, der zusätzlich verlangt, dass der Leiharbeitnehmer die Unterbrechung nicht zu vertreten hat.

577 *Fitting*, § 7 BetrVG Rn. 64 ff. Ähnlich *Däubler*, AiB 2001, 684, 687, der in Anlehnung an den engen sachlichen Zusammenhang von § 14 Abs. 3 S. 3 TzBfG a.F. eine Unterbrechung von weniger als sechs Monaten für unschädlich hält.

578 *Raab*, in: GK-BetrVG, § 7 BetrVG Rn. 103 f.

579 *Schiefer/Korte*, NZA 2002, 57, 59; a.A. *Däubler*, AiB 2001, 684, 687, der vorrangig darauf abstellt, dass § 7 S. 2 BetrVG keinen „ununterbrochenen" Einsatz verlangt.

580 Ähnlich *Oetker*, NZA 2017, 29, 33 f.; *Schubert/Liese*, NZA 2016, 1297, 1303 bzgl. der Sechsmonatsfrist des § 14 Abs. 2 S. 6 AÜG.

satzdauer Berücksichtigung finden.[581] Einem Leiharbeitnehmer soll das aktive Wahlrecht nur dann zustehen, wenn er so in das Unternehmen integriert ist, dass er in der Lage ist, eine Wahlentscheidung zu treffen.[582] Diese Zweckbestimmung schließt die Addition verschiedener Einsatzzeiten nicht grundsätzlich aus, weil ein Leiharbeitnehmer, der bereits in einem Unternehmen tätig war, trotz einer kurzzeitigen Unterbrechung über eine gewisse Verbundenheit zum Unternehmen und zur Belegschaft verfügt.[583] Bei längeren Pausen ist dies jedoch nicht mehr der Fall.[584] Des Weiteren dient die Wahlberechtigung der Leiharbeitnehmer dazu, die Erosion der Stammbelegschaft durch den Einsatz von Arbeitnehmern anderer Arbeitgeber auszugleichen.[585] Demnach kommt es darauf an, ob die Leiharbeitnehmer so eingesetzt werden, dass sie einen Teil der Stammbelegschaft ersetzen.[586] Dem lässt sich gleichfalls entnehmen, dass längerfristige Unterbrechungen zwischen mehreren kurzzeitigen Einsätzen einer Zusammenrechnung der Einsatzzeiten entgegenstehen, weil in diesem Fall nicht davon auszugehen ist, dass der Leiharbeitnehmer auf einem Stammarbeitsplatz anstelle eines Stammarbeitnehmers eingesetzt wird.[587] Darüber hinaus stellt dieser Hintergrund der Wahlberechtigung von Leiharbeitnehmern einen Bezug zu § 1 Abs. 1b AÜG her, weil auch die Höchstüberlassungsdauer von 18 Monaten einer dauerhaften Ersetzung der Stammbelegschaft durch Leiharbeitnehmer entgegenwirken soll.[588] Das spricht dafür, Einsatzzeiten eines Leiharbeitnehmers trotz Unterbrechungen ebenso wie bei der Berechnung der Höchstüberlassungsdauer dann zusammenzuzählen, wenn diese weniger als drei Monate andauern.

---

581 *Brors*, in: HaKo-BetrVG, § 7 BetrVG Rn. 17; *Däubler*, AiB 2001, 684, 687; *Wlotzke*, in: 50 Jahre BAG, S. 1149, 1152; *ders.*, in: WPK, § 7 BetrVG Rn. 28.

582 Bezogen auf den Betrieb: *Däubler*, AiB 2001, 684, 687; *Wlotzke*, in: 50 Jahre BAG, S. 1149, 1152; *ders.*, in: WPK, § 7 BetrVG Rn. 28.

583 Bezogen auf den Betrieb: *Däubler*, AiB 2001, 684, 687; *Wlotzke*, in: 50 Jahre BAG, S. 1149, 1151.

584 Bezogen auf den Betrieb: *Däubler*, AiB 2001, 684, 687; *Wlotzke*, in: 50 Jahre BAG, S. 1149, 1151.

585 *Schiefer/Korte*, NZA 2002, 57, 59; *Wlotzke*, in: 50 Jahre BAG, S. 1149, 1152; *ders.*, in: WPK, § 7 BetrVG Rn. 28.

586 *Schiefer/Korte*, NZA 2002, 57, 59; *Wlotzke*, in: 50 Jahre BAG, S. 1149, 1152; *ders.*, in: WPK, § 7 BetrVG Rn. 28.

587 *Wlotzke*, in: 50 Jahre BAG, S. 1149, 1152; *ders.*, in: WPK, § 7 BetrVG Rn. 28. Ebenso *Schiefer/Korte*, NZA 2002, 57, 59, die daraus indes den Schluss ziehen, dass sämtliche Unterbrechungen einer Addition entgegenstehen.

588 So die Begründung des Regierungsentwurfs, BT-Drucks. 18/9232, S. 20.

C. Berücksichtigung im Rahmen der Schwellenwerte

I. Meinungsstand vor der Einführung von § 14 Abs. 2 S. 5 und 6 AÜG

Bereits in seiner Entscheidung zur Berücksichtigung der Arbeitnehmer eines Gemeinschaftsbetriebs im Rahmen des Schwellenwerts von § 77 Abs. 2 BetrVG 1952 aus dem Jahr 1961 wies das BAG darauf hin, dass hierbei auch diejenigen Personen mitzuzählen seien, die – etwa als Leiharbeitnehmer – in das betreffende Unternehmen eingegliedert seien und in diesem Arbeiten verrichteten.[589] Demgegenüber lehnten in neuerer Zeit einige ordentliche Gerichte die Einbeziehung der Leiharbeitnehmer in verschiedene Schwellenwerte der Unternehmensmitbestimmung ab[590] und im Schrifttum wurde verbreitet die Auffassung vertreten, dass überlassene Arbeitnehmer nicht zu berücksichtigen seien[591]. Mangels vertraglicher Beziehung mit dem Entleiher unterfielen Leiharbeitnehmer gerade nicht dem Arbeitnehmerbegriff von § 3 Abs. 1 S. 1 Nr. 1 MitbestG bzw. § 3 Abs. 1 DrittelbG i.V.m. § 5 Abs. 1 BetrVG.[592] Zudem sei es dem Wortlaut nach ausgeschlossen, „vorübergehend" an einen Entleiher überlassene Leiharbeitnehmer bei Schwellenwertregelungen mitzuzählen, welche die Formulierung „in der Regel" enthielten.[593] Durch §§ 10 Abs. 2 S. 2, 18 S. 2 MitbestG und § 5 Abs. 2 S. 2 DrittelbG i.V.m. § 7 S. 2 BetrVG sei den Leiharbeit-

---

589 BAG 1.12.1961, AP Nr. 1 zu § 77 BetrVG 1952.

590 OLG Düsseldorf 12.5.2004, GmbHR 2004, 1081 ff. (§§ 76, 77, 77a BetrVG 1952); OLG Hamburg 29.10.2007, DB 2007, 2762 ff. (§ 1 DrittelbG); OLG Hamburg 31.1.2014, ZIP 2014, 680 ff. (§ 1 MitbestG); OLG Saarbrücken 2.3.2016, ZIP 2016, 1286 ff. (§ 1 DrittelbG).

591 *Deilmann*, NZG 2005, 659, 660; *Dornbusch*, in: AR, § 1 MitbestG Rn. 10; *Gach*, in: MüKo-AktG, § 1 MitbestG Rn. 20, § 3 MitbestG Rn. 20; *Gaul/Hahne*, BB 2016, 58, 63; *Henssler*, in: Henssler/Strohn, § 96 AktG Rn. 3 (differenzierend aber *ders.*, in: UHH, § 3 MitbestG Rn. 37); *Huke/Prinz*, BB 2004, 2633, 2635; *Koch*, in: Hüffer/Koch, § 96 AktG Rn. 4; *Kolbe*, Mitbestimmung, S. 259 ff.; *Kowanz*, GmbHR 2004, 1081, 1085; *Krüger*, EWiR 2013, 627, 628; *Künzel/Schmid*, NZA 2013, 300 ff.; *Lambrich/Reinhard*, NJW 2014, 2229, 2230 f.; *Lenze*, Folgen, S. 68 ff.; *Löw*, BB 2012, 3135; *Lunk*, NZG 2014, 778, 779 f.; *Manthey/Hinrichs*, NZG 2014, 1096, 1098; *Raiser/Jacobs*, in: RVJ, § 3 MitbestG Rn. 11; *Rieble*, BB 2006, 2018, 2019; *ders.*, NZA 2012, 485; *ders.*, in: Bork/Schäfer, § 52 GmbHG Rn. 48; *Seibt*, in: HWK, § 3 MitbestG Rn. 1, § 3 DrittelbG Rn. 2; *Werner*, Der Konzern 2017, 169, 170; *Wichert*, in: Heidel, § 3 MitbestG Rn. 10, 14; *Wisskirchen/Bissels/Dannhorn*, DB 2007, 2258, 2259; *Zimmermann*, BB 2015, 1205 ff. In diese Richtung auch *Henssler/Köster-Eiserfunke*, EWiR 2016, 317, 318.

592 OLG Hamburg 29.10.2007, DB 2007, 2762, 2763; OLG Hamburg 31.1.2014, ZIP 2014, 680, 681; OLG Saarbrücken 2.3.2016, ZIP 2016, 1286, 1288; *Gach*, in: MüKo-AktG, § 1 MitbestG Rn. 20, § 3 MitbestG Rn. 20; *Kowanz*, GmbHR 2004, 1081, 1085; *Krüger*, EWiR 2013, 627, 628; *Rieble*, BB 2006, 2018, 2019; *ders.*, NZA 2012, 485; *Zimmermann*, BB 2015, 1205, 1206.

593 *Henssler/Köster-Eiserfunke*, EWiR 2016, 317, 318; *Künzel/Schmid*, NZA 2013, 300, 301; *Manthey/Hinrichs*, NZG 2014, 1096, 1098.

nehmern lediglich das aktive Wahlrecht zuerkannt worden.[594] Darüber hinaus seien die Interessen der Leiharbeitnehmer von den unternehmerischen Entscheidungen nicht in demselben Maße wie diejenigen der Stammbelegschaft betroffen.[595] Auch dürfe gemäß Art. 7 Abs. 2 der Richtlinie 2008/104/EG nur der Gesetzgeber vorschreiben, dass Leiharbeitnehmer im entleihenden Unternehmen bei der Berechnung der Schwellenwerte zu berücksichtigen seien.[596]

Ursprünglich konnte diese Ansicht sich außerdem auf den Gleichlauf mit der Auslegung der betriebsverfassungsrechtlichen Schwellenwerte berufen,[597] weil nach der Rechtsprechung des BAG Leiharbeitnehmer dort nicht mitzuzählen waren[598]. Im Rahmen der Schwellenwerte von §§ 9, 38 Abs. 1 S. 1 und 2 BetrVG seien nur betriebszugehörige Arbeitnehmer einzubeziehen.[599] Das seien aber nur solche Arbeitnehmer, die in einem Arbeitsverhältnis zum Betriebsinhaber stünden und die in die Betriebsorganisation des Arbeitgebers eingegliedert seien (sog. Zwei-Komponenten-Lehre).[600] Mittlerweile ist das BAG von dieser Rechtsprechung allerdings schrittweise abgerückt: Zunächst entschied der 1. Senat im Jahr 2011, dass

594 OLG Düsseldorf 12.5.2004, GmbHR 2004, 1081, 1082 f.; OLG Hamburg 29.10.2007, DB 2007, 2762, 2763; *Gach*, in: MüKo-AktG, § 1 MitbestG Rn. 20; *Henssler/Köster-Eiserfunke*, EWiR 2016, 317, 318; *Huke/Prinz*, BB 2004, 2633, 2635; *Kolbe*, Mitbestimmung, S. 259 ff.; *Kowanz*, GmbHR 2004, 1081, 1085; *Künzel/Schmid*, NZA 2013, 300, 302; *Lenze*, Folgen, S. 70; *Löw*, BB 2012, 3135; *Lunk*, NZG 2014, 778, 779; *Raiser/Jacobs*, in: RVJ, § 3 MitbestG Rn. 11; *Zimmermann*, BB 2015, 1205, 1206 f.

595 OLG Düsseldorf 12.5.2004, GmbHR 2004, 1081, 1083; OLG Hamburg 29.10.2007, DB 2007, 2762, 2764; OLG Hamburg 31.1.2014, ZIP 2014, 680, 682 f.; *Dornbusch*, in: AR, § 1 MitbestG Rn. 10; *Gach*, in: MüKo-AktG, § 1 MitbestG Rn. 20; *Henssler/Köster-Eiserfunke*, EWiR 2016, 317, 318; *Kolbe*, Mitbestimmung, S. 259 f.; *Lenze*, Folgen, S. 69; *Lunk*, NZG 2014, 778, 779 f. (bei Einführung einer Höchstüberlassungsdauer von 18 Monaten, vgl. § 1 Abs. 1b AÜG n. F.); *Raiser/Jacobs*, in: RVJ, § 3 MitbestG Rn. 11; *Rieble*, NZA 2012, 485 Fn. 2; *ders.*, in: Bork/Schäfer, § 52 GmbHG Rn. 48; *Wisskirchen/Bissels/Dannhorn*, DB 2007, 2258, 2259; *Zimmermann*, BB 2015, 1205, 1207.

596 *Gach*, in: MüKo-AktG, § 1 MitbestG Rn. 20 Fn. 38; *Künzel/Schmid*, NZA 2013, 300, 302; *Rieble*, in: Bork/Schäfer, § 52 GmbHG Rn. 48; *Zimmermann*, BB 2015, 1205, 1207.

597 So OLG Düsseldorf 12.5.2004, GmbHR 2004, 1081, 1082; OLG Hamburg 29.10.2007, DB 2007, 2762, 2763; *Lenze*, Folgen, S. 69 (im Ansatz); *Rieble*, NZA 2012, 485 (in Bezug auf den 7. Senat).

598 BAG 18.1.1989, AP Nr. 1 zu § 9 BetrVG 1972; BAG 16.4.2003, AP Nr. 1 zu § 9 BetrVG 2002; BAG 22.10.2003, AP Nr. 28 zu § 38 BetrVG 1972; BAG 10.3.2004, AP Nr. 8 zu § 7 BetrVG 1972 (§ 9 BetrVG).

599 BAG 18.1.1989, AP Nr. 1 zu § 9 BetrVG 1972; BAG 16.4.2003, AP Nr. 1 zu § 9 BetrVG 2002; BAG 22.10.2003, AP Nr. 28 zu § 38 BetrVG 1972; BAG 10.3.2004, AP Nr. 8 zu § 7 BetrVG 1972.

600 BAG 18.1.1989, AP Nr. 1 zu § 9 BetrVG 1972; BAG 16.4.2003, AP Nr. 1 zu § 9 BetrVG 2002; BAG 22.10.2003, AP Nr. 28 zu § 38 BetrVG 1972; BAG 10.3.2004, AP Nr. 8 zu § 7 BetrVG 1972.

Leiharbeitnehmer, die länger als drei Monate im Unternehmen eingesetzt sind, angesichts des Schutzzwecks von § 111 S. 1 BetrVG, kleinere Unternehmen vor einer finanziellen Überforderung durch Sozialpläne zu schützen, bei der Ermittlung der maßgeblichen Unternehmensgröße mitzuzählen seien.[601] Sodann beschloss der 7. Senat, dass Leiharbeitnehmer bei den Schwellenwerten in § 9 BetrVG zu berücksichtigen seien, weil die Abhängigkeit der Betriebsratsgröße von der Anzahl der in der Regel im Betrieb beschäftigten Arbeitnehmer auf dem Zusammenhang zwischen dem erhöhten Tätigkeitsaufwand des Betriebsrats und der Arbeitnehmerzahl beruhe und auch Leiharbeitnehmer den Arbeitsaufwand für den Betriebsrat vergrößerten.[602] Er bestätigte damit die von ihm bereits in anderem Zusammenhang[603] eingeleitete Abkehr von der Zwei-Komponenten-Lehre und schloss sich zugleich der am Normzweck des einzelnen Schwellenwerts orientierten Auslegung durch den 1. Senat an.

Im Gegensatz zur erstgenannten Ansicht vertrat ein Teil der Literatur in Bezug auf die Gesetze zur Unternehmensmitbestimmung die Auffassung, dass Leiharbeitnehmer, die auf regelmäßig zu besetzenden Arbeitsplätzen beschäftigt werden, bei den Schwellenwerten zu berücksichtigen seien.[604] Entscheidend sei, dass mit der Unternehmensgröße die Komplexität der Unternehmensorganisation steige, so dass es auf die Zahl der den Unternehmenszweck realisierenden Arbeitnehmer ankommen müsse, zu denen auch Leiharbeitnehmer gehörten.[605] Zudem zeige die Wahlberechtigung der Leiharbeitnehmer nach §§ 10 Abs. 2 S. 2, 18 S. 2 MitbestG und § 5 Abs. 2 S. 2 DrittelbG i.V.m. § 7 S. 2 BetrVG, dass die Interessen der Leiharbeitnehmer von den Entscheidungen des Entleiherunternehmens betroffen seien.[606] In Anlehnung an die Argumentation des BAG in seiner Entscheidung zur Berücksichtigung von

601 BAG 18.10.2011, AP Nr. 70 zu § 111 BetrVG 1972 Rn. 14 ff.

602 BAG 13.3.2013, AP Nr. 15 zu § 9 BetrVG 1972.

603 BAG 5.12.2012, AP Nr. 81 zu § 5 BetrVG 1972 Rn. 20 ff.

604 *Boemke*, in: Boemke/Lembke, § 14 AÜG Rn. 65; *zu Dohna-Jaeger*, in: Ulber, 4. Aufl., § 14 AÜG Rn. 75; *Fuchs/Köstler/Pütz*, Rn. 31; *Gralla*, Vermeidung, S. 57 ff.; *Hay/Grüneberg*, NZA 2014, 814, 815 ff.; *Heither/von Morgen*, in: NK-GA, § 1 MitbestG Rn. 14, § 1 DrittelbG Rn. 29; *Hoffmann/Lehmann/Weinmann*, § 1 MitbestG Rn. 30; *Koch*, in: Schaub, 16. Aufl., § 260 Rn. 3; *Köstler/Müller/Sick*, Rn. 155; *Köstler/Pütz*, EWiR 2014, 347, 348; *Krause*, ZIP 2014, 2209 ff.; *Lembke/Ludwig*, § 4 Rn. 16 ff., 54, § 5 Rn. 11; *Lutter*, ZGR 1977, 195, 204 f.; *Lux*, BB 1977, 905; *Matthes*, in: GK-MitbestG, § 3 MitbestG Rn. 24 f.; *Mohr/Rehm*, BB 2009, 1806, 1807; *Säcker*, WahlO, Rn. 46; *Söhl*, ArbRAktuell 2014, 237; *Ulmer*, in: FS Heinsius, S. 855, 872; *Velten*, ArbRB 2014, 381, 382; *Wiedemann*, SAE 1962, 212, 213; *Windbichler*, Arbeitsrecht, S. 512 f.; *Wißmann*, in: MüArbR, § 279 Rn. 5, § 283 Rn. 1, § 285 Rn. 2; *ders.*, in: WKS, § 1 MitbestG Rn. 39 ff.

605 *Hay/Grüneberg*, NZA 2014, 814, 815; *Koch*, in: Schaub, 16. Aufl., § 260 Rn. 3; *Köstler/Pütz*, EWiR 2014, 347, 348; *Krause*, ZIP 2014, 2209, 2215 f.; *Lembke/Ludwig*, § 4 Rn. 19; *Ulmer*, in: FS Heinsius, S. 855, 872; *Wißmann*, in: WKS, § 1 MitbestG Rn. 41.

606 *Hay/Grüneberg*, NZA 2014, 814, 818 f.; *Köstler/Pütz*, EWiR 2014, 347, 348; *Krause*, ZIP 2014, 2209, 2216 f.; *Lembke/Ludwig*, § 4 Rn. 19; *Söhl*, ArbRAktuell 2014, 237; *Wißmann*, in: WKS, § 1 MitbestG Rn. 41. Mit der Interessenbetroffenheit allein

Leiharbeitnehmern im Rahmen von § 9 BetrVG wurde außerdem darauf verwiesen, dass sich durch die Beschäftigung von Leiharbeitnehmern auch die Aufgaben des Aufsichtsrats ausweiteten.[607] Darüber hinaus könne nicht unberücksichtigt bleiben, dass sich der Einsatz von Leiharbeitnehmern insofern grundlegend gewandelt habe, als diese zunehmend auf dauerhaft benötigten Arbeitsplätzen eingesetzt würden.[608] Einschränkend wurde teilweise die Ansicht vertreten, dass Leiharbeitnehmer nur dann mitzuzählen seien, wenn durch ihren dauerhaften Einsatz rechtsmissbräuchlich die Anwendung des MitbestG vermieden werden solle.[609]

Im Jahr 2015 entschied schließlich auch das BAG, dass wahlberechtigte Leiharbeitnehmer bei der Berechnung des Schwellenwerts von § 9 Abs. 1 und 2 MitbestG zur Bestimmung der Wahlart mitzuzählen seien.[610] Es bestätigte zunächst, dass die Zwei-Komponenten-Lehre zur Feststellung der Arbeitnehmereigenschaft beim drittbezogenen Personaleinsatz ungeeignet sei.[611] Ob Leiharbeitnehmer im Rahmen der Schwellenwerte des MitbestG zu berücksichtigen seien, lasse sich nicht allgemein beantworten, sondern sei von der Funktion des jeweiligen Schwellenwerts abhängig.[612] Die Einbeziehung wahlberechtigter Leiharbeitnehmer im Rahmen von § 9 Abs. 1 und 2 MitbestG folge daraus, dass gemäß § 9 MitbestG den Wahlberechtigten die Entscheidung über die Art der Wahl zustehen solle; diese Wertentscheidung schließe es aus, wahlberechtigte Personen bei dem Schwellenwert nicht zu berücksichtigen.[613] Des Weiteren entspreche die Einbeziehung der wahlberechtigten Leiharbeitnehmer dem Sinn und Zweck des Schwellenwerts: Bei Unternehmen mit mehr als 8.000 Arbeitnehmern sei eine mittelbare Wahl transparenter und ermögliche auch den Arbeitnehmern kleinerer Betriebe und Unternehmen eher eine wirksame Einflussnahme als eine unmittelbare Wahl.[614] Für diesen Zweck sei die Integrati-

argumentiert bereits *Lux*, BB 1977, 905; ebenso *Heither/von Morgen*, in: NK-GA, § 1 MitbestG Rn. 14, § 1 DrittelbG Rn. 29.

607 *Gralla*, Vermeidung, S. 57 ff.; *Hay/Grüneberg*, NZA 2014, 814, 818. In diese Richtung auch *Krause*, ZIP 2014, 2209, 2215.

608 *Wißmann*, in: WKS, § 1 MitbestG Rn. 39. In diese Richtung auch LAG Frankfurt a. M. 11.4.2013, ZIP 2013, 1740, 1741 und *Hay/Grüneberg*, NZA 2014, 814, 818 f., die mit der gewachsenen Bedeutung der Arbeitnehmerüberlassung argumentieren.

609 *Henssler*, in: UHH, § 3 MitbestG Rn. 34 ff., insgesamt gegen eine Berücksichtigung aber *ders.*, in: Henssler/Strohn, § 96 AktG Rn. 3.

610 BAG 4.11.2015, AP Nr. 2 zu § 9 MitbestG. Ebenso bereits die Vorinstanzen: LAG Frankfurt a. M. 11.4.2013, ZIP 2013, 1740 ff.; ArbG Offenbach 22.8.2012–10 BV 6/11, juris.

611 BAG 4.11.2015, AP Nr. 2 zu § 9 MitbestG Rn. 29.

612 BAG 4.11.2015, AP Nr. 2 zu § 9 MitbestG Rn. 30.

613 BAG 4.11.2015, AP Nr. 2 zu § 9 MitbestG Rn. 33. So bereits zuvor *Hay/Grüneberg*, NZA 2014, 814, 820; *Oetker*, in: ErfK, 16. Aufl., § 9 MitbestG Rn. 1.

614 BAG 4.11.2015, AP Nr. 2 zu § 9 MitbestG Rn. 34 unter Verweis auf den Bericht des Ausschusses für Arbeit und Sozialordnung, BT-Drucks. 7/4845, S. 8 (vgl. dazu auch § 2 B. I. 4.) So bereits zuvor *Hay/Grüneberg*, NZA 2014, 814, 819 f.; *Krause*, ZIP 2014, 2209, 2216.

on in den Betrieb entscheidend, nicht die Zugehörigkeit zur Stammbelegschaft.[615] Dass Leiharbeitnehmer nur „vorübergehend" im Entleiherunternehmen tätig seien, schließe deren Berücksichtigung im Rahmen der „in der Regel" beschäftigten Arbeitnehmer nicht aus.[616] Die Einbeziehung in den Schwellenwert von § 9 Abs. 1 und 2 MitbestG könne außerdem keinen Verstoß gegen die Richtlinie 2008/104/EG begründen, weil deren Art. 7 Abs. 2 lediglich die Einrichtung von Arbeitnehmervertretungen betreffe, nicht aber die Art der Wahl der Arbeitnehmervertretung.[617]

II. Entstehungsgeschichte von § 14 Abs. 2 S. 5 und 6 AÜG

Im Koalitionsvertrag zwischen CDU, CSU und SPD für die 18. Legislaturperiode war lediglich vereinbart, „zur Erleichterung der Arbeit der Betriebsräte [...] gesetzlich klar[zu]stell[en], dass Leiharbeitnehmer bei den betriebsverfassungsrechtlichen Schwellenwerten grundsätzlich zu berücksichtigen sind, sofern dies der Zielrichtung der jeweiligen Norm nicht widerspricht".[618] Erst die Referentenentwürfe des Bundesministeriums für Arbeit und Soziales bezogen die Unternehmensmitbestimmung mit dem Vorschlag ein, § 14 Abs. 2 AÜG lediglich folgenden Satz anzufügen: „Soweit Bestimmungen des Betriebsverfassungsgesetzes mit Ausnahme des § 112a, des Mitbestimmungsgesetzes, des Montan-Mitbestimmungsgesetzes, des Mitbestimmungsergänzungsgesetzes, des Drittelbeteiligungsgesetzes, des Gesetzes über die Mitbestimmung der Arbeitnehmer bei einer grenzüberschreitenden Verschmelzung, des Europäische Betriebsrätegesetzes, des SE- und SCE-Beteiligungsgesetzes oder der auf Grund der jeweiligen Gesetze erlassenen Wahlordnungen eine bestimmte Anzahl oder einen bestimmten Anteil von Arbeitnehmern voraussetzen, sind Leiharbeitnehmer auch im Entleiherbetrieb und im Entleiherunternehmen zu berücksichtigen".[619] Die Einbeziehung der Unternehmensmitbestimmung wurde mit der langjährigen Parallelität zum Betriebsverfassungsrecht sowie mit der normzweckorientierten Rechtsprechung des BAG zu § 9 MitbestG begründet.[620] Die Berücksichtigung der Leiharbeitnehmer bei den Schwellenwerten für die Anwendbarkeit der Mitbestimmungsgesetze und die Größe des Aufsichtsrats entspreche dem Zweck

615 BAG 4.11.2015, AP Nr. 2 zu § 9 MitbestG Rn. 34. So bereits zuvor *Hay/Grüneberg*, NZA 2014, 814, 819 f.; *Krause*, ZIP 2014, 2209, 2216.

616 BAG 4.11.2015, AP Nr. 2 zu § 9 MitbestG Rn. 34. So bereits zuvor *Hay/Grüneberg*, NZA 2014, 814, 817; *Krause*, ZIP 2014, 2209, 2219.

617 BAG 4.11.2015, AP Nr. 2 zu § 9 MitbestG Rn. 38.

618 Deutschlands Zukunft gestalten, Koalitionsvertrag zwischen CDU, CSU und SPD, 18. Legislaturperiode, S. 69, abgedruckt in AuR 2014, 14, 15.

619 1. RefE vom 16.11.2015, S. 8; 2. RefE vom 17.2.2016, S. 8 f.; 3. RefE vom 14.4.2016, S. 9.

620 1. RefE vom 16.11.2015, S. 27; 2. RefE vom 17.2.2016, S. 28; 3. RefE vom 14.4.2016, S. 28.

der jeweiligen Vorschriften, weil Leiharbeitnehmer in der heutigen Zeit für Unternehmen teilweise eine ähnlich bedeutende Rolle spielten wie Stammarbeitnehmer.[621]

Im Mai 2016 verständigte sich der Koalitionsausschuss allerdings darauf, dass die Berücksichtigung der Leiharbeitnehmer bei der Schwellenwertberechnung im Bereich der Unternehmensmitbestimmung nur gelten solle, wenn die Gesamtdauer der Entleihung sechs Monate übersteige. Dieser Vereinbarung entsprechend trennt der Regierungsentwurf zwischen der Berücksichtigung der Leiharbeitnehmer bei den Schwellenwerten der Gesetze mit Bezug zum Betriebsverfassungsrecht (§ 14 Abs. 2 S. 4 AÜG) und der Gesetze mit Bezug zur Unternehmensmitbestimmung (§ 14 Abs. 2 S. 5 und 6 AÜG), wobei § 14 Abs. 2 S. 5 AÜG zunächst allgemein bestimmt, dass im Rahmen der Schwellenwerte der aufgezählten Gesetze bzw. Wahlordnungen zum Recht der Unternehmensmitbestimmung Leiharbeitnehmer auch im Entleiherunternehmen zu berücksichtigen sind.[622] Soweit die Anwendung der in Satz 5 genannten Gesetze eine bestimmte Anzahl oder einen bestimmten Anteil erfordert, sind Leiharbeitnehmer gemäß § 14 Abs. 2 S. 6 AÜG im Entleiherunternehmen nur zu berücksichtigen, wenn die Einsatzdauer sechs Monate übersteigt.[623] In der Begründung des Regierungsentwurfs findet sich in Bezug auf Satz 6 lediglich der Hinweis, dass der Einsatz von Leiharbeitnehmern bei den Anwendungsschwellen der Gesetze zur Unternehmensmitbestimmung nur dann Berücksichtigung finde, wenn die Gesamtdauer der Entleihung sechs Monate übersteige, aber keine Erläuterung zum Hintergrund der Mindesteinsatzdauer.[624] Trotz teilweise geäußerter Kritik an der Einbeziehung der Unternehmensmitbestimmung in § 14 Abs. 2 AÜG über den Koalitionsvertrag hinaus,[625] wurde die Vorschrift im Laufe des Gesetzgebungsverfahrens nicht mehr geändert und ist in der Fassung des Regierungsentwurfs am 1. April 2017 in Kraft getreten.

---

621 1. RefE vom 16.11.2015, S. 27; 2. RefE vom 17.2.2016, S. 28; 3. RefE vom 14.4.2016, S. 28.

622 BT-Drucks. 18/9232, S. 11.

623 BT-Drucks. 18/9232, S. 11.

624 Darauf weisen ebenfalls hin *Fuchs/Köstler/Pütz*, AG 2017, R104, R105; *dies.*, AiB 5/2017, 24 Fn. 5; *Oetker*, NZA 2017, 29, 33; *Schubert/Liese*, NZA 2016, 1297, 1302 f.

625 Aus der Literatur: *Bissels/Falter*, DB 2016, 1444, 1445; *Bonanni*, ArbRB 2016, 122, 125; *Künzel/Schmid*, NZA 2016, 531, 534 f.; *Schiefer/Köster*, DB 2016, 169, 173; *Zimmermann*, BB 2016, 53, 56 f. Im Rahmen der Sachverständigenanhörung des Ausschusses für Arbeit und Soziales, zusammengefasst in Ausschussdrucks. 18(11)761neu: Stellungnahme der BDA, Ausschuss-Drucks. 18(11)740, S. 32 f.; Stellungnahme des Bundesarbeitgeberverbands Chemie, Ausschuss-Drucks. 18(11)745, S. 56, 57; a.A. die Stellungnahme des DGB, Ausschuss-Drucks. 18(11)731, S. 9, 11, 19.

III. Vereinbarkeit von § 14 Abs. 2 S. 5 und 6 AÜG mit der Richtlinie 2008/104/EG

Da bereits vor der Schaffung von § 14 Abs. 2 S. 5 und 6 AÜG die Vereinbarkeit der Einbeziehung von Leiharbeitnehmern in die Schwellenwerte der Unternehmensmitbestimmung mit der Richtlinie 2008/104/EG über Leiharbeit angezweifelt wurde,[626] ist zu untersuchen, ob die gesetzliche Regelung Art. 7 Abs. 2 Richtlinie 2008/104/EG widerspricht. Art. 7 Abs. 1 Richtlinie 2008/104/EG regelt, dass Leiharbeitnehmer unter Bedingungen, die die Mitgliedstaaten festlegen, im *Leiharbeitsunternehmen* bei der Berechnung des Schwellenwertes für die Einrichtung der Arbeitnehmervertretungen berücksichtigt werden, die nach nationalem Recht vorgesehen sind. Gemäß Art. 7 Abs. 2 Richtlinie 2008/104/EG können die Mitgliedstaaten wiederum unter den von ihnen festgelegten Bedingungen vorsehen, dass Leiharbeitnehmer im *entleihenden Unternehmen* bei der Berechnung des Schwellenwertes im gleichen Maße berücksichtigt werden wie Arbeitnehmer, die das entleihende Unternehmen für die gleiche Dauer unmittelbar beschäftigen würde. Art. 7 Abs. 3 der Richtlinie 2008/104/EG bestimmt schließlich, dass die Mitgliedstaaten nicht verpflichtet sind, die Verpflichtung nach Abs. 1 umzusetzen, wenn sie die Option nach Abs. 2 wahrnehmen.

Der Wortlaut von Art. 7 Abs. 2 Richtlinie 2008/104/EG bezieht sich lediglich auf die Einrichtung von Arbeitnehmervertretungen, so dass hier zunächst festzuhalten ist, dass die Vorschrift nur für die Eingangsschwellenwerte der Mitbestimmungsgesetze gelten kann.[627] Darüber hinaus ist die Frage zu klären, ob die Mitbestimmung im Aufsichtsrat überhaupt eine Arbeitnehmervertretung im Sinne des Art. 7 Abs. 2 Richtlinie 2008/104/EG darstellt.[628] Da bei Gesellschaften mit beschränkter Haftung für die Unternehmensmitbestimmung gegebenenfalls ein Aufsichtsrat gesondert einzurichten ist, steht der Wortlaut von Art. 7 Abs. 2 Richtlinie 2008/104/EG einer Subsumtion der Unternehmensmitbestimmung unter diese Vorschrift nicht von vornherein entgegen. Dagegen spricht aber in systematischer Hinsicht, dass

---

626 *Gach*, in: MüKo-AktG, § 1 MitbestG Rn. 20 Fn. 38; *Künzel/Schmid*, NZA 2013, 300, 302; *Rieble*, in: Bork/Schäfer, § 52 GmbHG Rn. 48; *Zimmermann*, BB 2015, 1205, 1207.

627 Auch das BAG 4.11.2015, AP Nr. 2 zu § 9 MitbestG Rn. 38 verweist darauf, dass Art. 7 Abs. 2 RL 2008/104/EG für den Schwellenwert des § 9 Abs. 1 und 2 MitbestG, der für die Art der Wahl der bereits eingerichteten Arbeitnehmervertretung maßgeblich ist, schon seinem Wortlaut nach nicht einschlägig ist.

628 Dafür: *J. Ulber*, in: Ulber, Einl. F Rn. 65; *Zimmermann*, BB 2015, 1205, 1207; im Ergebnis auch: *Künzel/Schmid*, NZA 2013, 300, 302; *Löwisch/Wegmann*, BB 2017, 373, 376; *Rieble*, in: Bork/Schäfer, § 52 GmbHG Rn. 48; wohl auch: BAG 4.11.2015, AP Nr. 2 zu § 9 MitbestG Rn. 37 f.; *Hay/Grüneberg*, NZA 2014, 814, 817; *Schubert/Liese*, NZA 2016, 1297, 1299. Dagegen: *Hamann/Klengel*, EuZA 2107, 485, 503; *Krause*, ZIP 2014, 2209, 2218; *Oetker*, JbArbR 53 (2016), 47, 62; *ders.*, NZA 2017, 29, 30; *Sansone*, in: Preis/Sagan, § 8 Rn. 115; im Ergebnis auch: *J. Ulber*, AuR 2010, 10, 15; wohl auch: *Boemke*, RIW 2009, 177, 188; *Hamann*, EuZA 2009, 287, 324.

Art. 8 Richtlinie 2008/104/EG sich nur auf eigenständige Vertretungen bezieht, die über Unterrichtungs- und Anhörungsrechte verfügen.[629] Das ergibt sich wiederum daraus, dass in Art. 153 Abs. 1 lit e) und f) AEUV gerade zwischen Unterrichtung und Anhörung der Arbeitnehmer einerseits sowie Vertretung und kollektiver Wahrnehmung der Arbeitnehmer- und Arbeitgeberinteressen, einschließlich der Mitbestimmung, andererseits unterschieden wird.[630] Art. 7 Richtlinie 2008/104/EG gilt deshalb nicht für die Unternehmensmitbestimmung. Darüber hinaus entfaltet Art. 7 Richtlinie 2008/104/EG auch keine abschließende Wirkung im Sinne eines Verbots der Berücksichtigung von Leiharbeitnehmern bei anderen Schwellenwerten, weil es sich bei den Bestimmungen der Richtlinie gemäß Art. 9 Abs. 1 Richtlinie 2008/104/EG lediglich um Mindestvorschriften handelt.[631]

Selbst wenn man das anders sehen sollte, verstieße § 14 Abs. 2 S. 5 und 6 AÜG aber nicht gegen Art. 7 Abs. 2 Richtlinie 2008/104/EG, weil die Mitgliedstaaten danach vorsehen können, dass Leiharbeitnehmer im entleihenden Unternehmen bei der Berechnung der Schwellenwerte mitzuzählen sind – und zwar auch unter einschränkenden Bedingungen wie der Mindesteinsatzdauer in § 14 Abs. 2 S. 6 AÜG.[632] Die zuvor geäußerten Zweifel an der Vereinbarkeit der Berücksichtigung von Leiharbeitnehmern mit Art. 7 Abs. 2 Richtlinie 2008/104/EG beruhten demgegenüber gerade auf dem Fehlen einer ausdrücklichen gesetzlichen Regelung[633] und greifen daher nicht mehr ein.

IV. Anwendung von § 14 Abs. 2 S. 5 und 6 AÜG

1. Geltungsbereich von § 14 Abs. 2 S. 5 und 6 AÜG

Gemäß § 14 Abs. 2 S. 5 AÜG sind *Leiharbeitnehmer* auch im Entleiherunternehmen zu berücksichtigen, soweit Bestimmungen der Mitbestimmungsgesetze und der dazugehörigen Wahlordnungen eine bestimmte Anzahl oder einen bestimmten Anteil von Arbeitnehmern voraussetzen. Leiharbeitnehmer sind nach der Legaldefinition in § 1 Abs. 1 S. 1 AÜG Arbeitnehmer, die ein Arbeitgeber (Verleiher) im Rahmen seiner wirtschaftlichen Tätigkeit einem Dritten (Entleiher) überlässt, so dass bereits der Wortlaut von § 14 Abs. 2 S. 5 AÜG für eine Beschränkung des Geltungsbereichs von § 14 Abs. 2 S. 5 AÜG auf Arbeitnehmerüberlassungen nach dem AÜG spricht.[634]

---

629 *Krause*, ZIP 2014, 2209, 2218; *Oetker*, JbArbR 53 (2016), 47, 62; *ders.*, NZA 2017, 29, 30.

630 *Krause*, ZIP 2014, 2209, 2218.

631 *Oetker*, JbArbR 53 (2016), 47, 62; *ders.*, NZA 2017, 29, 30.

632 Im Ergebnis ebenso *Löwisch/Wegmann*, BB 2017, 373, 376; *J. Ulber*, in: Ulber, Einl. F Rn. 65.

633 Vgl. *Gach*, in: MüKo-AktG, § 1 MitbestG Rn. 20 Fn. 38; *Künzel/Schmid*, NZA 2013, 300, 302; *Rieble*, in: Bork/Schäfer, § 52 GmbHG Rn. 48; *Zimmermann*, BB 2015, 1205, 1207.

634 *Oetker*, NZA 2017, 29, 30 sowie bereits *ders.*, JbArbR 53 (2016), 47, 62 zu § 14 Abs. 2 S. 4 des 1. RefE.

Darüber hinaus streitet für dieses Verständnis in systematischer Hinsicht vor allem die Regelung im AÜG, aber auch der Vergleich mit der allgemeineren Formulierung des § 7 S. 2 BetrVG, nach welcher es lediglich darauf ankommt, ob Arbeitnehmer eines anderen Arbeitgebers zur Arbeitsleistung überlassen werden.[635] An dieser Stelle sei daher zunächst nur festgehalten, dass § 14 Abs. 2 S. 5 AÜG auf Arbeitnehmerüberlassungen, die nicht im Rahmen einer wirtschaftlichen Tätigkeit des Verleihers erfolgen, keine unmittelbare Anwendung findet.[636] Dasselbe gilt für die privilegierte Arbeitnehmerüberlassung, weil § 14 AÜG nicht zu den in § 1 Abs. 3 AÜG genannten Vorschriften gehört, die auch für diese Formen der Arbeitnehmerüberlassung gelten.[637] Der in direktem Zusammenhang mit § 14 Abs. 2 S. 5 AÜG stehende Satz 6 bezieht sich ebenso auf *Leiharbeitnehmer*, weshalb dessen unmittelbarer Anwendungsbereich gleichfalls auf erlaubnispflichtige, nicht privilegierte Arbeitnehmerüberlassungen beschränkt ist.[638]

2. Reichweite des § 14 Abs. 2 S. 5 AÜG

Gemäß § 14 Abs. 2 S. 5 AÜG sind Leiharbeitnehmer auch im Entleiherunternehmen zu berücksichtigen, soweit Bestimmungen der Gesetze zur Unternehmensmitbestimmung eine bestimmte Anzahl oder einen bestimmten Anteil von Arbeitnehmern voraussetzen. Diese Regelung erfasst zunächst die hier näher betrachteten Schwellenwerte in § 1 Abs. 1 Nr. 2 MitbestG (mehr als 2 000 Arbeitnehmer), § 4 Abs. 1 S. 1 MitbestG (mehr als 500 Arbeitnehmer), § 7 Abs. 1 MitbestG (Nr. 1: nicht mehr als 10 000 Arbeitnehmer, Nr. 2: mehr als 10 000, jedoch nicht mehr als 20 000 Arbeitnehmer, Nr. 3: mehr als 20 000 Arbeitnehmer), § 9 Abs. 1 und 2 MitbestG (Abs. 1: mehr als 8 000 Arbeitnehmer, Abs. 2: nicht mehr als 8 000 Arbeitnehmer), § 1 Abs. 1 DrittelbG (mehr als 500 Arbeitnehmer) und § 1 Abs. 2 Montan-MitbestG (mehr als 1 000 Arbeitnehmer).[639] Sämtliche genannten Vorschriften sind mit dem Merkmal

---

635 *Oetker*, NZA 2017, 29, 30 sowie bereits *ders.*, JbArbR 53 (2016), 47, 62 zu § 14 Abs. 2 S. 4 des 1. RefE.

636 *Oetker*, NZA 2017, 29, 30 sowie bereits *ders.*, JbArbR 53 (2016), 47, 62 zu § 14 Abs. 2 S. 4 des 1. RefE; *Ulrici*, § 14 AÜG Rn. 11; wohl auch *Wißmann*, in: WKS, § 1 MitbestG Rn. 42.

637 *Bungert/Rogier*, DB 2016, 3022, 3025; *Oetker*, NZA 2017, 29, 30 sowie bereits *ders.*, JbArbR 53 (2016), 47, 62 zu § 14 Abs. 2 S. 4 des 1. RefE; *Ulrici*, § 14 AÜG Rn. 11.

638 *Oetker*, NZA 2017, 29, 33; *Ulrici*, § 14 AÜG Rn. 11; wohl auch *Wißmann*, in: WKS, § 1 MitbestG Rn. 42.

639 *Bissels*, in: Henssler/Grau, § 5 Rn. 344, 349 (für §§ 1 Abs. 2 Nr. 2, 7 Abs. 1, 9 Abs. 1 und 2 MitbestG, § 1 Abs. 1 DrittelbG, § 1 Abs. 2 Montan-MitbestG); *Kleinsorge*, in: WKS, § 1 DrittelbG Rn. 81a für die kommentierte Norm; insgesamt *Löwisch/Wegmann*, BB 2017, 373, 376; *Oetker*, in: ErfK, § 1 MitbestG Rn. 7a, § 4 MitbestG Rn. 5, § 7 MitbestG Rn. 1, § 9 MitbestG Rn. 2, § 1 DrittelbG Rn. 27, § 1 Montan-MitbestG Rn. 13 für die kommentierten Normen; *ders.*, NZA 2017, 29, 34 (für §§ 1 Abs. 2 Nr. 2, 7 Abs. 1, 9 Abs. 1 und 2 MitbestG, § 1 Abs. 1 DrittelbG); insgesamt *Ulrici*, § 14 AÜG Rn. 41; *Wißmann*, in: WKS, § 1 MitbestG Rn. 41a,

„in der Regel" verknüpft. Insoweit sei darauf hingewiesen, dass die Regelung des § 14 Abs. 2 S. 5 AÜG nicht dazu führt, dass Leiharbeitnehmer auf jeden Fall zu den regelmäßig beschäftigten Arbeitnehmern zählen.[640] Das folgt aus der Begründung des Regierungsentwurfs zu § 14 Abs. 2 S. 4 AÜG, in der es ausdrücklich heißt, die Regelung fingiere nicht zusätzliche Voraussetzungen der jeweiligen Vorschrift wie die Beschränkung auf „in der Regel" beschäftigte Arbeitnehmer[641]. Für § 14 Abs. 2 S. 5 AÜG kann insoweit nichts anderes gelten.[642]

Das MitbestG enthält darüber hinaus verschiedene Wahlverfahrensvorschriften mit Schwellenwerten: § 9 Abs. 3 S. 1 und 3 (Abstimmung über die Art der Wahl), § 11 Abs. 1 S. 1 (Zahl der Delegierten), § 12 Abs. 1 S. 2 (Wahlvorschläge für Delegierte), § 15 Abs. 2 S. 2 (Wahlvorschläge für Aufsichtsratsmitglieder der Arbeitnehmer), § 21 Abs. 2 S. 1 Nr. 1 (Anfechtung der Wahl von Delegierten), § 22 Abs. 2 S. 1 Nr. 1 (Anfechtung der Wahl von Aufsichtsratsmitgliedern der Arbeitnehmer) und § 23 Abs. 1 S. 2 (Abberufung von Aufsichtsratsmitgliedern der Arbeitnehmer). Insoweit stellt sich die Frage, ob § 14 Abs. 2 S. 5 AÜG auch für diese Regelungen Geltung entfaltet.[643] Im Gegensatz zu den Wahlverfahrensvorschriften des DrittelbG stellen die Wahlverfahrensvorschriften des MitbestG nicht auf die Wahlberechtigten, sondern auf die wahlberechtigten Arbeitnehmer ab, so dass sie vom Wortlaut des § 14 Abs. 2 S. 5 AÜG erfasst werden. Dem Wortlaut der Schwellenwertregelungen nach wäre es zudem möglich, Leiharbeitnehmer mangels Arbeitsverhältnis zum Unternehmen nicht als Arbeitnehmer und dementsprechend auch nicht als wahlberechtigte Arbeitnehmer einzustufen,[644] weshalb die Regelung in § 14 Abs. 2 S. 5 AÜG zumindest zur Klarstellung erforderlich war. Dafür, dass § 14 Abs. 2 S. 5 AÜG für die Vorschriften gelten soll, die sich auf wahlberechtigte Arbeitnehmer beziehen, spricht darüber hinaus die Erwähnung der Wahlordnungen in § 14 Abs. 2 S. 5 AÜG.

---

§ 7 MitbestG Rn. 5a, § 9 MitbestG Rn. 8a, § 1 Montan-MitbestG Rn. 16 für die kommentierten Normen.

640 *Bissels*, in: Henssler/Grau, § 5 Rn. 345; *Bungert/Rogier*, DB 2016, 3022, 3025; *Löwisch/Wegmann*, BB 2017, 373, 376 f.; *Motz*, in: BeckOK-ArbR, § 14 AÜG Rn. 23 f.; *Oetker*, in: ErfK, § 1 MitbestG Rn. 7c; *ders.*, NZA 2017, 29, 32; *Ulrici*, § 14 AÜG Rn. 36; *Wißmann*, in: WKS, § 1 MitbestG Rn. 41d.

641 BT-Drucks. 18/9232, S. 29.

642 Ebenso *Löwisch/Wegmann*, BB 2017, 373, 376 f.; *Motz*, in: BeckOK-ArbR, § 14 AÜG Rn. 23 f., die auf den Gleichlauf mit der betrieblichen Mitbestimmung hinweisen. Wohl auch *Bungert/Rogier*, DB 2016, 3022, 3025; *Oetker*, NZA 2017, 29, 32; *ders.*, in: ErfK, § 1 MitbestG Rn. 7c; *Ulrici*, § 14 AÜG Rn. 36; *Wißmann*, in: WKS, § 1 MitbestG Rn. 41d, die nur allgemein auf die Begründung des Regierungsentwurfs verweisen.

643 Dafür *Bissels*, in: Henssler/Grau, § 5 Rn. 349; *Löwisch/Wegmann*, BB 2017, 373, 376; wohl auch *Ulrici*, § 14 AÜG Rn. 41. Dagegen *Oetker*, NZA 2017, 29, 35.

644 Für eine solche Differenzierung zwischen den Wahlberechtigten und den wahlberechtigten Arbeitnehmer für die Schwellenwerte des BetrVG vor Einführung des § 14 Abs. 2 S. 4 AÜG: *Dewender*, RdA 2003, 274, 277; *ders.*, Betriebsfremde Arbeitnehmer, S. 44 ff.; *Triemel*, Minderheitenschutz, S. 141.

Außerdem streitet die historische Auslegung für die Einbeziehung der Wahlverfahrensvorschriften des MitbestG, da in der Begründung des Regierungsentwurfs zu § 14 Abs. 2 S. 4 AÜG ebenso darauf hingewiesen wird, dass diese Vorschrift nicht das Vorliegen weiterer Voraussetzungen der jeweiligen Schwellenwertregelungen wie die Wahlberechtigung fingiere[645]. Auch insoweit ist nicht davon auszugehen, dass für § 14 Abs. 2 S. 5 AÜG etwas anderes gelten soll.[646] Zuletzt sei noch darauf hingewiesen, dass § 14 Abs. 2 S. 5 AÜG gleichermaßen für das Wahlvorschlagsrecht in § 12 Abs. 1 S. 2 MitbestG gilt, obwohl der Wortlaut dieser Vorschrift sich auf die „jeweils wahlberechtigten in § 3 Abs. 1 Nr. 1 bezeichneten Arbeitnehmer" bezieht.[647] Das folgt aus der sonst entstehenden Diskrepanz zur entsprechenden Regelung in § 6 S. 2 DrittelbG[648] sowie daraus, dass der Verweis auf § 3 Abs. 1 Nr. 1 MitbestG allein der Abgrenzung dieser Arbeitnehmergruppe von den leitenden Angestellten dient.

Für die Wahlverfahrensvorschriften des DrittelbG entfaltet § 14 Abs. 2 S. 5 AÜG demgegenüber keine Geltung, da § 6 S. 2 (Wahlvorschläge), § 11 Abs. 2 S. 1 Nr. 1 (Anfechtung der Wahl von Aufsichtsratsmitgliedern der Arbeitnehmer) und § 12 Abs. 1 S. 1 (Abberufung von Aufsichtsratsmitgliedern der Arbeitnehmer) nicht auf eine bestimmte Anzahl oder einen bestimmten Anteil an wahlberechtigten Arbeitnehmern abstellen, sondern sich auf eine bestimmte Anzahl oder einen bestimmten Anteil an Wahlberechtigten beziehen.[649] Unter welchen Voraussetzungen Leiharbeitnehmer wahlberechtigt sind, ergibt sich aber aus § 5 Abs. 2 S. 2 DrittelbG i.V.m. § 7 S. 2 BetrVG.

3. *Mindesteinsatzdauer gemäß § 14 Abs. 2 S. 6 AÜG*

a) Geltungsbereich

Gemäß § 14 Abs. 2 S. 6 AÜG sind Leiharbeitnehmer im Entleiherunternehmen nur zu berücksichtigen, soweit die *Anwendung* der in Satz 5 genannten Gesetze eine bestimmte Anzahl oder einen bestimmten Anteil von Arbeitnehmern erfordert. In diesem Zusammenhang stellt sich die Frage, ob die einschränkende Regelung für

645 BT-Drucks. 18/9232, S. 29.

646 Im Ergebnis und teilweise in der Begründung ebenso *Bungert/Rogier*, DB 2016, 3022, 3025; *Löwisch/Wegmann*, BB 2017, 373, 376 f.; *Motz*, in: BeckOK-ArbR, § 14 AÜG Rn. 23 ff.; *Ulrici*, § 14 AÜG Rn. 36.

647 Wohl auch *Oetker*, in: ErfK, §§ 10–17 MitbestG Rn. 5, der eine korrigierende Auslegung von § 12 Abs. 1 S. 2 MitbestG vorschlägt; im Ergebnis ebenso *Löwisch/Wegmann*, BB 2017, 373, 376.

648 *Oetker*, in: ErfK, §§ 10–17 MitbestG Rn. 5.

649 Ebenso für § 6 S. 2 DrittelbG: *Oetker*, in: ErfK, § 6 DrittelbG Rn. 3; *ders.*, NZA 2017, 29, 35; a.A. *Löwisch/Wegmann*, BB 2017, 373, 376 (insgesamt); *Ulrici*, § 14 AÜG Rn. 42 (für § 6 DrittelbG).

alle Schwellenwerte in den Mitbestimmungsgesetzen gilt[650] oder nur für Anwendungsschwellenwerte Geltung entfaltet[651].

Der Wortlaut spricht insoweit für eine Beschränkung auf die Eingangsschwellenwerte, weil die Einschränkung für die „Anwendung der in Satz 5 genannten Gesetze“ und nicht für die Anwendung der Vorschriften der genannten Gesetze[652] oder für die Anwendung des Satzes 5 selbst gilt. Da die Regelung zu den betriebsverfassungsrechtlichen Schwellenwerten ohnehin in einem gesonderten Satz erfolgte, wäre eine Aufspaltung in zwei Sätze auch nicht nötig gewesen, um auszudrücken, dass die Mindesteinsatzdauer für alle Schwellenwerte in der Unternehmensmitbestimmung gelten solle. Der Gesetzgeber hätte dafür lediglich § 14 Abs. 2 S. 5 AÜG wie folgt formulieren müssen: Soweit Bestimmungen des Mitbestimmungsgesetzes, des Montan-Mitbestimmungsgesetzes, des Mitbestimmungsergänzungsgesetzes, des Drittelbeteiligungsgesetzes, des Gesetzes über die Mitbestimmung der Arbeitnehmer bei einer grenzüberschreitenden Verschmelzung, des Europäische Betriebsrätegesetzes, des SE- und SCE-Beteiligungsgesetzes oder der auf Grund der jeweiligen Gesetze erlassenen Wahlordnungen eine bestimmte Anzahl oder einen bestimmten Anteil von Arbeitnehmern voraussetzen, sind Leiharbeitnehmer im Entleiherunternehmen nur zu berücksichtigen, wenn die Einsatzdauer sechs Monate übersteigt. Dass stattdessen eine Aufspaltung in zwei Sätze erfolgte, spricht daher ebenfalls für die Anwendbarkeit von § 14 Abs. 2 S. 6 AÜG lediglich auf die Eingangsschwellenwerte.[653]

Diese Auslegung steht zudem im Einklang damit, dass § 14 Abs. 2 S. 6 AÜG im Gegensatz zu § 14 Abs. 2 S. 5 AÜG nicht die zu den Gesetzen erlassenen Wahlordnungen erwähnt, weil diese mangels Bezug zur Durchführung der Wahl keine Regelungen zu den Anwendungsschwellenwerten enthalten. Der Beschränkung des Geltungsbereichs von § 14 Abs. 2 S. 6 AÜG steht des Weiteren nicht entgegen, dass dort wie in § 14 Abs. 2 S. 5 AÜG nicht nur die Schwellenwerte genannt werden, die auf eine bestimmte *Anzahl* an Arbeitnehmern abstellen, sondern auch die

650 So (wohl) *Aszmons/Homborg/Gerum*, GmbHR 2017, 130, 133; *dies.*, DB 2017, 726, 731; *Bissels/Falter*, DB 2016, 1444, 1445; *Deinert*, RdA 2017, 65, 81; *Eder/Schuster*, AiB 4/2017, 27, 28; *Figge*, GmbHR 2017, R105; *Kerwer*, ZfA 2017, 37, 164; *Koch*, in: Schaub, § 260 Rn. 3; *Moderegger*, ArbRB 2016, 207, 209; *Neighbour/Schröder*, BB 2016, 2869, 2873; *Oberthür*, ArbRB 2016, 369, 370; *Olbertz/Groth*, GWR 2016, 371, 374; *J. Ulber*, AiB 1/2017, 27, 30; *Urban-Crell/Germakowski*, in: UCGBH, § 14 AÜG Rn. 80; *Wank*, in: ErfK, § 14 AÜG Rn. 34.

651 *Bissels*, in: Henssler/Grau, § 5 Rn. 344; *Bungert/Rogier*, DB 2016, 3022, 3025 f.; *zu Dohna-Jaeger*, in: Ulber, § 14 AÜG Rn. 94d; *Kleinsorge*, in: WKS, § 1 DrittelbG Rn. 81a ff.; *Kössel/Stütze*, DB 2017, 3071, 3076; *Motz*, in: BeckOK-ArbR, § 14 AÜG Rn. 25; *Oetker*, NZA 2017, 29, 33; *Schubert/Liese*, NZA 2016, 1297, 1302; *Ulrici*, § 14 AÜG Rn. 42; *Wißmann*, in: WKS, § 1 MitbestG Rn. 41a, § 7 MitbestG Rn. 5a, § 9 MitbestG Rn. 8a.

652 *Oetker*, NZA 2017, 29, 33.

653 *Oetker*, NZA 2017, 29, 33.

Schwellenwerte, die einen bestimmten *Anteil* an Arbeitnehmern erfordern, weil beide Varianten über einen Anwendungsbereich verfügen, wenn man den Geltungsbereich von § 14 Abs. 2 S. 6 AÜG auf die Anwendungsschwellenwerte begrenzt. Zwar stellen die hier näher betrachteten Eingangsschwellenwerte in § 1 Abs. 1 Nr. 2 MitbestG, § 1 Abs. 1 DrittelbG und § 1 Abs. 2 Montan-MitbestG alle auf eine bestimmte *Anzahl* an Arbeitnehmern ab, allerdings handelt es sich auch bei § 3 Abs. 2 S. 1 Nr. 2 MitbestErgG, der auf den *Anteil* der Arbeitnehmer abstellt, um einen Anwendungsschwellenwert.

Die Entstehungsgeschichte spricht im Ergebnis ebenfalls gegen die Anwendung des § 14 Abs. 2 S. 6 AÜG auf alle Schwellenwerte, obwohl es in der Einigung des Koalitionsausschusses allgemein hieß, dass die Einbeziehung von Leiharbeitnehmern bei der Errechnung der Schwellenwerte von Unternehmensmitbestimmung in Zukunft dann gelte, wenn die Gesamtdauer der Entleihung sechs Monate übersteige. Einer Berücksichtigung dieses Umstands im Rahmen der historischen Auslegung steht indes entgegen, dass in der Begründung des Regierungsentwurfs ausgeführt wird, Satz 6 bestimme, dass „der Einsatz von Leiharbeitnehmern bei den Anwendungsschwellen der nachfolgend genannten Gesetze zur Unternehmensmitbestimmung nur dann Berücksichtigung findet, wenn die Gesamtdauer der Entleihung sechs Monate übersteigt“[654]. Im Anschluss werden lediglich die Schwellenwerte in § 1 Abs. 1 Nr. 2 MitbestG, § 1 Abs. 2 Montan-MitbestG, § 1 Abs. 1 DrittelbG und § 3 Abs. 2 S. 1 Nr. 2 MitbestErgG aufgeführt.[655] Auch die Bundesregierung ging daher von einem so beschränkten Anwendungsbereich des § 14 Abs. 2 S. 6 AÜG aus. Die Mindesteinsatzdauer von sechs Monaten spielt daher allein für die gesetzlichen Eingangsschwellenwerte eine Rolle.

Diese Feststellung wirft allerdings die weitere Frage auf, bei welchen Schwellenwerten es sich um Eingangsschwellenwerte in diesem Sinne handelt. Für § 1 Abs. 1 Nr. 2 MitbestG, § 1 Abs. 1 DrittelbG und § 1 Abs. 2 Montan-MitbestG ist das zu bejahen,[656] während es für § 7 Abs. 1 S. 1 MitbestG sowie die Wahlverfahrensvorschriften des MitbestG und des DrittelbG verneint werden muss[657].

---

654 BT-Drucks. 18/9232, S. 30.

655 BT-Drucks. 18/9232, S. 30.

656 *Bissels*, in: Henssler/Grau, § 5 Rn. 344; *Bungert/Rogier*, DB 2016, 3022, 3026; *Kleinsorge*, in: WKS, § 1 DrittelbG Rn. 81a ff. (für § 1 Abs. 1 DrittelbG); *Oetker*, NZA 2017, 29, 34 (für § 1 Abs. 1 Nr. 2 MitbestG, § 1 Abs. 1 DrittelbG); *ders.*, in: ErfK, § 1 MitbestG Rn. 7b, § 1 DrittelbG Rn. 27, § 1 Montan-MitbestG Rn. 13; *Schubert/Liese*, NZA 2016, 1297, 1302 (für § 1 Abs. 1 Nr. 2 MitbestG, § 1 Abs. 1 DrittelbG); *Ulrici*, § 14 AÜG Rn. 42; *Wißmann*, in: WKS, § 1 MitbestG Rn. 41a (für § 1 Abs. 1 Nr. 2 MitbestG).

657 *Motz*, in: BeckOK-ArbR, § 14 AÜG Rn. 25 (für § 7 Abs. 1 S. 1 MitbestG); *Oetker*, NZA 2017, 29, 34; *ders.*, in: ErfK, § 7 MitbestG Rn. 1, § 9 MitbestG Rn. 2 (jeweils für §§ 7 Abs. 1 S. 1, 9 Abs. 1, 2 MitbestG); *Wißmann*, in: WKS, § 7 MitbestG Rn. 5a (für § 7 Abs. 1 S. 1 MitbestG). Implizit auch: *Bissels*, in: Henssler/Grau, § 5 Rn. 349; *Bungert/Rogier*, DB 2016, 3022, 3025 f.; *zu Dohna-Jaeger*, in: Ulber, § 14 AÜG Rn. 94d; *Klein-*

Weniger eindeutig ist demgegenüber die Einordnung des Schwellenwerts in § 4 Abs. 1 S. 1 MitbestG.[658] Nach dieser Vorschrift gelten bei einer Kapitalgesellschaft und Co. KG unter bestimmten Voraussetzungen die Arbeitnehmer der Kommanditgesellschaft als Arbeitnehmer des Unternehmens, das als persönlich haftender Gesellschafter auftritt, sofern dieses Unternehmen nicht einen eigenen Geschäftsbetrieb mit in der Regel mehr als 500 Arbeitnehmern hat. Dieser Schwellenwert dient zwar der Feststellung, ob die Geschäftsführung der Kommanditgesellschaft die zentrale Aufgabe der Kapitalgesellschaft darstellt oder sie über einen nennenswerten eigenen Geschäftsbetrieb verfügt,[659] betrifft insofern also nicht die Anwendung der Gesetze über die Unternehmensmitbestimmung. Die Rechtsfolge bei Unterschreiten des Schwellenwerts ist aber unmittelbar mit der Anwendung des MitbestG verknüpft, weil die Zurechnung der Arbeitnehmer der Kommanditgesellschaft für den Schwellenwert in § 1 Abs. 1 Nr. 2 MitbestG eine entscheidende Rolle spielt.[660] Es erscheint daher systemwidrig, bei § 1 Abs. 1 Nr. 2 MitbestG und § 4 Abs. 1 S. 1 MitbestG im Hinblick auf die Überlassungsdauer der Leiharbeitnehmer unterschiedliche Maßstäbe anzulegen.[661] Dafür spricht zudem die systematische Stellung von § 4 MitbestG im Ersten Teil des MitbestG, in dem der Geltungsbereich geregelt ist. Demgegenüber fällt es nicht entscheidend ins Gewicht, dass die Zurechnung nach § 4 MitbestG auch für die anderen Schwellenwertregelungen Geltung entfaltet. Ein unterschiedliches Verständnis des Schwellenwerts in § 4 Abs. 1 S. 1 MitbestG je nachdem, für welchen Schwellenwert die Frage der Zurechnung geprüft wird, kommt aufgrund der einheitlichen Regelung in § 4 Abs. 1 S. 1 MitbestG nicht in Betracht.

Die soeben zitierte Begründung des Regierungsentwurfs steht der Einordnung des § 4 Abs. 1 S. 1 MitbestG als Anwendungsschwelle nicht entgegen, weil die darin enthaltene Zusammenstellung nicht als abschließende Aufzählung zu verstehen ist. Bei den genannten Eingangsschwellenwerten handelt es sich vielmehr um die Paradebeispiele der Anwendungsschwellen. Da es in der Begründung heißt, § 14 Abs. 2 S. 6 AÜG beziehe sich auf die Anwendungsschwellen der nachfolgend genannten Gesetze zur Unternehmensmitbestimmung,[662] könnte allenfalls im Hinblick auf die aufgeführten Gesetze – zu denen auch das MitbestG zählt – eine abschließende Aufzählung vorliegen. Damit bleibt festzuhalten, dass die Mindesteinsatzdauer des § 14 Abs. 2 S. 6 AÜG sowohl für die Schwellenwerte in § 1 Abs. 1 Nr. 2 MitbestG, § 1 Abs. 1 DrittelbG und § 1 Abs. 2 Montan-MitbestG als auch für den Schwellenwert in § 4 Abs. 1 S. 1 MitbestG gilt.

---

sorge, in: WKS, § 1 DrittelbG Rn. 81a; *Schubert/Liese*, NZA 2016, 1297, 1302; *Ulrici*, § 14 AÜG Rn. 41 f.; *Wißmann*, in: WKS, § 1 MitbestG Rn. 41a.

658 Für die Anwendung von § 14 Abs. 2 S. 6 AÜG auf § 4 Abs. 1 S. 1 MitbestG: *Oetker*, NZA 2017, 29, 34; *ders.*, in: ErfK, § 4 MitbestG Rn. 5; *Ulrici*, § 14 AÜG Rn. 42. Dagegen wohl *Bissels*, in: Henssler/Grau, § 5 Rn. 344.

659 Vgl. oben § 2 B. I. 2.

660 *Oetker*, NZA 2017, 29, 34.

661 *Oetker*, NZA 2017, 29, 34.

662 BT-Drucks. 18/9232, S. 30.

b) Bezugspunkt der Mindesteinsatzdauer

aa) Meinungsstand

Im Hinblick auf § 14 Abs. 2 S. 6 AÜG stellt sich außerdem die Frage, ob sich die Mindesteinsatzdauer auf den einzelnen überlassenen Leiharbeitnehmer oder den von ihm besetzten Arbeitsplatz bezieht. Erste Stellungnahmen in der Literatur fallen insoweit unterschiedlich aus.[663] Eine individualisierte Betrachtungsweise hat zur Folge, dass in einem ersten Schritt zu prüfen ist, ob der jeweilige Leiharbeitnehmer aufgrund seiner Überlassungsdauer einbezogen werden kann. Erst danach erfolgt die Prüfung, ob durch dessen Berücksichtigung auch die Zahl der regelmäßig im Unternehmen beschäftigten Arbeitnehmer steigt.[664]

Die arbeitsplatzbezogene Auslegung wird zum Teil als Konkretisierung des Tatbestandsmerkmals „in der Regel" bezeichnet.[665] Das wirft die Frage auf, ob nach dieser Ansicht dem Merkmal der regelmäßigen Beschäftigung neben der Prüfung der Mindesteinsatzdauer keine eigenständige Bedeutung mehr zukommen soll. Das ist wohl nicht der Fall, da von den Vertretern dieser Auffassung die Erfüllung der Voraussetzung des § 14 Abs. 2 S. 6 AÜG für ausschließlich mit Leiharbeitnehmern besetzte Arbeitsplätze lediglich als erste Stufe bei der Berechnung der „in der Regel" beschäftigten Arbeitnehmer bezeichnet wird.[666] Unter den Befürwortern der arbeitsplatzbezogenen Auslegung besteht zudem Einigkeit darüber, dass ein Arbeitsplatz mitzuzählen ist, wenn zwar die Einsatzdauer von einem nur vorübergehend auf dem Arbeitsplatz beschäftigten Leiharbeitnehmer nicht erfüllt wird, der Arbeitsplatz

663 Für eine auf den einzelnen Leiharbeitnehmer bezogene Auslegung: *Bissels*, in: Henssler/Grau, § 5 Rn. 347; *Eder/Schuster*, AiB 4/2017, 27, 28; *Löwisch/Wegmann*, BB 2017, 373, 377; *Motz*, in: BeckOK-ArbR, § 14 AÜG Rn. 26; *Neighbour/Schröder*, BB 2016, 2869, 2873; *Oberthür*, ArbRB 2016, 369, 370; *Oetker*, NZA 2017, 29, 33; *ders.*, in: ErfK, § 1 MitbestG Rn. 7b; *Schubert/Liese*, NZA 2016, 1297, 1303; *Ulrici*, § 14 AÜG Rn. 42; im Ergebnis ebenso, aber kritisch *Aszmons/Homborg/Gerum*, GmbHR 2017, 130, 131 f.; *dies.*, DB 2017, 726, 732; implizit auch *Urban-Crell/Germakowski*, in: UCGBH, § 14 AÜG Rn. 80; in diese Richtung auch *Deinert*, RdA 2017, 65, 81. Für eine arbeitsplatzbezogene Auslegung: *Fuchs/Köstler/Pütz*, AG 2017, R104, R105 f.; *dies.*, AiB 5/2017, 24, 25; *Kleinsorge*, in: WKS, § 1 DrittelbG Rn. 81c; *Wißmann*, in: WKS, § 1 MitbestG Rn. 41b ff. Auch in der Literatur zum BetrVG wird für das Merkmal „in der Regel" vereinzelt diskutiert wird, ob für Leiharbeitnehmer eine personen- oder eine arbeitsplatzbezogene Betrachtung anzustellen ist: *Raab*, in: GK-BetrVG, § 7 BetrVG Rn. 116, der im Ergebnis für eine Zählung der Arbeitsplätze eintritt.

664 *Oetker*, NZA 2017, 29, 33; *ders.*, in: ErfK, § 1 MitbestG Rn. 7c; wohl auch *Schubert/Liese*, NZA 2016, 1297, 1303.

665 So *Fuchs/Köstler/Pütz*, AG 2017, R104, R105 f.; *dies.*, AiB 5/2017, 24, 25 f.

666 *Fuchs/Köstler/Pütz*, AG 2017, R104, R106 (unklar allerdings *dies.*, AiB 5/2017, 24, 26); ähnlich *Wißmann*, in: WKS, § 1 MitbestG Rn. 41e.

aber sonst von Stammarbeitnehmern besetzt wird.[667] Das sieht auch ein weiterer Ansatz so, der § 14 Abs. 2 S. 6 AÜG lediglich als Konkretisierung des Merkmals der regelmäßigen Beschäftigung einordnet, aber einen Arbeitsplatz, auf dem innerhalb des Referenzzeitraums von 18 bis 24 Monaten üblicherweise Leiharbeitnehmer beschäftigt werden, nur dann in die Schwellenwertberechnung einbeziehen will, wenn die jeweilige Einsatzzeit der Leiharbeitnehmer überwiegend länger als sechs Monate dauert.[668]

bb) Stellungnahme

(1) Wortlaut

Es besteht schon keine Einigkeit darüber, ob der Wortlaut offen formuliert ist[669] oder für eine individuelle Betrachtungsweise spricht[670]. Insoweit ist zunächst festzuhalten, dass § 14 Abs. 2 S. 6 AÜG nicht bestimmt, dass Leiharbeitnehmer im Entleiherunternehmen nur zu berücksichtigen sind, wenn *ihre jeweilige* Einsatzdauer sechs Monate übersteigt.[671] Gleichzeitig bezieht sich der Wortlaut aber auf *Leiharbeitnehmer* und nicht auf die von Leiharbeitnehmern besetzten Arbeitsplätze. Diese Formulierung spricht zwar für eine individuelle Betrachtungsweise, ist aber keineswegs eindeutig.

(2) Systematik

(a) Zusammenhang mit dem Merkmal „in der Regel“

In systematischer Hinsicht wird für eine arbeitsplatzbezogene Auslegung der Zusammenhang mit dem Merkmal „in der Regel“ angeführt.[672] Dieses Kriterium zeige, es auf den Personalbestand über einem längeren Zeitraum hinweg ankomme, so dass letztlich die vorhandenen Arbeitsplätze zu zählen seien.[673]

In diesem Zusammenhang ist zunächst anzumerken, dass sich alle hier betrachteten Schwellenwerte, für die § 14 Abs. 2 S. 6 AÜG relevant ist, auf eine bestimmte Anzahl von regelmäßig beschäftigten Arbeitnehmern beziehen. Das ergibt sich daraus, dass die Gesetze zur Unternehmensmitbestimmung nur bei den Schwellenwerten, die auf eine bestimmte Anzahl oder einen bestimmten Anteil an wahlbe-

---

667 *Fuchs/Köstler/Pütz*, AG 2017, R104, R105 f.; *dies.*, AiB 5/2017, 24, 26; *Wißmann*, in: WKS, § 1 MitbestG Rn. 41e; im Ergebnis ebenso *Kössel/Stütze*, DB 2017, 3071, 3076.

668 *Bungert/Rogier*, DB 2016, 3022, 3026 f.

669 So *Wißmann*, in: WKS, § 1 MitbestG Rn. 41b.

670 So *Bissels*, in: Henssler/Grau, § 5 Rn. 347; *Neighbour/Schröder*, BB 2016, 2869, 2873; *Oetker*, NZA 2017, 29, 33; *ders.*, in: ErfK, § 1 MitbestG Rn. 7b.

671 Ebenso *Wißmann*, in: WKS, § 1 MitbestG Rn. 41b.

672 *Kleinsorge*, in: WKS, § 1 DrittelbG Rn. 81c; *Wißmann*, in: WKS, § 1 MitbestG Rn. 41c f.

673 *Fuchs/Köstler/Pütz*, AG 2017, R104, R105; *dies.*, AiB 5/2017, 24, 25; *Kleinsorge*, in: WKS, § 1 DrittelbG Rn. 81c; *Wißmann*, in: WKS, § 1 MitbestG Rn. 41c f.

rechtigten Arbeitnehmern abstellen, auf dieses Merkmal verzichten. Für diese auf das Wahlverfahren bezogenen Schwellenwerte spielt § 14 Abs. 2 S. 6 AÜG nach der hier vertretenen Auffassung aber keine Rolle.[674]

Über diese Feststellung hinaus kommt dem Unterschied zwischen den Schwellenwerten, die auf die Anzahl der regelmäßig Beschäftigten abstellen, und den Schwellenwerten, die eine bestimmte Anzahl oder einen bestimmten Anteil an wahlberechtigten Arbeitnehmern verlangen, auch inhaltliche Bedeutung zu. Insoweit ist anzuerkennen, dass es bei Vorschriften, die auf die Regelbeschäftigung abstellen, nicht auf das Beschäftigungsverhältnis eines einzelnen Arbeitnehmers an einem bestimmten Stichtag ankommt.[675] Bezieht man § 14 Abs. 2 S. 6 AÜG allerdings auf den einzelnen Leiharbeitnehmer, kommt es gleichzeitig auf die Verhältnisse des Einzelnen und auf die regelmäßigen Verhältnisse an.

Der systematische Zusammenhang mit dem Merkmal „in der Regel" spräche allerdings dann gegen eine arbeitsplatzbezogene Betrachtungsweise, wenn die Mindesteinsatzdauer bei einem derartigen Verständnis keine eigenständige Bedeutung mehr hätte. Das wird dadurch bestätigt, dass der Gesetzgeber – wie bereits erwähnt – in der Begründung des Regierungsentwurfs zu § 14 Abs. 2 S. 4 AÜG ausdrücklich hervorhob, die Regelung fingiere nicht zusätzliche Voraussetzungen der jeweiligen Vorschrift wie die Beschränkung auf „in der Regel" beschäftigte Arbeitnehmer.[676] Das lässt sich auf § 14 Abs. 2 S. 6 AÜG übertragen.[677] Ist ohnehin nur auf die in der Regel beschäftigten Arbeitnehmer abzustellen, sind Leiharbeitnehmer, die nur einen kurzfristigen Arbeitskräftebedarf abdecken und nicht auf einem Stammarbeitsplatz eingesetzt werden, bereits deshalb nicht mitzuzählen, weil sie nicht zu den in der Regel beschäftigten Arbeitnehmern gehören.[678] Auf die Mindesteinsatzdauer käme es also in diesem Fall nicht an.[679] Das ergibt sich daraus, dass für die Bestimmung der Zahl der regelmäßig beschäftigten Arbeitnehmer nicht auf einen bestimmten

674 Vgl. dazu oben § 4 C. IV. 3. a).

675 *Wißmann*, in: WKS, § 1 MitbestG Rn. 41 c.

676 BT-Drucks. 18/9232, S. 29.

677 Ebenso *Bissels*, in: Henssler/Grau, § 5 Rn. 345; *Bungert/Rogier*, DB 2016, 3022, 3025; *Oetker*, NZA 2017, 29, 33; *ders.*, in: ErfK, § 1 MitbestG Rn. 7c; *Schubert/Liese*, NZA 2016, 1297, 1303; *Ulrici*, § 14 AÜG Rn. 36; *Wank*, RdA 2017, 100, 115; *Wißmann*, in: WKS, § 1 MitbestG Rn. 41d; wohl auch *Motz*, in: BeckOK-ArbR, § 14 AÜG Rn. 23 ff.; unklar *Löwisch/Wegmann*, BB 2017, 373, 376 f. Darauf verweist für eine individuelle Betrachtung ebenfalls *Oetker*, NZA 2017, 29, 33; a.A. *Wißmann*, in: WKS, § 1 MitbestG Rn. 41d, der darin einen Hinweis für eine arbeitsplatzbezogene Betrachtung sieht.

678 Darauf weisen ebenfalls hin *Bissels*, in: Henssler/Grau, § 5 Rn. 347; *Schubert/Liese*, NZA 2016, 1297, 1302 f.; *Ulrici*, § 14 AÜG Rn. 42, allerdings ohne daraus Konsequenzen für die Auslegung von § 14 Abs. 2 S. 6 AÜG zu ziehen.

679 Darauf weisen ebenfalls hin *Bissels*, in: Henssler/Grau, § 5 Rn. 347; *Schubert/Liese*, NZA 2016, 1297, 1302 f.; *Ulrici*, § 14 AÜG Rn. 42, allerdings ohne daraus Konsequenzen für die Auslegung von § 14 Abs. 2 S. 6 AÜG zu ziehen.

Stichtag, sondern auf die Arbeitnehmerzahl in einem Referenzzeitraum abzustellen ist, dessen Länge im Einzelnen zwar umstritten ist, aber jedenfalls sechs Monate beträgt[680]. Das gilt auch, wenn aufgrund eines nur zeitweilig bestehenden erhöhten Arbeitskräftebedarfs Arbeitnehmer lediglich vorübergehend beschäftigt werden, weil in diesem Fall entscheidend ist, ob sie normalerweise während des größten Teils eines Jahres, also länger als sechs Monate beschäftigt werden.[681]

Das bedeutet indes noch nicht, dass das Merkmal der regelmäßigen Beschäftigung bei einer arbeitsplatzbezogenen Auslegung des § 14 Abs. 2 S. 6 AÜG überhaupt keinen Anwendungsbereich hätte, weil bei einem dauerhaft mit Leiharbeitnehmern besetzten Arbeitsplatz eine zweistufige Prüfung in dem Sinne erfolgt, dass zunächst untersucht wird, ob der Arbeitsplatz länger als sechs Monate mit Leiharbeitnehmern besetzt wurde und in einem zweiten Schritt ermittelt wird, ob es sich um einen regelmäßig vorhandenen Arbeitsplatz handelt.[682] Demnach kommt dem Tatbestandsmerkmal „in der Regel" auch bei einer arbeitsplatzbezogenen Betrachtungsweise noch Bedeutung zu, so dass die systematische Auslegung insoweit nicht gegen diese Auffassung spricht.

(b) Zweck der Anwendungsschwellenwerte

Da in der Begründung des Regierungsentwurfs zu § 14 Abs. 2 AÜG wiederholt betont wird, dass es für die Berücksichtigung der Leiharbeitnehmer im Rahmen der Schwellenwerte auf die Funktion des jeweiligen Schwellenwerts ankommt,[683] wird für § 1 Abs. 1 Nr. 2 MitbestG außerdem damit argumentiert, dass ein arbeitsplatzbezogenes Verständnis der Mindesteinsatzdauer dem Zweck dieses Schwellenwerts

---

680 18–24 Monate: *Henssler*, in: UHH, § 3 MitbestG Rn. 62; *Raiser*, in: RVJ, § 1 MitbestG Rn. 20; *Rittner*, AG 1983, 99, 102; *Seibt*, in: HWK, § 1 MitbestG Rn. 10, § 1 DrittelbG Rn. 11; *Wißmann*, in: WKS, § 1 MitbestG Rn. 47. 17–20 Monate: OLG Düsseldorf 9.12.1994, DB 1995, 277, 278; OLG Saarbrücken 2.3.2016, ZIP 2016, 1286, 1287; wohl auch: *Kleinsorge*, in: WKS, § 1 DrittelbG Rn. 87; *Oetker*, in: ErfK, § 1 MitbestG Rn. 9. 12–18 Monate: *Krause*, ZIP 2014, 2209, 2219. 6–12 Monate: *Ulmer*, in: FS Heinsius, S. 855, 864.

681 St. Rspr.: BAG 12.10.1976, AP Nr. 1 zu § 8 BetrVG 1972 (für § 9 BetrVG); BAG 16.11.2004, AP Nr. 58 zu § 111 BetrVG 1972; BAG 7.5.2008, AP Nr. 12 zu § 9 BetrVG Rn. 17; BAG 12.11.2008, AP Nr. 13 zu § 9 BetrVG 1972 Rn. 16; BAG 18.10.2011, AP Nr. 70 zu § 111 BetrVG 1972 Rn. 21; BAG 4.11.2015, AP Nr. 2 zu § 9 MitbestG Rn. 36; *Henssler*, in: UHH, § 3 MitbestG Rn. 62; *Ulmer*, in: FS Heinsius, S. 855, 870 f., der allerdings auch auf die Bedeutung des Saisongeschäfts für das Unternehmen abstellt. Ähnlich *Oetker*, in: ErfK, § 1 MitbestG Rn. 7b, der als Argument für die individuelle Betrachtungsweise anführt, dass die bei dem Merkmal „in der Regel" geforderte Beschäftigung während des größten Teils des Jahres bei einer mehr als sechsmonatigen Einsatzdauer erfüllt sei.

682 So wohl *Fuchs/Köstler/Pütz*, AG 2017, R104, R106 (unklar allerdings *dies.*, AiB 5/2017, 24, 26); *Wißmann*, in: WKS, § 1 MitbestG Rn. 41e.

683 BT-Drucks. 18/9232, S. 3, 15, 29 f.

entspreche.[684] Die Beschränkung des Anwendungsbereichs des MitbestG solle dem Umstand Rechnung tragen, dass sich Unternehmen, die wegen ihrer Größe sozial bedeutsam seien, auch komplexere Strukturen entwickelten.[685] Für diese Strukturbildung sei es unerheblich, wie lange der einzelne Leiharbeitnehmer beschäftigt werde; im Ergebnis sei die Zahl der Arbeitsplätze entscheidend.[686]

Dem ist zwar insoweit zuzustimmen, als die zu einer Anonymisierung führenden Strukturen in Großunternehmen den Hintergrund des Schwellenwerts in § 1 Abs. 1 Nr. 2 MitbestG bilden.[687] Richtig ist zudem, dass es für die Entstehung solcher Strukturen weniger darauf ankommt, wie lange der einzelne Leiharbeitnehmer im Unternehmen eingesetzt wird, sondern dass er überhaupt eingesetzt wird. Daraus lässt sich aber nicht der Schluss ziehen, dass für den Schwellenwert in § 1 Abs. 1 Nr. 2 MitbestG die Zahl der Arbeitsplätze maßgeblich ist, weil dies dem arbeitnehmerbezogenen Wortlaut widerspräche, der zudem keine anteilige Berücksichtigung von Teilzeitkräften vorsieht. Darüber hinaus wird durch die Anknüpfung an die Anzahl der Arbeitnehmer die Bedeutung des einzelnen Beschäftigten hervorgehoben, der dem Direktionsrecht des Arbeitgebers unterliegt, so dass der Zweck des Schwellenwerts gleichfalls für eine individuelle Betrachtungsweise der Mindesteinsatzdauer angeführt werden kann. Dasselbe gilt auch für § 1 Abs. 1 DrittelbG und § 1 Abs. 2 Montan-MitbestG.

(c) Gleichlauf mit den betriebsverfassungsrechtlichen Schwellenwerten

Gegen eine individualisierende Auslegung wird in der Literatur vorgebracht, dass diese dem Regelungsanliegen des § 14 Abs. 2 S. 5 AÜG widerspreche, hinsichtlich der Berücksichtigung von Leiharbeitnehmern einen Gleichlauf zwischen den Schwellenwerten des Betriebsverfassungsrechts und der Unternehmensmitbestimmung herzustellen.[688] Dieser Argumentation ist zuzugeben, dass in der Begründung des Regierungsentwurfs für die Einbeziehung der Leiharbeitnehmer in die Schwellenwerte der Mitbestimmungsgesetze auf die langjährige Parallelität zum Betriebsverfassungsrecht verwiesen wird[689].

Allerdings ändert das nichts daran, dass sich der Gesetzgeber gegen einen völligen Gleichlauf zwischen Betriebsverfassungsrecht und Unternehmensmitbestimmung entschieden hat, indem er mit § 14 Abs. 2 S. 4 AÜG einerseits und § 14 Abs. 2 S. 5 und 6 AÜG andererseits zwei verschiedene Regelungen schuf. Dass es sich bei dieser Differenzierung um eine bewusste Entscheidung des Gesetzgebers

684 *Wißmann*, in: WKS, § 1 MitbestG Rn. 41d f.; in diese Richtung auch *Fuchs/Köstler/Pütz*, AG 2017, R104, R105; *dies.*, AiB 5/2017, 24, 25.

685 *Wißmann*, in: WKS, § 1 MitbestG Rn. 41d; in diese Richtung auch *Fuchs/Köstler/Pütz*, AG 2017, R104, R105; *dies.*, AiB 5/2017, 24, 25.

686 *Wißmann*, in: WKS, § 1 MitbestG Rn. 41d.

687 Vgl. dazu oben § 2 B. I. 1. b).

688 *Fuchs/Köstler/Pütz*, AG 2017, R104, R105; *dies.*, AiB 5/2017, 24, 25.

689 BT-Drucks. 18/9232, S. 29.

handelt, wird daran deutlich, dass die Referentenentwürfe mit § 14 Abs. 2 S. 4 AÜG eine einheitliche Regelung für das Betriebsverfassungsrecht und die Unternehmensmitbestimmung vorsahen[690]. Die gesetzliche Unterscheidung zwischen der Berücksichtigung von Leiharbeitnehmern bei den Schwellenwerten der Unternehmensmitbestimmung und im Betriebsverfassungsrecht ist zu respektieren und sollte nicht dadurch nivelliert werden, dass für die Mindesteinsatzdauer des § 14 Abs. 2 S. 6 AÜG eine Auslegung gewählt wird, die zu möglichst geringen Unterschieden bei der Einbeziehung der Leiharbeitnehmer in die Schwellenwerte des Betriebsverfassungsrechts und der Unternehmensmitbestimmungen führt.

(d) Höchstüberlassungsdauer des § 1 Abs. 1b S. 1 AÜG

Im Rahmen der systematischen Auslegung ist außerdem die Integration der Regelung in das AÜG zu berücksichtigen. Die Höchstüberlassungsdauer von 18 Monaten in § 1 Abs. 1b S. 1 AÜG bezieht sich auf den einzelnen Leiharbeitnehmer und spricht daher für ein individuelles Verständnis der Mindesteinsatzdauer.[691] Das gilt umso mehr, als vor der Reform des AÜG umstritten war, ob für das Merkmal „vorübergehend" in § 1 Abs. 1 S. 2 AÜG a. F. auf den Einsatz des einzelnen Leiharbeitnehmers abzustellen war[692] oder ob insoweit – zusätzlich oder allein – eine arbeitsplatzbezogene Betrachtung vorzunehmen war, als beim Entleiher durch Arbeitnehmerüberlassungen kein dauerhafter Beschäftigungsbedarf abgedeckt werden durfte[693].

---

690 1. RefE vom 16.11.2015, S. 8; 2. RefE vom 17.2.2016, S. 8 f.; 3. RefE vom 14.4.2016, S. 9.

691 *Schubert/Liese*, NZA 2016, 1297, 1303.

692 So LAG Hamburg 4.9.2013, LAGE Nr. 11 zu § 1 AÜG Rn. 27 ff.; LAG Berlin 22.5.2014–14 TaBV 184/14, juris Rn. 68 ff.; *Bauer/Heimann*, NJW 2013, 3287, 3288; *Lipinski*, NZA 2013, 1245, 1247 f.; *Ludwig*, BB 2013, 1276, 1278; *Steinmeyer*, DB 2013, 2740 ff. In diese Richtung auch BAG 24.1.2013, AP Nr. 49 zu § 23 KSchG 1969 Rn. 17, 24 im Zusammenhang mit § 23 Abs. 1 S. 3 KSchG, ausdrücklich offen gelassen aber durch BAG 10.7.2013, AP Nr. 33 zu § 1 AÜG Rn. 54; BAG 30.9.2014, AP Nr. 141 zu § 99 BetrVG 1972 Rn. 43.

693 So LAG Hannover 19.9.2012–17 TaBV 124/11, juris Rn. 29 ff.; LAG Stuttgart 22.11.2012–11 Sa 84/12, juris Rn. 56 ff.; LAG Berlin 19.12.2012, LAGE Nr. 17 zu § 99 BetrVG 2001 Rn. 34 ff.; LAG Berlin 9.1.2013, NZA-RR 2013, 234, 236 f.; LAG Berlin 10.4.2013, NZA-RR 2013, 527, 529 f.; LAG Berlin 19.7.2013–9 TaBV 749/13 und 9 TaBV 1089/13, juris Rn. 59 ff.; LAG Stuttgart 31.7.2013, LAGE Nr. 10a zu § 10 AÜG Rn. 39; LAG Hamburg 29.8.2013–1 TaBV 3/13, juris Rn. 36 ff.; LAG Kiel 8.1.2014, LAGE Nr. 14 zu § 1 AÜG Rn. 35 ff.; LAG Hamburg 23.9.2014, LAGE Nr. 15 zu § 1 AÜG Rn. 40 ff.; LAG Kiel 6.7.2016–3 TaBV 9/16, juris Rn. 37 ff.; *Bartl/Romanowski*, NZA 2012, 845 f.; *Brors*, AuR 2013, 108, 112; *Deinert*, RdA 2014, 65, 71; *Düwell*, ZESAR 2011, 449 ff.; *Fitting*, § 99 BetrVG Rn. 192b f.; *Giesen*, FA 2012, 66, 67 f.; *Hamann*, RdA 2011, 321, 326; *Heup*, Fremdpersonal, S. 157 f.; *Kalb*, in: HWK, § 1 AÜG Rn. 35; *Klueß*, AuR 2014, 321, 322; *Lorenz*, in: DHSW, § 1 AÜG Rn. 15; *Sansone*, Gleichstellung, S. 571; *J. Ulber*, in: Ulber, 4. Aufl., § 1 AÜG Rn. 230e; *Ulber/*

(3) Telos

Im Rahmen der teleologischen Auslegung kommt es nicht auf den bereits erwähnten Zweck der einzelnen Schwellenwertregelungen an, sondern auf den Sinn des § 14 Abs. 2 S. 6 AÜG selbst. Während des Gesetzgebungsverfahrens ist die Vorschrift in der Literatur dahingehend kritisiert worden, dass die Mindesteinsatzzeit lediglich einen politischen Kompromiss darstelle, aber keinen bestimmten Zweck verfolge.[694] Tatsächlich war die Beschränkung des § 14 Abs. 2 S. 6 AÜG in den Referentenentwürfen nicht enthalten und wurde erst in den Regierungsentwurf eingefügt, nachdem sich der Koalitionsausschuss für die Errechnung der Schwellenwerte in der Unternehmensmitbestimmung allgemein darauf geeinigt hatte, Leiharbeitnehmer nur einzubeziehen, wenn die Gesamtdauer der Entleihung sechs Monate übersteigt. Auch geben die Materialien keinen Aufschluss darüber, warum der Gesetzgeber die Mindesteinsatzdauer für die Anwendungsschwellen einführte.[695]

Objektiv betrachtet könnte man den Sinn der Mindesteinsatzdauer – ähnlich wie bei der Mindesteinsatzdauer in § 7 S. 2 BetrVG – mit der zunehmenden Integration des einzelnen Leiharbeitnehmers in das Unternehmen begründen. Das erscheint allerdings nicht angebracht, weil § 14 Abs. 2 S. 6 AÜG lediglich für die Anwendungsschwellenwerte gilt, die auf die Struktur des gesamten Unternehmens abstellen. Im Gegensatz zur Wahlberechtigung geht es nicht vorrangig um die Rechte des einzelnen Arbeitnehmers.

Man kann den Zweck des § 14 Abs. 2 S. 6 AÜG – in Annäherung an den im Rahmen der systematischen Auslegung diskutierten Zusammenhang mit dem Merkmal der regelmäßigen Beschäftigung – aber darin erblicken, dass Leiharbeitnehmer bei den wichtigen Anwendungsschwellen nur dann mitzählen sollen, wenn Unternehmen Leiharbeitnehmer entgegen der Kernfunktion der Leiharbeit nicht nur kurzfristig zur Abdeckung von Auftragsspitzen einsetzen.[696] Dem lässt sich zwar entgegenhalten, dass sich aus der Dauer der Überlassung nicht sicher auf einen missbräuchlichen Einsatz von Leiharbeitnehmern schließen lässt, zumal die Höchstüberlassungsdauer bei 18 Monaten liegt. Allerdings erscheint es auch möglich, die verschiedenen Fristen als ein abgestuftes System zur Verhinderung des dauerhaften Einsatzes von Leiharbeitnehmern zu verstehen. Das spricht für eine arbeitsplatzbezogene Betrachtungsweise, zumal dadurch Unternehmen, die im Grenzbereich zu einem Schwellenwert liegen, der Anreiz genommen werden könnte, mittels Einsatz von Leiharbeitnehmern unterhalb der Anwendungsschwelle des jeweiligen Gesetzes zu bleiben, weil bei einem individuellen Verständnis der Mindesteinsatzdauer eine Anrechnung der Leiharbeitnehmer dadurch vermieden werden kann, dass späte-

---

Stang, AuR 2015, 250; *Wank*, in: ErfK, 17. Aufl., § 1 AÜG Rn. 37d; *R. Zimmer*, AuR 2012, 422, 424.

694 *Schubert/Liese*, NZA 2016, 1297, 1302 f.

695 Darauf verweisen ebenfalls *Fuchs/Köstler/Pütz*, AG 2017, R104, R105; *dies.*, AiB 5/2017, 24 Fn. 5; *Oetker*, NZA 2017, 29, 33; *Schubert/Liese*, NZA 2016, 1297, 1302 f.

696 Ähnlich *Ulrici*, § 14 AÜG Rn. 42.

tens alle sechs Monate ein neuer Leiharbeitnehmer auf dem betreffenden Arbeitsplatz eingesetzt wird[697]. Diese Konsequenz ist für den einzelnen Leiharbeitnehmer besonders nachteilig, weil gemäß § 8 Abs. 4 S. 1 AÜG hinsichtlich des Arbeitsentgelts vom Gleichstellungsgrundsatz durch Tarifvertrag grundsätzlich für die ersten neun Monate einer Überlassung an einen Entleiher abgewichen werden kann.[698] Eine arbeitsplatzbezogene Betrachtungsweise stünde daher im Einklang mit dem in der Regierungsbegründung bekundeten Willen des Gesetzgebers,[699] Leiharbeit auf ihre Kernfunktion hin zu orientieren und die Funktion der Arbeitnehmerüberlassung als Instrument zur zeitlich begrenzten Deckung eines Arbeitskräftebedarfs zu schärfen sowie Missbrauch von Leiharbeit zu verhindern.[700]

Betrachtet man die Mindesteinsatzdauer lediglich als Konkretisierung des Merkmals der regelmäßigen Beschäftigung in dem Sinne, dass ein Arbeitsplatz, der innerhalb des Referenzzeitraums üblicherweise mit einem Stammarbeitnehmer und nur vorübergehend mit einem Leiharbeitnehmer besetzt ist, stets mitzuzählen ist, während ein Arbeitsplatz, auf dem innerhalb des Referenzzeitraums üblicherweise Leiharbeitnehmer beschäftigt werden, nur dann in die Schwellenwertberechnung einbezogen werden kann, wenn die jeweilige Einsatzdauer der Leiharbeitnehmer überwiegend länger als sechs Monate dauert, wird der Zweck des § 14 Abs. 2 S. 6 AÜG in sein Gegenteil verkehrt. Das liegt darin begründet, dass in diesem Fall bei einem dauerhaften Einsatz von Leiharbeitnehmern auf einem Arbeitsplatz höhere Anforderungen an die Berücksichtigung bei den Schwellenwerten gestellt werden als bei einem nur vorübergehenden Einsatz eines Leiharbeitnehmers anstelle eines sonst mit Stammarbeitnehmern besetzten Arbeitsplatzes. Die teleologische Auslegung spricht daher gegen eine entsprechende Differenzierung.

(4) Entstehungsgeschichte

Die Befürworter eines arbeitsplatzbezogenen Verständnisses der Mindesteinsatzdauer stützen sich im Rahmen der historischen Auslegung auf die Begründung des Regierungsentwurfs zu § 14 Abs. 2 S. 6 AÜG,[701] in der es heißt, der Einsatz von Leiharbeitnehmern sei im Rahmen der Schwellenwerte nur dann zu berücksichtigen, wenn „die Gesamtdauer der Entleihung sechs Monate übersteigt".[702] Für die Berechnung einer Gesamtdauer sei die Addition mehrerer Überlassungszeiträume

---

697 Das heben auch hervor *Aszmons/Homborg/Gerum*, GmbHR 2017, 130, 131 f.; *dies.*, DB 2017, 726, 732; *Deinert*, RdA 2017, 65, 81; *Neighbour/Schröder*, BB 2016, 2869, 2873; *Ulrici*, § 14 AÜG Rn. 42.

698 *Aszmons/Homborg/Gerum*, GmbHR 2017, 130, 132; *dies.*, DB 2017, 726, 732.

699 BT-Drucks. 18/9232, S. 1.

700 *Fuchs/Köstler/Pütz*, AG 2017, R104, R105; *dies.*, AiB 5/2017, 24, 25.

701 BT-Drucks. 18/9232, S. 30.

702 *Fuchs/Köstler/Pütz*, AG 2017, R104, R105; *dies.*, AiB 5/2017, 24, 25; *Kleinsorge*, in: WKS, § 1 DrittelbG Rn. 81c; *Wißmann*, in: WKS, § 1 MitbestG Rn. 41b.

nötig.[703] Eine Gesamtdauer kann sich allerdings auch dadurch ergeben, dass die Einsatzzeiten eines einzelnen Leiharbeitnehmers zusammengezählt werden. Hierzu enthält § 1 Abs. 1b S. 2 AÜG n.F. im Zusammenhang mit der Höchstüberlassungsdauer von 18 Monaten die Regelung, dass der Zeitraum vorheriger Überlassungen an denselben Entleiher vollständig anzurechnen ist, wenn zwischen den Einsätzen jeweils nicht mehr als drei Monate liegen. Aus diesem Grund kann die Erwähnung der Gesamtdauer in der Regierungsbegründung ebenso als Hinweis darauf verstanden werden, dass die Vorschrift des § 1 Abs. 1b S. 2 AÜG bei der Berechnung der Mindesteinsatzdauer Anwendung finden soll. Die Entstehungsgeschichte ist für die Frage des Bezugspunkts der Mindesteinsatzdauer daher unergiebig.

(5) Abwägung der Auslegungskriterien und Ergebnis

Sowohl dem Wortlaut als auch der Entstehungsgeschichte des § 14 Abs. 2 S. 6 AÜG lässt sich kein eindeutiges Auslegungsergebnis entnehmen. Die systematische Auslegung ist ebenfalls zweideutig: Die arbeitnehmerbezogen ausgestaltete Höchstüberlassungsdauer in § 1 Abs. 1b S. 1 AÜG spricht für ein individuelles Verständnis der Mindesteinsatzdauer, während der Zusammenhang mit dem Tatbestandsmerkmal „in der Regel" für eine arbeitsplatzbezogene Auslegung spricht, weil es bei den Anwendungsschwellen bisher nicht auf das Beschäftigungsverhältnis eines einzelnen Arbeitnehmers an einem bestimmten Stichtag ankommt. Das für eine arbeitsplatzbezogene Auslegung angeführte Argument des Gleichlaufs mit der Berücksichtigung von Leiharbeitnehmern bei den betriebsverfassungsrechtlichen Schwellenwerten vermag nicht zu überzeugen und ist daher im Ergebnis unerheblich. Der Zweck der Anwendungsschwellenwerte kann – wie die Systematik – sowohl für eine individuelle als auch für eine arbeitsplatzbezogene Interpretation ins Feld geführt werden. Der Telos des § 14 Abs. 2 S. 6 AÜG steht einer individualisierten Auslegung für den Fall entgegen, dass ein Arbeitsplatz dauerhaft mit wechselnden Leiharbeitnehmern besetzt wird, weil dies der Privilegierung des kurzfristigen Einsatzes von Leiharbeitnehmern zur Abdeckung von Auftragsspitzen zuwiderliefe und dazu genutzt werden könnte, die Anwendungsschwellenwerte der Mitbestimmungsgesetze nicht zu überschreiten. Das spricht sowohl gegen ein auf den einzelnen Leiharbeitnehmer bezogenes Verständnis als auch gegen die Einordnung des § 14 Abs. 2 S. 6 AÜG als Konkretisierung des Tatbestandsmerkmals der Regelbeschäftigung in dem Sinne, dass die Mindesteinsatzdauer nur für dauerhaft mit Leiharbeitnehmern besetzte Arbeitsplätze gilt.

Es stellt sich daher die Frage, ob man den verschiedenen Argumenten dadurch Rechnung tragen kann, dass man beide Interpretationsmöglichkeiten im Sinne einer vermittelnden Auslegung kombiniert. Dazu kommt in Betracht, grundsätzlich wie bei der Höchstüberlassungsdauer auf den einzelnen Leiharbeitnehmer abzustellen und lediglich ausnahmsweise entsprechend dem Grundanliegen der

---

703 *Fuchs/Köstler/Pütz*, AG 2017, R104, R105; *dies.*, AiB 5/2017, 24, 25; *Wißmann*, in: WKS, § 1 MitbestG Rn. 41b.

Reform, Missbrauch der Leiharbeit zu verhindern, eine arbeitsplatzbezogene Betrachtungsweise vorzunehmen, sofern ein Arbeitsplatz dauerhaft mit wechselnden Leiharbeitnehmern besetzt wird. Für eine solche Kombination spricht, dass auf diese Weise sowohl den Argumenten für eine individuelle als auch für eine arbeitsplatzbezogene Betrachtungsweise Rechnung getragen wird. Die durch § 14 Abs. 2 S. 6 AÜG intendierte Privilegierung kurzer Einsätze von Leiharbeitnehmern zur Abdeckung von Auftragsspitzen steht zudem einer individuellen Auslegung der Mindesteinsatzdauer nur bei einem dauerhaften Einsatz verschiedener Leiharbeitnehmer auf demselben Arbeitsplatz entgegen. Hinzu kommt, dass in diesem Fall das systematische Argument des Zusammenhangs mit dem individuellen Maßstab der Höchstüberlassungsdauer in § 1 Abs. 1b S. 1 AÜG insoweit an Gewicht verliert, als die Besetzung eines Arbeitsplatzes mit verschiedenen Leiharbeitnehmern zur Abdeckung eines dauerhaften Beschäftigungsbedarfs vielfach als Verstoß gegen die Richtlinie 2004/108/EG angesehen wird[704].

Im Hinblick auf das Merkmal der regelmäßigen Beschäftigung sei darauf hingewiesen, dass in den Fällen, in denen ein Stammarbeitsplatz nur ausnahmsweise bis zu sechs Monate mit einem Leiharbeitnehmer besetzt wird, eine Berücksichtigung bei der Anzahl der in der Regel beschäftigten Arbeitnehmer dennoch möglich

---

704 Stellungnahmen in der Sachverständigenanhörung des Ausschusses für Arbeit und Soziales: Ausschussdrucks. 18(11)761neu: DGB, Ausschussdrucks. 18(11)731, S. 9, 12 f.; WSI, Ausschussdrucks. 18(11)750, S. 59, 63 f.; *Düwell*, Ausschussdrucks. 18(11)760, S. 80, 81 sowie LAG Hannover 19.9.2012–17 TaBV 124/11, juris Rn. 30; LAG Stuttgart 22.11.2012–11 Sa 84/12, juris Rn. 57 ff.; LAG Berlin 19.12.2012, LAGE Nr. 17 zu § 99 BetrVG 2001 Rn. 34 ff.; LAG Berlin 9.1.2013, NZA-RR 2013, 234, 236 f.; LAG Berlin 10.4.2013, NZA-RR 2013, 527, 529 f.; LAG Berlin 19.7.2013–9 TaBV 749/13 und 9 TaBV 1089/13, juris Rn. 62; LAG Hamburg 29.8.2013–1 TaBV 3/13, juris Rn. 38; LAG Kiel 8.1.2014, LAGE Nr. 14 zu § 1 AÜG Rn. 39 ff.; LAG Hamburg 23.9.2014, LAGE Nr. 15 zu § 1 AÜG Rn. 42 ff.; LAG Kiel 6.7.2016–3 TaBV 9/16, juris Rn. 37 ff.; *Bartl/Romanowski*, NZA 2012, 845, 846; *T. Blanke*, Umsetzung, S. 103 f.; *Brors*, AuR 2013, 108, 112; *Brors/Schüren*, Gutachten MAIS NRW, S. 16 ff.; *dies.*, NZA 2014, 569, 570; *Deinert*, RdA 2014, 65, 71; *Düwell*, ZESAR 2011, 449 ff.; *Eder/Schuster*, AiB 4/2017, 27, 29; *Hamann*, EuZA 2009, 287, 310 ff.; *ders.*, RdA 2011, 321, 325; *ders.*, AP Nr. 33 zu § 1 AÜG; *ders.*, NZA 2015, 904, 905 (anders vom Ansatz her allerdings nunmehr *Hamann/Klengel*, EuZA 2017, 194, 201 f.); *Heup*, Fremdpersonal, S. 191 ff.; *Klueß*, AuR 2014, 321, 322; *Lorenz*, in: DHSW, § 1 AÜG Rn. 15; *Sansone*, Gleichstellung, S. 459 ff.; *Schüren/Fasholz*, NZA 2015, 1473, 1474; *Thüsing/Stiebert*, DB 2012, 632 ff.; *J. Ulber*, AiB 1/2017, 27; *ders.*, AuR 2017, 238 f.; *Ulber/Stang*, AuR 2015, 250; *R. Zimmer*, AuR 2012, 422, 423 f.; a.A. LAG Hamburg 4.9.2013, LAGE Nr. 11 zu § 1 AÜG Rn. 32; *Beck*, in: AR, § 1 AÜG Rn. 38; *Boemke*, in: Boemke/Lembke, § 1 AÜG Rn. 113; *Lembke*, DB 2011, 414, 415; *ders.*, BB 2012, 2497, 2500 f.; *Lembke/Ludwig*, NJW 2014, 1329, 1332; *Lipinski*, NZA 2013, 1245, 1246; *Ludwig*, BB 2013, 1276, 1279; *Rieble/Vielmeier*, EuZA 2011, 474, 486 ff.; *Sandmann/Marschall/Schneider*, § 1 AÜG Rn. 54; *Steinmeyer*, DB 2013, 2740, 2741; *Willemsen/Mehrens*, NZA 2015, 897, 898.

ist.[705] Dasselbe gilt auch für den umgekehrten Fall, dass der betreffende Leiharbeitnehmer gemäß § 14 Abs. 2 S. 6 AÜG mitzuzählen ist. Insoweit ist in einem zweiten Schritt anhand des Referenzzeitraums von 18–24 Monaten zu prüfen, ob das Merkmal „in der Regel" erfüllt ist. Ein Gleichlauf zwischen § 14 Abs. 2 S. 6 AÜG und der regelmäßigen Beschäftigung ergibt sich lediglich, wenn verschiedene Leiharbeitnehmer auf demselben Arbeitsplatz zur Abdeckung eines dauerhaften Beschäftigungsbedarfs eingesetzt werden. Das beruht darauf, dass es sich aufgrund des systematischen Zusammenhangs der Anwendungsschwellenwerte mit dem Merkmal „in der Regel" anbietet, zur Feststellung des Einsatzes von Leiharbeitnehmern zur Abdeckung eines dauerhaften Beschäftigungsbedarfs auf eben diesen Referenzzeitraum abzustellen.

Darüber hinaus stellt sich die Frage, wie sich die Kombination zwischen individualisierter und arbeitsplatzbezogener Auslegung in verfahrensrechtlicher Hinsicht auswirkt. Da sich die Mindesteinsatzdauer des § 14 Abs. 2 S. 6 AÜG nach hier vertretener Auffassung nur auf die Anwendungsschwellenwerte bezieht, wird dies lediglich in Statusverfahren nach §§ 98 f. AktG relevant. Gemäß § 99 Abs. 1 AktG ist auf das Statusverfahren das FamFG anzuwenden. Damit verbunden ist die Geltung des Amtsermittlungsgrundsatzes des § 26 FamFG,[706] der die Beteiligten indes nicht von der Verpflichtung enthebt, durch eingehende Tatsachendarstellung an der Aufklärung des Sachverhalts mitzuwirken (vgl. § 27 Abs. 1 FamFG)[707]. Die als Ausnahme eingeführte arbeitsplatzbezogene Auslegung führt daher nicht zu einer Beweislastumkehr, hat aber zur Folge, dass die Verfahrensbeteiligten für eine ihren Interessen entsprechende Entscheidung darlegen müssen, dass zwar einzelne Leiharbeitnehmer im Unternehmen nicht länger als sechs Monate eingesetzt werden, die entsprechenden Arbeitsplätze aber dauerhaft mit verschiedenen Leiharbeitnehmern besetzt sind.

Als Ergebnis bleibt festzuhalten, dass die Mindesteinsatzdauer grundsätzlich auf den einzelnen Leiharbeitnehmer zu beziehen ist. Eine Abweichung von dieser individuellen Betrachtungsweise ist nur geboten, wenn mit verschiedenen bis zu sechs Monaten eingesetzten Leiharbeitnehmern ein dauerhafter Beschäftigungsbedarf abgedeckt wird, der zudem nicht nur vorübergehend von Leiharbeitnehmern erfüllt wird.

---

705 *Schubert/Liese*, NZA 2016, 1297, 1303.

706 *Drygala*, in: Schmidt/Lutter, § 99 AktG Rn. 2; *Habersack*, in: Müko-AktG, § 99 AktG Rn. 12; *Henssler*, in: Henssler/Strohn, § 99 AktG Rn. 2; *Koch*, in: Hüffer/Koch, § 99 AktG Rn. 1, 3; *Mertens/Cahn*, in: KölnK-AktG, §§ 97–99 AktG Rn. 46; *Spindler*, in: Spindler/Stilz, § 99 AktG Rn. 5.

707 BGH 8.3.1955, BGHZ 16, 378, 383; BGH 3.11.1993, NJW 1994, 580, 581 (für echte Streitsachen der freiwilligen Gerichtsbarkeit); BGH 20.12.2006, NJW-RR 2007, 361, 362 (für echte Streitsachen der freiwilligen Gerichtsbarkeit); *Feskorn*, in: Zöller, § 27 FamFG Rn. 2 f.; *Sternal*, in: Keidel, § 26 FamFG Rn. 20.

c) *Berechnung der Mindesteinsatzdauer*

Versteht man die Mindesteinsatzdauer des § 14 Abs. 2 S. 6 AÜG nicht lediglich als Konkretisierung des Merkmals der regelmäßigen Beschäftigung, stellt sich im Rahmen der konkreten Berechnung sowohl bei einer arbeitsplatzbezogenen als auch bei einer auf den einzelnen Leiharbeitnehmer bezogenen Auslegung die Frage, ob der mit Leiharbeitnehmern besetzte Arbeitsplatz bzw. der betreffende Leiharbeitnehmer bereits länger als sechs Monate im Unternehmen vorhanden gewesen bzw. eingesetzt worden sein muss um mitzuzählen[708] oder ob es ausreicht, dass ein entsprechend langer Einsatz geplant ist[709].

Der Wortlaut von § 14 Abs. 2 S. 6 AÜG lässt beide Deutungen zu.[710] In systematischer Hinsicht spricht der Vergleich mit der Mindesteinsatzdauer in § 7 S. 2 BetrVG[711] dafür, eine geplante Einsatzdauer von länger als sechs Monaten genügen zu lassen, weil das Wahlrecht der überlassenen Arbeitnehmer ebenfalls ab dem ersten Einsatztag besteht.[712] Hinzu kommt, dass sich § 14 Abs. 2 S. 6 AÜG nur auf Schwellenwerte bezieht, bei denen es auf die Zahl der regelmäßig beschäftigten Arbeitnehmer ankommt. Dafür sind aber nicht die Verhältnisse an einem bestimmten Stichtag entscheidend, sondern es ist neben einem Rückblick auf die Beschäftigtenzahl in der Vergangenheit eine Prognose für die zukünftige Entwicklung der Arbeitnehmerzahl zu treffen.[713] Das spricht dafür, auch bei der Mindesteinsatzdauer des § 14 Abs. 2 S. 6 AÜG eine entsprechende Prognose ausreichen zu lassen.[714] Es genügt daher für die Berücksichtigung, wenn ein Einsatz von mehr als sechs Monaten geplant ist.

---

708 So für die individuelle Betrachtungsweise *Urban-Crell/Germakowski*, in: UCGBH, § 14 AÜG Rn. 80; wohl auch *Schubert/Liese*, NZA 2016, 1297, 1303.

709 So für die individuelle Betrachtungsweise *Bissels*, in: Henssler/Grau, § 5 Rn. 347; *Motz*, in: BeckOK-ArbR, § 14 AÜG Rn. 26; *Ulrici*, § 14 AÜG Rn. 43 sowie ohne Stellungnahme zum Bezugspunkt der Mindesteinsatzdauer *zu Dohna-Jaeger*, in: Ulber, § 14 AÜG Rn. 94d.

710 A.A. *Motz*, in: BeckOK-ArbR, § 14 AÜG Rn. 26, der die Auffassung vertritt, dass sich aus der Formulierung des § 14 Abs. 2 S. 6 AÜG ergebe, dass ein tatsächliches Überschreiten der Einsatzdauer nicht erforderlich sei sowie *Urban-Crell/Germakowski*, in: UCGBH, § 14 AÜG Rn. 80, die meinen, der Wortlaut des § 14 Abs. 2 S. 6 AÜG spreche dagegen, dass Leiharbeitnehmer bei prognostizierter Einsatzdauer von mehr als sechs Monaten ab dem ersten Einsatztag mitzuzählen seien.

711 Vgl. dazu oben § 4 B.

712 *Zu Dohna-Jaeger*, in: Ulber, § 14 AÜG Rn. 94d; *Ulrici*, § 14 AÜG Rn. 43.

713 MitbestG: BAG 4.11.2015, AP Nr. 2 zu § 9 MitbestG Rn. 36; *Henssler*, in: UHH, § 3 MitbestG Rn. 62; *Oetker*, in: ErfK, § 1 MitbestG Rn. 9; *Raiser*, in: RVJ, § 1 MitbestG Rn. 20; *Wißmann*, in: WKS, § 1 MitbestG Rn. 46. DrittelbG: OLG Saarbrücken 2.3.2016, ZIP 2016, 1286, 1287; *Kleinsorge*, in: WKS, § 1 DrittelbG Rn. 87; *Oetker*, in: ErfK, § 1 DrittelbG Rn. 26 i.V.m. § 1 MitbestG Rn. 9; *Seibt*, in: HWK, § 1 DrittelbG Rn. 11; *Veil*, in: RVJ, § 1 DrittelbG Rn. 16. Montan-MitbestG: *Wißmann*, in: WKS, § 1 Montan-MitbestG Rn. 16 i.V.m. § 1 MitbestG Rn. 46.

714 *Bissels*, in: Henssler/Grau, § 5 Rn. 347.

Soweit es auf die Überlassungsdauer des einzelnen Leiharbeitnehmers ankommt, ist des Weiteren zu klären, wie sich Unterbrechungen des Einsatzes auswirken. Damit sind allerdings nicht rein tatsächliche Einsatzunterbrechungen aufgrund von Urlaub oder Krankheit des Leiharbeitnehmers gemeint.[715] Teilweise wird die Ansicht vertreten, dass nach dem Rechtsgedanken des § 1 Abs. 1b S. 2 AÜG aufeinanderfolgende Einsätze zusammenzurechnen sind, wenn zwischen den Einsätzen jeweils nicht mehr als drei Monate liegen.[716] Demgegenüber soll nach einem Teil der Literatur eine Addition der Einsatzzeiten bereits bei kürzeren Unterbrechungen ausscheiden; die Höchstgrenze liege insoweit bei zwei Wochen.[717] Andere lehnen die Zusammenrechnung verschiedener Einsatzzeiten auch für verhältnismäßig kurze Unterbrechungen ab und wollen lediglich bei erwiesenem Rechtsmissbrauch gemäß § 242 BGB eine Addition vornehmen.[718]

Dem Wortlaut von § 14 Abs. 2 S. 6 AÜG lässt sich nicht entnehmen, wie Einsatzunterbrechungen zu behandeln sind.[719] Die systematische Auslegung spricht für einen Rückgriff auf die Regelung über Unterbrechungen der Überlassungshöchstdauer in § 1 Abs. 1b S. 2 AÜG.[720] Hinzu kommt, dass für die Berechnung der Einsatzdauer des § 7 S. 2 BetrVG nach hier vertretener Ansicht ebenfalls auf den Rechtsgedanken des § 1 Abs. 1b S. 2 AÜG zurückzugreifen ist[721]. In teleologischer Hinsicht ist indes der Auffassung, nach der bereits kürzere Unterbrechungen zu einem Neubeginn der Berechnung der Mindesteinsatzdauer führen, zuzugeben, dass die Hinnahme von bis zu dreimonatigen Unterbrechungen im Verhältnis zur Mindesteinsatzdauer von sechs Monaten relativ lang erscheint. Dem steht allerdings der Gewinn an Rechtssicherheit gegenüber, der sich aus dem Rückgriff auf die eindeutige Regelung des § 1 Abs. 1b S. 2 AÜG ergibt. Der historischen Auslegung lässt sich entnehmen, dass nicht jede Unterbrechung des Einsatzes zu einem Neubeginn der Mindesteinsatzdauer führen soll, weil Leiharbeitneh-

715 So für § 1 Abs. 1b S. 2 AÜG: *Hamann/Rudnik*, NZA 2017, 209, 210 f.; *Koch*, in: Schaub, § 120 Rn. 8; *Pütz*, DB 2017, 425, 427 f.; *J. Ulber*, in: Ulber, § 1 AÜG Rn. 271.

716 *Bissels*, in: Henssler/Grau, § 5 Rn. 347; *zu Dohna-Jaeger*, in: Ulber, § 14 AÜG Rn. 94d; *Löwisch/Wegmann*, BB 2017, 372, 377; *Oetker*, NZA 2017, 29, 33 f.; *ders.*, in: ErfK, § 1 MitbestG Rn. 7b; *Schubert/Liese*, NZA 2016, 1297, 1303.

717 *Ulrici*, § 14 AÜG Rn. 43; in diese Richtung auch *Motz*, in: BeckOK-ArbR, § 14 AÜG Rn. 27.

718 *Urban-Crell/Germakowski*, in: UCGBH, § 14 AÜG Rn. 80; in diese Richtung auch *Aszmons/Homborg/Gerum*, GmbHR 2017, 130, 131.

719 Ähnlich *Oetker*, NZA 2017, 29, 33.

720 *Bissels*, in: Henssler/Grau, § 5 Rn. 347; *zu Dohna-Jaeger*, in: Ulber, § 14 AÜG Rn. 94d; *Löwisch/Wegmann*, BB 2017, 372, 377; *Oetker*, NZA 2017, 29, 33; *Schubert/Liese*, NZA 2016, 1297, 1303; a.A. *Aszmons/Homborg/Gerum*, GmbHR 2017, 130, 131; *Urban-Crell/Germakowski*, in: UCGBH, § 14 AÜG Rn. 80, die darauf verweisen, dass die Berechnung der Mindesteinsatzdauer im Gegensatz zur Höchstüberlassungsdauer gerade nicht gesetzlich geregelt ist.

721 Vgl. dazu oben § 4 B.

mer nach der Regierungsbegründung zu § 14 Abs. 2 S. 6 AÜG nur dann in die Anwendungsschwellenwerte einzubeziehen sind, wenn die „Gesamtdauer der Entleihung“ sechs Monate übersteigt.[722] Insgesamt sprechen daher die besseren Argumente dafür, vorherige Überlassungen im Rahmen der Berechnung der Mindesteinsatzdauer des § 14 Abs. 2 S. 6 AÜG anzurechnen, wenn zwischen den Einsätzen jeweils nicht mehr als drei Monate liegen.

4. Teleologische Reduktion von § 14 Abs. 2 S. 5 AÜG

a) Möglichkeit einer teleologischen Reduktion

Gemäß § 14 Abs. 2 S. 5 AÜG sind Leiharbeitnehmer im Rahmen der Schwellenwerte der Mitbestimmungsgesetze auch im Entleiherunternehmen mitzuzählen. In den Begründungen der Referentenentwürfe heißt es dazu: „Die Entwicklung in der neueren Rechtsprechung aufgreifend wird gesetzlich klargestellt, dass Leiharbeitnehmerinnen und Leiharbeitnehmer bei den betriebsverfassungsrechtlichen und den für die Unternehmensmitbestimmung geltenden Schwellenwerten auch beim Entleiher zu berücksichtigen sind, soweit dies der Zielrichtung der jeweiligen Norm nicht widerspricht“.[723] In der Begründung des Regierungsentwurfs wird ebenfalls auf die Rechtsprechung verwiesen und ausgeführt, dass die Einbeziehung der Leiharbeitnehmer der am Normzweck orientierten Betrachtung entspreche, die das BAG mit seiner Entscheidung zur Berücksichtigung von wahlberechtigten Leiharbeitnehmern auf Stammarbeitsplätzen für den gesetzlichen Schwellenwert zur Art der Wahl bestätigt habe.[724]

In Anbetracht der fehlenden Erwähnung dieser Einschränkung im Gesetzeswortlaut wirft der Verweis auf die Rechtsprechung die Frage auf, ob § 14 Abs. 2 S. 5 AÜG teleologisch dahingehend zu reduzieren ist, dass Leiharbeitnehmer nicht mitzuzählen sind, soweit dies dem Zweck des jeweiligen Schwellenwerts widerspricht. In der Literatur wird – mit unterschiedlichen Konsequenzen – auf diese Diskrepanz zwischen Wortlaut und Regelungsanliegen des § 14 Abs. 2 S. 5 AÜG hingewiesen[725]

---

722 BT-Drucks. 18/9232, S. 30. Auf die Erwähnung der Gesamtdauer verweisen auch *Schubert/Liese*, NZA 2016, 1297, 1303.

723 1. RefE vom 16.11.2015, S. 13; 2. RefE vom 17.2.2016, S. 13; 3. RefE vom 14.4.2016, S. 13.

724 BT-Drucks. 18/9232, S. 29.

725 Dennoch für die Berücksichtigung von Leiharbeitnehmern bei allen Schwellenwerten: *Bissels*, in: Henssler/Grau, § 5 Rn. 343; *Bonanni*, ArbRB 2016, 122 (bzgl. der einheitlichen Regelung im RefE); *Bungert/Rogier*, DB 2016, 3022, 3025; *Motz*, in: BeckOK-ArbR, § 14 AÜG Rn. 22; *Schubert/Liese*, NZA 2016, 1297, 1302. Für die Berücksichtigung des Normzwecks der Schwellenwertregelung: *Hamann*, AuR 2016, 136, 141 (bzgl. der einheitlichen Regelung im RefE); *Oetker*, JbArbR 53 (2016), 47, 61 (bzgl. der einheitlichen Regelung im RefE); *ders.*, NZA 2017, 29, 32 f.; *Urban-Crell/Germakowski*, in: UCGBH, § 14 AÜG Rn. 70, 78; *Wank*, RdA 2017, 100, 115; *ders.*, in: ErfK, § 14 AÜG Rn. 31 f.; *Wißmann*, in: WKS, § 9 MitbestG Rn. 8a f. Noch offen,

und eine teleologische Reduktion für den Schwellenwert von § 9 Abs. 1 und 2 MitbestG dahingehend bejaht, dass bei diesem Schwellenwert nur wahlberechtigte Leiharbeitnehmer zu berücksichtigen seien[726].

Im Rahmen einer teleologischen Reduktion wird eine gesetzliche Regelung entgegen ihrem Wortlaut auf den ihr nach dem Sinnzusammenhang zugrundeliegenden Anwendungsbereich zurückgeführt.[727] Zu untersuchen ist daher, ob der Wortlaut des § 14 Abs. 2 S. 5 AÜG über seinen Regelungszweck hinausgeht. Nach der Formulierung von § 14 Abs. 2 S. 5 AÜG werden alle Vorschriften der Mitbestimmungsgesetze, die eine bestimmte Anzahl oder einen bestimmten Anteil an Arbeitnehmern voraussetzen, von der Regelung erfasst, ohne dass es auf den Zweck des jeweiligen Schwellenwerts ankäme.[728]

Dafür, dass der Wortlaut über den Zweck des § 14 Abs. 2 S. 5 AÜG hinausgeht, spricht in der Tat der Verweis der Gesetzesbegründung auf die normzweckorientierte Auslegung der Rechtsprechung. Andererseits ist in diesem Zusammenhang auch einzubeziehen, dass § 14 Abs. 2 S. 4 AÜG für die betriebsverfassungsrechtlichen Schwellenwerte § 112a BetrVG ausdrücklich ausnimmt, was man so verstehen könnte, dass der Gesetzgeber für alle übrigen Schwellenwertregelungen zu dem Schluss gelangt ist, dass ihr Normzweck der Berücksichtigung von Leiharbeitnehmern nicht widerspricht.[729] Für dieses Verständnis streitet, dass durch § 14 Abs. 2 S. 6 AÜG für bestimmte Schwellenwerte besondere Anforderungen für die Anrechnung der Leiharbeitnehmer aufgestellt werden. Des Weiteren wird

da bezogen auf den RefE: *Künzel/Schmid*, NZA 2016, 531, 534 f.; *Zimmermann*, BB 2016, 53, 56 f. Bzgl. § 14 Abs. 2 S. 4 AÜG für das Festhalten am Wortlaut: *Bissels*, in: Henssler/Grau, § 5 Rn. 338; *Jacobs*, in: GK-BetrVG, § 9 BetrVG Rn. 13 f. (jedenfalls für § 9 BetrVG keine telelogische Reduktion); *Motz*, in: BeckOK-ArbR, § 14 AÜG Rn. 17; *Weber*, in: GK-BetrVG, § 38 BetrVG Rn. 14 (jedenfalls für § 38 Abs. 1 S. 1, 2 BetrVG keine teleologische Reduktion); *Wiebauer*, in: Löwisch/Kaiser, § 7 BetrVG Rn. 26. Bzgl. § 14 Abs. 2 S. 4 AÜG für die Berücksichtigung des Normzwecks der Schwellenwertregelung: *Raab*, in: GK-BetrVG, § 7 BetrVG Rn. 111 ff.; *Urban-Crell/Germakowski*, in: UCGBH, § 14 AÜG Rn. 70; *Wank*, RdA 2017, 100, 115; *ders.*, in: ErfK, § 14 AÜG Rn. 31 f.

726 So *Wißmann*, in: WKS, § 9 MitbestG Rn. 8a f; im Ergebnis ebenso *Schubert/Liese*, NZA 2016, 1297, 1302; a.A. *Oetker*, in: ErfK, § 9 MitbestG Rn. 2; *ders.*, NZA 2017, 29, 31 f., 34 (anders allerdings noch *ders.*, JbArbR 53 (2016), 47, 61).

727 *Brandenburg*, Teleologische Reduktion, S. 2; *Larenz/Canaris*, Methodenlehre, S. 210 f.; *Zippelius*, Methodenlehre, S. 56.

728 *Urban-Crell*, in: UCGBH, § 14 AÜG Rn. 78; a.A. *Wank*, RdA 2017, 100, 115, der eine teleologische Interpretation für möglich hält.

729 *Oetker*, NZA 2017, 29, 31, der daraus im Ergebnis aber keinen Ausschluss einer teleologischen Reduktion herleitet; a.A. *Bissels*, in: Henssler/Grau, § 5 Rn. 343, der die Auffassung vertritt, der Gesetzgeber könne nur so verstanden werden, dass bei allen Schwellenwerten die normzweckorientierte Auslegung zur Berücksichtigung der Leiharbeitnehmer führt.

diese Sichtweise unterstützt durch die Begründung des Regierungsentwurfs[730] zu § 14 Abs. 2 S. 5 AÜG, wonach die Berücksichtigung der Leiharbeitnehmer bei den Schwellenwerten dem Zweck der jeweiligen Regelungen entspreche.[731] Für die einzelnen Schwellenwerte wird diese Behauptung allerdings nicht näher ausgeführt, sondern auf die wachsende Bedeutung der Leiharbeitnehmer verwiesen, die sich der Bedeutung von Stammarbeitnehmern annähere.[732] Es kann mithin bezweifelt werden, dass der Gesetzgeber tatsächlich für jeden Schwellenwert gesondert untersucht hat, ob die Einbeziehung von Leiharbeitnehmern dem Zweck des Schwellenwerts widerspricht, so dass im Folgenden für jeden Schwellenwert geprüft werden soll, ob eine teleologische Reduktion des § 14 Abs. 2 S. 5 AÜG erforderlich ist. Die dadurch entstehende Rechtsunsicherheit, die dem Ziel des Gesetzgebers, durch § 14 Abs. 2 S. 5 und 6 AÜG Rechtsklarheit zu schaffen,[733] widerspricht, muss dabei hingenommen werden.[734]

Darüber hinaus stellt sich aufgrund des Bezugs der Entscheidung des BAG zu § 9 Abs. 1 und 2 MitbestG auf Leiharbeitnehmer, die auf Stammarbeitsplätzen eingesetzt werden, die Frage, ob eine derartige Eingrenzung von § 14 Abs. 2 S. 5 AÜG erforderlich ist. Das gilt umso mehr vor dem Hintergrund, dass auch die soeben genannte Gesetzesbegründung[735] damit argumentiert, Leiharbeitnehmer seien heute teilweise ähnlich bedeutend für Unternehmen wie die Stammbelegschaft, so dass sie ebenso wie Stammarbeitnehmer in der Unternehmensmitbestimmung zu berücksichtigen seien.[736] Zur Beantwortung dieser Frage kommt es nicht auf den Sinn und Zweck der einzelnen Schwellenwerte an. Es ist vielmehr auf den Zusammenhang der Schwellenwerte mit dem Merkmal der regelmäßigen Beschäftigung abzustellen,[737] der bei allen Schwellenwerten vorhanden ist, bei denen die Wahlberechtigung des einzelnen Arbeitnehmers keine Rolle spielt. Durch dieses Erfordernis ist bereits sichergestellt, dass Leiharbeitnehmer nur mitgezählt werden, wenn durch sie ein dauerhafter Beschäftigungsbedarf abgedeckt wird, so dass eine Beschränkung auf Leiharbeitnehmer, die auf Stammarbeitsplätzen eingesetzt werden, nicht erforder-

730 BT-Drucks. 18/9232, S. 29.

731 *Bungert/Rogier*, DB 2016, 3022, 3025; in diese Richtung auch *Ulrici*, § 14 AÜG Rn. 35, der eine teleologische Reduktion ablehnt, weil dadurch die eigene Entscheidung des Gesetzgebers ignoriert würde.

732 BT-Drucks. 18/9232, S. 29 f.

733 BT-Drucks. 18/9232, S. 17.

734 Kritisch gegenüber dem Verweis auf die Rechtsklarheit bzgl. § 14 Abs. 2 S. 4 AÜG auch *Raab*, in: GK-BetrVG, § 7 BetrVG Rn. 112; a.A. *Bungert/Rogier*, DB 2016, 3022, 3025; *Motz*, in: BeckOK-ArbR, § 14 AÜG Rn. 22, 17, die das Ziel des Gesetzgebers, Rechtsklarheit zu schaffen, als Argument gegen eine teleologische Reduktion anführen; ebenso bzgl. § 14 Abs. 2 S. 4 AÜG *Jacobs*, in: GK-BetrVG, § 9 BetrVG Rn. 14. In diese Richtung auch *zu Dohna-Jaeger*, in: Ulber, § 14 AÜG Rn. 94c.

735 BT-Drucks. 18/9232, S. 29 f.

736 *Oetker*, NZA 2017, 29, 32.

737 *Oetker*, NZA 2017, 29, 32.

lich ist.[738] Soweit die Schwellenwerte auf eine bestimmte Anzahl oder einen bestimmten Anteil an wahlberechtigten Arbeitnehmern abstellen, ist eine Begrenzung auf die Zurechnung von Leiharbeitnehmern, die auf Stammarbeitsplätzen eingesetzt werden, ebenfalls nicht gerechtfertigt. Das beruht darauf, dass nicht die für den einzelnen Leiharbeitnehmer zufällige und von ihm nicht beeinflussbare Tatsache, ob er auf einem Stammarbeitsplatz beschäftigt wird, darüber entscheiden darf, ob ihm auch die weiteren mit der Wahlberechtigung verbundenen Rechte zustehen.

b) Betrachtung der einzelnen Schwellenwerte

aa) MitbestG

(1) Anwendungsschwellenwert (§ 1 Abs. 1 Nr. 2 MitbestG)

Gemäß § 1 Abs. 1 Nr. 2 MitbestG beschränkt sich der Anwendungsbereich des MitbestG auf Unternehmen, die in der Regel mehr als 2 000 Arbeitnehmer beschäftigen. Der Schwellenwert soll dafür sorgen, dass nur Unternehmen dem MitbestG unterworfen werden, die über eine ausreichend differenzierte Organisation verfügen, an der die Mitbestimmung ansetzen kann.[739] Hintergrund dessen ist der Gedanke, dass erst bei Unternehmen entsprechender Größe eine Anonymisierung und Bürokratisierung eintritt, die durch die Beteiligung der Arbeitnehmer im Aufsichtsrat abgemildert werden soll. Für die Entstehung entsprechender Strukturen spielt es keine Rolle, ob die Beschäftigten zur Stammbelegschaft gehören; vielmehr tragen grundsätzlich auch Leiharbeitnehmer aufgrund ihrer Eingliederung in den Betrieb zur Entstehung solcher Strukturen bei.[740]

Darüber hinaus könnte man darauf abstellen, dass durch die Unternehmensmitbestimmung ein Ausgleich für die Weisungsgebundenheit der Arbeitnehmer geschaffen werden sollte. Eine solche Verknüpfung mit dem Ziel der Mitbestimmung selbst entfernt sich allerdings vom eigentlichen Zweck des Schwellenwerts und steht daher nicht mit dem Gedanken in Einklang, dass eine teleologische Reduktion nur insoweit in Betracht kommt, als der Zweck des *einzelnen* Schwellenwerts der Berücksichtigung von Leiharbeitnehmern widerspricht. Die Grundentscheidung des Gesetzgebers für eine Einbeziehung der Leiharbeitnehmer ist zu respektieren. Aus diesem Grund kommt es auch nicht darauf an, inwieweit die Interessen der Leiharbeitnehmer von den unternehmerischen Entscheidungen ebenso wie diejenigen der Stammbelegschaft betroffen sind.

Es stellt sich – in Anlehnung an den Beschluss des BAG zu § 9 Abs. 1 und 2 MitbestG – aber die Frage, ob lediglich die Einbeziehung von wahlberechtigten

---

738 *Oetker*, NZA 2017, 29, 32; im Ergebnis ebenso: *ders.*, in: ErfK, § 1 MitbestG Rn. 7b; *Ulrici*, § 14 AÜG Rn. 35.

739 Vgl. dazu § 2 B. I. 1. b).

740 *Schubert/Liese*, NZA 2016, 1297, 1302, 1301; im Ergebnis ebenso *Oetker*, NZA 2017, 29, 34. Bereits vor der Einführung des § 14 Abs. 2 S. 5 AÜG: *Hay/Grüneberg*, NZA 2014, 814, 815, 817 f.; *Krause*, ZIP 2014, 2209, 2216.

Leiharbeitnehmern berechtigt ist. Eine solche Beschränkung ist allerdings nicht angezeigt, weil es nach dem Zweck des Schwellenwerts nicht auf die Interessenbetroffenheit des einzelnen Leiharbeitnehmers, sondern auf die Struktur des Unternehmens insgesamt ankommt.[741] Für den Schwellenwert in § 1 Abs. 1 Nr. 2 MitbestG ist demnach keine teleologische Reduktion des § 14 Abs. 2 S. 5 AÜG vorzunehmen.

(2) Arbeitnehmerzurechnung bei der Kapitalgesellschaft und Co. KG (§ 4 Abs. 1 S. 1 MitbestG)

Gemäß § 4 Abs. 1 S. 1 MitbestG gelten die Arbeitnehmer einer Kommanditgesellschaft unter bestimmten Voraussetzungen als Arbeitnehmer der Komplementärgesellschaft, sofern diese nicht über einen eigenen Geschäftsbetrieb mit in der Regel mehr als 500 Arbeitnehmern verfügt. Durch den Schwellenwert soll sichergestellt werden, dass eine Zurechnung der Arbeitnehmer nur erfolgt, wenn der persönlich haftende Gesellschafter nicht über einen nennenswerten eigenen Geschäftsbetrieb verfügt, sondern sich auf die Führung der Geschäfte der Kommanditgesellschaft konzentriert.[742] Entscheidend ist also, ob die Arbeitnehmer den eigenen Unternehmenszweck der Komplementärgesellschaft fördern. Das kann aber auch bei Leiharbeitnehmern der Fall sein, so dass ebenso wie bei allen Arbeitnehmern darauf abzustellen ist, ob sie für den eigenen Geschäftsbetrieb des persönlich haftenden Gesellschafters tätig werden.

Eine Beschränkung des § 14 Abs. 2 S. 5 AÜG auf wahlberechtigte Leiharbeitnehmern ist ebenfalls nicht gerechtfertigt, weil es nach dem Hintergrund des Schwellenwerts nicht auf die Rechtsstellung des einzelnen Arbeitnehmers ankommt, sondern auf dessen Tätigkeit für den eigenen Geschäftsbetrieb der Komplementärgesellschaft.[743] Eine teleologische Reduktion ist für den Schwellenwert in § 4 Abs. 1 S. 1 MitbestG daher nicht nötig.

(3) Größe des Aufsichtsrats (§ 7 Abs. 1 S. 1 MitbestG)

Gemäß § 7 Abs. 1 S. 1 MitbestG hängt die Größe des Aufsichtsrats von der Anzahl der in der Regel beschäftigten Arbeitnehmer des Unternehmens ab. Die Staffelung der Zahl der Aufsichtsratsmitglieder nach der Zahl der Arbeitnehmer soll verhindern, dass kleinere Unternehmen einen unangemessen großen Aufsichtsrat erhalten.[744] Das knüpft zunächst an die mit einem größeren Aufsichtsrat verbundenen höheren finanziellen Belastungen an. Für die Bestimmung der wirtschaftlichen Leistungsfähigkeit des Unternehmens spielt es keine entscheidende

---

741 Im Ergebnis ebenso *Motz*, in: BeckOK-ArbR, § 14 AÜG Rn. 23; *Oetker*, NZA 2017, 29, 31 f.; *ders.*, in: ErfK, § 1 MitbestG Rn. 7b.

742 Vgl. dazu oben § 2 B. I. 2.

743 Im Ergebnis ebenso *Motz*, in: BeckOK-ArbR, § 14 AÜG Rn. 23; *Oetker*, NZA 2017, 29, 31 f.

744 Vgl. dazu oben § 2 B. I. 3.

Rolle, ob das Unternehmen für seine Tätigkeit auf eigene Arbeitnehmer oder auf Leiharbeitnehmer zurückgreift.[745] Das ergibt sich daraus, dass das entleihende Unternehmen den Leiharbeitnehmern zwar kein Arbeitsentgelt zahlt, ihm aufgrund der Zahlung an den Verleiher aber gleichwohl personenbezogene Personalkosten entstehen.[746]

Daneben spielt auch der Zusammenhang zwischen der Anzahl der Arbeitnehmer des Unternehmens und der Arbeitsbelastung des Aufsichtsrats für den Schwellenwert eine Rolle. In der Literatur wird – und wurde bereits vor der Einführung von § 14 Abs. 2 S. 5 AÜG – damit argumentiert, dass sich mit steigender Arbeitnehmerzahl die Arbeitsbelastung des Aufsichtsrats erhöhe, weil der allgemeine organisatorische Aufwand steige und die zu behandelnden Angelegenheiten komplexer seien.[747] Dem ist grundsätzlich zuzustimmen, auch wenn der Zusammenhang von den Gegebenheiten im einzelnen Unternehmen abhängt. Die Berichtspflicht des Vorstands über die Personalplanung in § 90 Abs. 1 S. 1 Nr. 1 AktG verdeutlicht aber das Bestehen einer grundsätzlichen Verbindung mit dem Arbeitsaufwand für den Aufsichtsrat.[748] Nicht erforderlich erscheint es demgegenüber, dass die Arbeitsbelastung des Aufsichtsrats gerade durch die Beschäftigung von Leiharbeitnehmern steigt.[749] Es ist vielmehr ausreichend, dass Leiharbeitnehmer den Tätigkeitsumfang des Aufsichtsrats ebenso steigern wie Stammarbeitnehmer.

Da § 7 Abs. 1 S. 1 MitbestG die Anzahl der Arbeitnehmer des Unternehmens mit der Anzahl der Aufsichtsratsmitglieder verknüpft, können die Arbeitnehmer in absoluten Zahlen mehr Arbeitnehmervertreter in den Aufsichtsrat entsenden, was die Chancen verbessert, die heterogenen Interessen innerhalb der Belegschaft innerhalb des Aufsichtsrats abzubilden.[750] Dieser Zusammenhang lässt sich ebenfalls für die Berücksichtigung von Leiharbeitnehmern fruchtbar machen,[751] weil die Leiharbeitnehmer einen eigenen Wahlvorschlag aufstellen können. Dabei muss allerdings berücksichtigt werden, dass Leiharbeitnehmer selbst gemäß § 14 Abs. 2 S. 1 AÜG nicht wählbar sind. Das begrenzt die Erfolgsaussichten eines Wahlvorschlags nur der Leiharbeitnehmer, zumal die Anzahl der Leiharbeitnehmer im betreffenden Unternehmen nicht so hoch sein dürfte, dass allein ihre Stimmen ausreichen, um ein Mandat zu erringen. Dieser Aspekt sollte daher nicht überbewertet werden, steht der Einbeziehung von Leiharbeitnehmern aber auch nicht entgegen, so dass jedenfalls ein vollständiger Ausschluss von Leiharbeitnehmern ausscheidet.

---

745 Ebenso BAG 18.10.2011, AP Nr. 70 zu § 111 BetrVG 1972 Rn. 19 in Bezug auf § 111 S. 1 BetrVG.

746 Ebenso BAG 18.10.2011, AP Nr. 70 zu § 111 BetrVG 1972 Rn. 19 in Bezug auf § 111 S. 1 BetrVG.

747 *Hay/Grüneberg*, NZA 2014, 814, 819; *Schubert/Liese*, NZA 2016, 1297, 1302; *Wißmann*, in: WKS, § 7 MitbestG Rn. 5 f.

748 *Krause*, ZIP 2014, 2209, 2217.

749 So aber wohl *Krause*, ZIP 2014, 2209, 2217.

750 *Krause*, ZIP 2014, 2209, 2217.

751 *Krause*, ZIP 2014, 2209, 2217.

Darüber hinaus kommt eine Beschränkung auf wahlberechtigte Leiharbeitnehmer nicht in Betracht, weil sich die Schwellenwerte in § 7 Abs. 1 S. 1 MitbestG auf die Struktur des Unternehmens an sich und nicht auf die Integration des einzelnen Arbeitnehmers in das Unternehmen beziehen.[752] Eine teleologische Reduktion des § 14 Abs. 2 S. 5 AÜG ist für die Schwellenwerte in § 7 Abs. 1 S. 1 MitbestG somit nicht angezeigt.[753]

(4) Wahlverfahrensvorschriften

(a) Art der Wahl (§ 9 Abs. 1 und 2 MitbestG)

Die Regelwahlart hängt gemäß § 9 Abs. 1 und 2 MitbestG von der Anzahl der im Unternehmen beschäftigten Arbeitnehmer ab: Sind im Unternehmen in der Regel mehr als 8 000 Arbeitnehmer beschäftigt, findet grundsätzlich eine Delegiertenwahl statt, während bei Unternehmen mit in der Regel nicht mehr als 8 000 Arbeitnehmern die Arbeitnehmervertreter grundsätzlich im Wege der unmittelbaren Wahl bestimmt werden. Da die wahlberechtigten Arbeitnehmer jeweils die Durchführung der Wahl in anderer Wahlart beschließen können, wird § 14 Abs. 2 S. 5 AÜG teilweise im Wege einer teleologischen Reduktion auf die Einbeziehung von wahlberechtigten Leiharbeitnehmern beschränkt.[754]

Diese Argumentation stimmt insofern mit dem Beschluss des BAG zu § 9 Abs. 1 und 2 MitbestG überein, als das BAG darauf abstellte, dass es aufgrund der Wertentscheidung des § 9 MitbestG, wonach die Wahlberechtigten über die Art der Wahl entscheiden sollen, ausgeschlossen sei, wahlberechtigte Personen bei dem Schwellenwert in § 9 Abs. 1 und 2 MitbestG nicht zu berücksichtigen[755]. In diesem Zusammenhang ist allerdings darauf hinzuweisen, dass das BAG nicht darüber zu entscheiden hatte, ob nicht wahlberechtigte Leiharbeitnehmer im Rahmen des Schwellenwerts von § 9 Abs. 1 und 2 MitbestG mitzuzählen sind, weil die Arbeitnehmer des betroffenen Unternehmens beantragt hatten, dem Hauptwahlvorstand aufzugeben, die Wahl im Wege der unmittelbaren Wahl durchzuführen, der Schwellenwert von mehr als 8 000 Arbeitnehmern aber bereits durch die Einbeziehung nur der wahlberechtigten Leiharbeitnehmer auf Stammarbeitsplätzen überschritten

---

752 Im Ergebnis ebenso *Motz*, in: BeckOK-ArbR, § 14 AÜG Rn. 23; *Oetker*, NZA 2017, 29, 31 f.

753 Im Ergebnis ebenso *Oetker*, NZA 2017, 29, 34; *Schubert/Liese*, NZA 2016, 1297, 1302; *Wißmann*, in: WKS, § 7 MitbestG Rn. 5a.

754 So *Wißmann*, in: WKS, § 9 MitbestG Rn. 8a f; im Ergebnis ebenso *Schubert/Liese*, NZA 2016, 1297, 1302; a.A. *Motz*, in: BeckOK-ArbR, § 14 AÜG Rn. 23; *Oetker*, in: ErfK, § 9 MitbestG Rn. 2; *ders.*, NZA 2017, 29, 31 f., 34 (anders allerdings noch *ders.*, JbArbR 53 (2016), 47, 61). In diese Richtung bereits vor der Einführung des § 14 Abs. 2 S. 5 AÜG: *Krause*, ZIP 2014, 2209, 2216; *Hay/Grüneberg*, NZA 2014, 814, 819 f.

755 BAG 4.11.2015, AP Nr. 2 zu § 9 MitbestG Rn. 33.

wurde.[756] Neben diesem formellen Einwand spricht die Argumentation des BAG auch inhaltlich nicht für eine solche Eingrenzung, weil sie sich auf die Feststellung beschränkt, dass alle Wahlberechtigten im Rahmen von § 9 Abs. 1 und 2 MitbestG mitgezählt werden sollen, aber nicht begründet, warum nur Wahlberechtigte berücksichtigt werden sollten. Ersteres ist aber in aller Regel ebenso gewährleistet, wenn diejenigen Leiharbeitnehmer berücksichtigt werden, die den regelmäßigen Beschäftigungsstand des Unternehmens widerspiegeln. Es wurde bereits dargelegt, dass in Anbetracht des eindeutigen Wortlauts von § 9 Abs. 1 und 2 MitbestG alle regelmäßig Beschäftigten ohne Rücksicht auf ihre Wahlberechtigung einzubeziehen sind.[757] Für Leiharbeitnehmer kann insoweit nichts anderes gelten.[758]

Die Berücksichtigung von Leiharbeitnehmern widerspricht zudem – auch nach Auffassung des BAG – nicht der Zweckbestimmung des § 9 Abs. 1 und 2 MitbestG, weil es insoweit nicht darauf ankommt, ob die mitzuzählenden Arbeitnehmer zur Stammbelegschaft gehören oder als Leiharbeitnehmer im Unternehmen beschäftigt werden.[759] Durch die mittelbare Wahl in größeren Unternehmen bzw. Konzernen soll die Wahl transparenter gestaltet werden und den Belegschaften kleinerer Betriebe und abhängiger Unternehmen eine effektive Einflussnahme auf die Wahl ermöglicht werden, indem deren Arbeitnehmer zumindest ihnen bekannte Delegierte wählen.[760] In kleineren Unternehmen besteht dagegen die Möglichkeit, dass die Kandidaten für ein Aufsichtsratsmandat der Belegschaft bereits bekannt sind oder zumindest durch Vorstellungsrunden bekannt gemacht werden können. Zwar könnte man eine Beschränkung auf wahlberechtigte Leiharbeitnehmer mit der Begründung erwägen, dass nur diese eine Wahlentscheidung treffen müssen, so dass es lediglich auf sie ankommt. Dem steht allerdings entgegen, dass auch nicht wahlberechtigte Leiharbeitnehmer zu anonymeren Strukturen im Unternehmen bzw. Konzern beitragen, die dazu führen, dass Kandidaten aus kleineren Betrieben oder abhängigen Unternehmen nur eine sehr geringe Chance haben, ein Aufsichtsratsmandat zu erlangen. Der Schwellenwert in § 9 Abs. 1 und 2 MitbestG bezieht sich also auf das grundsätzliche Organisationsgefüge im Unternehmen, zu dem alle Leiharbeitnehmer unabhängig von ihrer Wahlberechtigung beitragen.[761] Eine teleologische Reduktion des § 14 Abs. 2 S. 5 AÜG ist für den Schwellenwert in § 9 Abs. 1 und 2 MitbestG daher insgesamt nicht erforderlich.

---

756 Vgl. BAG 4.11.2015, AP Nr. 2 zu § 9 MitbestG Rn. 3, 7. In der entsprechenden Pressemitteilung Nr. 52/15 heißt es daher, dass *jedenfalls* wahlberechtigte Leiharbeitnehmer auf Stammarbeitsplätzen mitzuzählen sind.

757 Oben § 2 B. I. 4 a. E.

758 *Oetker*, in: ErfK, § 9 MitbestG Rn. 2; *ders.*, NZA 2017, 29, 34.

759 So bereits vor der Einführung des § 14 Abs. 2 S. 5 AÜG: BAG 4.11.2015, AP Nr. 2 zu § 9 MitbestG Rn. 35; *Schubert/Liese*, NZA 2016, 1297, 1299.

760 Vgl. dazu und zu den folgenden Ausführungen § 2 B. I. 4.

761 So bereits vor der Einführung des § 14 Abs. 2 S. 5 AÜG: *Schubert/Liese*, NZA 2016, 1297, 1299.

(b) Sonstige Wahlverfahrensvorschriften

Das MitbestG enthält zudem verschiedene Wahlverfahrensvorschriften mit Schwellenwerten, die sich auf eine bestimmte Anzahl oder einen bestimmten Anteil von wahlberechtigten Arbeitnehmern beziehen: § 9 Abs. 3 S. 1 und 3 (Abstimmung über die Art der Wahl), § 11 Abs. 1 S. 1 (Zahl der Delegierten), § 12 Abs. 1 S. 2 (Wahlvorschläge für Delegierte), § 15 Abs. 2 S. 2 (Wahlvorschläge für Aufsichtsratsmitglieder der Arbeitnehmer), § 21 Abs. 2 S. 1 Nr. 1 (Anfechtung der Wahl von Delegierten), § 22 Abs. 2 S. 1 Nr. 1 (Anfechtung der Wahl von Aufsichtsratsmitgliedern der Arbeitnehmer) und § 23 Abs. 1 S. 2 Nr. 1 und 2 (Abberufung von Aufsichtsratsmitgliedern der Arbeitnehmer). Mit Ausnahme von § 11 Abs. 1 S. 1 MitbestG gewähren die genannten Vorschriften den wahlberechtigten Arbeitnehmern zusätzliche Rechte, die als Annex zum aktiven Wahlrecht jedem Wahlberechtigten zustehen sollten. Aus diesem Grund kommt für die genannten Normen eine teleologische Reduktion des § 14 Abs. 2 S. 5 AÜG nicht in Betracht, weil der Gesetzgeber in § 10 Abs. 2 S. 2 MitbestG und § 18 S. 2 MitbestG i.V.m. § 7 S. 2 BetrVG die Voraussetzungen für die Wahlberechtigung von Leiharbeitnehmern abschließend festgelegt hat. Durch § 11 Abs. 1 S. 1 MitbestG, wonach auf je 90 wahlberechtigte Arbeitnehmer ein Delegierter entfällt, werden den wahlberechtigten Arbeitnehmern zwar keine Rechte gewährt. Die Vorschrift stellt aber sicher, dass jedem Betrieb auf der Delegiertenversammlung der Einfluss zusteht, der seiner zahlenmäßigen Größe entspricht. Um diese Stimmenverteilung einzuhalten, muss auch hier jeder Wahlberechtigte mitzählen.

bb) DrittelbG

Gemäß § 1 Abs. 1 DrittelbG gilt die Drittelbeteiligung der Arbeitnehmer im Aufsichtsrat grundsätzlich nur für Unternehmen mit mehr als 500 Arbeitnehmern. Ähnlich wie bei der entsprechenden Regelung in § 1 Abs. 1 Nr. 2 MitbestG sollen durch den Schwellenwert nur Unternehmen vom DrittelbG erfasst werden, bei denen aufgrund ihrer Größe der persönliche Kontakt zwischen der Belegschaft und den Unternehmern nicht mehr in ausreichendem Maße gegeben ist.[762] Zur Entstehung entsprechender Strukturen tragen Leiharbeitnehmer ebenfalls bei, so dass ihre Berücksichtigung nicht dem Zweck des Schwellenwerts widerspricht.[763] Ebenso wie bei § 1 Abs. 1 Nr. 2 MitbestG kommt es im Rahmen dieser Zweckbetrachtung nicht darauf an, inwieweit Leiharbeitnehmer von den unternehmerischen Entscheidungen wie die Stammbelegschaft betroffen sind.

Auch eine teleologische Reduktion im Sinne einer Begrenzung auf die Einbeziehung von wahlberechtigten Leiharbeitnehmern kommt nicht in Betracht, weil es für den Zweck des Schwellenwerts nicht darauf ankommt, wie lange der einzelne Leiharbeitnehmer im Unternehmen beschäftigt wird, sondern darauf, dass überhaupt

---

762 Vgl. hierzu § 2 B. II. 1. a).

763 Im Ergebnis ebenso *Oetker*, NZA 2017, 29, 34.

eine entsprechende Anzahl an Arbeitnehmern im Unternehmen beschäftigt ist.[764] Eine teleologische Reduktion des § 14 Abs. 2 S. 5 AÜG ist für § 1 Abs. 1 DrittelbG somit nicht angezeigt.

cc) Montan-MitbestG

Das Montan-MitbestG enthält nur in § 1 Abs. 2 eine Schwellenwertregelung. Nach dieser Vorschrift findet das Montan-MitbestG nur auf Unternehmen Anwendung, die in der Regel mehr als 1 000 Arbeitnehmer beschäftigen. Hintergrund des Schwellenwerts sind einerseits die mit der Mitbestimmung verbundenen finanziellen Belastungen, die nur von ausreichend großen Unternehmen getragen werden können, sowie andererseits die fehlende Notwendigkeit einer institutionalisierten Mitbestimmung in kleineren Unternehmen.[765] Für die Bestimmung der wirtschaftlichen Leistungsfähigkeit eines Unternehmens kommt es aufgrund der in beiden Fällen entstehenden personenbezogenen Personalkosten nicht entscheidend darauf an, ob die Arbeitsplätze mit eigenen Arbeitnehmern oder mit Leiharbeitnehmern besetzt sind.[766] Der zweite Aspekt zielt wiederum auf die Strukturveränderungen, die sich mit zunehmender Unternehmensgröße ergeben. Ebenso wie im Geltungsbereich des MitbestG und des DrittelbG ist hier festzuhalten, dass auch Leiharbeitnehmer zu einem anonymeren Klima im Unternehmen beitragen. Beide Aspekte streiten daher für eine Berücksichtigung der Leiharbeitnehmer im Rahmen des Schwellenwerts.

Darüber hinaus scheidet eine Begrenzung auf wahlberechtigte Leiharbeitnehmer aus, weil Leiharbeitnehmer im Geltungsbereich des Montan-MitbestG – ebenso wie alle anderen Arbeitnehmer – selbst nicht berechtigt sind, die Arbeitnehmervertreter im Aufsichtsrat zu wählen.[767] Die entsprechenden Aufsichtsratsmitglieder werden vielmehr gemäß § 6 Montan-MitbestG von den Betriebsräten der Betriebe des Unternehmens verbindlich vorgeschlagen. Allein die Tatsache, dass Leiharbeitnehmer nach § 7 S. 2 BetrVG nur dann berechtigt sind, an der Betriebsratswahl teilzunehmen, wenn sie länger als drei Monate im Betrieb eingesetzt werden, rechtfertigt es nicht, sie nur dann einzubeziehen, wenn sie wahlberechtigt sind, zumal es eine solche Einschränkung für die übrigen Arbeitnehmer nicht gibt. Zudem dient der Schwellenwert in § 1 Abs. 2 Montan-MitbestG wie die anderen Eingangsschwellenwerte dazu, Unternehmen mit einer bestimmten Struktur zu erfassen, wofür die Wahlberechtigung des einzelnen Arbeitnehmers keine Rolle spielt. Eine teleologische Reduktion des § 14 Abs. 2 S. 5 AÜG ist für den Anwendungsschwellenwert des Montan-MitbestG daher insgesamt nicht erforderlich.

---

764 Im Ergebnis ebenso *Motz*, in: BeckOK-ArbR, § 14 AÜG Rn. 23; *Oetker*, NZA 2017, 29, 31 f.

765 Vgl. dazu oben § 2 B. III. 3. und 4.

766 Ebenso BAG 18.10.2011, AP Nr. 70 zu § 111 BetrVG 1972 Rn. 19 in Bezug auf § 111 S. 1 BetrVG.

767 Im Ergebnis ebenso *Motz*, in: BeckOK-ArbR, § 14 AÜG Rn. 23; *Oetker*, NZA 2017, 29, 31 f.

c) *Ergebnis*

Als Ergebnis bleibt damit festzuhalten, dass die Einbeziehung der Leiharbeitnehmer für keine der untersuchten Vorschriften dem Sinn und Zweck des Schwellenwerts widerspricht. Eine teleologische Reduktion scheidet somit aus.

5. *Analoge Anwendung von § 14 Abs. 2 S. 5 und 6 AÜG*

a) *Nichtwirtschaftliche Überlassung von Arbeitnehmern*

Da § 14 Abs. 2 S. 5 und 6 AÜG auf Arbeitnehmerüberlassungen, die nicht im Rahmen einer wirtschaftlichen Tätigkeit des Verleihers erfolgen, keine Anwendung findet,[768] stellt sich die Frage, ob § 14 Abs. 2 S. 5 und 6 AÜG auf diese Art der Überlassung analog anzuwenden ist. Erste Stimmen zur Neuregelung beurteilen dies unterschiedlich. So wird teilweise unter Hinweis auf die weithin anerkannte analoge Anwendung von § 14 Abs. 2 S. 1–3 AÜG auf die nichtwirtschaftliche Überlassung[769] ausdrücklich eine entsprechende Anwendung befürwortet.[770] Von anderer Seite wird – ohne Erwähnung einer entsprechenden Anwendung – auf die nur geringen Unterschiede zwischen echter Leiharbeit (im Sinne einer nichtwirtschaftlichen Überlassung) und Arbeitnehmerüberlassung nach dem AÜG verwiesen, die eine unterschiedliche Behandlung nicht rechtfertige, so dass auch diese Arbeitnehmer

---

768 Vgl. dazu oben § 4 C. IV. 1.

769 Für § 14 Abs. 2 S. 1 AÜG bezogen auf das MitbestG: *Wißmann*, in: WKS, § 7 MitbestG Rn. 32. Noch für die nicht gewerbsmäßige Überlassung bezogen auf das BetrVG: BAG 18.1.1989, AP Nr. 2 zu § 14 AÜG; BAG 10.3.2004, AP Nr. 8 zu § 7 BetrVG 1972 (§ 14 Abs. 2 S. 1 AÜG); BAG 17.2.2010, AP Nr. 14 zu § 8 BetrVG 1972 Rn. 25 ff. (§ 14 Abs. 2 S. 1 AÜG); BAG 10.10.2012, AP Nr. 15 zu § 8 BetrVG 1972 Rn. 13 (§ 14 Abs. 2 S. 1 AÜG); *Joost*, in: MüArbR, § 216 Rn. 51. Für die nichtwirtschaftliche Überlassung bezogen auf das BetrVG: *zu Dohna-Jaeger*, in: Ulber, § 14 AÜG Rn. 5 (analoge Anwendung auf alle Fälle der Fremdfirmenarbeit, die mit einer partiellen Ausübung von Arbeitgeberbefugnissen durch den Einsatzbetrieb verbunden sind); *Gotthardt/Roloff*, in: HWK, § 14 AÜG Rn. 5; *Linsenmaier/Kiel*, RdA 2014, 135, 140 (§ 14 Abs. 2 S. 1 AÜG); *Raab*, in: GK-BetrVG, § 7 BetrVG Rn. 124; *Reineke/Beck*, in: AR, § 14 AÜG Rn. 1; *Thüsing*, in: Thüsing, § 14 AÜG Rn. 7; *ders.*, in: Richardi, § 8 BetrVG Rn. 5 (§ 14 Abs. 2 S. 1 AÜG); a.A. *Boemke*, in: Boemke/Lembke, § 14 AÜG Rn. 4; *Fitting*, § 8 BetrVG Rn. 27; *Hamann*, in: SH, § 14 AÜG Rn. 448; *Homburg*, in: DKKW, § 8 BetrVG Rn. 20 für § 14 Abs. 2 S. 1 AÜG.

770 *Oetker*, JbArbR 53 (2016), 47, 62 noch für § 14 Abs. 2 S. 4 in der Fassung der RefE; *ders.*, NZA 2017, 29, 30 f. (anders nunmehr *ders.*, in: ErfK, § 1 MitbestG Rn. 7a, wonach erlaubnisfrei überlassene Arbeitnehmer aufgrund der mit Leiharbeitnehmern vergleichbaren Eingliederung bei den Schwellenwerten zu berücksichtigen seien, ohne dass es einer entsprechenden Anwendung bedürfe); im Ergebnis ebenso *Ulrici*, § 14 AÜG Rn. 12. Für § 14 Abs. 2 S. 4 AÜG auch *Oetker*, in: GK-BetrVG, § 111 BetrVG Rn. 28; *Raab*, in: GK-BetrVG, § 7 BetrVG Rn. 126; *Ulrici*, § 14 AÜG Rn. 12; *Weber*, in: GK-BetrVG, § 38 BetrVG Rn. 18; *Wiebauer*, in: Löwisch/Kaiser, § 7 BetrVG Rn. 31, § 9 BetrVG Rn. 2.

mitzuzählen seien.[771] Schließlich wird zum Teil die Auffassung vertreten, dass die Berücksichtigung von nichtwirtschaftlich überlassenen Leiharbeitnehmern weiterhin für jede Vorschrift gesondert zu prüfen sei, was für die Anwendungsschwellenwerte der Mitbestimmungsgesetze zur Folge habe, dass derart überlassene Arbeitnehmer nicht mitzuzählen seien.[772]

Eine Analogie setzt eine planwidrige Regelungslücke sowie eine vergleichbare Interessenlage voraus.[773] Für das Vorliegen einer planwidrigen Regelungslücke spricht, dass die Gesetzesmaterialien zu § 14 Abs. 2 S. 5 und 6 AÜG sich nicht mit der Frage auseinandersetzen, ob die Vorschrift auch für Leiharbeitnehmer gilt, die nicht im Rahmen der wirtschaftlichen Tätigkeit des Verleihers überlassen werden und die Regelung zudem nicht mit spezifisch für Überlassungen nach dem AÜG geltenden Erwägungen begründen[774]. Die Verortung der Vorschrift im AÜG dürfte durch die Möglichkeit zur Schaffung einer einheitlichen Regelung für die Schwellenwerte in allen genannten Gesetzen motiviert gewesen sein. Eine planwidrige Regelungslücke ist somit gegeben.

Im Bereich des Betriebsverfassungsrechts wird die vergleichbare Interessenlage als Voraussetzung einer analogen Anwendung von § 14 Abs. 2 S. 1 AÜG auf Leiharbeitnehmer, die nicht im Rahmen der wirtschaftlichen Tätigkeit des Verleihers überlassen werden, und der damit verbundene Ausschluss des passiven Wahlrechts damit begründet, dass es für die betriebsverfassungsrechtliche Stellung eines Leiharbeitnehmers unerheblich sei, mit welcher Zielsetzung des Verleihers die Überlassung erfolge.[775] Darüber hinaus differenziere § 7 S. 2 BetrVG in Bezug auf das aktive Wahlrecht nicht zwischen der Arbeitnehmerüberlassung nach dem AÜG und der nichtwirtschaftlichen Überlassung, so dass beim passiven Wahlrecht ebenso wenig eine entsprechende Unterscheidung angezeigt sei.[776] Diese Argumentation lässt sich zumindest teilweise auf die Berücksichtigung von Leiharbeitnehmern im Rahmen der Schwellenwerte der Unternehmensmitbestimmung übertragen. Auch für die Struktur des entleihenden Unternehmens spielt die Zwecksetzung des Verleihers keine Rolle. Entscheidend ist vielmehr die Eingliederung des Leiharbeitnehmers in

---

771 So *Wißmann*, in: WKS, § 1 MitbestG Rn. 42, der allerdings nicht darauf eingeht, ob auch die Einschränkung des § 14 Abs. 2 S. 6 AÜG gilt.

772 *Löwisch/Wegmann*, BB 2017, 373, 377 f.

773 *Larenz/Canaris*, Methodenlehre, S. 194, 202.

774 Vgl. BT-Drucks. 18/9232 (RegE), S. 28 ff.; BT-Drucks. 18/10064 (Beschlussempfehlung und Bericht des Ausschusses für Arbeit und Soziales); Ausschussdrucks. 18(11)761neu (Materialien zur öffentlichen Anhörung von Sachverständigen).

775 Noch für die nicht gewerbsmäßige Überlassung: BAG 18.1.1989, AP Nr. 2 zu § 14 AÜG; BAG 20.4.2005, NZA 2005, 1006, 1009 (für § 14 Abs. 1 AÜG). Für die nichtwirtschaftliche Überlassung: *Raab*, in: GK-BetrVG, § 7 BetrVG Rn. 124; *Reineke/Beck*, in: AR, § 14 AÜG Rn. 1; *Thüsing*, in: Thüsing, § 14 AÜG Rn. 7.

776 Noch für die nicht gewerbsmäßige Überlassung: BAG 17.2.2010, AP Nr. 14 zu § 8 BetrVG 1972 Rn. 29. Für die nichtwirtschaftliche Überlassung: *Linsenmaier/Kiel*, RdA 2014, 135, 140.

das Unternehmen des Entleihers. Der Zusammenhang mit dem aktiven Wahlrecht aus § 7 S. 2 BetrVG ist demgegenüber nicht so eng wie bei § 14 Abs. 2 S. 1 AÜG.[777] Zumindest für die Schwellenwerte, die sich auf eine bestimmte Anzahl oder einen bestimmten Anteil an *wahlberechtigten* Arbeitnehmern beziehen, besteht aber auch für die Einbeziehung in die Schwellenwerte der Unternehmensmitbestimmung eine entsprechende Verbindung.

Aufgrund der Wiedereinführung einer gesetzlichen festgeschriebenen Höchstüberlassungsdauer in § 1 Abs. 1b AÜG stellt sich indes die Frage, ob die analoge Anwendung auf nichtwirtschaftliche Überlassungen beschränkt werden sollte, die nicht länger als 18 Monate dauern. Eine entsprechende Differenzierung wurde für § 14 Abs. 2 S. 1 AÜG vor Abschaffung der Höchstüberlassungsdauer von 24 Monaten in § 3 Abs. 1 Nr. 6 AÜG a. F. vertreten.[778] Das kommt allerdings von vornherein nur für die beschränkende Vorschrift des § 14 Abs. 2 S. 6 AÜG in Betracht, weil bei einer länger andauernden Überlassung die Leiharbeitnehmer bei den Schwellenwerten erst recht berücksichtigt werden müssen.[779] Im Ergebnis ist allerdings auch für die analoge Anwendung von § 14 Abs. 2 S. 6 AÜG nicht nach der Dauer der Überlassung zu differenzieren, weil diese Vorschrift selbst voraussetzt, dass die Einsatzdauer sechs Monate übersteigt. Gilt diese Einschränkung bereits für kurzzeitige Überlassungen, muss sie erst recht für längerfristige Überlassungen Wirkung entfalten. Daher erscheint es gerechtfertigt, sowohl die grundsätzliche Zurechnungsvorschrift in § 14 Abs. 2 S. 5 AÜG als auch die einschränkende Bestimmung von § 14 Abs. 2 S. 6 AÜG auf die nichtwirtschaftliche Überlassung analog anzuwenden.

b) Privilegierte Arbeitnehmerüberlassung i.S.v. § 1 Abs. 3 AÜG

aa) Möglichkeit einer analogen Anwendung

Da § 14 AÜG nicht zu den Vorschriften gehört, die nach dem Einleitungssatz von § 1 Abs. 3 AÜG für die privilegierten Formen der Arbeitnehmerüberlassung gelten, stellt sich insoweit die Frage nach einer analogen Anwendung von § 14 Abs. 2 S. 5 und 6 AÜG. Die Meinungen sind ebenso wie bei der nichtwirtschaftlichen Überlassung geteilt. Auch für die privilegierten Formen der Arbeitnehmerüberlassung

---

777 *Ulrici*, § 14 AÜG Rn. 12 verweist zur Begründung der analogen Anwendung von § 14 Abs. 2 S. 4–6 AÜG dennoch auf diesen Aspekt.

778 *Kreutz*, in: GK-BetrVG, 7. Aufl., § 7 BetrVG Rn. 44 ff.

779 Insoweit stellt sich darüber hinaus die Frage, ob bei nichtwirtschaftlicher Überlassung die Höchstüberlassungsdauer analog anzuwenden ist mit der Folge, dass ein Arbeitsverhältnis zwischen Entleiher und Leiharbeitnehmer gemäß § 10 Abs. 1 S. 1 AÜG als zustande gekommen gilt, wenn der Leiharbeitnehmer dem nicht gemäß § 9 Nr. 1b AÜG widerspricht, weil laut BAG die Vermutung von Arbeitsvermittlung in § 1 Abs. 2 AÜG unter Geltung des § 3 Abs. 1 Nr. 6 AÜG auch für die nicht gewerbsmäßige Arbeitnehmerüberlassung galt (im Gegensatz zur gewerbsmäßigen Arbeitnehmerüberlassung allerdings als widerlegbare Vermutung), BAG 21.3.1990, AP Nr. 15 zu § 1 AÜG.

wird dementsprechend ausdrücklich eine entsprechende Anwendung erwogen, allerdings beschränkt auf § 14 Abs. 2 S. 6 AÜG, weil sich die in § 14 Abs. 2 S. 5 AÜG verankerte Zurechnung allgemeinen Grundsätzen entnehmen lasse.[780] Daneben wird von Teilen der Literatur eine analoge Anwendung von § 14 Abs. 2 S. 4–6 AÜG insgesamt auf die privilegierte Arbeitnehmerüberlassung befürwortet.[781] Andere meinen, dass die konzerninterne Arbeitnehmerüberlassung nicht mehr als eigene Kategorie zu betrachten sei, weil die Richtlinie 2008/104/EG über Leiharbeit eine entsprechende Privilegierung nicht mehr zulasse.[782] Schließlich wird auch für die nach § 1 Abs. 3 AÜG privilegierte Arbeitnehmerüberlassung die Auffassung vertreten, dass die Berücksichtigung von Leiharbeitnehmern weiterhin für jede Vorschrift gesondert zu prüfen sei, was für die Anwendungsschwellenwerte der Mitbestimmungsgesetze zur Folge habe, dass derart überlassene Arbeitnehmer nicht mitzuzählen seien.[783]

Die Prüfung einer analogen Anwendung von § 14 Abs. 2 S. 5 und 6 AÜG auf die nach § 1 Abs. 3 AÜG privilegierte Arbeitnehmerüberlassung kommt nur in Betracht, wenn diese Art der Arbeitnehmerüberlassung überhaupt noch als eigenständige Überlassungsform anzusehen ist. Nicht nur in Bezug auf die genannte Konzernleihe, sondern für alle Nummern des § 1 Abs. 3 AÜG wird in der Literatur verbreitet die Auffassung vertreten, dass deren Privilegierung gegen die Richtlinie 2008/104/EG über Leiharbeit verstoße.[784] In diesem Zusammenhang ist jedoch zu beachten, dass

---

780 *Oetker*, NZA 2017, 29, 31, 33; wohl auch *ders.*, in: ErfK, § 1 MitbestG Rn. 7a.

781 *Ulrici*, § 14 AÜG Rn. 12; wohl auch: *Koch*, in: Schaub, § 260 Rn. 3; *Urban-Crell/ Germakowski*, in: UCGBH, § 14 AÜG Rn. 85. Für § 14 Abs. 2 S. 4 AÜG auch *Oetker*, in: GK-BetrVG, § 111 BetrVG Rn. 28; *Weber*, in: GK-BetrVG, § 38 BetrVG Rn. 18; *Wiebauer*, in: Löwisch/Kaiser, § 7 BetrVG Rn. 31, § 9 BetrVG Rn. 2; zumindest für eine Berücksichtigung bei den Schwellenwerten: *Raab*, in: GK-BetrVG, § 7 BetrVG Rn. 127.

782 *Wißmann*, in: WKS, § 1 MitbestG Rn. 42.

783 *Löwisch/Wegmann*, BB 2017, 373, 377 f. Gegen eine analoge Anwendung ohne Hinweis auf die Folgen auch *Bungert/Rogier*, DB 2016, 3022, 3025.

784 So LAG Erfurt 12.4.2016–1 Sa 284/15, juris Rn. 50 (bzgl. § 1 Abs. 3 Nr. 2 AÜG); *Beck*, in: AR, § 1 AÜG Rn. 52 (bzgl. § 1 Abs. 3 Nr. 1, 2, 2a, 3 AÜG); *Böhm*, DB 2011, 473, 474 (bzgl. § 1 Abs. 3 Nr. 2 AÜG); *Deinert*, RdA 2017, 65, 82 (bzgl. § 1 Abs. 3 Nr. 2 AÜG); *Ebert*, ArbRB 2016, 125, 128 (bzgl. § 1 Abs. 3 Nr. 2b, 2c AÜG); *Geis*, Auswirkungen, S. 140 ff. (bzgl. § 1 Abs. 3 Nr. 2 AÜG); *Hamann*, RdA 2011, 321, 332 ff. (bzgl. § 1 Abs. 3 Nr. 1, 2, 2a, 3 AÜG); *ders.*, ZESAR 2012, 103 ff. (bzgl. § 1 Abs. 3 Nr. 1, 2, 2a, 3 AÜG); *Hamann/Klengel*, EuZA 2017, 485, 490 ff.; *Heup*, Fremdpersonal, S. 162 ff., 188 f. (bzgl. § 1 Abs. 3 Nr. 2, 2a, 2c AÜG); *Koch*, in: Schaub, § 120 Rn. 23 ff.; *Lembke*, DB 2011, 414, 416 (bzgl. § 1 Abs. 3 Nr. 2, 2a AÜG); *ders.*, in: Boemke/Lembke, § 1 AÜG Rn. 195 ff. (bzgl. § 1 Abs. 3 Nr. 1, 2, 2a, 3 AÜG); *Lembke*, NZA 2017, 1, 12 (bzgl. § 1 Abs. 3 Nr. 2b, 2c AÜG); *Lorenz*, in: DHSW, § 14 AÜG Rn. 34, 39, 41 f. (bzgl. § 1 Abs. 3 Nr. 2, 2a AGÜ); *Siebert/Meyer*, öAT 2017, 45, 47 (bzgl. § 1 Abs. 3 Nr. 2b, 2c AÜG); *J. Ulber*, AiB 1/2017, 27, 29 (bzgl. § 1 Abs. 3 Nr. 2, 2a AÜG); *ders.*, AuR 2017, 238, 240; *ders.*, in: Ulber, § 1 AÜG Rn. 413 ff., 429 ff., 451 ff.,

ein Verstoß gegen die Richtlinie 2008/104/EG lediglich im Hinblick auf bestimmte Vorgaben der Richtlinie in Betracht kommt und für jede dieser Vorgaben gesondert untersucht werden muss.[785] So ist die Befreiung von der Erlaubnispflicht richtlinienkonform, weil es im Ermessen der Mitgliedstaaten liegt, inwieweit sie eine Erlaubnispflicht einführen, solange sie die Grenzen von Art. 4 Richtlinie 2008/104/EG einhalten.[786] Das zeigt, dass die privilegierten Formen der Arbeitnehmerüberlassung ohne eine Änderung des Gesetzes weiterhin als eigenständige Überlassungsform anzusehen sind.

Für die Berücksichtigung der Leiharbeitnehmer bei den Schwellenwerten ist demnach allein entscheidend, ob die fehlende Nennung von § 14 Abs. 2 S. 5 und 6 AÜG einen Verstoß gegen Art. 7 Abs. 2 Richtlinie 2008/104/EG begründet. Das scheidet aber bereits deshalb aus, weil diese Vorschrift für die Unternehmensmitbestimmung keine Geltung entfaltet.[787] Selbst wenn man dies anders beurteilen sollte, wäre sowohl eine analoge Anwendung von § 14 Abs. 2 S. 5 und 6 AÜG als auch ein Rückgriff auf die allgemeinen Grundsätze der normzweckorientierten Auslegung durch die *Rechtsprechung* mit Art. 7 Abs. 2 Richtlinie 2008/104/EG vereinbar. Entgegen teilweise vor der Einführung von § 14 Abs. 2 S. 5 und 6 AÜG vertretener Auffassung lässt sich der Richtlinie nicht entnehmen, dass der nationale *Gesetzgeber* über die Berücksichtigung von Leiharbeitnehmern im entleihenden Unternehmen entscheiden muss.[788] Das ergibt sich vor allem daraus, dass es sich bei Art. 7 Abs. 2

499, 507, 523, 536; *Ulber/Stang*, AuR 2015, 250, 252 f. (bzgl. § 1 Abs. 3 Nr. 1, 2, 2a, 3 AÜG); *ders.*, in: ErfK, § 1 AÜG Rn. 79, 86, 91, 93 (bzgl. § 1 Abs. 3 Nr. 1, 2, 2a, 2b AÜG); *Willemsen/Mehrens*, NZA 2015, 897, 898 f. (bzgl. § 1 Abs. 3 Nr. 2 AÜG); in diese Richtung auch *Deinert*, RdA 2017, 65, 82 (bzgl. § 1 Abs. 3 Nr. 2, 2b, 2c AÜG); *Litschen*, RiA 2016, 57, 58 ff. (bzgl. § 1 Abs. 3 Nr. 2b, 2c AÜG); *Seel*, öAT 2017, 48, 49 (bzgl. § 1 Abs. 3 Nr. 2b, 2c AÜG); *Wank*, RdA 2017, 100, 103 (bzgl. § 1 Abs. 3 Nr. 2, 2a, 2b AÜG); differenzierend *Forst*, ZESAR 2011, 316, 320 f. (bzgl. § 1 Abs. 3 Nr. 2 AÜG); *Rieble/Vielmeier*, EuZA 2011, 474, 485 (bzgl. § 1 Abs. 3 Nr. 1, 2, 2a, 3 AÜG); *Wank*, RdA 2017, 100, 103 (bzgl. § 1 Abs. 3 Nr. 2c AÜG); *Lorenz*, in: DHSW, § 14 AÜG Rn. 43 f. (bzgl. § 1 Abs. 3 Nr. 2b, 2c AÜG); a.A. die Bundesregierung in ihrer Gesetzesbegründung, BT-Drucks. 17/4804, S. 8 (bzgl. § 1 Abs. 3 Nr. 2, 2a AÜG); *Grau/Sittard*, in: Henssler/Grau, § 5 Rn. 55 (bzgl. § 1 Abs. 3 Nr. 2b, 2c AÜG); *Heup*, Fremdpersonal, S. 187, 178 ff. (bzgl. § 1 Abs. 3 Nr. 2b AÜG); *Ulrici*, in: NK-GA, § 1 AÜG Rn. 72 (bzgl. § 1 Abs. 3 Nr. 1, 2, 2a, 3 AÜG); *ders.*, § 1 AÜG Rn. 23, 156, 165, 169.

785 *Lembke*, in: Boemke/Lembke, § 1 AÜG Rn. 198; *J. Ulber*, AuR 2010, 10, 12; *ders.*, in: Ulber, § 1 AÜG Rn. 413 ff.; *Ulber/Stang*, AuR 2015, 250, 252 f.; *Ulrici*, § 1 AÜG Rn. 175.

786 *Deinert*, RdA 2017, 65, 82 (bzgl. § 1 Abs. 3 Nr. 2 AÜG); *Heup*, Fremdpersonal, S. 163 Fn. 605; *J. Ulber*, in: Ulber, § 1 AÜG Rn. 414; *Ulber/Stang*, AuR 2015, 250, 253; *Ulrici*, § 1 AÜG Rn. 175.

787 Vgl. oben § 4 C. III.

788 *Franzen*, RdA 2015, 141, 151 f.; *Hay/Grüneberg*, NZA 2014, 814, 817; *Krause*, ZIP 2014, 2209, 2218; *Schubert/Liese*, NZA 2016, 1297, 1299; a.A. *Gach*, in: MüKo-AktG,

Richtlinie 2008/104/EG nicht um eine zwingende Vorgabe, sondern um eine Option handelt, von der die Mitgliedstaaten Gebrauch machen können.[789]

bb) Planwidrige Regelungslücke

(1) Bisherige Privilegierungen in § 1 Abs. 3 Nr. 1, 2, 2a und 3 AÜG

Somit stellt sich die Frage, ob § 14 Abs. 2 S. 5 und 6 AÜG auf die nach § 1 Abs. 3 AÜG privilegierte Arbeitnehmerüberlassung analog angewandt werden kann. Das Bestehen einer dafür vorausgesetzten planwidrigen Regelungslücke ist allerdings problematisch, weil im Einleitungssatz von § 1 Abs. 3 AÜG ausdrücklich diejenigen Vorschriften genannt werden, die auch für die privilegierten Formen der Arbeitnehmerüberlassung gelten. So wurde bisher verbreitet die Auffassung vertreten, dass § 14 Abs. 2 AÜG auf die Arbeitnehmerüberlassung nach § 1 Abs. 3 AÜG nicht analog anzuwenden sei.[790] Demgegenüber hat das BAG entschieden, dass § 14 Abs. 2 S. 1 AÜG dem Wahlrecht konzernintern überlassener Arbeitnehmer im Sinne von § 1 Abs. 3 Nr. 2 AÜG a.F. entgegenstehe, obwohl die Vorschrift keine unmittelbare Anwendung finde.[791]

Für eine analoge Anwendung trotz der fehlenden Nennung von § 14 Abs. 2 AÜG im Einleitungssatz spricht, dass die Vorschrift bislang lediglich Klarstellungen, aber keine eigenständigen Regelungen enthielt.[792] Für § 14 Abs. 2 S. 1 AÜG ergibt sich dies daraus, dass der Ausschluss vom passiven Wahlrecht erst zum Beginn des Jahres 2002 in diese Norm eingefügt wurde, nachdem seit Juli 2001 allen zur Arbeitsleistung überlassenen Arbeitnehmern durch §§ 10 Abs. 2 S. 2, 18 S. 2 MitbestG und § 5 Abs. 2 S. 2 DrittelbG i.V.m. § 7 S. 2 BetrVG das aktive Wahlrecht zustand und § 14 Abs. 2 S. 1 AÜG nur im Hinblick auf die Betriebsratswahl angepasst worden war[793]. In der Begründung zum Regierungsentwurf des Gesetzes zur Reform des BetrVG, durch das den zur Arbeitsleistung überlassenen Arbeitnehmern das aktive Wahlrecht zuerkannt wurde, wurde bereits betont, dass den Leiharbeitnehmern das

---

§ 1 MitbestG Rn. 20 Fn. 38; *Künzel/Schmid*, NZA 2013, 300, 302; *Rieble*, in: Bork/Schäfer, § 52 GmbHG Rn. 48; *Zimmermann*, BB 2015, 1205, 1207.

789 *Franzen*, RdA 2015, 141, 151 f.; *Krause*, ZIP 2014, 2209, 2218.

790 *Boemke*, in: Boemke/Lembke, § 14 AÜG Rn. 3; *Hamann*, in: SH, § 14 AÜG Rn. 541; *Reineke/Beck*, in: AR, § 14 AÜG Rn. 1; *Thüsing*, in: Thüsing, § 14 AÜG Rn. 11; *Ulrici*, in: NK-GA, § 14 AÜG Rn. 3. In Bezug auf die Wählbarkeit in den Betriebsrat: *Fitting*, § 8 BetrVG Rn. 27; *Trümner*, in: DKKW, § 5 BetrVG Rn. 97.

791 BAG 10.3.2004, AP Nr. 8 zu § 7 BetrVG 1972; ebenso *Lambrich/Schwab*, NZA-RR 2013, 169, 170 f.; *Sandmann/Marschall/Schneider*, § 14 AÜG Rn. 2a.

792 Das betonen für das Betriebsverfassungsrecht auch einige Gegner einer analogen Anwendung von § 14 Abs. 2 S. 1 AÜG: *Boemke*, in: Boemke/Lembke, § 14 AÜG Rn. 3; *Hamann*, in: SH, § 14 AÜG Rn. 541; *Ulrici*, in: NK-GA, § 14 AÜG Rn. 3; a.A. *Fitting*, § 8 BetrVG Rn. 27; *Trümner*, in: DKKW, § 5 BetrVG Rn. 97.

793 Vgl. Art. 2 des Gesetzes zur Reform des Betriebsverfassungsgesetzes vom 23.7.2001, BGBl. I S. 1852, 1863 einerseits sowie Art. 12 Nr. 3c), Nr. 9a) (BGBl. I S. 1852, 1867 f.) und Art. 9 Nr. 1 (BGBl. I S. 1852, 1864) andererseits.

passive Wahlrecht aufgrund der allgemeinen Regelungen dazu in § 76 Abs. 2 S. 2 BetrVG 1952 und § 7 Abs. 3 MitbestG weiterhin nicht zustehe.[794] Dementsprechend sollte ausweislich der Begründung des Gesetzentwurfs der Fraktionen SPD und BÜNDNIS 90/DIE GRÜNEN zur entsprechenden Änderung von § 14 Abs. 2 S. 1 AÜG durch die „nunmehr ausdrücklich[e]“ Erstreckung auf die Aufsichtsratswahl „die für die Rechtsanwender erforderliche Rechtssicherheit“ geschaffen werden.[795] Auch § 14 Abs. 2 S. 2 und 3 AÜG enthält lediglich Klarstellungen und hat keinen konstitutiven Charakter.[796] Aus diesem Grund bestand für den Gesetzgeber bislang keine zwingende Notwendigkeit, § 14 Abs. 2 AÜG in die Aufzählung der anwendbaren Vorschriften aufzunehmen.

Für die lediglich die Rechtsprechung des BAG nachzeichnende Vorschrift des § 14 Abs. 2 S. 5 AÜG gilt das auch weiterhin, nicht aber für § 14 Abs. 2 S. 6 AÜG. Insoweit ist davon auszugehen, dass dem Gesetzgeber nicht bewusst war, dass er durch diese Einschränkung den bislang bestehenden Gleichlauf zwischen der Arbeitnehmerüberlassung nach dem AÜG und den privilegierten Formen der Überlassung aufhob. Da beide Vorschriften jedoch in unmittelbarem Zusammenhang stehen, lässt sich für § 14 Abs. 2 S. 5 und S. 6 AÜG grundsätzlich eine planwidrige Regelungslücke bejahen.

In Bezug auf die Konzernleihe im Sinne von § 1 Abs. 3 Nr. 2 AÜG ist darüber hinaus festzuhalten, dass es für die Privilegierung nur darauf ankommt, dass die Überlassung zwischen Konzernunternehmen erfolgt, während die Zurechnung von Arbeitnehmern nach § 5 MitbestG lediglich die Anwendung des MitbestG auf herrschende Unternehmen im Sinne von § 18 Abs. 1 AktG betrifft, so dass diese Zurechnungsvorschrift nicht dazu führt, dass nach § 1 Abs. 3 Nr. 2 AÜG überlassene Arbeitnehmer ohnehin stets bei den Schwellenwerten zu berücksichtigen sind. Entsprechendes gilt für die Zurechnung der Arbeitnehmer anderer Konzernunternehmen zum herrschenden Unternehmen nach § 2 Abs. 2 DrittelbG, die zudem einen Beherrschungsvertrag oder eine Eingliederung voraussetzt. Soweit sich die Zurechnung bereits aus diesen Vorschriften ergibt, liegt indes keine planwidrige Regelungslücke vor.

(2) Neu eingeführte Privilegierungen in § 1 Abs. 3 Nr. 2b und 2c AÜG

Besonderheiten gelten zudem für die zum 1. April 2017 neu eingeführten Privilegierungen. Gemäß § 1 Abs. 3 Nr. 2b AÜG gilt das AÜG grundsätzlich nicht für

---

794 BT-Drucks. 14/5741, S. 56 (BetrVG 1952), 58 (MitbestG).

795 BT-Drucks. 14/6944, S. 54.

796 *Boemke*, in: Boemke/Lembke, § 14 AÜG Rn. 72; in diese Richtung auch BAG 15.12.1992, AP Nr. 7 zu § 14 AÜG; aufgrund der Einordnung von § 14 Abs. 2 S. 2 und 3 AÜG als nicht abschließende Regelung wohl auch: *Hamann*, in: SH, § 14 AÜG Rn. 71 f.; *Thüsing*, in: Thüsing, § 14 AÜG Rn. 5, 72; a.A. *Wank*, in: ErfK, § 14 AÜG Rn. 5, der § 14 Abs. 2 S. 2 und 3 AÜG allerdings gleichzeitig für nicht abschließend hält (*ders.*, in: ErfK, § 14 AÜG Rn. 14).

Arbeitnehmerüberlassungen, bei denen die Aufgaben eines Arbeitnehmers von dem bisherigen zu einem anderen Arbeitgeber verlagert werden, wenn dabei aufgrund eines Tarifvertrags des öffentlichen Dienstes das Arbeitsverhältnis mit dem bisherigen Arbeitgeber weiter besteht und die Arbeitsleistung zukünftig bei dem anderen Arbeitgeber erbracht wird. Diese Regelung bezieht sich auf Personalgestellungen, wie sie beispielsweise in § 4 Abs. 3 TVöD vorgesehen sind.[797] Danach ist auf Verlangen des Arbeitgebers bei weiter bestehendem Arbeitsverhältnis die arbeitsvertraglich geschuldete Arbeitsleistung bei dem Dritten zu erbringen, wenn Aufgaben der Beschäftigten zu einem Dritten verlagert werden. Laut der Protokollerklärung zu § 4 Abs. 3 TVöD handelt es sich bei der Personalgestellung um die auf Dauer angelegte Beschäftigung bei einem Dritten unter Fortsetzung des bestehenden Arbeitsverhältnisses.

In diesem Zusammenhang ist zunächst festzuhalten, dass eine analoge Anwendung von § 14 Abs. 2 S. 5 und 6 AÜG von vornherein nur in Betracht kommt, wenn der andere Arbeitgeber, bei dem die Arbeitsleistung zukünftig erbracht wird, sein Unternehmen in einer Gesellschaftsform betreibt, die in den Anwendungsbereich der Mitbestimmungesetze fällt. Darüber hinaus ist berücksichtigen, dass mit § 5 Abs. 1 S. 3 BetrVG, der gemäß § 3 Abs. 1 S. 1 Nr. 1 MitbestG und § 3 Abs. 1 DrittelbG auch für den Arbeitnehmerbegriff des MitbestG und des DrittelbG Geltung entfaltet, eine Norm existiert, welche die Stellung von Arbeitnehmern des öffentlichen Dienstes regelt[798]. Nach diesen Vorschriften gelten Arbeitnehmer des öffentlichen Dienstes, die in Betrieben privatrechtlich organisierter Unternehmen tätig sind, als Arbeitnehmer im Sinne des BetrVG sowie des MitbestG und des DrittelbG. Das führt dazu, dass sie im Rahmen der Schwellenwerte des MitbestG und des DrittelbG mitzählen sowie aktiv und passiv wahlberechtigt sind.[799] § 14 Abs. 2 AÜG war insoweit schon in seiner bisherigen Fassung nicht anwendbar.[800] Für das Montan-MitbestG

797 Begründung des RegE, BT-Drucks. 18/9232, S. 22. Ebenso *Bissels*, in: UCGBH, § 1 AÜG Rn. 388 ff.; *Fieberg*, in: GKÖD IV, § 4 TVöD Rn. 62a; *Grau/Sittard*, in: Henssler/Grau, § 5 Rn. 42 f.; *Heup*, Fremdpersonal, S. 187; *Koch*, in: Schaub, § 120 Rn. 27; *Lembke*, NZA 2017, 1, 12; *Litschen*, RiA 2016, 57, 58; *Lorenz*, in: DHSW, § 1 AÜG Rn. 43; *Sandmann/Marschall/Schneider*, § 1 AÜG Rn. 134; *Seel*, öAT 2016, 27, 28; *ders.*, öAT 2017, 48; *Sprenger*, ZTR 2016, 558, 559; *Ulrici*, § 1 AÜG Rn. 165; *Wank*, RdA 2017, 100, 103.

798 § 5 Abs. 1 S. 3 BetrVG gilt für im Wege der Personalgestellung überlassene Arbeitnehmer: *Koch*, in: ErfK, § 5 BetrVG Rn. 3a; *Kortmann*, öAT 2010, 201 f.; *Maschmann*, in: AR, § 5 BetrVG Rn. 4; *Raab*, in: GK-BetrVG, § 5 BetrVG Rn. 87; *Trümner*, in: DKKW, § 5 BetrVG Rn. 109. Implizit auch: BAG 15.12.2011, AP Nr. 77 zu § 5 BetrVG 1972 Rn. 2, 28; BAG 5.12.2012, AP Nr. 80 zu § 5 BetrVG 1972 Rn. 28.

799 *Henssler*, in: UHH, § 3 MitbestG Rn. 9, § 3 DrittelbG Rn. 3; *Trümner*, in: DKKW, § 5 BetrVG Rn. 112; *Kleinsorge*, in: WKS, § 1 DrittelbG Rn. 72; *Raiser/Jacobs*, in: RVJ, § 3 MitbestG Rn. 12; *Veil*, in: RVJ, § 3 DrittelbG Rn. 3 i.V.m. § 3 MitbestG Rn. 12; *Wißmann*, in: WKS, § 7 MitbestG Rn. 35.

800 *Trümner*, in: DKKW, § 5 BetrVG Rn. 112. Ebenso bezogen auf das BetrVG: BAG 15.8.2012, AP Nr. 79 zu § 5 BetrVG 1972 Rn. 25 (für § 14 Abs. 2 S. 1 AÜG); *Hayen*,

gilt nichts anderes, weil dieses Gesetz ebenfalls vom betriebsverfassungsrechtlichen Arbeitnehmerbegriff ausgeht – wie die Wahl der Aufsichtsratsmitglieder der Arbeitnehmerseite durch die Betriebsräte gemäß § 6 Montan-MitbestG zeigt[801].

Ein vollständiger Ausschluss der analogen Anwendung von § 14 Abs. 2 S. 5 und 6 AÜG setzt allerdings voraus, dass alle Fälle des § 1 Abs. 3 Nr. 2b AÜG in den Anwendungsbereich von § 5 Abs. 1 S. 3 BetrVG fallen. Der Begriff des öffentlichen Dienstes im Sinne von § 5 Abs. 1 S. 3 BetrVG orientiert sich nach systematischer Auslegung an § 130 BetrVG.[802] § 5 Abs. 1 S. 3 BetrVG gilt demnach nur für Arbeitnehmer, die bisher für juristische Personen des öffentlichen Rechts tätig waren.[803] § 1 Abs. 3 Nr. 2b AÜG, der sich seinem Wortlaut nach nur auf „Arbeitgeber" bezieht und sich dadurch von dem ebenfalls neu eingeführten § 1 Abs. 3 Nr. 2c AÜG unterscheidet, der nur für Arbeitgeber gilt, bei denen es sich um juristische Personen des öffentlichen Rechts handelt, verfügt nicht über eine entsprechende Beschränkung.[804] Für die Eröffnung des Anwendungsbereichs von § 1 Abs. 3 Nr. 2b AÜG ist es daher ausreichend, dass die Personalgestellung auf der Grundlage eines Tarifvertrags des öffentlichen Dienstes vorgenommen wird, an den der Arbeitgeber gemäß § 3 Abs. 1 TVG gebunden ist.[805]

Damit stellt sich die Frage, ob eine planwidrige Regelungslücke vorliegt, soweit es sich bei dem bisherigen Arbeitgeber nicht um eine juristische Person des öffentli-

---

PersR 2009, 384, 389 (für § 14 Abs. 2 S. 1 AÜG); *Löwisch/Mandler*, BB 2016, 629; *Raab*, in: GK-BetrVG, § 5 BetrVG Rn. 91, 94.

801 *Wißmann*, in: WKS, § 1 Montan-MitbestG Rn. 16 i.V.m. § 3 MitbestG Rn. 15 ff.; wohl auch *Oetker*, in: ErfK, § 1 Montan-MitbestG Rn. 1.

802 *Koch*, in: ErfK, § 5 BetrVG Rn. 3a; *Raab*, in: GK-BetrVG, § 5 BetrVG Rn. 81; im Ergebnis auch *Hayen*, PersR 2009, 384, 388; wohl auch BAG 15.8.2012, AP Nr. 79 zu § 5 BetrVG 1972 Rn. 33. Ebenso *Trümner*, in: DKKW, § 5 BetrVG Rn. 116 f., der allerdings der Ansicht ist, dass die daraus resultierende Unterscheidung gegen Art. 3 GG verstößt.

803 *Hayen*, PersR 2009, 384, 388; *Raab*, in: GK-BetrVG, § 5 BetrVG Rn. 81; *Trümner*, in: DKKW, § 5 BetrVG Rn. 116; wohl auch BAG 15.8.2012, AP Nr. 79 zu § 5 BetrVG 1972 Rn. 33.

804 *Bissels*, in: UCGBH, § 1 AÜG Rn. 394; *Grau/Sittard*, in: Henssler/Grau, § 5 Rn. 46; *Litschen*, RiA 2016, 57, 58; im Ergebnis ebenso *Ulrici*, § 1 AÜG Rn. 166; a.A. *J. Ulber*, in: Ulber, § 1 AÜG Rn. 516 sowie *Ebert*, ArbRB 2016, 125, 127, der meint, dass ausschließlich tarifliche Personalgestellungen durch öffentlich-rechtliche Arbeitgeber privilegiert werden und damit wohl juristische Personen des Privatrechts ausschließen will (vgl. S. 125 f.).

805 *Bundesagentur für Arbeit*, Fachliche Weisungen AÜG, 1.4.4. (2); *Fieberg*, in: GKÖD IV, § 4 TVöD Rn. 62b; *Litschen*, RiA 2016, 57, 62; *Ulrici*, § 1 AÜG Rn. 167; a.A. *Bissels*, in: UCGBH, § 1 AÜG Rn. 394; wohl auch *Grau/Sittard*, in: Henssler/Grau, § 5 Rn. 47. Gegen eine Erstreckung auf die Geltung durch Bezugnahme spricht, dass der Arbeitgeber in diesem Fall durch die Vereinbarung einer entsprechenden Bezugnahmeklausel über die Anwendbarkeit des AÜG disponieren könnte (ebenso *Litschen*, RiA 2016, 57, 62).

chen Rechts handelt. In diesem Zusammenhang ist zu berücksichtigen, dass vor der Einführung von § 1 Abs. 3 Nr. 2b AÜG umstritten war, ob Personalgestellungen in den Anwendungsbereich des AÜG fielen[806]. In der Begründung des Regierungsentwurfs zu § 1 Abs. 3 Nr. 2b AÜG heißt es, dass die Vorschrift bestehende Rechtsunsicherheiten beseitige, ob und inwieweit das AÜG für Personalgestellungen gelte.[807] Dabei wird auf einen Beschluss des OVG Münster verwiesen, in dem das Gericht entschieden hatte, dass bei einer tariflichen Personalgestellung der Arbeitnehmer für den bei seiner bisherigen Dienststelle errichteten Personalrat nicht mehr wahlberechtigt sei.[808] In dieser Entscheidung lehnte das OVG Münster auch die vom Antragsteller befürwortete Anwendung von § 14 Abs. 1 AÜG mit der Begründung ab, dass die Personalgestellung im Gegensatz zur Arbeitnehmerüberlassung nach dem AÜG auf Dauer angelegt sei.[809] Dieser Auffassung hat sich der Gesetzgeber durch die Privilegierung der tariflichen Personalgestellung in § 1 Abs. 3 Nr. 2b AÜG angeschlossen.

Die Vorschrift des § 14 Abs. 1 AÜG betrifft indes die Beziehung überlassener Arbeitnehmer zum entsendenden Betrieb des Verleihers und nicht zum entleihenden Unternehmen. Aufgrund der Tatsache, dass die Personalgestellung auf Dauer angelegt ist, unterscheidet sich die Beziehung gestellter Arbeitnehmer zum Verleiher von derjenigen nur vorübergehend überlassener Arbeitnehmer. Allein aus der Erwähnung dieser Entscheidung in der Gesetzesbegründung kann daher nicht geschlossen werden, dass der Gesetzgeber die Anwendbarkeit von § 14 AÜG auf tarifliche Personalgestellungen insgesamt ausschließen wollte, so dass für § 14 Abs. 2 S. 5 und 6 AÜG eine planwidrige Regelungslücke vorliegt, soweit die gestellten Arbeitnehmer nicht bereits von § 5 Abs. 1 S. 3 BetrVG erfasst werden.

Der bereits erwähnte § 1 Abs. 3 Nr. 2c AÜG privilegiert Arbeitnehmerüberlassungen zwischen juristischen Personen des öffentlichen Rechts, wenn diese Ta-

---

806 Dafür: LAG Stuttgart 17.4.2013, ZTR 2013, 618 ff.; LAG Stuttgart, 11.2.2016, LAGE Nr. 17 zu § 1 AÜG Rn. 80 ff.; *Brand*, ZTR 2013, 59, 62; *Gaenslen*, öAT 2015, 181, 182 f.; *Hinrichs/Wenzel/Knoll*, ZTR 2014, 68, 69 ff.; *Koch*, in: Schaub, 16. Aufl., § 120 Rn. 24a; *Kock*, NJW 2014, 2607; *Steinmeyer*, DB 2013, 2740, 2741 f.; *Thüsing*, NZA 2013, 1248 Fn. 4; *Trümner/Fischer*, PersR 2013, 193 ff.; in diese Richtung auch BAG 24.5.2012, ZTR 2012, 515 vor der Ersetzung der Gewerbsmäßigkeit durch die wirtschaftliche Tätigkeit. Dagegen: OVG Münster 19.9.2014, ZTR 2015, 107 ff.; VGH Mannheim 4.3.2016, ZTR 2016, 480, 481; *Augustin*, ZTR 2014, 319, 322 f.; *Bauschke*, öAT 2014, 181, 183; *Fieberg*, NZA 2014, 187 ff.; *ders.*, in: GKÖD IV, § 4 TVöD Rn. 62; *Heup*, Fremdpersonal, S. 167 ff.; *Howald*, in: Burger, § 4 TVöD Rn. 27; *Reichold*, ZTR 2013, 600, 606; *Ruge/von Tiling*, ZTR 2012, 263 ff; *Seel*, öAT 2016, 27, 28; in diese Richtung auch *Stähle*, PersR 2/2015, 32 ff. Differenzierend: *Beck*, in: AR, § 1 AÜG Rn. 36; *Gerdom*, öAT 2011, 150, 151 f.; *Löwisch/Domisch*, BB 2012, 1408 ff. Ausdrücklich offen gelassen durch BVerwG 22.9.2015, NZA-RR 2016, 106, 109 Rn. 37.

807 BT-Drucks. 18/9232, S. 22.

808 OVG Münster 19.9.2014, ZTR 2015, 107 ff.

809 OVG Münster 19.9.2014, ZTR 2015, 107, 109.

rifverträge des öffentlichen Dienstes oder Regelungen der öffentlich-rechtlichen Religionsgesellschaften anwenden. Insoweit kommt mangels planwidriger Regelungslücke eine analoge Anwendung von § 14 Abs. 2 S. 5 und 6 AÜG von vornherein nicht in Betracht, weil juristische Personen des öffentlichen Rechts von den Gesetzen über die Unternehmensmitbestimmung nicht erfasst werden.

cc) Vergleichbare Interessenlage

Ob eine vergleichbare Interessenlage besteht, die zu einer analogen Anwendung von § 14 Abs. 2 S. 5 und 6 AÜG in Bezug auf die nach § 1 Abs. 3 AÜG überlassenen Arbeitnehmer führt, lässt sich nicht einheitlich für alle Fallgruppen beantworten, sondern ist für jede Nummer gesondert zu untersuchen.

(1) Arbeitnehmerüberlassung zur Arbeitsplatzerhaltung (§ 1 Abs. 3 Nr. 1 AÜG)

Zu den privilegierten Formen der Leiharbeit zählt gemäß § 1 Abs. 3 Nr. 1 AÜG die durch Tarifverträge zugelassene Arbeitnehmerüberlassung zwischen Arbeitgebern desselben Wirtschaftszweigs zur Vermeidung von Kurzarbeit oder Entlassungen. Die Zwecksetzung der Sicherung von Arbeitsplätzen bezieht sich allein auf den Verleiher,[810] weil der historische Gesetzgeber die in der Vergangenheit in der Werftindustrie praktizierten Überlassungen von Arbeitnehmern eines mit Absatz- oder Produktionsschwierigkeiten kämpfenden Unternehmens an ein Unternehmen mit besserer Beschäftigungslage von den Beschränkungen des AÜG ausnehmen wollte.[811] Aus diesem Grund unterscheidet sich die Situation der nach § 1 Abs. 3 Nr. 1 AÜG überlassenen Arbeitnehmer im Entleiherunternehmen nicht von der Situation anderer Leiharbeitnehmer, so dass deren grundsätzliche Berücksichtigung bei den Schwellenwerten angemessen erscheint. Um der Privilegierung in § 1 Abs. 3 AÜG gerecht zu werden, muss die einschränkende Regelung des § 14 Abs. 2 S. 6 AÜG erst recht für ein Entleiherunternehmen gelten, das einem anderen Unternehmen dabei hilft, Arbeitsplätze zu sichern. Für nach § 1 Abs. 3 Nr. 1 AÜG überlassene Arbeitnehmer gilt § 14 Abs. 2 S. 5 und 6 AÜG daher analog.

(2) Konzernleihe (§ 1 Abs. 3 Nr. 2 AÜG)

Für die Arbeitnehmerüberlassung zwischen Konzernunternehmen im Sinne des § 18 AktG schließt § 1 Abs. 3 Nr. 2 AÜG die Anwendung des AÜG grundsätzlich aus,

---

810 *Beck*, in: AR, § 1 AÜG Rn. 54; *Hamann*, in: SH, § 1 AÜG Rn. 451; *Lembke*, in: Boemke/Lembke, § 1 AÜG Rn. 206; *J. Ulber*, in: Ulber, § 1 AÜG Rn. 421g; *Ulrici*, in: NK-GA, § 1 AÜG Rn. 75; *ders.*, § 1 AÜG Rn. 159; *Waas*, in: Thüsing, § 1 AÜG Rn. 176.

811 Beschlussempfehlung und Bericht des Ausschusses für Arbeit und Sozialordnung zum Beschäftigungsförderungsgesetz 1985, S. 33. Darauf verweisen ebenfalls *Hamann*, in: SH, § 1 AÜG Rn. 451; *Waas*, in: Thüsing, § 1 AÜG Rn. 176.

wenn der Arbeitnehmer nicht zum Zwecke der Überlassung eingestellt und beschäftigt wird. Das Konzernprivileg galt ursprünglich für vorübergehende Überlassungen zwischen Konzernunternehmen und wurde im Rahmen des Beschäftigungsförderungsgesetzes 1985 auf Vorschlag des Ausschusses für Arbeit und Sozialordnung eingeführt, weil bei der Konzernleihe nur der interne Arbeitsmarkt des Konzerns betroffen sei und eine soziale Gefährdung der Leiharbeitnehmer ausgeschlossen werden könne, so dass die Anwendung der Vorschriften des AÜG vor allem eine bürokratische Förmlichkeit wäre.[812] Dieser Hintergrund betrifft nicht die Stellung der überlassenen Arbeitnehmer im Entleiherunternehmen.

Nach der seit dem 1. Dezember 2012 geltenden Fassung werden Überlassungen zwischen Konzernunternehmen nur noch privilegiert, wenn der Arbeitnehmer nicht zum Zwecke der Überlassung eingestellt und beschäftigt wird. Auch diese Voraussetzung betrifft das Verhältnis des Leiharbeitnehmers zum verleihenden Unternehmen und nicht zum entleihenden Unternehmen, so dass für im Wege der Konzernleihe überlassene Arbeitnehmer im Hinblick auf ihre Berücksichtigung bei den Schwellenwerten im Entleiherunternehmen eine mit anderen Leiharbeitnehmern vergleichbare Interessenlage besteht. Auf die nach § 1 Abs. 3 Nr. 2 AÜG privilegierte Arbeitnehmerüberlassung ist § 14 Abs. 2 S. 5 und 6 AÜG daher analog anzuwenden, soweit sich die Zurechnung der überlassenen Arbeitnehmer nicht bereits aus § 5 MitbestG oder aus § 2 Abs. 2 DrittelbG ergibt.

(3) Gelegentliche Arbeitnehmerüberlassung (§ 1 Abs. 3 Nr. 2a AÜG)

Die Vorschrift des § 1 Abs. 3 Nr. 2a AÜG privilegiert die Arbeitnehmerüberlassung zwischen Arbeitgebern, wenn die Überlassung nur gelegentlich erfolgt und der Arbeitnehmer nicht zum Zwecke der Überlassung eingestellt und beschäftigt wird. Dieser Ausnahmetatbestand wurde mit Wirkung zum 1. Dezember 2011 in das AÜG aufgenommen, um die gleichzeitig erfolgte Erstreckung des Anwendungsbereichs des AÜG auf Überlassungen im Rahmen der wirtschaftlichen Tätigkeit des Verleihers auszugleichen.[813] Die Vorschrift bezieht sich nach der Regierungsbegründung zum Beispiel auf Überlassungen, mit denen ein kurzfristiger Spitzenbedarf eines anderen Unternehmens gedeckt werden soll.[814]

Das wirft die Frage auf, ob die Einbeziehung auch dieser Arbeitnehmer in die Schwellenwerte gerechtfertigt ist. Insoweit ist allerdings zu berücksichtigen, dass bereits durch das Merkmal der regelmäßigen Beschäftigung sichergestellt ist, dass vorübergehende Schwankungen der Arbeitnehmerzahl bei den Schwellenwerten außer Betracht bleiben[815]. Ansonsten unterscheidet sich die Situation nur gelegent-

---

812 BT-Drucks. 10/3206, S. 33.

813 Begründung des RegE zum ersten Gesetz zur Änderung des Arbeitnehmerüberlassungsgesetzes, BT-Drucks. 17/4804, S. 8.

814 BT-Drucks. 17/4804, S. 8.

815 MitbestG: BAG 4.11.2015, AP Nr. 2 zu § 9 MitbestG Rn. 36; *Henssler*, in: UHH, § 3 MitbestG Rn. 63; *Oetker*, in: ErfK, § 1 MitbestG Rn. 9; *Raiser*, in: RVJ, § 1 MitbestG

lich überlassener Arbeitnehmer im entleihenden Unternehmen aber nicht von der Lage anderer Leiharbeitnehmer.

§ 14 Abs. 2 S. 5 und 6 AÜG gilt daher bei der Arbeitnehmerüberlassung nach § 1 Abs. 3 Nr. 2a AÜG entsprechend. Da die Überlassung nur gelegentlich erfolgt, sei noch daran erinnert, dass durch die analoge Anwendung die Wahlberechtigung der überlassenen Arbeitnehmer nicht fingiert wird,[816] so dass eine Berücksichtigung bei den Schwellenwerten, die auf eine bestimmte Anzahl oder einen bestimmten Anteil an wahlberechtigten Arbeitnehmern abstellen, nur stattfindet, wenn der betreffende Leiharbeitnehmer länger als drei Monate im Unternehmen eingesetzt wird.

(4) Personalgestellung auf Grundlage eines Tarifvertrags des öffentlichen Dienstes (§ 1 Abs. 3 Nr. 2b AÜG)

Soweit sich die Zurechnung zu den Schwellenwerten nicht bereits aus § 5 Abs. 1 S. 3 BetrVG ergibt, ist auch für die Privilegierung der tariflichen Personalgestellung in § 1 Abs. 3 Nr. 2b AÜG zu prüfen, ob eine vergleichbare Interessenlage besteht. Die Situation gestellter Arbeitnehmer kann sich insofern von derjenigen anderer überlassener Arbeitnehmer unterscheiden, als von § 1 Abs. 3 Nr. 2b) AÜG Personalgestellungen erfasst werden, die auf Dauer angelegt sind.[817] Das schließt die Berücksichtigung im Rahmen der Schwellenwerte für diese Arbeitnehmer nach § 14 Abs. 2 S. 5 AÜG aber nicht aus, sondern führt dazu, dass die gestellten Arbeitnehmer erst recht in die Schwellenwerte einbezogen werden müssen. Auch § 14 Abs. 2 S. 6 AÜG kann trotz seiner Beschränkung auf die Berücksichtigung von Leiharbeitnehmern, deren Einsatzdauer sechs Monate übersteigt, entsprechend angewandt werden, weil die Einschränkung nicht dazu führt, dass die betreffenden Arbeitnehmer innerhalb der ersten sechs Monate der Gestellung nicht zu berücksichtigen sind[818]. Aufgrund der geplanten dauerhaften Tätigkeit bei dem Dritten erfüllen gestellte Arbeitnehmer

---

Rn. 20; *Wißmann*, in: WKS, § 1 MitbestG Rn. 45. DrittelbG: OLG Saarbrücken 2.3.2016, ZIP 2016, 1286, 1287; *Kleinsorge*, in: WKS, § 1 DrittelbG Rn. 87; *Oetker*, in: ErfK, § 1 DrittelbG Rn. 26; *Seibt*, in: HWK, § 1 DrittelbG Rn. 11; *Veil*, in: RVJ, § 1 DrittelbG Rn. 16. Montan-MitbestG: *Wißmann*, in: WKS, § 1 Montan-MitbestG Rn. 16 i.V.m. § 1 MitbestG Rn. 46.

816 Vgl. dazu oben § 4 C. IV. 2.

817 Der Wortlaut von § 1 Abs. 3 Nr. 2b AÜG setzt keine dauerhafte Überlassung voraus, *Grau/Sittard*, in: Henssler/Grau, § 5 Rn. 44. Allerdings bezieht sich die Vorschrift laut Begründung des RegE (BT-Drucks. 18/9232, S. 22) auf die in Tarifverträgen des öffentlichen Dienstes vorgesehenen Personalgestellungen. Bei der dort ausdrücklich als Beispiel genannten Personalgestellung i.S.v. § 4 Abs. 3 TVöD handelt es sich laut Protokollerklärung um die *auf Dauer* angelegte Beschäftigung bei einem Dritten unter Fortsetzung des bestehenden Arbeitsverhältnisses, so dass jedenfalls auch dauerhafte Überlassungen von § 1 Abs. 3 Nr. 2b AÜG erfasst werden. Darüber hinaus ist zu beachten, dass § 1 Abs. 3 Nr. 2b AÜG eine Aufgabenverlagerung voraussetzt.

818 Vgl. dazu oben § 4 C. IV. 3. c).

vielmehr stets die Voraussetzungen des § 14 Abs. 2 S. 6 AÜG, so dass sie bei allen Schwellenwerten mitzuzählen sind.

(5) Arbeitnehmerüberlassung in das Ausland (§ 1 Abs. 3 Nr. 3 AÜG)

Gemäß § 1 Abs. 3 Nr. 3 AÜG ist das AÜG grundsätzlich nicht auf Überlassungen ins Ausland anzuwenden, bei denen der Leiharbeitnehmer in ein auf der Grundlage zwischenstaatlicher Vereinbarungen begründetes deutsch-ausländisches Gemeinschaftsunternehmen verliehen wird, an dem der Verleiher beteiligt ist. Hintergrund dieser Regelung ist laut der Begründung des Gesetzentwurfs der Fraktionen der CDU/CSU und der FDP, dass es in den joint-ventures häufig aus organisatorischen und wirtschaftlichen Gründen notwendig sei, Arbeitnehmer ins Ausland zu entsenden, ohne dass dabei die Vorschriften des AÜG – wie die Höchstüberlassungsdauer – eingehalten werden könnten.[819] Gleichzeitig habe der entsandte deutsche Arbeitnehmer aber ein Interesse daran, dass er weiterhin dem deutschen Arbeitsrecht unterliege.[820] Dieser Verweis auf die Weitergeltung deutschen Arbeitsrechts kann aber nicht über den Geltungsbereich der einzelnen Gesetze hinausgehen, sondern soll lediglich dazu führen, dass der betreffende Arbeitnehmer weiterhin als Arbeitnehmer des deutschen Unternehmens anzusehen ist, ohne dass seine Überlassung den Beschränkungen des AÜG unterliegt. Bezieht man außerdem ein, dass im Rahmen der Schwellenwerte der Gesetze über die Unternehmensmitbestimmung in ausländischen Betrieben beschäftigte Arbeitnehmer ohnehin nicht zu berücksichtigen sind,[821] scheidet eine analoge Anwendung von § 14 Abs. 2 S. 5 und 6 AÜG in den Fällen des § 1 Abs. 3 Nr. 3 AÜG aus.[822]

dd) Ergebnis

Auf die Arbeitnehmerüberlassung zur Arbeitsplatzerhaltung nach § 1 Abs. 3 Nr. 1 AÜG und die gelegentliche Überlassung nach § 1 Abs. 3 Nr. 2a AÜG ist § 14 Abs. 2 S. 5 und 6 AÜG analog anzuwenden. Für die Konzernleihe im Sinne von § 1 Abs. 3 Nr. 2 AÜG gilt § 14 Abs. 2 S. 5 und 6 AÜG nur entsprechend, soweit sich die Zurechnung der überlassenen Arbeitnehmer nicht bereits aus § 5 MitbestG oder aus § 2 Abs. 2 DrittelbG ergibt. Auf die tariflichen Personalgestellungen nach § 1 Abs. 3 Nr. 2b AÜG ist die Vorschrift des § 14 Abs. 2 S. 5 und 6 AÜG lediglich analog anzuwenden, wenn der überlassende Arbeitgeber zwar einen Tarifvertrag des öffentlichen Dienstes anwendet, es sich aber nicht um eine juristische Person des

819 BT-Drucks. 13/4941, S. 248.

820 BT-Drucks. 13/4941, S. 248.

821 Vgl. dazu § 5 C. sowie zur Berücksichtigung ins Ausland überlassener Leiharbeitnehmer allgemein § 6 B.

822 Ähnlich *Hamann*, in: SH, § 1 AÜG Rn. 541, der davon ausgeht, dass das BetrVG aufgrund des Territorialitätsprinzips für das im Ausland ansässige Gemeinschaftsunternehmen ohnehin nicht gelte, so dass sich die Frage der Anwendbarkeit von § 14 AÜG auf diese Fälle nicht stelle.

öffentlichen Rechts handelt. Für Überlassungen zwischen juristischen Personen des öffentlichen Rechts im Sinne von § 1 Abs. 3 Nr. 2c AÜG und Überlassungen ins Ausland nach § 1 Abs. 3 Nr. 3 AÜG scheidet eine Analogie schließlich aus.

D. Zusammenfassung

In § 14 Abs. 2 S. 5 und 6 AÜG ist unmittelbar nur die Arbeitnehmerüberlassung nach dem AÜG geregelt. Die Berücksichtigung von Leiharbeitnehmern im Rahmen der Schwellenwerte der Mitbestimmungsgesetze gemäß § 14 Abs. 2 S. 5 und 6 AÜG ist mit Art. 7 Abs. 2 der Richtlinie 2008/104/EG über Leiharbeit vereinbar.

Die Vorschrift des § 14 Abs. 2 S. 5 AÜG gilt für alle Schwellenwerte der Mitbestimmungsgesetze, die sich auf eine bestimmte Anzahl oder einen bestimmten Anteil von Arbeitnehmern beziehen, wozu auch die Schwellenwertregelungen gehören, die auf eine bestimmte Anzahl oder einen bestimmten Anteil von „wahlberechtigten Arbeitnehmern“ abstellen. Die Wahlberechtigung der Leiharbeitnehmer wird dadurch indes nicht fingiert. Demgegenüber gilt § 14 Abs. 2 S. 5 AÜG nicht für die Schwellenwerte, die sich auf eine bestimmte Anzahl oder einen bestimmten Anteil von „Wahlberechtigten“ beziehen.

Die Mindesteinsatzdauer des § 14 Abs. 2 S. 6 AÜG gilt nur für die Anwendungsschwellenwerte in § 1 Abs. 1 Nr. 2, § 4 Abs. 1 S. 1 MitbestG, § 1 Abs. 1 DrittelbG und § 1 Abs. 2 Montan-MitbestG. Sie bezieht sich grundsätzlich auf den einzelnen Leiharbeitnehmer. Etwas anderes gilt nur, wenn mit Leiharbeitnehmern ein dauerhafter Beschäftigungsbedarf abgedeckt wird, der zudem nicht nur vorübergehend von Leiharbeitnehmern erfüllt wird.

Leiharbeitnehmer sind bei allen Schwellenwerten der in § 14 Abs. 2 S. 5 AÜG genannten Gesetze mitzuzählen; eine teleologische Reduktion kommt für die Schwellenwerte des MitbestG, des DrittelbG sowie des Montan-MitbestG nicht in Betracht. Ebenso scheidet eine teleologische Reduktion im Sinne einer Beschränkung auf die Berücksichtigung von wahlberechtigten Leiharbeitnehmern oder von auf Stammarbeitsplätzen eingesetzten Leiharbeitnehmern aus.

Auf nichtwirtschaftliche Überlassungen sowie auf nach § 1 Abs. 3 Nr. 1 und 2a AÜG privilegierte Überlassungen ist § 14 Abs. 2 S. 5 und 6 AÜG analog anzuwenden. Auf im Rahmen einer Konzernleihe nach § 1 Abs. 3 Nr. 2 AÜG überlassene Arbeitnehmer findet § 14 Abs. 2 S. 5 und 6 entsprechende Anwendung, soweit sich die Zurechnung dieser Arbeitnehmer nicht aus § 5 MitbestG oder § 2 Abs. 2 DrittelbG ergibt. Für nach § 1 Abs. 2 Nr. 2b AÜG privilegierte Überlassungen gilt § 14 Abs. 2 S. 5 und 6 AÜG nur insoweit analog, als die überlassenen Arbeitnehmer nicht in den Anwendungsbereich von § 5 Abs. 1 S. 3 BetrVG fallen. Für die Privilegierungen nach § 1 Abs. 3 Nr. 2c und Nr. 3 AÜG scheidet eine analoge Anwendung von § 14 Abs. 2 S. 5 und 6 AÜG aus.

§ 5 Einbeziehung von im Ausland beschäftigten Arbeitnehmern

A. Einführung

In international tätigen Unternehmen und Konzernen stellt sich die Frage, ob auch die im Ausland beschäftigten Arbeitnehmer an der Mitbestimmung auf Unternehmensebene zu beteiligen und bei den Schwellenwertregelungen mitzuzählen sind. Diese Problematik betrifft zum einen die Arbeitnehmer von Unternehmen deutscher Rechtsformen mit Sitz in Deutschland, die in im Ausland gelegenen Betrieben beschäftigt sind, und spielt zum anderen bei Arbeitnehmern eine Rolle, die in Betrieben einer ausländischen Tochtergesellschaft eines Konzerns beschäftigt sind, deren Konzernspitze über einen nach deutschem Recht mitbestimmten Aufsichtsrat verfügt. Des Weiteren ist in diesem Zusammenhang die Frage zu beantworten, ob jedenfalls diejenigen Arbeitnehmer einer ausländischen Tochtergesellschaft, die in inländischen Betrieben arbeiten, bei der Unternehmensmitbestimmung berücksichtigt werden können.

Im Rahmen der Diskussion um die Einbeziehung der Auslandsbelegschaften soll nicht in Frage gestellt werden, dass die betriebsverfassungsrechtlichen Grundsätze der Ausstrahlung auch im Bereich der Unternehmensmitbestimmung Geltung entfalten.[823] Die Auslandstätigkeit eines Arbeitnehmers stellt sich nach der Rechtsprechung des BAG zum BetrVG als Ausstrahlung des Inlandsbetriebs dar, wenn eine persönliche, tätigkeitsbezogene und rechtliche Bindung zu dem betreffenden inländischen Betrieb besteht.[824] Die Beurteilung erfolgt anhand einer Gesamtwürdigung der Umstände des Einzelfalles, wobei die Dauer der Entsendung und die Frage der Integration in einen ausländischen Betrieb eine wesentliche Rolle spielen.[825]

---

823 So auch die Literatur: *Gach*, in: MüKo-AktG, § 1 MitbestG Rn. 22; *Henssler*, in: UHH, § 3 MitbestG Rn. 57, § 3 DrittelbG Rn. 3; *Hoffmann/Lehmann/Weinmann*, § 3 MitbestG Rn. 24; *Mertens/Cahn*, in: KölnK-AktG, Anh. § 117 B § 3 MitbestG Rn. 6; *Oetker*, in: GroßK-AktG, § 1 MitbestG Rn. 17; *ders.*, in: ErfK, § 1 MitbestG Rn. 8; *Raiser*, in: RVJ, § 1 MitbestG Rn. 21; *Wißmann*, in: MüArbR, § 279 Rn. 9, § 285 Rn. 2; *ders.*, in: WKS, § 3 MitbestG Rn. 38.

824 BAG 25.4.1978, AP Nr. 16 zu Internationales Privatrecht – Arbeitsrecht; BAG 21.10.1980, AP Nr. 17 zu Internationales Privatrecht – Arbeitsrecht; BAG 7.12.1989, AP Nr. 27 zu Internationales Privatrecht – Arbeitsrecht; BAG 22.3.2000, AP Nr. 8 zu § 14 AÜG.

825 BAG 7.12.1989, AP Nr. 27 zu Internationales Privatrecht – Arbeitsrecht; *Fitting*, § 1 BetrVG Rn. 22 ff.; *Franzen*, in: GK-BetrVG, § 1 BetrVG Rn. 15 f.; *Koch*, in: ErfK, § 1 BetrVG Rn. 4; *Wißmann*, in: MüArbR, § 279 Rn. 9; *ders.*, in: WKS, § 3 MitbestG Rn. 38; im Ergebnis ebenso *Preis*, in: WPK, § 5 BetrVG Rn. 15.

In rechtspolitischer Hinsicht wird die in der Praxis fehlende Beteiligung der Auslandsbelegschaft kritisch bewertet. Das LG Düsseldorf hob bereits in einer Entscheidung aus dem Jahre 1979 hervor, „dass die unternehmerische Mitbestimmung in internationalen Konzernen mit deutscher Konzernspitze ein ungelöstes Problem darstellt und der derzeit bestehende Rechtszustand unbefriedigend ist" und rief den Europäischen Rat auf, eine neue europäische Rechtsform für transnationale Gesellschaften zu schaffen.[826] Solche Rechtsformen existieren zwar mittlerweile in Form der Europäischen Wirtschaftlichen Interessenvereinigung (EWIV), der Societas Europaea (SE) und der Europäischen Genossenschaft (SCE). Allerdings erwies sich die Mitbestimmung als entscheidendes Hemmnis auf dem Weg zur Errichtung einer europäischen Aktiengesellschaft (SE),[827] so dass die SE-VO erst im Jahr 2004 in Kraft trat. Die Beteiligung der Arbeitnehmer in der SE wurde nicht in der betreffenden Verordnung, sondern in einer Richtlinie geregelt, die der deutsche Gesetzgeber durch das SEBG umsetzte. Gemäß § 4 Abs. 1 SEBG regelt ein von den Arbeitnehmern gewähltes besonderes Verhandlungsgremium die Beteiligung der Arbeitnehmer in einer Vereinbarung mit den Leitungen der an der Gründung der SE beteiligten Gesellschaften. Lediglich wenn keine Einigung erzielt wird, greift eine Auffangregelung, die sich im Grundsatz an dem höchsten bisherigen Mitbestimmungsstandard in einer der beteiligten Gesellschaften orientiert, aus denen die SE hervorgegangen ist (§§ 34–38 SEBG). Gemäß § 20 Abs. 1 SEBG werden für die in jedem Mitgliedstaat beschäftigten Arbeitnehmer der beteiligten Gesellschaften, der betroffenen Tochtergesellschaften und der betroffenen Betriebe Mitglieder in das besondere Verhandlungsgremium gewählt oder bestellt. Hier werden also auch im Ausland beschäftigte Arbeitnehmer einbezogen. Entsprechende Regelungen über ein besonderes Verhandlungsgremium wurden für die SCE im SCEBG und für aus einer grenzüberschreitenden Verschmelzung hervorgegangene Unternehmen im MgVG getroffen.

Im Geltungsbereich der originär deutschen Mitbestimmungsgesetze gibt es allerdings nach wie vor keine vergleichbaren Vorschriften, so dass es hier in der Praxis an einer Legitimation der Arbeitnehmervertreter im Aufsichtsrat durch die im Ausland beschäftigten Arbeitnehmer fehlt. Die wissenschaftlichen Mitglieder der Biedenkopf II-Kommission zur Modernisierung der Unternehmensmitbestimmung[828] empfahlen daher im Jahr 2006 ebenso wie der Arbeitskreis „Unternehmerische Mitbestimmung"[829] im Jahr 2009 durch eine gesetzliche Öffnungsklausel Vereinbarungen zu ermöglichen, auf deren Grundlage im Ausland beschäftigte Belegschaften in die Vertretung im Aufsichtsrat einbezogen werden können. Ungeachtet dieser

826 LG Düsseldorf 5.6.1979, DB 1979, 1451, 1452.

827 *Henssler*, in: UHH, Einl. SEBG Rn. 2; *Kleinsorge*, in: WKS, EU-Recht Rn. 17 ff.; *Lutter*, in: LHT, Einl. SE-VO Rn. 13 ff.; *Oechsler/Mihaylova*, in: MüKo-AktG, Vorbem. vor Art. 1 SE-VO Rn. 1 ff.; *Oetker*, in: EUArbR, Art. 1 RL 2001/86/EG Rn. 2.

828 Bericht der wissenschaftlichen Mitglieder der Kommission zur Modernisierung der deutschen Unternehmensmitbestimmung, S. 35 ff.

829 ZIP 2009, 885 ff.

Vorschläge soll im Folgenden untersucht werden, ob die im Ausland tätigen Arbeitnehmer de lege lata im Rahmen der Schwellenwertberechnung mitzählen.

Diese Frage stellt sich lediglich dann, wenn bereits feststeht, dass das betroffene Unternehmen der Unternehmensmitbestimmung nach dem MitbestG oder dem DrittelbG unterliegt. Aus diesem Grund handelt es sich nicht um ein kollisionsrechtliches Problem, weil die Anwendbarkeit deutschen Recht auf die Gesellschaft nicht in Streit steht, sondern lediglich im deutschen Sachrecht zu klären ist, ob und inwieweit auch in ausländischen Betrieben oder Unternehmen beschäftigte Arbeitnehmer erfasst werden.[830] Das bedeutet indes nicht, dass in dem Streit um die Berücksichtigung bei den Schwellenwerten kollisionsrechtliche Aspekte wie die Frage nach der Geltung der Unternehmensmitbestimmung für Gesellschaften ausländischer Rechtsform keine Rolle spielen. Diese können für die Auslegung des einfachen Rechts durchaus bedeutsam sein.

Zur Klarstellung sei des Weiteren vorab darauf hingewiesen, dass in der älteren Literatur aufgrund der damaligen uneingeschränkten Geltung der Sitztheorie teilweise lediglich von ausländischen Tochtergesellschaften oder inländischen Enkelgesellschaften die Rede ist, ohne zwischen dem Sitz des Unternehmens und seiner Rechtsform zu differenzieren. Diese Begrifflichkeiten sollen der Einfachheit halber im Folgenden beibehalten werden. Soweit eine Differenzierung zwischen der Rechtsform und dem Sitz des Unternehmens erforderlich ist, wird darauf ausdrücklich hingewiesen.

B. Wahlrecht der im Ausland beschäftigten Arbeitnehmer

Bevor der Kernfrage nach der Berücksichtigung im Ausland beschäftigter Arbeitnehmer im Rahmen der Schwellenwerte nachgegangen wird, soll zunächst geklärt werden, ob die Auslandsbelegschaft berechtigt ist, an der Wahl der Arbeitnehmervertreter im Aufsichtsrat teilzunehmen. Im Zusammenhang mit der zuletzt im Mittelpunkt der Diskussion stehenden Frage der Unionsrechtskonformität des Ausschlusses der Auslandsbelegschaft von der Wahlberechtigung ist zwar zuzugeben, dass unter den Befürwortern der Unionsrechtswidrigkeit überwiegend Einigkeit darüber besteht, dass die Frage der Einbeziehung in die Schwellenwerte von der Frage der Wahlberechtigung zu trennen ist, da ein Verstoß gegen Unionsrecht nur in Bezug auf letztere in Betracht kommt[831]. Allerdings wird dies teilweise anders

830 Im Ergebnis ebenso *Bartsch*, Niederlassungsfreiheit, S. 112; bzgl. der Wahlberechtigung auch *Birk*, in: BdGVR, Heft 18, S. 263, 355; a.A. bzgl. der Wahlberechtigung *Rödl*, JZ 2016, 980 f.

831 *Behme*, EWiR 2013, 787, 788; *ders.*, EuZA 2016, 411, 412 f., 420; *Ego*, in: MüKo-AktG, Europ. Niederlassungsfreiheit Rn. 580; *Habersack*, AG 2007, 641, 649; *Hellwig/Behme*, AG 2009, 261, 276 f.; *dies.*, AG 2015, 333, 339 f.; *Henssler*, in: UHH, § 3 MitbestG Rn. 54; *Wansleben*, EWiR 2015, 105, 106; *ders.*, EWiR 2015, 245, 246; *ders.*, WM 2017, 785.

gesehen[832] und sagt nichts darüber aus, inwieweit die Wahlberechtigung bzw. der Ausschluss der Wahlberechtigung – unabhängig vom Unionsrecht – im Rahmen der Auslegung berücksichtigt werden sollte. Hinzu kommt, dass verschiedene Schwellenwerte der Mitbestimmungsgesetze auf eine bestimmte Anzahl oder einen bestimmten Anteil von wahlberechtigten Arbeitnehmern oder Wahlberechtigten abstellen. Daher erscheint es auch in Bezug auf die im Ausland beschäftigten Arbeitnehmer angemessen, zunächst deren Wahlberechtigung zu erörtern.

I. Auslegung des MitbestG und DrittelbG

1. Meinungsstand

a) Keine Wahlberechtigung der im Ausland beschäftigten Arbeitnehmer

Wie bereits angeklungen, geht die (jedenfalls bislang) herrschende Ansicht davon aus, dass die im Ausland tätigen Arbeitnehmer nicht wahlberechtigt sind, und zwar überwiegend unabhängig davon, ob sie in im Ausland gelegenen Betrieben des Unternehmens oder in im Ausland gelegenen Betrieben von Tochtergesellschaften beschäftigt werden.[833] Begründet wird dies zum einen mit dem Territorialitätsprinzip,

---

832 So LG Frankfurt 16.2.2015, ZIP 2015, 634, 635; *Maier*, Übertragbarkeit, S. 209. In diese Richtung auch *Drygala*, in: Schmidt/Lutter, § 96 AktG Rn. 30; *Köster*, Unternehmensmitbestimmung, S. 202; *Latzel*, Gleichheit, Rn. 748, die aus dem in Bezug auf das Wahlrecht von ihnen angenommenen Verstoß gegen Unionsrecht auch die Berücksichtigung der im Ausland beschäftigten Arbeitnehmer bei den Schwellenwerten herleiten.

833 OLG München 20.2.2017, ZIP 2017, 476; LG Düsseldorf 5.6.1979, DB 1979, 1451 f.; LG Landau (Pfalz) 18.9.2013, ZIP 2013, 2107 f.; LG Berlin 1.6.2015, ZIP 2015, 1291, 1293; LG München I 27.8.2015, ZIP 2015, 1929, 1930 f.; *Bartsch*, Niederlassungsfreiheit, S. 112 ff.; *W. F. Bayer*, ZGR 1977, 173, 177 f.; *Bellstedt*, BB 1977, 1326, 1328 f.; *Duden*, ZHR 141 (1977), 145, 180 ff.; *Ebenroth/Sura*, ZHR 144 (1980), 610 ff.; *Fischer*, NZG 2014, 737, 738; *Gach*, in: MüKo-AktG, § 3 MitbestG Rn. 19; *Gebhardt*, FA 2016, 73, 74 ff.; *Gittermann*, in: Semler/von Schenck, § 96 AktG Rn. 25; *Großfeld*, in: Staudinger, IntGesR Rn. 527 ff.; *ders.*, Unternehmensrecht, S. 130; *Habersack*, AG 2007, 641, 645; *Heither/von Morgen*, in: NK-GA, § 1 MitbestG Rn. 19, § 1 DrittelbG Rn. 31; *Hoffmann/Lehmann/Weinmann*, § 1 MitbestG Rn. 39 ff.; *Hommelhoff*, ZGR 2010, 48, 60; *Kindler*, in: MüKo-BGB, IntGesR Rn. 577 ff.; *Kleinsorge*, in: WKS, Vorbem. DrittelbG Rn. 25; *Klückers*, Arbeitnehmerzurechnung, S. 8 ff.; *Köstler/Müller/Sick*, Rn. 166, 180; *Krause*, in: ZHR Beiheft 78, S. 46, 49; *Krauss*, GWR 2013, 518; *Kübler*, in: FS Döser, S. 237, 242; *Lubitz*, Sicherung, S. 126 ff.; *Matthes*, in: GK-MitbestG, § 3 MitbestG Rn. 18; *W. Meilicke*, GmbHR 2000, 693, 695; *Mertens/Cahn*, KölnK-AktG, Anh. § 117 B § 3 MitbestG Rn. 7; *Oetker*, in: GroßK-AktG, § 5 MitbestG Rn. 33; *ders.*, JbArbR 53 (2016), 47, 55; *ders.*, in: ErfK, § 1 MitbestG Rn. 8, § 5 MitbestG Rn. 14, Einf. DrittelbG Rn. 3; *Prinz*, SAE 2015, 66, 72 f.; *Raiser*, DJT 2006/I, S. B 93 (anders nunmehr *ders.*, in: RVJ, § 1 MitbestG Rn. 27); *Rehberg*, in: Eidenmüller, § 6 Rn. 138 f.; *ders.*, EuZA 2015, 369, 372 ff.; *M. Reuter*, Reichweite, S. 70 ff.; *Säcker*, ZfA 2008, 51, 55 f.; *Schneider*, in: GK-MitbestG, § 5 MitbestG Rn. 85; *Schubert*, AG

das einer gesetzlichen Verpflichtung zur Durchführung von Aufsichtsratswahlen im Ausland oder zumindest der Durchsetzung einer entsprechenden Verpflichtung entgegenstehe.[834] Darüber hinaus verweisen die Gegner einer Wahlberechtigung von Auslandsbelegschaften im Rahmen der historischen Auslegung auf den Bericht des Ausschusses für Arbeit und Sozialordnung zur Beratung über das MitbestG, wonach man sich während der Beratungen darüber einig war, „dass der Gesetzentwurf nicht für Unternehmensorgane ausländischer Unternehmen Geltung beanspruchen kann, dass sich vielmehr der Geltungsbereich des Entwurfs auf Unternehmen und Konzernobergesellschaften beschränkt, die ihren Sitz im Geltungsbereich des Grundgesetzes haben [...], und dass die im Gesetzentwurf festgelegten Beteiligungsrechte nur den Arbeitnehmern der in der Bundesrepublik belegenen Betriebe dieser Unternehmen zustehen".[835]

2017, 369, 370 f., 377; *Schwark*, AG 2004, 173, 174 f.; *Seibt*, DB 2015, 912, 914; *ders.*, DB 2015, 1592; *ders.*, in: HWK, § 5 MitbestG Rn. 14, § 2 DrittelbG Rn. 9; *ders.*, in: WHSS, Rn. F 149a ff. (kritisch aber bzgl. des Ausschlusses der Arbeitnehmer ausländischer Betriebe); *Ulmer*, ZHR 166 (2002), 271, 274; *Ulmer/Habersack*, in: UHH, § 5 MitbestG Rn. 55; *Vischer*, in: FS Mann, S. 639, 649 f.; *Wansleben*, EWiR 2015, 245, 246; *Werner*, Unternehmensmitbestimmung, S. 71 ff.; *Winter/Marx/De Decker*, NZA 2015, 1111, 1112 ff.; *Wißmann*, in: MüArbR, § 279 Rn. 8; *ders.*, in: FS Wank, S. 695 ff.; *ders.*, in: WKS, § 3 MitbestG Rn. 26 ff.; *Zinger*, Internationalisierung, S. 214 ff.

834 LG Düsseldorf 5.6.1979, DB 1979, 1451 f.; LG Landau (Pfalz) 18.9.2013, ZIP 2013, 2107; LG Berlin 1.6.2015, ZIP 2015, 1291, 1295; *W. F. Bayer*, ZGR 1977, 173, 177 f.; *Bellstedt*, BB 1977, 1326, 1328; *Braun*, Sicherung, S. 146 f.; *Ebenroth/Sura*, ZHR 144 (1980), 615; *Fischer*, NZG 2014, 737, 739; *Gebhardt*, FA 2016, 73, 74; *Großfeld*, in: Staudinger, IntGesR Rn. 525, 529, 532; *Habersack*, AG 2007, 641, 648; *Hoffmann/Lehmann/Weinmann*, § 1 MitbestG Rn. 39; *Krauss*, GWR 2013, 518; *Lutter*, ZGR 1977, 195, 206 ff.; *Matthes*, in: GK-MitbestG, § 3 MitbestG Rn. 18; *Prinz*, SAE 2015, 66, 72 f.; *Raiser*, DJT 2006/I, S. B 93 (anders aber nunmehr *ders.*, in: RVJ, § 1 MitbestG Rn. 27); *Rehberg*, in: Eidenmüller, § 6 Rn. 139; *Schmid*, Der Konzern 2015, 208, 209, 211; *Schneider*, in: GK-MitbestG, § 5 MitbestG Rn. 85; *Schwark*, AG 2004, 173, 174 f.; *Ulmer*, ZHR 166 (2002), 271, 274; *Vischer*, in: FS Mann, S. 639, 649 f.; *Werner*, Unternehmensmitbestimmung, S. 73 f.; *Winter/Marx/De Decker*, NZA 2015, 1111, 1112; *Wißmann*, in: MüArbR, § 279 Rn. 8; *ders.*, in: FS Wank, S. 695, 697 ff.; *Zinger*, Internationalisierung, S. 215, 218 f.

835 BT-Drucks. 7/4845, S. 4. Darauf verweisen LG Düsseldorf 5.6.1979, DB 1979, 1451, 1452; *Bartsch*, Niederlassungsfreiheit, S. 112; *W. F. Bayer*, ZGR 1977, 173, 177; *Behme*, EuZA 2016, 411, 413; *Braun*, Sicherung, S. 145, die aber eine freiwillige Beteiligung für möglich hält; *Duden*, ZHR 141 (1977), 145, 184; *Ebenroth/Sura*, ZHR 144 (1980), 610, 611; *Gebhardt*, FA 2016, 73, 75; *Großfeld*, in: Staudinger, IntGesR Rn. 531 f.; *Henssler*, in: UHH, § 3 MitbestG Rn. 40; *Hoffmann/Lehmann/Weinmann*, § 1 MitbestG Rn. 41; *Kindler*, in: MüKo-BGB, IntGesR Rn. 578; *Klückers*, Arbeitnehmerzurechnung, S. 37 f.; *Krause*, in: ZHR Beiheft 78, S. 46, 49; *Krauss*, GWR 2013, 518; *Lubitz*, Sicherung, S. 126 f.; *Lutter*, in: FS Zweigert, S. 251, 260; *Matthes*, in: GK-MitbestG, § 3 MitbestG Rn. 18; *Mense/Klie*, DStR 2015, 1508 f.; *Oetker*, JbArbR 53 (2016), 47, 55; *Rehberg*, in: Eidenmüller, § 6 Rn. 139; *ders.*, EuZA 2015, 369, 373;

Arbeitnehmern inländischer Betriebe ausländischer Tochtergesellschaften wird indes teilweise auch von den Vertretern der herrschenden Meinung ein Wahlrecht für den Aufsichtsrat der inländischen Muttergesellschaft gemäß § 5 MitbestG bzw. § 2 Abs. 1 DrittelbG zugestanden, da insoweit keine Notwendigkeit für einen Ausschluss bestehe.[836] Weitgehende Einigkeit besteht des Weiteren darüber, dass Arbeitnehmer inländischer Enkelgesellschaften, die in Deutschland beschäftigt werden, aufgrund von § 5 MitbestG bzw. § 2 Abs. 1 DrittelbG zur Teilnahme an der Wahl zum Aufsichtsrat des wiederum inländischen Mutterunternehmens berechtigt sind.[837]

b) Wahlberechtigung auch der im Ausland beschäftigten Arbeitnehmer

Ein Teil der Literatur hält die in ausländischen Betrieben beschäftigten Arbeitnehmer demgegenüber mit unterschiedlicher Begründung für berechtigt, an der Wahl der Arbeitnehmervertreter in den Aufsichtsrat des Unternehmens deutscher Rechtsform oder der nach deutschem Recht mitbestimmten Konzernspitze teilzunehmen.[838]

Salger, IWRZ 2017, 174, 175; *Schubert*, AG 2017, 369, 370; *Seibt*, DB 2015, 912, 913; *Vischer*, in: FS Mann, S. 639, 649 Fn. 36; *Winter/Marx/De Decker*, NZA 2015, 1111, 1112 f.; *Wißmann*, in: MüArbR, § 279 Rn. 8, der aber nunmehr darauf hinweist, dass dieses Argument mit der Zeit an Kraft verliere, in: WKS, § 3 MitbestG Rn. 28; *Zinger*, Internationalisierung, S. 215 f.

836 *Duden*, ZHR 141 (1977), 145, 185; *Ebenroth/Sura*, ZHR 144 (1980), 610, 619; *Großfeld*, in: Staudinger, IntGesR Rn. 533; *Henssler*, in: UHH, § 3 MitbestG Rn. 41; *Klückers*, Arbeitnehmerzurechnung, S. 61 ff.; *Köstler/Müller/Sick*, Rn. 265; *Matthes*, in: GK-MitbestG, § 3 MitbestG Rn. 20; *Mertens/Cahn*, KölnK-AktG, Anh. § 117 B § 3 MitbestG Rn. 7; *Raiser*, in: RVJ, § 5 MitbestG Rn. 31; *Rehberg*, in: Eidenmüller, § 6 Rn. 143; *Säcker*, WahlO, Rn. 60 Fn. 38; *Werner*, Unternehmensmitbestimmung, S. 80 f.; *Wißmann*, in: WKS, § 3 MitbestG Rn. 37, § 5 MitbestG Rn. 23; a.A. *W. F. Bayer*, ZGR 1977, 173, 178; *Gach*, in: MüKo-AktG, § 3 MitbestG Rn. 19; *Hoffmann/Lehmann/Weinmann*, § 1 MitbestG Rn. 43; *Lutter*, ZGR 1977, 195, 208; *Schneider*, in: GK-MitbestG, § 5 MitbestG Rn. 86; *Seibt*, in: WHSS, Rn. F 149c; *Ulmer/Habersack*, in: UHH, § 5 MitbestG Rn. 55.

837 *Bartsch*, Niederlassungsfreiheit, S. 120 f.; *W. F. Bayer*, ZGR 1977, 173, 178; *Ebenroth/Sura*, ZHR 144 (1980), 610, 620; *Gach*, in: MüKo-AktG, § 3 MitbestG Rn. 19; *Großfeld*, in: Staudinger, IntGesR Rn. 533; *Habersack*, AG 2007, 641, 645; *Hoffmann/Lehmann/Weinmann*, § 1 MitbestG Rn. 44; *Kindler*, in: MüKo-BGB, IntGesR Rn. 581; *Klückers*, Arbeitnehmerzurechnung, S. 60 f.; *Köstler/Müller/Sick*, Rn. 265; *Lutter*, ZGR 1977, 195, 206 f.; *Mertens/Cahn*, KölnK-AktG, Anh. § 117 B § 3 MitbestG Rn. 7; *Oetker*, in: GroßK-AktG, § 5 MitbestG Rn. 33; *ders.*, in: ErfK, § 5 MitbestG Rn. 14; *Raiser*, in: RVJ, § 5 MitbestG Rn. 31; *Rehberg*, in: Eidenmüller, § 6 Rn. 132; *M. Reuter*, Reichweite, S. 91 f.; *Rieble*, in: Bork/Schäfer, § 52 GmbHG Rn. 23; *Säcker*, WahlO, Rn. 60 Fn. 38; *Schneider*, in: GK-MitbestG, § 5 MitbestG Rn. 87; *Seibt*, in: WHSS, Rn. F 149c; *Ulmer/Habersack*, in: UHH, § 5 MitbestG Rn. 55; *Werner*, Unternehmensmitbestimmung, S. 80; *Wißmann*, in: WKS, § 5 MitbestG Rn. 23.

838 *Birk*, in: FS Schnorr von Carolsfeld, S. 61, 82, 85; *ders.*, RIW 1975, 589, 595 f.; *ders.*, in: Birk/Tietmeyer, S. 51; *ders.*, in: BdGVR, Heft 18, S. 263, 355, 357; *Däubler*,

Im Rahmen der teleologischen Auslegung sei zu berücksichtigen, dass auch die im Ausland beschäftigten Arbeitnehmer von unternehmerischen Entscheidungen betroffen seien.[839] In neuerer Zeit stützen sich die Vertreter dieser Auffassung zudem auf die von ihnen angenommene Unionsrechtwidrigkeit der fehlenden Wahlberechtigung der im EU-Ausland beschäftigten Arbeitnehmer, die eine unionsrechtskonforme Auslegung erforderlich mache.[840] Die Frage der Unionsrechtkonformität soll aber zunächst ausgeblendet und im Anschluss an die Auslegung des MitbestG und DrittelbG diskutiert werden.[841]

c) Vermittelnde Ansichten

In der Literatur finden sich in Bezug auf die Frage der Wahlberechtigung der Auslandsbelegschaften auch vermittelnde Ansichten. So wird teilweise die Auffassung vertreten, dass die im Ausland beschäftigten Arbeitnehmer nur dann an den Wahlen der Arbeitnehmer zu beteiligen seien, wenn sie in einer Sozialordnung lebten, die mit derjenigen in Deutschland vergleichbar sei.[842] Das sei anzunehmen, wenn eine entsprechende staatsvertragliche Festlegung bestehe oder die Rechtsordnung des betroffenen Staats eine der deutschen ähnliche Mitbestimmung kenne.[843] Die Art der Mitbestimmung der ausländischen Belegschaft sei dann im Einzelfall je nach Größe, Struktur und Organisationsform des ausländischen Unternehmensteils zu bestimmen.[844] Einer weiteren vermittelnden Ansicht nach soll die Belegschaft im Ausland in die Mitbestimmung einbezogen werden, wenn die Haltung der Arbeitnehmer- und Gewerkschaftsvertreter eine dem gesetzlichen Modell entsprechende Mitbestimmungspraxis ermögliche.[845] Auslandsbelegschaften, die sich mehrheitlich

---

RabelsZ 39 (1975), 444, 451 ff.; *Deinert*, IntArbR, § 17 Rn. 88 f. (nur für im Ausland beschäftigte Arbeitnehmer deutscher Unternehmen); *Henssler*, in: UHH, § 3 MitbestG Rn. 43 ff. (aktives, aber kein passives Wahlrecht); *Latzel*, Gleichheit, Rn. 338 ff., 735 ff.; *Nienerza*, Mitbestimmung, S. 40 ff., 81 ff., 154 f.; *Raiser*, in: RVJ, § 1 MitbestG Rn. 27, der zugleich für eine Zulassung von Mitbestimmungsvereinbarungen plädiert; *Reich/Lewerenz*, AuR 1976, 261, 264; *Ulmer/Habersack*, in: UHH, Einleitung MitbestG Rn. 75. In diese Richtung auch *Steindorff*, ZHR 141 (1977), 457, 460 f.; *Teichmann*, ZIP 2010, 874, 875.

839 *Birk*, in: BdGVR, Heft 18, S. 263, 355; *Däubler*, RabelsZ 39 (1975), 444, 454 f.; *Nienerza*, Mitbestimmung, S. 66. Ebenso, aber im Ergebnis anders *Rehberg*, EuZA 2015, 369, 373.

840 *Henssler*, in: UHH, § 3 MitbestG Rn. 43 ff.; *Latzel*, Gleichheit, Rn. 338 ff., 739 ff.; *Ulmer/Habersack*, in: UHH, Einleitung MitbestG Rn. 75. In diese Richtung auch *Raiser*, in: RVJ, § 1 MitbestG Rn. 27, der aber zugleich darauf hinweist, dass eine entsprechende EuGH-Entscheidung abzuwarten sei.

841 Siehe dazu § 5 II.

842 *Prager*, Grenzen, S. 51 f.

843 *Prager*, Grenzen, S. 52.

844 *Prager*, Grenzen, S. 52.

845 *M. Schubert*, Unternehmensmitbestimmung, S. 107 ff.

gegen eine Beteiligung an der Vertretung im Aufsichtsrat aussprechen, sollen danach von vornherein nicht einbezogen werden.[846] Dasselbe gelte, wenn der betreffende Staat die Teilnahme an der Mitbestimmung verbiete oder wenn die dortigen Zustände nicht die Gewähr für eine ordnungsgemäße Wahl böten.[847] Müsse später ein Aufsichtsratsmitglied gemäß § 103 Abs. 3 AktG abberufen werden, sei die entsprechende Belegschaft insgesamt von der Teilnahme an der Mitbestimmung auszuschließen.[848] Ein ähnlicher Ansatz will die im Ausland beschäftigten Arbeitnehmer grundsätzlich an den Wahlen der Arbeitnehmervertreter beteiligen, wenn nicht das ausländische Recht der Wahlberechtigung entgegensteht.[849]

Andere Stimmen in der Literatur differenzieren zwischen den Arbeitnehmern ausländischer Tochtergesellschaften und denjenigen Arbeitnehmern, die in einem Arbeitsverhältnis zu dem betroffenen deutschen Unternehmen stehen, aber in ausländischen Betriebsstätten beschäftigt sind.[850] Lediglich für die Arbeitnehmer ausländischer Unternehmen fehle dem Gesetzgeber die Regelungsmacht zu deren Einbeziehung.[851] Für die Arbeitnehmer in ausländischen Niederlassungen sei vorrangig darauf abzustellen, dass sie in einem Arbeitsverhältnis zu einem deutschen Unternehmen stünden; die Verweise des MitbestG auf das im Ausland nicht anwendbare BetrVG seien demgegenüber nicht entscheidend.[852]

Eine weitere vermittelnde Ansicht schließt die Auslandsbelegschaften zwar grundsätzlich von der Teilnahme an der Wahl aus, hält aber freiwillige Vereinbarungen über ein Wahlrecht für möglich, falls die Rechtsvorschriften des ausländischen Staats dies zulassen.[853] Auf diese Weise könne dem gewachsenen Bedürfnis nach Einbeziehung der Auslandsbelegschaften in die Unternehmensmitbestimmung Rechnung getragen werden.[854]

2. Stellungnahme

a) Einfache Auslegung

aa) Wortlaut

Das MitbestG und das DrittelbG legen in §§ 10 Abs. 2 S. 1, 18 S. 1 MitbestG und in § 5 Abs. 2 S. 1 DrittelbG übereinstimmend fest, dass „die Arbeitnehmer des Unternehmens, die das 18. Lebensjahr vollendet haben“, wahlberechtigt sind. Dieser Wortlaut

846 *M. Schubert*, Unternehmensmitbestimmung, S. 107.
847 *M. Schubert*, Unternehmensmitbestimmung, S. 107 f.
848 *M. Schubert*, Unternehmensmitbestimmung, S. 108.
849 *Grasmann*, ZGR 1973, 317, 328 f.
850 *Lutter*, ZGR 1977, 195, 205 ff.; *ders.*, in: FS Zweigert, S. 251, 260 (insbes. Fn. 36). Wohl auch *Gralla*, Vermeidung, S. 234 ff.; *Seibt*, in: WHSS, Rn. F 150.
851 *Lutter*, ZGR 1977, 195, 206 ff.; *Gralla*, Vermeidung, S. 235 ff.
852 *Lutter*, ZGR 1977, 195, 207. In diese Richtung auch *Seibt*, in: WHSS, Rn. F 150.
853 *Braun*, Sicherung, S. 145; *Raiser*, in: RVJ, § 1 MitbestG Rn. 27, § 5 MitbestG Rn. 30.
854 *Raiser*, in: RVJ, § 5 MitbestG Rn. 30.

schließt Arbeitnehmer, die im Ausland beschäftigt sind, nicht aus,[855] solange sie nur in einem Arbeitsverhältnis zu dem betreffenden Unternehmen stehen. Gemäß § 5 Abs. 1 S. 1 MitbestG gelten für die Anwendung des MitbestG auf das herrschende Unternehmen eines Konzerns die Arbeitnehmer der Konzernunternehmen als Arbeitnehmer des herrschenden Unternehmens und § 2 Abs. 1 DrittelbG schreibt vor, dass an der Wahl der Aufsichtsratsmitglieder der Arbeitnehmer des herrschenden Unternehmens eines Konzerns auch die Arbeitnehmer der übrigen Konzernunternehmen teilnehmen. Diesen Formulierungen lassen sich ebenfalls keine Einschränkungen im Hinblick auf den Ort der Beschäftigung entnehmen. Der Wortlaut der relevanten Normen steht daher der Wahlberechtigung im Ausland beschäftigter Arbeitnehmer nicht entgegen, bezieht diese aber auch nicht ausdrücklich ein.

bb) Systematik

(1) Wahlverfahrensvorschriften

Für die Beschränkung der Wahlberechtigung auf die Inlandsbelegschaft wird auf die Verankerung des Wahlverfahrens auf betrieblicher Ebene verwiesen, die Arbeitnehmer in Betrieben außerhalb Deutschlands von der Beteiligung an der Unternehmensmitbestimmung ausschließe.[856] Dem ist für das MitbestG bei Durchführung einer mittelbaren Wahl zuzustimmen, weil die Delegiertenwahl auf Ebene des Betriebs stattfindet.[857] Da die Arbeitnehmer gemäß § 9 MitbestG selbst über die Art der Wahl abstimmen können, ist insoweit das gesamte Wahlverfahren des MitbestG auf die betriebliche Ebene bezogen. Ein Betriebsbezug besteht indes auch bei Bestimmung der Arbeitnehmervertreter im Wege der unmittelbaren Wahl gemäß § 5 DrittelbG, weil hier die Betriebsräte Wahlvorschläge unterbreiten, die Wahl anfechten und einen Antrag auf Abberufung von Aufsichtsratsmitgliedern der Arbeitnehmer stellen können (§§ 6 S. 1, 11 Abs. 2 S. 1 Nr. 2, 12 Abs. 1 S. 1 DrittelbG). Insoweit ist allerdings zu berücksichtigen, dass nicht in jedem Betrieb ein Betriebsrat existiert, so dass sich aus den Rechten des Betriebsrats im Wahlverfahren nicht schließen lässt, dass betriebsratslose Betriebe nicht an der Wahl teilnehmen sollen. Sowohl das Wahlverfahren des MitbestG als auch des DrittelbG sind damit auf den Betrieb bezogen, was einen gewissen Bezug zur Belegenheit des Betriebs herstellt,

---

855 OLG Zweibrücken 20.2.2014, ZIP 2014, 1224, 1226; LG Frankfurt a. M. 16.2.2015, ZIP 2015, 634, 635; ähnlich *Behme*, EuZA 2016, 411, 413; *Raiser*, in: RVJ, § 1 MitbestG Rn. 27; *Schubert*, AG 2017, 369, 370; a.A. *Schmid*, Der Konzern 2015, 208, 211.

856 LG Berlin 1.6.2015, ZIP 2015, 1291, 1293; LG München I 27.8.2015, ZIP 2015, 1929, 1930; *Braun*, Sicherung, S. 144 f.; *Fischer*, NZG 2014, 737, 738; *Hammen*, Der Konzern 2016, 105, 109; *Heither/von Morgen*, in: NK-GA, § 1 DrittelbG Rn. 31; *Schubert*, AG 2017, 369, 370, 377; *Werner*, Unternehmensmitbestimmung, S. 79; *Wißmann*, in: WKS, § 3 MitbestG Rn. 29, wobei *Braun, Hammen, Schubert* und *Wißmann* sich nur auf das MitbestG beziehen.

857 So auch *Braun*, Sicherung, S. 144.

aber keineswegs zwingend auf den Ausschluss im Ausland Beschäftigter von der Wahl der Arbeitnehmervertreter schließen lässt.

Neben den Wahlverfahrensvorschriften des MitbestG und des DrittelbG selbst werden als Argument gegen die Wahlberechtigung im Ausland beschäftigter Arbeitnehmer die Wahlordnungen angeführt, die den Betriebsräten Rechte im Wahlverfahren einräumen.[858] Gegen die Berücksichtigung der Wahlordnungen im Rahmen der systematischen Auslegung spricht indes deren Verordnungscharakter. Soweit die Wahlordnungen nicht lediglich das Gesetz wiederholen, können sie allenfalls bestätigen, dass die Bundesregierung bei Erlass der Verordnungen von der Anwendbarkeit des MitbestG und des DrittelbG nur im Inland ausging. Dieser Schluss erscheint jedoch nicht zwingend, da es – wie erwähnt – auch deutsche Betriebe gibt, in denen keine Betriebsräte bestehen. Dass den Betriebsräten in den Wahlordnungen Rechte im Wahlverfahren eingeräumt werden, steht demnach der Wahlberechtigung im Ausland beschäftigter Arbeitnehmer nicht zwingend entgegen.

(2) Zusammenhang mit dem BetrVG

Sowohl § 3 Abs. 1 S. 1 Nr. 1 MitbestG als auch § 3 Abs. 1 S. 1 DrittelbG verweisen für die Definition des Arbeitnehmers auf § 5 Abs. 1 BetrVG, nach dessen Satz 1 Arbeitnehmer Arbeiter und Angestellte einschließlich der zu ihrer Berufsausbildung Beschäftigten sind. Die Einteilung in Arbeiter und Angestellte nimmt auf die frühere Unterscheidung im Sozialversicherungsrecht Bezug, die aufgrund der getrennten Wahl von Vertretern der Arbeiter und der Angestellten im Geltungsbereich des MitbestG für das Wahlverfahren von Bedeutung war. Für die Wahlen nach § 76 Abs. 2 BetrVG 1952 spielte die Unterscheidung ebenfalls eine Rolle, weil sich unter den mindestens zwei Arbeitnehmern aus den Betrieben des Unternehmens im Sinne des § 76 Abs. 2 S. 3 BetrVG 1952 ein Arbeiter und ein Angestellter befinden mussten. Die damalige Trennung in der deutschen Sozialversicherung wird noch heute als Argument gegen die Einbeziehung der Auslandsbelegschaft in die Unternehmensmitbestimmung angeführt, weil sich daraus auf den Willen des Gesetzgebers schließen lasse, eine lediglich auf das Inland bezogene Regelung zu erlassen.[859]

858 Vgl. § 2 Abs. 3 Nr. 1, § 5 Abs. 4 S. 1, § 82 Abs. 1 1. WahlO MitbestG; § 2 Abs. 3 Nr. Nr. 1 und 2, § 4 Abs. 1 S. 2, Abs. 4 S. 1 und 2 Nr. 1, § 5 Abs. 4 S. 1, § 88 Abs. 1 2. WahlO MitbestG; § 2 Abs. 3 S. 1 Nr. 1–3, S. 2, § 4 Abs. 4 S. 1 und 2 Nr. 1, § 5 Abs. 1 S. 2, Abs. 4 S. 1, § 88 Abs. 1 S. 1 und 2 3. WahlO MitbestG; § 1 S. 1, § 2 Abs. 2 S. 2, Abs. 4 S. 1, § 5 Abs. 2 Nr. 8, § 7 Abs. 1 S. 1, § 26 Abs. 2 S. 1, Abs. 3 S. 1, § 32 Abs. 1, § 39 Abs. 1 S. 1 WahlO DrittelbG. Für die Wahlordnungen des MitbestG: *Großfeld*, in: Staudinger, IntGesR Rn. 529; *Hoffmann/Lehmann/Weinmann*, § 1 MitbestG Rn. 41; *Schmid*, Der Konzern 2015, 208, 211; *Wißmann*, in: WKS, § 3 MitbestG Rn. 29. Wie sich aus der Aufzählung ergibt, gilt für die WahlO DrittelbG indes nichts anderes.

859 *Lubitz*, Sicherung, S. 127.

Diese Einschätzung vermochte schon unter Geltung des früheren Rechts nicht vollends zu überzeugen, weil § 6 BetrVG a.F. entscheidend auf die Art der Tätigkeit abstellte, so dass die Beschäftigten im Ausland ihrer Tätigkeit nach einer Gruppe hätten zugeordnet werden können.[860] Da die Einteilung in Arbeiter und Angestellte für die Feststellung der Arbeitnehmereigenschaft keine Rolle spielt und auch die Gruppenwahl abgeschafft wurde, ist die Nennung von Arbeitern und Angestellten in § 5 Abs. 1 S. 1 BetrVG für die Frage der Wahlberechtigung der im Ausland beschäftigten Arbeitnehmer heute unergiebig. Allein mögliche Schwierigkeiten bei der Subsumtion unter den Arbeitnehmerbegriff stehen der Einbeziehung von Auslandsbelegschaften nicht entgegen.[861] Das gilt umso mehr vor dem Hintergrund, dass sich § 5 Abs. 1 BetrVG eine entsprechende Definition nicht entnehmen lässt.

Das BetrVG ist nach ständiger Rechtsprechung des BAG aufgrund der Geltung des Territorialitätsprinzips nicht auf die im Ausland gelegenen Betriebe deutscher Unternehmen anzuwenden,[862] weshalb teilweise die Auffassung vertreten wird, der Verweis auf § 5 Abs. 1 BetrVG erfasse auch die Beschränkung des BetrVG auf inländische Betriebe[863]. Dagegen spricht allerdings, dass sich die Rechtsprechung des BAG auf den räumlichen Geltungsbereich des BetrVG bezieht, während der Arbeitnehmerbegriff den persönlichen Anwendungsbereich betrifft.[864] Die Geltung des Territorialitätsprinzips im BetrVG wird zudem nicht aus § 5 BetrVG abgeleitet, sondern mit der engen Verknüpfung des BetrVG zur Lebensordnung und Wirtschaftsverfassung der Bundesrepublik Deutschland begründet,[865] so dass der Verweis auf § 5 Abs. 1 BetrVG nicht als Hinweis auf eine Beschränkung des Anwendungsbereichs von MitbestG und DrittelbG auf Inlandsbelegschaften verstanden werden kann.

Das MitbestG und das DrittelbG verweisen indes nicht nur für den Arbeitnehmerbegriff auf das BetrVG. Gemäß § 3 Abs. 2 S. 1 MitbestG und DrittelbG sind Betriebe im Sinne der Gesetze solche des BetrVG. Daraus wird im Zusammenspiel mit dem betriebsbezogenen Wahlverfahren des MitbestG in der Literatur teilweise der Schluss gezogen wird, dass § 5 MitbestG keine Konzernunternehmen erfasse, die im Inland keinen Betrieb unterhielten.[866] Hiergegen ist jedoch einzuwenden,

---

860 LG Düsseldorf 5.6.1979, DB 1979, 1451; *Duden*, ZHR 141 (1977), 145, 183; *Nienerza*, Mitbestimmung, S. 56; *M. Schubert*, Unternehmensmitbestimmung, S. 97 f.

861 *Rehberg*, EuZA 2015, 369, 372 f.; a.A. *Lubitz*, Sicherung, S. 127.

862 BAG 25.4.1978, AP Nr. 16 zu Internationales Privatrecht – Arbeitsrecht; BAG 10.9.1985, AP Nr. 3 zu § 117 BetrVG 1972; BAG 7.12.1989, AP Nr. 27 zu Internationales Privatrecht – Arbeitsrecht; BAG 21.3.1996, AP Nr. 81 zu § 102 BetrVG 1972; BAG 22.3.2000, AP Nr. 8 zu § 14 AÜG.

863 *Bartsch*, Niederlassungsfreiheit, S. 113; *Gebhardt*, FA 2016, 73, 74 f.

864 *Nienerza*, Mitbestimmung, S. 53 f.

865 BAG 25.4.1978, AP Nr. 16 zu Internationales Privatrecht – Arbeitsrecht.

866 *Hammen*, WuB 2015, 644, 645; *ders.*, Der Konzern 2016, 105, 109 f., der sich der kommentierten Entscheidung des LG Frankfurt a. M. (16.2.2015, ZIP 2015, 634 ff.) entsprechend nur auf Unternehmen ausländischer Rechtsform mit Sitz im Ausland bezieht. Ähnlich *Gebhardt*, FA 2016, 73, 74 f.

dass das BetrVG keine Legaldefinition des Betriebsbegriffs enthält, der sich die Beschränkung auf inländische Betriebe entnehmen lässt.[867] Dennoch ist zuzugeben, dass der Verweis auf den Betriebsbegriff des BetrVG im Geltungsbereich des MitbestG aufgrund des betriebsbezogenen Wahlverfahrens für einen Gleichlauf der Anwendungsbereiche von BetrVG und MitbestG spricht.[868] Entscheidendes Argument im Streit um die Einbeziehung ausländischer Arbeitnehmer in die Aufsichtsratswahl kann der Verweis aber nicht sein.

Für eine Beschränkung des Wahlrechts auf im Inland beschäftigte Arbeitnehmer wird außerdem die Verzahnung der Unternehmensmitbestimmung mit den Organen der Betriebsverfassung angeführt, da die betrieblichen Arbeitnehmervertretungen berechtigt sind, Statusverfahren einzuleiten (§ 98 Abs. 2 Nr. 4 und 6 AktG), einen Antrag auf Bestellung von Aufsichtsratsmitgliedern durch das Gericht zu stellen (§ 104 Abs. 1 S. 3 Nr. 1 und 3 AktG) sowie die Wahl der Arbeitnehmervertreter anzufechten (§§ 21 Abs. 2 S. 1 Nr. 2, 22 Abs. 2 S. 1 Nr. 2 und 4 MitbestG bzw. § 11 Abs. 2 S. 1 Nr. 2 DrittelbG).[869] Ebenso wie die Verankerung des Wahlverfahrens auf betrieblicher Ebene[870] spricht dieser Aspekt in der Tat gegen die Wahlberechtigung der Auslandbelegschaft, steht einem entsprechenden Wahlrecht aber auch nicht zwingend entgegen.

Argumentiert wird zudem mit dem Verweis auf § 8 Abs. 1 S. 3 BetrVG, wonach nicht wählbar ist, wem infolge strafgerichtlicher Verurteilung die Fähigkeit fehlt, Rechte aus öffentlichen Wahlen zu erlangen (§§ 7 Abs. 4 S. 4, 10 Abs. 3 MitbestG und § 4 Abs. 3 S. 4 DrittelbG). Eine einheitliche Beurteilung dieser Wählbarkeitsvoraussetzung sei nur auf Grundlage der deutschen Rechtsordnung möglich.[871] Auch dieser Einwand vermag indes nicht zu überzeugen, weil die Voraussetzung für den Verlust der Wählbarkeit sich auf ausländische Strafurteile übertragen lässt.[872]

Für die Beschränkung des Arbeitnehmerbegriffs auf solche Arbeitnehmer, die in inländischen Betrieben beschäftigt werden, wird im Rahmen der Verknüpfung der Mitbestimmungsgesetze mit den Begrifflichkeiten des deutschen Rechts darüber hinaus mit der Abgrenzung der leitenden Angestellten argumentiert.[873] Für die Subsumtion unter diesen Begriff, der im Rahmen des MitbestG für das Wahlverfahren

---

867 Auch *Hammen*, Der Konzern 2016, 105, 109 räumt ein, dass das BetrVG den Betriebsbegriff nicht definiert.

868 Ähnlich *Teichmann*, Beilage zu ZIP 48/2009, 10, 12.

869 Für das MitbestG *Wißmann*, in: WKS, § 3 MitbestG Rn. 29. Für §§ 21, 22 MitbestG auch *Großfeld*, in: Staudinger, IntGesR Rn. 529.

870 Vgl. dazu oben § 5 B. I. 2. a) bb) (1).

871 *Ebenroth/Sura*, ZHR 144 (1980), 610, 616; *Großfeld*, in: Staudinger, IntGesR Rn. 528; *Lubitz*, Sicherung, S. 127.

872 *Nienerza*, Mitbestimmung, S. 56 f.; *M. Schubert*, Unternehmensmitbestimmung, S. 98.

873 *Gebhardt*, FA 2016, 73, 75; *Hellwig/Behme*, AG 2009, 261, 263; *Henssler*, in: UHH, § 3 MitbestG Rn. 40; *Krause*, ZIP 2015, 636; *Wißmann*, in: WKS, § 3 MitbestG Rn. 29; a.A. *Duden*, ZHR 141 (1977), 145, 183.

von Bedeutung ist, aber auch im DrittelbG eine Rolle spielt, weil die leitenden Angestellten nicht unter den Arbeitnehmerbegriff von § 3 Abs. 1 DrittelbG fallen, gilt Ähnliches wie für § 8 Abs. 1 S. 3 BetrVG. Eine Einordnung aufgrund der Kriterien des § 5 Abs. 3 BetrVG ist für im Ausland beschäftigte Arbeitnehmer möglich, lediglich die Anwendung der Zweifelsregelung des § 5 Abs. 4 BetrVG kann auf Schwierigkeiten stoßen, weil im Rahmen der Nr. 1 keine Einordnung bei der letzten Wahl des Betriebsrats oder Sprecherausschusses existiert und im Rahmen der Nr. 4 die Bezugsgröße nach § 18 SGB IV nicht dem Durchschnittsentgelt im Ausland entspricht. Ungeachtet dessen ist aber anzuerkennen, dass durch die Verwendung des Begriffs der leitenden Angestellten ein Bezug zur deutschen Arbeitsrechtsordnung hergestellt wird, der für die Ausrichtung von MitbestG und DrittelbG auf inländische Betriebe spricht.

Darüber hinaus wird als Argument gegen die Wahlberechtigung von in ausländischen Betrieben beschäftigten Arbeitnehmern die grundsätzliche Übereinstimmung des Schutzzwecks der Unternehmensmitbestimmung und der auf das Gebiet der Bundesrepublik beschränkten betrieblichen Mitbestimmung angeführt.[874] Dem ist zuzustimmen, da auch die Mitbestimmungsgesetze dazu dienen, die Fremdbestimmtheit der Arbeitnehmer durch Beteiligung abzumildern. Diese Übereinstimmung spricht daher für einen Gleichlauf der Anwendungsbereiche von betrieblicher und unternehmensbezogener Mitbestimmung.

(3) Vertreter von Gewerkschaften (§§ 7 Abs. 2, 16 Abs. 2 MitbestG)

Im Geltungsbereich des MitbestG müssen sich unter den Aufsichtsratsmitgliedern der Arbeitnehmer je nach Größe des Aufsichtsrats zwei oder drei Vertreter von Gewerkschaften befinden, die gemäß § 16 MitbestG (i.V.m. § 18 S. 3 MitbestG) zwar von den Delegierten oder den Arbeitnehmern gewählt, aber von den Gewerkschaften vorgeschlagen werden, die in einem Unternehmen vertreten sind, dessen Arbeitnehmer an der Wahl teilnehmen. Hält man die Auslandsbelegschaften für wahlberechtigt, sind auch die ausländischen Gewerkschaften zu entsprechenden Wahlvorschlägen berechtigt.[875] Diese Folge wird teilweise als Argument gegen die Einbeziehung der Auslandsbelegschaften in die Unternehmensmitbestimmung herangezogen, weil ein internationaler Gewerkschaftsbegriff nicht existiere und es zweifelhaft sei, ob ausländische Gewerkschaften die Anforderungen des deutschen Gewerkschaftsbegriffs erfüllen könnten.[876]

874 *Heither/von Morgen*, in: NK-GA, § 1 MitbestG Rn. 19, § 1 DrittelbG Rn. 31. In diese Richtung auch *Gebhardt*, FA 2016, 73, 75, die im Rahmen der teleologischen Auslegung darauf hinweist, dass die Unternehmensmitbestimmung Teil des in Deutschland geltenden Gefüges von Arbeitnehmerrechten sei.

875 *Lubitz*, Sicherung, S. 128; *Werner*, Unternehmensmitbestimmung, S. 74.

876 *Lubitz*, Sicherung, S. 128; *Werner*, Unternehmensmitbestimmung, S. 74. Insoweit kritisch auch *Duden*, ZHR 141 (1977), 145, 182; *Hoffmann/Lehmann/Weinmann*, § 1 MitbestG Rn. 40.

Auch hier gilt, dass diese Schwierigkeiten sich im Internationalen Privatrecht stets stellen und einer Anwendung des deutschen Gewerkschaftsbegriffs auf ausländische Zusammenschlüsse von Arbeitnehmern nicht zwingend entgegenstehen. Allerdings ist zuzugeben, dass sich insbesondere die Subsumtion unter die Voraussetzung der Anerkennung des geltenden deutschen Tarifrechts und das Kriterium der sozialen Mächtigkeit schwierig gestalten dürfte[877]. Dass der Gesetzgeber den Begriff der Gewerkschaft nicht gesondert definierte und damit den auf das Inland zugeschnittenen allgemeinen arbeitsrechtlichen Gewerkschaftsbegriff dem MitbestG zugrunde legte, bestätigt daher die Beschränkung des Anwendungsbereichs auf das Inland, zu dem auch der Ausschluss der Auslandsbelegschaft von der Wahl der Arbeitnehmervertreter im Aufsichtsrat gehört.[878]

cc) Telos

Die im Ausland beschäftigten Arbeitnehmer unterliegen aufgrund des Direktionsrechts des Arbeitgebers derselben Fremdbestimmung wie die im Inland Beschäftigten und sind von den Entscheidungen des (herrschenden) Unternehmens ebenso betroffen wie die in Deutschland tätigen Arbeitnehmer, so dass die Gesetze zur unternehmerischen Mitbestimmung ihrem Schutzzweck nach auch für die Auslandsbelegschaften gelten sollten.[879] Im Rahmen der teleologischen Auslegung kann man bei dieser Feststellung jedoch nicht stehenbleiben, sondern muss den sozialordnungsrechtlichen Charakter der Mitbestimmungsgesetze einbeziehen.[880]

Dem versucht *Prager* Rechnung zu tragen, indem er die Vergleichbarkeit der fremden Sozialordnung mit derjenigen in Deutschland zur Voraussetzung einer Beteiligung der im Ausland beschäftigten Arbeitnehmer an den Aufsichtsratswahlen erhebt.[881] Problematisch an diesem an sich einleuchtenden Vorschlag ist allerdings die Feststellung, ob der ausländische Staat über eine ähnliche Sozialordnung verfügt – soweit diese Frage nicht durch einen Staatsvertrag ausdrücklich geregelt ist. Das soll sich danach richten, ob in der ausländischen Rechtsordnung eine vergleichbare Unternehmensmitbestimmung existiere.[882] Da vor allem die paritätische Mitbestimmung des MitbestG eine deutsche Besonderheit ist, stellt sich in diesem

---

877 *Lubitz*, Sicherung, S. 128 Fn. 535.

878 *Werner*, Unternehmensmitbestimmung, S. 74 f.

879 *Birk*, BdGVR, Heft 18, S. 263, 355, 357; *Däubler*, RabelsZ 39 (1975), 444, 454 f.; *Nienerza*, Mitbestimmung, S. 66 f.; *Rehberg*, EuZA 2015, 369, 373; *Schubert*, AG 2017, 369, 370.

880 LG Düsseldorf 5.6.1979, DB 1979, 1451, 1452; *Bartsch*, Niederlassungsfreiheit, S. 113 f.; *Duden*, ZHR 141 (1977), 145, 184 (für das MitbestG); *Großfeld*, in: Staudinger, IntGesR Rn. 529; *Kraft*, in: GK-BetrVG, 7. Aufl., vor § 76 BetrVG 1952 Rn. 22; *Prager*, Grenzen, S. 48 ff.; *Richardi*, in: Dietz/Richardi, 6. Aufl., Vorbem. § 76 BetrVG 1952 Rn. 29; *Seibt*, DB 2015, 912, 914; *ders.*, DB 2015, 1592; *Wißmann*, in: MüArbR, § 279 Rn. 8.

881 *Prager*, Grenzen, S. 48 ff.

882 *Prager*, Grenzen, S. 52.

Zusammenhang die Frage, ob zur Annahme einer Äquivalenz der Sozialordnungen jede Mitbestimmung in einem Aufsichtsorgan ausreicht oder ob diese eine bestimmte Qualität aufweisen muss. Die Unschärfe dieses Kriteriums führt damit zu einer Rechtsunsicherheit, die in einem nicht hinnehmbaren Konflikt zum Rechtsstaatsprinzip steht.[883] Das setzt sich im Rahmen der Ausgestaltung der Beteiligung der Auslandsbelegschaft fort, da diese je nach Größe, Struktur und Organisationsform des Unternehmens im Einzelfall festgelegt werden soll[884].

Dasselbe gilt für den Vorschlag, die Wahlbeteiligung der im Ausland beschäftigten Arbeitnehmer davon abhängig zu machen, dass das einschlägige ausländische Recht dem nicht entgegenstehe,[885] weil auch hier offen bleibt, welche Kriterien dafür relevant sein sollen. Scheidet demnach eine Differenzierung nach der Vereinbarkeit der Unternehmensmitbestimmung mit den ausländischen sozialpolitischen Vorstellungen aus, spricht viel dafür, die Mitbestimmung im Aufsichtsrat als Teil der deutschen Sozialordnung aus Respekt vor der autonomen Regelungsbefugnis anderer Staaten nicht ins Ausland zu exportieren und den Anwendungsbereich der Gesetze auf inländische Betriebe zu beschränken.[886] Im Geltungsbereich des MitbestG spielt in diesem Zusammenhang zudem die bereits erwähnte Berechtigung der Gewerkschaften zur Entsendung von Vertretern in den Aufsichtsrat eine Rolle, weil die Durchführung dieses Rechts die Bereitschaft der Gewerkschaften zu einer entsprechenden Mitwirkung voraussetzt, die bei ausländischen Gewerkschaften aufgrund ihres Selbstverständnisses nicht immer vorhanden sein dürfte.[887]

dd) Entstehungsgeschichte

(1) MitbestG

Im Geltungsbereich des MitbestG stellt die Entstehungsgeschichte ein zentrales Argument gegen die Wahlberechtigung im Ausland beschäftigter Arbeitnehmer dar, weil der Ausschuss für Arbeit und Sozialordnung eine Einbeziehung von Auslands-

---

883 *Ebenroth/Sura*, ZHR 144 (1980), 610, 613; *Großfeld*, in: Staudinger, IntGesR Rn. 530; *M. Reuter*, Reichweite, S. 83.

884 *Prager*, Grenzen, S. 52.

885 *Grasmann*, ZGR 1973, 317, 329.

886 *Bartsch*, Niederlassungsfreiheit, S. 113 f.; *Duden*, ZHR 141 (1977), 145, 184 (für das MitbestG); *Großfeld*, in: Staudinger, IntGesR Rn. 529; *Hoffmann/Lehmann/Weinmann*, § 1 MitbestG Rn. 39; *Kraft*, in: GK-BetrVG, 7. Aufl., vor § 76 BetrVG 1952 Rn. 22; *Lunk*, ArbRB 2015, 239; *Prager*, Grenzen, S. 48 ff.; *Rehberg*, EuZA 2015, 369, 374 f.; *Richardi*, in: Dietz/Richardi, 6. Aufl., Vorbem. § 76 BetrVG 1952 Rn. 29; *Seibt*, DB 2015, 912, 914; *ders.*, DB 2015, 1592; *Wißmann*, in: MüArbR, § 279 Rn. 8; *ders.*, in: WKS, § 3 MitbestG Rn. 29. In diese Richtung auch *Lutter*, in: FS Zweigert, S. 251, 258 f., der das Argument als rechtspolitische Überlegung einführt.

887 *Großfeld*, in: Staudinger, IntGesR Rn. 530; *Prager*, Grenzen, S. 49; *Wißmann*, in: WKS, § 3 MitbestG Rn. 29.

belegschaften in seinem Bericht ausdrücklich ablehnte.[888] Es existieren allerdings auch kritische Stimmen, die in Zweifel ziehen, dass die Auffassung eines Ausschusses mit dem Willen des Gesetzgebers gleichgesetzt werden könne.[889]

Dem ist jedoch entgegenzuhalten, dass ein Großteil der parlamentarischen Arbeit in den Ausschüssen stattfindet und dass deren Berichte die Grundlage für die Beschlussfassung im Bundestag bilden.[890] Aufgrund dieser Bedeutung der Ausschussarbeit für das Gesetzgebungsverfahren kann eine einmütige Stellungnahme eines Ausschusses durchaus als Wille des Gesetzgebers im Rahmen der Auslegung Berücksichtigung finden.[891] Hinzu kommt, die Auffassung des Ausschusses Eingang in das Plenum des Deutschen Bundestags fand, als der Abgeordnete *Schmidt* (FDP) zur Vermeidung von Unstimmigkeiten klarstellte, dass für die Berechnung der Zahl der Betriebsangehörigen nur solche in Frage kommen könnten, die im Inland – also im Geltungsbereich des Grundgesetzes – beschäftigt seien und dass weder ausländische Tochtergesellschaften in das MitbestG einbezogen noch deren Betriebsangehörige wahlberechtigt seien.[892] Es ist jedoch zu beachten, dass diese Äußerung und der Bericht nur eine Auslegungshilfe darstellen und nicht in demselben Maße verbindlich sind wie die dem Zweck eines Gesetzes zugrundeliegenden Wertentscheidungen des Gesetzgebers, von denen grundsätzlich nicht abgewichen werden darf.[893]

---

888 BT-Drucks. 7/4845, S. 4. Darauf verweisen LG Düsseldorf 5.6.1979, DB 1979, 1451, 1452; *Bartsch*, Niederlassungsfreiheit, S. 112; *W. F. Bayer*, ZGR 1977, 173, 177; *Behme*, EuZA 2016, 411, 413; *Braun*, Sicherung, S. 145; *Duden*, ZHR 141 (1977), 145, 184; *Ebenroth/Sura*, ZHR 144 (1980), 610, 611; *Gebhardt*, FA 2016, 73, 75; *Großfeld*, in: Staudinger, IntGesR Rn. 531 f.; *Henssler*, in: UHH, § 3 MitbestG Rn. 40; *Hoffmann/Lehmann/Weinmann*, § 1 MitbestG Rn. 41; *Kindler*, in: MüKo-BGB, IntGesR Rn. 578; *Klückers*, Arbeitnehmerzurechnung, S. 37 f.; *Krause*, in: ZHR Beiheft 78, S. 46, 49; *Krauss*, GWR 2013, 518; *Lubitz*, Sicherung, S. 126 f.; *Lutter*, in: FS Zweigert, S. 251, 260; *Matthes*, in: GK-MitbestG, § 3 MitbestG Rn. 18; *Mense/Klie*, DStR 2015, 1508 f.; *Oetker*, JbArbR 53 (2016), 47, 55; *Rehberg*, in: Eidenmüller, § 6 Rn. 139; *ders.*, EuZA 2015, 369, 373; *Schubert*, AG 2017, 369, 370; *Seibt*, DB 2015, 912, 913; *Vischer*, in: FS Mann, S. 639, 649 Fn. 36; *Winter/Marx/De Decker*, NZA 2015, 1111, 1112 f.; *Wißmann*, in: MüArbR, § 279 Rn. 8, der aber nunmehr darauf hinweist, dass dieses Argument mit der Zeit an Kraft verliere, in: WKS, § 3 MitbestG Rn. 28; *Zinger*, Internationalisierung, S. 215 f.

889 *Nienerza*, Mitbestimmung, S. 69 f.; *M. Reuter*, Reichweite, S. 73; *M. Schubert*, Unternehmensmitbestimmung, S. 97.

890 *Klückers*, Arbeitnehmerzurechnung, S. 37 f.; *Lubitz*, Sicherung, S. 126 Fn. 527.

891 *Klückers*, Arbeitnehmerzurechnung, S. 37 f.; *Lubitz*, Sicherung, S. 126 Fn. 527. Im Ergebnis ebenso *Winter/Marx/De Decker*, NZA 2015, 1111, 1113.

892 Stenografischer Bericht der 230. Sitzung am 18.3.1976, S. 16010 (A), (B). Auf diese Äußerung verweist allgemein auch *Säcker*, WahlO, Rn. 60 Fn. 38.

893 So allgemein *Larenz/Canaris*, Methodenlehre, S. 164 f. In Bezug auf den konkreten Ausschussbericht weitergehend *Steindorff*, ZHR 141 (1977), 457, 461, der die Ansicht vertritt, dass es sich nur um eine Rechtsauffassung handele, auf die man „nichts geben“ könne, wenn sie sich als falsch erweise.

Damit ist indes noch nicht die Frage beantwortet, wie es sich auswirkt, dass der Bericht des Ausschusses für Arbeit und Sozialordnung mittlerweile mehr als 40 Jahre alt ist und dementsprechend weder die wachsende Bedeutung internationaler Konzerne noch die teilweise Abkehr von der Sitztheorie berücksichtigen konnte. In diesem Zusammenhang ist die ablehnende Haltung des Deutschen Bundestages[894] gegenüber einer Ausweitung der Unternehmensmitbestimmung auf Gesellschaften ausländischer Rechtsformen im Jahr 2012 zu berücksichtigen, die verdeutlicht, dass der Gesetzgeber von seinen Normvorstellungen im Zeitpunkt des Erlasses des MitbestG nicht wesentlich abgewichen ist.[895] Darüber hinaus ging der Gesetzgeber 2006 in der Regierungsbegründung zum MgVG davon aus, dass „Arbeitnehmer, die in Betrieben eines ausländischen Tochterunternehmens beschäftigt werden, von den Wahlen zum Aufsichtsrat einer nationalen Gesellschaft kraft Gesetzes ausgeschlossen" sind.[896] Daraus folgt, dass die Stellungnahme des Ausschusses für Arbeit und Sozialordnung auch heute noch im Wege der historischen Auslegung berücksichtigt werden kann.[897]

(2) DrittelbG

In den Gesetzesmaterialien zum DrittelbG findet sich keine ebenso eindeutige Stellungnahme bezüglich der Wahlberechtigung im Ausland tätiger Arbeitnehmer. Die Entstehungsgeschichte des DrittelbG ist für die Frage der Einbeziehung von Auslandsbelegschaften aber dennoch relevant, weil die Drittelbeteiligung der Arbeitnehmer im Aufsichtsrat ursprünglich gemeinsam mit der betrieblichen Mitbestimmung im BetrVG geregelt war. Zu § 76 BetrVG 1952 wurde die Auffassung vertreten, dass die Auslandsbelegschaft nicht an der Wahl der Arbeitnehmervertreter zum Aufsichtsrat teilnehmen könne, weil das BetrVG nicht für Betriebe deutscher Unternehmen im Ausland gelte.[898] An dieser Beschränkung auf inländische

---

894 Stenografischer Bericht der 187. Sitzung am 28.6.2012, S. 22356 (B), (C) bzgl. BT-Drucks. 17/2122 (SPD) und BT-Drucks. 17/1413 (LINKE).

895 *Winter/Marx/De Decker*, NZA 2015, 1111, 1113; zustimmend *Gebhardt*, FA 2016, 73, 75; a.A. *Nienerza*, Mitbestimmung, S. 70; *J. Schmidt*, in: ZHR Beiheft 78, S. 70, 75 f. (im Zusammenhang mit der Möglichkeit einer unionsrechtskonformen Auslegung der Mitbestimmungsgesetze).

896 BT-Drucks. 16/2922, S. 20. Darauf verweisen ebenfalls *Krause*, in: ZHR Beiheft 78, S. 46, 49; *Winter/Marx/De Decker*, NZA 2015, 1111, 1113; zustimmend *Gebhardt*, FA 2016, 73, 75.

897 Strenger *Winter/Marx/De Decker*, NZA 2015, 1111, 1113, die eine Abweichung von der Stellungnahme im Ausschussbericht aufgrund des bestätigten Willens des Gesetzgebers nicht für möglich halten.

898 *Hueck/Nipperdey*, Arbeitsrecht, S. 1493 Fn. 11; *Nikisch*, Arbeitsrecht III, S. 590. Im Ergebnis ebenso *Fitting*, 21. Aufl., § 76 BetrVG 52 Rn. 33; *Kraft*, in: GK-BetrVG, 7. Aufl., vor § 76 BetrVG 1952 Rn. 22; *Oetker*, in: GroßK-AktG, Einl. BetrVG 1952 Rn. 7; *ders.*, in: ErfK, 4. Aufl., Einl. BetrVG 1952 Rn. 5; *Richardi*, in: Dietz/Richardi, 6. Aufl., Vorbem. § 76 BetrVG 1952 Rn. 29 f.

Betriebe sollte durch die Neufassung im DrittelbG nichts geändert werden, da die Ablösung des Regelungsrests des BetrVG 1952 durch das DrittelbG laut der Gesetzesbegründung dazu diente, eine anwenderfreundliche Regelung zu schaffen, „ohne den bisherigen Geltungsbereich und den Inhalt des Gesetzes zu verändern"[899]. Diese Sichtweise wird wiederum durch die bereits erwähnte Gesetzesbegründung zum MgVG aus dem Jahr 2006 bestätigt, in welcher die Bundesregierung bezogen auf sämtliche Mitbestimmungsgesetze die Ansicht vertrat, dass die in Betrieben ausländischer Tochtergesellschaften beschäftigten Arbeitnehmer nicht wahlberechtigt seien[900]. Die Entstehungsgeschichte des DrittelbG spricht daher ebenfalls gegen die Teilnahme der Auslandsbelegschaften an der Wahl der Arbeitnehmervertreter in den Aufsichtsrat.

ee) Zwischenergebnis

Während der Wortlaut der relevanten Normen des MitbestG und des DrittelbG der Einbeziehung von im Ausland beschäftigten Arbeitnehmern nicht entgegensteht, sprechen die übrigen Auslegungskriterien im Ergebnis gegen die Wahlberechtigung der Auslandsbelegschaft. In systematischer Hinsicht liefern die Betriebsbezogenheit der Wahlverfahren, die Verwendung des Begriffs der leitenden Angestellten und zu erwartende Schwierigkeiten bei der Subsumtion ausländischer Gewerkschaften unter den deutschen Gewerkschaftsbegriff Argumente gegen die Wahlberechtigung im Ausland beschäftigter Arbeitnehmer. Darüber hinaus kann für Beschränkung des Wahlrechts auf Arbeitnehmer inländischer Betriebe der Gleichlauf mit dem Anwendungsbereich des BetrVG angeführt werden. Der Zweck der Wahlberechtigung lässt sich zwar durchaus auf im Ausland beschäftigte Arbeitnehmer übertragen, allerdings steht dem der dafür nötige Eingriff in ausländische Rechts- und Gesellschaftsordnungen entgegen, der ebenfalls im Rahmen der teleologischen Auslegung zu berücksichtigen ist. Die historische Auslegung schließlich spricht sowohl im Geltungsbereich des MitbestG als auch des DrittelbG gegen die Teilnahme der Auslandsbelegschaften an den Aufsichtsratswahlen.

b) Territorialitätsprinzip

Daneben ist im Rahmen der völkerrechtskonformen Auslegung zu berücksichtigen, ob der Gesetzgeber die im Ausland beschäftigten Arbeitnehmer überhaupt in die Unternehmensmitbestimmung einbeziehen durfte. Laut dem völkerrechtlichen Territorialitätsprinzip darf kein Staat auf dem Gebiet eines anderen Staats ohne dessen Zustimmung Hoheitsakte setzen.[901] Da teilweise bestritten wird,

---

899 BT-Drucks. 15/2542, S. 1.

900 BT-Drucks. 16/2922, S. 20.

901 So allgemein: BVerfG 22.3.1983, BVerfGE 63, 343, 361, 373; BGH 1.10.2009, NJW 2010, 769, 770 Rn. 23; *Doehring*, Völkerrecht, Rn. 88; *Epping*, in: Ipsen, § 5 Rn. 59; *Jarass*, in: Jarass/Pieroth, Art. 25 GG Rn. 11; *Kau*, in: Vitzthum/Proelß, 3. Abschnitt Rn. 154; *Proelß*, in: Vitzthum/Proelß, 5. Abschnitt Rn. 15; *Rojahn*, in: von Münch/

dass das Territorialitätsprinzip für die Frage der Wahlberechtigung von Auslandsbelegschaften überhaupt eine Rolle spielt,[902] ist zunächst dessen Reichweite zu klären. Die fehlende Relevanz des völkerrechtlichen Territorialitätsprinzips wird zum einen auf grundsätzliche Zweifel an der Geltung dieses Grundsatzes gestützt, die sich aus dessen zahlreichen Durchbrechungen ergäben.[903] Beispielsweise finde das deutsche Strafrecht auf die von Deutschen im Ausland begangenen Straftaten Anwendung.[904]

In der Tat wird aus der sog. aktiven Personalhoheit der Staaten das Recht abgeleitet, für die eigenen Staatsangehörigen Regelungen über ihr Verhalten im Ausland zu treffen.[905] Darüber hinaus ist anerkannt, dass Staaten den sachlichen Geltungsbereich ihrer Gesetze auf Auslandssachverhalte erstrecken können, wenn der Sachverhalt eine echte Verknüpfung zum Inland (genuine link oder sufficient connection) aufweist.[906] Diese Einschränkungen des Territorialitätsprinzips ändern aber nichts an dessen grundsätzlicher Geltung,[907] weil auch in diesen Fällen ein Staat seine Hoheitsgewalt nur auf seinem eigenen Gebiet ausüben darf, die Einhaltung des betreffenden Gesetzes im Ausland also nicht durchsetzen kann[908]. Insoweit ist zwischen dem räumlichen Geltungsbereich und dem sachlichen Anwendungsbereich des Gesetzes zu unterscheiden: nur letzterer kann bei einem hinreichenden Inlandsbezug Auslandssachverhalte erfassen.[909]

Andere weisen darauf hin, dass das Territorialitätsprinzip lediglich im Bereich des Öffentlichen Rechts gelte, nicht aber für das als privatrechtlich zu quali-

---

Kunig, Art. 25 GG Rn. 35; *Wollenschläger*, in: Dreier, Art. 25 GG Rn. 41. Bzgl. der Unternehmensmitbestimmung: *Henssler*, in: UHH, § 3 MitbestG Rn. 49; *Lubitz*, Sicherung, S. 137; *Teichmann*, Beilage zu ZIP 48/2009, 10, 15.

902 *Klückers*, Arbeitnehmerzurechnung, S. 13 ff.; *M. Schubert*, Unternehmensmitbestimmung, S. 77 ff.; *Steindorff*, ZHR 141 (1977), 457, 459 f.

903 *M. Schubert*, Unternehmensmitbestimmung, S. 77 f.

904 *M. Schubert*, Unternehmensmitbestimmung, S. 77. Auch die weiteren genannten Beispiele, die heute nicht mehr der geltenden Gesetzeslage entsprechen, betreffen deutsche Staatsangehörige.

905 *Doehring*, Völkerrecht, Rn. 812; *Epping*, in: Ipsen, § 5 Rn. 78; *Kau*, in: Vitzthum/Proelß, 3. Abschnitt Rn. 155.

906 IGH 6.4.1955, *Nottebohm* (Liechtenstein v. Guatemala), ICJ Rep. 1955, 1, 24, 26; IGH 5.2.1970, *Barcelona Traction* (Belgium v. Spain), ICJ Rep. 1970, 1, 105; BVerfG 22.3.1983, BVerfGE 63, 343, 369; BVerwG 17.12.1986, BVerwGE 75, 285, 288; *Epping*, in: Ipsen, § 5 Rn. 71; *Kau*, in: Vitzthum/Proelß, 3. Abschnitt Rn. 154; *Kisker*, Auslandsgesellschaften, S. 249; *Maier*, Übertragbarkeit, S. 207; *Winter/Marx/De Decker*, NZA 2015, 1111, 1112; *Zimmer*, IntGesR, S. 153.

907 Im Ergebnis ebenso *Lubitz*, Sicherung, S. 138.

908 *Doehring*, Völkerrecht, Rn. 812; *Epping*, in: Ipsen, § 5 Rn. 72; *Henssler*, in: UHH, § 3 MitbestG Rn. 50; *Kau*, in: Vitzthum/Proelß, 3. Abschnitt Rn. 154; *Maier*, Übertragbarkeit, S. 207; *Rödl*, JZ 2016, 980, 983; *Teichmann*, Beilage zu ZIP 48/2009, 10, 15.

909 *Epping*, in: Ipsen, § 5 Rn. 70; *Winter/Marx/De Decker*, NZA 2015, 1111, 1112.

fizierende Recht der Unternehmensmitbestimmung.[910] Hintergrund dessen ist, dass die Beschränkung des Anwendungsbereichs auf inländische Betriebe in der Rechtsprechung des RAG schon für das Betriebsrätegesetz von 1920 anerkannt war und mit dessen Zuordnung zum Öffentlichen Recht begründet wurde.[911] Dem ist zuzugeben, dass das Territorialitätsprinzip insoweit auf das Öffentliche Recht bezogen ist, als es lediglich den Erlass von Hoheitsakten auf fremdem Staatsgebiet verbietet. Dem deutschen Gesetzgeber ist es dennoch verwehrt, dem betroffenen ausländischen Betrieb oder Unternehmen Pflichten in Bezug auf das Wahlverfahren aufzuerlegen und diese im Bedarfsfall durchzusetzen.[912] Das gilt ebenfalls, wenn man einen genuine link bejaht und daher die Personalhoheit des deutschen Gesetzgebers sowohl auf deutsche Gesellschaften als auch auf deren ausländische Tochtergesellschaften erstreckt.

Die fehlende Durchsetzungsmöglichkeit erkennen teilweise auch diejenigen an, die sich für die Einbeziehung der Auslandsbelegschaft aussprechen, allerdings ohne näher darauf einzugehen, ob eine Aufsichtsratswahl ohne Duldung oder Unterstützung des betroffenen ausländischen Betriebs oder Unternehmens in der Praxis durchführbar wäre.[913] Der Hinweis darauf, dass das Territorialitätsprinzip der abstrakten Zuerkennung des Wahlrechts nicht entgegenstehe,[914] hilft im Rahmen der Auslegung der geltenden Gesetze zur Unternehmensmitbestimmung aber nicht weiter. Die entsprechenden Regelungen können vielmehr nur dann auf im Ausland beschäftigte Arbeitnehmer erstreckt werden, wenn sichergestellt ist, dass die Wahlen im Ausland ordnungsgemäß durchgeführt werden. Es stellt sich daher die Frage, ob dies ohne zwangsweise Beteiligung der Betriebe oder Unternehmen im Ausland bewerkstelligt werden kann.[915]

910 *Däubler*, RabelsZ 39 (1975), 444, 449; *Latzel*, Gleichheit, Rn. 359 f.; *Maier*, Übertragbarkeit, S. 206 f.; *Nienerza*, Mitbestimmung, S. 48 ff.; *M. Reuter*, Reichweite, S. 72 f.; *von Zitzewitz*, Vereinbarkeit, S. 144 ff. In diese Richtung auch *Deinert*, IntArbR, § 17 Rn. 89.

911 RAG 1.4.1931, RAGE 8, 195, 196 f.; RAG 4.11.1933, RAGE 13, 129, 133 ff.

912 LG Düsseldorf 5.6.1979, DB 1979, 1451, 1452; LG Berlin 1.6.2015, ZIP 2015, 1291, 1295; *Ebenroth/Sura*, ZHR 144 (1980), 610, 615; *Fischer*, NZG 2014, 737, 739; *Henssler*, in: UHH, § 3 MitbestG Rn. 50; *Heuschmid/Ulber*, NZG 2016, 102, 103; *Lubitz*, Sicherung, S. 141 f.; *Maier*, Übertragbarkeit, S. 207; *Teichmann*, Beilage zu ZIP 48/2009, 10, 15; *Winter/Marx/De Decker*, NZA 2015, 1111, 1112; *Wißmann*, in: MüArbR, § 279 Rn. 8; *ders.*, in: FS Wank, S. 695, 697; *ders.*, in: WKS, § 3 MitbestG Rn. 30.

913 Vgl. *Latzel*, Gleichheit, Rn. 362 ff. Demgegenüber prüfen *Henssler*, in: UHH, § 3 MitbestG Rn. 50 ff und *Gralla*, Vermeidung, S. 237 die Durchführbarkeit im Ausland.

914 So *Kort*, NZG 2017, 703, 705; *Wansleben*, WM 2017, 785, 788 im Zusammenhang mit Art. 18, 45 AEUV.

915 *Wißmann*, in: FS Wank, S. 695, 697 bezogen auf ausländische Tochterunternehmen.

Im Rahmen einer unmittelbaren Wahl könnte der Wahlvorgang selbst zwar durch eine Briefwahl erfolgen.[916] Zudem ließen sich Probleme im Zusammenhang mit der nötigen Freistellung von Wahlvorständen dadurch vermeiden, dass der Wahlvorstand eines inländischen Betriebs bzw. bei der Beteiligung an einer Wahl auf Ebene des herrschenden Unternehmens eines Konzerns der Wahlvorstand eines inländischen Unternehmens die Wahl in den ausländischen Betrieben betreut.[917] Im Zuge der Durchführung der Wahl sind jedoch weitere Vorkehrungen zu treffen, zu denen ausländische Tochtergesellschaften nicht verpflichtet werden können und die auch gegenüber inländischen Unternehmen im Ausland nicht durchgesetzt werden können. Beispielhaft sei hier die Aufstellung der Wählerliste samt Einteilung der Wahlberechtigten in Arbeitnehmer im Sinne des § 3 Abs. 1 S. 1 Nr. 1 MitbestG einerseits und leitende Angestellte andererseits (§ 8 Abs. 3 S. 2 2./3. WahlO MitbestG)[918] sowie die Kommunikation des Wahlvorstands mit der Belegschaft[919] genannt. Das völkerrechtliche Territorialitätsprinzip steht daher einer durchsetzbaren Verpflichtung im Ausland gelegener Betriebe und Unternehmen zur Durchführung der Aufsichtsratswahlen entgegen.[920] Ohne eine solche Verpflichtung lässt sich ein ordnungsgemäßes und rechtssicheres Wahlverfahren aber nicht gewährleisten. Aus diesem Grund widerspräche die Wahlberechtigung der im Ausland beschäftigten Arbeitnehmer im geltenden System der Unternehmensmitbestimmung dem Territorialitätsprinzip. Da ein Staat auch bei Bestehen eines genuine link nicht berechtigt ist, Hoheitsakte auf ausländischem Staatsgebiet durchzusetzen, erübrigt sich die Beantwortung der Frage, ob der deutsche Gesetzgeber im Ausland beschäftigte Arbeitnehmer in den Anwendungsbereich der Gesetze zur Unternehmensmitbestimmung einbeziehen darf.

---

916 LG Frankfurt a.M. 1.4.1982, DB 1982, 1312, 1313; *Gralla*, Vermeidung, S. 237; *Grasmann*, ZGR 1973, 317, 328; *Klückers*, Arbeitnehmerzurechnung, S. 27 f.; *Maier*, Übertragbarkeit, S. 205 f.; *Rehberg*, EuZA 2015, 369, 374; *Schubert*, AG 2017, 369, 371; *Winter/Marx/De Decker*, NZA 2015, 1111, 1112; *Wißmann*, in: FS Wank, S. 695, 702.

917 *Gralla*, Vermeidung, S. 237; *Henssler*, in: UHH, § 3 MitbestG Rn. 53; *J. Schmidt*, in: ZHR Beiheft 78, S. 70, 79; *Schubert*, AG 2017, 369, 371; *Wißmann*, in: FS Wank, S. 695, 698.

918 *Wißmann*, in: FS Wank, S. 695, 698; *ders.*, in: WKS, § 3 MitbestG Rn. 30, 35; in diese Richtung auch *Schubert*, AG 2017, 369, 371.

919 *J. Schmidt*, in: ZHR Beiheft 78, S. 70, 79; *Schubert*, AG 2017, 369, 371; *Wißmann*, in: FS Wank, S. 695, 699; *ders.*, in: WKS, § 3 MitbestG Rn. 30, 35; a.A. *Henssler*, in: UHH, § 3 MitbestG Rn. 53.

920 Auf die Rechtsprechungsgewalt soll hier nicht näher eingegangen werden, weil dafür zunächst ein inländischer Gerichtsstand geschaffen werden müsste, die Frage danach sich de lege lata also nicht stellt. Dazu *Rödl*, JZ 2016, 980, 982 f.; *Schubert*, AG 2017, 369, 372 f.

c) *Standort des Betriebs als entscheidendes Kriterium*

aa) Ausschluss der Auslandsbelegschaft deutscher Unternehmen

Können die Aufsichtsratswahlen auch in ausländischen Betrieben des betroffenen Unternehmens selbst rechtssicher nicht ohne Verstoß gegen das völkerrechtliche Territorialitätsprinzip durchgeführt werden, verbietet sich eine Differenzierung zwischen diesen Betrieben und ausländischen Tochtergesellschaften dergestalt, dass den Arbeitnehmern im Ausland gelegener Betriebsstätten ein Wahlrecht zugebilligt wird.[921] Zwar ist zuzugeben, dass in ausländischen Betriebsstätten lediglich die Durchsetzung der genannten Pflichten des Unternehmens im Zusammenhang mit der Wahl durch das Territorialitätsprinzip verboten ist, allerdings spielt dieser Umstand im Rahmen der Auslegung eine entscheidende Rolle, weil nicht davon auszugehen ist, dass der Gesetzgeber eine Regelung schaffen wollte, die nicht durchsetzbar ist, zumal dies in rechtsstaatlicher Hinsicht nicht unproblematisch wäre. Außerdem ist es zwar richtig, dass ein ausländisches Tochterunternehmen geringere Bezüge zum deutschen Recht aufweist als ein lediglich im Ausland gelegener Betrieb, der Teil eines Unternehmens ist, dessen Personalstatut sich nach deutschem Recht richtet.[922] Im Zusammenhang mit der Wahlberechtigung kommt es aber entscheidend darauf an, dass die Wahl in einem im Ausland gelegenen Betrieb durchgeführt werden müsste.[923]

Darüber hinaus gelten die systematischen und teleologischen Argumente gegen die Einbeziehung der im Ausland beschäftigten Arbeitnehmer wie die Verknüpfungen mit den Organen der Betriebsverfassung und der sozialordnungsrechtliche Charakter der Mitbestimmungsgesetze auch für Arbeitnehmer, die in ausländischen Betrieben eines deutschen Unternehmens beschäftigt werden.[924] Die Entstehungsgeschichte des MitbestG spricht ebenfalls gegen eine Wahlberechtigung der in ausländischen Betrieben beschäftigten Arbeitnehmer deutscher Unternehmen, weil der Bericht des Ausschusses für Arbeit und Sozialordnung die Beteiligungsrechte aus dem MitbestG ausdrücklich nur den in inländischen Betrieben beschäftigten Arbeitnehmern zubilligte.[925] Ähnliches gilt aufgrund der ursprünglichen Regelung

---

921 So aber *Lutter*, ZGR 1977, 195, 205 ff.; *ders.*, in: FS Zweigert, S. 251, 260 (insbes. Fn. 36). Wohl auch *Gralla*, Vermeidung, S. 234 ff.; *Seibt*, in: WHSS, Rn. F 150. Wie hier *Ebenroth/Sura*, ZHR 144 (1980), 610, 618; *Großfeld*, in: Staudinger, IntGesR Rn. 535, 527 ff.; *Kindler*, in: MüKo-BGB, IntGesR Rn. 579, 578; *Klückers*, Arbeitnehmerzurechnung, S. 58 f.; *Rehberg*, in: Eidenmüller, § 6 Rn. 142, 139.

922 *Bartsch*, Niederlassungsfreiheit, S. 113, 118; *Ebenroth/Sura*, ZHR 144 (1980), 610, 618; *Großfeld*, in: Staudinger, IntGesR Rn. 535; *Kindler*, in: MüKo-BGB, IntGesR Rn. 579; *Rehberg*, in: Eidenmüller, § 6 Rn. 142 Fn. 66.

923 *Ebenroth/Sura*, ZHR 144 (1980), 610, 618; *Hellwig/Behme*, AG 2009, 261, 266; *Klückers*, Arbeitnehmerzurechnung, S. 58 f.; *Rehberg*, in: Eidenmüller, § 6 Rn. 142, 139.

924 Ähnlich *Wißmann*, in: WKS, § 3 MitbestG Rn. 31 i.V.m. Rn. 29.

925 BT-Drucks. 7/4845, S. 4. Darauf verweisen für diese Konstellation: *Bartsch*, Niederlassungsfreiheit, S. 112; *W. F. Bayer*, ZGR 1977, 173, 177; *Braun*, Sicherung, S. 145;

der Drittelbeteiligung im BetrVG 1952 für die Entstehungsgeschichte des DrittelbG, da das BetrVG auch auf im Ausland gelegene Betriebe inländischer Unternehmen keine Anwendung findet.[926] Die beschriebene Differenzierung ist mithin abzulehnen.

Das hat zur Konsequenz, dass es bei der Konzernmitbestimmung für die Wahlberechtigung der Arbeitnehmer allein auf ihren Einsatz im Inland und nicht darauf ankommt, ob die Gesellschaft ausländischer Rechtsform ihren Verwaltungssitz im Inland hat.[927] Umgekehrt ist anerkannt, dass Gesellschaften deutscher Rechtsform, deren Verwaltungssitz sich im Ausland befindet, bei Erfüllung der entsprechenden Voraussetzungen weiterhin dem deutschen Mitbestimmungsrecht unterliegen.[928] Für die Wahlberechtigung der Arbeitnehmer einer solchen Gesellschaft können aber keine anderen Maßstäbe gelten, so dass es wiederum darauf ankommt, ob diese in einem inländischen oder einem ausländischen Betrieb beschäftigt werden.[929]

bb) Einbeziehung der Inlandsbelegschaft mit Auslandsbezug

Im Rahmen der Stellungnahme wurden bislang lediglich die im Ausland eingesetzten Arbeitnehmer betrachtet, die in Betrieben einer der deutschen Unternehmensmitbestimmung unterliegenden Gesellschaft oder in dessen Tochterunternehmen

---

Henssler, in: UHH, § 3 MitbestG Rn. 40; *Hoffmann/Lehmann/Weinmann*, § 1 MitbestG Rn. 41; *Klückers*, Arbeitnehmerzurechnung, S. 58; *Lubitz*, Sicherung, S. 126; *Matthes*, in: GK-MitbestG, § 3 MitbestG Rn. 18; *Mense/Klie*, DStR 2015, 1508 f.; *Rehberg*, in: Eidenmüller, § 6 Rn. 142; *Winter/Marx/De Decker*, NZA 2015, 1111, 1112 f.; *Wißmann*, in: MüArbR, § 279 Rn. 8; *ders.*, in: WKS, § 3 MitbestG Rn. 31, 28.

926 Vgl. dazu oben § 5 B. I. 2. a) dd) (2).

927 Demgegenüber stellen *Bartsch*, Niederlassungsfreiheit, S. 119; *Götz*, Der Konzern 2004, 449, 454; *Habersack*, AG 2007, 641, 645; *ders.*, Beilage zu ZIP 48/2009, 1, 3; *Raiser*, in: RVJ, § 5 Rn. 31; *Ulmer/Habersack*, in: UHH, § 5 MitbestG Rn. 55 insoweit auf den Verwaltungssitz ab, als im Inland ansässige Auslandsgesellschaften in die Konzernmitbestimmung einzubeziehen seien. Dabei bleibt allerdings unklar, ob dies nur für die Inlandsbelegschaft gelten soll, so wohl *Götz*, Der Konzern 2004, 449, 454; *Raiser*, in: RVJ, § 5 MitbestG Rn. 31; a.A. wohl *Ulmer/Habersack*, in: UHH, § 5 MitbestG Rn. 55.

928 *Habersack*, AG 2007, 641, 644; *ders.*, Beilage zu ZIP 48/2009, 1, 3; *ders.*, in: UHH, § 1 DrittelbG Rn. 5; *Heither/von Morgen*, in: NK-GA, § 1 MitbestG Rn. 8, § 1 DrittelbG Rn. 5; *Kleinsorge*, in: WKS, Vorbem. DrittelbG Rn. 24; *Oetker*, in: ErfK, § 1 MitbestG Rn. 2, § 1 DrittelbG Rn. 3; *Ulmer/Habersack*, in: UHH, § 1 MitbestG Rn. 6; *Waldenmaier/Ley*, BB 2009, 1694, 1698 für die Konzernmitbestimmung; *Wißmann*, in: MüArbR, § 279 Rn. 1; *ders.*, WKS, § 1 MitbestG Rn. 24. Differenzierend *Borsutzky*, EuZA 2014, 437, 446.

929 *Oetker*, in: ErfK, § 1 MitbestG Rn. 8 für die Berücksichtigung bei den Schwellenwerten; *Waldenmaier/Ley*, BB 2009, 1694, 1697 f. für die Konzernzurechnung. Ähnlich Beschlussempfehlung und Bericht des Rechtsausschusses zur Änderung von § 4a GmbHG durch das MoMiG, wonach es für die Mitbestimmung auf die Arbeitnehmer in Deutschland ankomme, die von einer bloßen Verlegung der Geschäftsführung nicht betroffen seien, BT-Drucks. 16/9737, S. 54 f.

beschäftigt sind. Wie bereits beschrieben, hängt jedoch auch die Frage, inwieweit die Arbeitnehmer von ausländischen Tochtergesellschaften in deutschen Betrieben und die in Deutschland beschäftigten Arbeitnehmer von inländischen Enkelgesellschaften an der Unternehmensmitbestimmung zu beteiligen sind, unmittelbar mit der Diskussion um die Wahlberechtigung der Auslandsbelegschaften zusammen.

In Bezug auf die in Deutschland beschäftigten Arbeitnehmer ausländischer Tochtergesellschaften ist zunächst festzuhalten, dass das Territorialitätsprinzip einer Beteiligung dieser Belegschaft nicht entgegensteht, weil die Wahl im Inland durchgeführt wird und dementsprechend eine Verpflichtung des Arbeitgebers zur Duldung der Wahl und zur Freistellung der Arbeitnehmer zur Stimmabgabe begründet werden kann.[930] Auch die Betriebsbezogenheit der Wahlverfahren und die Verwendung von Begriffen wie leitenden Angestellten bereiten bei der Beteiligung von Arbeitnehmern inländischer Betriebe an der Wahl keine Probleme.

Im Geltungsbereich des MitbestG stellt sich indes die Frage, inwieweit die historische Auslegung gegen die Wahlberechtigung der genannten Arbeitnehmer spricht, weil der Ausschuss für Arbeit und Sozialordnung sich darüber einig war, dass „im Ausland gelegene Tochtergesellschaften und deren Betriebe im Inland von unter das Gesetz fallenden Unternehmen“ bei der Errechnung der Arbeitnehmerzahl nicht zu berücksichtigen seien.[931] Diese Aussage bezieht sich zwar nicht unmittelbar auf die Wahlberechtigung, sondern auf die Zählung bei den Schwellenwerten, allerdings steht sie in engem Zusammenhang mit der Feststellung des Ausschusses, dass die Beteiligungsrechte nur den Arbeitnehmern der in der Bundesrepublik gelegenen Betriebe der Unternehmen und Konzernobergesellschaften zustehen, die ihren Sitz im Geltungsbereich des Grundgesetzes haben. Insgesamt ist der Bericht des Ausschusses damit nicht so eindeutig wie bezüglich der Wahlberechtigung im Ausland beschäftigter Arbeitnehmer, deutet aber dennoch auf einen Ausschluss auch der Inlandsbelegschaft einer ausländischen Tochtergesellschaft hin.

Im Hinblick auf die Beteiligung dieser Arbeitnehmer muss indes noch geklärt werden, welche Bedeutung dem Ausschussbericht in Anbetracht der verstrichenen Zeit heute noch beigemessen werden kann. In diesem Zusammenhang ist zu berücksichtigen, dass die Auffassung des Ausschusses in Bezug auf die Inlandsbelegschaft durch den Gesetzgeber nicht bestätigt, sondern im Gegenteil revidiert wurde. So wird in der Regierungsbegründung zum MgVG der Ausschluss der Arbeitnehmer, die in Betrieben eines ausländischen Tochterunternehmens beschäftigt werden, mit dem Territorialitätsprinzip begründet,[932] das hinsichtlich der Inlandsbelegschaft nicht einschlägig ist. Und im Bericht des Rechtsausschusses zum MoMiG heißt es: „Die Anwendung der Unternehmensmitbestimmung hängt von zwei Parame-

930 *Bartsch*, Niederlassungsfreiheit, S. 119; *Werner*, Unternehmensmitbestimmung, S. 80 f; *Wißmann*, in: WKS, § 3 MitbestG Rn. 37, § 5 MitbestG Rn. 23; a.A. *Kindler*, in: MüKo-BGB, IntGesR Rn. 581.

931 BT-Drucks. 7/4845, S. 4.

932 BT-Drucks. 16/2922, S. 20.

tern ab: Sitz der Gesellschaft in Deutschland (also deutsche Rechtsform) und Anzahl der Arbeitnehmer in Deutschland (mindestens 500)".[933] Das spricht für eine Berücksichtigung der Inlandsbelegschaften im Rahmen der Konzernzurechnung von § 5 MitbestG, die sich sowohl auf die Einbeziehung in die Schwellenwerte als auch auf die Wahlberechtigung auswirkt. Im Rahmen des DrittelbG lässt sich der Entstehungsgeschichte ohnehin nur eine Beschränkung auf inländische Betriebe entnehmen, so dass die historische Auslegung in dessen Anwendungsbereich für die Wahlberechtigung der Inlandsbelegschaft von Konzerntöchtern streitet.

Schließlich wird durch die Beteiligung der in inländischen Betrieben beschäftigten Arbeitnehmer nicht in sozialpolitische Vorstellungen anderer Staaten eingegriffen, so dass auch die teleologische Auslegung uneingeschränkt für die Wahlberechtigung dieser Arbeitnehmer spricht.[934] Zudem wird teilweise als Argument für die Einbeziehung der Inlandsbelegschaft angeführt, dass durch eine Beteiligung dieser Arbeitnehmer der Anreiz beseitigt werden könne, Inlandsbetriebe des Konzerns in Auslandstöchter einzubringen.[935] Dabei handelt es sich allerdings um einen rechtspolitischen Aspekt, der in Anbetracht der Lückenhaftigkeit der Mitbestimmungsgesetze[936] im Rahmen der Auslegung nur eine untergeordnete Rolle spielen kann. Dennoch sprechen die besseren Argumente für die Wahlberechtigung der Arbeitnehmer ausländischer Tochterunternehmen, die in inländischen Betrieben tätig sind.[937]

Demgegenüber fällt es nicht entscheidend ins Gewicht, dass diese Arbeitnehmer in einem Arbeitsverhältnis zu einem ausländischen Unternehmen stehen,[938] weil im Rahmen von § 5 MitbestG und § 2 Abs. 1 DrittelbG die Konzernzugehörigkeit das ausschlaggebende Kriterium ist. Ist demnach für die Wahlberechtigung vorrangig auf die Zugehörigkeit zu einem inländischen Betrieb abzustellen, kann es des Weiteren nicht darauf ankommen, ob die Tochtergesellschaft ausländischer Rechtsform ihren Verwaltungssitz in Deutschland hat.[939] Wenn folglich die Inlandsbelegschaft

933 BT-Drucks. 16/3797, S. 54 f.

934 *Ebenroth/Sura*, ZHR 144 (1980), 610, 619; *Klückers*, Arbeitnehmerzurechnung, S. 65.

935 *Duden*, ZHR 141 (1977), 145, 185; *Ebenroth/Sura*, ZHR 144 (1980), 610, 619; *Klückers*, Arbeitnehmerzurechnung, S. 66.

936 Vgl. dazu oben § 3 C. II. 1. e).

937 Im Ergebnis ebenso: *Duden*, ZHR 141 (1977), 145, 185; *Ebenroth/Sura*, ZHR 144 (1980), 610, 619; *Großfeld*, in: Staudinger, IntGesR Rn. 533; *Henssler*, in: UHH, § 3 MitbestG Rn. 41; *Klückers*, Arbeitnehmerzurechnung, S. 61 ff.; *Matthes*, in: GK-MitbestG, § 3 MitbestG Rn. 20; *Mertens/Cahn*, KölnK-AktG, Anh. § 117 B § 3 MitbestG Rn. 7; *Raiser*, in: RVJ, § 5 MitbestG Rn. 31; *Rehberg*, in: Eidenmüller, § 6 Rn. 143; *Säcker*, WahlO, Rn. 60 Fn. 38; *Werner*, Unternehmensmitbestimmung, S. 80 f.; *Wißmann*, in: WKS, § 3 MitbestG Rn. 37, § 5 MitbestG Rn. 23.

938 So aber *W. F. Bayer*, ZGR 1977, 173, 178; *Lutter*, ZGR 1977, 195, 207 f.; *Schneider*, in: GK-MitbestG, § 5 MitbestG Rn. 86.

939 Den Verwaltungssitz halten aber wohl für allein entscheidend *Bartsch*, Niederlassungsfreiheit, S. 119; *Habersack*, AG 2007, 641, 645; *Ulmer/Habersack*, in: UHH, § 5 MitbestG Rn. 55.

einer Tochtergesellschaft ausländischer Rechtsform mit Sitz im Ausland an den Aufsichtsratswahlen der Konzernspitze zu beteiligen ist, muss dies für die Inlandsbelegschaft erst recht gelten, wenn ein größerer Inlandsbezug dadurch besteht, dass die Gesellschaft nach deutschem Recht verfasst ist, aber ihren Verwaltungssitz im Ausland hat oder ihren Sitz in Deutschland hat, aber in einer ausländischen Rechtsform gegründet wurde.

Auch die in Deutschland beschäftigten Arbeitnehmer einer inländischen Enkelgesellschaft sind an den Wahlen der Arbeitnehmervertreter in den Aufsichtsrat der Konzernmutter zu beteiligen.[940] Insoweit gelten im Wesentlichen dieselben Argumente wie für die Inlandsbelegschaft einer ausländischen Tochtergesellschaft.[941] Der Bericht des Ausschusses für Arbeit und Sozialordnung[942] steht dem von vornherein nicht entgegen, weil dort nur die Rede davon ist, dass im Ausland gelegene Tochtergesellschaften und deren inländische Betriebe bei der Errechnung der maßgeblichen Arbeitnehmerzahl nicht mitzählen.[943] Hinzu kommt, dass die Arbeitnehmer der inländischen Enkelgesellschaft in einem Arbeitsverhältnis zu einem deutschen Unternehmen stehen, so dass die teilweise für die Inlandsbelegschaft ausländischer Tochtergesellschaften geltend gemachten Bedenken hier nicht eingreifen. Das gilt zwar nicht, wenn die Enkelgesellschaft ihren Sitz in Deutschland hat, aber in einer ausländischen Rechtsform organisiert ist oder umgekehrt nach deutschem Recht verfasst ist, aber ihren Verwaltungssitz im Ausland hat. Diese Fälle unterscheiden sich indes nicht von denen einer Tochtergesellschaft, so dass in dieser Konstellation wiederum davon auszugehen ist, dass alle in deutschen Betrieben beschäftigten Arbeitnehmer in die Aufsichtsratswahl der Konzernobergesellschaft einzubeziehen sind.

---

940 Ebenso (mit der Beschränkung auf die im Inland beschäftigten Arbeitnehmer): *Werner*, Unternehmensmitbestimmung, S. 80; *Wißmann*, in: WKS, § 5 MitbestG Rn. 23. Wohl auch: *Großfeld*, in: Staudinger, IntGesR Rn. 533; *Hoffmann/Lehmann/Weinmann*, § 1 MitbestG Rn. 44. Allgemein für die Beteiligung der Arbeitnehmer einer „inländischen" Enkelgesellschaft: *Bartsch*, Niederlassungsfreiheit, S. 120 f.; *W. F. Bayer*, ZGR 1977, 173, 178; *Ebenroth/Sura*, ZHR 144 (1980), 610, 620; *Gach*, in: MüKo-AktG, § 3 MitbestG Rn. 19; *Habersack*, AG 2007, 641, 645; *Kindler*, in: MüKo-BGB, IntGesR Rn. 581; *Klückers*, Arbeitnehmerzurechnung, S. 60 f.; *Lutter*, ZGR 1977, 195, 206 f.; *Mertens/Cahn*, KölnK-AktG, Anh. § 117 B § 3 MitbestG Rn. 7; *Oetker*, in: GroßK-AktG, § 5 MitbestG Rn. 33; *ders.*, in: ErfK, § 5 MitbestG Rn. 14; *Raiser*, in: RVJ, § 5 MitbestG Rn. 31; *Rehberg*, in: Eidenmüller, § 6 Rn. 132; *M. Reuter*, Reichweite, S. 91 f.; *Säcker*, WahlO, Rn. 60 Fn. 38; *Schneider*, in: GK-MitbestG, § 5 MitbestG Rn. 87; *Seibt*, in: WHSS, Rn. F 149c; *Ulmer/Habersack*, in: UHH, § 5 MitbestG Rn. 55.

941 So auch bzgl. des fehlenden Ausschlusses durch das Territorialitätsprinzip: *Ulmer/Habersack*, in: UHH, § 5 MitbestG Rn. 55; *Werner*, Unternehmensmitbestimmung, S. 80; *Wißmann*, in: WKS, § 5 MitbestG Rn. 23.

942 BT-Drucks. 7/4845, S. 4.

943 *Klückers*, Arbeitnehmerzurechnung, S. 61; *Lutter*, ZGR 1977, 195, 207.

d) Keine freiwillige Einbeziehung der Auslandsbelegschaft

Zusätzlich zu dem Streit um die Einbeziehung der Auslandsbelegschaft in die Mitbestimmung auf Unternehmensebene nach geltender Gesetzeslage stellt sich die Frage, ob den Unternehmen die freiwillige Beteiligung der im Ausland beschäftigten Arbeitnehmer durch Vereinbarung erlaubt ist.[944] Unabhängig davon, welche Vertragsparteien eine derartige Vereinbarung abschlössen, steht dem jedoch entgegen, dass es sich bei den Vorschriften des MitbestG und des DrittelbG um zwingendes Recht handelt.[945] Die zwingende Geltung ergibt sich zum einen aus dem Wortlaut von § 1 Abs. 1 MitbestG und DrittelbG[946] und folgt zum anderen aus dem Charakter der Regelungen als im öffentlichen Interesse erlassenes Sozialordnungsrecht[947]. Sie schließt auch Erweiterungen des Wählerkreises aus, weil dadurch das Wahlrecht der anderen Arbeitnehmer verwässert würde.[948] Das gilt besonders für freiwillige Beteiligungen durch Vereinbarungen mit der Konzernobergesellschaft, weil diese dadurch darüber entscheiden könnte, ob die Belegschaft eines bestimmten Standorts an der Wahl beteiligt wird.[949]

Eine Regelung durch normativ wirkenden Tarifvertrag kommt darüber hinaus deshalb nicht in Betracht, weil darin gemäß § 1 Abs. 1 TVG neben den auf das Arbeitsverhältnis bezogenen Fragen nur betriebliche oder betriebsverfassungsrechtliche Angelegenheiten geordnet werden können.[950] Einer Regelung im Wege einer Konzernbetriebsvereinbarung steht entgegen, dass dem Konzernbetriebsrat angesichts des Eingriffs in das aktive Wahlrecht der in Deutschland beschäftigten Arbeitnehmer im BetrVG oder den Mitbestimmungsgesetzen ein entsprechendes Mandat hätte erteilt werden müssen.[951] Auch eine nicht normativ wirkende Vereinbarung mit einer im Unternehmen vertretenen Gewerkschaft oder durch die Arbeitnehmervertreter im Aufsichtsrat scheitert an der zwingenden Wirkung der

---

944 Dafür *Braun*, Sicherung, S. 145; *Raiser*, in: RVJ, § 1 MitbestG Rn. 27, § 5 MitbestG Rn. 30.

945 *Krolop*, Mitbestimmungsvereinbarungen, S. 83; *Lubitz*, Sicherung, S. 131; *Lutter*, in: FS Zweigert, S. 251, 268 f.; *Mertens/Cahn*, in: KölnK-AktG, Anh. § 117 B § 5 MitbestG Rn. 40; *Schubert*, AG 2017, 369, 370; *Werner*, Unternehmensmitbestimmung, S. 72. Im Ergebnis ebenso *Ulmer/Habersack*, § 5 MitbestG Rn. 55.

946 *Raiser*, in: RVJ, § 1 MitbestG Rn. 56 für das MitbestG.

947 Für das MitbestG: *Ulmer/Habersack*, in: UHH, Einl. MitbestG Rn. 37, § 1 MitbestG Rn. 16; *Wißmann*, in: WKS, Vorbem. MitbestG Rn. 59. Für das MitbestErgG auch BVerfG 7.5.1969, BVerfGE 25, 371, 391 f.

948 *Krolop*, Mitbestimmungsvereinbarungen, S. 83; *Lutter*, in: FS Zweigert, S. 251, 268 f.; *Werner*, Unternehmensmitbestimmung, S. 72; *Zinger*, Internationalisierung, S. 223.

949 *Werner*, Unternehmensmitbestimmung, S. 72.

950 *Zinger*, Internationalisierung, S. 221 f. Allgemein ebenso: *Beuthien*, ZfA 1983, 141, 142 ff.; *Fabricius*, in: FS Hilger/Stumpf, S. 155, 165; *Hanau*, ZGR 2001, 75, 80 f.; *Konzen*, AG 1983, 289, 295; *Raiser*, in: RVJ, Einl. MitbestG Rn. 55; *Thüsing*, in: Wiedemann, § 1 TVG Rn. 760; *Wißmann*, in: WKS, Vorbem. MitbestG Rn. 8.

951 *Zinger*, Internationalisierung, S. 223.

Mitbestimmungsgesetze, die dazu führt, dass insoweit eine entsprechende Bevollmächtigung von jedem einzelnen Arbeitnehmer nötig wäre.[952]

Von solchen Vereinbarungen zu unterscheiden ist die in der Praxis vereinzelt genutzte Möglichkeit, Repräsentanten im Ausland tätiger Belegschaften als Gewerkschaftsvertreter i.S.v. § 7 Abs. 2 MitbestG in den Aufsichtsrat zu entsenden,[953] die an der fehlenden Wahlberechtigung im Ausland beschäftigter Arbeitnehmer nichts ändert.[954] Mitbestimmungsvereinbarungen über die Beteiligung der Auslandsbelegschaft an der Unternehmensmitbestimmung im Wege der aktiven Wahlberechtigung sind daher nach der geltenden Gesetzeslage unzulässig.[955]

Die zwingende Geltung der Regelungen des MitbestG und des DrittelbG schließt es zudem aus, einer vermittelnden Ansicht entsprechend die Teilnahme der im Ausland beschäftigten Arbeitnehmer an der Aufsichtsratswahl von einer Abstimmung der Auslandsbelegschaft über diese Frage abhängig zu machen.[956] Die zwingende Wirkung bedeutet nach allgemeiner Meinung auch, dass MitbestG und DrittelbG nicht zur Disposition der Arbeitnehmer stehen.[957] Dass diese Ansicht eine Belegschaft, die zunächst mehrheitlich für die Beteiligung gestimmt hat, insgesamt von der Teilnahme an der Mitbestimmung ausschließen will, wenn ein Aufsichtsratsmitglied gemäß § 103 Abs. 3 AktG abberufen wird,[958] zeigt die Schwierigkeiten, die eine Anwendung der Mitbestimmungsgesetze in anderen Staaten, in denen etwa die Gewerkschaften ein anderes Verständnis ihrer Aufgabe haben, mit sich bringen kann. Diese Unterschiede sprechen gegen eine Erstreckung der Unternehmensmitbestimmung auf ausländische Betriebe. Auf sie sollte nicht erst im Nachhinein reagiert werden.

e) Ergebnis

Damit bleibt als Ergebnis festzuhalten, dass Arbeitnehmer, die in ausländischen Betrieben beschäftigt sind, nicht an der Wahl der Arbeitnehmervertreter ihres Unternehmens oder des herrschenden Konzernunternehmens zu beteiligen sind.

---

952 *Lutter*, in: FS Zweigert, S. 251, 269; *Zinger*, Internationalisierung, S. 222 f.

953 So geschehen bei DaimlerChrysler, Bayer CropScience, Aventis und Opel: *Gentz*, NZA 2000, 3, 5; *Henssler*, in: UHH, § 16 MitbestG Rn. 4; *Heuschmid/Ulber*, NZG 2016, 102, 104; *Krolop*, Mitbestimmungsvereinbarungen, S. 84 f.; *Raiser*, DJT 2006/I, S. B 93; *Schubert*, AG 2017, 369, 371; *Seibt*, AG 2005, 413, 421.

954 Das hebt auch hervor *Zinger*, Internationalisierung, S. 227 f.

955 *Fitting/Wlotzke/Wißmann*, 2. Aufl., § 5 MitbestG Rn. 18; *Lubitz*, Sicherung, S. 131; *Lutter*, in: FS Zweigert, S. 251, 267 ff.; *Schwark*, AG 2004, 173, 174; *Werner*, Unternehmensmitbestimmung, S. 72, *Zinger*, Internationalisierung, S. 221 ff.

956 *Nienerza*, Mitbestimmung, S. 85 f.; *M. Reuter*, Reichweite, S. 85.

957 Für das MitbestG: *Raiser*, in: RVJ, § 1 MitbestG Rn. 57; *Ulmer/Habersack*, in: UHH, § 1 MitbestG Rn. 16; *Wißmann*, in: WKS, Vorbem. MitbestG Rn. 59, § 1 MitbestG Rn. 4. Für das DrittelbG: *Habersack*, in: UHH, § 1 DrittelbG Rn. 8; *Kleinsorge*, in: WKS, Vorbem. DrittelbG Rn. 21; *Veil*, in: RVJ, Einl. DrittelbG Rn. 10, § 1 DrittelbG Rn. 26.

958 *M. Schubert*, Unternehmensmitbestimmung, S. 108.

Demgegenüber verfügen die in deutschen Betrieben tätigen Arbeitnehmer von Tochtergesellschaften ausländischer Rechtsform oder mit Sitz im Ausland über das Recht zur Teilnahme an der Aufsichtsratswahl der Konzernspitze. Dasselbe gilt auch für die Arbeitnehmer inländischer Enkelgesellschaften.

II. Unionsrechtskonformität

1. Meinungsstand

Nachdem der EuGH am 18. Juli 2017 auf Vorlage des Kammergerichts entschieden hat, dass der Ausschluss der Arbeitnehmer ausländischer Tochtergesellschaften eines Konzerns vom aktiven und passiven Wahlrecht bei den Wahlen der Arbeitnehmervertreter im Aufsichtsrat der deutschen Muttergesellschaft nicht gegen Art. 45 AEUV verstößt,[959] hat die Frage, ob an dem soeben festgestellten Ergebnis der fehlenden Wahlberechtigung der Auslandsbelegschaft unter unionsrechtlichen Gesichtspunkten festgehalten werden kann, an Brisanz verloren. Da im Schrifttum zuvor verbreitet die Auffassung vertreten worden war, dass die fehlende Wahlberechtigung der im EU-Ausland beschäftigten Arbeitnehmer unionsrechtswidrig sei, soll das Urteil des EuGH dennoch analysiert werden.

Den Verstoß gegen Unionsrecht sahen Teile der Literatur in einer Verletzung des allgemeinen Diskriminierungsverbots aus Art. 18 Abs. 1 AEUV,[960] während andere die fehlende Wahlberechtigung der Auslandsbelegschaft an der Arbeitnehmerfreizügigkeit (Art. 45 AEUV) maßen[961]. Unabhängig davon, ob sie Art. 18 Abs. 1 AEUV oder Art. 45 AEUV anwandten, qualifizierten die Vertreter dieser Ansicht die Ungleichbehandlung der im EU-Ausland beschäftigten Arbeitnehmer im Vergleich zu den in Deutschland beschäftigten Arbeitnehmern als mittelbare Diskrimi-

959 EuGH 18.7.2017 – C-566/15 (*Erzberger*), ECLI:EU:C:2017:562 = NZA 2017, 1000.

960 *Behme*, EuZA 2016, 411, 413 ff.; *Drygala*, in: Schmidt/Lutter, § 96 AktG Rn. 28; *Gralla*, Vermeidung, S. 236; *Habersack*, AG 2007, 641, 648 f.; *ders.*, AG 2009, 1, 12; *ders.*, Beilage zu ZIP 48/2009, 1, 3; *Hellgardt*, in: ZHR Beiheft 78, S. 24, 30 ff.; *Hellwig/Behme*, AG 2009, 261, 265 ff.; *dies.*, ZIP 2009, 1791, 1793; *dies.*, ZIP 2010, 871, 872; *dies.*, in: FS Hommelhoff, S. 343, 355; *Henssler*, in: UHH, § 3 MitbestG Rn. 43 ff.; *Kainer*, IWRZ 2016, 57, 58 ff.; *Maier*, Übertragbarkeit, S. 204 ff.; *Rieble/Latzel*, EuZA 2011, 145, 151, die auf S. 155 f. aber auf Art. 45 AEUV zurückgreifen; *Wansleben*, NZG 2014, 213 f.; *ders.*, WM 2017, 785, 786 ff.; in diese Richtung auch KG 16.10.2015, ZIP 2015, 2172, 2173 f. (Vorlage an den EuGH); OLG Frankfurt a. M. 17.6.2016, ZIP 2016, 2223; OLG München 20.2.2017, ZIP 2017, 476, 477; *Ego*, in: MüKo-AktG, Europ. Niederlassungsfreiheit Rn. 580; *Fischer*, NZG 2014, 737, 739; *Zöllner/Noack*, in: Baumbach/Hueck, § 52 GmbHG Rn. 290b.

961 *Köster*, Unternehmensmitbestimmung, S. 195 ff.; *Latzel*, Gleichheit, Rn. 138 ff., 339 ff; *Rieble/Latzel*, EuZA 2011, 145, 155 f., die auf S. 151 aber auf Art. 18 AEUV zurückgreifen; *Rieble*, in: Bork/Schäfer, § 52 GmbHG Rn. 25. Für einen Verstoß gegen Art. 45 AEUV wohl auch *Müller-Graff*, EWS 2009, 489, 497.

nierung.[962] Zur Begründung wurde angeführt, dass die derzeitige Ausgestaltung des Wahlverfahrens nicht mit dem völkerrechtlichen Territorialitätsprinzip zu rechtfertigen sei.[963] Die Gegenauffassung verwies allerdings auf dieses Prinzip und vertrat die Ansicht, dass der Gesetzgeber durch das Unionsrecht nicht zu einer Regelung gezwungen werden könne, die ihm völkerrechtlich nicht gestattet sei.[964] Darüber hinaus führe die Annahme einer Diskriminierung zu einem umfassenden Harmonisierungsgebot, das sich den Diskriminierungsverboten in Art. 18 Abs. 1 AEUV bzw. Art. 45 AEUV nicht entnehmen lasse.[965]

Der EuGH begründete sein Urteil indes nicht mit den zuletzt genannten Argumenten, sondern stellte im Hinblick auf die bei einer Tochtergesellschaft mit Sitz in einem anderen Mitgliedstaat beschäftigten Arbeitnehmer zunächst fest, dass

---

962 *Behme*, EuZA 2016, 411, 413 f.; *Gralla*, Vermeidung, S. 236 (nur für Betriebe im Ausland, nicht für Tochtergesellschaften); *Habersack*, AG 2007, 641, 648; *ders.*, Beilage zu ZIP 48/2009, 1, 3; *Hellgardt*, in: ZHR Beiheft 78, S. 24, 34 ff.; *Hellwig/Behme*, AG 2009, 261, 265; *dies.*, ZIP 2009, 1791, 1793; *dies.*, ZIP 2010, 871, 872; *Henssler*, in: UHH, § 3 MitbestG Rn. 43; *Kainer*, IWRZ 2016, 57, 58 ff.; *Köster*, Unternehmensmitbestimmung, S. 196; *Latzel*, Gleichheit, Rn. 340 f.; *Maier*, Übertragbarkeit, S. 204 ff.; *Rieble/Latzel*, EuZA 2011, 145, 151 f.; *Rieble*, in: Bork/Schäfer, § 52 GmbHG Rn. 25; *Wansleben*, NZG 2014, 213, 214; in diese Richtung auch *Fischer*, NZG 2014, 737, 739; *Zöllner/Noack*, in: Baumbach/Hueck, § 52 GmbHG Rn. 290b.

963 *Behme*, EuZA 2016, 411, 414; *Fischer*, NZG 2014, 737, 739; *Gralla*, Vermeidung, S. 237; *Habersack*, AG 2007, 641, 648 f.; *ders.*, Beilage zu ZIP 48/2009, 1, 3 f.; *Hellgardt*, in: ZHR Beiheft 78, S. 24, 36 ff.; *Hellwig/Behme*, AG 2009, 261, 265 ff.; *Henssler*, in: UHH, § 3 MitbestG Rn. 49 ff.; *Kainer*, IWRZ 2016, 57, 59; *Köster*, Unternehmensmitbestimmung, S. 200 f.; *Kort*, NZG 2017, 703, 704 f.; *Latzel*, Gleichheit, Rn. 358 ff.; *Rieble/Latzel*, EuZA 2011, 145, 161 f.; *Seyboth*, AuR 2012, 339, 340; *Wansleben*, NZG 2014, 213, 214; *ders.*, WM 2017, 785, 788 f. In diese Richtung auch *Koch*, in: Hüffer/Koch, § 96 AktG Rn. 4a.

964 LG Düsseldorf 5.6.1979, DB 1979, 1451, 1452; LG Landau (Pfalz) 18.9.2013, ZIP 2013, 2107; LG Berlin 1.6.2015, ZIP 2015, 1291, 1295; LG München I 27.8.2015, ZIP 2015, 1929, 1931; *Forst*, in: GLF, § 1 Rn. 224 f.; *Heither/von Morgen*, in: NK-GA, Vor MitbestG Rn. 13; *Krause*, AG 2012, 485, 493 f.; *Krauss*, GWR 2013, 518; *Lutter*, in: FS Zweigert, S. 251, 261; *Oetker*, JbArbR 53 (2016), 47, 51; *ders.*, in: ErfK, Einl. MitbestG Rn. 6; *Seifert*, in: Schlachter/Heinig, § 20 Rn. 29; *Wißmann*, in: WKS, Vorbem. MitbestG Rn. 71; *ders.*, in: ErfK, Art. 45 AEUV Rn. 51. Im Ergebnis ebenso *Heuschmid/Ulber*, NZG 2016, 102, 103 f.; *Kort*, NZG 2017, 703 ff. Ähnlich *Spindler*, in: Spindler/Stilz, § 96 AktG Rn. 7; *ders.*, in: MüKo-GmbHG, § 52 GmbHG Rn. 45a. Im Ergebnis ebenso ablehnend *Heuschmid/Hlava*, NZA 2017, 429 f.; *Schubert/Jerchel*, EuZW 2017, 551, 561; *Wichert*, in: Heidel, § 3 MitbestG Rn. 22.

965 LG Berlin 1.6.2015, ZIP 2015, 1291, 1293; LG München I 27.8.2015, ZIP 2015, 1929, 1931; *Deinert*, IntArbR, § 17 Rn. 89; *Heither/von Morgen*, in: NK-GA, Vor MitbestG Rn. 12; *Heuschmid/Ulber*, NZG 2016, 102, 103; *Krause*, AG 2012, 485, 495; *Mense/Klie*, DStR 2015, 1508, 1512; *Oetker*, JbArbR 53 (2016), 47, 51; *Rehberg*, EuZA 2011, 369, 378; *Seifert*, in: Schlachter/Heinig, § 20 Rn. 29; *Spindler*, in: Spindler/Stilz, § 96 AktG Rn. 7; *ders.*, in: MüKo-GmbHG, § 52 GmbHG Rn. 45a.

insoweit allein das besondere Diskriminierungsverbot des Art. 45 Abs. 2 AEUV einschlägig sei.[966] Dieses finde keine Anwendung auf Arbeitnehmer, die von ihrer Freizügigkeit innerhalb der Union keinen Gebrauch gemacht haben oder Gebrauch machen wollen.[967] Allein das Konzernverhältnis zur Muttergesellschaft mit Sitz in einem anderen Mitgliedstaat reiche nicht aus, um den erforderlichen Berührungspunkt zum Unionsrecht zu begründen.[968]

Die Unionsrechtswidrigkeit wurde allerdings nicht nur aus der Benachteiligung im Ausland beschäftigter Arbeitnehmer hergeleitet, sondern auch für inländische Arbeitnehmer diskutiert. Ein Teil des Schrifttums sah in dem Verlust von Mitbestimmungsrechten beim Wechsel in einen ausländischen Betrieb zusätzlich eine unzulässige Beschränkung der Arbeitnehmerfreizügigkeit.[969] Dem wurde verbreitet entgegengehalten, dass ein Arbeitnehmer seine Entscheidung zur Aufnahme einer Tätigkeit im Ausland nicht davon abhängig mache, ob er seine Wahlberechtigung verliere.[970]

Auch der EuGH lehnte einen Verstoß gegen das Beschränkungsverbot des Art. 45 AEUV ab, weil das Unionsrecht Arbeitnehmern zwar das Recht zubillige, ihren Herkunftsstaat zu verlassen, um sich zur Ausübung einer Tätigkeit in einen anderen Mitgliedstaat zu begeben, den Arbeitnehmern dabei allerdings nicht garantiere, dass

---

966 EuGH 18.7.2017 – C-566/15 (*Erzberger*), ECLI:EU:C:2017:562 = NZA 2017, 1000 Rn. 25 ff.

967 EuGH 18.7.2017 – C-566/15 (*Erzberger*), ECLI:EU:C:2017:562 = NZA 2017, 1000 Rn. 28.

968 EuGH 18.7.2017 – C-566/15 (*Erzberger*), ECLI:EU:C:2017:562 = NZA 2017, 1000 Rn. 29.

969 *Gralla*, Vermeidung, S. 236 f.; *Habersack*, Beilage zu ZIP 48/2009, 1, 3; *Henssler*, in: UHH, § 3 MitbestG Rn. 43; *Rieble*, in: Bork/Schäfer, § 52 GmbHG Rn. 25; *Wansleben*, NZG 2014, 213, 214; *ders.*, WM 2017, 785, 787 f. In diese Richtung auch *Fischer*, NZG 2014, 737, 739; *Rieble/Latzel*, EuZA 2011, 145, 160. Für eine unzulässige Beschränkung nur bezogen auf das passive Wahlrecht: *Behme*, EuZA 2016, 411, 414; *Ego*, in: MüKo-AktG, Europ. Niederlassungsfreiheit Rn. 580; *Forst*, in: GLF, § 1 Rn. 227; *Hellwig/Behme*, AG 2009, 261, 268 ff.; *dies.*, ZIP 2009, 1791, 1793; *dies.*, in: FS Hommelhoff, S. 343, 355; *Maier*, Übertragbarkeit, S. 211 f.; *Teichmann*, Beilage zu ZIP 48/2009, 10, 12 Fn. 25; in diese Richtung auch KG 16.10.2015, ZIP 2015, 2172, 2174 (Vorlage an den EuGH); OLG Frankfurt a. M. 17.6.2016, ZIP 2016, 2223; OLG München 20.2.2017, ZIP 2017, 476, 477.

970 LG Berlin 1.6.2015, ZIP 2015, 1291, 1294; LG München I 27.8.2015, ZIP 2015, 1929, 1930; *Bungert/Leyendecker-Langner*, DB 2014, 2031, 2032; *Deinert*, IntArbR, § 17 Rn. 89; *Forst*, in: GLF, § 1 Rn. 227; *Heuschmid/Ulber*, NZG 2016, 102, 105; *Krause*, AG 2012, 485, 490; *Seibt*, DB 2015, 1592; *Seifert*, in: Schlachter/Heinig, § 20 Rn. 30; *Seyboth*, AuR 2012, 339 f.; *Steinmeyer*, in: EUArbR, Art. 45 AEUV Rn. 68; *Wißmann*, in: WKS, Vorbem. MitbestG Rn. 71. In diese Richtung auch *Lunk*, ArbRB 2015, 239.

ein Umzug in sozialer Hinsicht neutral sei.[971] Da der Bereich der Unternehmensmitbestimmung nicht unionsrechtlich harmonisiert sei, dürften die Mitgliedstaaten die Anknüpfungskriterien des Anwendungsbereichs ihrer Gesetze eigenständig festlegen, sofern die entsprechenden Kriterien objektiv und nicht diskriminierend seien.[972] Für Arbeitnehmer, die ein Aufsichtsratsmandat innehaben, liege ebenfalls keine Behinderung der Arbeitnehmerfreizügigkeit vor, weil der Mandatsverlust nur eine Folge der legitimen Entscheidung des deutschen Gesetzgebers sei, die Anwendung der Mitbestimmungsgesetze auf die Inlandsbelegschaft zu beschränken.[973]

Über die Vorlagefrage des Kammergerichts hinaus wurde in der Literatur teilweise eine Verletzung der Niederlassungsfreiheit gemäß Art. 49, 54 AEUV erwogen.[974] Vereinzelte Stimmen sahen in der fehlenden Beteiligung der Auslandsbelegschaft zudem einen Verstoß gegen die Kapitalverkehrsfreiheit aus Art. 63 AEUV.[975] Der EuGH prüfte allerdings weder einen Verstoß gegen die Niederlassungsfreiheit noch gegen die Kapitalverkehrsfreiheit. Das lässt den Schluss zu, dass der Gerichtshof – in Übereinstimmung mit der überwiegenden Ansicht in der Literatur[976] – nicht von entsprechenden Verletzungen des Unionsrecht ausgeht, da der EuGH gemeinhin alle seiner Ansicht nach einschlägigen Normen heranzieht, auch wenn diese im Vorlagebeschluss nicht genannt werden.[977]

Der Vollständigkeit halber sei noch erwähnt, dass nicht nur über die Frage der Unionsrechtswidrigkeit an sich Streit bestand, sondern auch über deren Rechtsfolge.[978] Anbetracht der Tatsache, dass der EuGH den Ausschluss der Aus-

---

971 EuGH 18.7.2017 – C-566/15 (*Erzberger*), ECLI:EU:C:2017:562 = NZA 2017, 1000 Rn. 33 f.

972 EuGH 18.7.2017 – C-566/15 (*Erzberger*), ECLI:EU:C:2017:562 = NZA 2017, 1000 Rn. 38.

973 EuGH 18.7.2017 – C-566/15 (*Erzberger*), ECLI:EU:C:2017:562 = NZA 2017, 1000 Rn. 40.

974 *Hellwig/Behme*, AG 2009, 261, 270.

975 *Hirte*, in: Hirte/Bücker, § 1 Rn. 51; *W. Meilicke*, GmbHR 2003, 793, 805.

976 Bzgl. Art. 49, 54 AEUV: *Ego*, in: MüKo-AktG, Europ. Niederlassungsfreiheit Rn. 580 Fn. 563; *Krause*, AG 2012, 485, 496; *Maier*, Übertragbarkeit, S. 204. Bzgl. Art. 63 AEUV: *Ego*, in: MüKo-AktG, Europ. Niederlassungsfreiheit Rn. 580 Fn. 563; *Hellwig/Behme*, AG 2009, 261, 270; *Köster*, Unternehmensmitbestimmung, S. 204 f.; *Krause*, AG 2012, 485, 496; *Latzel*, Gleichheit, Rn. 211 ff.; *Lubitz*, Sicherung, S. 129 f.; *Maier*, Übertragbarkeit, S. 204.

977 EuGH 20.3.1986–35/85 (*Tissier*), Slg. 1986, 1207 Rn. 9; EuGH 12.12.1990 – C-241/89 (*SARPP*), Slg. 1990, I-4695 Rn. 8; EuGH 18.3.1993 – C-280/91 (*Viessmann*), Slg. 1993, I-971 Rn. 17; EuGH 15.9.2005 – C-258/04 (*Ioannidis*), Slg. 2005, I-8275 Rn. 20; EuGH 27.10.2009 – C-115/08 (*ČEZ as*), Slg. 2009, I-10265 Rn. 81. Auf diese Praxis des EuGH verweist ebenfalls *Wienbracke*, NZA 2017, 1036, 1039.

978 Für die Gewährung des Wahlrechts im Wege europarechtskonformer Auslegung: *Ego*, in: MüKo-AktG, Europ. Niederlassungsfreiheit Rn. 580; *Henssler*, in: UHH, § 3 MitbestG Rn. 43 ff.; *Latzel*, Gleichheit, Rn. 338 ff., 739 ff.; *Maier*, Übertragbarkeit, S. 212 ff.; *Ulmer/Habersack*, in: UHH, Einl. MitbestG Rn. 75; in diese Richtung auch

landsbelegschaft von der Wahlberechtigung nicht als Verstoß gegen die Arbeitnehmerfreizügigkeit ansieht, soll darauf indes nicht mehr eingegangen werden.

2. Stellungnahme

a) Benachteiligung im Ausland beschäftigter Arbeitnehmer

aa) Anwendbarkeit von Art. 45 Abs. 2 AEUV

Die fehlende Wahlberechtigung im Ausland beschäftigter Arbeitnehmer könnte zunächst aufgrund der Benachteiligung im Verhältnis zu in Deutschland tätigen Arbeitnehmern die Arbeitnehmerfreizügigkeit des Art. 45 AEUV verletzen.[979] Gemäß Art. 45 Abs. 2 AEUV umfasst die Arbeitnehmerfreizügigkeit die Gleichbehandlung der Arbeitnehmer der Mitgliedstaaten in Bezug auf Beschäftigung, Entlohnung und sonstige Arbeitsbedingungen. Bei den Regelungen über die Beteiligung der Arbeitnehmervertreter im Aufsichtsrat müsste es sich also um Arbeitsbedingungen handeln. Teilweise wurde die Auffassung vertreten, dass mit Arbeitsbedingungen nur individualarbeitsrechtliche Bedingungen gemeint

Raiser, in: RVJ, § 1 MitbestG Rn. 27. Für die Zusammensetzung des Aufsichtsrat nur aus Aufsichtsratsmitgliedern der Aktionäre: *Behme*, EuZA 2016, 411, 416; *Fischer*, NZG 2014, 737, 738; *Hellgardt*, in: ZHR Beiheft 78, S. 24, 43 ff.; *Hellwig/Behme*, AG 2009, 261, 270 f.; *dies.*, ZIP 2009, 1791, 1794; *dies.*, ZIP 2010, 871, 872 f.; *dies.*, AG 2011, 740, 743; *dies.*, in: FS Hommelhoff, S. 343, 355; *dies.*, AG 2015, 333, 336 f.; *Rieble* in seiner Eigenschaft als Antragsteller im Verfahren vor dem LG Frankfurt a. M. 16.2.2015, ZIP 2015, 634; *Salger*, IWRZ 2017, 174, 175; *Wansleben*, WM 2017, 785, 789 ff. Für eine entsprechende Anwendung der Vorschriften des SEBG: *Drygala*, in: Schmidt/Lutter, § 96 AktG Rn. 29. Für eine Beschränkung der Zuständigkeit der Arbeitnehmervertreter im Aufsichtsrat auf solche Angelegenheiten, die lediglich in Deutschland Wirkung entfalten: *Rieble*, in: ZHR Beiheft 78, S. 93, 94 ff. Erwogen wurde schließlich die analoge Anwendung von Art. 264 Abs. 2 AEUV: *Krause*, AG 2012, 485, 497; *Maier*, Übertragbarkeit, S. 215; *Rieble/Latzel*, EuZA 2011, 145, 166 f.

979 Eine Prüfung am Maßstab des Primärrechts scheidet aus, soweit eine abschließende sekundärrechtliche Harmonisierung vorliegt, EuGH 12.10.1993 – C-37/92 (*Vanacker und Lesage*), Slg. 1993-I, 4947 Rn. 9; EuGH 13.12.2001 – C-324/99 (*DaimlerChrysler*), Slg. 2001, I-9897 Rn. 32; EuGH 17.4.2007 – C-470/03 (*A.G.M.-COS. MET*), Slg. 2007, I-2749 Rn. 50; *Kingreen*, in: Calliess/Ruffert, Art. 36 AEUV Rn. 18. Die fehlende Wahlberechtigung der im Ausland tätigen Arbeitnehmer ist dennoch an der primärrechtlichen Regelung des Art. 45 AEUV zu messen, da Art. 8 Abs. 1 S. 3 VO 492/2011/EU auf die Unternehmensmitbestimmung nicht anwendbar ist, *Ego*, in: MüKo-AktG, Europ. Niederlassungsfreiheit Rn. 580 Fn. 563; *Hellgardt*, in: ZHR Beiheft 78, S. 24, 29 f.; *Hellwig/Behme*, AG 2009, 261, 264; *Latzel*, Gleichheit, Rn. 117 ff.; *Maier*, Übertragbarkeit, S. 204 sowie allgemein *Dietrich*, Freizügigkeit, S. 461; *Steinmeyer*, in: EUArbR, Art. 8 VO 492/2011/EU Rn. 4; a.A. *Birk*, RIW 1989, 6, 12; *Köster*, Unternehmensmitbestimmung, S. 197 f. sowie allgemein *Franzen*, in: Streinz, Art. 45 AEUV Rn. 112; *Hanau*, in: HSW, § 15 Rn. 171; *Heyer*, Arbeitnehmerfreizügigkeit, S. 112; *Kreuschitz*, in: GSH, Art. 45 AEUV Rn. 121.

seien, weshalb die Arbeitnehmerbeteiligung im Aufsichtsrat nicht unter diesen Begriff falle.[980] Dies folge aus der Konkretisierung des Begriffs der Arbeitsbedingungen in Art. 7 Abs. 1 VO 492/2011/EU, wonach insbesondere Entlohnung, Kündigung und berufliche Wiedereingliederung oder Wiedereinstellung Arbeitsbedingungen seien.[981]

Gegen dieses enge Verständnis spricht aber, dass die VO 492/2011/EU insgesamt dazu dient, die Freizügigkeit der Arbeitnehmer herzustellen und in Art. 8 die Gleichbehandlung auf die kollektive Interessenvertretung der Arbeitnehmer erstreckt, was darauf schließen lässt, dass das Gleichbehandlungsgebot des Art. 45 AEUV sich nicht auf das Individualarbeitsrecht beschränkt.[982] Der Begriff der Arbeitsbedingungen ist vielmehr weit auszulegen.[983] Trotz der Integration der Regelungen zur Unternehmensmitbestimmung in das Gesellschaftsrecht[984] sollen diese einen Ausgleich für die Weisungsgebundenheit der Arbeitnehmer schaffen; insoweit handelt es sich um eine dem Arbeitnehmerschutz dienende Institution.[985] Aus diesem Grund überzeugt die Auffassung des EuGH, dass es sich bei der Frage, ob die Auslandsbelegschaft zur Teilnahme an den Wahlen der Arbeitnehmervertreter im Aufsichtsrat berechtigt ist, um eine Arbeitsbedingung handelt[986]. Eine Prüfung am Maßstab des allgemeinen Diskriminierungsverbots (Art. 18 Abs. 1 AEUV) scheidet daher aus.[987]

---

980 *Hellwig/Behme*, AG 2009, 261, 265.

981 *Hellwig/Behme*, AG 2009, 261, 265.

982 *Heuschmid/Munkholm*, EuZW 2017, 419, 420; *Krause*, AG 2012, 485, 491; *Latzel*, Gleichheit, Rn. 124.

983 GA *Saugmandsgaard Øe*, Schlussanträge 4.5.2017 – C-566/15 (*Erzberger*), ECLI:EU:C:2017:347 = ZIP 2017, 961 Rn. 43; *Allgaier*, in: NK-GA, Art. 45 AEUV Rn. 22; *Hanau*, in: HSW, § 15 Rn. 168; *Steinmeyer*, in: EUArbR, Art. 45 AEUV Rn. 48; *Wißmann*, in: ErfK, Art. 45 AEUV Rn. 51.

984 Darauf verweisen zur Ablehnung der Anwendbarkeit von Art. 45 AEUV: *Maier*, Übertragbarkeit, S. 204; *Wansleben*, WM 2017, 785, 787.

985 Ähnlich *Klein/Leist*, ZESAR 2016, 421, 422; *Latzel*, Gleichheit, Rn. 138; *Rieble/Latzel*, EuZA 2011, 145, 156. Im Ergebnis ebenso GA *Saugmandsgaard Øe*, Schlussanträge 4.5.2017 – C-566/15 (*Erzberger*), ECLI:EU:C:2017:347 = ZIP 2017, 961 Rn. 44, der darauf abstellt, dass das Wahlrecht gerade davon abhängt, ob eine Person Arbeitnehmer ist.

986 EuGH 18.7.2017 – C-566/15 (*Erzberger*), ECLI:EU:C:2017:562 = NZA 2017, 1000 Rn. 25 ff.

987 EuGH 18.7.2017 – C-566/15 (*Erzberger*), ECLI:EU:C:2017:562 = NZA 2017, 1000 Rn. 24 ff.; GA *Saugmandsgaard Øe*, Schlussanträge 4.5.2017 – C-566/15 (*Erzberger*), ECLI:EU:C:2017:347 = ZIP 2017, 961 Rn. 39 ff.; *Forst*, in: GLF, § 1 Rn. 225; *Heuschmid/Munkholm*, EuZW 2017, 419, 420; *Heuschmid/Ulber*, NZG 2016, 102 f.; *Kort*, NZG 2017, 703, 704; *Krause*, AG 2012, 485, 491; *ders.*, JZ 2017, 1003, 1004; *Wienbracke*, NZA 2017, 1036, 1038; a.A. *Kainer*, IWRZ 2016, 57, 58; *ders.*, NJW 2017, 2605.

bb) Grenzüberschreitender Bezug

(1) Arbeitnehmer von Tochtergesellschaften mit Sitz in anderen Mitgliedstaaten

Da die Arbeitnehmerfreizügigkeit zur Verwirklichung des Binnenmarktes beitragen soll, findet Art. 45 AEUV nach ständiger Rechtsprechung des EuGH keine Anwendung auf Sachverhalte, die einen Mitgliedstaat rein intern betreffen, also mit keinem Element über seine Grenzen hinausweisen.[988] Die Befürworter der Unionsrechtswidrigkeit befassten sich entweder nicht näher mit der Frage, ob ein solcher grenzüberschreitender Sachverhalt vorliegt, oder leiteten diesen aus der Tatsache her, dass der Beschäftigungsort der Arbeitnehmer und der Sitz des herrschenden Unternehmens des Konzerns voneinander abweichen[989]. Die Gegenansicht, der sich auch der EuGH angeschlossen hat,[990] verneint hingegen einen Verstoß gegen die Arbeitnehmerfreizügigkeit mit der Begründung, dass es hinsichtlich der im Ausland beschäftigten Arbeitnehmer an der nötigen Binnenmarktrelevanz fehle.[991] Die betroffenen Arbeitnehmer machten von ihrem Recht auf Freizügigkeit gerade keinen

---

988 EuGH 28.3.1979–175/78 (*Saunders*), Slg. 1979, 1129 Rn. 9 ff.; EuGH 27.10.1982–35 u. 36/82 (*Morson*), Slg. 1982, 3723 Rn. 15 f.; EuGH 28.6.1984–180/83 (*Moser*), Slg. 1984, 2539 Rn. 14 f.; EuGH 23.1.1986–298/84 (*Iorio*), Slg. 1986, 247 Rn. 13 f.; EuGH 18.10.1990–297/88 u. 197/89 (*Dzodzi*), Slg. 1990, I-3763 Rn. 22 f.; EuGH 28.1.1992–332/90 (*Steen*), Slg. 1992, I-341 Rn. 9; EuGH 5.6.1997 – C-64/96 u. C-65/96 (*Uecker*), Slg. 1997, I-3171 Rn. 16 f.; EuGH 1.4.2008 – C212/06 (*Gouvernement de la Communauté française und Gouvernement wallon*), Slg. 2008, I1683 Rn. 33; EuGH 15.11.2011 – C-256/11 (*Dereci*), Slg. 2011, I-11315 Rn. 60; EuGH 6.10.2015 – C-298/14 (*Brouillard*), ECLI:EU:C:2015:652 = EzAR-NF 83 Nr. 8 Rn. 26. Ebenso *Brechmann*, in: Calliess/Ruffert, Art. 45 AEUV Rn. 41; *Franzen*, in: Streinz, Art. 45 AEUV Rn. 33 f.; *Kreuschitz*, in: GSH, Art. 45 AEUV Rn. 24; *Steinmeyer*, in: EUArbR, Art. 45 AEUV Rn. 35; *Weerth*, in: Lenz/Borchardt, Art. 45 AEUV Rn. 4.

989 *Latzel*, Gleichheit, Rn. 141 ff.; *Rieble/Latzel*, EuZA 2011, 145, 158.

990 EuGH 18.7.2017 – C-566/15 (*Erzberger*), ECLI:EU:C:2017:562 = NZA 2017, 1000 Rn. 28 ff. Ebenso bereits GA *Saugmandsgaard Øe*, Schlussanträge 4.5.2017 – C-566/15 (*Erzberger*), ECLI:EU:C:2017:347 = ZIP 2017, 961 Rn. 48 ff. Zustimmend *Kainer*, NJW 2017, 2605; *Wienbracke*, NZA 2017, 1036, 1038.

991 LG Berlin 1.6.2015, ZIP 2015, 1291, 1294; LG München I 27.8.2015, ZIP 2015, 1929, 1931; *Bungert/Leyendecker-Langner*, DB 2014, 2031, 2032 f.; *Deinert*, IntArbR, § 17 Rn. 89; *Heither/von Morgen*, in: NK-GA, Vor MitbestG Rn. 10; *Heuschmid/Ulber*, NZG 2016, 102, 103; *Heuschmid/Munkholm*, EuZW 2017, 419, 420; *Klein/Leist*, ZESAR 2016, 421, 422; *dies.*, ZESAR 2017, 468, 475; *Kort*, NZG 2017, 703, 704; *Schmid*, Der Konzern 2015, 208, 211; *Teichmann*, ZIP 1010, 874, 875; *Wißmann*, in: WKS, Vorbem. MitbestG Rn. 71; *ders.*, in: ErfK, Art. 45 AEUV Rn. 51. In diese Richtung auch *Krause*, AG 2012, 485, 492 f.; *ders.*, in: ZHR Beiheft 78, S. 46, 58 f.; *Lutter*, in: FS Zweigert, S. 251, 260 f.; *Nienerza*, Mitbestimmung, S. 63.

Gebrauch.[992] Allein aus einer Konzernleitung in einem anderen Mitgliedstaat lasse sich indes kein Bezug zum Unionsrecht herleiten.[993]

Wie die Verordnung 492/2011/EU zeigt, betrifft die Arbeitnehmerfreizügigkeit klassischerweise Fälle, in denen ein Arbeitnehmer die Staatsangehörigkeit eines Mitgliedstaats besitzt und im Hoheitsgebiet eines anderen Mitgliedstaats beschäftigt ist.[994] Bereits zuvor hatte der EuGH in mehreren Entscheidungen betont, dass in Fällen, in denen Arbeitnehmer „niemals das Recht auf Freizügigkeit innerhalb der Gemeinschaft ausgeübt" haben, der Sachverhalt keinerlei Berührungspunkte zum Gemeinschaftsrecht aufweise.[995] Die Arbeitnehmerfreizügigkeit ist mithin mangels Binnenmarktrelevanz nicht anwendbar.

(2) Arbeitnehmer, die in Betrieben in anderen Mitgliedstaaten tätig sind

Die Entscheidung des EuGH bezieht sich allerdings allein auf Arbeitnehmer, die in selbständigen Tochterunternehmen beschäftigt sind, nicht aber auf Arbeitnehmer, die in im Ausland gelegenen Betrieben deutscher Unternehmen tätig sind.[996] Daher stellt sich die Frage, ob für letztere Arbeitnehmer ein grenzüberschreitender Bezug gegeben ist. Der Generalanwalt *Saugmandsgaard Øe* vertrat in seinen Schlussanträgen in einer Fußnote die Auffassung, dass ein solches Arbeitsverhältnis selbst grenzüberschreitenden Charakter habe, da der Arbeitnehmer unmittelbar bei der

---

992 EuGH 18.7.2017 – C-566/15 (*Erzberger*), ECLI:EU:C:2017:562 = NZA 2017, 1000 Rn. 28; GA *Saugmandsgaard Øe*, Schlussanträge 4.5.2017 – C-566/15 (*Erzberger*), ECLI:EU:C:2017:347 = ZIP 2017, 961 Rn. 48 ff.; LG Berlin 1.6.2015, ZIP 2015, 1291, 1294; LG München I 27.8.2015, ZIP 2015, 1929, 1931; *Heuschmid/Ulber*, NZG 2016, 102, 103; *Heuschmid/Munkholm*, EuZW 2017, 419, 420; *Deinert*, IntArbR, § 17 Rn. 89; *Kainer*, NJW 2017, 2605; *Klein/Leist*, ZESAR 2016, 421, 422; *dies.*, ZESAR 2017, 468, 475; *Krause*, AG 2012, 485, 492; *Seyboth*, AuR 2012, 339, 340; *Teichmann*, ZIP 1010, 874, 875; *Wißmann*, in: WKS, Vorbem. MitbestG Rn. 71. In diese Richtung auch *Lutter*, in: FS Zweigert, S. 251, 260 f.; *Nienerza*, Mitbestimmung, S. 63.

993 EuGH 18.7.2017 – C-566/15 (*Erzberger*), ECLI:EU:C:2017:562 = NZA 2017, 1000 Rn. 29; GA *Saugmandsgaard Øe*, Schlussanträge 4.5.2017 – C-566/15 (*Erzberger*), ECLI:EU:C:2017:347 = ZIP 2017, 961 Rn. 55; LG Berlin 1.6.2015, ZIP 2015, 1291, 1294; LG München I 27.8.2015, ZIP 2015, 1929, 1931; *Bungert/Leyendecker-Langner*, DB 2014, 2031, 2032 f.; *Heuschmid/Munkholm*, EuZW 2017, 419, 420; *Klein/Leist*, ZESAR 2016, 421, 422; *dies.*, ZESAR 2017, 468, 475; *Krause*, AG 2012, 485, 492 f.; *ders.*, in: ZHR Beiheft 78, S. 46, 61; *Wienbracke*, NZA 2017, 1036, 1038. In diese Richtung auch *Lutter*, in: FS Zweigert, S. 251, 260 f.; *Nienerza*, Mitbestimmung, S. 63.

994 Darauf verweisen ebenfalls *Heuschmid/Ulber*, NZG 2016, 102, 103; *Klein/Leist*, ZESAR 2016, 421, 422; *Krause*, AG 2012, 485, 494 f.; *ders.*, JZ 2017, 1003, 1004.

995 EuGH 27.10.1982–35 u. 36/82 (*Morson*), Slg. 1982, 3723 Rn. 16 f.; EuGH 28.1.1992–332/90 (*Steen*), Slg. 1992, I-341 Rn. 9 ff.; EuGH 5.6.1997 – C-64/96 u. C-65/96 (*Uecker*), Slg. 1997, I-3171 Rn. 16 f.

996 Darauf weist auch der EuGH hin: EuGH 18.7.2017 – C-566/15 (*Erzberger*), ECLI:EU:C:2017:562 = NZA 2017, 1000 Rn. 23. Ebenso *Einfeldt*, ArbRB 2017, 268; *Fuchs/Grimm*, EWiR 2017, 457, 458; *Schilha*, EWiR 2017, 489, 490.

betreffenden Gesellschaft beschäftigt sei.[997] Für die Arbeitnehmer von Tochtergesellschaften in anderen Mitgliedstaaten begründete er das Vorliegen eines rein innerstaatlichen Sachverhalts damit, dass beispielsweise ein Arbeitnehmer, der bei einer französischen Tochtergesellschaft beschäftigt ist, in Frankreich in einem Arbeitsverhältnis zu einer nach französischem Recht gegründeten Gesellschaft stehe.[998]

Auf Arbeitnehmer, die lediglich in ausländischen Betrieben tätig sind, lässt sich diese Begründung nicht übertragen. Es ist allerdings zu beachten, dass in aller Regel auch die Arbeitsverhältnisse dieser Arbeitnehmer gemäß Art. 8 Abs. 2 Rom I-VO dem Recht des Staates unterliegen, in dem der Arbeitnehmer in Erfüllung des Vertrags gewöhnlich seine Arbeit verrichtet. Diese ebenfalls in den Schlussanträgen angeführte Begründung[999] gilt gleichermaßen für Arbeitnehmer, die in ausländischen Betrieben beschäftigt sind.

Entscheidend für die Übertragbarkeit der EuGH-Entscheidung auf im Ausland beschäftigte Arbeitnehmer, die in einem Arbeitsverhältnis zu einem Unternehmen stehen, das einem deutschen Mitbestimmungsgesetz unterliegt, spricht zudem, dass der EuGH die fehlende Eröffnung des Anwendungsbereichs der Arbeitnehmerfreizügigkeit wesentlich auf den Umstand stützte, dass die betroffenen Arbeitnehmer von ihrer Freizügigkeit weder Gebrauch gemacht haben noch Gebrauch machen wollen.[1000] Das gilt ebenso für die Arbeitnehmer, die lediglich in einem ausländischen Betrieb beschäftigt sind.

cc) Hilfsüberlegungen und Zwischenergebnis

Mangels grenzüberschreitenden Elements, das einen Bezug zum Unionsrecht herstellt, verstößt die fehlende Wahlberechtigung der Auslandsbelegschaft nicht gegen das Diskriminierungsverbot des Art. 45 Abs. 2 AEUV. Selbst man dies für die Auslandsbelegschaft von Unternehmen, die unmittelbar der deutschen Unternehmensmitbestimmung unterliegen, anders beurteilen sollte, läge indes kein Verstoß gegen das Diskriminierungsverbot vor. Wie Art. 8 VO 492/2011/EU, den der EuGH zur Konkretisierung von Art. 45 AEUV bemüht,[1001] zeigt, besteht ein Anspruch auf Gleichbehandlung für Arbeitnehmer, die von ihrem Recht auf Freizügigkeit

---

997 GA *Saugmandsgaard Øe*, Schlussanträge 4.5.2017 – C-566/15 (*Erzberger*), ECLI:EU:C:2017:347 = ZIP 2017, 961 Rn. 58 Fn. 37; zustimmend *Wienbracke*, NZA 2017, 1036, 1038. Ebenso bereits zuvor *Latzel*, Gleichheit, Rn. 141 ff.; *Rieble/Latzel*, EuZA 2011, 145, 158.

998 GA *Saugmandsgaard Øe*, Schlussanträge 4.5.2017 – C-566/15 (*Erzberger*), ECLI:EU:C:2017:347 = ZIP 2017, 961 Rn. 54.

999 GA *Saugmandsgaard Øe*, Schlussanträge 4.5.2017 – C-566/15 (*Erzberger*), ECLI:EU:C:2017:347 = ZIP 2017, 961 Rn. 54.

1000 So vor der EuGH-Entscheidung: *Heuschmid/Ulber*, NZG 2016, 102, 103; implizit auch: *Klein/Leist*, ZESAR 2016, 421, 422; *Seyboth*, AuR 2012, 339, 340; *Teichmann*, ZIP 1010, 874, 875; *Wißmann*, in: WKS, Vorbem. MitbestG Rn. 71.

1001 EuGH 4.7.1991 – C-213/90 (*ASTI*), Slg. 1991, I-3507 Rn. 16 ff.; EuGH 18.5.1994 – C-118/92 (*Komm./Luxemburg*), Slg. 1994, I-1891 Rn. 5 ff.

Gebrauch gemacht haben, im Verhältnis zu den anderen Arbeitnehmern des Orts der Beschäftigung.[1002] Vergleichsgruppe sind also die übrigen Arbeitnehmer, die in demselben Mitgliedstaat tätig sind, nicht aber Arbeitnehmer anderer Mitgliedstaaten, weil sich Art. 45 AEUV kein umfassendes Harmonisierungsgebot entnehmen lässt.[1003] Das wird auch daran deutlich, dass die Arbeitnehmer, die von ihrer Freizügigkeit Gebrauch machen, zwar ihr Wahlrecht verlieren, zugleich aber neue Rechte erhalten, welche die Gesetze ihres Arbeitsortes vorsehen.[1004] Diese Rechte bilden zudem ein aufeinander abgestimmtes System, aus dem nicht einzelne Arbeitsbedingungen zur Begründung eines Verstoßes gegen das Diskriminierungsverbot herausgegriffen werden können.[1005] Das bestätigt auch das Urteil des EuGH in Bezug auf das Beschränkungsverbot, wonach ein Umzug in einen anderen Mitgliedstaat aufgrund der Unterschiede, die zwischen den Rechtsvorschriften der Mitgliedstaaten bestehen, für den Arbeitnehmer je nach Einzelfall Vorteile und Nachteile haben kann[1006]. Des Weiteren lässt sich Art. 16 Abs. 2 lit. b) Richtlinie 2005/56/EG über die Verschmelzung von Kapitalgesellschaften aus verschiedenen Mitgliedstaaten mittelbar entnehmen, dass die Mitgliedstaaten selbst darüber entscheiden können, ob sie Arbeitnehmer, die in anderen Mitgliedstaaten beschäftigt werden, in die Mitbestimmung einbeziehen.[1007]

Ergänzend sei noch darauf hingewiesen, dass die unterschiedliche Behandlung von Arbeitnehmern, die im Ausland beschäftigt sind, im Vergleich zu solchen, die in Deutschland tätig sind, zudem durch das Territorialitätsprinzip gerechtfertigt ist.[1008] Der Entscheidung des EuGH ist daher zuzustimmen. Sie lässt sich zudem auf

---

1002 *Krause*, AG 2012, 485, 494 f.; *ders.*, in: ZHR Beiheft 78, S. 46, 61; *ders.*, JZ 2017, 1003, 1004.

1003 LG München I 27.8.2015, ZIP 2015, 1929, 1931; *Krause*, AG 2012, 485, 495. Gegen ein umfassendes Harmonisierungsgebot auch LG Berlin 1.6.2015, ZIP 2015, 1291, 1293; *Deinert*, in: IntArbR, § 17 Rn. 89; *Gebhardt*, FA 2016, 73, 76; *Heither/von Morgen*, in: NK-GA, Vor MitbestG Rn. 12; *Heuschmid/Ulber*, NZG 2016, 102, 103; *Mense/Klie*, DStR 2015, 1508, 1512; *Oetker*, JbArbR 53 (2016), 47, 51; *Rehberg*, EuZA 2011, 369, 378; *Seifert*, in: Schlachter/Heinig, § 20 Rn. 29; *Spindler*, in: Spindler/Stilz, § 96 AktG Rn. 7; *ders.*, in: MüKo-GmbHG, § 52 GmbHG Rn. 45a.

1004 *Krause*, in: ZHR Beiheft 78, S. 46, 60; im Ansatz bereits *ders.*, AG 2012, 485, 495.

1005 *Krause*, in: ZHR Beiheft 78, S. 46, 60; im Ansatz bereits *ders.*, AG 2012, 485, 495.

1006 EuGH 18.7.2017 – C-566/15 (*Erzberger*), ECLI:EU:C:2017:562 = NZA 2017, 1000 Rn. 34.

1007 *Krause*, in: ZHR Beiheft 78, S. 46, 61 f.; *Wißmann*, in: FS Wank, S. 695, 703.

1008 Bzgl. der Diskriminierung: LG Düsseldorf 5.6.1979, DB 1979, 1451, 1452; LG Landau (Pfalz) 18.9.2013, ZIP 2013, 2107; *Forst*, in: GLF, § 1 Rn. 224; *Gebhardt*, FA 2016, 73, 76; *Heither/von Morgen*, in: NK-GA, Vor MitbestG Rn. 13; *Krause*, AG 2012, 485, 493 f.; *Lutter*, in: FS Zweigert, S. 251, 261; *Oetker*, JbArbR 53 (2016), 47, 51; *Seifert*, in: Schlachter/Heinig, § 20 Rn. 29; *Wißmann*, in: ErfK, Art. 45 AEUV Rn. 51; *T. Wißmann*, ArbRAktuell 2015, 259; im Ergebnis ebenso *Heuschmid/Ulber*, NZG 2016, 102, 103 f.; ähnlich *Rödl*, JZ 2016, 980, 986, der v. a. mit der fehlenden Rechtsdurchsetzungsgewalt argumentiert. Für Diskriminierung und Beschränkung: LG

die Auslandsbelegschaft von Gesellschaften übertragen, die der deutschen Unternehmensmitbestimmung unterliegen.

b) *Beschränkung der Arbeitnehmerfreizügigkeit im Inland beschäftigter Arbeitnehmer*

Die Arbeitnehmerfreizügigkeit des Art. 45 AEUV untersagt indes nicht nur Diskriminierungen, sondern enthält auch ein allgemeines Beschränkungsverbot, das unterschiedslos anwendbare nationale Regelungen untersagt, die einen Arbeitnehmer davon abhalten oder daran hindern, seinen Herkunftsstaat zu verlassen, um von seinem Recht auf Freizügigkeit Gebrauch zu machen.[1009] Allerdings liegt nach der Rechtsprechung des EuGH nur dann eine Beeinträchtigung der Freizügigkeit vor, wenn die nationale Vorschrift den Zugang der Arbeitnehmer zum Arbeitsmarkt beeinflusst.[1010] Der EuGH schränkt den Geltungsbereich des Beschränkungsverbots mithin dadurch ein, dass er solche Vorschriften ausnimmt, deren Rechtsfolgen zu

---

München I 27.8.2015, ZIP 2015, 1929, 1931; LG Berlin 1.6.2015, ZIP 2015, 1291, 1295; *Oetker*, in: ErfK, Einl. MitbestG Rn. 6; *Wißmann*, in: WKS, Vorbem. MitbestG Rn. 71; ähnlich *Spindler*, in: Spindler/Stilz, § 96 AktG Rn. 7; *ders.*, in: MüKo-GmbHG, § 52 GmbHG Rn. 45a, der darauf abstellt, dass Tochtergesellschaften nicht Pflichten des deutschen Rechts aufgebürdet werden können, wenn ihr nationales Recht keine vergleichbaren Pflichten vorsieht; a.A. *Behme*, EuZA 2016, 411, 414 f.; *Fischer*, NZG 2014, 737, 739; *Habersack*, AG 2007, 641, 648 f.; *ders.*, Beilage zu ZIP 48/2009, 1, 3 f.; *ders.*, NZG 2017, 1021, 1022; *Hellgardt*, in: ZHR Beiheft 78, S. 24, 38 ff.; *Hellwig/Behme*, AG 2009, 261, 266 ff., 269 f.; *Heuschmid/Ulber*, NZG 2016, 102, 103 f.; *Kainer*, IWRZ 2016, 57, 59; *Kisker*, Auslandsgesellschaften, S. 183; *Latzel*, Gleichheit, Rn. 363; *Maier*, Übertragbarkeit, S. 208 f., 212; *Schanze*, AG 2017, 573, 576; *Wansleben*, WM 2017, 785, 788 f. In diese Richtung bezogen auf die Beschränkung der Arbeitnehmerfreizügigkeit auch GA *Saugmandsgaard Øe*, Schlussanträge 4.5.2017 – C-566/15 (*Erzberger*), ECLI:EU:C:2017:347 Rn. 91 ff.; *Kort*, NZG 2017, 703, 704 f. Stattdessen für eine Rechtfertigung mit dem Ziel, die Mitwirkung der Arbeitnehmer im Einklang mit den nationalen sozialen, wirtschaftlichen und kulturellen Besonderheiten zu gewährleisten: GA *Saugmandsgaard Øe*, Schlussanträge 4.5.2017 – C-566/15 (*Erzberger*), ECLI:EU:C:2017:347 = ZIP 2017, 961 Rn. 101 ff.; *Heuschmid/Munkholm*, EuZW 2017, 419, 422; ähnlich bereits die EU-Kommission, Pressemitteilung 24.1.2017, STATEMENT/17/141.

1009 EuGH 15.12.1995 – C-415/93 (*Bosman*), Slg. 1995, I-4921 Rn. 96, 104; EuGH 27.1.2000 – C-190/98 (*Graf*), Slg. 2000, I-493 Rn. 18; EuGH 13.4.2000 – C-176/96 (*Lehtonen*), Slg. 2000, I-2681 Rn. 47 ff.; EuGH 1.4.2008 – C212/06 (*Gouvernement de la Communauté française und Gouvernement wallon*), Slg 2008, I-1683 Rn. 45; EuGH 7.3.2013 – C-127/11 (*van den Booren*), ECLI:EU:C:2013:140 = EAS Nr. 2 zu Teil C VO (EWG) 1408/71 Art. 46a Rn. 44; *Allgaier*, in: NK-GA, Art. 45 AEUV Rn. 26; *Brechmann*, in: Calliess/Ruffert, Art. 45 AEUV Rn. 50 ff.; *Franzen*, in: Streinz, Art. 45 AEUV Rn. 86.; *Kreuschitz*, in: GSH, Art. 45 AEUV Rn. 28; *Steinmeyer*, in: EUArbR, Art. 45 AEUV Rn. 61; *Wißmann*, in: ErfK, Art. 45 AEUV Rn. 54.

1010 EuGH 27.1.2000 – C-190/98 (*Graf*), Slg. 2000, I-493 Rn. 23.

ungewiss und zu indirekt sind, um einen Arbeitnehmer davon abzuhalten, von seiner Freizügigkeit Gebrauch zu machen.[1011]

Da ein in Deutschland beschäftigter Arbeitnehmer sein aktives und passives Wahlrecht bei den Aufsichtsratswahlen verliert, wenn er eine Beschäftigung in einem anderen Mitgliedstaat aufnimmt, wurde zum Teil die Auffassung vertreten, dass diese Regelung eine unzulässige Beschränkung der Arbeitnehmerfreizügigkeit darstelle.[1012] Allerdings erscheint es nicht realistisch, dass ein Arbeitnehmer eine ihm angebotene Stelle im Ausland tatsächlich deshalb nicht antritt, weil er dadurch sein aktives Wahlrecht bei den Aufsichtsratswahlen verliert.[1013] Der Verlust des aktiven Wahlrechts ist mithin nicht geeignet, Verhaltensanreize bei Arbeitnehmern zu setzen, so dass der Anwendungsbereich des Beschränkungsverbots nicht eröffnet ist.[1014] Demgegenüber erscheint es möglich, dass der Verlust eines Aufsichtsratsmandats einen Arbeitnehmer davon abhält, eine Stelle in einem anderen Mitgliedstaat anzutreten.[1015]

Inwieweit der Wegfall des Wahlrechts geeignet ist, das Verhalten von Arbeitnehmern zu beeinflussen, wurde vom EuGH indes nicht entschieden. Das Gericht

---

1011 EuGH 27.1.2000 – C-190/98 (*Graf*), Slg. 2000, I-493 Rn. 25.

1012 *Habersack*, Beilage zu ZIP 48/2009, 1, 3; *Henssler*, in: UHH, § 3 MitbestG Rn. 43; *Wansleben*, NZG 2014, 213, 214. Wohl auch *Rieble/Latzel*, EuZA 2011, 145, 158, 160. Für eine unzulässige Beschränkung nur bezogen auf das passive Wahlrecht: *Ego*, in: MüKo-AktG, Europ. Niederlassungsfreiheit Rn. 580; *Forst*, in: GLF, § 1 Rn. 227; *Maier*, Übertragbarkeit, S. 211 f.; *Hellwig/Behme*, AG 2009, 261, 268 ff.; *dies.*, ZIP 2009, 1791, 1793; *dies.*, in: FS Hommelhoff, S. 343, 355; *Teichmann*, Beilage zu ZIP 48/2009, 10, 12 Fn. 25.

1013 LG Berlin 1.6.2015, ZIP 2015, 1291, 1294; LG München I 27.8.2015, ZIP 2015, 1929, 1930; *Bungert/Leyendecker-Langner*, DB 2014, 2031, 2032; *Deinert*, IntArbR, § 17 Rn. 89; *Forst*, in: GLF, § 1 Rn. 227; *Gebhardt*, FA 2016, 73, 77; *Heuschmid/Munkholm*, EuZW 2017, 419, 423; *Heuschmid/Ulber*, NZG 2016, 102, 105; *Krause*, AG 2012, 485, 490; *ders.*, in: ZHR Beiheft 78, S. 46, 50 f.; *Maier*, Übertragbarkeit, S. 211; *Seibt*, DB 2015, 1592; *Seifert*, in: Schlachter/Heinig, § 20 Rn. 30; *Seyboth*, AuR 2012, 339; *Steinmeyer*, in: EUArbR, Art. 45 AEUV Rn. 68; *Wißmann*, in: WKS, Vorbem. MitbestG Rn. 71. In diese Richtung auch *Klein/Leist*, ZESAR 2016, 421, 422; *Kort*, NZG 2017, 703, 704.

1014 *Heither/von Morgen*, in: NK-GA, Vor MitbestG Rn. 7 f.; *Heuschmid/Munkholm*, EuZW 2017, 419, 423; *Heuschmid/Ulber*, NZG 2016, 102, 105; *Krause*, AG 2012, 485, 490; *Maier*, Übertragbarkeit, S. 211; *Rödl*, JZ 2016, 980, 985 Fn. 36; *Wißmann*, in: WKS, Vorbem. MitbestG Rn. 71. In diese Richtung auch *Klein/Leist*, ZESAR 2016, 421, 422; *Kort*, NZG 2017, 703, 704; *Lunk*, ArbRB 2015, 239.

1015 KG 16.10.2015, ZIP 2015, 2172, 2174; LG Berlin 1.6.2015, ZIP 2015, 1291, 1295; *Behme*, EuZA 2016, 411, 414; *Forst*, in: GLF, § 1 Rn. 227; *Hellwig/Behme*, AG 2009, 261, 269; *Kainer*, IWRZ 2016, 57, 60; *Krause*, AG 2012, 485, 490; *ders.*, in: ZHR Beiheft 78, S. 46, 51 f.; *Maier*, Übertragbarkeit, S. 211; *Rieble/Latzel*, EuZA 2011, 145, 158; im Ergebnis ebenso *Ego*, in: MüKo-AktG, Europ. Niederlassungsfreiheit Rn. 580.

stützte seine Entscheidung vielmehr darauf, dass Art. 45 AEUV aufgrund der Unterschiede zwischen den Systemen der einzelnen Mitgliedstaaten einem Arbeitnehmer nicht garantiere, dass ein Umzug in einen anderen Mitgliedstaat in sozialer Hinsicht neutral sei.[1016] Für den Betroffenen könnten sich je nach Lage des Einzelfalles Vorteile oder Nachteile ergeben.[1017]

Dem ist zuzustimmen, da das Beschränkungsverbot nicht der Harmonisierung der mitgliedstaatlichen Rechtsordnungen dient, sondern nur die freie Standortwahl ermöglichen soll, so dass die jeweiligen Standortbedingungen von den Arbeitnehmern in Kauf genommen werden müssen, solange sie kein Zugangshindernis zum Arbeitsmarkt eines Mitgliedstaats darstellen.[1018] Um eine solche Standortbedingung handelt es sich aber bei der Unternehmensmitbestimmung und der Frage, wer an ihr zu beteiligen ist.[1019] Der Verlust des Wahlrechts stellt demnach keine Beschränkung der Arbeitnehmerfreizügigkeit dar.

c) *Beschränkung der Niederlassungsfreiheit der Gesellschaft*

Ein Teil der Literatur zieht zudem einen Verstoß gegen die Niederlassungsfreiheit (Art. 49, 54 AEUV) in Erwägung, weil im Rahmen von Entscheidungen über Standortverlagerungen ins Ausland die Gefahr bestehe, dass der Aufsichtsrat seine gemäß § 111 Abs. 4 S. 2 AktG nötige Zustimmung aufgrund der ausschließlichen Beteiligung der Inlandsbelegschaft bei der Zusammensetzung des Aufsichtsrats verweigere.[1020] Allerdings geben die Vertreter dieser Ansicht selbst zu bedenken, dass auch im Geltungsbereich des MitbestG aufgrund der zwei Stimmen des Auf-

---

1016 EuGH 18.7.2017 – C-566/15 (*Erzberger*), ECLI:EU:C:2017:562 = NZA 2017, 1000 Rn. 34. Zustimmend *Klein/Leist*, ZESAR 2017, 468, 476; *Schanze*, AG 2017, 573, 575.

1017 EuGH 18.7.2017 – C-566/15 (*Erzberger*), ECLI:EU:C:2017:562 = NZA 2017, 1000 Rn. 34. Zustimmend *Schanze*, AG 2017, 573, 575.

1018 GA *Saugmandsgaard Øe*, Schlussanträge 4.5.2017 – C-566/15 (*Erzberger*), ECLI:EU:C:2017:347 = ZIP 2017, 961 Rn. 75 ff.; LG Landau (Pfalz) 18.9.2013, ZIP 2013, 2107, 2108; *Heither/von Morgen*, in: NK-GA, Vor MitbestG Rn. 7; *Kainer*, IWRZ 2016, 57, 60; *ders.*, NJW 2017, 2605; *Klein/Leist*, ZESAR 2016, 421, 424; *Kort*, NZG 2017, 703, 704; *Krause*, AG 2012, 485, 490 f.; *ders.*, in: ZHR Beiheft 78, S. 46, 54 f.; *Mense/Klie*, DStR 2015, 1508, 1512; *Rödl*, JZ 2016, 980, 985 Fn. 36; *Steinmeyer*, in: EUArbR, Art. 45 AEUV Rn. 68; *Wienbracke*, NZA 2017, 1036, 1039.

1019 GA *Saugmandsgaard Øe*, Schlussanträge 4.5.2017 – C-566/15 (*Erzberger*), ECLI:EU:C:2017:347 = ZIP 2017, 961 Rn. 75 ff.; LG Landau (Pfalz) 18.9.2013, ZIP 2013, 2107, 2108; LG München I 27.8.2015, ZIP 2015, 1929, 1930; *Heither/von Morgen*, in: NK-GA, Vor MitbestG Rn. 7; *Kainer*, IWRZ 2016, 57, 60; *Klein/Leist*, ZESAR 2016, 421, 424 f.; *Krause*, AG 2012, 485, 490 f.; *ders.*, in: ZHR Beiheft 78, S. 46, 54 f.; *Mense/Klie*, DStR 2015, 1508, 1512; *Rödl*, JZ 2016, 980, 985 Fn. 36; *Steinmeyer*, in: EUArbR, Art. 45 AEUV Rn. 68; *Wienbracke*, NZA 2017, 1036, 1039. In diese Richtung auch *Gebhardt*, FA 2016, 73, 77; *Heuschmid/Ulber*, NZG 2016, 102, 105; *Kort*, NZG 2017, 703, 704 f.; *Teichmann*, ZIP 2010, 874, 875.

1020 *Hellwig/Behme*, AG 2009, 261, 270.

sichtsratsvorsitzenden in Pattsituationen die Arbeitnehmervertreter Standortverlagerung im Ergebnis nicht verhindern können.[1021] Etwas anderes gelte aber dann, wenn der Beschluss des Aufsichtsrats wie gemäß § 4 Abs. 2 S. 2 VWGmbHÜG einer qualifizierten Mehrheit bedürfe.[1022]

Von diesem Ausnahmefall abgesehen können im Geltungsbereich des MitbestG allerdings keine qualifizierten Mehrheitserfordernisse aufgestellt werden, weil § 29 Abs. 1 MitbestG zwingend vorschreibt, dass Beschlüsse des Aufsichtsrats der Mehrheit der abgegebenen Stimmen bedürfen.[1023] Hinzu kommt, dass nur Gesellschaften als solche in den Schutzbereich der Niederlassungsfreiheit fallen, nicht aber einzelne Gesellschaftsorgane.[1024] Die Beeinflussung der Willensbildung innerhalb des Aufsichtsrats durch die fehlende Beteiligung der Auslandsbelegschaft ist daher nicht an der Niederlassungsfreiheit zu messen.[1025]

d) Beschränkung der Kapitalverkehrsfreiheit potentieller Investoren

Schließlich meint ein Teil der Literatur, dass der Ausschluss der Auslandsbelegschaft von der Wahl der Arbeitnehmervertreter im Aufsichtsrat eine Beschränkung der Kapitalverkehrsfreiheit potentieller ausländischer Investoren gemäß Art. 63 AEUV darstelle, weil die alleinige Mitbestimmung der Inlandsbelegschaft mit der Wirkung einer goldenen Aktie vergleichbar sei.[1026] Nach der Rechtsprechung des EuGH im Zusammenhang mit goldenen Aktien, die staatlichen Aktionären Sonderrechte gewähren oder den Erwerb von Aktien einschränken, sind nationale Maßnahmen als Beschränkungen der Kapitalverkehrsfreiheit anzusehen, wenn sie Investoren anderer Mitgliedstaaten davon abhalten, in das Kapital der betreffenden Unternehmen zu investieren, weil ihnen die Möglichkeit genommen ist, sich effektiv an der Verwaltung der Gesellschaft oder deren Kontrolle zu beteiligen.[1027]

Die Arbeitnehmerbeteiligung im Aufsichtsrat steht einer Kontrolle der Geschäftsführung aufgrund des Übergewichts der Anteilseignerseite indes nicht ent-

---

1021 *Hellwig/Behme*, AG 2009, 261, 270.

1022 *Hellwig/Behme*, AG 2009, 261, 270.

1023 *Gach*, in: MüKo-AktG, § 29 MitbestG Rn. 4; *Habersack*, in: MüKo-AktG, § 108 AktG Rn. 23; *Hoffmann/Lehmann/Weinmann*, § 29 MitbestG Rn. 16; *Hopt/Roth*, in: GroßK-AktG, § 108 AktG Rn. 35; *Mertens/Cahn*, in: KölnK-AktG, § 108 AktG Rn. 62, Anh. § 117 B § 29 MitbestG Rn. 3; *Oetker*, in: GroßK-AktG, § 29 MitbestG Rn. 3; *ders.*, in: ErfK, § 29 MitbestG Rn. 2; *Raiser*, in: RVJ, § 29 MitbestG Rn. 7; *Säcker*, DB 1977, 1791, 1797 Fn. 41; *Schubert*, in: WKS, § 29 MitbestG Rn. 11; *Ulmer/Habersack*, in: UHH, § 29 MitbestG Rn. 8.

1024 *Krause*, AG 2012, 485, 496.

1025 *Krause*, AG 2012, 485, 496; im Ergebnis ebenso *Ego*, in: MüKo-AktG, Europ. Niederlassungsfreiheit Rn. 580 Fn. 563; *Maier*, Übertragbarkeit, S. 204.

1026 *W. Meilicke*, GmbHR 2003, 793, 805; zustimmend *Hirte*, in: ders./Bücker, § 1 Rn. 51.

1027 EuGH 4.6.2002 – C-367/98 (*Komm./Portugal*), Slg. 2002, I-4731 Rn. 38, 45; EuGH 23.10.2007 – C-112/05 (*Volkswagen*), Slg. 2007, I-8995 Rn. 18 f.; EuGH 10.11.2011– C-212/09 (*Komm./Portugal*), Slg. 2011, I-10889 Rn. 43, 48.

gegen.[1028] Außerdem hängt der Umfang der Arbeitnehmerbeteiligung nicht davon ab, ob die Auslandbelegschaften an der Wahl teilnehmen dürfen.[1029] Nicht ersichtlich ist zudem, warum Investoren ein Interesse daran haben sollten, dass die ausländische Belegschaft im Aufsichtsrat repräsentiert wird.[1030] Aus diesen Gründen liegt keine Beschränkung der Kapitalverkehrsfreiheit gemäß Art. 63 AEUV vor.[1031]

e) Ergebnis

Der derzeitige Ausschluss der Auslandsbelegschaften von der Teilnahme an den Wahlen der Arbeitnehmervertreter im Aufsichtsrat verstößt weder gegen die Arbeitnehmerfreizügigkeit aus Art. 45 Abs. 2 AEUV noch gegen das allgemeine Diskriminierungsverbot des Art. 18 Abs. 1 AEUV. Er stellt auch keine unzulässige Beschränkung der Arbeitnehmerfreizügigkeit, der Niederlassungsfreiheit oder Kapitalverkehrsfreiheit dar. Die Begründung einer Wahlberechtigung von Auslandsbelegschaften im Wege europarechtskonformer Auslegung kommt daher nicht in Betracht.

III. Montan-MitbestG

Im Geltungsbereich des Montan-MitbestG werden die Arbeitnehmervertreter im Aufsichtsrat gemäß § 6 Montan-MitbestG auf verbindlichen Vorschlag der Betriebsräte von der Haupt- bzw. Gesellschafterversammlung gewählt. Da die in ausländischen Betrieben beschäftigten Arbeitnehmer aufgrund der Geltung des Territorialitätsprinzips auch dann keine Betriebsräte bilden, wenn sie Teil eines deutschen Unternehmens sind, nehmen die nach ausländischem Recht errichteten Arbeitnehmervertretungen im Betrieb nicht an der Versammlung der Betriebsräte zur Festlegung der Wahlvorschläge teil.[1032] Diese Auslegung entspricht dem Wortlaut des § 6 Montan-MitbestG, dem sich ein internationaler Geltungswille nicht entnehmen lässt. Sie stimmt zudem überein mit der bereits für das MitbestG und das DrittelbG festgestellten gesetzgeberischen Zurückhaltung gegenüber einem Eingriff in eine fremde Sozialordnung, die in Anbetracht der Entstehungsgeschichte des Montan-MitbestG[1033] für dieses umso mehr gilt. Für die Arbeitnehmervertreter

1028 *Hellwig/Behme*, AG 2009, 261, 270; *Latzel*, Gleichheit, Rn. 214; *Lubitz*, Sicherung, S. 129 f. In diese Richtung auch *Köster*, Unternehmensmitbestimmung, S. 204 f.

1029 *Hellwig/Behme*, AG 2009, 261, 270; *Krause*, AG 2012, 485, 496.

1030 *Hellwig/Behme*, AG 2009, 261, 270; *Krause*, AG 2012, 485, 496.

1031 Im Ergebnis ebenso *Ego*, in: MüKo-AktG, Europ. Niederlassungsfreiheit Rn. 580 Fn. 563; *Maier*, Übertragbarkeit, S. 204.

1032 Im Ergebnis ebenso wohl *Gittermann*, in: Semler/von Schenck, § 96 AktG Rn. 13; *Heither/von Morgen*, in: NK-GA, § 1 Montan-MitbestG Rn. 27, die der Auffassung sind, das Montan-MitbestG finde keine Anwendung auf Arbeitnehmer, die in ausländischen, abhängigen Unternehmen oder in ausländischen Betriebsstätten beschäftigt sind.

1033 Vgl. dazu oben § 2 B. III. 1.

des herrschenden Unternehmens eines Konzerns tritt gemäß § 1 Abs. 4 S. 2 Montan-MitbestG an die Stelle der Betriebsräte der Konzernbetriebsrat, wenn ein solcher für den Konzern errichtet ist. Nach überwiegender Ansicht werden die nach ausländischem Recht errichteten Arbeitnehmervertretungen im Betrieb indes an der Errichtung eines Konzernbetriebsrats nicht beteiligt,[1034] so dass diese auch bei Existenz eines Konzernbetriebsrats an der Aufstellung der Wahlvorschläge nicht teilnehmen.

Diese Regelung stellt keine mittelbare Diskriminierung entgegen Art. 45 Abs. 2 AEUV dar, weil sich die Entscheidung des EuGH zur Wahlberechtigung im Ausland beschäftigter Arbeitnehmer insoweit auf die Montan-Mitbestimmung übertragen lässt, als die Arbeitnehmer ausländischer Betriebe von ihrem Recht auf Freizügigkeit keinen Gebrauch gemacht haben. Die Regelungen des Montan-MitbestG verstoßen des Weiteren nicht gegen das Beschränkungsverbot der Arbeitnehmerfreizügigkeit nach Art. 45 AEUV, da sich die Situation der Arbeitnehmer eines Unternehmens, das in den Geltungsbereich des Montan-MitbestG fällt, nicht von der Lage der Arbeitnehmer eines Unternehmens unterscheidet, für welches das MitbestG gilt. Die Aussage des EuGH, das Primärrecht garantiere einem Arbeitnehmer nicht, dass ein Umzug in einen anderen Mitgliedstaat in sozialer Hinsicht neutral sei, lässt sich daher auf die Montan-Mitbestimmung übertragen.

C. Berücksichtigung im Rahmen der Schwellenwerte

I. Meinungsstand

Nach herrschender Meinung sind die im Ausland beschäftigten Arbeitnehmer im Rahmen der Schwellenwerte der Mitbestimmungsgesetze nicht mitzuzählen.[1035]

1034 *Annuß*, in: Richardi, § 54 BetrvG Rn. 34; *Fitting*, § 54 BetrVG Rn. 37; *Franzen*, in: GK-BetrVG, § 54 BetrVG Rn. 44; *Glock*, in: HWGNRH, § 54 BetrVG Rn. 23; *Joost*, in: MüArbR, § 227 Rn. 31; *Junker*, IntArbR, S. 393, 395 f.; *Koch*, in: ErfK, § 54 BetrVG Rn. 7; *Löwisch*, in: Löwisch/Kaiser, § 54 BetrVG Rn. 13; *Oetker*, in: MüArbR, § 11 Rn. 128; *Simitis*, in: FS Kegel, S. 153, 179; a.A. *Birk*, in: FS Schnorr von Carolsfeld, S. 61, 84 f.; *ders.*, RIW 1975, 589, 593; *ders.*, in: BdGVR, Heft 18, S. 263, 349 f.; *Däubler*, RabelsZ 39 (1975), 444, 462 ff.; *Fuchs*, Konzernbetriebsrat, S. 183; *Grasmann*, ZGR 1973, 317, 325 f.

1035 LG Düsseldorf 5.6.1979, DB 1979, 1451 f.; *Bartsch*, Niederlassungsfreiheit, S. 112 ff.; *W. F. Bayer*, ZGR 1977, 173, 177 f.; *Behme*, EWiR 2013, 787, 788; *Bellstedt*, BB 1977, 1326, 1328 f.; *Braun*, Sicherung, S. 144 ff., die aber freiwillige Vereinbarungen über die Anwendung des MitbestG für möglich hält; *Bungert/Leyendecker-Langner*, DB 2014, 2031 ff.; *Duden*, ZHR 141 (1977), 145, 184; *Ebenroth/Sura*, ZHR 144 (1980), 610 ff.; *Gach*, in: MüKo-AktG, § 3 MitbestG Rn. 19; *Giedinghagen*, in: MHLS, § 52 GmbHG Rn. 28, 37; *Gittermann*, in: Semler/von Schenck, § 96 AktG Rn. 25; *Großfeld*, in: Staudinger, IntGesR Rn. 526, 531 f.; *ders.*, Unternehmensrecht, S. 130; *Habersack*, AG 2007, 641, 645; *Heither/von Morgen*, in: NK-GA, § 1 MitbestG Rn. 19, § 1 DrittelbG Rn. 31, § 1 Montan-MitbestG Rn. 27; *Hellwig/Behme*, AG 2009, 261, 275 ff.; *dies.*, AG 2015, 333, 338 ff.; *Hoffmann/Lehmann/Weinmann*, § 1 MitbestG

Vielfach wird diese Auffassung damit begründet, dass die Mitbestimmung nicht von Arbeitnehmern abhängen könne, die selbst nicht wahlberechtigt seien.[1036] Im Geltungsbereich des MitbestG wird darüber hinaus – ebenso wie im Rahmen der Wahlberechtigung – auf den Bericht des Ausschusses für Arbeit und Sozialordnung verwiesen, wonach im „Ausland gelegene Tochtergesellschaften und deren Betriebe im Inland von unter das Gesetz fallenden Unternehmen [...] bei der Errechnung der maßgeblichen Arbeitnehmerzahl nicht" mitzählen.[1037]

Rn. 39 ff.; *Kindler*, in: MüKo-BGB, IntGesR Rn. 577 ff.; *Kleinsorge*, in: WKS, Vorbem. DrittelbG Rn. 25, § 1 DrittelbG Rn. 86; *Klückers*, Arbeitnehmerzurechnung, S. 67 ff.; *Koch*, in: Hüffer/Koch, § 96 AktG Rn. 4a; *Köstler/Müller/Sick*, Rn. 166, 181, 265; *Krause*, ZIP 2015, 636 f.; *Krauss*, GWR 2013, 518; *Lenze*, Folgen, S. 71, 89; *Lubitz*, Sicherung, S. 126 ff.; *Lutter*, ZGR 1977, 195, 206 ff.; *ders.*, in: FS Zweigert, S. 251, 260; *Matthes*, in: GK-MitbestG, § 3 MitbestG Rn. 19; *Mense/Klie*, DStR 2015, 1508, 1511 f.; *Mertens/Cahn*, KölnK-AktG, Anh. § 117 B § 3 MitbestG Rn. 7, § 5 MitbestG Rn. 40; *Oetker*, in: GroßK-AktG, § 1 MitbestG Rn. 17, § 5 MitbestG Rn. 33; *ders.*, JbArbR 53 (2016), 47, 55; *ders.*, in: ErfK, § 1 MitbestG Rn. 8, § 5 MitbestG Rn. 14, Einf. DrittelbG Rn. 3, § 2 DrittelbG Rn. 1, § 1 Montan-MitbestG Rn. 13; *Prinz*, SAE 2015, 66, 72; *Rehberg*, in: Eidenmüller, § 6 Rn. 138 f.; *ders.*, EuZA 2015, 369, 372 ff.; *M. Reuter*, Reichweite, S. 63 ff.; *Schneider*, in: GK-MitbestG, § 5 MitbestG Rn. 85; *Schubert*, AG 2017, 369, 370 f., 377; *Seibt*, in: WHSS, Rn. 149a ff. (kritisch aber bzgl. der fehlenden Berücksichtigung der Arbeitnehmer ausl. Betriebe); *ders.*, DB 2015, 912, 914; *ders.*, DB 2015, 1592; *ders.*, in: HWK, § 1 MitbestG Rn. 10, § 5 MitbestG Rn. 14; *Teichmann*, Beilage zu ZIP 48/2009, 10, 12; *Ulmer/Habersack*, in: UHH, § 5 MitbestG Rn. 55; *Wansleben*, EWiR 2015, 245, 246; *Werner*, Unternehmensmitbestimmung, S. 71 ff.; *Wichert*, in: Heidel, § 3 MitbestG Rn. 22; *Winter/Marx/De Decker*, NZA 2015, 1111, 1112 ff.; *Wisskirchen/Bissels/Dannhorn*, DB 2007, 2258, 2259 f.; *Wißmann*, in: MüArbR, § 279 Rn. 8, § 283 Rn. 1, § 285 Rn. 2; *ders.*, in: WKS, § 3 MitbestG Rn. 26 ff.; *Zinger*, Internationalisierung, S. 214 ff.; wohl auch *Henssler*, in: UHH, § 3 MitbestG Rn. 54.

1036 LG Düsseldorf 5.6.1979, DB 1979, 1451 f.; *Braun*, Sicherung, S. 144; *Ebenroth/Sura*, ZHR 144 (1980), 610, 612; *Großfeld*, in: Staudinger, IntGesR Rn. 526; *Kindler*, in: MüKo-BGB, IntGesR Rn. 577; *Klückers*, Arbeitnehmerzurechnung, S. 68 f.; *Lubitz*, Sicherung, S. 130; *Lutter*, ZGR 1977, 195, 206; *Rehberg*, in: Eidenmüller, § 6 Rn. 138; *M. Reuter*, Reichweite, S. 64 f.; *Säcker*, WahlO, Rn. 60. Ähnlich *Matthes*, in: GK-MitbestG, § 3 MitbestG Rn. 19; *Oetker*, in: ErfK, § 2 DrittelbG Rn. 1; *Schneider*, in: GK-MitbestG, § 5 MitbestG Rn. 85; *Seibt*, DB 2015, 912, 914; *ders.*, DB 2015, 1592; *ders.*, in: WHSS, Rn. F 149a; *Wansleben*, EWiR 2015, 245, 246; *Zinger*, Internationalisierung, S. 218.

1037 BT-Drucks. 7/4845, S. 4. Darauf verweisen: LG Düsseldorf 5.6.1979, DB 1979, 1451, 1452; *Bartsch*, Niederlassungsfreiheit, S. 112; *W. F. Bayer*, ZGR 1977, 173, 177; *Bellstedt*, BB 1977, 1326, 1328; *Ebenroth/Sura*, ZHR 144 (1980), 610, 611; *Großfeld*, in: Staudinger, IntGesR Rn. 531; *Hellwig/Behme*, AG 2015, 333, 338; *Henssler*, in: UHH, § 3 MitbestG Rn. 40; *Hoffmann/Lehmann/Weinmann*, § 1 MitbestG Rn. 43; *Kindler*, in: MüKo-BGB, IntGesR Rn. 578; *Koch*, in: Hüffer/Koch, § 96 AktG Rn. 4a; *Krause*, ZIP 2015, 636; *Lubitz*, Sicherung, S. 126 f.; *Lutter*, in: FS Zweigert, S. 251, 260; *Lux*, BB

Demgegenüber entschied das LG Frankfurt a. M. in einem nicht rechtskräftigen Beschluss aus dem Jahr 2015, dass die im Ausland beschäftigten Arbeitnehmer ausländischer Konzernunternehmen bei den Schwellenwerten in § 1 Abs. 1 Nr. 2 MitbestG und § 7 Abs. 1 S. 1 MitbestG mitzuzählen seien.[1038] Das Gericht begründete seine Auffassung zum einen mit dem offenen Wortlaut des MitbestG – und des DrittelbG –, der an keiner Stelle im Ausland beschäftigte Mitarbeiter von der Mitbestimmung ausnehme.[1039] Zum anderen stellte es darauf ab, dass sowohl § 5 Abs. 1 MitbestG als auch § 2 DrittelbG auf den Konzernbegriff des § 18 Abs. 1 AktG Bezug nähmen, unter den ausländische Unternehmen ebenso wie inländische Unternehmen fallen könnten.[1040] Auch nach einer Entscheidung des LG Frankfurt a. M. aus dem Jahr 1982 sind die Auslandsmitarbeiter eines Unternehmens, das sich mit Entwicklungsprojekten im Ausland befasste und seine Arbeitnehmer zu diesem Zweck langfristig im Ausland einsetzte, bei dem Schwellenwert des § 1 Abs. 1 Nr. 2 MitbestG mitzuzählen.[1041] Da auf die im Inland begründeten Arbeitsverhältnisse deutsches Recht anwendbar sei und die im Ausland tätigen Arbeitnehmer zudem von den unternehmerischen Planungen zumindest in gleichem, wenn nicht in größerem Maße als die Inland tätigen Arbeitnehmer betroffen seien, müsse die Auslandsbelegschaft in die Schwellenwertberechnung einbezogen werden.[1042]

Zum Teil wird dieselbe Auffassung in der Literatur vertreten.[1043] Auch die im Ausland tätigen Arbeitnehmer prägten Größe und Struktur des Unternehmens bzw. Konzerns, so dass ihre Berücksichtigung dem Sinn und Zweck der Schwellenwertregelungen entspreche.[1044]

Schließlich vertreten einige Stimmen in der Literatur ihre bereits im Zusammenhang mit der Wahlberechtigung dargestellten vermittelnden Auffassungen ebenso in Bezug auf die Berücksichtigung der im Ausland beschäftigten Arbeitnehmer im Rahmen der Schwellenwerte. Einer Ansicht nach sind in ausländischen Be-

---

1977, 905 f.; *Matthes*, in: GK-MitbestG, § 3 MitbestG Rn. 18; *Mense/Klie*, DStR 2015, 1508 f.; *Oetker*, JbArbR 53 (2016), 47, 55; *Rehberg*, in: Eidenmüller, § 6 Rn. 139; *ders.*, EuZA 2015, 369, 373; *Schneider*, in: GK-MitbestG, § 5 MitbestG Rn. 85; *Schubert*, AG 2017, 369, 370; *Seibt*, DB 2015, 912, 913; *ders.*, in: WHSS, Rn. F 149a; *Winter/Marx/De Decker*, NZA 2015, 1111, 1112 f.; *Wißmann*, in: MüArbR, § 279 Rn. 8, der aber nunmehr darauf hinweist, dass dieses Argument mit der Zeit an Kraft verliere, in: WKS, § 3 MitbestG Rn. 28; *Zinger*, Internationalisierung, S. 218.

1038 LG Frankfurt a. M. 16.2.2015, ZIP 2015, 634 ff.

1039 LG Frankfurt a. M. 16.2.2015, ZIP 2015, 634, 635.

1040 LG Frankfurt a. M. 16.2.2015, ZIP 2015, 634, 635.

1041 LG Frankfurt a. M. 1.4.1982, DB 1982, 1312 f.

1042 LG Frankfurt a. M. 1.4.1982, DB 1982, 1312.

1043 *Däubler*, RabelsZ 39 (1975), 444, 456; *Deinert*, IntArbR, § 17 Rn. 90; *Drygala*, in: Schmidt/Lutter, § 96 AktG Rn. 30 (beschränkt auf EU-Auslandsbeschäftigte); *Köster*, Unternehmensmitbestimmung, S. 202 Fn. 915; *Lux*, BB 1977, 905 f.; *Nienerza*, Mitbestimmung, S. 40 ff.; *Prager*, Grenzen, S. 47; *Reich/Lewerenz*, AuR 1976, 261, 264.

1044 *Deinert*, IntArbR, § 17 Rn. 90; *Lux*, BB 1977, 905 f.; *Prager*, Grenzen, S. 47.

trieben beschäftigte Arbeitnehmer des betroffenen Unternehmens im Rahmen der Schwellenwerte mitzuzählen, wohingegen dies bei den Arbeitnehmern ausländischer Tochtergesellschaften nicht möglich sei, weil die Zuerkennung des Wahlrechts an diese Arbeitnehmer gegen das völkerrechtliche Territorialitätsprinzip verstieße und Zurechnung und Wahlrecht sich nicht trennen ließen.[1045] Einer weiteren vermittelnden Auffassung nach ist es möglich, die Arbeitnehmer ausländischer Tochtergesellschaften durch Mitbestimmungsvereinbarungen bei der Berechnung der maßgeblichen Arbeitnehmerzahl mitzuzählen.[1046] Auf diese Weise könne dem gewachsenen Bedürfnis nach Einbeziehung der Auslandsbelegschaften in die Unternehmensmitbestimmung Rechnung getragen werden.[1047]

II. Stellungnahme

1. Allgemeingültige Argumente

a) Einheit von Zählen und Wählen

Im Rahmen der allgemeinen Ausführungen zur dogmatischen Fundierung der Schwellenwerte (§ 2) wurde aufgezeigt, dass es keinen automatischen Gleichlauf zwischen wählenden und zählenden Arbeitnehmern gibt.[1048] Das gilt auch für die Auslandbelegschaften, schließt es allerdings nicht aus, ihre fehlende Wahlberechtigung im Rahmen der systematischen Auslegung zu berücksichtigen. Hinzu kommt, dass im Gegensatz zu den gängigen Abweichungen zwischen den in der Regel beschäftigten Arbeitnehmern und den wahlberechtigten Arbeitnehmern durch die Einbeziehung der in ausländischen Betrieben tätigen Arbeitnehmer viel größere Unterschiede zwischen der Anzahl der wählenden und der zählenden Arbeitnehmer entstehen können, weil nicht nur einzelne Arbeitnehmer nicht wahlberechtigt sind, sondern eine ganze Gruppe. Derart große Unterschiede erscheinen in der Tat widersprüchlich. Die Mitbestimmung hinge wesentlich von Beschäftigten ab, die selbst nicht wahlberechtigt sind.[1049]

1045 *Lutter*, ZGR 1977, 195, 206. In diese Richtung auch *Gralla*, Vermeidung, S. 234 ff.; *Seibt*, in: WHSS, Rn. F 149a.

1046 *Raiser*, in: RVJ, § 5 MitbestG Rn. 30; wohl auch *Braun*, Sicherung, S. 145.

1047 *Raiser*, in: RVJ, § 5 MitbestG Rn. 30.

1048 Vgl. § 2 C.

1049 LG Düsseldorf 5.6.1979, DB 1979, 1451 f.; *Braun*, Sicherung, S. 144; *Ebenroth/Sura*, ZHR 144 (1980), 610, 612; *Großfeld*, in: Staudinger, IntGesR Rn. 526; *Kindler*, in: MüKo-BGB, IntGesR Rn. 577; *Klückers*, Arbeitnehmerzurechnung, S. 68 f.; *Lubitz*, Sicherung, S. 130; *Lutter*, ZGR 1977, 195, 206; *Rehberg*, in: Eidenmüller, § 6 Rn. 138; *M. Reuter*, Reichweite, S. 64 f.; *Säcker*, WahlO, Rn. 60. Ähnlich *Matthes*, in: GK-MitbestG, § 3 MitbestG Rn. 19; *Oetker*, in: ErfK, § 2 DrittelbG Rn. 1; *Schneider*, in: GK-MitbestG, § 5 MitbestG Rn. 85; *Schubert*, AG 2017, 369, 371; *Seibt*, DB 2015, 912, 914; *ders.*, DB 2015, 1592; *ders.*, in: WHSS, Rn. F 149a; *Wansleben*, EWiR 2015, 245, 246; *Zinger*, Internationalisierung, S. 218.

Das fehlende Wahlrecht der im Ausland tätigen Arbeitnehmer spricht demnach auch gegen ihre Berücksichtigung im Rahmen der Schwellenwerte sowie für die Übernahme der Differenzierung nach dem Standort des Betriebs als entscheidendes Kriterium in dem Sinne, dass sowohl Arbeitnehmer ausländischer Betriebe als auch Arbeitnehmer ausländischer Tochtergesellschaften, die im Ausland beschäftigt sind, bei den Schwellenwerten nicht mitzuzählen sind. Demgegenüber sind nach dieser Unterscheidung Arbeitnehmer ausländischer Tochterunternehmen, die in inländischen Betrieben tätig sind, bei der Schwellenwertberechnung zu berücksichtigen.

b) Wortlaut

Der Wortlaut aller Schwellenwertregelungen, die auf eine bestimme Anzahl oder einen bestimmten Bruchteil von Arbeitnehmern bezogen sind, steht einer Berücksichtigung der Auslandsbelegschaft nicht entgegen,[1050] weil es sich auch bei diesen Beschäftigten um Arbeitnehmer handelt. Dasselbe gilt für die Einbeziehung der Konzernbelegschaften in § 5 Abs. 1 S. 1 MitbestG und § 2 Abs. 2 DrittelbG.[1051] Anders verhält es sich hingegen bei den Wahlverfahrensvorschriften des MitbestG und DrittelbG, die auf eine Anzahl oder einen Anteil von wahlberechtigten Arbeitnehmern oder Wahlberechtigten bezogen sind. Insoweit steht der Wortlaut einer Einbeziehung der im Ausland beschäftigten Arbeitnehmer nach der hier vertretenen Ansicht entgegen, weil diese gerade nicht wahlberechtigt sind.

c) Systematik

aa) Beschränkung auf Unternehmen deutscher Rechtsform

Das MitbestG, das DrittelbG und das Montan-MitbestG begrenzen ihren Geltungsbereich auf Unternehmen deutscher Rechtsformen, indem sie die erfassten Gesellschaftsformen in § 1 Abs. 1 Nr. 1 MitbestG, § 1 Abs. 1 DrittelbG und § 1 Abs. 2 Montan-MitbestG abschließend aufzählen. Auch eine Anwendung auf Gesellschaften vergleichbarer ausländischer Rechtsformen mit tatsächlichem Verwaltungssitz im Inland im Wege einer Analogie oder Substitution scheidet aus.[1052] Insoweit fehlt

---

1050 OLG Zweibrücken 20.2.2014, ZIP 2014, 1224, 1226 (für das MitbestG insgesamt); LG Frankfurt a. M. 16.2.2015, ZIP 2015, 634, 635 (für das MitbestG und das DrittelbG insgesamt); *Oetker*, in: ErfK, Einl. MitbestG Rn. 6 (für § 7 MitbestG); *Raiser*, in: RVJ, § 1 MitbestG Rn. 27 (für § 1 MitbestG).

1051 Ähnlich LG Frankfurt a. M. 16.2.2015, ZIP 2015, 634, 635 (für § 5 Abs. 1 MitbestG, § 2 DrittelbG); *Behme*, EuZA 2016, 411, 420 (für § 5 Abs. 1 S. 1 MitbestG); *Oetker*, JbArbR 53 (2016), 47, 55 (für § 5 Abs. 1 S. 1 MitbestG) bezogen auf die Rechtsform des abhängigen Unternehmens, vgl. dazu sogleich § 5 C. II. 1. c) aa).

1052 *Bartsch*, Niederlassungsfreiheit, S. 134 ff.; *Bayer*, AG 2004, 534 f.; *Braun*, Sicherung, S. 162 ff.; *Behme*, ZIP 2008, 351, 354 f.; *Funk*, Mitbestimmung, S. 105 ff.; *Gach*, in: MüKo-AktG, § 1 MitbestG Rn. 6; *Gralla*, Vermeidung, S. 142 ff.; *Heither/von Morgen*, in: NK-GA, § 1 MitbestG Rn. 6, § 1 DrittelbG Rn. 5; *Henssler*, in: GS Heinze, S. 333, 342 ff.; *Junker*, ZfA 2005, 1, 7; *Kisker*, Auslandsgesellschaften, S. 157 ff.; *Kleinsorge*,

die für eine analoge Anwendung erforderliche planwidrige Regelungslücke.[1053] Zwar könnte man erwägen, die Planwidrigkeit aus der durch die Rechtsprechung des EuGH nötig gewordenen Aufgabe der Sitztheorie für Auslandsgesellschaften anderer Mitgliedstaaten herzuleiten,[1054] allerdings steht dem entgegen, dass der Deutsche Bundestag[1055] die Entschließungsanträge der Fraktion der SPD und der Fraktion DIE LINKE zur Erstreckung der Unternehmensmitbestimmung auf Auslandsgesellschaften im Jahr 2012 ablehnte.[1056] Des Weiteren sprechen gegen eine Analogie die allenfalls durch eine gesetzliche Regelung zu beseitigenden Schwierigkeiten bei der Erstreckung der Unternehmensmitbestimmung auf ausländische Gesellschaftsformen, denen der Aufsichtsrat als Gesellschaftsorgan unbekannt ist.[1057]

Soweit in der Literatur vertreten wird, dass die Unternehmensmitbestimmung auf Gesellschaften ausländischer Rechtsformen mit tatsächlichem Verwaltungssitz in Deutschland anzuwenden sei, wird diese Auffassung in neuerer Zeit überwiegend nicht mit einer Analogie begründet, sondern mit der Qualifizierung der Mitbestimmungsgesetze als Eingriffsnormen, die zur Folge habe, dass die deutschen Rechtsformen durch die entsprechenden ausländischen Rechtsformen zu substituieren seien.[1058] Die normativ in Art. 9 Abs. 1 Rom I-VO verankerte Definition der Ein-

---

in: WKS, Vorbem. DrittelbG Rn. 24; *Koch*, in: Hüffer/Koch, § 1 AktG Rn. 48; *Mankowski*, RIW 2004, 481, 483; *W. Meilicke*, GmbHR 2000, 693, 695 f.; *Müller-Bonanni*, GmbHR 2003, 1235, 1237 f.; *Oetker*, JbArbR 53 (2016), 47, 52 ff.; *ders.*, in: ErfK, § 1 MitbestG Rn. 2 ff., Einf. DrittelbG Rn. 3, § 1 DrittelbG Rn. 3, § 1 Montan-MitbestG Rn. 12; *Paefgen*, DB 2003, 487, 491; *Raiser*, in: RVJ, § 1 MitbestG Rn. 16 f.; *Sandrock*, AG 2004, 57, 59 ff.; *Schwark*, AG 2004, 173, 177 f.; *Seibt*, in: HWK, § 1 MitbestG Rn. 8; *Thüsing*, ZIP 2004, 381, 382; *Ulmer/Habersack*, in: UHH, § 1 MitbestG Rn. 8a; *Veit/Wichert*, AG 2004, 14, 16 f.; *Zimmer*, NJW 2003, 3585, 3590; *ders.*, in: GS Heinze, S. 1123, 1128 f.

1053 *Bartsch*, Niederlassungsfreiheit, S. 142 f.; *Gralla*, Vermeidung, S. 149 ff.; *Heither/von Morgen*, in: NK-GA, § 1 MitbestG Rn. 6, § 1 DrittelbG Rn. 5; *Braun*, Sicherung, S. 168 ff.; *Junker*, ZfA 2005, 1, 7; *Oetker*, in: ErfK, § 1 MitbestG Rn. 5; *Veit/Wichert*, AG 2004, 14, 16 f.

1054 So *Bayer*, AG 2004, 534, 535; *Henssler*, in: GS Heinze, S. 333, 344; *Kisker*, Auslandsgesellschaften, S. 158 ff.; *Zimmer*, in: GS Heinze, S. 1123, 1128.

1055 Stenografischer Bericht der 187. Sitzung am 28.6.2012, S. 22356 (B), (C) bzgl. BT-Drucks. 17/2122 (SPD) und BT-Drucks. 17/1413 (LINKE).

1056 *Oetker*, JbArbR 53 (2016), 47, 53 f.; *ders.*, in: ErfK, § 1 MitbestG Rn. 5.

1057 *Bayer*, AG 2004, 534, 535; *Braun*, Sicherung, S. 171 f.; *Junker*, ZfA 2005, 1, 7; *Kisker*, Auslandsgesellschaften, S. 161 f.; *Müller-Bonanni*, GmbHR 2003, 1235, 1237; *Schwark*, AG 2004, 173, 178; *Seibt*, in: HWK, § 1 MitbestG Rn. 8; *Ulmer/Habersack*, in: UHH, § 1 MitbestG Rn. 8a; *Veit/Wichert*, AG 2004, 14, 17; *Zimmer*, in: GS Heinze, S. 1123, 1129; a.A. *Henssler*, in: GS Heinze, S. 333, 345.

1058 *Franzen*, RdA 2004, 257 ff.; *Kindler*, ZHR 179 (2015), 330, 374 ff.; *Weller/Harms/Rentsch/Thomale*, ZGR 2015, 361, 372 ff. Für eine Analogie indes *Forsthoff*, DB 2000, 1109, 1114; *Zimmer*, IntGesR, S. 161 ff. Letzterer hat diese Ansicht mittlerweile aber wieder aufgegeben, *Zimmer*, NJW 2003, 3585, 3590; *ders.*, in: GS Heinze, S. 1123, 1128 f.

griffsnorm sei Ausdruck eines allgemeinen kollisionsrechtlichen Prinzips und könne daher auch im Recht der Unternehmensmitbestimmung Anwendung finden.[1059]

Ersteres ist zwar korrekt,[1060] ändert aber nichts daran, dass es sich bei den Mitbestimmungsgesetzen nicht um Vorschriften im Sinne des Art. 9 Abs. 1 Rom I-VO handelt, deren Einhaltung von dem deutschen Staat als so entscheidend für die Wahrung seines öffentlichen Interesses angesehen wird, dass sie auf alle Sachverhalte anzuwenden sind, die in ihren Anwendungsbereich fallen.[1061] Das beruht darauf, dass der internationale Geltungsanspruch einer Norm nach den Grundsätzen des Internationalen Privatrechts deutlich zum Ausdruck kommen muss, wovon man bei einer Rechtsfortbildung im Wege der Analogie schwerlich ausgehen kann.[1062] Aus diesem Grund sprechen gegen die Qualifikation der Mitbestimmungsgesetze als Eingriffsnormen dieselben Gründe, die gegen eine Analogie angeführt wurden, weil insoweit dieselben Maßstäbe anzulegen sind.[1063]

Die Beschränkung auf inländische Rechtsformen spricht dafür, dass nur die Beschäftigten im Inland in die Berechnung der Schwellenwerte einbezogen werden, weil die Mitbestimmungsgesetze auf diese Weise insgesamt auf das Inland beschränkt bleiben.[1064] Die Verknüpfung zwischen der Anwendung auf Gesellschaften ausländischer Rechtsform und der Einbeziehung der im Ausland beschäftigten Arbeitnehmer in die Schwellenwerte verdeutlicht zudem der Bericht des Ausschusses für Arbeit und Sozialordnung zum MitbestG, in dem unter der Überschrift „Die ausländischen Gesellschaften“ in zwei aufeinanderfolgenden Sätzen sowohl die Beschränkung des Anwendungsbereichs auf Unternehmen mit Sitz in der Bundesrepublik als auch die fehlende Berücksichtigung der Arbeitnehmer im Ausland gelegener Tochtergesellschaften bei der Berechnung der maßgeblichen Arbeitnehmerzahl erwähnt wird[1065].

1059 *Kindler*, ZHR 179 (2015), 330, 374 f.; *Weller/Harms/Rentsch/Thomale*, ZGR 2015, 361, 370 f. Ebenso noch für Art. 34 EGBGB *Franzen*, RdA 2004, 257, 258 f.

1060 *Magnus*, in: Staudinger, Art. 9 Rom I-VO Rn. 15; *Mansel*, in: FS W-H Roth, S. 375, 377; *Rehberg*, in: Eidenmüller, § 6 Rn. 111; *Sonnenberger*, in: MüKo-BGB, 5. Aufl., IPR Einl. Rn. 38, 50.

1061 *Bartsch*, Niederlassungsfreiheit, S. 136 ff.; *Braun*, Sicherung, S. 164 ff.; *Behme*, ZIP 2008, 351, 355; *Funk*, Mitbestimmung, S. 110 ff.; *Junker*, ZfA 2005, 1, 7; *Kisker*, Auslandsgesellschaften, S. 164 ff.; *Mankowski*, RIW 2004, 481, 483; *Oetker*, JbArbR 53 (2016), 47, 52 ff.; *Rehberg*, in: Eidenmüller, § 6 Rn. 111 ff.; *Sandrock*, AG 2004, 57, 63 ff.; *Seibt*, in: HWK, § 1 MitbestG Rn. 8; *Thüsing*, ZIP 2004, 381, 382.

1062 *Ebke*, JZ 2003, 927, 931 Fn. 67; *Funk*, Mitbestimmung, S. 117 f.; *Gralla*, Vermeidung, S. 144; *Junker*, ZfA 2005, 1, 7; *Mankowski*, RIW 2004, 481, 483; *Rehberg*, in: Eidenmüller, § 6 Rn. 116, 123; *Thüsing*, ZIP 2004, 381, 382.

1063 *Behme*, ZIP 2008, 351, 354 Fn. 61.

1064 Ebenso *Teichmann*, Beilage zu ZIP 48/2009, 10, 12 im Zusammenhang mit der fehlenden Wahlberechtigung der Auslandsbelegschaft nach dem MitbestG.

1065 BT-Drucks. 7/4845, S. 4.

bb) Offener Konzernbegriff

Für die Frage, ob im Ausland beschäftigte Arbeitnehmer im Rahmen der Schwellenwerte zu berücksichtigen sind, ist der Verweis auf § 18 Abs. 1 AktG in § 5 Abs. 1 S. 1 MitbestG von Bedeutung, weil die Befürworter der Einbeziehung der Auslandsbelegschaften ihre Ansicht unter anderem damit begründen, dass die Konzernvorschriften des AktG auch für Konzerne mit Beteiligung ausländischer Gesellschaften Geltung entfalteten.[1066] Da für das Bestehen eines Konzernverhältnisses die Rechtsform der beteiligten Gesellschaften keine Rolle spiele, entspreche die Einbeziehung der Auslandsbelegschaft dieser Konzerngesellschaften der Systematik der Mitbestimmungsgesetze.[1067] Einige Vertreter dieser Auffassung beziehen die genannte Begründung dabei aufgrund des Verweises auf § 18 Abs. 1 AktG in § 2 Abs. 1 DrittelbG auch allgemein auf das DrittelbG.[1068]

Diese Argumentation vermag nicht zu überzeugen.[1069] Zwar ist es korrekt, dass dem Unternehmensbegriff des Konzernrechts grundsätzlich Gesellschaften ausländischer Rechtsform unterfallen können,[1070] allerdings gilt die Konzerndefinition nicht selbständig, sondern ist lediglich als Vorfrage in die deutschen Vorschriften über Konzerne hineinzulesen, wenn diese nach den Regeln des Internationalen Gesellschaftsrechts anwendbar sind[1071]. Diese Grundsätze lassen sich auf die Gesetze zur Unternehmensmitbestimmung übertragen.[1072] Der Offenheit des § 18 Abs. 1 AktG für ausländische Gesellschaften lässt sich keine Aussage darüber entnehmen, ob die im Ausland beschäftigten Arbeitnehmer bei der Berechnung der Schwellenwerte mitzuzählen sind, weil diese Frage gerade vor der Anwendung von § 18 Abs. 1 AktG zu beantworten ist. Für die Frage der Einbeziehung der im Ausland beschäftigten Arbeitnehmer in die Schwellenwertberechnung kommt es daher vor allem auf die Auslegung des MitbestG und des DrittelbG an. In Bezug auf das MitbestG steht

1066 LG Frankfurt 16.2.2015, ZIP 2015, 634, 635; *Behme*, EuZA 2016, 411, 420; *Nienerza*, Mitbestimmung, S. 55; in diese Richtung auch *Hammen*, WuB 2015, 644 f.; gegenteilig *Teichmann*, Beilage zu ZIP 48/2009, 10, 12.

1067 *Nienerza*, Mitbestimmung, S. 55.

1068 LG Frankfurt 16.2.2015, ZIP 2015, 634, 635; *Nienerza*, Mitbestimmung, S. 55; a.A. *Behme*, EuZA 2016, 411, 420.

1069 Im Ergebnis ebenso für den Begriff des herrschenden Unternehmens *Hammen*, Der Konzern 2016, 105, 106 f., anders aber für den Begriff des abhängigen Unternehmens.

1070 *Emmerich*, in: Emmerich/Habersack, § 15 AktG Rn. 5; *Hirschmann*, in: Hölters, § 15 AktG Rn. 1; *Schall*, in: Spindler/Stilz, Vor § 15 AktG Rn. 32, § 15 AktG Rn. 10, 55; *Windbichler*, in: GroßK-AktG, Vor § 15 AktG Rn. 72.

1071 *Koch*, in: Hüffer/Koch, § 15 AktG Rn. 7; *Schall*, in: Spindler/Stilz, Vor § 15 AktG Rn. 32; *Windbichler*, in: GroßK-AktG, Vor § 15 AktG Rn. 72.

1072 So wohl auch *Schall*, in: Spindler/Stilz, Vor § 15 AktG Rn. 32 und *Windbichler*, in: GroßK-AktG, Vor § 15 AktG Rn. 72, die für die Frage, welche Auslandsbeziehungen zu berücksichtigen sind, allgemein auf die Auslegung der sachrechtlichen Vorschrift abstellen, die auf die Definitionsnorm Bezug nimmt.

dieses Verständnis im Einklang mit der grundsätzlichen Annahme der herrschenden Meinung,[1073] dass sich der aktienrechtliche und der mitbestimmungsrechtliche Konzernbegriff in Randbereichen aufgrund ihrer unterschiedlichen Normzwecke – Schutz der Minderheitsaktionäre und der Gläubiger einerseits sowie Beteiligung der Arbeitnehmer an den maßgeblichen Entscheidungsprozessen andererseits – nicht vollständig decken.[1074] Für das DrittelbG fehlt es bereits an einem Verweis auf § 18 Abs. 1 AktG in § 2 Abs. 2 DrittelbG.[1075]

Im Geltungsbereich des Montan-MitbestG kommt eine Konzernzurechnung nicht in Betracht, weil § 1 Abs. 4 S. 1 Montan-MitbestG lediglich bestimmt, dass die Arbeitnehmer der Konzernunternehmen für die Anwendung der §§ 4, 6 und 9 als Arbeitnehmer des herrschenden Unternehmens gelten.[1076] Für das Montan-MitbestG stellt sich die Frage nach der Berücksichtigung im Ausland beschäftigter Arbeitnehmer daher nur, wenn das betroffene Unternehmen selbst Betriebsstätten im Ausland unterhält.

cc) Verweise auf das BetrVG

Des Weiteren gilt auch für die Frage des Mitzählens der Arbeitnehmer im Rahmen der Schwellenwerte, dass der Verweis auf den Betriebsbegriff des BetrVG und die Verwendung des Begriffs der leitenden Angestellten Anhaltspunkte gegen eine Berücksichtigung bieten, die für sich genommen aber nicht entscheidend sein können.[1077] Der Verweis auf § 5 Abs. 1 BetrVG hilft für die Beantwortung der Frage der Einbeziehung der im Ausland beschäftigten Arbeitnehmer im Rahmen der Schwellenwerte nicht weiter, weshalb insoweit auch nicht zwischen dem MitbestG und dem DrittelbG einerseits sowie dem Montan-MitbestG andererseits differenziert werden muss, obwohl das Montan-MitbestG keine ausdrückliche Verweisung auf den Arbeitnehmerbegriff des BetrVG enthält. Für einen Gleichlauf der Anwendungs-

---

1073 BayObLG 24.3.1998, DB 1998, 973, 974; OLG Düsseldorf 30.1.1979, DB 1979, 699 f.; OLG Zweibrücken 9.11.1983, ZIP 1984, 316, 318 f.; OLG Frankfurt a.M. 10.11.1986, ZIP 1987, 107, 108; im Ergebnis ebenso OLG Düsseldorf 4.7.2013, ZIP 2014, 517, 519; *Gach*, in: MüKo-AktG, § 5 MitbestG Rn. 11; *Geßler*, BB 1977, 1313, 1314; *Hölters*, RdA 1979, 335 ff.; *Klückers*, Arbeitnehmerzurechnung, S. 90 f.; *Lutter/Schneider*, BB 1977, 553, 555 f.; *Mertens/Cahn*, in: KölnK-AktG, Anh. § 117 B § 5 MitbestG Rn. 10; *Oetker*, in: ErfK, § 5 MitbestG Rn. 2; *Raiser*, in: RVJ, § 5 MitbestG Rn. 10; *Ulmer/Habersack*, in: UHH, § 5 MitbestG Rn. 11; *Windbichler*, Arbeitsrecht, S. 518 ff.; *Wißmann*, in: MüArbR, § 279 Rn. 11; *ders.*, in: WKS, § 5 MitbestG Rn. 10; a.A. *Hoffmann/Lehmann/Weinmann*, § 5 MitbestG Rn. 42 ff.; *Schilling*, ZHR 140 (1976), 527, 534.

1074 Darauf verweist auch *Schmid*, Der Konzern 2015, 208, 211.

1075 Vgl. zu dem Zusammenhang mit § 291 AktG und § 319 AktG § 5 C. II. 2. b) aa).

1076 *Engels*, BB 1981, 1349, 1354; *Heither/von Morgen*, in: NK-GA, § 1 Montan-MitbestG Rn. 26; *Oetker*, in: ErfK, § 1 Montan-MitbestG Rn. 13; *Seibt*, in: HWK, 2. Aufl., § 1 Montan-MitbestG Rn. 16; *Wißmann*, in: WKS, § 1 Montan-MitbestG Rn. 16; *Wlotzke/Wißmann*, DB 1981, 623, 628.

1077 Vgl. zu den Verweisen auf das BetrVG § 5 B. I. 2. a) bb) (2).

bereiche der Mitbestimmungsgesetze mit dem Geltungsbereich des BetrVG spricht allerdings, dass der Schutzzweck aller Regelungen übereinstimmend darin liegt, einen Ausgleich für die Weisungsgebundenheit der Arbeitnehmer zu schaffen.[1078]

d) *Telos*

Der Schutzzweck der Mitbestimmung lässt sich grundsätzlich auf die Auslandsbelegschaft übertragen.[1079] Das spricht für eine Berücksichtigung auch dieser Arbeitnehmer bei den Schwellenwerten der unternehmerischen Mitbestimmung.[1080] Allerdings muss im Rahmen der teleologischen Auslegung darüber hinaus der sozialordnungsrechtliche Charakter der Mitbestimmungsgesetze berücksichtigt werden, der einer Einbeziehung der im Ausland beschäftigten Arbeitnehmer entgegensteht.[1081] Insoweit mag man zwar einwenden, dass allein durch ein Mitzählen bei den Schwellenwerten nicht in fremde Sozialordnungen eingegriffen werde.[1082] Allerdings gilt dies umgekehrt ebenso für den Zweck der Unternehmensmitbestimmung, der allein durch eine Berücksichtigung der Auslandsbelegschaft im Rahmen der Schwellenwerte nicht verwirklicht wird, aufgrund der Einordnung der Unternehmensmitbestimmung als Betroffenenbeteiligung aber nicht außer Betracht bleiben kann. Im Rahmen der teleologischen Auslegung ist daher auch die Zurückhaltung des Gesetzgebers in Bezug auf die Erstreckung sozialordnungsrechtlicher Vorstellungen auf andere Staaten zu berücksichtigen, die gegen die Einbeziehung der Auslandsbelegschaft bei der Schwellenwertberechnung streitet, in Anbetracht der Übertragbarkeit des Schutzzwecks auf die Auslandsbelegschaft aber nicht allein entscheidend sein kann.

e) *Entstehungsgeschichte*

Der Vollständigkeit halber sei darauf hingewiesen, dass aufgrund der unterschiedlichen gesetzlichen Regelungen im MitbestG, DrittelbG und Montan-MitbestG keine einheitliche Entstehungsgeschichte existiert, der allgemeingültige Argumente entnommen werden könnten. Inwieweit die historische Auslegung für die Diskussion relevant ist, wird daher im Rahmen der Betrachtung der einzelnen Schwellenwertregelungen aufgezeigt.

1078 Ähnlich *Heither/von Morgen*, in: NK-GA, § 1 MitbestG Rn. 19, § 1 DrittelbG Rn. 31.

1079 *Krause*, ZIP 2015, 636; in diese Richtung auch *Nienerza*, Mitbestimmung, S. 66; *Schubert*, AG 2017, 369, 370.

1080 *Krause*, ZIP 2015, 636.

1081 LG Düsseldorf 5.6.1979, DB 1979, 1451, 1452 (für das MitbestG); *Bartsch*, Niederlassungsfreiheit, S. 113 f.; *Wißmann*, in: MüArbR, § 279 Rn. 8.

1082 In diese Richtung *Lutter*, ZGR 1977, 195, 206; *Nienerza*, Mitbestimmung, S. 82 im Hinblick auf den Eingriff in die Souveränität fremder Staaten.

f) Territorialitätsprinzip

Das völkerrechtliche Territorialitätsprinzip steht einer Berücksichtigung im Ausland beschäftigter Arbeitnehmer im Rahmen der Schwellenwerte nicht entgegen, weil allein durch das Mitzählen der Auslandsbelegschaft keine Rechtswirkungen im Ausland eintreten.[1083] Dass eine Berücksichtigung durch das Territorialitätsprinzip nicht ausgeschlossen wird, bedeutet indes noch nicht, dass die Gesetze zur Unternehmensmitbestimmung auch entsprechend auszulegen sind. Für die Schwellenwertberechnung ist das Territorialitätsprinzip lediglich unerheblich.

g) Keine freiwillige Einbeziehung der Auslandsbelegschaft

Die freiwillige Berücksichtigung der im Ausland tätigen Arbeitnehmer im Rahmen der Schwellenwerte ist ebenso wie die freiwillige Zuerkennung des Wahlrechts aufgrund der zwingenden Wirkung der Mitbestimmungsgesetze ausgeschlossen.[1084] Gegen ein freiwilliges Mitzählen der Auslandsbelegschaft spricht zunächst die dadurch hervorgerufene Verwässerung des Wahlrechts der übrigen Arbeitnehmer. Eine Vereinbarung allein über die Berücksichtigung der Arbeitnehmer ohne Gewährung des aktiven Wahlrechts erscheint abwegig, weil das zentrale Problem der fehlenden Legitimation der im Ausland beschäftigten Arbeitnehmer dadurch nicht beseitigt würde.

Darüber hinaus könnte eine solche Vereinbarung in bestimmten Fällen wegen Überschreitung der höheren Schwellenwerte dazu führen, dass das Unternehmen nicht mehr dem DrittelbG, sondern dem MitbestG oder Montan-MitbestG unterfällt. Darüber darf das betroffene Unternehmen aber nicht disponieren. Für Aktiengesellschaften, Kommanditgesellschaften auf Aktien und Genossenschaften folgt das bereits aus dem Grundsatz der Satzungsstrenge in § 23 Abs. 5 AktG (i.V.m. § 278 Abs. 3 AktG) und § 18 S. 2 GenG, der eine Erweiterung der Zahl der nicht von der Haupt- bzw. Generalversammlung zu wählenden Vertreter der Arbeitnehmer ausschließt.[1085]

1083 *Hellwig/Behme*, AG 2009, 261, 276; *dies.*, AG 2015, 333, 338; *Latzel*, Gleichheit, Rn. 337; *Lubitz*, Sicherung, S. 141; *Lutter*, in: FS Zweigert, S. 251, 257 f.; *Lux*, BB 1977, 905, 906; *Matthes*, in: GK-MitbestG, § 3 MitbestG Rn. 18 f.; *Prager*, Grenzen, S. 47; *Rehberg*, EuZA 2015, 369, 374; *Ulmer*, ZHR 166 (2002), 271, 274; *Winter/Marx/De Decker*, NZA 2015, 1111, 1112.

1084 Bzgl. § 5 MitbestG *Mertens/Cahn*, in: KölnK-AktG, Anh. § 117 B § 5 MitbestG Rn. 40.

1085 Für die AG: *Biedenkopf/Säcker*, ZfA 1971, 211, 262; *Drygala*, in: Schmidt/Lutter, § 96 AktG Rn. 27; *Habersack*, in: MüKo-AktG, § 96 AktG Rn. 3, 26 ff.; *Hoffmann-Becking*, in: MüGesR IV, § 28 Rn. 46; *Hommelhoff*, ZHR 148 (1984), 118, 133 ff.; *Hopt/Roth*, in: GroßK-AktG, § 96 AktG Rn. 22; *Ihrig/Schlitt*, NZG 1999, 333, 334; *Koch*, in: Hüffer/Koch, § 96 AktG Rn. 3; *Lutter*, ZGR 1977, 195, 197; *Seibt*, AG 2005, 413, 415; *Simons*, in: Hölters, § 96 AktG Rn. 82; *Spindler*, in: Spindler/Stilz, § 96 AktG Rn. 26; *Wahlers*, ZIP 2008, 1897, 1899; *Wißmann*, in: MüArbR, § 278 Rn. 11; im Ergebnis ebenso *Mertens/Cahn*, in: KölnK, § 96 AktG Rn. 15; a.A. *Fabricius*, in: FS Hilger/Stumpf, S. 155, 158 ff. Für die AG, KGaA und Genossenschaft: *Henssler*, in:

Für Versicherungsvereine auf Gegenseitigkeit gilt gemäß §§ 173 Abs. 1, 189 Abs. 2 VAG Entsprechendes.[1086] Auch für Gesellschaften mit beschränkter Haftung darf aber nicht bestimmt werden, dass sich die Zusammensetzung des Aufsichtsrats nach den Regeln des MitbestG oder des Montan-MitbestG richtet, weil damit für das Drittel der Arbeitnehmervertreter, die nach den Vorschriften des DrittelbG von den Arbeitnehmern im Wege der unmittelbarer Wahl bestimmt werden, von diesen Regelungen abgewichen würde.[1087]

h) Zwischenergebnis

Für alle Vorschriften mit Schwellenwerten, die sich nicht auf wahlberechtigte Arbeitnehmer beziehen, kann als Zwischenergebnis festgehalten werden, dass deren Wortlaut sowie derjenige der Konzernzurechnungsvorschriften in § 5 MitbestG und § 2 Abs. 2 DrittelbG einer Berücksichtigung der im Ausland beschäftigten Arbeitnehmer nicht entgegensteht. Der allgemeine Konzernbegriff und das völkerrechtliche Territorialitätsprinzip sind für die Auslegung der Schwellenwertregelungen unergiebig.

Für eine Berücksichtigung lediglich der Inlandsbelegschaft sprechen hingegen die teleologische Auslegung sowie im Rahmen der systematischen Auslegung das fehlende Wahlrecht der Auslandsbelegschaft und die Beschränkung der Anwendungsbereiche der Gesetze auf Gesellschaften deutscher Rechtsformen. Letzterer Beschränkung kommt als Ausdruck einer Grundsatzentscheidung der Mitbestimmungsgesetze besondere Bedeutung zu, so dass es sich um ein gewichtiges Argument gegen die Einbeziehung der Auslandsbelegschaft in die Schwellenwerte handelt. Der allgemein formulierte Wortlaut der Schwellenwertregelungen, der lediglich auf die Anzahl oder den Anteil der Arbeitnehmer abstellt, kann bei Einbeziehung der Systematik der Mitbestimmungsgesetze daher nicht entscheidend sein. In der Tendenz sprechen die allgemeingültigen Argumente mithin gegen eine Berücksichtigung der Auslandsbelegschaft im Rahmen der Schwellenwerte. Diese Aussage soll im Folgenden für die einzelnen Schwellenwertregelungen präzisiert werden, wobei eine freiwillige Berücksichtigung aufgrund des zwingenden Charakters der Mitbestimmungsgesetze bereits ausgeschlossen werden kann.

UHH, § 4 DrittelbG Rn. 10; *Kleinsorge*, in: WKS, § 4 DrittelbG Rn. 3; *Kraft*, in: GK-BetrVG, 7. Aufl., vor § 76 BetrVG Rn. 8 f.; *Röder*, DrittelbG, Rn. 502; im Ergebnis ebenso *Oetker*, in: ErfK, Einf. DrittelbG Rn. 5.

1086 *Henssler*, in: UHH, § 4 DrittelbG Rn. 10; *Kleinsorge*, in: WKS, § 4 DrittelbG Rn. 3; *Kraft*, in: GK-BetrVG, 7. Aufl., vor § 76 BetrVG Rn. 9; *Röder*, DrittelbG, Rn. 502; im Ergebnis ebenso *Oetker*, in: ErfK, Einf. DrittelbG Rn. 5.

1087 So bzgl. der Zusammensetzung des Aufsichtsrats einer GmbH, die dem DrittelbG unterfällt, nach dem MitbestG *Henssler*, in: FS Westermann, S. 1019, 1028 f.; *ders.*, in: UHH, § 4 DrittelbG Rn. 10a; *Lutter*, ZGR 1977, 195, 197 f.

2. Auslegung der einzelnen Vorschriften

a) MitbestG

aa) Anwendungsschwellenwert (§ 1 Abs. 1 Nr. 2 MitbestG)

Gemäß § 1 Abs. 1 Nr. 2 MitbestG haben die Arbeitnehmer ein Mitbestimmungsrecht nach Maßgabe des MitbestG nur in Unternehmen, die in der Regel mehr als 2 000 Arbeitnehmer beschäftigen. In die Auslegung dieser Vorschrift muss der Hintergrund des Schwellenwerts einbezogen werden, dass nur in Unternehmen mit einer entsprechenden Arbeitnehmerzahl derart anonyme und bürokratisierte Strukturen herrschen, dass eine hälftige Besetzung des Aufsichtsrats mit Arbeitnehmervertretern nötig erscheint.[1088] Diese Strukturen entstehen ebenfalls, wenn das Unternehmen seine Mitarbeiter im Ausland beschäftigt, weshalb die teleologische Auslegung für eine Berücksichtigung dieser Belegschaft spricht.[1089]

Ein solches Verständnis stünde bezogen auf § 5 MitbestG indes im Widerspruch zur Entstehungsgeschichte, weil der Ausschuss für Arbeit und Soziales nicht nur die Wahlberechtigung der im Ausland beschäftigten Arbeitnehmer verneinte, sondern auch davon ausging, dass im Ausland gelegene Tochtergesellschaften und ihre Betriebe im Inland von unter das Gesetz fallenden Unternehmen bei der Errechnung der maßgeblichen Arbeitnehmerzahl nicht mitzählen.[1090] Bezüglich der Berücksichtigung im Ausland beschäftigter Arbeitnehmer von Unternehmen mit Sitz in Deutschland findet sich im Ausschussbericht keine eindeutige Stellungnahme. Der Kontext der Aussage zu den Schwellenwerten spricht jedoch gegen eine Unterscheidung zwischen Arbeitnehmern ausländischer Tochtergesellschaften und Arbeitnehmern deutscher Unternehmen, die in ausländischen Betrieben beschäftigt sind, da der Ausschuss für die Wahlberechtigung auf die Beschäftigung in einem

---

1088 Vgl. oben § 2 B. I. 1. b).

1089 *Krause*, ZIP 2015, 636; *Lux*, BB 1977, 905 f.; *ders.*, MitbestG, S. 68; *Prager*, Grenzen, S. 47.

1090 BT-Drucks. 7/4845, S. 4. Darauf verweisen: LG Düsseldorf 5.6.1979, DB 1979, 1451, 1452; *Bartsch*, Niederlassungsfreiheit, S. 112; *W. F. Bayer*, ZGR 1977, 173, 177; *Bellstedt*, BB 1977, 1326, 1328; *Ebenroth/Sura*, ZHR 144 (1980), 610, 611; *Großfeld*, in: Staudinger, IntGesR Rn. 531; *Hellwig/Behme*, AG 2015, 333, 338; *Henssler*, in: UHH, § 3 MitbestG Rn. 40; *Hoffmann/Lehmann/Weinmann*, § 1 MitbestG Rn. 43; *Koch*, in: Hüffer/Koch, § 96 AktG Rn. 4a; *Krause*, ZIP 2015, 636; *Lubitz*, Sicherung, S. 126 f.; *Lutter*, in: FS Zweigert, S. 251, 260; *Lux*, BB 1977, 905 f.; *Matthes*, in: GK-MitbestG, § 3 MitbestG Rn. 18; *Mense/Klie*, DStR 2015, 1508 f.; *Oetker*, JbArbR 53 (2016), 47, 55; *Rehberg*, in: Eidenmüller, § 6 Rn. 139; *ders.*, EuZA 2015, 369, 373; *Schneider*, in: GK-MitbestG, § 5 MitbestG Rn. 85; *Schubert*, AG 2017, 369, 370; *Seibt*, DB 2015, 912, 913; *ders.*, in: WHSS, Rn. F 149a; *Winter/Marx/De Decker*, NZA 2015, 1111, 1112 f.; *Wißmann*, in: MüArbR, § 279 Rn. 8, der aber nunmehr darauf hinweist, dass dieses Argument mit der Zeit an Kraft verliere, in: WKS, § 3 MitbestG Rn. 28; *Zinger*, Internationalisierung, S. 218.

inländischen Betrieb abstellte und das Gesetz zudem nur auf Unternehmen mit Sitz im Geltungsbereich des Grundgesetzes angewandt wissen wollte[1091].

Ebenso wie im Bereich der Wahlberechtigung[1092] ist der Gesetzgeber von der Grundentscheidung, die Auslandsbelegschaft nicht einzubeziehen, auch in Bezug auf die Schwellenwerte nicht abgerückt. Das ergibt sich zunächst aus der Ablehnung der Ausweitung der Unternehmensmitbestimmung auf Gesellschaften ausländischer Rechtsform im Bundestag im Jahr 2012[1093] und wird auch von anderen Stellungnahmen in Gesetzgebungsverfahren bestätigt. So nahmen die Fraktionen der CDU/CSU und der FDP in der Gesetzesbegründung zum MitbestBeiG aus dem Jahr 1992 an, dass in ausländischen Unternehmen beschäftigte Arbeitnehmer für den Schwellenwert in § 1 Abs. 1 Nr. 2 MitbestG nicht zu berücksichtigen seien[1094] und der Rechtsausschuss stellte in seinem Bericht zum MoMiG im Jahr 2008 fest, dass die Anzahl der Arbeitnehmer in Deutschland für die Anwendbarkeit der Unternehmensmitbestimmung entscheidend sei[1095].

Für die Auffassung des Ausschusses für Arbeit und Soziales, dass die im Inland tätigen Arbeitnehmer ausländischer Tochtergesellschaften bei der Errechnung des Schwellenwert nicht mitzuzählen seien, gilt dies jedoch nicht. Insoweit zeigt der Bericht des Rechtsausschusses zum MoMiG, dass der Gesetzgeber an der Ansicht des Ausschusses für Arbeit und Soziales nicht mehr festhält. Darin heißt es: „Die Anwendung der Unternehmensmitbestimmung hängt von zwei Parametern ab: Sitz der Gesellschaft in Deutschland (also deutsche Rechtsform) und Anzahl der Arbeitnehmer in Deutschland (mindestens 500)“.[1096] Auch die übrigen Argumente, die gegen die Berücksichtigung der Auslandsbelegschaft sprechen, lassen sich nicht auf die Inlandsbelegschaft ausländischer Tochtergesellschaften übertragen. Die im Inland beschäftigten Arbeitnehmer ausländischer Tochterunternehmen sind wahlberechtigt, so dass der Zusammenhang zwischen Wahlberechtigung und Einbeziehung in die Schwellenwerte nicht gegen deren Berücksichtigung angeführt werden kann. Darüber hinaus streitet die Beschränkung des Anwendungsbereichs der Mitbestimmungsgesetze auf deutsche Rechtsformen nicht gegen die Anrechnung der in inländischen Betrieben beschäftigten Arbeitnehmer, da dieser Aspekt lediglich gegen die Erstreckung des Geltungsbereichs der Mitbestimmungsgesetze auf das

---

1091 BT-Drucks. 7/4845, S. 4.

1092 Vgl. dazu § 5 B. I. 2. a) dd) (1).

1093 Stenografischer Bericht der 187. Sitzung am 28.6.2012, S. 22356 (B), (C) bzgl. BT-Drucks. 17/2122 (SPD) und BT-Drucks. 17/1413 (LINKE). Darauf verweisen ebenfalls *Winter/Marx/De Decker*, NZA 2015, 1111, 1113; zustimmend *Gebhardt*, FA 2016, 73, 75.

1094 BT-Drucks. 12/3280, S. 5. Darauf verweisen ebenfalls *Winter/Marx/De Decker*, NZA 2015, 1111, 1113; zustimmend *Gebhardt*, FA 2016, 73, 75.

1095 BT-Drucks. 16/9737, S. 54 f. Darauf verweisen ebenfalls *Winter/Marx/De Decker*, NZA 2015, 1111, 1113; zustimmend *Gebhardt*, FA 2016, 73, 75; bzgl. des Wahlrechts auch *Krause*, in: ZHR Beiheft 78, S. 46, 49.

1096 BT-Drucks. 16/3797, S. 54 f.

Ausland spricht und die Rechtsform des abhängigen Unternehmens bei der Konzernzurechnung nach § 5 Abs. 1 S. 1 MitbestG gerade keine Rolle spielt[1097]. Für die Frage der Berücksichtigung im Rahmen des Schwellenwerts von 2 000 Arbeitnehmern ist daher entscheidend, ob der betreffende Arbeitnehmer im Inland tätig ist.

Im Zusammenspiel mit den systematischen Argumenten gegen die Berücksichtigung der im Ausland tätigen Arbeitnehmer führt die historische Auslegung für die Auslandsbelegschaft dazu, dass diese im Rahmen des Schwellenwerts von § 1 Abs. 1 Nr. 2 MitbestG nicht mitzuzählen ist. Das gilt allerdings nicht für die Inlandsbelegschaft ausländischer Tochtergesellschaften.

bb) Arbeitnehmerzurechnung bei der Kapitalgesellschaft und Co. KG (§ 4 Abs. 1 S. 1 MitbestG)

Gemäß § 4 Abs. 1 S. 1 MitbestG ist die Zurechnung der Arbeitnehmer einer Kommanditgesellschaft zur Komplementärgesellschaft ausgeschlossen, wenn letztere über einen eigenen Geschäftsbetrieb mit in der Regel mehr als 500 Arbeitnehmern verfügt. Insoweit stellt sich zunächst die Frage, ob eine Berücksichtigung von Arbeitnehmern ausländischer Tochtergesellschaften für diesen Schwellenwert überhaupt in Betracht kommt. Das beruht darauf, dass in der Literatur schon grundsätzlich keine Einigkeit darüber besteht, ob Arbeitnehmer, die in abhängigen Unternehmen der Komplementärgesellschaft beschäftigt sind, bei der Berechnung mitzuzählen sind.[1098]

Der Wortlaut von § 4 Abs. 1 S. 1 MitbestG spricht gegen eine Berücksichtigung dieser Arbeitnehmer, weil sie nicht in einem Arbeitsverhältnis zu der Komplementärgesellschaft stehen und daher nicht zum *eigenen* Geschäftsbetrieb gehören. Da es um eine Frage der Konzernzurechnung geht, muss aber auch die Regelung des § 5 Abs. 1 S. 1 MitbestG einbezogen werden. Gemäß dieser Vorschrift „gelten für die Anwendung dieses Gesetzes auf das herrschende Unternehmen die Arbeitnehmer der Konzernunternehmen als Arbeitnehmer des herrschenden Unternehmens". Laut dieser Formulierung entfaltet die Konzernzurechnung für das gesamte Mitbestimmungsgesetz – einschließlich § 4 Abs. 1 S. 1 MitbestG – Geltung, weshalb es sich bei der Einbeziehung der Arbeitnehmer abhängiger Unternehmen um einen

1097 *Oetker*, in: ErfK, § 5 MitbestG Rn. 5; *Raiser*, in: RVJ, § 5 MitbestG Rn. 7; *Seibt*, in: HWK, § 5 MitbestG Rn. 5; *Ulmer/Habersack*, in: UHH, § 5 MitbestG Rn. 18; *Wißmann*, in: WKS, § 5 MitbestG Rn. 19.

1098 Für die Berücksichtigung: *Kunze*, ZGR 1978, 321, 324; *Oetker*, in: GroßK-AktG, § 4 MitbestG Rn. 7; *ders.*, in: ErfK, § 4 MitbestG Rn. 5; *Reichert/Ullrich*, in: Reichert, § 19 Rn. 14; *Seibt*, in: HWK, § 4 MitbestG Rn. 9; *Ulmer/Habersack*, in: UHH, § 4 MitbestG Rn. 20. Dagegen: *Heither/von Morgen*, in: NK-GA, § 4 MitbestG Rn. 13; *Hoffmann/Lehmann/Weinmann*, § 4 MitbestG Rn. 12; *Raiser*, in: RVJ, § 4 MitbestG Rn. 19; *Wißmann*, in: MüArbR, § 279 Rn. 20; *ders.*, in: WKS, § 4 MitbestG Rn. 21; zweifelnd auch: *Lutter*, Mitbestimmung im Konzern, S. 61; *Reich/Lewerenz*, AuR 1976, 261, 267.

Anwendungsfall von § 5 Abs. 1 S. 1 MitbestG handelt.[1099] Dieses Verständnis entspricht darüber hinaus dem Zweck des Schwellenwerts in § 4 Abs. 1 S. 1 MitbestG, der in der Feststellung liegt, ob der persönlich haftende Gesellschafter über einen nennenswerten eigenen Geschäftsbetrieb verfügt oder ob der Geschäftsbetrieb sich auf die Führung der Geschäfte der Kommanditgesellschaft beschränkt[1100]. Lediglich im zuletzt genannten Fall ist von einer wirtschaftlichen Einheit der Kommanditgesellschaft und der Komplementärgesellschaft auszugehen, welche die Zurechnung der Arbeitnehmer der Kommanditgesellschaft zur Komplementärgesellschaft rechtfertigt. Die Tätigkeit der Komplementärgesellschaft erschöpft sich aber auch dann nicht in der Geschäftsführung der Kommanditgesellschaft, wenn sie für diese Tätigkeit auf abhängige Unternehmen zurückgreift. Demnach stellt sich die Frage der Zurechnung im Ausland beschäftigter Arbeitnehmer nicht nur für solche Arbeitnehmer, die in Betrieben des Unternehmens selbst tätig sind, sondern auch für Arbeitnehmer von Tochtergesellschaften.

Zur Beantwortung dieser Frage ist im Rahmen der systematischen Auslegung zu berücksichtigen, dass § 4 MitbestG ebenso wie § 1 Abs. 1 Nr. 2 MitbestG den Geltungsbereich des Gesetzes festlegt, so dass viel für eine übereinstimmende Auslegung der beiden Schwellenwertregelungen spricht. Demgegenüber streitet die teleologische Auslegung für die Einbeziehung der im Ausland beschäftigten Arbeitnehmer, weil für die Größe des eigenen – über die Geschäftsführung bei der Kommanditgesellschaft hinausgehenden – Geschäftsbetriebs auch diese Arbeitnehmer eine Rolle spielen. Die Aussage des Berichts des Ausschusses für Arbeit und Sozialordnung, dass im Ausland gelegene Tochtergesellschaften bei Errechnung der maßgeblichen Arbeitnehmerzahl nicht mitzuzählen seien,[1101] lässt sich allerdings ebenfalls auf den Schwellenwert des § 4 Abs. 1 S. 1 MitbestG übertragen. Daraus, dass in dem Bericht im vorherigen Satz von dem Schwellenwert von 2 000 Arbeitnehmern die Rede ist, kann eine Beschränkung allein auf den Eingangsschwellenwert des § 1 Abs. 1 Nr. 2 MitbestG nicht hergeleitet werden. Außerdem führte der Abgeordnete *Schmidt* (FDP) in der zweiten und dritten Beratung des MitbestG im Bundestag allgemein aus, dass „für die Berechnung der Zahl der Betriebsangehörigen selbstverständlich nur solche in Betracht kommen können, die im Inland, also im Geltungsbereich des Grundgesetzes beschäftigt sind".[1102] Auch wenn der Wortlaut von § 4 Abs. 1 S. 1 MitbestG der Einbeziehung im Ausland beschäftigter Arbeitnehmer nicht entgegensteht und der Zweck der Vorschrift für deren Berücksichtigung spricht, muss letztlich doch der Kontext der Vorschrift entscheidend sein. Bei § 4 Abs. 1 S. 1 MitbestG handelt es sich um eine Zurechnungsvorschrift, die sich unmittelbar auf die Anwendung von § 1 Abs. 1 Nr. 2 MitbestG auswirkt, so dass für diese beiden Regelungen keine unterschiedlichen Maßstäbe angelegt werden können. Bezieht man außerdem die Beschränkung des

1099 *Seibt*, in: HWK, § 4 MitbestG Rn. 9; *Ulmer/Habersack*, in: UHH, § 4 MitbestG Rn. 20.
1100 Vgl. oben § 2 B. I. 2.
1101 BT-Drucks. 7/4845, S. 4.
1102 Stenografischer Bericht der 230. Sitzung am 18.3.1976, S. 16010 (A), (B).

MitbestG auf inländische Gesellschaftsformen, die Vermeidung elementarer Unterschiede zwischen der Anzahl der zählenden und wählenden Arbeitnehmer und die Entstehungsgeschichte in die Auslegung ein, kommt man zu dem Ergebnis, dass die in ausländischen Betrieben tätigen Arbeitnehmer im Rahmen des Schwellenwerts von § 4 Abs. 1 S. 1 MitbestG nicht mitzuzählen sind, und zwar unabhängig davon, ob sie bei dem Unternehmen selbst oder bei einer Tochtergesellschaft beschäftigt sind. Die im Inland tätigen Arbeitnehmer ausländischer Tochterunternehmen sind demgegenüber zu berücksichtigen.

cc) Größe des Aufsichtsrats (§ 7 Abs. 1 S. 1 MitbestG)

Gemäß § 7 Abs. 1 S. 1 MitbestG ist die Größe des Aufsichtsrats abhängig von der Anzahl der in der Regel im Unternehmen beschäftigten Arbeitnehmer. Dadurch soll verhindert werden, dass Unternehmen unangemessen große Aufsichtsräte bilden müssen.[1103] Das knüpft zum einen an die mit einem größeren Aufsichtsrat verbundenen höheren finanziellen Belastungen an. Eine größere Anzahl auch im Ausland beschäftigter Arbeitnehmer spricht grundsätzlich für eine höhere finanzielle Belastbarkeit des jeweiligen Unternehmens. Allerdings muss in diesem Zusammenhang berücksichtigt werden, dass Kostensenkungen häufig ein wesentliches Motiv zur Verlagerung von Arbeitsplätzen in das Ausland sind. Aus dem Beschäftigungsort der Arbeitnehmer eines Unternehmens lassen sich daher keine allgemeingültigen Schlüsse auf seine finanzielle Belastbarkeit ziehen, so dass dieses Kriterium für die Frage der Berücksichtigung wenig aussagekräftig ist. Die Verhinderung unangemessen großer Aufsichtsräte bezieht sich zum anderen auf den größeren Arbeitsaufwand für den Aufsichtsrat, der sich unabhängig vom Arbeitsort tendenziell mit zunehmender Arbeitnehmeranzahl erhöht. Insoweit spricht die Fundierung des Schwellenwerts für die Einbeziehung der Auslandsbelegschaft.

In diesem Zusammenhang ist indes zu beachten, dass die Grenzwerte des § 7 Abs. 1 S. 1 MitbestG lediglich die Mindestgröße des Aufsichtsrats zwingend vorschreiben, um den wahlberechtigten Arbeitnehmern und den vorschlagsberechtigten Gewerkschaften die Auswahl verschiedener Repräsentanten zu ermöglichen. Mangels Wahlberechtigung der Auslandsbelegschaft und Vorschlagsrecht ausländischer Gewerkschaften streitet dieser Aspekt des Schwellenwerts gegen die Berücksichtigung der im Ausland beschäftigten Arbeitnehmer. Sollte die Arbeitsbelastung des Aufsichtsrats ein größeres Gremium erforderlich machen, bleibt es dem Unternehmen gemäß § 7 Abs. 1 S. 2 und 3 MitbestG unbenommen, die Zahl der Aufsichtsratsmitglieder in der Satzung oder dem Gesellschaftsvertrag auf ein für größere Unternehmen vorgesehenes Maß zu erhöhen. Berücksichtigt man zudem die für alle Schwellenwerte des MitbestG geltenden systematischen und historischen Argumente gegen die Einbeziehung der Auslandsbelegschaft, scheidet ein Mitzählen der Auslandsbelegschaft im Rahmen von § 7 Abs. 1 S. 1 MitbestG aus. In inländischen

---

1103 Vgl. oben § 2 B. I. 3.

Betrieben beschäftigte Arbeitnehmer sind hingegen zu berücksichtigen, auch wenn sie in einem Arbeitsverhältnis zu einer ausländischen Tochtergesellschaft stehen.

dd) Wahlverfahrensvorschriften

(1) Art der Wahl (§ 9 Abs. 1 und 2 MitbestG)

Gemäß § 9 Abs. 1 und 2 MitbestG werden die Arbeitnehmervertreter eines Unternehmens mit in der Regel mehr als 8 000 Arbeitnehmern – vorbehaltlich einer abweichenden Entscheidung der wahlberechtigten Arbeitnehmer – durch Delegierte gewählt, während in Unternehmen mit einer niedrigeren Arbeitnehmerzahl grundsätzlich eine unmittelbare Wahl stattfindet. Damit soll dem Umstand Rechnung getragen werden, dass in größeren Unternehmen die Kandidaten für ein Aufsichtsratsamt den Arbeitnehmern vielfach unbekannt sind und sie sich auch nicht in allen Betrieben vorstellen können.[1104] Diese Fundierung des Schwellenwerts spricht dagegen, die Auslandsbelegschaft mitzuzählen, weil sie geschlossen nicht an der Wahl teilnimmt und es daher keine Rolle spielt, ob die Wahlbewerber in ihren Reihen bekannt sind.

Das bedeutet nicht, dass im Rahmen von § 9 Abs. 1 und 2 MitbestG grundsätzlich nur auf die wahlberechtigten Arbeitnehmer abzustellen ist, da mit der Bestimmung der Wahlart anhand der Anzahl der in der Regel beschäftigten Arbeitnehmer die grundsätzliche Größe des Unternehmens festgestellt werden soll. Bei Betrieben in Deutschland unterscheidet sich die Zahl der Regelbeschäftigten aber nicht wesentlich von der Anzahl der wahlberechtigten Arbeitnehmer. Die Anzahl der in der Regel beschäftigten Arbeitnehmer bildet lediglich die grundsätzliche Struktur des Unternehmens besser ab als die Anzahl der an einem Stichtag wahlberechtigten Arbeitnehmer. Entscheidender Grund dafür, dass die Auslandsbelegschaft im Rahmen von § 9 Abs. 1 und 2 MitbestG nicht mitgezählt werden sollte, ist daher die Tatsache, dass nicht nur einzelne Arbeitnehmer im Ausland gelegener Betriebe nicht wahlberechtigt sind, sondern dass sich unter diesen Arbeitnehmern – abgesehen von Fällen der Ausstrahlung – überhaupt keine Wahlberechtigten befinden. Hinzu kommen die systematische und die historische Auslegung, die ebenfalls gegen die Einbeziehung der Auslandsbelegschaft sprechen. Im Ausland tätige Arbeitnehmer sind daher bei § 9 Abs. 1 und 2 MitbestG nicht zu berücksichtigen, während in inländischen Betrieben beschäftigte Arbeitnehmer ausländischer Tochtergesellschaften mitzuzählen sind.

(2) Sonstige Wahlverfahrensvorschriften

Das MitbestG enthält zahlreiche weitere Wahlverfahrensvorschriften mit Schwellenwerten (§ 9 Abs. 3 S. 1 und 3 MitbestG, § 11 Abs. 1 S. 1 MitbestG, § 12 Abs. 1 S. 2 MitbestG, § 15 Abs. 2 S. 2 MitbestG, § 21 Abs. 2 S. 1 Nr. 1 MitbestG, § 22 Abs. 2 S. 1 Nr. 1 MitbestG und § 23 Abs. 1 S. 2 MitbestG), die sich auf eine bestimmte Anzahl oder einen Bruchteil der wahlberechtigten Arbeitnehmer bzw. der jeweils wahlberechtigten in § 3 Abs. 1 Nr. 1 MitbestG bezeichneten Arbeitnehmer oder der leiten-

1104 Vgl. oben § 2 B. I. 4.

den Angestellten beziehen. Da die im Ausland beschäftigten Arbeitnehmer nicht wahlberechtigt sind, steht bereits der Wortlaut der genannten Vorschriften einer Berücksichtigung entgegen. Der Ausschluss der Auslandsbelegschaft entspricht des Weiteren dem Sinn und Zweck der genannten Vorschriften, weil die Berücksichtigung im Rahmen der genannten Schwellenwerte Ausfluss des Wahlrechts ist.[1105]

b) DrittelbG

aa) Anwendungsschwellenwert (§ 1 Abs. 1 DrittelbG)

Die Anwendung des DrittelbG setzt gemäß § 1 Abs. 1 DrittelbG – außer für vor dem 10. August 1994 eingetragene Aktiengesellschaften – voraus, dass die Gesellschaft mehr als 500 Arbeitnehmer beschäftigt. Für diesen Schwellenwert stellt sich zunächst die Frage, ob die Einbeziehung von Arbeitnehmern ausländischer Tochtergesellschaften überhaupt in Betracht kommt. Das beruht darauf, dass im Anwendungsbereich des DrittelbG die Arbeitnehmer von Konzernunternehmen nur dann als solche des herrschenden Unternehmens gelten, wenn zwischen den Unternehmen ein Beherrschungsvertrag besteht oder das abhängige Unternehmen in das herrschende Unternehmen eingegliedert ist (§ 2 Abs. 2 DrittelbG). Zum Teil wird die Auffassung vertreten, für diese Formen der qualifizierten Konzernierung müsse das abhängige Unternehmen eine deutsche Aktiengesellschaft oder Kommanditgesellschaft auf Aktien mit Sitz im Inland sein, weshalb die Berücksichtigung von Arbeitnehmern ausländischer Tochtergesellschaften im Anwendungsbereich des DrittelbG von vornherein ausscheide.[1106]

Richtig ist, dass ein Beherrschungsvertrag im Sinne von § 291 Abs. 1 Alt. 1 AktG voraussetzt, dass es sich bei dem abhängigen Unternehmen um eine Aktiengesellschaft oder Kommanditgesellschaft auf Aktien handelt, die nach ihrem Gesellschaftsstatut deutschem Recht unterliegt.[1107] Unabhängig von der Frage, ob die Arbeitnehmer ausländischer Tochtergesellschaften bei den Schwellenwerten zu berücksichtigen sind, besteht aber heute Einigkeit darüber, dass es für eine Zurechnung nach § 2 Abs. 2 DrittelbG auf die Rechtsform des abhängigen Unternehmens

---

1105 Vgl. oben § 3 C. II. 2. a) dd) (2).

1106 *Behme*, EuZA 2016, 411, 419; *Giedinghagen/Kempermann*, GmbHR 2015, R161, R162; *Hellwig/Behme*, AG 2009, 261, 276; *dies.*, AG 2015, 333, 338; a.A. *Hammen*, Der Konzern 2016, 105 Fn. 6.

1107 BGH 13.12.2004, ZIP 2005, 250, 251 (allg. zur Maßgeblichkeit der Rechtsordnung der abhängigen Gesellschaft im internationalen Konzernrecht); *Altmeppen*, in: MüKo-AktG, § 291 AktG Rn. 17; *Emmerich*, in: Emmerich/Habersack, § 291 AktG Rn. 7 f.; *Koch*, in: Hüffer/Koch, § 291 AktG Rn. 5; *Koppensteiner*, in: KölnK-AktG, § 291 AktG Rn. 7; *Langenbucher*, in: Schmidt/Lutter, § 291 AktG Rn. 21; *Mülbert*, in: GroßK-AktG, § 291 AktG Rn. 43; *Pachos*, in: Henssler/Strohn, § 291 AktG Rn. 5; *Veil*, in: Spindler/Stilz, § 291 AktG Rn. 4 f., der allerdings der Auffassung ist, dass auch eine GmbH einen Beherrschungsvertrag im unmittelbaren Sinne des § 291 AktG abschließen kann.

nicht ankommt, solange der Vertrag inhaltlich den Anforderungen des § 291 AktG genügt.[1108] Der Wortlaut des § 2 Abs. 2 DrittelbG steht einer solchen Auslegung nicht entgegen, weil er im Gegensatz zu § 2 Abs. 1 DrittelbG nicht auf das AktG Bezug nimmt.[1109] Die Rechtsform des abhängigen Unternehmens spielt für das nach Sinn und Zweck entscheidende Merkmal des § 2 Abs. 2 DrittelbG – die rechtssichere Feststellung der Abhängigkeit durch einen Beherrschungsvertrag – keine Rolle.[1110] Die Berücksichtigung der Arbeitnehmer ausländischer Tochtergesellschaften scheitert also nicht von vornherein daran, dass diese nicht in Form einer Aktiengesellschaft oder Kommanditgesellschaft auf Aktien betrieben werden.

Die Beschränkung der Geltung der §§ 291 ff. AktG auf abhängige Unternehmen mit deutschem Gesellschaftsstatut liegt darin begründet, dass deutsches Konzernrecht nicht den Schutz ausländischer Unternehmen bezweckt.[1111] Die Zulässigkeit von Beherrschungsverträgen zwischen einer deutschen Muttergesellschaft und einer ausländischen Tochtergesellschaft richtet sich dementsprechend nach dem ausländischen Personalstatut der Tochtergesellschaft.[1112] Diese zweckorientierte Begründung des begrenzten Anwendungsbereichs der §§ 291 ff. AktG lässt sich nicht unbesehen auf § 2 Abs. 2 DrittelbG übertragen. Eine Konzernzurechnung der Arbeitnehmer ausländischer Tochtergesellschaften, welche die Leitung ihrer Gesellschaft einem dem DrittelbG unterliegenden Unternehmen unterstellt haben, scheidet daher nicht von vornherein aufgrund von Gründen aus, die außerhalb der Auslegung des § 2 Abs. 2 DrittelbG liegen. Dasselbe gilt für Eingliederungen ausländischer Aktiengesellschaften in eine deutsche Aktiengesellschaft. Das deutsche Recht enthält keine Regelung über einzugliedernde Gesellschaften mit Sitz im Ausland, weil ein solcher Vorgang nicht deutschem Recht unterliegt.[1113] Entscheidend ist daher die Auslegung des DrittelbG selbst.

Hintergrund des Schwellenwerts in § 1 Abs. 1 DrittelbG ist, dass nur Unternehmen vom DrittelbG erfasst werden, bei denen aufgrund ihrer Größe der persönliche

---

1108 BayObLG 10.12.1992, AP Nr. 1 zu § 77a BetrVG 1952; LAG München 21.12.2006–4 TaBV 61/06, juris Rn. 31; *Deilmann*, NZG 2005, 659, 660; *Fuchs/Köstler/Pütz*, Rn. 144; *Gimmy*, in: FS ARGE ArbR im DAV, S. 857, 864; *Habersack*, in: UHH, § 2 DrittelbG Rn. 13; *Kleinsorge*, in: WKS, § 2 DrittelbG Rn. 32; *Oetker*, in: ErfK, § 2 DrittelbG Rn. 16; *Seibt*, in: HWK, § 2 DrittelbG Rn. 11; *Veil*, in: RVJ, § 2 DrittelbG Rn. 15; *Wißmann*, in: MüArbR, § 285 Rn. 4; a.A. *Strassburg*, BB 1979, 1070, 1071 f.

1109 *Hammen*, Der Konzern 2016, 105 Fn. 6 bezogen auf ausländische Tochtergesellschaften.

1110 *Gimmy*, in: FS ARGE ArbR im DAV, S. 857, 864; *Kleinsorge*, in: WKS, § 2 DrittelbG Rn. 32; *Kraft*, in: GK-BetrVG, 7. Aufl., § 77a BetrVG Rn. 7.

1111 *Koch*, in: Hüffer/Koch, § 291 AktG Rn. 5.

1112 *Bayer*, Beherrschungsvertrag, S. 66; *Großfeld*, in: Staudinger, IntGesR Rn. 575; *Kindler*, in: MüKo-BGB, IntGesR Rn. 712; *Leible*, in: MHLS, Syst. Darst. 2 Rn. 242; *Spahlinger/Wegen*, IntGesR, Rn. 370.

1113 *Grunewald*, in: MüKo-AktG, § 319 AktG Rn. 11; *Koch*, in: Hüffer/Koch, § 319 AktG Rn. 4a; *Schmolke*, in: GroßK-AktG, Vor § 319 AktG Rn. 12, 18.

Kontakt zwischen der Belegschaft und den Unternehmern nicht mehr in ausreichendem Maße gegeben ist.[1114] Diese Zwecksetzung ließe sich durchaus auf im Ausland beschäftigte Arbeitnehmer übertragen, allerdings streitet gegen ein solches Verständnis die Beschränkung des DrittelbG auf deutsche Gesellschaftsformen, die Ausdruck der Begrenzung des begrenzten Anwendungsbereichs des DrittelbG ist. Hinzu kommt, dass die Drittelbeteiligung ursprünglich in das auf inländische Betriebe beschränkte BetrVG integriert war. Die historische Auslegung spricht daher gegen die Einbeziehung von im Ausland tätigen Arbeitnehmern, aber für die Berücksichtigung der Inlandsbelegschaft ausländischer Tochtergesellschaften. Ebenso wie bei dem Anwendungsschwellenwert des MitbestG können daher auch für § 1 Abs. 1 DrittelbG der offene Wortlaut und der allgemeine Zweck des Schwellenwerts nicht entscheidend sein, so dass im Ergebnis nur die Inlandsbelegschaft mitzuzählen ist.

bb) Wahlverfahrensvorschriften

Neben dem Eingangsschwellenwert enthält das DrittelbG in § 6 S. 2 DrittelbG, § 11 Abs. 2 S. 1 Nr. 1 DrittelbG und § 12 Abs. 1 S. 1 DrittelbG verschiedene Schwellenwerte, die im Zusammenhang mit dem Wahlverfahren stehen. Die Regelungen enthalten jeweils ein Quorum zur Aufstellung von Wahlvorschlägen, zur Anfechtung der Wahl und zur Einleitung eines Beschlusses über die Abberufung von Aufsichtsratsmitgliedern der Arbeitnehmer. Ihrem Wortlaut nach beziehen sie sich auf einen Bruchteil oder eine bestimmte Anzahl der „Wahlberechtigten" und schließen so die Auslandsbelegschaft von einer Berücksichtigung aus. Diese Auslegung wird zudem dadurch gestützt, dass die genannten Rechte unmittelbar mit dem Wahlrecht zusammenhängen und daher nach ihrem Sinn und Zweck nur den Wahlberechtigten zustehen sollten.[1115] Im Rahmen der wahlverfahrensbezogenen Schwellenwerte des DrittelbG sind die im Ausland beschäftigten Arbeitnehmer daher nicht zu berücksichtigen.

c) Montan-MitbestG

Das Montan-MitbestG gilt gemäß § 1 Abs. 2 Montan-MitbestG nur für Unternehmen, die in der Regel mehr als 1 000 Arbeitnehmer beschäftigen oder „Einheitsgesellschaften" sind. Die Frage nach der Einbeziehung im Ausland beschäftigter Arbeitnehmer stellt sich für diesen Schwellenwert lediglich für Arbeitnehmer ausländischer Betriebe, weil das Montan-MitbestG im Rahmen von § 1 Abs. 2 Montan-MitbestG keine Konzernzurechnung kennt[1116].

Der Wortlaut von § 1 Abs. 2 Montan-MitbestG steht einer Einbeziehung im Ausland beschäftigter Arbeitnehmer nicht entgegen. Demgegenüber ist in sys-

---

1114 Vgl. oben § 2 B. II. 1. a).

1115 Vgl. oben § 3 C. II. 2. b) bb).

1116 *Engels*, BB 1981, 1349, 1354; *Heither/von Morgen*, § 1 Montan-MitbestG Rn. 26; *Oetker*, in: ErfK, § 1 Montan-MitbestG Rn. 13; *Seibt*, in: HWK, 2. Aufl., § 1 Montan-MitbestG Rn. 16; *Wißmann*, in: WKS, § 1 Montan-MitbestG Rn. 16; *Wlotzke/Wißmann*, DB 1981, 623, 628.

tematischer Hinsicht zu berücksichtigen, dass die Arbeitnehmervertreter nach § 6 Abs. 1 S. 2 und Abs. 5 S. 1 Montan-MitbestG durch die Betriebsräte bzw. den Konzernbetriebsrat (vgl. § 1 Abs. 4 Montan-MitbestG) vorgeschlagen werden. Das streitet für die Einbeziehung lediglich der Inlandsbelegschaft, weil in ausländischen Betrieben keine Betriebsräte im Sinne des BetrVG gewählt werden und die ausländischen Betriebe nach überwiegender Ansicht auch keine Mitglieder in den Konzernbetriebsrat entsenden[1117]. Der Schwellenwert des § 1 Abs. 2 Montan-MitbestG dient zum einen dazu, nur große Unternehmen zu erfassen, welche die mit der Montanmitbestimmung verbundenen finanziellen Belastungen tragen können.[1118] Der Beschäftigung von Arbeitnehmern im Ausland lassen sich indes keine allgemeingültigen Erkenntnisse über die finanzielle Belastbarkeit eines Unternehmens entnehmen. Zum anderen trägt der Schwellenwert dem Gedanken Rechnung, dass nur in entsprechend großen Unternehmen die anonymen Strukturen eine institutionalisierte Mitbestimmung erfordern.[1119] Diese Zweckbestimmung lässt sich – ebenso wie im Geltungsbereich des MitbestG und des DrittelbG – auf die Auslandsbelegschaft übertragen.

Daneben ist jedoch die Entstehungsgeschichte des Montan-MitbestG zu berücksichtigen, die dagegen spricht, in ausländischen Betrieben beschäftigte Arbeitnehmer mitzuzählen, weil das Montan-MitbestG vorrangig dazu diente, die in der Nachkriegszeit im Rahmen der Entflechtung der Eisen- und Stahlindustrie den Arbeitnehmern zugesprochenen Mitbestimmungsrechte zu erhalten[1120]. Diese Zwecksetzung gilt lediglich für deutsche Betriebe und spricht neben der allgemeinen Zurückhaltung bei der Erstreckung sozialpolitischer Vorstellungen auf ausländische Betriebe für das Montan-MitbestG umso mehr, auch wenn allein die Berücksichtigung im Ausland beschäftigter Arbeitnehmer dort keine Rechtswirkungen entfaltet. Im Zusammenspiel mit den allgemeinen Argumenten gegen die Einbeziehung der Auslandsbelegschaft – wie die Beschränkung auf Aktiengesellschaften und Gesellschaften mit beschränkter Haftung nach § 1 Abs. 2 Montan-MitbestG – ergibt sich daher, dass im Rahmen des Schwellenwerts von § 1 Abs. 2 Montan-MitbestG nur die Arbeitnehmer inländischer Betriebe mitzuzählen sind.

1117 *Annuß*, in: Richardi, § 54 BetrvG Rn. 34; *Fitting*, § 54 BetrVG Rn. 37; *Franzen*, in: GK-BetrVG, § 54 BetrVG Rn. 44; *Glock*, in: HWGNRH, § 54 BetrVG Rn. 23; *Joost*, in: MüArbR, § 227 Rn. 31; *Junker*, IntArbR, S. 393, 395 f.; *Koch*, in: ErfK, § 54 BetrVG Rn. 7; *Löwisch*, in: Löwisch/Kaiser, § 54 BetrVG Rn. 13; *Oetker*, in: MüArbR, § 11 Rn. 128; *Simitis*, in: FS Kegel, S. 153, 179; a.A. *Birk*, in: FS Schnorr von Carolsfeld, S. 61, 84 f.; *ders.*, RIW 1975, 589, 593; *ders.*, in: BdGVR, Heft 18, S. 263, 349 f.; *Däubler*, RabelsZ 39 (1975), 444, 462 ff.; *Fuchs*, Konzernbetriebsrat, S. 183; *Grasmann*, ZGR 1973, 317, 325 f.

1118 Vgl. oben § 2 B. III. 3.

1119 Vgl. oben § 2 B. III. 4.

1120 Vgl. zur Entstehungsgeschichte auch § 2 B. III. 1.

3. *Unionsrechtskonformität*

a) Meinungsstand

Ebenso wie im Bereich der Wahlberechtigung stellt sich auch für die Berücksichtigung bei den Schwellenwerten die Frage, ob der Ausschluss der Auslandsbelegschaft einen Verstoß gegen Unionsrecht begründet.[1121] In diesem Zusammenhang ist zunächst hervorzuheben, dass der EuGH lediglich festgestellt hat, dass Art. 45 AEUV der fehlenden Wahlberechtigung der Auslandsbelegschaft nicht entgegensteht. Mit der Frage, ob die fehlende Einbeziehung der im Ausland beschäftigten Arbeitnehmer in die Schwellenwerte der Unternehmensmitbestimmung mit Unionsrecht vereinbar ist, hat sich der Gerichtshof demgegenüber nicht befasst.[1122]

Das LG Frankfurt a. M. entschied im Jahr 2015 in einem nicht rechtskräftigen Beschluss, dass im Ausland beschäftigte Arbeitnehmer im Rahmen des Schwellenwerts von 2 000 Arbeitnehmern in § 1 Abs. 1 Nr. 2 MitbestG zu berücksichtigen seien und begründete diese Auffassung u. a. damit, dass eine andere Behandlung der im europäischen Ausland gelegenen Unternehmen gegen das allgemeine Diskriminierungsverbot des Art. 18 Abs. 1 AEUV verstieße.[1123]

Die übrige erstinstanzliche Rechtsprechung schloss sich der Auffassung des LG Frankfurt a. M. nicht an[1124] und in der Literatur ist die Entscheidung – auch im Hinblick auf die unionsrechtlichen Überlegungen – ganz überwiegend auf Kritik gestoßen[1125]. Ein Verstoß gegen das Diskriminierungsverbot scheide aus, da alle

---

1121 Auf die abzulehnende These *Hammens*, WuB 2015, 644, 645 f.; *ders.*, Der Konzern 2016, 105, 110 ff., dass die Berücksichtigung der Arbeitnehmer ausländischer Konzernunternehmen gegen die Niederlassungsfreiheit aus Art. 49, 54 AEUV verstoße, soll nicht näher eingegangen werden, weil es darauf nach der hier vertretenen Ansicht nicht ankommt.

1122 Darauf weisen ebenfalls hin: *Bayer/Schmidt*, BB 2017, 2114, 2123; *Einfeldt*, ArbRB 2017, 268, 269; *Fuchs/Grimm*, EWiR 2017, 457, 458; *Lutter*, EuZW 2017, 665, 666; *Meier*, GmbHR 2017, R264, R265; *Monz/Wendler*, BB 2017, 1788; *Schilha*, EWiR 2017, 489, 490; *Teigelkötter*, DB 2017, 2074; *Wienbracke*, NZA 2017, 1036, 1039, wobei *Monz/Wendler*, *Teigelkötter* und *Wienbracke* im Ergebnis aus der Entscheidung des EuGH dennoch den Schluss ziehen, dass im Ausland beschäftigte Arbeitnehmer im Rahmen der Schwellenwerte nicht zu berücksichtigen sind.

1123 LG Frankfurt a. M. 16.2.2015, ZIP 2015, 634, 635.

1124 LG Berlin 1.6.2015, ZIP 2015, 1291, 1293 ff.; LG München I 27.8.2015, ZIP 2015, 1929, 1930 f. in Bezug auf die Wahlberechtigung.

1125 Kritisch im Hinblick auf die unionsrechtlichen Überlegungen des LG Frankfurt a. M.: *Behme*, EuZA 2016, 411, 420 f.; *Brungs*, Statusverfahren, S. 17 ff.; *Ego*, in: MüKo-AktG, Europ. Niederlassungsfreiheit Rn. 580; *Gebhardt*, FA 2016, 73, 75 f.; *Giedinghagen/Kempermann*, GmbHR 2015, R161, R162; *Hellwig/Behme*, AG 2015, 333, 339 f.; *Koch*, in: Hüffer/Koch, § 96 AktG Rn. 4a; *Krause*, ZIP 2015, 636; *Lunk*, ArbRB 2015, 239; *Mense/Klie*, DStR 2015, 1508, 1512 f.; *Oetker*, JbArbR 53 (2016), 47, 55; *Prinz*, SAE 2015, 66, 72; *Röder*, DrittelbG, Rn. 77; *Schmid*, Der Konzern 2015, 208, 211; *Seibt*, DB 2015, 912, 914; *ders.*, in: HWK, § 1 MitbestG Rn. 10; *Wansleben*,

Arbeitnehmer gleichermaßen von der fehlenden Berücksichtigung der Auslandsbelegschaft im Rahmen der Schwellenwerte betroffen seien.[1126] Auch eine Beschränkung der Arbeitnehmerfreizügigkeit komme nicht in Betracht,[1127] weil die fehlende Berücksichtigung bei den Schwellenwerten nicht geeignet sei, Arbeitnehmer davon abzuhalten, eine Stelle im Ausland anzunehmen[1128].

b) Stellungnahme

aa) Benachteiligung im Ausland beschäftigter Arbeitnehmer

(1) Anwendbarkeit von Art. 45 Abs. 2 AEUV

In Bezug auf eine mögliche Benachteiligung im Ausland beschäftigter Arbeitnehmer stellt sich zunächst die Frage, ob insoweit das spezielle Diskriminierungsverbot des Art. 45 Abs. 2 AEUV oder – wie das LG Frankfurt a. M. meint – das allgemeine Diskriminierungsverbot des Art. 18 Abs. 1 AEUV einschlägig ist.[1129] Den Ausschluss der Auslandsbelegschaft von der Wahl der Arbeitnehmervertreter hat der EuGH an Art. 45 Abs. 2 AEUV gemessen ohne diese Einordnung näher zu begründen.[1130] Der Gerichtshof schloss sich damit allerdings den Ausführungen des Generalanwalts an, der in seinen Schlussanträgen für die Einstufung als Arbeitsbedingung maßgeblich darauf abgestellt hatte, dass die Wahlberechtigung nach dem MitbestG unmittelbar mit der Arbeitnehmereigenschaft der betroffenen Person verknüpft sei.[1131] Das gilt für die Frage der Berücksichtigung bei den Schwellenwerten der Mitbestimmungs-

EWiR 2015, 245, 246; *ders.*, WM 2017, 785; *Winter/Marx/De Decker*, NZA 2015, 1111, 1114; *T. Wißmann*, ArbRAktuell 2015, 259; *Zöllner/Noack*, in: Baumbach/Hueck, § 52 GmbHG Rn. 275.

1126 *Behme*, EWiR 2013, 787, 788; *Bungert/Leyendecker-Langner*, DB 2014, 2031, 2032; *Gebhardt*, FA 2016, 73, 75 f.; *Giedinghagen/Kempermann*, GmbHR 2015, R161, R162; *Hellwig/Behme*, AG 2009, 261, 276 f.; *dies.*, AG 2015, 333, 339; *Wansleben*, EWiR 2015, 104, 105; *ders.*, EWiR 2015, 245, 246; *ders.*, WM 2017, 785; *Winter/Marx/De Decker*, NZA 2015, 1111, 1114; *Zöllner/Noack*, in: Baumbach/Hueck, § 52 GmbHG Rn. 275. In diese Richtung auch *Habersack*, AG 2007, 640, 649; *Henssler*, in: UHH, § 3 MitbestG Rn. 54; *Krause*, ZIP 2015, 636; *Mense/Klie*, DStR 2015, 1508, 1512.

1127 *Brungs*, Statusverfahren, S. 18 f.; *Bungert/Leyendecker-Langner*, DB 2014, 2031, 2032; *Hellwig/Behme*, AG 2009, 261, 277; *Kruchen*, AG 2017, 385, 387 (für den Fall, dass der EuGH sich den Schlussanträgen des Generalanwalts anschließt); *Mense/Klie*, DStR 2015, 1508, 1512; *Winter/Marx/De Decker*, NZA 2015, 1111, 1114. Im Ergebnis ebenso *Henssler*, in: UHH, § 3 MitbestG Rn. 54.

1128 *Brungs*, Statusverfahren, S. 19; *Bungert/Leyendecker-Langner*, DB 2014, 2031, 2032; *Mense/Klie*, DStR 2015, 1508, 1512; *Winter/Marx/De Decker*, NZA 2015, 1111, 1114.

1129 Vgl. bzgl. der Wahlberechtigung oben § 5 B. II. 2. a) aa).

1130 EuGH 18.7.2017 – C-566/15 (*Erzberger*), ECLI:EU:C:2017:562 = NZA 2017, 1000 Rn. 25 ff.

1131 GA *Saugmandsgaard Øe*, Schlussanträge 4.5.2017 – C-566/15 (*Erzberger*), ECLI:EU:C:2017:347 = ZIP 2017, 961 Rn. 44.

gesetze gleichermaßen, so dass auch insoweit der Maßstab des speziellen Diskriminierungsverbots des Art. 45 Abs. 2 AEUV heranzuziehen ist.[1132]

(2) Grenzüberschreitender Bezug

Darüber hinaus lässt sich die Entscheidung des EuGH in Bezug auf die Arbeitnehmer von ausländischen Tochtergesellschaften insoweit auf die Frage der Unionsrechtskonformität der fehlenden Einbeziehung der Auslandsbelegschaft in die Schwellenwerte der Mitbestimmungsgesetze übertragen, als der für die Anwendbarkeit der Arbeitnehmerfreizügigkeit nötige grenzüberschreitende Bezug abzulehnen ist.[1133] Die Situation der nicht wahlberechtigten Auslandsbelegschaft stimmt insoweit mit der Situation der Arbeitnehmer überein, die im Rahmen der Schwellenwerte nicht berücksichtigt werden, als in beiden Fällen die Beschäftigung im Ausland den Grund für den Ausschluss bildet.

Ebenso wie im Bereich der Wahlberechtigung[1134] ist für die Einbeziehung in die Schwellenwerte nicht zwischen den Arbeitnehmern ausländischer Tochtergesellschaften und den Arbeitnehmern, die in ausländischen Betrieben tätig sind, zu differenzieren. Auch für letztere ist entscheidend, dass die betroffenen Arbeitnehmer von ihrem Recht auf Freizügigkeit weder Gebrauch gemacht haben noch Gebrauch machen wollen. Hinzu kommt, dass sich die fehlende Einbeziehung der Auslandsbelegschaft in die Schwellenwerte allein auf Unternehmen auswirkt, die den deutschen Mitbestimmungsgesetzen unterliegen.[1135]

(3) Inhalt des Diskriminierungsverbots

Sieht man dies anders, stellt sich die Frage, ob die fehlende Einbeziehung der Auslandsbelegschaften in die Schwellenwerte der Unternehmensmitbestimmungen einen Verstoß gegen das Diskriminierungsverbot des Art. 45 Abs. 2 AEUV begründet. Die Arbeitnehmerfreizügigkeit umfasst nach dieser Vorschrift die Abschaffung jeder auf der Staatsangehörigkeit beruhenden unterschiedlichen Behandlung der Arbeitnehmer der Mitgliedstaaten in Bezug auf Arbeitsbedingungen. Eine unmittelbare Diskriminierung scheidet aus, weil in Deutschland beschäftigte Arbeitnehmer unabhängig von ihrer Staatsangehörigkeit bei den Schwellenwertregelungen mitzuzählen sind. In Betracht kommt vielmehr eine mittelbare Diskriminierung.

In der Literatur wird eine solche mittelbare Diskriminierung teilweise deshalb abgelehnt, weil dafür erforderlich sei, dass nur Arbeitnehmer im Ausland beschäftigt werden, die nicht deutsche Staatsangehörige seien; das entspreche aber nicht der

1132 A.A. vor der Entscheidung des EuGH: LG Frankfurt a.M. 16.2.2015, ZIP 2015, 634, 635; *Brungs*, Statusverfahren, S. 19 f.; *Bungert/Leyendecker-Langner*, DB 2014, 2031, 2032; *Hellwig/Behme*, AG 2009, 261, 276; *dies.*, AG 2015, 333, 339 f.; *Seibt*, DB 2015, 912, 914.

1133 So bereits vor der Entscheidung des EuGH: *Bungert/Leyendecker-Langner*, DB 2014, 2031, 2032 f.; *Kruchen*, AG 2017, 385, 387; *Schmid*, Der Konzern 2015, 208, 211.

1134 Vgl. dazu § 5 B. II. 2. a) bb) (1) und (2).

1135 So bereits vor der Entscheidung des EuGH: *Bungert/Leyendecker-Langner*, DB 2014, 2031, 2032 f.

tatsächlichen Beschäftigungsstruktur.[1136] Dem ist nicht zuzustimmen, da es sich bei den im Ausland beschäftigten Arbeitnehmern zwar nicht ausschließlich, aber typischerweise um Staatsangehörige anderer Mitgliedstaaten handelt.[1137] Das ist für eine mittelbare Diskriminierung ausreichend.[1138]

Einem Verstoß gegen das Diskriminierungsverbot des Art. 45 AEUV steht allerdings entgegen, dass die fehlende Einbeziehung in die verschiedenen Schwellenwerte keine spezifischen Auswirkungen nur für die im Ausland beschäftigten Arbeitnehmer hat.[1139] Die entsprechenden Vorschriften legen für das gesamte Unternehmen einheitlich fest, ob es in den Anwendungsbereich eines bestimmten Gesetzes über die unternehmerische Mitbestimmung fällt (§§ 1 Abs. 1 Nr. 2, 4 Abs. 1 S. 1 MitbestG, § 1 Abs. 1 DrittelbG und § 1 Abs. 2 Montan-MitbestG), wie viele Mitglieder der Aufsichtsrat hat (§ 7 Abs. 1 S. 1 MitbestG) und wie die Aufsichtsrats-

---

1136 *Brungs*, Statusverfahren, S. 20. Noch weitergehend *Nienerza*, Mitbestimmung, S. 63, der eine Diskriminierung ablehnt, weil Anknüpfungspunkt die Beschäftigung bei einer ausländischen Gesellschaft im betreffenden Mitgliedstaat und nicht die Staatsangehörigkeit sei.

1137 *Bungert/Leyendecker-Langner*, DB 2014, 2031, 2032. Ebenso für den Ausschluss vom Wahlrecht: KG 16.10.2015, ZIP 2015, 2172, 2173; LG München I 27.8.2015, ZIP 2015, 1929, 1931; *Gebhardt*, FA 2016, 73, 76; *Heither/von Morgen*, in: NK-GA, Vor MitbestG Rn. 9; *Hellgardt*, in: ZHR Beiheft 78, S. 24, 35; *Hellwig/Behme*, AG 2009, 261, 265; *Kainer*, IWRZ 2016, 57, 58 f.; *Kisker*, Auslandsgesellschaften, S. 182 f.; *Köster*, Unternehmensmitbestimmung, S. 196; *Krause*, AG 2012, 485, 494; *ders.*, in: ZHR Beiheft 78, S. 46, 58; *Latzel*, Gleichheit, Rn. 341; *Lubitz*, Sicherung, S. 128 f.; *Maier*, Übertragbarkeit, S. 204 f.; *Rieble/Latzel*, EuZA 2011, 145, 151; *Rödl*, JZ 2016, 980, 986; *Seyboth*, AuR 2012, 339, 340; *Teichmann*, Beilage zu ZIP 48/2009, 10, 11; *Wansleben*, NZG 2014, 213, 214; *Wißmann*, in: WKS, Vorbem. MitbestG Rn. 71.

1138 *Bungert/Leyendecker-Langner*, DB 2014, 2031, 2032. Ebenso für den Ausschluss vom Wahlrecht: KG 16.10.2015, ZIP 2015, 2172, 2173; LG München I 27.8.2015, ZIP 2015, 1929, 1931; *Gebhardt*, FA 2016, 73, 76; *Heither/von Morgen*, in: NK-GA, Vor MitbestG Rn. 9; *Hellgardt*, in: ZHR Beiheft 78, S. 24, 35; *Hellwig/Behme*, AG 2009, 261, 265; *Kainer*, IWRZ 2016, 57, 58 f.; *Kisker*, Auslandsgesellschaften, S. 182 f.; *Köster*, Unternehmensmitbestimmung, S. 196; *Krause*, AG 2012, 485, 494; *ders.*, in: ZHR Beiheft 78, S. 46, 58; *Latzel*, Gleichheit, Rn. 341; *Lubitz*, Sicherung, S. 128 f.; *Maier*, Übertragbarkeit, S. 204 f.; *Rieble/Latzel*, EuZA 2011, 145, 151; *Rödl*, JZ 2016, 980, 986; *Seyboth*, AuR 2012, 339, 340; *Teichmann*, Beilage zu ZIP 48/2009, 10, 11; *Wansleben*, NZG 2014, 213, 214; *Wißmann*, in: WKS, Vorbem. MitbestG Rn. 71.

1139 *Behme*, EWiR 2013, 787, 788; *Bungert/Leyendecker-Langner*, DB 2014, 2031, 2032; *Gebhardt*, FA 2016, 73, 75 f.; *Giedinghagen/Kempermann*, GmbHR 2015, R161, R162; *Hellwig/Behme*, AG 2009, 261, 276 f.; *dies.*, AG 2015, 333, 339; *Schilha*, EWiR 2017, 489, 490; *Wansleben*, EWiR 2015, 104, 105; *ders.*, EWiR 2015, 245, 246; *ders.*, WM 2017, 785; *Winter/Marx/De Decker*, NZA 2015, 1111, 1114; *Zöllner/Noack*, in: Baumbach/Hueck, § 52 GmbHG Rn. 275. In diese Richtung auch *Krause*, ZIP 2015, 636; *Mense/Klie*, DStR 2015, 1508, 1512.

mitglieder der Arbeitnehmer gewählt werden (§ 9 Abs. 1 und 2 MitbestG).[1140] Eine Benachteiligung der Auslandsbelegschaft gegenüber der Inlandsbelegschaft scheidet also deshalb aus, weil sämtliche Arbeitnehmer im Hinblick auf die Unternehmensmitbestimmung gleich behandelt werden.

In Bezug auf § 7 Abs. 1 S. 1 MitbestG kann man zudem daran zweifeln, ob es für die Beschäftigten einen Nachteil darstellt, wenn aufgrund der geringeren Anzahl der zu berücksichtigenden Arbeitnehmer die absolute Zahl der Aufsichtsratsmitglieder geringer ist.[1141] Für die Bestimmung der Arbeitnehmervertreter im Wege der unmittelbaren Wahl gemäß § 9 Abs. 2 MitbestG statt im Wege der mittelbaren Wahl gemäß § 9 Abs. 1 MitbestG gilt Ähnliches, zumal die Wahlart ohnehin durch Beschluss der wahlberechtigten Arbeitnehmer geändert werden kann.

Auf die übrigen Schwellenwertregelungen im Zusammenhang mit dem Wahlverfahren, die auf die Wahlberechtigung des einzelnen Arbeitnehmers abstellen, lässt sich die obige Argumentation der einheitlichen Behandlung aller Arbeitnehmer nicht übertragen. Die Berücksichtigung bei diesen Schwellenwerten ist Ausfluss des Wahlrechts des einzelnen Arbeitnehmers. Insoweit werden die im Ausland beschäftigten Arbeitnehmer anders behandelt als die Inlandsbelegschaft. Da in Bezug auf das fehlende Wahlrecht der Auslandsbelegschaft kein Verstoß gegen das Diskriminierungsverbot gegeben ist, kann für die fehlende Berücksichtigung im Rahmen der Schwellenwerte, die Ausfluss des Wahlrechts sind, aber nichts anderes gelten.

Schließlich lässt sich die Entscheidung des EuGH in Bezug auf eine mögliche Beschränkung der Arbeitnehmerfreizügigkeit durch den Ausschluss von der Wahlberechtigung für die Frage der Diskriminierung im Ausland beschäftigter Arbeitnehmer durch ihre fehlende Einbeziehung in die Schwellenwerte fruchtbar machen. Der Gerichtshof führte insoweit aus, dass die Arbeitnehmerfreizügigkeit einem Arbeitnehmer, der von seiner Freizügigkeit Gebrauch macht, nicht das Recht verschaffe, sich im Aufnahmestaat auf die Arbeitsbedingungen zu berufen, die ihm im Herkunftsstaat zustanden.[1142] Dem liegt der Gedanke zugrunde, dass in nicht

---

1140 *Behme*, EWiR 2013, 787, 788 (§ 7 MitbestG); *Bungert/Leyendecker-Langner*, DB 2014, 2031, 2032 (§§ 1, 7 MitbestG, § 1 DrittelbG); *Gebhardt*, FA 2016, 73, 75 f. (allg.); *Giedinghagen/Kempermann*, GmbHR 2015, R161, R162 (allg.); *Hellwig/Behme*, AG 2009, 261, 276 f. (§§ 1, 7 MitbestG); *dies.*, AG 2015, 333, 339 (§ 1 MitbestG, § 1 DrittelbG); *Schilha*, EWiR 2017, 489, 490 (§ 1 MitbestG, § 1 DrittelbG); *Wansleben*, EWiR 2015, 105, 106 (§ 7 MitbestG); *ders.*, EWiR 2015, 245, 246 (§ 1 MitbestG, § 1 DrittelbG); *ders.*, WM 2017, 785 (§ 1 MitbestG, § 1 DrittelbG); *Winter/Marx/De Decker*, NZA 2015, 1111, 1114 (§§ 1, 7 MitbestG, § 1 DrittelbG); *Zöllner/Noack*, in: Baumbach/Hueck, § 52 GmbHG Rn. 275 (§ 1 MitbestG). In diese Richtung auch *Krause*, ZIP 2015, 636 (§ 1 MitbestG, § 1 DrittelbG); *Mense/Klie*, DStR 2015, 1508, 1512 (§ 1 MitbestG, § 1 DrittelbG);

1141 *Behme*, EWiR 2013, 787, 788; *Hellwig/Behme*, AG 2009, 261, 276 f., die zudem in Zweifel ziehen, ob ein geringerer *Anteil* der Arbeitnehmervertreter einen Nachteil für die Arbeitnehmer bedeutet, dazu auch *dies.*, AG 2015, 333, 339 f.

1142 EuGH 18.7.2017 – C-566/15 (*Erzberger*), ECLI:EU:C:2017:562 = NZA 2017, 1000 Rn. 35.

unionsrechtlich harmonisierten Rechtsbereichen unterschiedliche Regelungen der Mitgliedstaaten zulässig sind, die zu den Standortbedingungen des jeweiligen Mitgliedstaats gehören und insofern ein aufeinander abgestimmtes System bilden.[1143] Dementsprechend sollte auch das Diskriminierungsverbot nicht als umfassendes Harmonisierungsgebot verstanden werden, weil dies zur Folge hätte, dass Arbeitnehmerrechte eines Mitgliedstaats im Wege der Gleichbehandlung in andere Mitgliedstaaten exportiert würden.[1144]

Dieses Ergebnis wird durch Art. 16 Abs. 5 Richtlinie 2005/56/EG über die Verschmelzung von Kapitalgesellschaften aus verschiedenen Mitgliedstaaten bestätigt.[1145] Nach dieser Vorschrift verpflichtet die Ausweitung von Mitbestimmungsrechten auf in anderen Mitgliedstaaten beschäftigte Arbeitnehmer der aus der grenzüberschreitenden Verschmelzung hervorgehenden Gesellschaft die Mitgliedstaaten nicht dazu, diese Arbeitnehmer bei der Berechnung der Schwellenwerte für die Beschäftigtenzahl zu berücksichtigen, bei deren Überschreitung Mitbestimmungsrechte nach innerstaatlichem Recht entstehen. Wäre die Zurechnung aller im Ausland beschäftigten Arbeitnehmer ohnehin unionsrechtlich geboten, könnte den Mitgliedstaaten nicht die Entscheidung über die Einbeziehung in die Schwellenwerte überlassen werden.[1146] Auch der Unionsgesetzgeber hielt die Berücksichtigung demnach nicht für primärrechtlich geboten.[1147] Der Ausschluss der Auslandsbelegschaft von der Einbeziehung in die Schwellenwerte begründet somit keinen Verstoß gegen das Diskriminierungsverbot des Art. 45 Abs. 2 AEUV.

bb) Beschränkung der Arbeitnehmerfreizügigkeit im Inland beschäftigter Arbeitnehmer

(1) Anwendbarkeit des Beschränkungsverbots

Die fehlende Einbeziehung der im Ausland beschäftigten Arbeitnehmer in die Schwellenwerte der Unternehmensmitbestimmungen könnte eine unzulässige Beschränkung der Arbeitnehmerfreizügigkeit darstellen. In diesem Zusammenhang ist daran zu erinnern, dass nach der Rechtsprechung des EuGH das Beschränkungs-

---

1143 So bzgl. der Schwellenwerte bereits vor der Entscheidung des EuGH: *Bungert/Leyendecker-Langner*, DB 2014, 2031, 2033; *Krause*, ZIP 2015, 636; *Mense/Klie*, DStR 2015, 1508, 1512; in diese Richtung auch *Lunk*, ArbRB 2015, 239. Vgl. bzgl. der Wahlberechtigung § 5 B. II. 2. a) cc).

1144 So bzgl. der Schwellenwerte bereits vor der Entscheidung des EuGH: *Bungert/Leyendecker-Langner*, DB 2014, 2031, 2033; *Krause*, ZIP 2015, 636; *Mense/Klie*, DStR 2015, 1508, 1512; in diese Richtung auch *Lunk*, ArbRB 2015, 239. Vgl. bzgl. der Wahlberechtigung § 5 B. II. 2. a) cc).

1145 *Hellwig/Behme*, AG 2009, 261, 277. Entsprechend für die Wahlberechtigung: *Krause*, in: ZHR Beiheft 78, S. 46, 61 f.; *Wißmann*, in: FS Wank, S. 695, 703 (vgl. oben § 5 B. II. 2. a] cc]).

1146 *Hellwig/Behme*, AG 2009, 261, 277.

1147 *Hellwig/Behme*, AG 2009, 261, 277.

verbot nicht für solche Vorschriften gilt, deren Rechtsfolgen zu ungewiss und zu indirekt sind, um einen Arbeitnehmer davon abzuhalten, von seiner Freizügigkeit Gebrauch zu machen.[1148]

Es erscheint nicht realistisch, dass ein im Inland beschäftigter Arbeitnehmer eine ihm angebotene Stelle in einem anderen Mitgliedstaat ablehnt, weil er in diesem Fall nicht mehr im Rahmen der Schwellenwertberechnung berücksichtigt wird.[1149] Das gilt umso mehr vor dem Hintergrund, dass die Schwellenwertregelungen, die sich auf die Größe des Unternehmens beziehen und nicht dem einzelnen Arbeitnehmern Rechte in Bezug auf das Wahlverfahren verleihen, auf die Anzahl der in der Regel beschäftigten Arbeitnehmer abstellen, so dass es nicht auf die Beschäftigtenzahl an einem bestimmten Stichtag, sondern auf den das Unternehmen prägenden Beschäftigtenstand innerhalb einer Referenzperiode von ein bis zwei Jahren[1150] ankommt.[1151] Die Annahme einer neuen Stelle in einem anderen Mitgliedstaat führt also nicht in jedem Fall zu einer Verringerung der Arbeitnehmerzahl und ist in den Fällen, in denen statt des bisher eingesetzten Arbeitnehmers ein anderer Arbeitnehmer eingestellt wird, sogar ausgeschlossen. Für die Schwellenwertregelungen, die sich auf eine bestimmte Anzahl oder einen bestimmten Anteil an wahlberechtigten Arbeitnehmern beziehen, gilt im Ergebnis nichts anderes. Für das *aktive* Wahlrecht, auf das die entsprechenden Vorschriften allein abstellen, wurde bereits im Rahmen der Erörterung der Unionsrechtskonformität des Ausschlusses der Auslandsbelegschaft von der Wahlberechtigung festgestellt, dass es abwegig erscheint, dass ein Arbeitnehmer eine ihm angebotene Stelle im Ausland deshalb nicht antritt, weil er dadurch sein Wahlrecht bei den Aufsichtsratswahlen verliert.[1152] Daher handelt es sich bei der fehlenden Berücksichtigung der Auslandsbelegschaft im Rahmen der Schwellenwerte um eine Regelung, die nicht geeignet ist, Verhaltensanreize bei Arbeitnehmern zu setzen, so dass der Anwendungsbereich des Beschränkungsverbots nicht eröffnet ist.[1153]

1148 EuGH 27.1.2000 – C-190/98 (*Graf*), Slg. 2000, I-493 Rn. 25.

1149 *Bungert/Leyendecker-Langner*, DB 2014, 2031, 2032; *Winter/Marx/De Decker*, NZA 2015, 1111, 1114.

1150 18–24 Monate: *Henssler*, in: UHH, § 3 MitbestG Rn. 62; *Raiser*, in: RVJ, § 1 MitbestG Rn. 20; *Rittner*, AG 1983, 99, 102; *Seibt*, in: HWK, § 1 MitbestG Rn. 10, § 1 DrittelbG Rn. 11; *Wißmann*, in: WKS, § 1 MitbestG Rn. 47. 17–20 Monate: OLG Düsseldorf 9.12.1994, DB 1995, 277, 278; OLG Saarbrücken 2.3.2016, ZIP 2016, 1286, 1287; wohl auch: *Kleinsorge*, in: WKS, § 1 DrittelbG Rn. 87; *Oetker*, in: ErfK, § 1 MitbestG Rn. 9. 12–18 Monate: *Krause*, ZIP 2014, 2209, 2219. 6–12 Monate: *Ulmer*, in: FS Heinsius, S. 855, 864.

1151 Darauf verweist ebenfalls *Brungs*, Statusverfahren, S. 19.

1152 Vgl. oben § 5 B. II. 2. b).

1153 *Brungs*, Statusverfahren, S. 19; *Bungert/Leyendecker-Langner*, DB 2014, 2031, 2032; *Mense/Klie*, DStR 2015, 1508, 1512; *Winter/Marx/De Decker*, NZA 2015, 1111, 1114.

(2) Inhalt des Beschränkungsverbots

Selbst wenn man dies anders beurteilen sollte, läge allerdings kein Verstoß gegen das Beschränkungsverbot vor. Der EuGH führte in Bezug auf den Ausschluss der Auslandsbelegschaft von der Wahlberechtigung aus, dass es den Mitgliedstaaten in nicht unionsrechtlich harmonisierten Bereichen unbenommen bleibe, die Anknüpfungskriterien des Anwendungsbereichs ihrer Gesetze festzulegen, sofern diese Merkmale objektiv und nicht diskriminierend seien.[1154]

Diese Aussage lässt sich auf die fehlende Einbeziehung in die Schwellenwerte übertragen,[1155] da hinsichtlich der Mitbestimmung auf Unternehmensebene lediglich für die Spezialfälle der SE, der SCE sowie der grenzüberschreitenden Verschmelzung unionsrechtliche Regelungen existieren. Das Kriterium der Beschäftigung in einem im Inland gelegenen Betrieb stellt auch einen objektiven Anknüpfungspunkt dar, der für alle Arbeitnehmer unabhängig von ihrer Staatsangehörigkeit gilt.

Die Anknüpfung an die Beschäftigung in einem Betrieb in Deutschland könnte allerdings ein mittelbar diskriminierendes Kriterium darstellen. Insoweit stellt sich zunächst die Frage, ob der EuGH mit seiner Formulierung das Abstellen auf mittelbar diskriminierende Kriterien untersagen wollte. Das ist deshalb zweifelhaft, weil der Gerichtshof in anderen Entscheidungen lediglich forderte, dass die entsprechende Regelung ohne Rücksicht auf die Staatsangehörigkeit der Betroffenen anwendbar ist.[1156] Selbst wenn man die Entscheidung des Gerichtshofs so verstünde, dass die Anknüpfungskriterien nicht mittelbar diskriminierend sein dürfen, wäre diese Voraussetzung hier erfüllt. Dafür spricht zunächst, dass der EuGH in seinem Urteil zum Wahlrecht offensichtlich davon ausging, dass es sich bei der Anknüpfung an die Beschäftigung in einem inländischen Betrieb um ein nicht diskriminierendes Merkmal handelt, auch wenn er zur Begründung lediglich ausführte, dass das Unionsrecht einen Mitgliedstaat nicht daran hindere, im Bereich der kollektiven Vertretung von Arbeitnehmerinteressen in den Aufsichtsorganen einer Gesellschaft nationalen Rechts vorzusehen, dass die entsprechenden Vorschriften nur für Arbeitnehmer inländischer Betriebe gelten.[1157] Hinzu kommt, dass die Überlegungen, die zur Ablehnung eines Verstoßes gegen das Diskriminierungsverbot des Art. 45 Abs. 2

1154 EuGH 18.7.2017 – C-566/15 (*Erzberger*), ECLI:EU:C:2017:562 = NZA 2017, 1000 Rn. 36.

1155 Im Ergebnis ebenso *Monz/Wendler*, BB 2017, 1788. Bzgl. der Schlussanträge des GA *Saugmandsgaard Øe* bereits *Kruchen*, AG 2017, 385, 387.

1156 EuGH 28.6.1978–1/78 (*Kenny*), Slg. 1978, 1489 Rn. 18/20; EuGH 27.9.1988–313/86 (*Lenoir*), Slg. 1988, 5391 Rn. 15; EuGH 1.2.1996 – C-177/94 (*Perfili*), Slg. 1996, I-161 Rn. 17. Diese Entscheidungen beziehen sich zwar nicht unmittelbar auf Beschränkungen der Arbeitnehmerfreizügigkeit. Allerdings hat auch der Generalanwalt in seinen Schlussanträgen auf die zuerst genannte Entscheidung verwiesen, GA *Saugmandsgaard Øe*, Schlussanträge 4.5.2017 – C-566/15 (*Erzberger*), ECLI:EU:C:2017:347 = ZIP 2017, 961 Rn. 76 Fn. 51.

1157 EuGH 18.7.2017 – C-566/15 (*Erzberger*), ECLI:EU:C:2017:562 = NZA 2017, 1000 Rn. 37.

AEUV führen, bei der Einordnung als nicht diskriminierendes Kriterium Beachtung finden müssen. Für diejenigen Schwellenwerte, die auf eine bestimmte Anzahl an Arbeitnehmern abstellen, ohne die Wahlberechtigung zu berücksichtigen, ist daher zu berücksichtigen, dass die Einbeziehung in die Schwellenwerte nicht zu einer unterschiedlichen Behandlung einzelner Arbeitnehmer führt. Bei den Schwellenwertregelungen, die sich auf wahlberechtigte Arbeitnehmer oder Wahlberechtigte beziehen, folgt der nicht diskriminierende Charakter daraus, dass die Arbeitnehmer ausländischer Betriebe von ihrer Freizügigkeit keinen Gebrauch gemacht haben und daher nicht dem Schutz des Diskriminierungsverbots des Art. 45 Abs. 2 AEUV unterliegen. Die fehlende Berücksichtigung im Ausland beschäftigter Arbeitnehmer im Rahmen der Schwellenwerte begründet daher keine unzulässige Beschränkung der Arbeitnehmerfreizügigkeit im Inland beschäftigter Arbeitnehmer.

c) Zwischenergebnis

Die Ausklammerung der Auslandsbelegschaft bei der Berechnung der Schwellenwerte stellt keine verbotene Diskriminierung der im Ausland beschäftigten Arbeitnehmer dar und beschränkt auch nicht die Arbeitnehmerfreizügigkeit der Inlandsbelegschaft. Es ist daher nicht geboten, die Auslandsbelegschaft im Wege der unionsrechtskonformen Auslegung bei den Schwellenwertregelungen mitzuzählen.

D. Zusammenfassung

Im Geltungsbereich des MitbestG und des DrittelbG sind Arbeitnehmer, die in im Ausland gelegenen Betrieben beschäftigt sind, nicht berechtigt, an der Wahl der Arbeitnehmervertreter in den Aufsichtsrat teilzunehmen. Dieser Ausschluss der Auslandsbelegschaft von der Wahl verstößt nicht gegen primäres Unionsrecht. Im Geltungsbereich des Montan-MitbestG nehmen die Arbeitnehmervertretungen ausländischer Betriebe nicht an der Aufstellung der verbindlichen Wahlvorschläge für die Arbeitnehmervertreter im Aufsichtsrat durch die Betriebsräte bzw. den Konzernbetriebsrat teil. Die in ausländischen Betrieben beschäftigten Arbeitnehmer sind im Rahmen der Schwellenwerte des MitbestG, des DrittelbG und des Montan-MitbestG nicht zu berücksichtigen.

§ 6 Einbeziehung bei Kombination der diskutierten Problemfälle

Die drei beschriebenen Problemfälle der Berücksichtigung bei den Schwellenwerten können auch miteinander verknüpft werden. Kombiniert man jeweils zwei der Streitfragen, stellt sich – zumindest theoretisch – die Frage, ob in Gemeinschaftsbetrieben beschäftigte Leiharbeitnehmer und im Ausland beschäftigte Leiharbeitnehmer sowie die Arbeitnehmer im Ausland gelegener Gemeinschaftsbetriebe im Rahmen der Schwellenwerte der Mitbestimmungsgesetze zu berücksichtigen sind. Der Diskussion in der Literatur entsprechend beschränken sich die hiesigen Ausführungen allerdings auf die beiden zuerst genannten Konstellationen.

A. In Gemeinschaftsbetrieben beschäftigte Leiharbeitnehmer

Im Hinblick auf die Wiedereinführung einer festen Überlassungshöchstdauer für Leiharbeitnehmer in § 1 Abs. 1b AÜG wird in der Literatur erwogen, ob und inwieweit für Entleiher Gestaltungsmöglichkeiten bestehen, die es erlauben, Leiharbeitnehmer über die Höchstüberlassungsdauer hinaus im Unternehmen einzusetzen. In diesem Zusammenhang wird vorgeschlagen, den betreffenden Leiharbeitnehmer in einem gemeinsamen Betrieb einzusetzen, der von dem ursprünglichen Entleiher und mindestens einem weiteren Unternehmen getragen wird.[1158] Entleihten die Trägerunternehmen den Leiharbeitnehmer abwechselnd, könne dieser ununterbrochen auf demselben Arbeitsplatz im Gemeinschaftsbetrieb eingesetzt werden.[1159] Aus diesem Grund wird in der Literatur vereinzelt die Frage aufgeworfen, ob auch in gemeinsamen Betrieben tätige Leiharbeitnehmer bei allen Trägerunternehmen im Rahmen der Schwellenwerte der Unternehmensmitbestimmung zu berücksichtigen seien.[1160] Erbringe der Leiharbeitnehmer lediglich Leistungen für ein bestimmtes Trägerunternehmen, spreche viel dafür, dass der Leiharbeitnehmer nur bei diesem Unternehmen

1158 *Aszmons/Homborg/Gerum*, DB 2017, 726, 728; *Hund/Weiss*, DB 2016, 2903, 2905 ff.; in diese Richtung auch *Wortmann*, ArbRB 2017, 147, 149. Für eine Kooperation im Gemeinschaftsbetrieb zur Vermeidung der Arbeitnehmerüberlassung auch: *Koller-van Delden/Gallini*, DStR 2017, 206, 208 ff.; *Seel*, öAT 2017, 48, 49 ff.

1159 *Aszmons/Homborg/Gerum*, DB 2017, 726, 728; *Hund/Weiss*, DB 2016, 2903, 2905 ff.; a.A. *Hamann/Rudnik*, NZA 2017, 209, 213 f.; *Koch*, in: Schaub, § 120 Rn. 8; *Kössel/Stütze*, DB 2017, 3071, 3072.

1160 *Abend*, DB 2017, 607, 609; *Oetker*, in: ErfK, § 1 MitbestG Rn. 7a.

im Rahmen der Schwellenwerte zu berücksichtigen sei.[1161] Andere wollen entsprechend der grundsätzlichen Zurechnung aller Arbeitnehmer zu allen Trägerunternehmen in einem Gemeinschaftsbetrieb beschäftigte Leiharbeitnehmer bei jedem Trägerunternehmen mitzählen.[1162]

Die Frage, ob in gemeinsamen Betrieben eingesetzte Leiharbeitnehmer bei der Schwellenwertberechnung mitzuzählen sind, lässt sich durch Kombination der bereits getroffenen Feststellungen beantworten. Berücksichtigt man zunächst, dass es sich bei dem betroffenen Arbeitnehmer um einen Leiharbeitnehmer handelt, steht an erster Stelle die Anwendung von § 14 Abs. 2 S. 5 und 6 AÜG. Gelangt man dabei zu dem Ergebnis, dass der Leiharbeitnehmer bzw. bei Einsatz wechselnder Leiharbeitnehmer der entsprechende Arbeitsplatz zu berücksichtigen ist, sind in einem zweiten Schritt die für Gemeinschaftsbetriebe geltenden Grundsätze anzuwenden, wonach grundsätzlich alle Arbeitnehmer bei allen Trägerunternehmen mitzuzählen sind.

Diese Grundsätze gelten für Leiharbeitnehmer ebenfalls, da auch sie in den gemeinsamen Betrieb eingegliedert sind. Eine Differenzierung danach, für welches Unternehmen der Leiharbeitnehmer konkret tätig wird, ist weder praktikabel noch entspricht sie dem einheitlichen arbeitnehmerbezogenen Wortlaut der Schwellenwertregelungen. Aufgrund der einheitlichen Leitung des Gemeinschaftsbetriebs sind die Leiharbeitnehmer zudem von den unternehmerischen Entscheidungen aller Trägerunternehmen betroffen. Insoweit könnte man zwar argumentieren, dass die einheitliche Betrachtung des gemeinsamen Betriebs im Rahmen des KSchG[1163] für Leiharbeitnehmer keine Geltung entfaltet. Das beruht aber nicht auf den Besonderheiten von Gemeinschaftsbetrieben, sondern ist der Stellung der Leiharbeitnehmer geschuldet. Insoweit ist aber die Grundsatzentscheidung des Gesetzgebers für die Berücksichtigung von Leiharbeitnehmern bei den Schwellenwerten der Unternehmensmitbestimmung in § 14 Abs. 2 S. 5 AÜG zu respektieren. Auch in Gemeinschaftsbetrieben eingesetzte Leiharbeitnehmer sind daher grundsätzlich bei allen Trägerunternehmen in die Schwellenwerte einzubeziehen. Etwas anders gilt – entsprechend den für Gemeinschaftsbetriebe getroffenen Feststellungen – lediglich für § 7 Abs. 1 S. 1 MitbestG: Im Rahmen dieses Schwellenwerts sind die Leiharbeitnehmer nur bei dem Entleiherunternehmen zu berücksichtigen, weil dadurch der finanziellen Belastbarkeit und Größe der Trägerunternehmen Rechnung getragen werden und zugleich die Flexibilität des Gemeinschaftsbetriebs aufrechterhalten werden kann, da für die Trägerunternehmen die Möglichkeit besteht, den Aufsichtsrat gemäß § 7 Abs. 1 S. 2 und 3 MitbestG auf ein für größere Unternehmen vorgesehenes Maß zu vergrößern.

1161 *Abend*, DB 2017, 607, 609, der allerdings darüber hinaus zu bedenken gibt, dass alle Leiharbeitnehmer in den Gemeinschaftsbetrieb eingegliedert seien.

1162 *Oetker*, in: ErfK, § 1 MitbestG Rn. 7a.

1163 Vgl. dazu oben § 3 C. II. 1. f).

Gelangt man hingegen im Rahmen der Anwendung von § 14 Abs. 2 S. 5 und 6 AÜG zu dem Ergebnis, dass der Leiharbeitnehmer bzw. bei Einsatz wechselnder Leiharbeitnehmer der entsprechende Arbeitsplatz nicht zu berücksichtigen ist – etwa mangels Erfüllung der Mindesteinsatzdauer oder mangels Wahlberechtigung des betreffenden Leiharbeitnehmers – ändert sich dieses Ergebnis nicht dadurch, dass der Einsatz in einem gemeinsamen Betrieb erfolgt. Das beruht darauf, dass in diesem Fall bereits keine Berücksichtigung bei dem Entleiherunternehmen stattfindet, so dass ein Mitzählen bei den übrigen Trägerunternehmen des Gemeinschaftsbetriebs erst recht ausscheidet.

B. Im Ausland beschäftigte Leiharbeitnehmer

In Bezug auf § 14 AÜG wird teilweise ohne Differenzierung zwischen den verschiedenen Regelungen der Norm die Auffassung vertreten, dass diese Vorschrift auch bei einem Verleih von Arbeitnehmern in das Ausland anwendbar sei.[1164] Das wirft die Frage auf, ob im Ausland beschäftigte Leiharbeitnehmer gemäß § 14 Abs. 2 S. 5 und 6 AÜG im Entleiherunternehmen mitzuzählen sind.

Insoweit ist allerdings zu berücksichtigen, dass ausländische Entleiherunternehmen in aller Regel nicht den deutschen Mitbestimmungsgesetzen unterliegen, so dass eine Berücksichtigung von Leiharbeitnehmern nicht in Betracht kommt.[1165] Soweit Unternehmen deutscher Rechtsformen Betriebe im Ausland unterhalten oder sogar ihren tatsächlichen Verwaltungssitz ins Ausland verlegt haben, ändert § 14 Abs. 2 S. 5 und 6 AÜG nichts daran, dass im Ausland tätige Arbeitnehmer nicht in die Schwellenwerte einzubeziehen sind. Durch diese Regelung wollte der Gesetzgeber lediglich den Streit um die Berücksichtigung von Leiharbeitnehmern bei den Schwellenwerten der Unternehmensmitbestimmung gesetzlich klären, aber keine darüber hinausgehende Regelung für die beschriebene Sondersituation schaffen. Dem steht nicht entgegen, dass § 14 Abs. 2 S. 5 AÜG auch die Berücksichtigung der Leiharbeitnehmer bei den Schwellenwerten des MgVG, des SEBG und des SCEBG vorschreibt, da § 14 Abs. 2 S. 5 AÜG sich insoweit nicht auf die Anzahl der Arbeitnehmer in Unternehmen anderer Mitgliedstaaten bezieht[1166]. Das liegt darin begründet, dass sich der Begriff des Arbeitnehmers gemäß § 2 Abs. 1 S. 1 MgVG, SEBG und SCEBG nach den Rechtsvorschriften und Gepflogenheiten der jeweiligen Mitgliedstaaten richtet.[1167] Ins Ausland überlassene Leiharbeitnehmer sind bei den Schwellenwerten daher nicht zu berücksichtigen.

1164 *Zu Dohna-Jaeger*, in: Ulber, § 14 AÜG Rn. 5.
1165 *Ulrici*, § 14 AÜG Rn. 10.
1166 *Oetker*, NZA 2017, 29, 35; *Ulrici*, § 14 AÜG Rn. 10.
1167 *Oetker*, NZA 2017, 29, 35.

C. Zusammenfassung

Sind Leiharbeitnehmer gemäß § 14 Abs. 2 S. 5 und 6 AÜG im Entleiherunternehmen zu berücksichtigen, werden diese Leiharbeitnehmer, wenn sie in Gemeinschaftsbetrieben eingesetzt werden, im Rahmen der Schwellenwertberechnung auch bei den übrigen Trägerunternehmen mitgezählt; eine Ausnahme gilt insoweit nur für § 7 Abs. 1 S. 1 MitbestG, bei dessen Schwellenwerten die Leiharbeitnehmer nur im Entleiherunternehmen berücksichtigt werden. Für Leiharbeitnehmer, die in das Ausland überlassen werden, scheidet eine Einbeziehung in die Schwellenwerte der Unternehmensmitbestimmungen aus.

§ 7 Abschließende Zusammenfassung in Thesen

1. Hintergrund des Anwendungsschwellenwerts von 2 000 Arbeitnehmern in § 1 Abs. 1 Nr. 2 MitbestG ist, dass nur entsprechend große Unternehmen über eine ausreichend differenzierte Organisation verfügen, an der die Mitbestimmung ansetzen kann. Erst ab dieser Unternehmensgröße kommt es zur Anonymisierung der Arbeitnehmer und zur Bürokratisierung der Unternehmensverwaltung.
2. Der Schwellenwert in § 4 Abs. 1 S. 1 MitbestG dient der Feststellung, ob es sich bei der Kapitalgesellschaft und Co. KG um einheitliches Unternehmen handelt oder ob der Geschäftsbetrieb der Kapitalgesellschaft wesentlich über die Geschäftsführung der KG hinausgeht.
3. Die Staffelung der Aufsichtsratsgröße anhand der Zahl der im Unternehmen beschäftigten Arbeitnehmer soll verhindern, dass kleinere Unternehmen unangemessen große Aufsichtsräte erhalten. Das bezieht sich sowohl auf die mit einem größeren Aufsichtsrat verbundenen höheren finanziellen Belastungen als auch auf die Arbeitsauslastung der Aufsichtsräte.
4. Die Abhängigkeit des Wahlverfahrens von der Zahl der in der Regel im Unternehmen beschäftigten Arbeitnehmer gemäß § 9 Abs. 1 und 2 MitbestG trägt dem Umstand Rechnung, dass eine Direktwahl grundsätzlich eine höhere demokratische Legitimation bietet, in größeren Unternehmen die Delegiertenwahl aber für mehr Transparenz sorgt und auch den in kleineren Betrieben beschäftigten Arbeitnehmern eine Einflussnahme auf die Wahl ermöglicht.
5. Die Wahlverfahrensvorschriften des MitbestG, die den wahlberechtigten Arbeitnehmern weitere Rechte im Zusammenhang mit dem Wahlverfahren gewähren, sind Ausfluss des Wahlrechts der Arbeitnehmer und mit diesem untrennbar verbunden. § 11 Abs. 1 S. 1 MitbestG sorgt dafür, dass jeder Delegierte dieselbe Anzahl an wahlberechtigten Arbeitnehmern vertritt.
6. Durch den Schwellenwert in § 1 Abs. 1 DrittelbG sollen strukturähnliche Unternehmen erfasst werden, deren Größe zu einem weniger engen persönlichen Kontakt zwischen Arbeitnehmern und Arbeitgeber führt.
7. Die Wahlverfahrensvorschriften des DrittelbG gewähren den Wahlberechtigten als Annex zu ihrem Wahlrecht weitere Rechte im Zusammenhang mit dem Wahlverfahren.
8. Hintergrund des Schwellenwerts von 1 000 Arbeitnehmern in § 1 Montan-MitbestG sind einerseits die mit der Mitbestimmung verbundenen finanziellen Belastungen, die nur von ausreichend großen Unternehmen getragen werden können, sowie andererseits die fehlende Notwendigkeit einer institutionalisierten Mitbestimmung in kleineren Unternehmen.

9. Im Geltungsbereich des MitbestG und des DrittelbG sind alle Arbeitnehmer eines gemeinsamen Betriebs berechtigt, an der Aufsichtsratswahl sämtlicher Trägerunternehmen des Gemeinschaftsbetriebs teilzunehmen.
10. Im Geltungsbereich des Montan-MitbestG nehmen sämtliche Betriebsratsmitglieder eines gemeinsamen Betriebs an der Aufstellung der verbindlichen Wahlvorschläge der Arbeitnehmervertreter teil.
11. Im Rahmen der Schwellenwerte des MitbestG, des DrittelbG und des Montan-MitbestG sind sämtliche Arbeitnehmer eines Gemeinschaftsbetriebs unabhängig von ihrer arbeitsvertraglichen Beziehung zu berücksichtigen. Eine Ausnahme gilt lediglich für den Schwellenwert in § 7 Abs. 1 S. 1 MitbestG, bei dem nur die Arbeitnehmer mitzuzählen sind, die einen Arbeitsvertrag mit dem jeweiligen Unternehmen abgeschlossen haben.
12. Werden Arbeitnehmer eines anderen Arbeitsgebers zur Arbeitsleistung überlassen, sind diese bei den Aufsichtsratswahlen wahlberechtigt, wenn sie länger als drei Monate im Unternehmen eingesetzt werden.
13. Die Berücksichtigung von Leiharbeitnehmern im Rahmen der Schwellenwerte der Mitbestimmungsgesetze gemäß § 14 Abs. 2 S. 5 und 6 AÜG ist mit Art. 7 Abs. 2 der Richtlinie 2008/104/EG über Leiharbeit vereinbar.
14. In § 14 Abs. 2 S. 5 und 6 AÜG ist unmittelbar nur die Arbeitnehmerüberlassung nach dem AÜG geregelt. Auf nichtwirtschaftliche Überlassungen sowie auf nach § 1 Abs. 3 Nr. 1 und 2a AÜG privilegierte Überlassungen ist § 14 Abs. 2 S. 5 und 6 AÜG aber analog anzuwenden. Auf im Rahmen einer Konzernleihe nach § 1 Abs. 3 Nr. 2 AÜG überlassene Arbeitnehmer findet § 14 Abs. 2 S. 5 und 6 entsprechende Anwendung, soweit sich die Zurechnung dieser Arbeitnehmer nicht aus § 5 MitbestG oder § 2 Abs. 2 DrittelbG ergibt. Für nach § 1 Abs. 2 Nr. 2b AÜG privilegierte Überlassungen gilt § 14 Abs. 2 S. 5 und 6 AÜG nur insoweit analog, als die überlassenen Arbeitnehmer nicht in den Anwendungsbereich von § 5 Abs. 1 S. 3 BetrVG fallen. Für die Privilegierungen nach § 1 Abs. 3 Nr. 2c und Nr. 3 AÜG scheidet eine analoge Anwendung von § 14 Abs. 2 S. 5 und 6 AÜG aus.
15. Die Vorschrift des § 14 Abs. 2 S. 5 AÜG gilt für alle Schwellenwerte der Mitbestimmungsgesetze, die sich auf eine bestimmte Anzahl oder einen bestimmten Anteil von Arbeitnehmern beziehen, wozu auch die Schwellenwertregelungen gehören, die auf eine bestimmte Anzahl oder einen bestimmten Anteil von „wahlberechtigten Arbeitnehmern" abstellen. Die Wahlberechtigung der Leiharbeitnehmer wird dadurch indes nicht fingiert. Demgegenüber gilt § 14 Abs. 2 S. 5 AÜG nicht für die Schwellenwerte, die sich auf eine bestimmte Anzahl oder einen bestimmten Anteil von „Wahlberechtigten" beziehen.
16. Die Mindesteinsatzdauer des § 14 Abs. 2 S. 6 AÜG gilt nur für die Anwendungsschwellenwerte in § 1 Abs. 1 Nr. 2, § 4 Abs. 1 S. 1 MitbestG, § 1 Abs. 1 DrittelbG und § 1 Abs. 2 Montan-MitbestG. Sie bezieht sich grundsätzlich auf den einzelnen Leiharbeitnehmer. Etwas anderes gilt nur, wenn mit Leiharbeitnehmern ein dauerhafter Beschäftigungsbedarf abgedeckt wird, der zudem nicht nur vorübergehend von Leiharbeitnehmern erfüllt wird.

17. Leiharbeitnehmer sind bei allen Schwellenwerten der in § 14 Abs. 2 S. 5 AÜG genannten Gesetze mitzuzählen; eine teleologische Reduktion kommt für die Schwellenwerte des MitbestG, des DrittelbG sowie des Montan-MitbestG nicht in Betracht. Ebenso scheidet eine teleologische Reduktion im Sinne einer Beschränkung auf die Berücksichtigung von wahlberechtigten Leiharbeitnehmern oder von auf Stammarbeitsplätzen eingesetzten Leiharbeitnehmern aus.
18. Im Geltungsbereich des MitbestG und des DrittelbG sind Arbeitnehmer, die in im Ausland gelegenen Betrieben beschäftigt sind, nicht berechtigt, an der Wahl der Arbeitnehmervertreter in den Aufsichtsrat teilzunehmen.
19. Der Ausschluss der Auslandsbelegschaft von der Wahl der Arbeitnehmervertreter in den Aufsichtsrat verstößt nicht gegen primäres Unionsrecht; insbesondere liegt weder eine Diskriminierung im Ausland beschäftigter Arbeitnehmer entgegen Art. 18 Abs. 1 AEUV bzw. Art. 45 Abs. 2 AEUV noch eine unzulässige Beschränkung der Arbeitnehmerfreizügigkeit der Inlandsbelegschaft vor.
20. Im Geltungsbereich des Montan-MitbestG nehmen die Arbeitnehmervertretungen ausländischer Betriebe nicht an der Aufstellung der verbindlichen Wahlvorschläge für die Arbeitnehmervertreter im Aufsichtsrat durch die Betriebsräte bzw. den Konzernbetriebsrat teil.
21. Die in ausländischen Betrieben beschäftigten Arbeitnehmer sind im Rahmen der Schwellenwerte des MitbestG, des DrittelbG und des Montan-MitbestG nicht zu berücksichtigen.
22. Sind Leiharbeitnehmer gemäß § 14 Abs. 2 S. 5 und 6 AÜG im Entleiherunternehmen zu berücksichtigen, werden diese Leiharbeitnehmer, wenn sie in Gemeinschaftsbetrieben eingesetzt werden, im Rahmen der Schwellenwertberechnung auch bei den übrigen Trägerunternehmen mitgezählt; eine Ausnahme gilt insoweit nur für § 7 Abs. 1 S. 1 MitbestG, bei dessen Schwellenwerten die Leiharbeitnehmer nur im Entleiherunternehmen berücksichtigt werden. Für Leiharbeitnehmer, die in das Ausland überlassen werden, scheidet eine Einbeziehung in die Schwellenwerte der Unternehmensmitbestimmungen aus.

Literaturverzeichnis

Abend, Peter, Mitbestimmungsrechtliche Bewertung von Arbeitnehmern in Gemeinschaftsbetrieben – Sind nach Inkrafttreten der AÜG-Reform ab April 2017 die Arbeitnehmer eines Gemeinschaftsbetriebs im Rahmen der Aufsichtsratswahl bei jedem Trägerunternehmen mit voller Zahl zuzurechnen?, DB 2017, 607–609.

Ahlbrecht, Alfred, Die GmbH & Co KG unter dem MitbestG 1976, Diss. jur. Göttingen 1980 (zit.: *Ahlbrecht,* GmbH & Co KG).

Ahrens, Dieter H., Die Problematik des Mehrmütter-Konzerns in aktien- und mitbestimmungsrechtlicher Sicht, AG 1975, 151–155.

Albach, Horst / Corte, Christiane / Friedewald, Rolf / Lutter, Marcus / Richter, Wolf, Deregulierung des Aktienrechts: Das Drei-Stufen-Modell, Ein Entwurf zur Modifizierung des Aktienrechts im Hinblick auf personalistische Gesellschaftsstrukturen und einen erleichterten Börsenzugang, Gütersloh 1988 (zit.: *Albach/Lutter,* Deregulierung).

Annuß, Georg, Betriebsbedingte Kündigung und arbeitsvertragliche Bindung, Köln 2004 (zit.: *Annuß,* Betriebsbedingte Kündigung).

Annuß, Georg, Gemeinschaftsbetrieb und Unternehmensmitbestimmung, in: Boemke, Burkhard / Lembke, Mark u. a. (Hrsg.), Festschrift für Gerrick Freihr. v. Hoyningen-Huene zum 70. Geburtstag, München 2014, S. 17–28 (zit.: *Annuß,* in: FS von Hoyningen-Huene).

Annuß, Georg / Hohenstatt, Klaus-Stefan, Betriebsidentität und Sozialauswahl beim gemeinsamen Betrieb, NZA 2004, 420–422.

Annuß, Georg / Thüsing, Gregor (Hrsg.), Kommentar zum Teilzeit- und Befristungsgesetz, 3. Aufl., Frankfurt a. M. 2012 (zit.: *Bearbeiter,* in: Annuß/Thüsing).

Arbeitskreis „Unternehmerische Mitbestimmung": Bachmann, Gregor / Baums, Theodor / Habersack, Mathias / Henssler, Martin / Lutter, Marcus / Oetker, Hartmut / Ulmer, Peter, Entwurf einer Regelung zur Mitbestimmungsvereinbarung sowie zur Größe des mitbestimmten Aufsichtsrats, ZIP 2009, 885–899.

Arnold, Michael, Die Entstehung des Betriebsverfassungsgesetzes 1952, Diss. Freiburg 1979 (zit.: *Arnold,* Entstehung).

Ascheid, Reiner / Preis, Ulrich / Schmidt, Ingrid (Hrsg.), Großkommentar zum gesamten Recht der Beendigung von Arbeitsverhältnissen, 5. Aufl., München 2017 (zit.: *Bearbeiter,* in: APS).

Aszmons, Mattis / Homborg, Eva / Gerum, Moritz, Auswirkungen der AÜG-Novelle auf das Mitbestimmungsrecht, GmbHR 2017, 130–137.

Aszmons, Mattis / Homborg, Eva / Gerum, Moritz, Überblick zum Einsatz von Leiharbeitnehmern nach der AÜG-Reform – Herausforderungen und Lösungsansätze für Unternehmen, DB 2017, 726–732.

Augustin, Holger, Vorübergehend unklar – zur Anwendung des Arbeitnehmerüberlassungsgesetzes im öffentlichen Dienst, Die Auswirkungen der Änderungen im AÜG auf Abordnung, Zuweisung und Personalgestellung, ZTR 2014, 319–323.

Bachner, Michael, Aufsichtsratswahl: Überkreuzwahl im Gemeinschaftsbetrieb mehrerer Unternehmen, AiB 2013, 615–617.

Bader, Peter / Etzel, Gerhard / Fischermeier, Ernst u. a., KR – Gemeinschaftskommentar zum Kündigungsschutzgesetz und zu sonstigen kündigungsschutzrechtlichen Vorschriften, 11. Aufl., Köln 2016 (zit.: *Bearbeiter*, in: KR).

Badura, Peter, Der Regierungsentwurf eines Mitbestimmungsgesetzes – Verfassungsrechtliche Einwände –, ZfA 1974, 357–382.

Baeck, Ulrich / Winzer, Thomas, Aktuelle Problemstellungen im Bereich der Arbeitnehmerüberlassung, NZG 2013, 251–254.

Bäumer, Christian, Die Anwendung des Mitbestimmungsgesetzes auf Kommanditgesellschaften, Königstein/Traunstein 1978 (zit.: *Bäumer*, Anwendung).

Ballerstedt, Kurt, Das Mitbestimmungsgesetz zwischen Gesellschafts-, Arbeits- und Unternehmensrecht, Referat, ZGR 1977, 133–159.

Bartl, Ewald / Romanowski, Roman, Keine Leiharbeit auf Dauerarbeitsplätzen!, NZA 2012, 845–846.

Bartsch, Johannes M., Mitbestimmung und Niederlassungsfreiheit, Berlin 2006 (zit.: *Bartsch*, Niederlassungsfreiheit).

Bauer, Jobst-Hubertus / Heimann, Daniel, Leiharbeit und Werkvertrag – Achse des Bösen?, NJW 2013, 3287–3289.

Baumbach, Adolf / Hueck, Alfred (Begr.), GmbHG, Gesetz betreffend die Gesellschaften mit beschränkter Haftung, 21. Aufl., München 2017 (zit.: *Bearbeiter*, in: Baumbach/Hueck).

Bauschke, Hans-Joachim, Aktuelle Rechtsfragen des Arbeitnehmerüberlassungsgesetzes, insbesondere seine Anwendung im öffentlichen Dienst, öAT 2014, 181–184.

Bayer, Walter, Der grenzüberschreitende Beherrschungsvertrag, Ein Beitrag zur Dogmatik des deutschen internationalen Konzernrechts, Heidelberg 1988 (zit.: *Bayer*, Beherrschungsvertrag).

Bayer, Walter, Auswirkungen der Niederlassungsfreiheit nach den EuGH-Entscheidungen Inspire Art und Überseering auf die deutsche Unternehmensmitbestimmung, AG 2004, 534–538.

Bayer, Walter / Schmidt, Jessica, BB-Gesetzgebungs- und Rechtsprechungsreport Europäisches Unternehmensrecht 2016/17, BB 2017, 2114–2125.

Bayer, Wilhelm F., Der Anwendungsbereich des Mitbestimmungsgesetzes, Referat, ZGR 1977, 173–194.

Behme, Caspar, Die Mitbestimmung der Arbeitnehmer bei der britischen Limited mit Verwaltungssitz in Deutschland, ZIP 2008, 351–357.

Behme, Caspar, Anmerkung zu LG Landau/Pfalz, Beschl. v. 18.9.2013 – HK O 27/13, EWiR 2013, 787–788.

Behme, Caspar, Die deutsche Mitbestimmung vor dem EuGH – Was bisher geschah und wie es weitergeht, EuZA 2016, 411–427.

Bellstedt, Christoph, Der territoriale Geltungsbereich des Mitbestimmungsgesetzes, BB 1977, 1326–1329.

Benze, Dieter / Föhr, Horst / Kehrmann, Karl / Kieser, Walther / Lichtenstein, Karl / Schwegler, Lorenz / Unterhinninghofen, Hermann, Mitbestimmungsgesetz ´76, Kommentar für die Praxis, Hannover 1978 (zit: *Benze u.* a., in: GewerkschaftsK).

Beuthien, Volker, Unternehmerische Mitbestimmung kraft Tarif- oder Betriebsautonomie?, ZfA 1983, 141–168.

Biedenkopf, Kurt H. / Säcker, Franz-Jürgen, Grenzen der Mitbestimmung in kommunalen Versorgungsunternehmen, ZfA 1971, 211–271.

Binz, Mark K. / Sorg, Martin H., Die GmbH & Co. KG im Gesellschafts- und Steuerrecht, Handbuch für Familienunternehmen, 12. Aufl., München 2018 (zit.: *Binz/ Sorg*, GmbH & Co. KG).

Birk, Rolf, Auslandsbeziehungen und Betriebsverfassungsgesetz, in: Hubmann, Heinrich / Hübner, Heinz (Hrsg.), Festschrift für Ludwig Schnorr von Carolsfeld zum 70. Geburtstag, 26. Januar 1973, Köln u. a. 1973, S. 61–88 (zit.: *Birk*, in: FS Schnorr von Carolsfeld).

Birk, Rolf, Mitbestimmung und Kollisionsrecht, RIW 1975, 589–596.

Birk, Rolf, Rechtliche Aspekte multinationaler Unternehmen, in: ders. / Tietmeyer, Hans (Hrsg.), Zur Problematik multinationaler Unternehmen, Paderborn 1976, S. 29–60 (zit.: *Birk*, in: ders./Tietmeyer).

Birk, Rolf, Die multinationalen Korporationen im internationalen Arbeitsrecht, in: Internationalrechtliche Probleme multinationaler Korporationen (International Law Problems of Multinational Corporations), Berichte der Deutschen Gesellschaft für Völkerrecht, Heft 18, Heidelberg/Karlsruhe 1978, S. 263–370 (zit: *Birk*, BdGVR, Heft 18).

Birk, Rolf, Der Einfluss des Gemeinschaftsrechts auf das Arbeitsrecht der Bundesrepublik Deutschland, RIW 1989, 6–15.

Bissels, Alexander / Falter, Kira, Reform des Fremdpersonaleinsatzes: Der Regierungsentwurf ist da, DB 2016, 1444–1445.

Bissels, Alexander / Falter, Kira, Ausgewählte Rechtsprobleme der AÜG-Reform (Teil 2), ArbRAktuell 2017, 33–36.

Blanke, Gernot, Private Aktiengesellschaft und Deregulierung des Aktienrechts, BB 1994, 1505–1512.

Blanke, Thomas, Welche Änderungen des deutschen Gesetzes erfordert die Umsetzung der EU-Richtlinie Leiharbeit – mit dem Schwerpunkt Gleichbehandlungsgrundsatz und Abweichungen gem. Art. 5 EU-Rl?, Rechtsgutachten, Erstattet im Auftrag des DGB, Oldenburg 2010, abrufbar unter http://www.dgb.de/themen/++co++a82affd2-633b-11df-74dc-00188b4dc422 (zit.: *T. Blanke,* Umsetzung).

Boecken, Winfried, Unternehmensumwandlungen und Arbeitsrecht, Köln 1996 (zit.: *Boecken,* Unternehmensumwandlungen).

Boecken, Winfried / Düwell, Franz Josef / Diller, Martin / Hanau, Hans (Hrsg.), Nomos Kommentar, Gesamtes Arbeitsrecht, Band 1–3, Baden-Baden 2016 (zit.: *Bearbeiter,* in: NK-GA).

Böhm, Wolfgang, Umsetzung der EU-Leiharbeitsrichtlinie – mit Fragezeichen?!, DB 2011, 473–476.

Böhm, Wolfgang, Änderungen für konzerninterne Personalgestellung durch § 1 AÜG n.F., DB 2012, 918–921.

Boemke, Burkhard, Die EG-Leiharbeitsrichtlinie und ihre Einflüsse auf das deutsche Recht, RIW 2009, 177–190.

Boemke, Burkhard / Lembke, Mark (Hrsg.), Kommentar, AÜG, Arbeitnehmerüberlassungsgesetz, 3. Aufl., Frankfurt a.M. 2013 (zit.: *Bearbeiter,* in: Boemke/Lembke).

Boettcher, Erik / Hax, Karl / Kunze, Otto / Nell-Breuning, Oswald von / Ortlieb, Heinz-Dietrich / Preller, Ludwig, Unternehmensverfassung als gesellschaftspolitische Forderung, Berlin 1968 (zit.: Sechserbericht).

Boewer, Dietrich / Gaul, Björn / Otto, Björn, Zweites Gesetz zur Vereinfachung der Wahl der Arbeitnehmervertreter in den Aufsichtsrat und seine Auswirkungen auf die GmbH, GmbHR 2004, 1065–1069.

Boldt, Gerhard, Das Mitbestimmungsrecht in Eisen und Kohle, RdA 1951, 169–174.

Boldt, Gerhard, Mitbestimmungsgesetz Eisen und Kohle, Gesetz über die Mitbestimmung der Arbeitnehmer in den Aufsichtsräten und Vorständen der Unternehmen des Bergbaus und der Eisen und Stahl erzeugenden Industrie, Kommentar, München/Berlin 1952 (zit.: *Boldt,* Mitbestimmungsgesetz).

Bonanni, Andrea, Der gemeinsame Betrieb mehrerer Unternehmen, Köln 2003 (zit.: *Bonanni,* Gemeinsamer Betrieb).

Bonanni, Andrea, Die Berücksichtigung von Leiharbeitnehmern bei den betriebsverfassungs- und mitbestimmungsrechtlichen Schwellenwerten, Aktuelle Rechtslage und geplante Erweiterungen durch den AÜG-RefE, ArbRB 2016, 122–125.

Bonanni, Andrea / Otte, Daniel, Unternehmerische Mitbestimmung durch Gemeinschaftsbetrieb?, BB 2016, 1653–1657.

Bork, Reinhard / Schäfer, Carsten (Hrsg.), GmbHG, Kommentar zum GmbH-Gesetz. 3. Aufl., Köln 2015 (zit.: *Bearbeiter,* in: Bork/Schäfer).

Borsutzky, Andreas, Die international-privatrechtliche Anknüpfung des Rechts der Unternehmensmitbestimmung, EuZA 2014, 437–449.

Brand, Dirk, Die Novellierung des AÜG, Unnötiger Bürokratieaufbau für die Arbeitnehmerüberlassung bei öffentlichen Arbeitgebern, ZTR 2013, 59–63.

Brandenburg, Hans-Friedrich, Die teleologische Reduktion, Grundlagen und Erscheinungsformen der auslegungsunterschreitenden Gesetzeseinschränkung im Privatrecht, Göttingen 1983 (zit.: *Brandenburg*, Teleologische Reduktion).

Braun, Silvia, Die Sicherung der Unternehmensmitbestimmung im Lichte des europäischen Rechts, Baden-Baden 2005 (zit.: *Braun*, Sicherung).

Brock, Martin, Die rechtssichere Gestaltung von Werkverträgen nach der AÜG-Reform, öAT 2017, 70–73.

Brors, Christiane, „Fremdpersonaleinsatz" – Wer ist gemäß § 7 S. 2 BetrVG wahlberechtigt?, NZA 2002, 123–126.

Brors, Christiane, „Vorübergehend", Zur Methodik der Auslegung von RL am Bsp. des Merkmals „vorübergehend" aus Art. 1 Abs. 1 der RL 2008/104/EG (Leiharbeits-RL), AuR 2013, 108–113.

Brors, Christiane / Schüren, Peter, Arbeitsrechtliches Gutachten, Vorschläge für eine gesetzliche Regelung zur Eindämmung von Missbräuchen beim Fremdpersonaleinsatz und zur Umsetzung der Leiharbeitsrichtlinie, Auftraggeber: Ministerium für Arbeit, Integration und Soziales des Landes Nordrhein-Westphalen, Stand: Februar 2014, abrufbar unter http://www.landderfairenarbeit.nrw.de/files/mais/content/Auskoemmliche%20Loehne/140317_missbrauch_werkvertraege.pdf (zit.: *Brors/Schüren*, Gutachten MAIS NRW).

Brors, Christiane / Schüren, Peter, Neue gesetzliche Rahmenbedingungen für den Fremdpersonaleinsatz, NZA 2014, 569–573.

Brungs, Asher David, Das Statusverfahren der §§ 97 ff. AktG, Bonn 2015 (zit.: *Brungs*, Statusverfahren).

Büdenbender, Ulrich, Mitbestimmungsrechtlicher Besitzstand im Gesellschaftsrecht, ZIP 2000, 385–401.

Büdenbender, Ulrich, Anmerkung zu BVerfG, Beschl. v. 9.1.2014–1 BvR 2344/11, EWiR 2014, 239–240.

Bundesagentur für Arbeit (Hrsg.), Fachliche Weisungen Arbeitnehmerüberlassungsgesetz (AÜG), Anlage zur Weisung 201703005, Gültig ab: 01.04.2017, abrufbar unter http://dahmen-personal.de/wp-content/uploads/2017/03/Fachliche_Weisung_BA_zum_AUEG2-003.pdf.

Bundesministerium des Innern (Hrsg.), Dokumente zur Deutschlandpolitik, II. Reihe, Band I: Die Konferenz von Potsdam, Dritter Drittelband, Neuwied/Frankfurt a. M. 1992 (zit.: Dokumente zur Deutschlandpolitik).

Bundesministerium der Justiz (Hrsg.), Bericht über die Verhandlungen der Unternehmensrechtskommission, Köln 1980 (zit.: Bericht Unternehmensrechtskomm.).

Bungert, Hartwin / Leyendecker-Langner, Benjamin, Schwellenwertberechnung für die Arbeitnehmermitbestimmung im Aufsichtsrat eines internationalen Konzerns, DB 2014, 2031–2033.

Bungert, Hartwin / Rogier, Moritz, Berücksichtigung von Leiharbeitnehmern bei den Schwellenwerten für die unternehmerische Mitbestimmung nach dem AÜG-Änderungsgesetz, DB 2016, 3022–3029.

Burger, Ernst (Hrsg.), TVöD, TV-L, Tarifverträge für den öffentlichen Dienst, Handkommentar, 3. Aufl., Baden-Baden 2016 (zit.: *Bearbeiter*, in: Burger).

Bydlinski, Franz, Juristische Methodenlehre und Rechtsbegriff, 2. Aufl., Wien 1991 (zit.: *Bydlinski*, Methodenlehre).

Calliess, Christian / Ruffert, Matthias (Hrsg.), EUV/AEUV, Das Verfassungsrecht der Europäischen Union mit Europäischer Grundrechtecharta, Kommentar, 5. Aufl., München 2016 (zit.: *Bearbeiter*, in: Calliess/Ruffert).

Chmielewicz, Klaus, Zur Problematik einer kleinen oder privaten Aktiengesellschaft, in: Eichhorn, Peter (Hrsg.), Unternehmensverfassung in der privaten und öffentlichen Wirtschaft, Festschrift für Prof. Dr. Erich Potthoff zur Vollendung des 75. Lebensjahres, Baden-Baden 1989, S. 164–176 (zit.: *Chmielewicz*, in: FS Potthoff).

Claussen, Carsten P., Abgestufte Überwachungspflicht des Aufsichtsrats?, AG 1984, 20–21.

Coing, Helmut, Juristische Methodenlehre, Berlin/New York 1972 (zit.: *Coing*, Methodenlehre).

Däubler, Wolfgang, Mitbestimmung und Betriebsverfassung im Internationalen Privatrecht, RabelsZ 39 (1975), 444–477.

Däubler, Wolfgang, Der Gemeinschaftsbetrieb im Arbeitsrecht, in: Bettermann, Karl A. / Löwisch, Manfred u. a. (Hrsg.), Festschrift für Albrecht Zeuner zum 70. Geburtstag, Tübingen 1994, S. 19–38 (zit.: *Däubler*, in: FS Zeuner).

Däubler, Wolfgang, Die veränderte Betriebsverfassung – Erste Anwendungsprobleme –, AuR 2001, 285–291.

Däubler, Wolfgang, Das Wahlrecht der „überlassenen Arbeitnehmer" nach dem neuen § 7 Satz 2 BetrVG – Mit einem Anhang zur Altersteilzeit –, AiB 2001, 684–689.

Däubler, Wolfgang / Deinert, Olaf / Zwanziger, Bertram (Hrsg.), KSchR, Kündigungsschutzrecht, Kündigungen und andere Formen der Beendigung des Arbeitsverhältnisses, 10. Aufl., Frankfurt a. M. 2017 (zit.: *Bearbeiter*, in: DDZ).

Däubler, Wolfgang / Hjort, Jens P. / Schubert, Michael / Wolmerath, Martin (Hrsg.), Arbeitsrecht, Individualarbeitsrecht mit kollektivrechtlichen Bezügen, Handkommentar, 4. Aufl., Baden-Baden 2017 (zit.: *Bearbeiter*, in: DHSW).

Däubler, Wolfgang / Kittner, Michael / Klebe, Thomas / Wedde, Peter (Hrsg.), BetrVG, Betriebsverfassungsgesetz, Kommentar für die Praxis mit Wahlordnung und EBR-Gesetz, 15. Aufl., Frankfurt a. M. 2016 (zit.: *Bearbeiter*, in: DKKW).

Dauner-Lieb, Barbara / Simon, Stefan (Hrsg.), Kölner Kommentar zum UmwG, Köln 2009 (zit.: *Bearbeiter*, in: KölnK-UmwG).

Deilmann, Barbara, Die Zurechnung von Arbeitnehmern nach dem neuen Drittelbeteiligungsgesetz, NZG 2005, 659–664.

Deinert, Olaf, Internationales Arbeitsrecht, Deutsches und europäisches Arbeitskollisionsrecht, Tübingen 2013 (zit.: *Deinert*, IntArbR).

Deinert, Olaf, Kernbelegschaften – Randbelegschaften – Fremdbelegschaften – Herausforderungen für das Arbeitsrecht durch Reduzierung von Stammbelegschaften, RdA 2014, 65–77.

Deinert, Olaf, Neuregelung des Fremdpersonaleinsatzes im Betrieb, RdA 2017, 65–82.

Deutscher Anwaltverein, Stellungnahme des Deutschen Anwaltvereins durch den Ausschuss Arbeitsrecht zum Referentenentwurf eines Gesetzes zur Änderung des Arbeitnehmerüberlassungsgesetzes und anderer Gesetze, RdA 2016, 173–176.

Dewender, Sascha, Die Rechtsstellung der Leiharbeitnehmer nach den §§ 7 Satz 2 und 9 BetrVG, RdA 2003, 274–279.

Dewender, Sascha, Betriebsfremde Arbeitnehmer in der Betriebsverfassung unter besonderer Berücksichtigung der unechten Leiharbeitnehmer, Frankfurt a. M. 2004 (zit.: *Dewender*, Betriebsfremde Arbeitnehmer).

Dieterich, Thomas / Müller-Glöge, Rudi / Preis, Ulrich / Schaub, Günter (Hrsg.), Erfurter Kommentar zum Arbeitsrecht, 4. Aufl., München 2004 (zit.: *Bearbeiter*, in: ErfK, 4. Aufl.).

Dietrich, Marcel, Die Freizügigkeit der Arbeitnehmer in der Europäischen Union – unter Berücksichtigung des schweizerischen Ausländerrechts –, Zürich 1995 (zit.: *Dietrich*, Freizügigkeit).

Dietz, Rolf / Richardi, Reinhard (Begr. / Verf.), Betriebsverfassungsgesetz, Band 1: §§ 1–73 mit Wahlordnung, 6. Aufl., München 1981, Band 2: §§ 74–Schluss mit Betriebsverfassungsgesetz 1952, 6. Aufl., München 1982 (zit.: *Richardi*, in: Dietz/Richardi, 6. Aufl.).

Doehring, Karl, Völkerrecht, Ein Lehrbuch, 2. Aufl., Heidelberg 2004 (zit.: *Doehring*, Völkerrecht).

Dornbusch, Gregor / Fischermeier, Ernst / Löwisch, Manfred (Hrsg.), AR, Kommentar zum gesamten Arbeitsrecht, 8. Aufl., Köln 2016 (zit.: *Bearbeiter*, in: AR).

Dreier, Horst (Hrsg.), Grundgesetz, Kommentar, Band II: Artikel 20–82, 3. Aufl., Tübingen 2015 (zit.: *Bearbeiter*, in: Dreier).

Drygala, Tim, Analoge Anwendung der SE-Regelungen zur Ergänzung der derzeitigen Mitbestimmungsregelungen, in: Habersack, Mathias / Behme, Caspar u. a. (Hrsg.), Deutsche Mitbestimmung unter europäischem Reformzwang, Frankfurt a. M. 2016, S. 81–92 (zit.: *Drygala*, in: ZHR Beiheft 78).

Duden, Konrad, Zur Mitbestimmung in Konzernverhältnissen nach dem Mitbestimmungsgesetz, ZHR 141 (1977), 145–189.

Dudenredaktion (Hrsg.), Duden, Band 1: Die deutsche Rechtschreibung, Auf der Grundlage der aktuellen amtlichen Rechtschreibregeln, 27. Aufl., Berlin 2017 (zit.: *Duden*, Bd. 1).

Dudenredaktion / Wöllstein, Angelika (Hrsg.), Duden, Band 4: Die Grammatik, Unentbehrlich für richtiges Deutsch, 9. Aufl., Berlin 2016 (zit.: *Duden*, Bd. 4).

Düwell, Franz J., Die vorübergehende Überlassung im Ersten AÜG-Änderungsgesetz, ZESAR 2011, 449–455.

Düwell, Franz J. (Hrsg.), Betriebsverfassungsgesetz, Handkommentar, 4. Aufl., Baden-Baden 2014 (zit.: *Bearbeiter*, in: HaKo-BetrVG).

Düwell, Franz J. / Dahl, Holger, Mitbestimmung des Betriebsrats beim Einsatz von Leiharbeitnehmern, NZA-RR 2011, 1–8.

Ebenroth, Carsten T. / Sura, Achim, Transnationale Unternehmen und deutsches Mitbestimmungsgesetz, ZHR 144 (1980), 610–627.

Ebert, Oliver, Das Ende ist nah, Oder gibt es eine Zukunft für die tarifliche Personalgestellung?, ArbRB 2016, 125–128.

Ebke, Werner F., Überseering: „Die wahre Liberalität ist Anerkennung“, JZ 2003, 927–933.

Eder, Isabel / Schuster, Norbert, Alles neu macht der April, AiB 4/2017, 27–30.

Ehrich, Christian, Anmerkung zu BAG, Beschl. v. 13.5.1998–7 ABR 5/97, EWiR 1999, 179–180.

Eidenmüller, Horst (Hrsg.), Ausländische Kapitalgesellschaften im deutschen Recht, München 2004 (zit.: *Bearbeiter*, in: Eidenmüller).

Einfeldt, Eva, Deutsche Mitbestimmungsregeln zur Aufsichtsratswahl sind mit Unionsrecht vereinbar, ArbRB 2017, 268–269.

Emmerich, Volker / Habersack, Mathias / Schürnbrand, Jan, Aktien- und GmbH-Konzernrecht, Kommentar, 8. Aufl., München 2016 (zit.: *Bearbeiter*, in: Emmerich/ Habersack).

Endres, Esther, Schwellenwertregelungen im Arbeitsrecht – Verfassungsrechtliche und rechtspolitische Fragen, Baden-Baden 2003 (zit.: *Endres*, Schwellenwertregelungen).

Engels, Gerd, Gesetz zur Änderung des Montan-Mitbestimmungsgesetzes und des Mitbestimmungsergänzungsgesetzes, Sicherungsgesetz oder Sterbeklausel? Entstehungsgeschichte und Regelungsinhalt, BB 1981, 1349–1359.

Engels, Gerd / Trebinger, Yvonne / Löhr-Steinhaus, Wilfried, Regierungsentwurf eines Gesetzes zur Reform des Betriebsverfassungsgesetzes – Überblick über wesentliche Änderungen –, DB 2001, 532–542.

Engisch, Karl, Einführung in das juristische Denken, 11. Aufl., Stuttgart u. a. 2010 (zit.: *Engisch*, Einführung).

Fabricius, Fritz, Erweiterung der Arbeitnehmer-Beteiligung im Aufsichtsrat einer Aktiengesellschaft gem. § 76 BetrVG 1952 auf rechtsgeschäftlicher Grundlage, in: Dieterich, Thomas / Gamillscheg, Franz u. a. (Hrsg.), Festschrift für Marie Luise Hilger und Hermann Stumpf, München 1983, S. 155–176 (zit.: *Fabricius*, in: FS Hilger/Stumpf).

Fabricius, Fritz (Hrsg.), Gemeinschaftskommentar zum Mitbestimmungsgesetz, Loseblattsammlung, Neuwied, Stand: Apr. 1992 (zit.: *Bearbeiter*, in: GK-MitbestG).

Fieberg, Christian, Die Personalgestellung nach TVöD – kein Fall für das AÜG!, NZA 2014, 187–190.

Figge, Gustav, Das neue Arbeitnehmerüberlassungsgesetz – Neuerungen zum 1.4.2017, GmbHR 2017, R105.

Fikentscher, Wolfgang, Methoden des Rechts in vergleichender Darstellung, Band 4: Dogmatischer Teil, Anhang, Tübingen 1977 (zit.: *Fikentscher*, Methoden, Bd. IV).

Fischer, Sebastian, Europaweite Wahl zum mitbestimmten Aufsichtsrat?, NZG 2014, 737–739.

Fitting, Karl, Das Wahlmännerverfahren nach § 76 Abs. 4 Betriebsverfassungsgesetz, DB 1962, 1339–1340.

Fitting, Karl / Engels, Gerd / Schmidt, Ingrid / Trebinger, Yvonne / Linsenmaier, Wolfgang (Begr. / Bearb.), Betriebsverfassungsgesetz, Handkommentar, 28. Aufl., München 2016 (zit.: *Fitting*).

Fitting, Karl / Kaiser, Heinrich / Heither, Friedrich / Engels, Gerd / Schmidt, Ingrid (Begr. / Bearb.), Betriebsverfassungsgesetz, Handkommentar, 21. Aufl., München 2002 (zit.: *Fitting*, 21. Aufl.).

Fitting, Karl / Wlotzke, Otfried / Wißmann, Hellmut, Mitbestimmungsgesetz mit Wahlordnungen, Kommentar, 2. Aufl., München 1978 (zit.: *Fitting/Wlotzke/Wißmann*, 2. Aufl.).

Fleischer, Holger / Goette, Wulf (Hrsg.), Münchener Kommentar zum Gesetz betreffend die Gesellschaften mit beschränkter Haftung (GmbHG), Band 2: §§ 35–52, 2. Aufl., München 2016 (zit.: *Bearbeiter*, in: MüKo-GmbHG).

Forst, Gerrit, Entspricht das Konzernprivileg des neuen AÜG der Leiharbeitsrichtlinie?, ZESAR 2011, 316–321.

Forsthoff, Ulrich, Rechts- und Parteifähigkeit ausländischer Gesellschaften mit Verwaltungssitz in Deutschland? – Die Sitztheorie vor dem EuGH – Anmerkung zu dem Vorlagebeschluss des BGH vom 30.3.2000 – VII ZR 370/98, DB 2000, 1109–1114.

Franzen, Martin, Niederlassungsfreiheit, internationales Gesellschaftsrecht und Unternehmensmitbestimmung, RdA 2004, 257–263.

Franzen, Martin, Neuausrichtung des Drittpersonaleinsatzes – Überlegungen zu den Vorhaben des Koalitionsvertrags, RdA 2015, 141–152.

Franzen, Martin / Gallner, Inken / Oetker, Hartmut (Hrsg.), Kommentar zum europäischen Arbeitsrecht, 2. Aufl., München 2018 (zit.: *Bearbeiter*, in: EUArbR).

Friauf, Karl H., Verfassungsmäßigkeit des Gesetzes zur Sicherung der Montan-Mitbestimmung, Zur Vereinbarkeit der geänderten Anwendungsvoraussetzungen mit dem Gleichheitssatz, Rechtsgutachten erstattet im Auftrag des Bundesministers für Arbeit und Sozialordnung, Bonn 1988 (zit.: *Friauf*, Verfassungsmäßigkeit).

Frohnmayer, Thomas / Klein-Wiele, Christian, Arbeitnehmer im Aufsichtsrat: Ausweitung oder Ende des deutschen Mitbestimmungsrechts?, FuS 2015, 240–242.

Fromen, Wolfgang, Der gemeinsame Betrieb mehrerer Unternehmen – Der Versuch einer kritischen Analyse –, in: Boewer, Dietrich / Gaul, Björn (Hrsg.), Festschrift für Dieter Gaul zum 70. Geburtstag, Neuwied u. a. 1992, S. 151–188 (zit.: *Fromen*, in: FS D. Gaul).

Fuchs, Harald / Köstler, Roland / Pütz, Lasse, Handbuch zur Aufsichtsratswahl, Wahlen der Arbeitnehmervertreter nach dem Mitbestimmungsgesetz und dem Drittelbeteiligungsgesetz, 6. Aufl., Frankfurt a. M. 2016 (zit.: *Fuchs/Köstler/Pütz*).

Fuchs, Harald / Köstler, Roland / Pütz, Lasse, Neue Regelung im AÜG, Berücksichtigung von Leiharbeitnehmern bei der Berechnung des Schwellenwerts des § 1 Abs. 1 Nr. 2 MitbestG, AG 2017, R104–R106.

Fuchs, Harald / Köstler, Roland / Pütz, Lasse, Leiharbeitnehmer zählen mit, AiB 5/2017, 24–26.

Fuchs, Ingo / Grimm, Michael, Anmerkung zu OLG München, Beschl. v. 20.2.2017–31 Wx 321/15, EWiR 2017, 457–458.

Fuchs, Rainer, Der Konzernbetriebsrat – Funktion und Kompetenz –, Frankfurt a. M. 1974 (zit.: *Fuchs*, Konzernbetriebsrat).

Fürst, Walther / Franke, Ingeborg / Weiß, Hans-Dietrich (Begr. / Hrsg.), Gesamtkommentar öffentliches Dienstrecht, Band IV: Recht der Arbeitnehmer im öffentlichen Dienst, Erläutert auf der Grundlage des Tarifvertrages für den öffentlichen Dienst (TVöD) und des Tarifvertrages für den öffentlichen Dienst der Länder (TV-L), Loseblattsammlung, Berlin, Stand: Nov. 2017 (zit.: *Bearbeiter*, in: GKÖD IV).

Funk, Annika, Mitbestimmung in EU-Auslandsgesellschaften nach „Inspire-Art“, Baden-Baden 2007 (zit.: *Funk*, Mitbestimmung).

Furubotn, Eirik G. / Wiggins, Steven N., Plant Closings, Worker Reallocation Costs and Efficiency Gains to Labor Representation on Boards of Directors, ZgS 140 (1984), 176–192.

Gaenslen, Rüdiger, Personalgestellung, Zuweisung und Abordnung nach § 4 TVöD als erlaubnispflichtige Arbeitnehmerüberlassung?, öAT 2015, 181–184.

Gallner, Inken / Mestwerdt, Wilhelm / Nägele, Stefan (Hrsg.), Kündigungsschutzrecht, Handkommentar, 5. Aufl., Baden-Baden 2015 (zit.: *Bearbeiter*, in: HaKo-KSchR).

Gaul, Björn, Das Arbeitsrecht der Betriebs- und Unternehmensspaltung, Gestaltung von Betriebsübergang, Outsourcing, Umwandlung, Köln 2002 (zit.: *Gaul*, Betriebs- und Unternehmensspaltung).

Gaul, Björn / Hahne, Tobias C., Der Versuch des Gesetzgebers zur Kennzeichnung von Arbeitnehmern, Leiharbeitnehmern und sonstigem Fremdpersonal durch § 611a BGB, BB 2016, 58–63.

Gaul, Björn / Ludwig, Daniel / Forst, Gerrit (Hrsg.), Europäisches Mitbestimmungsrecht, SE, SCE, SPE und grenzüberschreitende Verschmelzung, München 2015 (zit.: *Bearbeiter*, in: GLF).

Gebhardt, Katharina, Keine Mitbestimmung in deutschen Aufsichtsräten aus dem Ausland, FA 2016, 73–77.

Geis, Sebastian, Die Auswirkungen der Reform des AÜG im Jahr 2011 auf die konzerninterne Arbeitnehmerüberlassung, Würzburg 2014 (zit.: *Geis*, Auswirkungen).

Gentz, Manfred, Das Arbeitsrecht im internationalen Konzern, NZA 2000, 3–5.

Gerdom, Thomas, Neue Spielregeln bei der Personalgestellung, öAT 2011, 150–152.

Geßler, Ernst, Mitbestimmung im mehrstufigen Konzern, BB 1977, 1313–1319.

Giedinghagen, Jan / Angelé, Shiro, Anmerkung zu KG, Beschl. v. 16.10.2015–14 W 89/15, EWiR 2016, 761–761.

Giedinghagen, Jan / Kempermann, Maximiliane, Unternehmerische Mitbestimmung: Berücksichtigung auch von Arbeitnehmern im Ausland?, GmbHR 2015, R161–R162.

Giesen, Richard, Vorübergehend unklar, FA 2012, 66–69.

Gimmy, Marc A., Das neue Drittelbeteiligungsgesetz, in: Bauer, Jobst-Hubertus / Beckmann, Paul W. u. a. (Hrsg.), Arbeitsgemeinschaft Arbeitsrecht im Deutschen Anwaltverein, Festschrift zum 25-jährigen Bestehen, Bonn 2006, S. 857–878 (zit.: *Gimmy*, in: FS ARGE ArbR im DAV).

Ginal, Jens, § 1 I Nr. 1 S. 2 DrittelbG ist verfassungsgemäß, GWR 2014, 159.

Goette, Wulf / Habersack, Mathias (Hrsg.), Münchener Kommentar zum Aktiengesetz, Band 1: §§ 1–75, 4. Aufl., München 2016, Band 2: §§ 76–117 AktG, MitbestG, DrittelbG, 4. Aufl., München 2014, Band 5: §§ 278–328, SpruchG, ÖGesAusG, Österreichisches Konzernrecht, 4. Aufl., München 2015, Band 7: Europäisches Aktienrecht, SE-VO, SEBG, Europäische Niederlassungsfreiheit, 4. Aufl., München 2017 (zit.: *Bearbeiter*, in: MüKo-AktG).

Götz, Jürgen, Multinationale Konzernstrukturen nach Überseering und Inspire Art, Der Konzern 2004, 449–455.

Gralla, Markus, Vermeidung der Unternehmensmitbestimmung, Gestaltungsmöglichkeiten und Grenzen, Hamburg 2016 (zit: *Gralla*, Vermeidung).

Grasmann, Günther, Internationale Probleme der Mitbestimmung, ZGR 1973, 317–334.

Groeben, Hans von der / Schwarze, Jürgen / Hatje, Armin (Begr. / Hrsg.), Europäisches Unionsrecht, Vertrag über die Europäische Union, Vertrag über die Arbeitsweise der Europäischen Union, Charta der Grundrechte der Europäischen Union, Band 1: Art. 1 bis Art. 55 EUV, Art. 1 bis Art. 54 GRC, Art. 1 bis 66 AEUV, 7. Aufl., Baden-Baden 2015 (zit.: *Bearbeiter*, in: GSH).

Groeger, Axel, Der gemeinsame Betrieb mehrerer Unternehmen als Alternative zur Arbeitnehmerüberlassung, Vorteile, Voraussetzungen und Auswirkungen der AÜG-Reform, ArbRB 2017, 216–219.

Großfeld, Bernhard, Internationales und Europäisches Unternehmensrecht, Das Organisationsrecht transnationaler Unternehmen, 2. Aufl., Heidelberg 1995 (zit.: *Großfeld*, Unternehmensrecht).

Großmann, Adolf, Die GmbH & Co. KG im Spannungsfeld zwischen § 4 und § 5 Mitbestimmungsgesetz, BB 1976, 1391–1397.

Grotmann-Höfling, Günter, Von 1 bis 20 000 – Die Zahl im Arbeits- und Sozialrecht, NZA 1990, 648–652.

Gummert, Hans / Weipert, Lutz (Hrsg.), Münchener Handbuch des Gesellschaftsrechts, Band 2: Kommanditgesellschaft, GmbH & Co. KG, Publikums-KG, Stille Gesellschaft, 4. Aufl., München 2014 (zit.: *Bearbeiter*, in: MüGesR II).

Haberland, Jürgen / Seiler, Dietmar, Mitbestimmungsgesetz, Mit Einführung, ausführlichen Erläuterungen, den Wahlordnungen, ergänzenden Vorschriften und Sachverzeichnis, 2. Aufl., Leverkusen 1977 (zit.: *Haberland/Seiler*).

Habersack, Mathias, Die Konzernmitbestimmung nach § 5 MitbestG und § 2 DrittelbG, AG 2007, 641–650.

Habersack, Mathias, Wandlungen des Aktienrechts, AG 2009, 1–14.

Habersack, Mathias, Reformbedarf im deutschen Mitbestimmungsrecht, Beilage zu ZIP 48/2009, 1–5.

Habersack, Mathias, „Germany first"? Kritische Bemerkungen zum EuGH-Urteil in Sachen „Erzberger ./. TUI AG", NZG 2017, 1021–1023.

Hahn, Jürgen, „Kleine AG", eine rechtspolitische Idee zum unternehmerischen Erfolg, DB 1994, 1659–1665.

Hamann, Wolfgang, Die Richtlinie Leiharbeit und ihre Auswirkungen auf das nationale Recht der Arbeitnehmerüberlassung, EuZA 2009, 287–331.

Hamann, Wolfgang, Kurswechsel bei der Arbeitnehmerüberlassung?, NZA 2011, 70–77.

Hamann, Wolfgang, Die Reform des AÜG im Jahr 2011, RdA 2011, 321–341.

Hamann, Wolfgang, Die Vereinbarkeit der privilegierten Arbeitnehmerüberlassung nach dem AÜG mit der Richtlinie Leiharbeit, ZESAR 2012, 103–111.

Hamann, Wolfgang, Anmerkung zu BAG, Beschl. v. 10.7.2013–7 ABR 91/11, AP Nr. 33 zu § 1 AÜG.

Hamann, Wolfgang, Umsetzung der Vorgabe „vorübergehend" in der Leiharbeitsrichtlinie, Regulierungsempfehlungen an den nationalen Gesetzgeber, NZA 2015, 904–910.

Hamann, Wolfgang, „Entwurf eines Gesetzes zur Änderung des AÜG und anderer Gesetze" vom 17.02.2016, AuR 2016, 136–141.

Hamann, Wolfgang / Klengel, Ernesto, Die Überlassungsdauer des reformierten AÜG im Lichte des Unionsrechts, EuZA 2017, 194–213.

Hamann, Wolfgang / Klengel, Ernesto, Die AÜG-Reform 2017 im Lichte der Richtlinie Leiharbeit, EuZA 2017, 485–504.

Hamann, Wolfgang / Rudnik, Tanja, Die Berechnung der Überlassungshöchstdauer nach dem neuen AÜG, NZA 2017, 209–214.

Hammen, Horst, Anmerkung zu LG Frankfurt a. M., Beschl. v. 16.2.2015–3-16 O 1/14, WuB 2015, 644–646.

Hammen, Horst, Unternehmerische Mitbestimmung von Arbeitnehmern ausländischer Konzernunternehmen?, Der Konzern 2016, 105–112.

Hanau, Peter, Aktuelles zu Betrieb, Unternehmen und Konzern im Arbeitsrecht, ZfA 1990, 115–132.

Hanau, Peter, Schlankere Betriebs- und Unternehmensverfassung, in: Heinze, Meinhard / Söllner, Alfred (Hrsg.), Arbeitsrecht in der Bewährung, Festschrift für Otto Rudolf Kissel zum 65. Geburtstag, München 1994, S. 347–362 (zit.: *Hanau*, in: FS Kissel).

Hanau, Peter, Die Verfassungsmäßigkeit der Quoren für Wahlvorschläge im Mitbestimmungsgesetz 1976, in: Wendt, Rudolf / Höfling, Wolfram u. a. (Hrsg.), Staat, Wirtschaft, Steuern, Festschrift für Karl Heinrich Friauf zum 65. Geburtstag, Heidelberg 1996, S. 621–645 (zit.: *Hanau*, in: FS Friauf).

Hanau, Peter, Denkschrift zu dem Regierungsentwurf eines Gesetzes zur Reform des Betriebsverfassungsgesetzes, RdA 2001, 65–76.

Hanau, Peter, Sicherung unternehmerischer Mitbestimmung, insbesondere durch Vereinbarung, ZGR 2001, 75–109.

Hanau, Peter / Steinmeyer, Heinz-Dietrich / Wank, Rolf, Handbuch des europäischen Arbeits- und Sozialrechts, München 2002 (zit.: *Bearbeiter*, in: HSW).

Hanau, Peter / Ulmer, Peter, Mitbestimmungsgesetz, München 1981 (zit.: *Bearbeiter*, in: Hanau/Ulmer, 1. Aufl.).

Hay, Daniel / Grüneberg, Jan, Berücksichtigung von Leiharbeitnehmern bei den Schwellenwerten in der Unternehmensmitbestimmung?!, NZA 2014, 814–820.

Hayen, Ralf-Peter, Erweiterung des Arbeitnehmerbegriffs im BetrVG, Mehr Rechte für Beamte, Soldaten und Arbeitnehmer des öffentlichen Dienstes, PersR 2009, 384–389.

Heidel, Thomas (Hrsg.), Aktienrecht und Kapitalmarktrecht, 4. Aufl., Baden-Baden 2014 (zit.: *Bearbeiter*, in: Heidel).

Heise, Dietmar / Fedder, Sebastian, Beamte und Soldaten – Einsatz im Betriebsrat, NZA 2009, 1069–1071.

Hellgardt, Alexander, Unionsrechtswidrigkeit der deutschen Mitbestimmung, in: Habersack, Mathias / Behme, Caspar u. a. (Hrsg.), Deutsche Mitbestimmung unter europäischem Reformzwang, Frankfurt a. M. 2016, S. 24–45 (zit.: *Hellgardt*, in: ZHR Beiheft 78).

Hellwig, Hans-Jürgen / Behme, Caspar, Gemeinschaftsrechtliche Probleme der deutschen Unternehmensmitbestimmung, AG 2009, 261–278.

Hellwig, Hans-Jürgen / Behme, Caspar, Zur Einbeziehung ausländischer Belegschaften in die deutsche Unternehmensmitbestimmung, ZIP 2009, 1791–1794.

Hellwig, Hans-Jürgen / Behme, Caspar, Gemeinschaftsrechtswidrigkeit und Anwendungsvorrang des Gemeinschaftsrechts in der deutschen Unternehmensmitbestimmung, ZIP 2010, 871–874.

Hellwig, Hans-Jürgen / Behme, Caspar, Die deutsche Unternehmensmitbestimmung im Visier von Brüssel?, Zugleich Anmerkungen zu den mitbestimmungsrechtlichen Ausführungen des Reports of the Reflection Group on the Future of EU Company Law, AG 2011, 740–746.

Hellwig, Hans-Jürgen / Behme, Caspar, Die Verpflichtung von Vorstand und Aufsichtsrat zur Einleitung des Statusverfahrens (§§ 97, 98 AktG), Zugleich ein Beitrag zur sog. Legalitätspflicht beider Organe, in: Erle, Bernd / Goette, Wulf u. a. (Hrsg.), Festschrift für Peter Hommelhoff zum 70. Geburtstag, Köln 2012, S. 343–368 (zit.: *Hellwig/Behme*, in: FS Hommelhoff).

Hellwig, Hans-Jürgen / Behme, Caspar, Zur grenzüberschreitenden Dimension der deutschen Konzernmitbestimmung und ihren rechtspraktischen Konsequenzen, Zugleich Besprechung von LG Frankfurt/M., Beschl. v. 16.2.2015-3-16 O 1/14, AG 2015, 371, AG 2015, 333–342.

Henssler, Martin, Das Gemeinschaftsunternehmen im Konzernarbeitsrecht, ZIAS 1995, 551–563.

Henssler, Martin, Umstrukturierung von Unternehmen, ZfA 2000, 241–266.

Henssler, Martin, Mitbestimmungsrechtliche Konsequenzen einer Sitzverlegung innerhalb der Europäischen Union – Inspiration durch „Inspire Art“, in: Söllner, Alfred / Gitter, Wolfgang u. a. (Hrsg.), Gedächtnisschrift für Meinhard Heinze, München 2005, S. 333–355 (zit.: *Henssler*, in: GS Heinze).

Henssler, Martin, Freiwillige Vereinbarungen über die Unternehmensmitbestimmung, in: Aderhold, Lutz / Grunewald, Barbara u. a. (Hrsg.), Festschrift für Harm P. Westermann zum 70. Geburtstag, Köln 2008, S. 1019–1038 (zit.: *Henssler*, in: FS Westermann).

Henssler, Martin, Fremdpersonaleinsatz durch On-Site-Werkverträge und Arbeitnehmerüberlassung – offene Fragen und Anwendungsprobleme des neuen Rechts, RdA 2017, 83–100.

Henssler, Martin / Grau, Timon (Hrsg.), Arbeitnehmerüberlassung und Werkverträge, Gesetzliche Neuregelung und Auswirkungen für die Praxis, Bonn 2017 (zit.: *Bearbeiter*, in: Henssler/Grau).

Henssler, Martin / Köster-Eiserfunke, Julian, Anmerkung zu BAG, Beschl. v. 4.11.2015–7 ABR 42/13, EWiR 2016, 317–318.

Henssler, Martin / Strohn, Lutz (Hrsg.), Gesellschaftsrecht, BGB, HGB, PartGG, GmbHG, AktG, GenG, UmwG, InsO, AnfG, IntGesR, 3. Aufl., München 2016 (zit.: *Bearbeiter*, in: Henssler/Strohn).

Henssler, Martin / Willemsen, Heinz J. / Kalb, Heinz-Jürgen (Hrsg.), Arbeitsrecht Kommentar, 2. Aufl., Köln 2006 (zit.: *Bearbeiter*, in: HWK, 2. Aufl.).

Henssler, Martin / Willemsen, Heinz J. / Kalb, Heinz-Jürgen (Hrsg.), Arbeitsrecht Kommentar, 7. Aufl., Köln 2016 (zit.: *Bearbeiter*, in: HWK).

Herrmann, Klaus, Der gemeinsame Betrieb mehrerer Unternehmen, Konstanz 1993 (zit.: *Herrmann*, Gemeinsamer Betrieb).

Hess, Harald / Worzalla, Michael / Glock, Dirk / Nicolai, Andrea / Rose, Franz-Josef / Huke, Kristina, BetrVG Kommentar, 10. Aufl., Köln 2018 (zit.: *Bearbeiter*, in: HWG-NRH).

Heup, Eva, Fremdpersonal im öffentlichen Dienst, Baden-Baden 2016 (zit.: *Heup*, Fremdpersonal).

Heuschmid, Johannes / Hlava, Daniel, Verfahren vor dem EuGH, NZA 2017, 429–436.

Heuschmid, Johannes / Ulber, Daniel, Unternehmensmitbestimmung auf dem Prüfstand des EuGH, NZG 2016, 102–105.

Heuschmid, Johannes / Munkholm, Natalie Videbaek, Zur Unionsrechtskonformität der Unternehmensmitbestimmung, EuZW 2017, 419–424.

Heyer, Jörg, Diskriminierungs- und Beschränkungsverbot im Rahmen der gemeinschaftsrechtlichen Arbeitnehmerfreizügigkeit, Diss. jur. Köln 1996 (zit.: *Heyer*, Arbeitnehmerfreizügigkeit).

Hinrichs, Lars / Wenzel, Andrea / Knoll, Johanna, Die Personalgestellung nach der Reform des AÜG – Bleibt alles anders?, ZTR 2014, 68–74.

Hirte, Heribert, § 1 Die „Limited" mit Sitz in Deutschland, in: ders. / Bücker, Thomas (Hrsg.), Grenzüberschreitende Gesellschaften, Ein Praxishandbuch, 2. Aufl., Berlin 2006, S. 2–59 (zit.: *Hirte*, in: ders./Bücker).

Hirte, Heribert / Mülbert, Peter O. / Roth, Markus (Hrsg.), AktG, Aktiengesetz, Großkommentar, Erster Band: §§ 1–22, 5. Aufl., Berlin/Boston 2017 (zit.: *Bearbeiter*, in: GroßK-AktG).

Hjort, Jens P., Wahlrecht der Arbeitnehmer zu mehreren Aufsichtsräten in Gemeinschaftsbetrieben?, NZA 2001, 696–701.

Hoechel, Thomas, Die Wahlmänner im Mitbestimmungsgesetz 1976, Diss. jur. Freiburg 1979 (zit.: *Hoechel*, Wahlmänner).

Höcker, Lorenz / Johannsen, Martin (Hrsg.), Mitbestimmung der Arbeitnehmer im Kohlen- und Eisenerzbergbau und in der Eisen und Stahl erzeugenden Industrie, Essen 1951 (zit:. *Höcker/Johannsen*, Mitbestimmung).

Hölters, Wolfgang, Die unbewältigte Konzernproblematik des Mitbestimmungsgesetzes 1976, RdA 1979, 335–340.

Hölters, Wolfgang (Hrsg.), Aktiengesetz, Kommentar, 3. Aufl., München 2017 (zit.: *Bearbeiter*, in: Hölters).

Hoffmann, Dietrich, Probleme der GmbH und GmbH und Co. nach dem Regierungsentwurf eines Mitbestimmungsgesetzes, GmbHR 1974, 73–79.

Hoffmann, Dietrich / Lehmann, Jürgen / Weihmann, Heinz, Mitbestimmungsgesetz, Kommentar, München 1978 (zit: *Hoffmann/Lehmann/Weinmann*).

Hoffmann, Yvonne / Alles, Boris, Der „unternehmensübergreifende" Gesamtbetriebsrat, NZA 2014, 757–760.

Hoffmann-Becking, Michael (Hrsg.), Münchener Handbuch des Gesellschaftsrechts, Band 4, 4. Aufl., München 2015 (zit.: *Bearbeiter*, in: MüGesR IV).

Hohenstatt, Klaus-Stefan / Schramm, Nils, Der Gemeinschaftsbetrieb im Recht der Unternehmensmitbestimmung, NZA 2010, 846–851.

Hommelhoff, Peter, Vereinbarte Mitbestimmung, ZHR 148 (1984), 118–148.

Hommelhoff, Peter, Börsenhandel von GmbH- und KG-Anteilen? Zu den Vorschlägen der Kommission „Zweiter Börsenmarkt", ZHR 153 (1989), 181–215.

Hommelhoff, Peter, Jetzt die „Kleine" und dann noch eine „AnlegerAG", in: Semler, Johannes (Hrsg.), Reformbedarf im Aktienrecht, 4. Deutsch-Österreichisches Symposium zum Gesellschaftsrecht vom 22. und 23. Oktober 1993 auf dem Lämmerbuckel, ZGR-Sonderheft 12, Berlin/New York 1994, S. 65–84 (zit.: *Hommelhoff*, ZGR-Sonderheft 12).

Hommelhoff, Peter, Mitbestimmungsvereinbarungen zur Modernisierung der deutschen Unternehmensmitbestimmung – zum Gesetzentwurf des Arbeitskreises „Unternehmerische Mitbestimmung" –, ZGR 2010, 48–74.

Hopt, Klaus J. / Wiedemann, Herbert (Hrsg.), Aktiengesetz, Großkommentar, Vierter Band: §§ 95–117, Berlin 2005, Fünfter Band: Mitbestimmungsgesetz; §§ 118–149, 4. Aufl., Berlin 1999–2008, Achter Band: §§ 278–310, 4. Aufl., Berlin/Boston 2001–2013, 39. Lieferung: §§ 319–327, 4. Aufl., Berlin/Boston 2013 (zit: *Bearbeiter*, in: GroßK-AktG).

Hoyningen-Huene, Gerrick von / Linck, Rüdiger / Krause, Rüdiger, Kündigungsschutzgesetz Kommentar, 15. Aufl., München 2013 (zit.: *Bearbeiter*, in: HHL).

Hueck, Alfred / Nipperdey, Hans Carl / Säcker, Franz Jürgen, Lehrbuch des Arbeitsrechts, Zweiter Band: Kollektives Arbeitsrecht, Zweiter Halbband (II/2), 7. Aufl., Berlin/Frankfurt a.M. 1970 (zit.: *Hueck/Nipperdey*, Arbeitsrecht).

Hüffer, Uwe / Koch, Jens (Begr. / Verf.), Aktiengesetz, 12. Aufl., München 2016 (zit.: *Koch*, in: Hüffer/Koch).

Huke, Rainer / Neufeld, Tobias / Luickhardt, Vera, Das neue AÜG: Erste Praxiserfahrungen und Hinweise zum Umgang mit den neuen Regelungen, BB 2012, 961–969.

Huke, Rainer / Prinz, Thomas, Das Drittelbeteiligungsgesetz löst das Betriebsverfassungsgesetz 1952 ab, BB 2004, 2633–2639.

Hund, Daniel / Weiss, Elisabeth, Umgang mit der Überlassungshöchstdauer nach der AÜG-Reform – Möglichkeit einer Entleiherkette im gemeinsamen Betrieb? –, DB 2016, 2903–2907.

Ihrig, Hans-Christoph / Schlitt, Michael, Vereinbarungen über eine freiwillige Einführung oder Erweiterung der Mitbestimmung, NZG 1999, 333–337.

Imhof, Martin, § 1 I Nr. 1 S. 2 DrittelbG ist verfassungsgemäß, GWR 2011, 494.

Ingenfeld, Gisbert, Outsourcing innerhalb des Konzerns (I), Die betriebsverfassungsrechtlichen Folgen, CR 1993, 288–293.

Ipsen, Knut (Hrsg.), Völkerrecht, Ein Studienbuch, 6. Aufl., München 2014 (zit.: *Bearbeiter*, in: Ipsen).

Jarass, Hans D. / Pieroth, Bodo, Grundgesetz für die Bundesrepublik Deutschland, Kommentar, 14. Aufl., München 2016 (zit.: *Bearbeiter*, in: Jarass/Pieroth).

Joost, Detlev, Betrieb und Unternehmen als Grundbegriffe im Arbeitsrecht, München 1988 (zit.: *Joost*, Grundbegriffe).

Joost, Detlev, Besprechung von Wanhöfer, Harald, Gemeinschaftsbetrieb und Unternehmensmitbestimmung, Berlin 1994, Duncker und Humblot, 136 S., 72,- DM, RdA 1998, 310–311.

Joost, Detlev, Gesetzgebung und Unternehmensmitbestimmung – Irrwege zwischen Ideologie und Markt –, in: Annuß, Georg / Picker, Eduard u. a. (Hrsg.), Festschrift für Reinhard Richardi zum 70. Geburtstag, München 2007, S. 573–585 (zit.: *Joost*, in: FS Richardi).

Judith, Rudolf u. a., 25 Jahre Montanmitbestimmung, Reden und Dokumente, Frankfurt a.M. 1976 (zit.: *Judith*, 25 Jahre Montanmitbestimmung).

Junker, Abbo, Internationales Arbeitsrecht im Konzern, Tübingen 1992 (zit.: *Junker*, IntArbR).

Junker, Abbo, Arbeitsrecht zwischen Markt und gesellschaftspolitischen Herausforderungen, – Differenzierung nach der Unternehmensgröße? – Familiengerechte Strukturen – in: Ständige Deputation des Deutschen Juristentags (Hrsg.), Verhandlungen des 65. Deutschen Juristentags, Bonn 2004, Band I: Gutachten, München 2004, Gutachten B (zit.: *Junker*, DJT 2004/I).

Junker, Abbo, Unternehmensmitbestimmung in Deutschland, Anpassungsbedarf durch internationale und europäische Entwicklungen, ZfA 2005, 1–44.

Junker, Abbo / Dietrich, Ute, Schwellenwerte in arbeitsrechtlichen Gesetzen, NZA 2003, 1057–1068.

Kainer, Friedemann, Die unternehmerische Mitbestimmung im Fokus des Unionsrechts, Überlegungen zum Vorlagebeschluss des KG an den EuGH, IWRZ 2016, 57–63.

Kainer, Friedemann, Anmerkung zu EuGH, Urt. v. 18.7.2017 – C-566/15, NJW 2017, 2605.

Kainer, Friedemann / Schweipert, Michael, Werkverträge und verdeckte Leiharbeit nach dem neuen AÜG, NZA 2017, 13–18.

Keidel, Theodor / Engelhardt, Helmut / Sternal, Werner (Begr. / Hrsg.), FamFG, Gesetz über das Verfahren in Familiensachen und in den Angelegenheiten der freiwilligen Gerichtsbarkeit, Kommentar, 19. Aufl., München 2017 (zit.: *Bearbeiter*, in: Keidel).

Kerwer, Christof, Die Rechtsprechung des Bundesarbeitsgerichts im Jahr 2015, ZfA 2017, 37–197.

Kindler, Peter, Die Einpersonen-Kapitalgesellschaft als Konzernbaustein – Bemerkungen zum Kompromissvorschlag der italienischen Ratspräsidentschaft für eine Societas Unius Personae (SUP), ZHR 179 (2015), 330–384.

Kisker, Olaf, Unternehmensmitbestimmung bei Auslandsgesellschaften mit Verwaltungssitz in Deutschland, Baden-Baden 2007 (zit.: *Kisker*, Auslandsgesellschaften).

Kittner, Michael, Die Verfassungsmäßigkeit eines Gesetzes über die Fortgeltung der Mon-tanmitbestimmung, BB 1971, 1057–1062.

Klausing, Friedrich, Gesetz über Aktiengesellschaften und Kommanditgesellschaften auf Aktien (Aktien-Gesetz) nebst Einführungsgesetz und „Amtlicher Begründung", Berlin 1937 (zit.: *Klausing*, AktG).

Klein, Thomas / Leist, Dominik, Anmerkung zu KG, Beschl. v. 16.10.2015–14 W 89/15, ZESAR 2016, 421–425.

Klein, Thomas / Leist, Dominik, Nationales Arbeitsrecht und negative Integration, ZESAR 2017, 468–476.

Klinkhammer, Heinz, Mitbestimmung im Gemeinschaftsunternehmen, Probleme konzerndimensionaler Mitbestimmung, Berlin 1977 (zit.: *Klinkhammer*, Mitbestimmung).

Klückers, Rolf, Problemfälle der Arbeitnehmerzurechnung auf der Grundlage von § 5 Abs. 1 S. 1 MitbestG, Internationale Konzerne, Konzern im Konzern, Gemeinschaftsunternehmen, Diss. jur. Köln 1978 (zit.: *Klückers*, Arbeitnehmerzurechnung).

Klueß, Achim, Leiharbeit: offene Fragen – gesetzgeberisches Handeln, AuR 2014, 321–324.

Kock, Martin, Anmerkung zu BAG, Urt. v. 20.3.2014–8 AZR 1/13, NJW 2014, 2607.

Kössel, Andreas / Stütze, Sebastian, Leiharbeit: Nach der Reform ist vor der Reform?, DB 2017, 3071–3076.

Köster, Anna-Elisabeth, Unternehmensmitbestimmung in EG-Auslandsgesellschaften mit Verwaltungssitz in Deutschland, Baden-Baden 2007 (zit.: *Köster*, Unternehmensmitbestimmung).

Köstler, Roland / Müller, Matthias / Sick, Sebastian, Aufsichtsratspraxis, Handbuch für die Arbeitnehmervertreter im Aufsichtsrat, 10. Aufl., Frankfurt a.M. 2013 (zit.: *Köstler/Müller/Sick*).

Köstler, Roland / Pütz, Lasse, Anmerkung zu OLG Hamburg, Beschl. v. 31.1.2014–11 W 89/13, EWiR 2014, 347–348.

Kötter, Hans-Wilhelm, Mitbestimmungsrecht, Berlin 1952 (zit.: *Kötter*, Mitbestimmungsrecht).

Kötter, Hans-Wilhelm, Anmerkung zu BAG, Beschl. v. 1.12.1961–1 ABR 15/60, AP Nr. 1 zu § 77 BetrVG.

Kolbe, Sebastian, Mitbestimmung und Demokratieprinzip, Tübingen 2013 (zit.: *Kolbe*, Mitbestimmung).

Koller, Lena, Ökonomische Auswirkungen arbeits- und sozialrechtlicher Schwellenwerte, Frankfurt a.M. 2010 (zit.: *Koller*, Ökonomische Auswirkungen).

Koller-van Delden, Martin / Gallini, Dominik, Gemeinschaftsbetrieb statt Arbeitnehmerüberlassung, Die Kooperation im Gemeinschaftsbetrieb zur Vermeidung von Arbeitnehmerüberlassung und Überlassungshöchstdauer, DStR 2017, 206–211.

Konzen, Horst, Arbeitsrechtliche Drittbeziehungen – Gedanken über Grundlagen und Wirkungen der „gespaltenen Arbeitgeberstellung“, ZfA 1982, 259–310.

Konzen, Horst, Paritätische Mitbestimmung im Montanbereich, AG 1983, 289–303.

Konzen, Horst, Unternehmensaufspaltung und Betriebseinheit, AuR 1985, 341–354.

Konzen, Horst, Unternehmensaufspaltung und Organisationsveränderungen im Betriebsverfassungsrecht, Heidelberg 1986 (zit.: *Konzen*, Unternehmensaufspaltung).

Konzen, Horst, Der Regierungsentwurf des Betriebsverfassungsreformgesetzes, RdA 2001, 76–92.

Kort, Michael, Anmerkung zu Generalanwalt beim EuGH, Schlussantrag v. 4.5.2017 – C-566/15, NZG 2017, 703–705.

Kortmann, Ulrich, Beamte als Arbeitnehmer im Sinne des BetrVG – eine Fiktion mit Folgen, öAT 2010, 201–204.

Kowanz, Rolf, Anmerkung zu OLG Düsseldorf, Beschl. v. 12.5.2004 – I-19 W 2/04 AktE, GmbHR 2004, 1083–1085.

Kraft, Alfons / Wiese, Günther / Kreutz, Peter / Oetker, Hartmut / Raab, Thomas / Weber, Christoph, Betriebsverfassungsgesetz, Band I: §§ 1–73b mit Wahlordnungen, Gemeinschaftskommentar, Band II: §§ 74–132 mit Kommentierung des BetrVG 1952, Gemeinschaftskommentar, 7. Aufl., Neuwied/Kriftel 2002 (zit.: *Bearbeiter,* in: GK-BetrVG, 7. Aufl.).

Krause, Rüdiger, Zur Bedeutung des Unionsrechts für die unternehmerische Mitbestimmung, AG 2012, 485–497.

Krause, Rüdiger, Die Berücksichtigung von Leiharbeitnehmern bei den Schwellenwerten der Unternehmensmitbestimmung, ZIP 2014, 2209–2220.

Krause, Rüdiger, Anmerkung zu LG Frankfurt a. M., Beschl. v. 16.2.2015–3-16 O 1/14, ZIP 2015, 636–637.

Krause, Rüdiger, Unionsrechtskonformität der deutschen Mitbestimmung, in: Habersack, Mathias / Behme, Caspar u. a. (Hrsg.), Deutsche Mitbestimmung unter europäischem Reformzwang, Frankfurt a. M. 2016, S. 46–65 (zit.: *Krause,* in: ZHR Beiheft 78).

Krause, Rüdiger, Anmerkung zu EuGH, Urt. v. 18.7.2017 – C-566/15, JZ 2017, 1003–1007.

Krauss, Henning, Ausschluss der im EU-Ausland beschäftigten Arbeitnehmer bei Aufsichtsratswahlen unionsrechtskonform, GWR 2013, 518.

Krolop, Ines, Mitbestimmungsvereinbarungen im grenzüberschreitenden Konzern, Berlin 2010 (zit.: *Krolop,* Mitbestimmungsvereinbarungen).

Kruchen, Carsten, Alea iacta est – oder doch nicht? Kommentar zu EuGH, Schlussanträge des Generalanwalts Henrik Saugmandsgaard Øe v. 4.5.2017 – C-566/15, ECLI:EU:C:2017:347 – Konrad Erzberger ./. TUI AG, AG 2017, 387, AG 2017, 385–387.

Krüger, Rainer, Anmerkung zu LAG Frankfurt, Beschl. v. 11.4.2013–9 TaBV 308/12, EWiR 2013, 627–628.

Kübler, Friedrich, Unternehmensstruktur und Kapitalmarktfunktion – Überlegungen zur Krise der Aktiengesellschaft, AG 1981, 5–13.

Kübler, Friedrich, Aufsichtsratsmitbestimmung im Gegenwind der Globalisierung, in: ders. / Scherer, Joachim u. a. (Hrsg.), The International Lawyer, Freundesgabe für Wulf H. Döser, Baden-Baden 1999, S. 237–254 (zit.: *Kübler,* in: FS Döser).

Kübler, Friedrich / Schmidt, Walter / Simitis, Spiros, Mitbestimmung als gesetzgebungspolitische Aufgabe, Zur Verfassungsmäßigkeit des Mitbestimmungsgesetzes 1976, Baden-Baden 1978 (zit.: *Kübler/Schmidt/Simitis,* Mitbestimmung).

Künzel, Markus / Schmid, Erik, Wählen ja, zählen nein? Leiharbeitnehmer und Unternehmensmitbestimmung, NZA 2013, 300–303.

Künzel, Markus / Schmid, Erik, Sie zählen?! Unternehmensmitbestimmung – mitbestimmt von der Leiharbeit, NZA 2016, 531–535.

Kunze, Otto, Bemerkungen zu Inhalt und Methode einer Unternehmensrechtsreform, in: Ballerstedt, Kurt / Hefermehl, Wolfgang (Hrsg.), Festschrift für Ernst Geßler, München 1971, S. 47–57 (zit.: *Kunze*, in: FS Geßler).

Kunze, Otto, Der Geltungsbereich des § 4 Abs. 1 S. 1 MitbestG, ZGR 1978, 321–345.

Kunze, Otto, Unternehmensverband und Unternehmensgröße, in: Lutter, Marcus / Stimpel, Walter u. a. (Hrsg.), Festschrift für Robert Fischer, Berlin 1979 (zit.: *Kunze*, in: FS R. Fischer).

Krämer, Achim, Zur Rechtsstellung der leitenden Angestellten im Mitbestimmungsgesetz und in den Wahlordnungen, NJW 1977, 2142–2146.

Lambrich, Thomas / Reinhard, Thorsten, Schwellenwerte bei der Unternehmensmitbestimmung, NJW 2014, 2229–2234.

Lambrich, Thomas / Schwab, Stefan, Betriebsverfassungsrechtliche Fragen beim konzernweiten Personaleinsatz, NZA-RR 2013, 169–174.

Larenz, Karl / Canaris, Claus-Wilhelm, Methodenlehre der Rechtswissenschaft, 3. Aufl., Berlin 1995 (zit.: *Larenz/Canaris*, Methodenlehre).

Latzel, Clemens, Gleichheit in der Unternehmensmitbestimmung, München 2010 (zit.: *Latzel*, Gleichheit).

Latzel, Clemens, Ewige Ungleichbehandlung? Zur Drittelmitbestimmung nach Gründungszeit, Kommentar zu BVerfG v. 9.1.2014–1 BvR 2344/11, AG 2014, 279, AG 2014, 395–399.

Lembke, Mark, Die geplanten Änderungen im Recht der Arbeitnehmerüberlassung, DB 2011, 414–420.

Lembke, Mark, Arbeitnehmerüberlassung im Konzern, BB 2012, 2497–2505.

Lembke, Mark, AÜG-Reform 2017 – Eine Reformatio in Peius, NZA 2017, 1–12.

Lemke, Mark / Ludwig, Pascal M., Die Leiharbeit im Wechselspiel europäischer und nationaler Regulierung, NJW 2014, 1329–1334.

Lemke, Mark / Ludwig, Pascal M., Das Recht der Unternehmensmitbestimmung, Frankfurt a. M. 2015 (zit.: *Lembke/Ludwig*).

Lenz, Carl O. / Borchardt, Klaus-Dieter (Hrsg.), EU-Verträge Kommentar, EUV – AEUV – GRCh, 6. Aufl., Köln 2012 (zit.: *Bearbeiter*, in: Lenz/Borchardt).

Lenze, Stephanie, Folgen von Unternehmens- und Konzernveränderungen für die Arbeitnehmerbank im Aufsichtsrat, Baden-Baden 2005 (zit.: *Lenze*, Folgen).

Leuchten, Alexius, Das neue Recht der Leiharbeit, Die wesentlichen Neuerungen im AÜG, NZA 2011, 608–612.

Lieb, Manfred / Jacobs, Matthias, Arbeitsrecht, 9. Aufl., Heidelberg 2006.

Lindemann, Achim / Simon, Oliver, Wahlberechtigung und Ermittlung der Betriebsratsgröße, NZA 2002, 365–372.

Linsenmaier, Wolfgang / Kiel, Heinrich, Der Leiharbeitnehmer in der Betriebsverfassung – „Zwei-Komponenten-Lehre" und normzweckorientierte Gesetzesauslegung, RdA 2014, 135–157.

Lipinski, Wolfgang, Die Konsequenzen des Zeitarbeit-Beschlusses des BAG für die Praxis, NZA 2013, 1245–1248.

Litschen, Kai, AÜG-Reform und Personalgestellung – Erleichterungen für den öffentlichen Dienst, RiA 2016, 57–62.

Löw, Hans-Peter, Standpunkt zu ArbG Offenbach, Beschl. v. 22.8.2012–10 BV 6/11, BB 2012, 3135.

Löwisch, Manfred, Arbeits- und sozialrechtliche Hemmnisse einer weiteren Flexibilisierung der Arbeitszeit, RdA 1984, 197–214.

Löwisch, Manfred, Verfassungswidrigkeit der Quoren für die Wahlen nach dem Mitbestimmungsgesetz 1976, in: Lieb, Manfred / Noack, Ulrich u. a. (Hrsg.), Festschrift für Wolfgang Zöllner, Zum 70. Geburtstag, Band II, Köln u. a. 1998, S. 847–863 (zit.: *Löwisch*, in: FS Zöllner).

Löwisch, Manfred, Änderung der Betriebsverfassung durch das Betriebsverfassungs-Reformgesetz, Teil I: Die neuen Regelungen im organisatorischen Teil, BB 2001, 1734–1746.

Löwisch, Manfred, Unternehmensmitbestimmung im Mehrmütterkonzern, in: Schwenzer, Ingeborg / Hager, Günter (Hrsg.), Festschrift für Peter Schlechtriem zum 70. Geburtstag, Tübingen 2003, S. 833–851 (zit.: *Löwisch*, in: FS Schlechtriem).

Löwisch, Manfred, Beamte als Arbeitnehmer im Sinne des BetrVG, BB 2009, 2316–2319.

Löwisch, Manfred / Domisch, Jörg, Zur Anwendbarkeit des Arbeitnehmerüberlassungsgesetzes auf Personalgestellungen durch juristische Personen des öffentlichen Rechts, BB 2012, 1408–1410.

Löwisch, Manfred / Kaiser, Dagmar (Hrsg.), Kommentar BetrVG, Betriebsverfassungsgesetz, Band 1: §§ 1–73b und Wahlordnung, 7. Aufl., Frankfurt a. M. 2017 (zit.: *Bearbeiter*, in: Löwisch/Kaiser).

Löwisch, Manfred / Mandler, Tobias, Beteiligungsrechte des Betriebsrats für im Betrieb tätige Angehörige des öffentlichen Dienstes, BB 2016, 629–633.

Löwisch, Manfred / Wegmann, Laura, Zahlenmäßige Berücksichtigung von Leiharbeitnehmern in Betriebsverfassungs- und Mitbestimmungsrecht, BB 2017, 373–378.

Loritz, Karl-Georg, Sinn und Aufgabe der Mitbestimmung heute, ZfA 1991, 1–33.

Lubitz, Robert, Sicherung und Modernisierung der Unternehmensmitbestimmung, München 2005 (zit.: *Lubitz*, Sicherung).

Ludwig, Gero, Das Problem der dauerhaften Arbeitnehmerüberlassung, Zugleich Besprechung von LAG Berlin-Brandenburg, Urteile vom 16.10.2012–7 Sa 1182/12 und 9.1.2013–15 Sa 1635/12, BB 2013, 1276–1280.

Lüers, Dennis / Schomaker, Anna, Aufsichtsratswahlen im Gemeinschaftsbetrieb – wer zählt mit, wer wählt mit?, BB 2013, 565–569.

Lunk, Stefan, Schwellenwerte Leiharbeitnehmer, NZG 2014, 778–780.

Lunk, Stefan, Berücksichtigung ausländischer Arbeitnehmer im Rahmen der deutschen Unternehmensmitbestimmung, ArbRB 2015, 239.

Lutter, Marcus, Mitbestimmung im Konzern, Eine Stellungnahme zu den konzernrechtlichen Vorschlägen des Regierungsentwurfs eines Mitbestimmungsgesetzes, Köln u.a. 1975 (zit.: *Lutter*, Mitbestimmung im Konzern).

Lutter, Marcus, Der Anwendungsbereich des Mitbestimmungsgesetzes, Korreferat, ZGR 1977, 195–214.

Lutter, Marcus, Mitbestimmungsprobleme im internationalen Konzern, in: Bernstein, Herbert / Drobnig, Ulrich u.a. (Hrsg.), Festschrift für Konrad Zweigert zum 70. Geburtstag, Tübingen 1981, S. 251–274 (zit.: *Lutter*, in: FS Zweigert).

Lutter, Marcus, Das neue „Gesetz für kleine Aktiengesellschaften und zur Deregulierung des Aktienrechts", AG 1994, 429–447.

Lutter, Marcus, Anmerkung zu OLG Düsseldorf, Beschl. v. 27.7.2011 – I-26 W 7/10, EWiR 2011, 637–638.

Lutter, Marcus, Deutschland hat Glück gehabt, Zum Mitbestimmungsurteil des EuGH, EuZW 2017, 665–666.

Lutter, Marcus / Hommelhoff, Peter / Teichmann, Christoph (Hrsg.), SE-Kommentar, SE-VO, SEAG, SEBG, Arbeitsrechtliche Praxis, Steuerrecht, Konzernrecht, 2. Aufl., Köln 2015 (zit.: *Bearbeiter*, in: LHT).

Lutter, Marcus / Schneider, Uwe H., Mitbestimmung im mehrstufigen Konzern, Überlegungen zur These vom Konzern im Konzern, BB 1977, 553–559.

Lux, Hans-Joachim, Mitbestimmung, eine der großen Aufgaben unserer Zeit, BlSt-SozArbR 1976, 143–144.

Lux, Hans-Joachim, Mitbestimmung, BABl. 1976, 176–178.

Lux, Hans-Joachim, Die Einleitung der Arbeitnehmervertreter-Wahl nach dem Mitbestimmungsgesetz, BB 1977, 905–910.

Lux, Hans-Joachim, Mitbestimmungsgesetz, Wiesbaden 1977 (zit.: *Lux*, MitbestG).

Maier, Moritz, Die Übertragbarkeit der Mitbestimmungsvereinbarung gem. § 21 SEBG auf Konzernsachverhalte, Tübingen 2016 (zit.: *Maier*, Übertragbarkeit).

Mankowski, Peter, Entwicklungen im Internationalen Privat- und Prozessrecht 2003/2004 (Teil 1), RIW 2004, 481–497.

Mansel, Heinz-Peter, Eingriffsnormen im internationalen Sachenrecht, in: Ackermann, Thomas / Köndgen, Johannes (Hrsg.), Privat- und Wirtschaftsrecht in Europa, Festschrift für Wulf-Henning Roth zum 70. Geburtstag, München 2015, S. 375–382 (zit.: *Mansel*, in: FS W-H Roth).

Manthey, Nikolaus V. / Hinrichs, Lars, Der Phantom-Aufsichtsrat in Schwellenunternehmen – ein Nachruf, NZG 2014, 1096–1099.

Marchand, Gerhart, Abhängigkeit und Konzernzugehörigkeit von Gemeinschaftsunternehmen, Berlin 1985 (zit.: *Marchand*, Abhängigkeit).

Maschmann, Frank, Leiharbeitnehmer und Betriebsratswahl nach dem BetrVG-Reformgesetz, DB 2001, 2446–2450.

Matthes, Hans-Christoph, Die Wahlordnungen zum Mitbestimmungsgesetz, WO MitbestG, Textausgabe mit ausführlichen Erläuterungen, Neuwied/Darmstadt 1977 (zit.: *Matthes*, WO MitbestG).

Mayer, Udo / Reich, Norbert (Hrsg.), Mitbestimmung contra Grundgesetz? Argumente und Materialien zu einer längst überfälligen Reform, Darmstadt/Neuwied 1975 (zit.: *Mayer/Reich*, Mitbestimmung).

Meier, Henning, Europa und die Mitbestimmung – Mitbestimmungsgesetz ist europarechtskonform, GmbHR 2017, R264–R265.

Meier-Hayoz, Arthur, Der Richter als Gesetzgeber, Eine Besinnung auf die von den Gerichten befolgten Verfahrensgrundsätze im Bereiche der freien richterlichen Rechtsfindung gemäß Art. 1 Abs. 2 des schweizerischen Zivilgesetzbuchs, Zürich 1951 (zit.: *Meier-Hayoz*, Richter).

Meilicke, Heinz / Meilicke, Wienand, Mitbestimmung im Konzern, BB 1977, 406–412.

Meilicke, Wienand, Anmerkung zu BGH, Beschl. v. 30.3.2000 – VII ZR 370/98, GmbHR 2000, 693–698.

Meilicke, Wienand, Niederlassungsfreiheit nach Überseering, Rückblick und Ausblick nach Handelsrecht und Steuerrecht, GmbHR 2003, 793–809.

Mense, Christian / Klie, Marcus, Berücksichtigung auch der Belegschaft im Ausland für die Frage der Anwendbarkeit der paritätischen Mitbestimmung?, DStR 2015, 1508–1512.

Michalski, Lutz / Heidinger, Andreas / Leible, Stefan / Schmidt, Jessica (Begr. / Hrsg.), Kommentar zum Gesetz betreffend die Gesellschaften mit beschränkter Haftung (GmbH-Gesetz), Band I: Systematische Darstellungen, §§ 1–34 GmbHG, Band II: §§ 35–88 GmbHG, EGGmbHG, 3. Aufl., München 2017 (zit.: *Bearbeiter*, in: MHLS).

Moderegger, Christian, Der Gesetzentwurf zur Neuregulierung von Leiharbeit und Werkverträgen – Alles klar? Inhalt, Änderungen gegenüber dem RefE und ungeklärte Fragen, ArbRB 2016, 207–210.

Mohr, Jochen / Rehm, Christian, Grundlagen und Grenzen der Bildung eines mitbestimmten Aufsichtsrats in der GmbH auf Initiative des Betriebsrats, BB 2009, 1806–1811.

Monz, Jonathan M. E. / Wendler, Patrick, Anmerkung zu EuGH, Urt. v. 18.7.2017 – C-566/15, BB 2017, 1788.

Müller, Gerhard, Gedanken zum Entwurf des Mitbestimmungsgesetzes (MitbestG) (I), DB 1975, 205–210.

Müller-Bonanni, Thomas, Unternehmensmitbestimmung nach „Überseering" und „Inspire Art", GmbHR 2003, 1235–1239.

Müller-Glöge, Rudi / Preis, Ulrich / Schmidt, Ingrid (Hrsg.), Erfurter Kommentar zum Arbeitsrecht, 15. Aufl., München 2015 (zit.: *Bearbeiter*, in: ErfK, 15. Aufl.).

Müller-Glöge, Rudi / Preis, Ulrich / Schmidt, Ingrid (Hrsg.), Erfurter Kommentar zum Arbeitsrecht, 16. Aufl., München 2016 (zit.: *Bearbeiter*, in: ErfK, 16. Aufl.).

Müller-Glöge, Rudi / Preis, Ulrich / Schmidt, Ingrid (Hrsg.), Erfurter Kommentar zum Arbeitsrecht, 17. Aufl., München 2017 (zit.: *Bearbeiter*, in: ErfK, 17. Aufl.).

Müller-Glöge, Rudi / Preis, Ulrich / Schmidt, Ingrid (Hrsg.), Erfurter Kommentar zum Arbeitsrecht, 18. Aufl., München 2018 (zit.: *Bearbeiter*, in: ErfK).

Müller-Graff, Peter-Christian, Gesellschaftsrecht im Kontext des Europäischen Wirtschaftsordnungsrechts, EWS 2009, 489–502.

Müller-List, Gabriele, Montanmitbestimmung, Das Gesetz über die Mitbestimmung der Arbeitnehmer in den Aufsichtsräten und Vorständen der Unternehmen des Bergbaus und der Eisen und Stahl erzeugenden Industrie vom 21. Mai 1951, Düsseldorf 1984 (zit.: *Müller-List*, Montanmitbestimmung).

Münch, Ingo von / Kunig, Philip (Begr. / Hrsg.), Grundgesetz, Kommentar, Band 1: Präambel bis Art. 69, 6. Aufl., München 2012 (zit.: *Bearbeiter*, in: von Münch/ Kunig).

Neighbour, Kerstin / Schröder, Matthes, Die Reform des Arbeitnehmerüberlassungsgesetzes – Was ändert sich zum 1.4.2017?, BB 2016, 2869–2874.

Neuner, Jörg, Die Rechtsfindung contra legem, 2. Aufl., München 2005 (zit.: *Neuner*, Rechtsfindung).

Nienerza, Michael, Mitbestimmung in grenzüberschreitenden Konzernen, Köln 2005 (zit.: *Nienerza*, Mitbestimmung).

Nikisch, Arthur, Arbeitsrecht, I. Band: Allgemeine Lehren und Arbeitsvertragsrecht, 3. Aufl., Tübingen 1961 (zit.: *Nikisch*, Arbeitsrecht I), III. Band: Betriebsverfassungsrecht, 2. Aufl., Tübingen 1966 (zit.: *Nikisch*, Arbeitsrecht III).

Oberthür, Nathalie, Ende der Debatte: Die Neuregelung der Arbeitnehmerüberlassung steht, Die letzten Änderungen am Gesetzentwurf im Überblick, ArbRB 2016, 369–371.

Oertzen, Christine von, Teilzeitarbeit und die Lust am Zuverdienen, Geschlechterpolitik und gesellschaftlicher Wandel in Westdeutschland 1948–1969, Göttingen 1999 (zit.: *von Oertzen*, Teilzeitarbeit).

Oetker, Hartmut, Aktuelle Entwicklungen im Recht der Unternehmensmitbestimmung, JbArbR 53 (2016), 47–78.

Oetker, Hartmut, Arbeitnehmerüberlassung und Unternehmensmitbestimmung im entleihenden Unternehmen nach § 14 II 5 und 6 AÜG, NZA 2017, 29–35.

Oetker, Hartmut, Anmerkung zu OLG Düsseldorf, Beschl. v. 21.7.2016 – I-26 W 1/16 (AktE), WuB 2017, 661.

Olbertz, Klaus / Groth, Alexandra, Arbeitnehmerüberlassung: Neue gesetzliche Spielregeln ab dem 1.1.2017, GWR 2016, 371–374.

Paefgen, Walter G., Auslandsgesellschaften und Durchsetzung deutscher Schutzinteressen nach „Überseering", DB 2003, 487–492.

Peters, Jürgen, Montanmitbestimmung, Dokumente ihrer Entstehung, Köln 1979 (zit.: *Peters*, Mon-tanmitbestimmung).

Philipp, Wolfgang, Wahlmännerverfahren oder Urwahl? Eine wichtige Alternative des Mitbestimmungsgesetzes, DB 1976, 2303–2307.

Potthoff, Erich, Der Kampf um die Montan-Mitbestimmung, Köln-Deutz 1957 (zit.: *Potthoff*, Montan-Mitbestimmung).

Prager, Matthias, Grenzen der deutschen Mitbestimmung (inklusive Betriebsverfassung) im deutsch-schweizerischen Unternehmensrecht, Zürich 1979 (zit.: *Prager*, Grenzen).

Preis, Ulrich, Verfassungsrechtliche Fragen zur Neuregelung der Montan-Mitbestimmung, AuR 1983, 161–169.

Preis, Ulrich / Sagan, Adam (Hrsg.), Europäisches Arbeitsrecht, Grundlagen, Richtlinien, Folgen für das deutsche Recht, Köln 2015 (zit.: *Bearbeiter*, in: Preis/Sagan).

Prinz, Thomas, Aktives Wahlrecht von Arbeitnehmern von Gemeinschaftsbetrieben zu den Aufsichtsräten der Trägerunternehmen – Besprechungsaufsatz zum BAG-Beschluss vom 13.3.2013–7 ABR 47/11, DB0600349, SAE 2013, 90–93.

Prinz, Thomas, Der forschende Jurist oder deutsche Unternehmensmitbestimmung und Europa – Statt einer Besprechung der aktuellen Entscheidungen des Landgerichts Frankfurt und des Landgerichts Berlin –, SAE 2015, 66–74.

Pütz, Hendrik, Berechnung der Höchstüberlassungsdauer und Bestimmung von Überlassungszeiten nach dem neuen AÜG – Oder: Nach 540 Tagen ist Schluss! –, DB 2017, 425–429.

Pulte, Peter, Betriebsgröße und Arbeitsrecht, BB 2001, 2370–2378.

Raif, Alexander, Reform der Leiharbeit – Was ändert sich für Unternehmen?, GWR 2011, 303–306.

Raisch, Peter, Vom Nutzen der überkommenen Auslegungskanones für die praktische Rechtsanwendung, Heidelberg 1988 (zit.: *Raisch*, Nutzen).

Raiser, Thomas, Unternehmensmitbestimmung vor dem Hintergrund europarechtlicher Entwicklungen, in: Ständige Deputation des Deutschen Juristentags (Hrsg.), Verhandlungen des 66. Deutschen Juristentags, Stuttgart 2006, Band I: Gutachten, München 2006, Gutachten B (zit.: *Raiser*, DJT 2006/I).

Raiser, Thomas / Veil, Rüdiger, Mitbestimmungsgesetz und Drittelbeteiligungsgesetz, Kommentar, 4. Aufl., Berlin 2002 (zit.: *Raiser/Veil*, 4. Aufl.).

Raiser, Thomas / Veil, Rüdiger, Mitbestimmungsgesetz und Drittelbeteiligungsgesetz, Kommentar, 5. Aufl., Berlin 2009 (zit.: *Raiser/Veil*, 5. Aufl.).

Raiser, Thomas / Veil, Rüdiger, Recht der Kapitalgesellschaften, ein Handbuch für Praxis und Wissenschaft, Aktiengesellschaft, Societas Europaea, Kommanditgesellschaft auf Aktien, Gesellschaft mit beschränkter Haftung, Kapitalgesellschaft & Co., Insolvenzrecht, Konzernrecht, Umwandlungsrecht, Übernahmerecht, Kapitalmarktrecht, 6. Aufl., München 2015 *(zit.: Raiser/Veil*, KapitalGesR).

Raiser, Thomas / Veil, Rüdiger / Jacobs, Matthias, Mitbestimmungsgesetz und Drittelbeteiligungsgesetz, Kommentar, 6. Aufl., Berlin/Boston 2015 (zit.: *Bearbeiter*, in: RVJ).

Rehberg, Markus, Endlich Schluss mit dem arbeitsrechtlichen Territorialitätsprinzip? Beschluss des Landgerichts Frankfurt/Main vom 16.2.2015, EuZA 2015, 369–378.

Reich, Norbert / Lewerenz, Karl-Jochen, Das neue Mitbestimmungsgesetz, AuR 1976, 261–275.

Reichert, Jochem (Hrsg.), GmbH & Co. KG, 7. Auflage, München 2015 (zit.: *Bearbeiter*, in: Reichert).

Reichold, Hermann, Betriebsverfassung als Sozialprivatrecht, Historisch-dogmatische Grundlagen von 1848 bis zur Gegenwart, München 1995 (*Reichold*, Betriebsverfassung).

Reichold, Hermann, Zur Genehmigungspflicht von Personalgestellungen in der verfassten Kirche nach AÜG, ZTR 2013, 600–606.

Rentschler, Tobias, Die Arbeitnehmerzuordnung und Wahlberechtigung im Gemeinschaftsbetrieb nach MitbestG, Hamburg 2016 (zit.: *Rentschler*, Gemeinschaftsbetrieb).

Reuter, Dieter, Der Einfluss der Mitbestimmung auf das Gesellschafts- und Arbeitsrecht, AcP 179 (1979), 509–566.

Reuter, Michael, Zur internationalen Reichweite der Mitbestimmung im Unternehmen, zur Einordnung der Unternehmensmitbestimmung in das internationale Privatrecht, Diss. jur. Münster 1987 (zit.: *M. Reuter*, Reichweite).

Richardi, Reinhard, Konzernzugehörigkeit eines Gemeinschaftsunternehmens nach dem Mitbestimmungsgesetz, Heidelberg/Hamburg 1977 (zit.: *Richardi*, Konzernzugehörigkeit).

Richardi, Reinhard, Betriebsverfassungsgesetz mit Wahlordnung, Kommentar, 15. Aufl., München 2016 (zit.: *Bearbeiter*, in: Richardi).

Richardi, Reinhard / Kortstock, Ulf, Anmerkung zu BVerfG, Beschl. v. 12.10.2004–1 BvR 2130/98, WuB II O. § 12 MitbestG 1.05.

Richardi, Reinhard / Wlotzke, Otfried / Wißmann, Hellmut / Oetker, Hartmut (Hrsg.), Münchener Handbuch zum Arbeitsrecht, Band 1: Individualarbeitsrecht, Band 2: Kollektivarbeitsrecht, Sonderformen, 3. Aufl., München 2009 (zit.: *Bearbeiter*, in: MüArbR).

Rieble, Volker, Schutz vor paritätischer Unternehmensmitbestimmung, BB 2006, 2018–2023.

Rieble, Volker, Leiharbeitnehmer zählen doch?, NZA 2012, 485–487.

Rieble, Volker, Reduktion der Mitbestimmung auf Inlandssachverhalte, in: Habersack, Mathias / Behme, Caspar u. a. (Hrsg.), Deutsche Mitbestimmung unter europäischem Reformzwang, Frankfurt a. M. 2016, S. 93–102 (zit.: *Rieble*, in: ZHR Beiheft 78).

Rieble, Volker / Latzel, Clemens, Inlandsmitbestimmung als Ausländerdiskriminierung bei Standortkonflikten, EuZA 2011, 145–170.

Rieble, Volker / Vielmeier, Stephan, Umsetzungsdefizite der Leiharbeitsrichtlinie, EuZA 2011, 474–504.

Rittner, Fritz, Qualitative Legaldefinitionen im Wirtschaftsrecht, in: Klug, Ulrich / Ramm, Thilo u. a. (Hrsg.), Gesetzgebungstheorie, Juristische Logik, Zivil- und Prozessrecht, Gedächtnisschrift für Jürgen Rödig, Berlin/Heidelberg 1978, S. 74–90 (zit.: *Rittner*, in: GS Rödig).

Rittner, Fritz, Die Ermittlung der Arbeitnehmerzahl nach § 9 MitbestG (8000) für schrumpfende Unternehmen, AG 1983, 99–106.

Röder, Gerhard, Der Aufsichtsrat nach dem Drittelbeteiligungsgesetz (DrittelbG), Wahlverfahren – Muster – Rechte und Pflichten, Stuttgart 2016 (zit.: *Röder*, DrittelbG).

Rödl, Florian, Diskriminierende Mitbestimmung?, JZ 2016, 980–987.

Rolfs, Christian / Kreikebohm, Ralf / Giesen, Richard / Udsching, Peter (Hrsg.), Beck'scher Online-Kommentar Arbeitsrecht, München, Stand: Dez. 2017 (zit.: *Bearbeiter*, in: BeckOK-ArbR).

Roth, Günter H. / Altmeppen, Holger, Gesetz betreffend die Gesellschaften mit beschränkter Haftung, Kommentar, 8. Aufl., München 2015 (zit.: *Bearbeiter*, in: Roth/Altmeppen).

Rowedder, Heinz / Schmidt-Leithoff, Christian (Begr. / Hrsg.), Gesetz betreffend die Gesellschaften mit beschränkter Haftung (GmbHG), Kommentar, 6. Aufl., München 2017 (zit.: *Bearbeiter*, in: Rowedder/Schmidt-Leithoff).

Roxin, Claus, Strafrecht, Allgemeiner Teil, Band I: Grundlagen, Der Aufbau der Verbrechenslehre, 4. Aufl., München 2006 (zit.: *Roxin*, AT I).

Ruge, Jan / Tiling, Christian von, Die tarifliche Personalgestellung im öffentlichen Dienst nach der Reform des AÜG, ZTR 2012, 263–267.

Sadowski, Dieter / Junkes, Joachim / Lindenthal, Sabine, Gesetzliche Mitbestimmung in Deutschland: Idee, Erfahrungen und Perspektiven aus ökonomischer Sicht, ZGR 2001, 110–145.

Säcker, Franz J., Die Anpassung der Satzung der Aktiengesellschaft an das Mitbestimmungsgesetz, DB 1977, 1791–1799.

Säcker, Franz J., Die Wahlordnungen zum Mitbestimmungsgesetz, München 1978 (zit.: *Säcker*, WahlO).

Säcker, Franz J., Zur Frage der Verfassungsmäßigkeit des Unterschriftenquorums in § 12 Abs. 1 Satz 2 MitbestG, Besprechung des Beschlusses BVerfG v. 12.10.2004–1 BvR 2130/98, RdA 2005, 113–115.

Säcker, Franz J., Der Ablauf des Wahlverfahrens nach der Dritten Wahlordnung (Konzern-Wahlordnung) zum Mitbestimmungsgesetz und die Anfechtung fehlerhafter Wahlen – aktuelle Rechtsfragen, ZfA 2008, 51–76.

Säcker, Franz J. / Rixecker, Roland (Hrsg.), Münchener Kommentar zum Bürgerlichen Gesetzbuch, Band 10: Internationales Privatrecht, Rom I-Verordnung, Rom II-Verordnung, Einführungsgesetz zum Bürgerlichen Gesetzbuche (Art. 1–24), 5. Aufl., München 2010 (zit.: *Bearbeiter*, in: MüKo-BGB, 5. Aufl.).

Säcker, Franz J. / Rixecker, Roland / Oetker, Hartmut / Limperg, Bettina (Hrsg.), Münchener Kommentar zum Bürgerlichen Gesetzbuch, Band 12: Internationales Privatrecht II, Internationales Wirtschaftsrecht, Einführungsgesetz zum Bürgerlichen Gesetzbuche (Art. 50–253), 7. Aufl., München 2018 (zit.: *Bearbeiter*, in: MüKo-BGB).

Salger, Hanns-Christian, Vereinbarkeit von Unternehmensmitbestimmung mit Unionsrecht, IWRZ 2017, 174–175.

Sandmann, Georg / Marschall, Dieter / Schneider, Tobias, Arbeitnehmerüberlassungsgesetz (AÜG), Kommentar, Loseblattsammlung, Frankfurt a. M., Stand: Aug. 2017 (zit.: *Sandmann/Marschall/Schneider*).

Sandrock, Otto, Gehören die deutschen Regelungen über die Mitbestimmung auf Unternehmensebene wirklich zum deutschen ordre public?, AG 2004, 57–66.

Sansone, Piero, Gleichstellung von Leiharbeitnehmern nach deutschem und Unionsrecht, Baden-Baden 2011 (zit.: *Sansone*, Gleichstellung).

Schanze, Erich, Die Pluralität der Mitbestimmungslösungen in Europa, Kommentar zu EuGH v. 18.7.2017 – C-566/15, ECLI:EU:C562 – Konrad Erzberger ./. TUI AG, AG 2017, 577, AG 2017, 573–577.

Schaub, Günter (Begr.), Arbeitsrecht-Handbuch, Systematische Darstellung und Nachschlagewerk für die Praxis, 16. Aufl., München 2015 (zit.: *Bearbeiter*, in: Schaub, 16. Aufl.).

Schaub, Günter (Begr.), Arbeitsrecht-Handbuch, Systematische Darstellung und Nachschlagewerk für die Praxis, 17. Aufl., München 2017 (zit.: *Bearbeiter*, in: Schaub).

Schiefer, Bernd / Köster, Hans-Wilhelm, Umsetzung der arbeits- und sozialrechtlichen Vorhaben der Großen Koalition – Bestandsaufnahme 2016, DB 2016, 169–176.

Schiefer, Bernd / Korte, Walter, Die Durchführung von Betriebsratswahlen nach neuem Recht – Teil 1, NZA 2002, 57–69.

Schilha, Ralph, EU-Rechtskonformität der deutschen Mitbestimmungsregeln zum aktiven und passiven Wahlrecht bei Wahlen der Arbeitnehmervertreter im Aufsichtsrat („Erzberger“), EWiR 2017, 489–490.

Schilling, Wolfgang, Entwicklungstendenzen im Konzernrecht, ZHR 140 (1976), 528–535.

Schlachter, Monika / Heinig, Hans M. (Hrsg.), Enzyklopädie Europarecht, Band 7: Europäisches Arbeits- und Sozialrecht, Baden-Baden 2016 (zit.: *Bearbeiter*, in: Schlachter/Heinig).

Schmid, Erik, Mit im Ausland beschäftigten Arbeitnehmern zum mitbestimmten Aufsichtsrat? – Anmerkungen zum Beschluss des LG Frankfurt/M. vom 16.02.2015, DK 2015 S. 234 –, Der Konzern 2015, 208–211.

Schmidt, Ingrid, Gemeinschaftsbetriebe und Gesamtbetriebsrat, in: Hanau, Peter / Röller, Jürgen (Hrsg.), Personalrecht im Wandel, Arbeitsrecht, Lohnsteuerrecht, Sozialversicherungsrecht, Festschrift für Wolfdieter Küttner zum 70. Geburtstag, München 2006, S. 499–508 (zit.: *I. Schmidt*, in: FS Küttner).

Schmidt, Jessica, Möglichkeiten und Inhalte einer unionsrechtskonformen Auslegung der derzeitigen Mitbestimmungsregelungen, in: Habersack, Mathias / Behme, Caspar u. a. (Hrsg.), Deutsche Mitbestimmung unter europäischem Reformzwang, Frankfurt a. M. 2016, S. 70–80 (zit.: *J. Schmidt*, in: ZHR Beiheft 78).

Schmidt, Karsten, Gesellschaftsrecht, 4. Aufl., Köln 2002.

Schmidt, Karsten / Lutter, Marcus (Hrsg.), Aktiengesetz, Kommentar, I. Band: §§ 1–149, II. Band: §§ 150–410, SpruchG, 3. Aufl., Köln 2015 (zit.: *Bearbeiter*, in: Schmidt/Lutter).

Schneider, Uwe H., GmbH und GmbH & Co. KG in der Mitbestimmung, Korreferat, ZGR 1977, 335–354.

Schöne, Joachim, Gesetz über die Mitbestimmung der Arbeitnehmer in den Aufsichtsräten und Vorständen der Unternehmen des Bergbaus und der Eisen und Stahl erzeugenden Industrie mit Kommentar, Essen 1951 (zit.: *Schöne*, Gesetz über die Mitbestimmung).

Schönhöft, Andreas / Lermen, Anke, Der Gemeinschaftsbetrieb im Vergleich zur Arbeitnehmerüberlassung – eine Alternative zur Personalkostensenkung?, BB 2008, 2515–2520.

Schönhöft, Andreas / Oelze, Nabil, Der gewillkürte Gemeinschaftsbetrieb – Möglichkeiten des drittbezogenen Personaleinsatzes unter Beteiligung einer Personalführungsgesellschaft, BB 2016, 565–570.

Schönhöft, Andreas / Wertz, Mario, Die Bildung eines Gesamtbetriebsrats bei Unternehmen, die ausschließlich Träger von Gemeinschaftsbetrieben sind, RdA 2010, 100–104.

Scholz, Franz (Hrsg.), GmbHG, Kommentar zum GmbH-Gesetz in 3 Bänden, Band II: §§ 35–52, Anh. § 45 Gesellschafterversammlung und Gesellschafterkompetenzen in der GmbH & Co. KG, 11. Aufl., Köln 2014 (zit.: *Bearbeiter*, in: Scholz).

Scholz, Rupert, Paritätische Mitbestimmung und Grundgesetz, Verfassungsrechtliche Fragen zur gesetzlichen Einführung der paritätischen Unternehmensmitbestimmung, Berlin 1974 (zit.: *Scholz*, Paritätische Mitbestimmung).

Schubert, Claudia, Beteiligung von Arbeitnehmern in ausländischen Betrieben und Tochtergesellschaften an der Unternehmensmitbestimmung in deutschen Konzernen, AG 2017, 369–378.

Schubert, Claudia / Liese, Christian, Berücksichtigung von Leiharbeitnehmern bei den Schwellenwerten der Unternehmensmitbestimmung, Von der Rechtsprechung zur AÜG-Reform, NZA 2016, 1297–1303.

Schubert, Jens M. / Jerchel, Kerstin, Aktuelle Entwicklungslinien im Europäischen Arbeitsrecht (EU-Arbeitsrecht 2016/2017), EuZW 2017, 551–561.

Schubert, Mathias, Unternehmensmitbestimmung und internationale Wirtschaftsverflechtung, Berlin 1984 (zit.: *M. Schubert*, Unternehmensmitbestimmung).

Schüren, Peter (Hrsg.), Arbeitnehmerüberlassungsgesetz, Kommentar, 4. Aufl., München 2010 (zit.: *Bearbeiter*, in: SH).

Schüren, Peter / Fasholz, Sabrina, Inhouse-Outsourcing und der Diskussionsentwurf zum AÜG – Ein Diskussionsbeitrag, NZA 2015, 1473–1478.

Schulte, Wienhold, Zweites Gesetz zur Vereinfachung der Wahl der Arbeitnehmervertreter in den Aufsichtsrat – schon verfassungswidrig?, ArbRB 2005, 20–22.

Schwark, Eberhard, Globalisierung, Europarecht und Unternehmensmitbestimmung im Konflikt, AG 2004, 173–180.

Schwarze, Jürgen / Becker, Ulrich / Hatje, Armin / Schoo, Johann (Hrsg.), EU-Kommentar, 3. Aufl., Baden-Baden 2012 (zit.: *Bearbeiter*, in: Schwarze).

Schwarze, Roland / Eylert, Mario / Schrader, Peter, Kündigungsschutzgesetz, Kommentar, München 2011 (zit.: *Bearbeiter*, in: SES).

Seel, Henning-Alexander, Neue Spielregeln für die Arbeitnehmerüberlassung – Eine Analyse des Referentenentwurfs des AÜG, öAT 2016, 27–30.

Seel, Henning-Alexander, Neue Risiken bei der Arbeitnehmerüberlassung – „Gemeinschaftsbetrieb“ als Alternative?, öAT 2017, 48–51.

Seibert, Ulrich / Köster, Beate-Katrin / Kiem, Roger, Die kleine AG, Gesellschaftsrechtliche, umwandlungsrechtliche und steuerrechtliche Aspekte, 3. Aufl., Köln 1996 (zit.: *Seibert/Köster/Kiem*, Kleine AG, 3. Aufl.).

Seibt, Christoph H., Drittelbeteiligungsgesetz und Fortsetzung der Reform des Unternehmensmitbestimmungsrechts, Analyse des Zweiten Gesetzes zur Vereinfachung der Wahl der Arbeitnehmervertreter in den Aufsichtsrat, NZA 2004, 767–776.

Seibt, Christoph H., Privatautonome Mitbestimmungsvereinbarungen – Rechtliche Grundlagen und Praxishinweise, AG 2005, 413–429.

Seibt, Christoph H., Anmerkung zu LG Frankfurt a. M., Beschl. v. 16.2.2015, 3–16 O 1/14, DB 2015, 912–914.

Seibt, Christoph H., Anmerkung zu LG Berlin, Beschl. v. 1.6.2015–102 O 65/14, DB 2015, 1592–1593.

Seibt, Christoph H., Anmerkung zu OLG Frankfurt a. M., Beschl. v. 17.6.2016–21 W 91/15, DB 2016, 1743–1745.

Semler, Johannes, Leitung und Überwachung der Aktiengesellschaft, Die Leitungsaufgabe des Vorstands und die Überwachungsaufgabe des Aufsichtsrats, 2. Aufl., Köln u. a. 1996 (zit.: *Semler*, Leitung).

Semler, Johannes / Schenck, Kersten von, Der Aufsichtsrat, §§ 95–116, 161, 170–172, 394 und 395 AktG, Kommentar, München 2015 (zit.: *Bearbeiter*, in: Semler/von Schenck).

Semler, Johannes / Stengel, Arndt (Hrsg.), Umwandlungsgesetz mit Spruchverfahrensgesetz, 4. Aufl., München 2017 (zit.: *Bearbeiter*, in: Semler/Stengel).

Seyboth, Marie, Mitbestimmung als Teil des demokratischen Prinzips in Europa, Zur Debatte über die Europarechtskonformität deutscher Mitbestimmungsgesetze, AuR 2012, 339–342.

Sick, Joachim, Der gemeinsame Betrieb mehrerer Unternehmen, BB 1992, 1129–1133.

Siebert, Jens / Meyer, Annika, Neue gesetzliche Regelung zu AÜG und Personalgestellung, öAT 2017, 45–48.

Siebert, Jens / Novak, Nancy, Neue gesetzliche Regelung zu AÜG und Werkvertrag – Update 2017, ArbRAktuell 2016, 391–394.

Sieg, Rainer, Reformvorschläge für die Wahl der Arbeitnehmervertreter im Aufsichtsrat, NZA 2000, 175–181.

Sieg, Rainer / Maschmann, Frank, Unternehmensumstrukturierung aus arbeitsrechtlicher Sicht, 2. Aufl., München 2010 (zit.: *Sieg/Maschmann*, Unternehmensumstrukturierung).

Sieg, Rainer / Siebels, Dirk, Arbeitnehmervertreter im Aufsichtsrat – Vereinfachung des Wahlverfahrens, NZA 2002, 697–702.

Silberberger, Uwe, Veränderungsprozesse in Betrieb, Unternehmen und Konzern, Arbeitsrecht bei Übertragung und Umstrukturierung, Frankfurt a. M. 2000 (zit.: *Silberberger*, Veränderungsprozesse).

Simitis, Spiros, Internationales Arbeitsrecht – Standort und Perspektiven, in: Lüderitz, Alexander / Schröder, Jochen (Hrsg.), Internationales Privatrecht und Rechtsvergleichung im Ausgang des 20. Jahrhunderts, Bewahrung oder Wandel?, Festschrift für Gerhard Kegel, Frankfurt a. M. 1977, S. 153–186 (zit.: *Simitis*, in: FS Kegel).

Söhl, Bernhard, Berücksichtigung von Leiharbeitnehmern bei mitbestimmungsrechtlichen Schwellenwerten, ArbRAktuell 2014, 237.

Spahlinger, Andreas / Wegen, Gerhard, Internationales Gesellschaftsrecht in der Praxis, Kollisions- und Sachrecht wesentlicher Fälle mit Auslandsberührung, Europäisches Unternehmensrecht, Wahl der Gesellschaftsform, Corporate Governance, Wichtige ausländische Rechtsformen, München 2005 (zit.: *Spahlinger/Wegen,* IntGesR).

Spieker, Wolfgang, Der Aufsichtsrat der mitbestimmten Montan-GmbH, Köln 1960 (zit.: *Spieker,* Aufsichtsrat).

Spindler, Gerald, Sind die Quoren für Wahlvorschläge im MitbestG verfassungswidrig?, AG 1993, 25–27.

Spindler, Gerald / Stilz, Eberhard (Hrsg.), Kommentar zum Aktiengesetz, Band 1: §§ 1–149, 3. Aufl., München 2015 (zit.: *Bearbeiter,* in: Spindler/Stilz).

Sprenger, Markus, Änderungen des Arbeitnehmerüberlassungsgesetzes nach dem Gesetzentwurf der Bundesregierung, ZTR 2016, 558–563.

Stähle, Klaus, Droht das Ende der Gestellung?, PersR 2/2015, 32–36.

Stahlhacke, Eugen / Preis, Ulrich / Vossen, Reinhard, Kündigung und Kündigungsschutz im Arbeitsverhältnis, 11. Aufl., München 2015 (zit.: *Bearbeiter,* in: SPV).

Stahltreuhändervereinigung (Hrsg.), Die Neuordnung der Eisen- und Stahlindustrie im Gebiet der Bundesrepublik Deutschland, Ein Bericht der Stahltreuhändervereinigung, München/Berlin 1954 (zit.: Bericht der Stahltreuhändervereinigung).

Staudinger, Julius von (Begr.), Kommentar zum Bürgerlichen Gesetzbuch mit Einführungsgesetz und Nebengesetzen, Einführungsgesetz zum Bürgerlichen Gesetzbuche/IPR: Internationales Gesellschaftsrecht, Berlin 1998; Einleitung zur Rom I-VO; Art 1–10 Rom I-VO (Internationales Vertragsrecht 1), Berlin 2016 (zit.: *Bearbeiter,* in: Staudinger).

Steinau-Steinrück, Robert von / Mosch, Ulrich, Beamten als betriebsverfassungsrechtliche Arbeitnehmer, NJW-Spezial 2009, 706–707.

Steindorff, Ernst, Einzelfragen zur Reichweite des Mitbestimmungsgesetzes, ZHR 141 (1977), 457–465.

Steinmeyer, Heinz-Dietrich, Was bedeutet „vorübergehend"? – Die neue Grundsatzfrage des deutschen Arbeitsrechts, DB 2013, 2740–2744.

Strassburg, Wolfgang, Zur Aufsichtsratspflicht einer GmbH nach §§ 76 ff. BetrVG 1952, BB 1979, 1070–1072.

Streinz, Rudolf (Hrsg.), EUV/AEUV, Vertrag über die Europäische Union und Vertrag über die Arbeitsweise der Europäischen Union, 2. Aufl., München 2012 (zit.: *Bearbeiter,* in: Streinz).

Stück, Volker, Aktuelle Rechtsfragen der Aufsichtsratswahl nach dem MitbestG 1976, DB 2004, 2582–2584.

Teichmann, Christoph, Europäisierung der deutschen Mitbestimmung, Beilage zu ZIP 48/2009, 10–18.

Teichmann, Christoph, Europäisierung der deutschen Mitbestimmung durch Nichtanwendung des Gesetzes?, ZIP 2010, 874–875.

Teigelkötter, Volker, EuGH: Deutsche Unternehmensmitbestimmung ist europarechtskonform, DB 2017, 1974.

Thau, Manfred, Mängel der Aufsichtsratswahlen nach dem MitbestG dargestellt anhand der Rechtsbehelfe im Wahlverfahren, Köln 1983 (zit.: *Thau,* Mängel).

Thüsing, Gregor, Deutsche Unternehmensmitbestimmung und europäische Niederlassungsfreiheit, ZIP 2004, 381–388.

Thüsing, Gregor, Europäische Perspektiven der deutschen Unternehmensmitbestimmung, in: Rieble, Volker (Hrsg.), Zukunft der Unternehmensmitbestimmung, München 2004, S. 95–113 (zit.: *Thüsing,* in: Zukunft Unternehmensmitbestimmung).

Thüsing, Gregor (Hrsg.), Arbeitnehmerüberlassungsgesetz, Kommentar, 3. Aufl., München 2012 (zit.: *Bearbeiter,* in: Thüsing).

Thüsing, Gregor, Vorübergehende und nicht-vorübergehende Arbeitnehmerüberlassung: Das Rätselraten geht weiter, NZA 2013, 1248–1250.

Thüsing, Gregor, Zur Vorbereitung auf die AÜG-Reform – Hinweise und Fragen zum neuen Recht –, DB 2016, 2663–2667.

Thüsing, Gregor / Forst, Gerrit, Der Gemeinschaftsbetrieb im Recht der Unternehmensmitbestimmung, in: Hönn, Günther / Oetker, Hartmut u. a. (Hrsg.), Festschrift für Peter Kreutz zum 70. Geburtstag, Köln 2010, S. 867–880 (zit.: *Thüsing/Forst,* in: FS Kreutz).

Thüsing, Gregor / Pötters, Stephan, Unternehmensmitbestimmung im Gemeinschaftsbetrieb – Zur Frage der Zurechnung von Mitarbeitern im gemeinsamen Betrieb bei Wahlen für den Aufsichtsrat nach dem MitbestG –, in: Henssler, Martin / Joussen, Jacob u. a. (Hrsg.), Moderne Arbeitswelt, Festschrift für Rolf Wank, München 2014, S. 599–616 (zit.: *Thüsing/Pötters,* in: FS Wank).

Thüsing, Gregor / Stiebert, Tom, Zum Begriff „vorübergehend" in § 1 Abs. 1 Satz 2 AÜG, DB 2012, 632–635.

Thüsing, Gregor / Thieken, Jan, Der Begriff der „wirtschaftlichen Tätigkeit" im neuen AÜG, DB 2012, 347–350.

Triemel, Martin, Minderheitenschutz in den Organisationsvorschriften der Betriebsverfassung, Konstanz 2005 (zit.: *Triemel,* Minderheitenschutz).

Trümner, Ralf / Fischer, Johan, Dauerhafte Personalgestellung im Lichte des neuen Arbeitnehmerüberlassungsrechts, Weiterhin zulässig – oder nicht?, PersR 2013, 193–200.

Tuengerthal, Hansjürgen, AÜG-Reform: Angemessene Regelung der Abgrenzung von Arbeitnehmerüberlassung und Werkvertrag, BB 2016, 2875–2876.

Ulber, Jürgen, Die Richtlinie zur Leiharbeit, AuR 2010, 10–15.

Ulber, Jürgen (Hrsg.), AÜG, Arbeitnehmerüberlassungsgesetz, 4. Aufl., Frankfurt a. M. 2011 (zit.: *Bearbeiter*, in: Ulber, 4. Aufl.).

Ulber, Jürgen, Das neue AÜG, AiB 1/2017, 27–30.

Ulber, Jürgen, Die AÜG-Reform: Neuregelung zur Diskriminierung und zum funktionswidrigen Einsatz von Leiharbeitnehmern, AuR 2017, 238–241.

Ulber, Jürgen (Hrsg.), AÜG, Arbeitnehmerüberlassungsgesetz, 5. Aufl., Frankfurt a. M. 2017 (zit.: *Bearbeiter*, in: Ulber).

Ulber, Jürgen / Stang, Dieter, Die geplante Neuregelung der Leiharbeit, AuR 2015, 250–255.

Ulmer, Peter, Zur Berechnung der für die Anwendung des MitbestG auf Kapitalgesellschaften maßgebenden Arbeitnehmerzahl, in: Kübler, Friedrich / Mertens, Hans-Joachim u. a. (Hrsg.), Festschrift für Theodor Heinsius zum 65. Geburtstag am 25. September 1991, Berlin 1991, S. 855–873 (zit.: *Ulmer*, in: FS Heinsius).

Ulmer, Peter, Paritätische Arbeitnehmermitbestimmung im Aufsichtsrat von Großunternehmen – noch zeitgemäß?, ZHR 166 (2002), 271–277.

Ulmer, Peter / Habersack, Mathias / Henssler, Martin, Mitbestimmungsrecht, Kommentierung des MitbestG, des DrittelbG, des SEBG und des MgVG, 3. Aufl., München 2013 (zit: *Bearbeiter*, in: UHH).

Ulmer, Peter / Habersack, Mathias / Löbbe, Marc (Hrsg.), Gesetz betreffend die Gesellschaften mit beschränkter Haftung (GmbHG), Großkommentar, Band II: §§ 29 bis 52, 2. Aufl., Tübingen 2014 (zit.: *Bearbeiter*, in: UHL).

Ulrici, Bernhard, Arbeitnehmerüberlassungsgesetz, Handkommentar, Baden-Baden 2017.

Urban, Nele, Anmerkung zu BAG, Urt. v. 13.2.2007–1 AZR 184/06, EWiR 2007, 615–616.

Urban-Crell, Sandra / Germakowski, Gudrun / Bissels, Alexander / Hurst, Adrian, AÜG, Kommentar zum Arbeitnehmerüberlassungsgesetz, 3. Aufl., Köln 2017 (zit.: *Bearbeiter*, in: UCGBH).

Veit, Martin / Wichert, Joachim, Unternehmerische Mitbestimmung bei europäischen Kapitalgesellschaften mit Verwaltungssitz in Deutschland nach „Überseering" und „Inspire Art", AG 2004, 14–20.

Velten, Christian, Der Anwendungsbereich der Unternehmensmitbestimmung, Grundsätze und aktuelle Entwicklungen, ArbRB 2014, 381–385.

Verse, Dirk A. / Wiersch, Rachid R., Die Entwicklung des europäischen Gesellschaftsrechts 2014–2015, EuZW 2016, 330–338.

Vischer, Frank, Die Wandlung des Gesellschaftsrechts zu einem Unternehmensrecht und die Konsequenzen für das internationale Privatrecht, in: Flume, Werner / Hahn, Hugo J. u. a. (Hrsg.), Internationales Recht und Wirtschaftsordnung, Festschrift für F. A. Mann zum 70. Geburtstag am 11. August 1977, München 1977, S. 639–653 (zit.: *Vischer*, in: FS Mann).

Vitzthum, Wolfgang Graf / Proelß, Alexander (Hrsg.), Völkerrecht, 7. Auflage, Berlin/Boston 2016 (zit.: *Bearbeiter*, in: Vitzthum/Proelß).

Wahlers, Henning W., Statusbegründende Mitbestimmungserweiterungen bei der Aktiengesellschaft durch Stimmbindungsvertrag mit dem Mehrheitsaktionär, ZIP 2008, 1897–1905.

Waldenmaier, Marianne / Ley, Christian, Konzernmitbestimmung: Satzungssitz in Deutschland, Verwaltungssitz im Ausland, Neuigkeiten für die Mitbestimmung?, BB 2009, 1694–1699.

Wanhöfer, Harald, Gemeinschaftsbetrieb und Unternehmensmitbestimmung, Berlin 1994 (zit.: *Wanhöfer*, Gemeinschaftsbetrieb).

Wank, Rolf, Änderungen im Leiharbeitsrecht, RdA 2017, 100–115.

Wansleben, Till, Zur Europarechtswidrigkeit der unternehmerischen Mitbestimmung, NZG 2014, 213–215.

Wansleben, Till, Anmerkung zu OLG Zweibrücken, Beschl. v. 20.2.2014–3 W 150/13, EWiR 2015, 105–106.

Wansleben, Till, Anmerkung zu LG Frankfurt a. M., Beschl. v. 16.2.2015–3-16 O 1/14, EWiR 2015, 245–246.

Wansleben, Till, Deutsche Unternehmensmitbestimmung und Unionsrecht – Ausgangs- und Folgefragen –, WM 2017, 785–794.

Weber, Christoph, Das aufgespaltene Arbeitsverhältnis, Berlin 1992 (zit.: *Weber*, Arbeitsverhältnis).

Weller, Marc-Philippe / Harms, Charlotte / Rentsch, Bettina / Thomale, Chris, Der internationale Anwendungsbereich der Geschlechterquote für Großunternehmen, ZGR 2015, 361–395.

Wenzel, Jens, § 4 Gesellschaftsorgane und gesellschaftsinterne Rechtsverhältnisse, in: Hesselmann, Malte / Tillmann, Bert / Mueller-Thuns, Thomas (Begr. / Hrsg.), Handbuch GmbH & Co. KG, Gesellschaftsrecht, Steuerrecht, 21. Aufl., Köln 2016 (zit.: *Wenzel*, in: Hesselmann/Tillmann/Mueller-Thuns).

Werner, Marc, Die deutsche Unternehmensmitbestimmung in internationalen europäischen Konzernen, Frankfurt a. M. 2009 (zit.: *Werner*, Unternehmensmitbestimmung).

Werner, Rüdiger, Die Entwicklung des Rechts des Aufsichtsrats im Jahr 2016, Der Konzern 2017, 169–174.

Wessing, Kurt / Hölters, Wolfgang, Gemeinschaftsunternehmen und paritätische Mitbestimmung, DB 1977, 864–868.

Wiedemann, Herbert, Anmerkung zu BAG, Beschl. v. 1.12.1961–1 ABR 15/60, SAE 1962, 212–213.

Wiedemann, Herbert (Hrsg.), Tarifvertragsgesetz mit Durchführungs- und Nebenvorschriften, Kommentar, 7. Aufl., München 2007 (zit.: *Bearbeiter*, in: Wiedemann).

Wienbracke, Mike, Deutsches Mitbestimmungsgesetz arbeitnehmerfreizügigkeitskonform, NZA 2017, 1036–1039.

Wiese, Günther / Kreutz, Peter / Oetker, Hartmut / Raab, Thomas / Weber, Christian / Franzen, Martin / Gutzeit, Martin / Jacobs, Matthias, Betriebsverfassungsgesetz, Band I: § 1–73b mit Wahlordnungen und EBRG, Gemeinschaftskommentar, 10. Aufl., Köln 2014 (zit.: *Bearbeiter*, in: GK-BetrVG, 10. Aufl.).

Wiese, Günther / Kreutz, Peter / Oetker, Hartmut / Raab, Thomas / Weber, Christian / Franzen, Martin / Gutzeit, Martin / Jacobs, Matthias, Betriebsverfassungsgesetz, Band I: § 1–73b mit Wahlordnungen und EBRG, Gemeinschaftskommentar, 11. Aufl., Köln 2017 (zit.: *Bearbeiter*, in: GK-BetrVG).

Wiesner, Georg, Aktuelle Probleme der Mitbestimmung in der GmbH und Co. KG, GmbHR 1981, 36–41.

Willemsen, Heinz J. / Hohenstatt, Klaus-Stefan / Schnitker, Elmar / Schweibert, Ulrike / Seibt, Christoph H., Umstrukturierung und Übertragung von Unternehmen – Arbeitsrechtliches Handbuch –, 5. Aufl., München 2016 (zit.: *Bearbeiter*, in: WHSS).

Willemsen, Heinz J. / Mehrens, Christian, Beabsichtigte Neuregelung des Fremdpersonaleinsatzes – Mehr Bürokratie wagen?, NZA 2015, 897–903.

Windbichler, Christine, Arbeitsrecht im Konzern, München 1989 (zit.: *Windbichler*, Arbeitsrecht).

Windbichler, Christine, Gesellschaftsrecht, Ein Studienbuch, 24. Aufl., München 2017 (zit.: *Windbichler*, Gesellschaftsrecht).

Winter, Michael / Marx, Eric / De Decker, Nadine, Zählen und wählen Arbeitnehmer im Ausland nach deutschem Mitbestimmungsrecht?, NZA 2015, 1111–1115.

Wissenschaftliche Mitglieder der Kommission zur Modernisierung der deutschen Unternehmensmitbestimmung, Bericht der wissenschaftlichen Mitglieder der Kommission mit Stellungnahmen der Vertreter der Unternehmen und der Vertreter der Arbeitnehmer, Dezember 2006, abrufbar unter https://www.boeckler.de/pdf/mbf_biedenkopfkommission.pdf.

Wisskirchen, Gerlind / Bissels, Alexander / Dannhorn, Wolfgang, Vermeidung der unternehmerischen Mitbestimmung aus arbeitsrechtlicher Sicht – Strategien und Gestaltungshinweise –, DB 2007, 2258–2263.

Wißmann, Hellmut, Der Anwendungsbereich der Unternehmensmitbestimmung als Dauerpatient, in: Klebe, Thomas / Wedde, Peter u.a. (Hrsg.), Recht und soziale Arbeitswelt, Festschrift für Wolfgang Däubler zum 60. Geburtstag, Frankfurt a.M. 1999, S. 385–398 (zit.: *Wißmann*, in: FS Däubler).

Wißmann, Hellmut, Öffnung der deutschen Unternehmensmitbestimmung nach Europa?, in: Henssler, Martin / Joussen, Jacob u.a. (Hrsg.), Moderne Arbeitswelt, Festschrift für Rolf Wank, München 2014, S. 695–705 (zit.: *Wißmann*, in: FS Wank).

Wißmann, Hellmut / Kleinsorge, Georg / Schubert, Claudia, Mitbestimmungsrecht, Mitbestimmungsgesetz, Montan-Mitbestimmung, Drittelbeteiligungsgesetz, Mitbestimmung auf europäischer Ebene, 5. Aufl., München 2017 (zit.: *Bearbeiter*, in: WKS).

Wißmann, Tim, Zusammensetzung des Aufsichtsrats unter Berücksichtigung im Ausland beschäftigter Arbeitnehmer, ArbRAktuell 2015, 259.

Witte, Eberhard / Bronner, Rolf, Die leitenden Angestellten, Eine empirische Untersuchung, München 1974 (zit.: *Witte/Bronner*), Band 2: Eine empirische Untersuchung in Banken und Versicherungen mit Vergleichsdaten des Handels sowie einem Branchenvergleich, München 1975 (zit.: *Witte/Bronner*, Bd. 2).

Wlotzke, Otfried, Die Mitbestimmungskonzeption der Bundesregierung, (Der Entwurf eines Gesetzes über die Mitbestimmung der Arbeitnehmer), AuR 1974, 225–237.

Wlotzke, Otfried, Zusammensetzung und Wahl der Aufsichtsratsmitglieder der Arbeitnehmer, Referat, ZGR 1977, 355–394.

Wlotzke, Otfried, Zum Wahlrecht von Leiharbeitnehmern und vergleichbaren Arbeitnehmern zur Wahl des Betriebsrats im Einsatzbetrieb, in: Oetker, Hartmut / Preis, Ulrich u. a. (Hrsg.), 50 Jahre Bundesarbeitsgericht, München 2004, S. 1149–1161 (zit.: *Wlotzke*, in: 50 Jahre BAG).

Wlotzke, Otfried / Preis, Ulrich / Kreft, Burkhard, Betriebsverfassungsgesetz, Kommentar, 4. Aufl., München 2009 (zit.: *Bearbeiter*, in: WPK).

Wlotzke, Otfried / Wißmann, Hellmut, Die Gesetzesinitiative der Bundesregierung zur Montan-Mitbestimmung – Entwicklungsgeschichtliche Zusammenhänge und Inhalt –, DB 1981, 623–633.

Wlotzke, Otfried / Wißmann, Hellmut / Koberski, Wolfgang / Kleinsorge, Georg, Mitbestimmungsrecht, Mitbestimmungsgesetz, Montan-Mitbestimmung, Drittelbeteiligungsgesetz, Mitbestimmung auf europäischer Ebene, Kommentar, 4. Aufl., München 2011 (zit.: *Bearbeiter*, in: WWKK, 4. Aufl.).

Wolff, Alexander, Wahl der Arbeitnehmervertreter in den Aufsichtsrat – Weitere Vereinfachungen des Wahlverfahrens –, DB 2002, 790–793.

Wortmann, Florian, Die neuen Fachlichen Weisungen der Bundesagentur für Arbeit zum Arbeitnehmerüberlassungsgesetz, Wichtige Hinweise für Alt- und Neuverträge, ArbRB 2017, 147–150.

Worzalla, Michael, Unternehmen müssen Schwellenwerte beachten, Arbeitgeber 1994, 485–487.

Zezschwitz, Friedrich von, Neue lex Rheinstahl? Zur Verfassungswidrigkeit der neuerlichen „Überlegungspause“, BB 1971, 479–484.

Zimmer, Daniel, Internationales Gesellschaftsrecht, Das Kollisionsrecht der Gesellschaften und sein Verhältnis zum internationalen Kapitalmarktrecht und zum internationalen Unternehmensrecht, Heidelberg 1996 (zit.: *Zimmer*, IntGesR).

Zimmer, Daniel, Nach „Inspire Art": Grenzenlose Gestaltungsfreiheit für deutsche Unternehmen?, NJW 2003, 3585–3592.

Zimmer, Daniel, Unternehmerische Mitbestimmung bei Auslandsgesellschaften mit Inlandssitz?, in: Söllner, Alfred / Gitter, Wolfgang u. a. (Hrsg.), Gedächtnisschrift für Meinhard Heinze, München 2005, S. 1123–1133 (zit.: *Zimmer*, in: GS Heinze).

Zimmer, Reingard, „Vorübergehender" Einsatz von LeiharbeitnehmerInnen, § 1 Abs. 1 S. 2 AÜG unter Berücksichtigung der Vorgaben der Leiharbeitsrichtlinie 2008/104/EG, AuR 2012, 422–426.

Zimmermann, André, Leiharbeitnehmer bei den Eingangsschwellenwerten der Unternehmensmitbestimmung, BB 2015, 1205–1209.

Zimmermann, André, Der Referentenentwurf zur AÜG-Reform 2017, BB 2016, 53–57.

Zinger, Georg H., Die Internationalisierung der Belegschaften multinationaler Unternehmen mit Sitz in Deutschland, Berlin 2002 (zit.: *Zinger*, Internationalisierung).

Zippelius, Reinhold, Juristische Methodenlehre, 11. Aufl., München 2012 (zit.: *Zippelius*, Methodenlehre).

Zitzewitz, Hendrik von, Die Vereinbarkeit internationaler Vertragskonzerne mit dem Mitbestimmungsgesetz 1976, Königstein/Traunstein 1979 (zit.: *von Zitzewitz*, Vereinbarkeit).

Zöller, Richard (Begr.), Zivilprozessordnung, mit FamFG (§§ 1–185, 200–270, 433–484) und Gerichtsverfassungsgesetz, den Einführungsgesetzen, mit Internationalem Zivilprozessrecht, EU-Verordnungen, Kostenanmerkungen, Kommentar, 32. Aufl., Köln 2018 (zit.: *Bearbeiter*, in: Zöller).

Zöllner, Wolfgang, GmbH und GmbH & Co. KG in der Mitbestimmung, Referat, ZGR 1977, 319–334.

Zöllner, Wolfgang (Hrsg.), Kölner Kommentar zum Aktiengesetz, Band 2: §§ 76–117 AktG und Mitbestimmung im Aufsichtsrat, 2. Aufl., Köln u. a. 1988–1995 (zit.: *Bearbeiter*, in: KölnK-AktG, 2. Aufl.)

Zöllner, Wolfgang, Gemeinsame Betriebsnutzung, Kritische Bemerkungen zur Rechtsfigur des gemeinsamen Betriebs, in: Bierich, Marcus / Hommelhoff, Peter u. a. (Hrsg.), Festschrift für Johannes Semler zum 70. Geburtstag am 28. April 1993, Unternehmen und Unternehmensführung im Recht, Berlin 1993, S. 995–1013 (zit.: *Zöllner*, in: FS Semler).

Zöllner, Wolfgang / Noack, Ulrich (Hrsg.), Kölner Kommentar zum Aktiengesetz, Band 2/2: §§ 95–117 AktG, 3. Aufl., Köln 2013, Band 6: §§ 15–22 AktG, §§ 291–328 AktG und Meldepflichten nach §§ 21 ff. WpHG, SpruchG, 3. Aufl., Köln u. a. 2004 (zit.: *Bearbeiter*, in: KölnK-AktG).

Zivilrechtliche Schriften
Beiträge zum Wirtschafts-, Bank- und Arbeitsrecht

Herausgegeben von Arnd Arnold, Dorothee Einsele, Jan Lieder und Hartmut Oetker
Begründet von Peter Kreutz und Dieter Reuter

Band 1 Sabine Koch: Eigenkapitalleistungen und eigenkapitalersetzende Leistungen des Kommanditisten in der gesetzestypischen Kommanditgesellschaft. 1992.

Band 2 Knut Weigle: Die leitenden Angestellten zwischen Sprecherausschuß und Betriebsrat. 1993.

Band 3 Stephan Worpenberg: Die konzerninterne Arbeitnehmerüberlassung. 1993.

Band 4 Carsten Führling: Sonstige Unternehmensverträge mit einer abhängigen GmbH. 1993.

Band 5 Heike Grote-Seifert: Das englische Arbeitskampfrecht unter besonderer Berücksichtigung der Entwicklung seit 1979. Zugleich: Vergleichende Analyse der Rechtslage in Deutschland und England. 1994.

Band 6 Uwe Theobald: Gesamthaftungsverhältnisse. Die Gesamtschuld als Ausgleichsmodell bei der mehrfachen Drittsicherung einer Forderung. 1994.

Band 7 Kay-Uwe Jacobs: Die Wahlvorstände für die Wahlen des Betriebsrats, des Sprecherausschusses und des Aufsichtsrats. 1995.

Band 8 Horst-Jürgen Michallek: Die Verteilung des wirtschaftlichen Risikos der Nothilfe. Eine rechtsvergleichende Studie. 1995.

Band 9 Sibylle Kessal-Wulf: Die Innenverbände. Am Beispiel Publikumsgesellschaft, Franchising, Mitarbeiterbeteiligung und Betriebsverband. 1995.

Band 10 Britta Holdorf-Habetha: Der Übergang von gewerblich genutztem Vermögen im Wege der Erbfolge im Einkommensteuerrecht. 1996.

Band 11 Sönke-Peter Nehlsen: Nutzungsausfallersatz. Ein notwendiges Übel? Versuch einer dogmatischen Begründung und Alternativlösungen. 1997.

Band 12 Sebastian Graf von Wallwitz: Tarifverträge und die Wettbewerbsordnung des EG-Vertrages. Wettbewerbsbeschränkende Tarifverträge und das Kartellverbot des Artikel 85 EGV. 1997.

Band 13 Hans-Joachim Arnold: Die Bilanzierung des Geschäfts- oder Firmenwertes in der Handels-, Steuer- und Ergänzungsbilanz. 1997.

Band 14 Volker Hoes: Die Überschuldung Privater als Problem von Ungleichgewichten. 1997.

Band 15 Dörte Christiansen: Betriebszugehörigkeit. Die Zuordnung von Arbeitnehmern aus betriebsverfassungsrechtlicher Sicht. 1998.

Band 16 Axel Boysen: Betriebsverband und Arbeitsverhältnis am Beispiel der Gruppenarbeit. Ein Beitrag zur Entwicklung der arbeitsrechtlichen Dogmatik im Wandel der Industriearbeit. 1998.

Band 17 Kristoffer Blydt-Hansen: Die Rechtsstellung der Destinatäre der rechtsfähigen Stiftung Bürgerlichen Rechts. 1998.

Band 18 Per Christiansen: Über die reale Seite der Verbände. Die Bedeutung der tatsächlichen Zweckverfolgung in einem Verband für dessen Legitimität, Existenz und Kontinuität. 1999.

Band 19 Annette Grotkamp: Die Bedeutung des Gesamtbetriebsrats und die Abgrenzung seiner Zuständigkeit zu den Einzelbetriebsräten im Rahmen des Strukturwandels in der deutschen Wirtschaft. 1999.

Band 20 Oliver Ebert: Die Kosten der Einigungsstelle gemäß § 76 a BetrVG 1972 unter besonderer Berücksichtigung der Honorierung von Einigungsstellenmitgliedern. 1999.

Band 21 Christoph Nawroth: Die steuerliche Anerkennung von Familienpersonengesellschaften bei fehlerhaftem Gesellschaftsvertrag. Zur Anwendung der Lehre von der fehlerhaften Gesellschaft im Steuerrecht. 1999.

Band 22 Kai Litschen: Die juristische Person im Spannungsfeld von Norm und Interesse. Am Beispiel der Gesellschafterhaftung in der GmbH. 1999.

Band 23 Eva Günther-Gräff: Kündigung und Kündigungsschutz von Absatzmittlungsverträgen. Dargestellt am Beispiel des Handelsvertreters, des Vertragshändlers und des Franchisenehmers. 1999.

Band 24 Martin Steiner: Entgelte der Kreditinstitute. Regelungen beim Girovertrag mit rechtsvergleichender Darstellung des anglo-amerikanischen Rechts. 2000.

Band 25 Sven Claussen: Grenzen der Insichgeschäfte im Gesellschaftsrecht. 2000.

Band 26 Sönke Peters: Der gesellschaftsrechtliche Grundsatz der Einheitlichkeit der Mitgliedschaft. 2000.

Band 27 Gabriele Komp: Die juristische Person als Geschäftsführungsorgan einer Kapitalgesellschaft. Betrachtungen zu §§ 76 Abs. 3 S. 1 AktG und 6 Abs. 2 S. 1 GmbHG. 2000.

Band 28 Gunnar Mayer: Das außerdienstliche Verhalten von Arbeitnehmern. Ein Beitrag zu Geschichte, Grundlagen und Erscheinungsformen außerdienstlicher Verhaltenspflichten. 2000.

Band 29 Michael Mönke: Die Sicherung der Bauunternehmer nach § 648 a BGB. Unter besonderer Berücksichtigung der Vereinbarkeit der Regelung mit den Prinzipien des Zivilrechts. 2000.

Band 30 Oliver May: Die Zulässigkeit der Regelung von Lohn und Arbeitszeit in Betriebsvereinbarungen. 2001.

Band 31 Robert Pape: Die tarifvertragliche Unkündbarkeit. Zugleich ein Beitrag zu den Grenzen der Tarifautonomie im Kündigungsschutzrecht und zum partiell zweiseitig-zwingenden Charakter des § 1 Abs. 2 und 3 KSchG. 2002.

Band 32 Wilm-Christian Jaekel: Die Bindung an formnichtige Grundstücksverträge nach Treu und Glauben. 2002.

Band 33 Susanne Müller: Die Gesellschafterklage als rechtsformübergreifendes Institut. 2002.

Band 34 Freia Peters: Treuhand und Unterbeteiligung an Gesellschaftsanteilen. Eine vergleichende Betrachtung für den Bereich des Gesellschafts- und des Steuerrechts. 2003.

Band 35 Mario Nahrwold: Die wirtschaftliche Betätigung von Idealvereinen am Beispiel der Ausgliederungsvorhaben der Fußballbundesligavereine. Eine Untersuchung zu Geltungsgrund und Grenzen des Nebentätigkeitsprivileges. 2003.

Band 36 Henning Plöger: Sonderarbeitsrechte im Pressebereich. Auswirkungen eines institutionellen Grundrechtsverständnisses auf das Arbeitskampf- und arbeitsrechtliche Statusrecht der Presse. 2003.

Band 37 Christian Springmann: Der Betriebsrat und die Betriebsbeauftragten. Ein Vergleich zweier betrieblicher Funktionsträger unter besonderer Berücksichtigung ihres Verhältnisses zueinander. 2004.

Band 38 Holger Meyer: Der Tatbestand des Betriebsübergangs nach der Rechtsprechung des Europäischen Gerichtshofs und des Bundesarbeitsgerichts. 2004.

Band 39 Philipp Christopher Brügge: Das Gesetz über Teilzeitarbeit. Eine Analyse unter arbeitsrechtlichen und beschäftigungspolitischen Gesichtspunkten. 2004.

Band 40 Sebastian Klausch: Unmöglichkeit und Unzumutbarkeit im System des allgemeinen Leistungsstörungsrechts nach der Schuldrechtsmodernisierung 2002. 2004.

Band 41 Felix Hütte: Die individualistische GbR als Mitglied anderer Vereinigungen. 2005.

Band 42 Tobias Schommer: Die Berücksichtigung und Gewichtung der Interessen der Arbeitsvertragsparteien im Rahmen des kollektiven und allgemeinen Weiterbeschäftigungsanspruchs des Arbeitnehmers. 2005.

Band 43 Christa Wettzel: Die unternehmerische Entscheidungsfreiheit im Rahmen der betriebsbedingten Kündigung. 2006.

Band 44 Andrea Scheibe: Die Mitbestimmung der Arbeitnehmer in der SE unter besonderer Berücksichtigung des monistischen Systems. 2006.

Band 45 Sebastian Ritz: Die Auswirkungen des Gesetzes zu Reformen am Arbeitsmarkt auf den Anwendungsbereich der dreiwöchigen Klagefrist gemäß den §§ 4 bis 7 KSchG. 2007.

Band 46 Anne Pfister: Die Übertragung von Aufgaben auf Arbeitsgruppen gemäß § 28a BetrVG unter besonderer Berücksichtigung der Förderungspflicht aus § 75 Abs. 2 Satz 2 BetrVG. 2007.

Band 47 Merve Ehlers: Personalkostenabbau durch betriebliche Bündnisse für Arbeit. Welche Gesetzesänderungen des geltenden Rechts sind zur Anpassung an die heutigen Wirtschafts- und Arbeitsbedingungen und zur Legalisierung der gängigen Rechtspraxis erforderlich? 2007

Band 48 Nicole Hasselmann: Die Lehre *Ulmers* zur Gesellschaft bürgerlichen Rechts im Wandel der Jahrzehnte. Das Rechts- und Haftungssystem der Gesellschaft bürgerlichen Rechts. 2007.

Band 49 Ina Maria Wiesner: Die Schriftform im Betriebsverfassungsgesetz. 2008.

Band 50 Christian Rebel: Grundprobleme des Nachteilsausgleichs gemäß § 113 Abs. 3 BetrVG. 2008.

Band 51 Benedikt von Wissel: Die Beeinflussung des eigenen Börsenkurses durch die Aktiengesellschaft. Erscheinungsform, Zulässigkeit und Grenzen im deutschen Kapitalmarktrecht. 2008.

Band 52 Malte Kriebitzsch: Die Inhaltskontrolle von Allgemeinen Arbeitsbedingungen anhand der §§ 305 ff. BGB. 2008.

Band 53 Torsten Volkholz: Geltung und Reichweite der Privatautonomie bei der Errichtung von Stiftungen. Die Weiterentwicklung des Stiftungsrechts nach Neufassung der §§ 80 bis 88 BGB durch das Gesetz zur Modernisierung des Stiftungsrechts zum 1. September 2002. 2008.

Band 54 Kirstin Trautvetter: Die Übernahme von Aktiengesellschaften und die Verhaltenspflichten von Vorstand und Aufsichtsrat der Zielgesellschaft. 2008.

Band 55 Petra Boldt: Ethikregeln als verbindlicher Verhaltensmaßstab für die Arbeitsverhältnisse in deutschen Unternehmen. 2008.

Band 56 Liv Heimbach: Das Verhältnis der außerordentlichen Kündigung des Arbeitgebers zur ordentlichen Kündigung nach dem KSchG. 2009.

Band 57 Entwicklungen im Arbeits- und Wirtschaftsrecht. Festgabe für Peter Kreutz zum 70. Geburtstag. Herausgegeben von Jakob Hoffmann und Claudia Schubert. 2009.

Band 58 Marlena Hütte: Gefahrverteilung und Schadensersatz im Rückabwicklungsschuldverhältnis nach gesetzlichem Rücktritt. Unter Berücksichtigung der Auswirkungen auf die Rückabwicklung nach Leistungskondiktion. 2010.

Band 59 Tim Ebert: Stille Gesellschaft, Genussrecht und partiarisches Darlehen als mezzanine Kapitaltitel zur Finanzierung einer GmbH. Eine Analyse der historischen Entwicklung und Abgrenzung dieser Finanzierungsinstrumente sowie der mit diesen verbundenen Kompetenz- und Eigenkapitalersatzfragen im GmbH-Recht. 2010.

Band 60 Ingo Krist: Grenzen des Tarifsozialplanes. 2010.

Band 61 Jakob Hoffmann: Zusammenlegung und Zulegung rechtsfähiger Stiftungen des bürgerlichen Rechts. 2011.

Band 62 Nils J. Herrmann: Verjährung, Verjährungsbeginn und Regress bei Bürgschaft und Gesamtschuld. 2012.

Band 63 Sarah Nitsche: Die Rechte der außenstehenden Aktionäre bei qualifizierten Nachteilszufügungen. 2013.

Band 64 Matthias Dumke: Streikrecht i. S. des Art. 6 Nr. 4 ESC und deutsches Arbeitskampfrecht. Vorgaben, Vereinbarkeit und Umsetzung. 2013.

Band 65 Inga Hildebrand: Arbeitnehmerschutz von geschäftsführenden Gesellschaftsorganen im Lichte der *Danosa*-Entscheidung des EuGH. 2014.

Band 66 Sylvia Witt: Auswirkungen materiell unrichtiger Entsprechenserklärungen auf den Bestand von Hauptversammlungsbeschlüssen. 2015.

Band 67 Philipp Mohr: Die offene Investmentkommanditgesellschaft. Investmentrecht, Gesellschaftsrecht und Anlegerschutz. 2016.

Band 68 Daniel Berneith: Die Konversion. Eine rechtsdogmatische und am Parteiwillen orientierte Untersuchung des § 140 BGB unter besonderer Berücksichtigung nichtiger Verfügungen von Todes wegen und Nachfolgeklauseln bei Personengesellschaften. 2016.

Band 69 Philipp Hohmann: Die Genehmigungsfiktion nach § 377 HGB bei Falschlieferung und Quantitätsabweichung. Eine Untersuchung zur Interessenharmonisierung bei Handelskäufen unter vergleichender Berücksichtigung des internationalen Einheitsrechts. 2017.

Band 70 Katharina Dittmann: Schwellenwerte und Unternehmensmitbestimmung. 2018.

www.peterlang.com